JN076086

最新

用字用語ブック

★ 第8版 ★

時事通信社【編】

時事通信社

はじめに

時事通信社の「用字用語ブック」は本書が第8版になります。ニュース記事は情報を正確に読者に伝えるのが使命です。そのためには、分かりやすく、読みやすい文章を書くことが求められます。本書はそのよりどころとなるよう編集しました。漢字や平仮名、片仮名の使い方、送り仮名の付け方など文章の基本を示してあります。これは報道だけでなく、企業のビジネス文書、役所の広報、ブログなどの情報発信にも共通すると思います。

今回の改訂は、言葉の用例や同音異義語の書き分けなどを拡充した前回から7年ぶりの全面改訂です。この間に人工知能（ＡＩ）の活用が進むなど、私たちの社会は大きく変化しています。時代の動きに合わせて用語の入れ替えを行ったほか、外来語や外国地名、運動用語、特定商品名などの表記も見直しました。

皆さまがさまざまな文章を書く際に本書がお役に立てば幸いです。

2023年3月

時事通信社

目次

◎記事表記の3原則

1、記事は、分かりやすい口語体を使う。

2、「常用漢字表」（2010年内閣告示）と「現代仮名遣い」（1986年内閣告示）による漢字・平仮名交じり文を基本とし、必要に応じて片仮名・ローマ字を使う。

3、「送り仮名の付け方」（1973年内閣告示）を使う。

【記事の基本】

ニュース、情報の伝達を目標とする記事の文章は簡潔で分かりやすくなければならない。難解だったり、独り善がりだったりすれば、読者に敬遠され る。読んでもらえなければ、目標を達成できず、意味がない。

【何がニュースか判断】

記事には原則として、いつ（When）、どこで（Where）、誰が（Who）、何を（What）、なぜ（Why）、どのように（How）―の六つの要素「5W1H」が必要だ。

しかし、どんな記事にも必ず「5W1H」を書かなければならないというわけではない。どれが一番重要かは、個々のニュースによって異なる。読者に伝えるニュースのポイントは何かを判断する感覚を、日々磨いておくことが大切だ。

【見出しは10字以内】

見出しはニュースの内容を簡潔に表したものであり、読者を記事に引き込む役目を果たす。表現は読者が一読してのみ込めるものでなくてはならず、本文を読まなければ見当がつかない見出しや、専門家だけが分かるような用語を使った見出しは失格だ。

字句は通常、ニュースの核心を盛り込んである記事の最初の部分から取る。

1本の見出しの字数は10字以内が望ましい。新聞の1面に来るような重要ニュースでは、8字程度がベストだ。

見出しを複数立てる場合、用語や表現が重複しないよう注意する。

【「結論」を先に】

最も伝えたいこと（大事なこと）を初めに書く。インターネット上を含め、世の中には文章があふれている。忙しい読者に読んでもらうためには、どうアピールするかが鍵となる。「初めに結論ありき」を心掛けたい。

【文章は短く】

文章は短い方が分かりやすい。例えば400字詰め原稿用紙の場合、ワンセンテンスは長くても4行以内に収めたい。一つのパラグラフは10行から15行程度にとどめ、改行する。めりはりを付けたい場合などは、2、3行で改行してもよい。

【何もかも詰め込まない】

一つの記事の中にあれもこれも詰め込むと、かえって分かりにくくなる。何を盛り込むか、取捨選択が重要だ。どうしてもその事柄を書きたい場合には、別の記事にするなど工夫したい。

【写真、グラフの活用】

ニュースによっては、写真、イラスト・図解、表・グラフを添えて出稿する。視覚に訴えるものがあれば、読者の理解に役立つ。

【送稿前に読み直す】

記事を書いたら、送稿する前に全文を読み直すこと。日付が間違っていないか、同音異義語の変換ミスはないか、誤字脱字はないか…。特に数字や人名、地名などの固有名詞は必ず再確認する。

送稿→編集→整理の各段階で綿密なチェックを心掛けよう。

文章上の注意点

1、明快な文章は主語、述語の関係がはっきりしている。主語と述語の間は、できるだけ短くする。一つの文章の中に主語と述語が幾つも入ると、分かりにくい。この場合は、二つか三つの文に分けるとよい。

2、修飾語はあまり長くしない。形容詞、副詞はその係る言葉のすぐ前にもってくると分かりやすい。

3、体言止めの文章はテンポを速め、歯切れ良くする。しかし、連続して使ったり、多用したりすると一本調子になるので避ける。

4、簡潔な言葉遣いを心掛けよう。特に、堅苦しい文語・漢語調の表現は避ける。また、未熟な翻訳調にならないよう注意する。

例 記者会見を行い→記者会見し、記者会見で　会合を持ち→会合し　合意をみた→合意した　検討することにしている→検討する　若干の点について→幾つかの点で　下落を示した→下落した　かかる結末を招いた→このような結果になった　優勝を遂げた→優勝した

5、気取った文章、思い入れの強い表現、紋切り型やマンネリ表現は避けよう。読者に敬遠されかねず、感動を呼ばない。

例 成り行きが注目される　…とみる向きもある　うれしい悲鳴　幕を切って落とす　火ぶたを切る　首を長くして待つ　がっくり肩を落とす　芋を洗うような混雑

6、次の語や表現を削ると、文章がすっきりすることが多い。

例 「去る」「来る」「なお」「また」「そして」「一方」「さらに」「いわゆる」「いわば」。これらの言葉がなくても、意味は通じる。

例 「ということで」「いずれにしても」など、回りくどい、あいまいな表現。

例 一つの段落で、「ため」「ので」「が」「しかし」「もの」「ところ」「こと」「…という」の重複使用。

7、語句を強調したい場合などに使う〃〃は乱用しない。「 」も乱用しない方がよい。

8、重複表現は使わない。（「間違えやすい語字句」参照）

例 従来から→従来、以前から　被害を被る→被害を受ける、損害を被る　まだ未定→未定　過大過ぎる→過大である、大き過ぎる　およそ数万人→数万人　約10分ほど→10分ほど、約10分　全役員が総辞職→役員が総辞職　突然卒倒する→卒倒する　慎重に熟慮する→熟慮する　第1日目→第1日、1日目　血痕の跡→血痕、血の痕

9、「同」は乱用しない。前の固有名詞などを受けた「同日」「同市」「同所」などは便利な言葉だが、読者からすれば『同…』は何だったか」と戸惑うケースも多い。くどいようでも、「○○市」などと繰り返した方がよい。

表記の基準編

【用字について】

漢字

1、漢字は原則として、新聞常用漢字表に掲げた字種・音訓（表内字・表内音訓）を使用する。

「新聞常用漢字表」は、2010年に内閣告示された「常用漢字表」2136字のうち日本新聞協会の新聞用語懇談会が使わないと決めた7字を除いた2129字と、同懇談会が使うと決めた常用漢字表外字8字の計2137字から成る。また、同懇談会が使うことを決めた常用漢字表外の3音訓を含む。

▽常用漢字だが使わない7字

虞　且　遵　但　朕　附　又

▽常用漢字表にないが使う8字

磯（いそ）　炒（いた）める　絆（きずな）　栗（くり）　哨（ショウ）　疹（シン）　胚（ハイ）　淵（ふち）

▽常用漢字表にないが使う3音訓

証（あかす）　虹（コウ）　鶏（とり）

2、新聞常用漢字表にない漢字（表外字＝△で示す）や音訓（表外音訓＝●で示す）を含む語は、固有名詞など特別な場合を除き、「用字用語集」の収録例に従って、別の平易な語に言い換えるか、旧国語審議会、新聞用語懇談会などが定めた同音同義の表内字や平仮名に書き換える。言い換え、書き換えが難しい語は読み仮名を付ける。

新聞用語懇談会および時事通信社が難読と判断した常用漢字は、表外字と同様に言い換え、書き換え、読み仮名を付けるなど読みやすさへの配慮に努める。

表外字・表外音訓部分や難読部分のみを平仮名にする、いわゆる交ぜ書きは、「用字用語集」に記載のある語（例・抗がん剤、うつ病）以外は使用を避ける。

3、表外字または表外音訓を含む語でも使用できる特別な場合

①固有名詞（人名、地名、会社名、団体名、学校名、施設名、流派・宗派名、商標名など）。

例　南方熊楠　与謝蕪村　駿河湾　蝶理　交詢社　桐朋学園　吾妻流　日蓮宗　月桂冠

②栄典、称号、官職名およびこれに準じるもの。

例　旭日大綬章　瑞宝重光章　枢機卿　征夷大将軍　関脇　伍長

③文学、美術、音楽、映画、演劇、放送番組などの題名・作品名。

例 徒然草 最後の晩餐 悲愴 祇園小唄 鞍馬天狗 子連れ狼

④国宝、重要文化財などの名称。

例 塩山蒔絵硯筥 弥勒菩薩像 洛中風俗図屏風

⑤古典芸能関係。

例 箏曲 都々逸 常磐津 浪花節 琵琶

⑥学術上の用語で、言い換えが適当でないもの。

例 一揆 鍾乳洞 巻雲 形而上学 竪穴住居

⑦一般用語だが、言い換え、書き換えが困難なため、新聞用語懇談会が特別に使用を認めたもの。

例 華僑 貫禄 桂馬 肛門 銑鉄 蘇生 挽回

⑧文芸作品などの原典からの引用や、重要な発言の引用、社外からの署名原稿で、言い換え、書き換えが困難なもの。

注 ①～⑤および⑧のうち、難読な語には適宜読み仮名を付ける。

4、言い換えの方法

①言い換えとは、表外字・表外音訓を含む語を、発音の異なる別の語に置き換えることをいう。

例 痛痒→苦痛、痛み 稀有→まれ、珍しい、希少

②表内字から成る語でも、「用字用語集」に言い換え例が示されている難解な語は、なるべく言い換えを優先する。

例 危惧―不安、恐れ、心配、危ぶむ、懸念 梗概―概要、大要、粗筋、あらまし

5、書き換えの方法

①書き換えとは、表外字・表外音訓を含む語を、旧国語審議会が定めた代用漢字など同音同義の平易な表内字や、平仮名による表記に置き換えることをいう。

例 斡旋→あっせん 意気軒昂→意気軒高 俄然→がぜん 石鹸→せっけん 高嶺の花→高根の花 叛乱→反乱 編輯→編集

②表内字から成る語でも、代用漢字などによる書き換えが定着しているものは、その慣用に従う。

例 潰滅→壊滅 肝腎→肝心 広汎→広範 哺育→保育 濫用→乱用 理窟→理屈

③表内字から成る語でも、耳になじんだ語で平仮名書きが定着しているものは、その慣用に従う。

例 【漢語】挨拶→あいさつ 曖昧→曖昧・あいまい 椅子→椅子・いす 鬱病→うつ病

【和語】嘲る→あざける　遡る→さかのぼる　蔑む→さげすむ　罵る→ののしる　引き籠もり→引きこもり　蓋→ふた　淫ら→みだら　弄ぶ→もてあそぶ

6、読み仮名の付け方

①言い換え、書き換えが難しい語は、その語の下に記した丸カッコ内に平仮名で読みを入れる。読み仮名は、その表外字・表外音訓だけでなく、語全体に付けるのを原則とする。四字熟語は交ぜ書きをなるべく避け、語全体か、2文字に読み仮名を付ける。3文字から成る語には、全体に付けるケースと、当該漢字だけに付ける場合がある。

例 安堵（あんど）　画竜点睛（がりょうてんせい）　百花繚乱（りょうらん）　醍醐味（だいごみ）　河口堰（ぜき）　爬虫（はちゅう）類

②常用漢字表にあり、新聞用語懇談会および時事通信社が難読と判断した字を含む語は読み仮名を付ける。

例 鬱積（うっせき）　怨恨（えんこん）　瓦解（がかい）　語彙（ごい）　古刹（こさつ）　遮蔽（しゃへい）　憧憬（しょうけい）　遡及（そきゅう）　汎用（はんよう）　冶金（やきん）　要塞（ようさい）　辣腕（らつわん）　慄然（りつぜん）　領袖（りょうしゅう）

③一つの記事で表外字・表外音訓を含む同じ語が複数回出てくる場合、読み仮名を示すのは初出のみで、2度目からは必要ない。

④見出しに表外字・表外音訓を含む語を使う場合は、記事本文で語の読みを示し、見出しの語には読み仮名を付けない。

7、字体について

字体は常用漢字については常用漢字表の通用字体を使用する。表外漢字字体表にある漢字は同表が示す字体を原則として使用し、人名用漢字については人名用漢字表が示す字体を使用する。

8、固有名詞の字体についても同様の原則で表記する。常用漢字表と人名用漢字表に新字体が掲げられているものは、旧字体、異体字を新字体に改める。常用漢字表、人名用漢字表にない字は、原則として旧字体を使う。

例 瀧澤→滝沢　國廣→国広　實男→実男　文藝春秋→文芸春秋　野村證券→野村証券　慶應→慶応　塩竈市→塩釜市　森鷗外→森鴎外

次の人名の場合は例外として旧字体、異体字を使ってもよい。

①新聞用語懇談会の申し合わせに基づき、新字体と著しく違う旧字体、異体字を使い分けるもの。
薗(園)　苅(刈)　舘(館)　劒(剣)
絲(糸)　穐(秋)　嶋・嶌(島)
舛(升)　冨(富)　峯(峰)　埜(野)
龍(竜)

②本人の希望などに基づき、特定の人物について使用を決めたもの。
例　市川團十郎　小澤征爾　長嶋茂雄

9、中国の簡体字は原則として使わず、日本の字体に直す。

【参考】
同音の漢字による書き換え
　1956年旧国語審議会報告「同音の漢字による書き換え」から抜粋。カッコ内の表外字（その後に表内字になったものを含む）は矢印下の同音の平易な常用漢字に書き換える。

(闇)→暗　(熔)→溶　(磐)→盤
(沮)→阻　(洲)→州　(廻)→回
(輛)→両　(歿)→没　(註)→注
(蝕)→食　(稀)→希　(焔)→炎
(慾)→欲　(附)→付　(絃)→弦
(劃)→画　(聯)→連　(棉)→綿
(蹈)→踏　(礦)→鉱　(糺)→糾
(潰)→壊　(掠)→略　(篇)→編
(輯)→集　(箇)→個　(廓)→郭
(彎)→湾　(摸)→模　(蹟)→跡
(坐)→座　(馭)→御　(誡)→戒
(諒)→了　(歎)→嘆　(陞)→昇
(倖)→幸　(畸)→奇　(叛)→反
(煽)→扇　(讃)→賛　(兇)→凶
(輔)→補　(智)→知　(銷)→消
(宏)→広

平仮名

1、代名詞、連体詞、接続詞、感動詞、助詞、助動詞、補助動詞、補助形容詞、形式名詞は、平仮名書きを主体とする。

①代名詞
例〈平仮名書き〉われ・われわれ　あなた　どなた　おのおの　これ　これら　それ　あれ　どれ　ここ　ここいら　ここら　そこ　そこら　あそこ　どこ　こちら　こっち　そちら　あちら　あちこち　どちら
〈漢字書き〉私　僕　俺　君　彼　彼女　自分　何　誰

②連体詞
例〈平仮名書き〉ある　あらゆる　いわゆる　この　その　あの　どの　こんな　あんな　どんな　ほんの　れっきとした　わが
〈漢字書き〉去る　来る　大きな　小さな　大の　当の

③接続詞

例〈平仮名書き〉あるいは および かつ しかし しかも すなわち そのくせ それで それとも ただし ちなみに ついては ところが ところで ないし なお ならびに また または もしくは もっとも

〈漢字書き〉併せて 従って 次いで その上 それ故 故に

④感動詞

例〈平仮名書き〉おはよう こんにちは さようなら ああ あら いいえ いや おや そら はい まあ もしもし

注「アア」「オヤ」「ウワーッ」「ハハハ」など、特に強調したい場合は片仮名書きにしてもよい。

⑤助詞

例〈平仮名書き〉くらい・ぐらい こと ずつ だけ ところ ながら など ばかり まで

⑥助動詞

例〈平仮名書き〉ごとき たい べきだ ようだ・ようです そうだ・そうです

⑦補助動詞

例〈平仮名書き〉…してあげる …である …という …していく・してゆく …していただく …している・しておる …しておく …してください …してくる …してごらん …してしまう …になる・なってくる …とみられる・みる …してみる …してやる

注(1)「その本を下さい」などは漢字書き。

(2)「手紙を頂く」「手に取って見る」「友達が遊びに来る」など、本来の意味に使う場合は漢字書き。

⑧補助形容詞

例〈平仮名書き〉…でない …したくない …してほしい

注 同様な用法である「…かもしれない」「…にすぎない」も平仮名書き。

⑨形式名詞

例〈平仮名書き〉うち こと とき ところ ほか もの わけ

注「事に当たる」「昔住んでいた所」「訳を話す」など、実質的な意味を持つ場合は漢字書き。形式名詞的用法である「…は次の通り」は漢字書き。

2、副詞は訓読みのものは平仮名書き、音読みのものは漢字書きを原則とする。

ただし、訓読みで漢字を用いた方が意味が明らかになるものは漢字書きに、音読みでその漢字にあまり意味がないものは平仮名書きにする。

①訓読みの副詞

例 〈平仮名書き〉あまりに　おおかた　まさしく　まるで

〈漢字書き〉新たに　重ねて　常々　初めて　割に

②音読みの副詞

例 〈漢字書き〉案外　一応　実に　大層　特に　普段

〈平仮名書き〉いちいち　せっかく　たくさん　だんだんと　とうとう　めったに　めっぽう

3、接頭語、接尾語は原則として平仮名書きとする。

①接頭語

例　お返し　ご案内　か弱い　ずぶとい　どぎつい

②接尾語

例　危なげ　甘み　太め　子供たち　私ども　2人とも　彼ら　久しぶり　黒目がち　…しかねる

注　⑴「木戸御免」「御用邸」「赤坂御所」など、漢字で書く習慣の強いものや固有名詞は「御」を使う。

⑵漢語の接尾語の「甘味」「真実味」などは「味」を使う。

⑶順序を示す「1日目」「2回目」「8番目」などは「目」を使う。

⑷「等」を「とう」と読む場合は漢字書き。

⑸漢字書きの接頭語、接尾語には「真ん中」「物悲しい」「打ち沈む」などがあるが、これらは「まん中」「もの悲しい」などと平仮名書きにしてもよい。

4、表外字の言い換え、書き換えに使う仮名は、原則として平仮名とする。ただし、片仮名書きを慣用とする語は、片仮名を使ってよい。

①耳になじんだ言葉で、漢字で示さなくても理解でき、一般に通用しているものは、表内字を含んでいても、その語全部を平仮名書きにする。

例 【和語】あぐら（胡△坐△）　おけ（桶△）　すごろく（双六•）【漢語】あいさつ（挨△拶△）　ぜいたく（贅△沢）　せんえつ（僭△越）　だんらん（団欒△）

②ただし、含まれている表内字を残す方が分かりやすいものは、交ぜ書きにする。

例　改ざん（改竄△）　こん棒（棍△棒）　石こう（石膏△）　田んぼ（田圃△）

5、当て字・熟字訓は原則として平仮名書きとする。

例　あっぱれ（天晴れ）　ございます（御座居ます）　さすが（流石）　じだんだ（地団太・駄）　すてき（素敵）　ちょっと（一寸、鳥渡）　でたらめ（出鱈目）　とんちんかん（頓珍漢）　はやり（流行）　めちゃ

くちゃ（滅茶苦茶）　めでたい（目出度い）　やにわ（矢庭）　やはり（矢張り）　わんぱく（腕白）

6、誤読の恐れのあるものは平仮名書きとする。

例　臭いにおい（臭い臭い）　こまごま（細々）　出どころ（出所）　ほそぼそ（細々）　見もの（見物）　指さす（指指す）

片仮名

1、外国（中国、朝鮮などを除く）の地名、人名は片仮名で書く。（「外国地名の書き方」「外国人名の書き方」参照）

①中国、朝鮮などの地名の一部には、片仮名書きするものがある。

例　モンゴル、ソウル、マカオ

②米国、英国、豪州は、慣例的に漢字表記できる。また、国名を列記するときなどは、独、仏、伊、加、印、比、伯、越を使ってもよい。

2、外来語は原則として片仮名で書く。（「外来語の書き方」参照）

ただし、一般に外来語としての語源意識が薄れたものは、「かるた」「きせる」「さらさ」「じゅばん」「たばこ」などのように、平仮名書きを原則とする。

注　植物の「タバコ」は片仮名書き。

3、擬音語、擬声語は片仮名で書くのを原則とする。語や文脈によっては平仮名書きでもよい。

例　ガタガタ　ゴーン　ドカン　ドボン　メリメリ　ワンワン　しっしっ　とくとく

4、擬態語は平仮名書きにするが、特別のニュアンスを出す場合には片仮名書きにしてもよい。

例　うっとり　がっくり　ぐっすり　さらさら　のらりくらり　ゴッソリ　ノロノロ　ペロリ　ヨチヨチ

5、感動を表す語は、一般に平仮名で書くが、特に強調したい場合は片仮名書きにしてもよい。

例　アラ　オヤ　マア　キャー　ギョッ　ハハハ

6、俗語や隠語は原則として片仮名で書く。ただし、特に必要のある場合以外は使わない。

例　インチキ　ダフ屋　チャチ　ノミ行為　ピンハネ　ベラボウ

7、このほか、特別の意味やニュアンスを出したい場合、平仮名が続いて読みにくい場合は片仮名書きにしてもよい。

例　イヤミな言い方だネ　事件のカギを握る人物　思うツボ　出るクイは打たれる　コトを起こすと面倒だ　総スカン　ダメを押す　マ

ヒ状態に陥る　映画のヤマ場

学術用語

学術用語は文部科学省および各学会が定めた表記に従う。

1、平仮名で

例　うっ血（鬱血）　花こう岩（花崗岩）　せん孔（穿孔）　ふ化（孵化）　反すう（反芻）

2、片仮名で

例　カセイソーダ（苛性曹達）　ケイ素（硅素）　ヒ素（砒素）　フッ素（弗素）　ヨウ素（沃素）　ヨード（沃度）　リン酸（燐酸）

3、星座名

星座名は原則として平仮名書きとする。平仮名書きにすると意味が分かりにくいものは、丸カッコで漢字を示してもよい。ギリシャ神話の人物名などは片仮名書きにする。

例　おおぐま座　おとめ座　かに座　はくちょう座　ふたご座　アンドロメダ座　オリオン座　カシオペヤ座　コップ座　ペガスス座〈ギリシャ神話などでは普通「ペガサス」〉

注　冥王星、北斗七星、南十字星、織女星などは漢字書き。

動植物名

動植物の名称は片仮名書きが原則。ただし、使い方や文脈によっては、漢字や平仮名で書く場合もある。

1、和名など、動植物の学術的名称を示す場合は、全て片仮名書きとする。

例　赤海亀→アカウミガメ　西表山猫→イリオモテヤマネコ　大白鳥→オオハクチョウ　鬼ヒトデ→オニヒトデ　冠鷲→カンムリワシ　砂糖黍→サトウキビ　白樺→シラカバ　月輪熊→ツキノワグマ　ベンガル虎→ベンガルトラ　錦蛇→ニシキヘビ　日本猿→ニホンザル　マッコウ鯨→マッコウクジラ

注　「大西洋まぐろ類保存国際委員会」〈固有名詞〉などは例外。

2、形状、性質、産地など、身近な動植物名を修飾・形容する部分は、漢字交じり書きにしてもよい。地名は表外字・表外音訓であっても漢字を使ってよい。

例　赤カブ、揚げヒバリ　伊勢エビ、越後ウサギ　温州ミカン、落ちアユ　木曽ヒノキ、車エビ　毛ガニ　白クジャク　種無しスイカ　夏ミカン　生シイタケ　根ショウガ　はぐれライオン　働きアリ　戻りガツオ　山アジサイ

3、表内字・表内音訓から成る動植物

名は、柔らかい記事や総称として使う場合は漢字書きにしてもよい。

例 朝顔、金魚 昆布 水牛 鈴虫 玉虫 千鳥 白鳥 文鳥 小松菜 桜草 里芋 春菊 水仙 大根 月見草 菜の花 南天 猫柳 白菜 昼顔 三つ葉 八重桜 山吹 忘れな草

【漢字で書ける動植物名】

動物 犬 牛 馬 蚊 蚕 亀 鯨 熊 猿 鹿 象 鶴 虎 鶏 猫 蜂 羊 豚 蛇 蛍

植物 麻 稲 芋 梅 漆 柿 菊 葛 栗 桑 桜 芝 杉 竹 茶 菜 梨 藤 松 豆 麦 紫 桃 柳 綿

注 「茨」と「栃」は植物名としては使わない。

4、動植物を調理・加工して形状が大きく変化したもの、動植物を比喩的に用いたものは、一般に平仮名書きとする。

例【調理・加工品】かつお節 ごま油 さけ茶漬け ざるそば するめ のり巻き ぶどう酒 身欠きにしん みかんジュース りんご酢 わさび漬け

【比喩的表現】いたちごっこ 一匹おおかみ いわし雲 うなぎ登り えび固め おしどり夫婦 きつねうどん こうもり傘 ごぼう抜き こんにゃく問答 三羽がらす 尻切れとんぼ すずめの涙 竹とんぼ たこ足配線 たぬき寝入り つばめ返し とんぼ返り ぬれねずみ ねずみ花火 ばら色 ひのき舞台 ぼたん雪 みみず腫れ わしづかみ

注 文化部出稿の料理記事などでは、調理・加工の前と後とで、動植物名の表記を片仮名から平仮名に変更する必要はない。

5、比喩的表現でも、動植物の具体的なイメージが浮かばないと意味が伝わりにくいもの、読みにくさを避けたいものは、片仮名書きにしてよい。

例 いずれがアヤメかカキツバタ エビでタイを釣る カエルの面に水 井の中のカワズ 腐ってもタイ タカ派・ハト派 月とスッポン トカゲの尻尾切り トビがタカを生む

【用語について】

正確、平明を心掛ける

1、読みやすく、平明な文章を書くためには、日常一般に使われている言葉を選び、正確に用いる必要がある。難しい言葉は厳に慎む。

2、官庁用語はそのまま使わない。

例 当該→その、当の　所定の手続きで→決められた手続きで　文書を手交し→文書を渡し　成案を得た→案ができた　数次にわたり→数回、たびたび　過般→先ごろ

3、難しい専門用語は、分かりやすい言葉に言い換える。やむを得ず使う場合は、本文中で説明するか、「ニュースワード」として別記するなどの工夫が必要だ。

4、外国語や一般的でないカタカナ語は、みだりに使わない。やむを得ず使う場合は、必要に応じて丸カッコで説明か訳語を付ける。（「外来語表記集」「カタカナ専門語集」参照）

5、略語、略称は乱用しない。（「漢字略語集」「アルファベット略語集」参照）

6、特定の業界・グループでしか用いず、一般性がない略語などは使わない。

例 職質→職務質問　現法→現地法人　特会→特別会計

7、パソコン入力では、同音語、類音語、類似語などの変換ミスに、特に注意する。

例 異動―移動―異同　開放―解放　科学―化学　学界―学会　科料―過料　議員―議院　鉱業―工業　興業―興行　更生―更正―厚生　控訴―公訴　公布―交付　誤認逮捕―5人逮捕　再開―再会　四球―死球　需給―受給　招集―召集　人口―人工　対抗―対向　保険―保健　補償―保証―保障　経産省―経産相

区切り符号などの使い方

【句点「。」】

1、句点は文の終わりに付ける。

2、カッコでくくった文の場合は次のようにする。

①段落全体を構成する場合は付けない。

例 「もう少し検討してから結論を出したい」

彼はあくまで慎重だった。

②段落の最後にある場合も付けない。

例「最後に勝つのは私だ」。彼は自信に満ちた表情で言い切った。「今に分かるさ」

③主語などの語句が前にある場合は「と述べた」などの述語が省略されたと考え、句点を付ける。

例 彼は笑いながら「頑張ります」。

3、文末に丸カッコが付く場合は次のようにする。

①部分的注釈の場合は、丸カッコの後に句点を付ける。

例 貴景勝には、これで4連敗（不戦勝は除く）。

②文章全体や次の文章にかかる注釈、クレジット、写真説明などは、丸カッコの前に句点を付ける。

例 …出席者は次の各氏。（敬称略）
…支給額は次の通り。（単位円）

③国会論戦や座談会、対談記事の情景描写は、段落の終わりのときは丸カッコの前に句点を付け、文中のときは丸カッコの後に句点を付ける。

例 ○○氏…そんな姿勢では政治を浄化することはできない。反省すべきだ。（野党席から拍手、与党席からヤジ）
…痛いところを突くな（とニガ笑い）。でも、私の考えは違う。

4、「？」「！」が文に入る場合

①文末の「？」「！」の後は1字分空けて句点は付けない。ただし、これらの符号の後が閉じカッコのときは1字空けしない。

例「しまった！ 君、財布持ってきた？」

②単語にかかる「？」「！」の後は1字空けしない。

例 …それは名案？というものだ。

5、改行で箇条書きするときは、各箇条の終わりに句点を付ける。ただし、簡単な箇条には付けなくてもよい。

例 次の点を明記してください。
1、申請者の住所氏名
2、主な事業内容
3、事業期間

6、①…②…を使って文中で追い込みの箇条書きをするときは、各箇条の終わりに句読点を付けず、最後の箇条と本文とを「―」（1字分）でつなぐ。「―」を使って続けるときも、間に句読点を付けない。

例 引き上げ時期に加え①食料品などを除外するか②増収分の使途を限定するか③低所得層への還付の実施―などが論点になりそうだ。
分科会は「教育」「人口問題」「環境問題」の三つに分かれ、…

7、省略や間＝ま＝を持たせるために文末で使う「…」（1字分）「—」（同）などの後には句点を付ける。

例 それもそうだが…。

【読点「、」】

1、読点は、記事を読みやすく、また文章を正しく伝えるために、息の切れ目や読みの間合いを考えて打つ。

2、語句の列記には読点を打つ。

例 富も、名誉も、家庭も捨てるつもりか。

3、誤読、難読の恐れがあるときは、読点を打つ。

例 水ぬるむ春、雨が大地を潤す。
　刑事は血を流しながら、逃げる泥棒を追った。
　新任の委員長、谷川正夫氏は…

4、文頭で接続詞やこれに準じる語句を使ったときは、その後に読点を打つ。ただし、直後に「　」がくるときや、文の構造・語句の構成がごく簡単なときは読点を付けなくてもよい。

例 しかし、次の諸点に問題がある。
　従って、当方としては…
　とはいっても、世界の大勢は…
　だが「それは気にしていない。一生懸命やるだけ」と…
　彼の家を捜し当てた。だが留守だった。

5、時、場所、方法などを示す語句が文全体を限定する場合は、その語句の後に読点を打つ。

例 5日正午ごろ、…
　…した際、…
　国道2号で、…
　後続の車にはねられ、…

6、①…②…や「　」の前に助詞や動詞の連用形があるときは、後に読点を入れなくてもよい。ただし「…で集会、」「…で会見、」「見解を表明、」のように名詞形で切った場合は、読点を付ける。

例 ○○首相は3日の閣議で「訪米は大成功だった」と述べ、…
　同次官は記者会見し「事実関係をよく調べてみたい」と語った。
　今後の課題として①行政の簡素化②規制緩和推進③地方分権の推進—などを挙げた。

7、「　」を助詞の「と」で受け、主語や修飾語が入る場合は読点を打つ。

例 「これはうまい」と言った。
　「これはうまい」と、彼は舌鼓を打ちながら言った。

【中点「・」】

1、中点は乱用しない。中点は元来、外来語を仮名書きする際のワードの区切り符号として考案されたもので、読点「、」とは区別して使う。

2、次の場合は中点を使ってよい。

①省略符号として

例 東京・銀座　大阪・ミナミ　二・二六事件　パ・リーグ

②同格の部類を表す符号として

例 サケ・マス　紙・パルプ　ラジオ・テレビ　政府・与党　小・中学校

③組み合わせ、取り合わせ符号として

例 北海道・東北ブロック　ヤード・ポンド法

④外国人の名と姓の間、名と肩書の間、敬称「サー」「ウ」と名前の間など

例 マイケル・ジョーダン　サー・ショーン・コネリー　ウ・タント　ビットリオ・エマヌエレ2世通り

⑤外来語、外国の地名で、長くて読みにくいものや、固有名詞に普通名詞が付いた語、3語以上から成る語には中点を入れる。ただし、それぞれの語の独立性が希薄なもの、固有名詞の意識が薄れているものは中点を省略してもよい。（「外来語の書き方」「外国地名の書き方」「外国人名の書き方」参照）

例 ケース・バイ・ケース　セントビンセント・グレナディーン　イタリア・チーム　カーネギー・ホール　ウォルドーフ・アストリア・ホテル

注 (1)外国の地名は原則として中点を入れない。

(2)外国のホテル名は最後に「…・ホテル」と書く。英語圏以外の国の場合も同様とする。

例 クリヨン・ホテル（ホテル・クリヨンとはしない）

(3)国内のホテル名には「ホテルニューオータニ」「ホテルオークラ」など、中点のないものが多いので注意する。

⑥誤読や読みにくさを避ける

例 岡元・解説委員　鈴木准・教授

⑦小数点

例 48・5％

3、その他、企業の所在地、団体の責任者、人物の肩書などにも中点を使うが、個々の用例はそれぞれの「書き方」の欄参照。

【引用・強調符】

1、会話、語句の引用には「　」を用い、二重に引用する場合は「　」の中に『　』を用いる。さらに、二重三重に引用する場合は〝　〟を使うが、二重、三重の引用はできるだけ避ける。

例 「私も『事実は一つだ』という彼の意見に賛成だ」

2、語句を強調したり、特に注意を喚

起したりしたいときや、比喩、造語などには〃〃を用いる。ただし、乱用はしない。

例 彼の長年の〃夢〃が実現した。

3、引用符の中に出てくる列車名、船名、航空機名、書籍・映画等の題名などには『 』を用いる。

例 「彼女は昨夜『のぞみ52号』で帰京したはずだ」

【繰り返し符号】

1、同じ漢字が二つ重なった熟語には、同一漢字の繰り返し符号である「々」（同の字点）を使う。

例 近々　刻々　点々　人々　大々的　三々五々　処々方々　戦々恐々

2、ただし、別の言葉にわたる場合や、同じ熟語が重なる場合は「々」を使わない。

例 民主主義〈民主々義とはしない。以下同じ〉　会社社長　大会会長　大学学長　古古米　再再利用　北北西の風　三三九度の杯　一歩一歩　部分部分　毎日毎日　一試合一試合

注 「先々週」「先々代」「複々線」などは、慣用として繰り返し符号を使ってもよい。

3、同じ単語や熟語を重ねてできる、いわゆる畳語で、2語目が濁る（連濁）場合、その部分を平仮名書きにしてもよい。

例 口ぐち（口々）　早ばや（早々）　人びと（人々）　返すがえす（返す返す）　代わるがわる（代わる代わる）　好きずき（好き好き）　散りぢり（散り散り）　離ればなれ（離れ離れ）　晴ればれ（晴れ晴れ）

4、仮名の繰り返し符号である「ゝ」「ゞ」（一つ点）、「〱」「〲」（くの字点）は、原則として使わない。

注 会社名の「いすゞ」など固有名詞は別。

5、同一事項を表す「〃」（ノノ点）は、統計表や図表などには使ってもよい。

【その他の符号】

1、丸カッコ（ ）は、語句や文の前後に注記したり、説明を補ったり、読みを入れたりする場合などに用いる。すみつきカッコ【 】は特派員電、通信社電の記事文頭のクレジットや、注意を引く場合、項目立てなどに用いる。

例 2023（令和5）年
彼は（心配そうに）「大丈夫か」と聞いた。
万里小路（までのこうじ）
【ワシントン時事】【北京AFP時事】
【四国】高松、松山【九州】佐賀、

例 熊本、鹿児島

2、山カッコ〈 〉は主に丸カッコの中でさらにカッコが必要なときに用いるが、多用しない。

3、ダッシュ「—」は、説明や間を持たせるとき、追い込み箇条書きの終わり、一問一答の「問い」の代わりなどのほか、区間、組み合わせ、スコア、郵便番号などに使う。

例 東京—大阪間、中日—阪神戦、楽天3—2西武

4、数の幅、範囲を示す場合は、数字の「1」との紛れを避けるため、「—」を使わず「〜」を用いる。

例 3〜5週間 1月2〜15日 2016〜20年 15〜20人 時給800〜1000円 20〜30代

5、リーダー「…」は言葉の省略、無言、間を持たせるときなどに用いる。

例 それはそうだが…
「ごめんね、次郎」「…」

6、双柱「＝」は注記、説明などに用いる。

「＝」で始まる説明の後が句読点、閉じカッコ類の場合、受けの「＝」は不要。（「人名等の書き方」参照）

7、コンマ「，」は横書きの表などで位取りに使ってもよい。横書きの文章の区切りに使う句点は「。」、読点は「、」を使い、「．」（ピリオド）、「，」は使わない。

【新聞常用漢字表】

1、この漢字表は、2010年内閣告示の「常用漢字表」に基づいて新聞用語懇談会がまとめたものに準拠しており、「本表」と「付表」から成る。

2、「本表」には常用漢字表の2136字に、新聞用語懇談会が使用を認めた8字と3音訓を加え、計2144字の字体と音訓を示した。同懇談会が使わないことを決めた常用漢字表の7字も掲げてある。

3、配列は五十音順による。字音は片仮名、字訓は平仮名で示した。太字は送り仮名を示す。

例　シ　セ・ほどこ**す**　施

4、すべての音訓を見出し語として掲げ、それぞれの見出し語の下に、その漢字の持つ別の音訓を示した。従って、一つの音または訓を引けば、その漢字に認められているすべての音訓を知ることができる。ただし、前後の行に同じ漢字の音訓が並ぶ場合には、一つの見出し語の下に一括して掲げた。

5、＊印は、教育漢字（2017年内閣告示の小学校学年別漢字配当表に掲げられた1026字）を示す。

6、■印は、常用漢字表にあるが、新聞用語懇談会が使用しないことを決めた7字。○印は、常用漢字表にない字（表外字）だが、同懇談会が使用を決めた8字。

7、□印は、常用漢字表にない表外音訓だが、同懇談会が使用を決めた3音訓。

8、傍線を付した音訓は、特別のものか、用法の狭いもの。

例　行　アン　眉　ミ　爪　つま

9、名詞の形だけで掲げてある字訓は、丸カッコ内の動詞には使わない。

例　趣・おもむき（おもむく）　氷・こおり（こおる）

10、他の字や語と結び付いて音韻上の変化を起こすものは、漢字を使ってもよい。

例　雨（あめ）→霧雨（きりさめ）
　応（おう）→順応（じゅんのう）

11、表に掲げた字訓と派生の関係にあり、同じ漢字を使用する習慣のある語は使ってよい。

例　疎む→疎ましい　煙い→煙たい

12、漢字書きできるいわゆる当て字や熟字訓などは「付表」で示した。

例　乙女＝おとめ　玄人＝くろうと

【ア・あ】

ア　亜
アイ　あわれ・あわれむ　哀
アイ　挨
アイ　＊愛
アイ　曖
あい　ソウ・ショウ　＊相
あい　ラン　藍
あいだ　ま・カン・ケン　＊間
あう　あわす・あわせる・ゴウ・ガッ・カッ　＊合
あう　カイ・エ　＊会
あう　ソウ　遭
あお　あおい・セイ・ショウ　＊青
あおぐ　おおせ・ギョウ・コウ　仰
あか　あかい・あからむ・あからめる・セキ・シャク　＊赤
あかす　あかり・あかるい・あかるむ・あからむ・あきらか・あける・あく・あくる・メイ・ミョウ　＊明
□あかす　ショウ　＊証
あかす　あきる・ホウ　飽
あかつき　ギョウ　暁
あからむ　あからめる・あか・あかい・セキ・シャク　＊赤
あからむ　あかり・あかるい・あかるむ・あきらか・あける・あく・あくる・あかす・メイ・ミョウ　＊明
あからめる　あか・あかい・あからむ・セキ・シャク　＊赤
あかり　あかるい・あかるむ・あからむ・あきらか・あける・あく・あくる・あかす・メイ・ミョウ　＊明
あがる　あげる・のぼる・のぼせる・のぼす・うえ・うわ・かみ・ジョウ・ショウ　＊上
あがる　あげる・キョ　＊挙
あがる　あげる・ヨウ　揚
あかるい　あかるむ・あからむ・あかり・あきらか・あける・あく・あくる・あかす・メイ・ミョウ　＊明
あき　シュウ　＊秋
あきなう　ショウ　＊商
あきらか　あかり・あかるい・あかるむ・あからむ・あける・あく・あくる・あかす・メイ・ミョウ　＊明
あきらめる　テイ　諦
あきる　あかす・ホウ　飽
アク　オ・わるい　＊悪
アク　にぎる　握
あく　あかり・あかるい・あかるむ・あからむ・あきらか・あける・あくる・あかす・メイ・ミョウ　＊明
あく　あける・から・そら・クウ　＊空
あく　あける・ひらく・ひらける・カイ　＊開
あくる　あかり・あかるい・あかるむ・あから

む・あきらか・あける
・あく・あかす・メイ
・ミョウ　＊明
あける　あく・から・そ
ら・クウ　＊空
あける　あく・ひらく・
ひらける・カイ　＊開
あげる　あがる・のぼる
・のぼせる・のぼす・
うえ・うわ・かみ・ジ
ョウ・ショウ|　＊上
あげる　あがる・キョ　＊挙
あげる　あがる・ヨウ　揚
あご　ガク　顎
あこがれる　ショウ　憧
あさ　マ　麻
あさ　チョウ　＊朝
あざ　ジ　＊字
あさい　セン　＊浅
あざける　チョウ　嘲

あざむく　ギ　欺
あざやか　セン　鮮
あしたりる・たる・た
す・ソク　＊足
あし　キャク・キャ|　脚
あじ　あじわう・ミ　＊味
あずかる　あずける・ヨ　＊預
あせ　カン　汗
あせる　こげる・こがす
・こがれる・ショウ　焦
あそぶ　ユウ・ユ|　＊遊
あたい　カ　＊価
あたい　ね・チ　＊値
あたえる　ヨ　与
あたたか　あたたかい・
あたたまる・あたため
る・オン　＊温
あたたか　あたたかい・
あたたまる・あたため

る・ダン　＊暖
あたたかい　あたたか・
あたたまる・あたため
る・オン　＊温
あたたかい　あたたか・
あたたまる・あたため
る・ダン　＊暖
あたたまる　あたたか・
あたたかい・あたため
る・オン　＊温
あたたまる　あたたか・
あたたかい・あたため
る・ダン　＊暖
あたためる　あたたか・
あたたかい・あたたま
る・オン　＊温
あたためる　あたたか・
あたたかい・あたたま
る・ダン　＊暖
あたま　かしら・トウ・

ズ・ト|　＊頭
あたらしい　あらた・に
い・シン　＊新
あたり　べ・ヘン　＊辺
あたる　あてる・トウ　＊当
アツ　＊圧
あつい　コウ　＊厚
あつい　ショ　＊暑
あつい　ネツ　＊熱
あつかう　扱
あつまる　あつめる・つ
どう・シュウ　＊集
あてる　ジュウ　充
あてる　あたる・トウ　＊当
あてる　宛
あと　うしろ・おくれる
・のち・ゴ・コウ　＊後
あと　コン　痕
あと　セキ　跡
あな　ケツ　＊穴

あなどる　ブ　侮
あに　ケイ・キョウ　*兄
あね　シ　*姉
あばく　あばれる・ボウ
・バク　*暴
あびせる　あびる・ヨク　*浴
あぶない　あやうい・あ
やぶむ・キ　*危
あぶら　ユ　*油
あぶら　シ　脂
あま　あめ・テン　*天
あま　ニ　尼
あま　あめ・ウ　*雨
あまい　あまえる・あま
やかす・カン　甘
あます　あまる・ヨ　*余
あみ　モウ　網
あむ　ヘン　*編
あめ　あま・テン　*天

あめ　あま・ウ　*雨
あやうい　あやぶむ・あ
ぶない・キ　*危
あやしい　ヨウ　妖
あやしい　あやしむ・カ
イ　怪
あやつる　みさお・ソウ　*操
あやぶむ　あやうい・あ
ぶない・キ　*危
あやまち　あやまつ・す
ぎる・すごす・カ　*過
あやまる　ゴ　*誤
あやまる　シャ　*謝
あゆむ　あるく・ホ・ブ
・フ　*歩
あらい　あれる・あらす
・コウ　荒
あらい　ソ　粗
あらう　セン　*洗

あらし　嵐
あらす　あれる・あらい
・コウ　荒
あらそう　ソウ　*争
あらた　あたらしい・に
い・シン　*新
あらためる　あらたまる
・カイ　*改
あらわす　あらわれる・
おもて・ヒョウ　*表
あらわす　いちじるしい
・チョ　*著
あらわす　あらわれる・
ゲン　*現
あらわれる　あらわす・
おもて・ヒョウ　*表
あらわれる　あらわす・
ゲン　*現
ある　ザイ　*在
ある　ユウ・ウ　*有

あるく　あゆむ・ホ・ブ
・フ　*歩
あれる　あらす・あらい
・コウ　荒
あわ　ホウ　泡
あわい　タン　淡
あわす　あわせる・あう
・ゴウ・ガッ・カッ　*合
あわせる　ヘイ　併
あわてる　あわただしい
・コウ　慌
あわれ　あわれむ・アイ　哀
アン　やすい　*安
アン　コウ・ギョウ・い
く・ゆく・おこなう　*行
アン　*案
アン　くらい　*暗

【イ・い】

イ　*以
イ　ころも　*衣
イ　くらい　*位
イ　かこむ・かこう　*囲
イ　*医
イ　エ　依
イ　ゆだねる　*委
イ　エキ・やさしい　*易
イ　威
イ　為
イ　おそれる　畏
イ　*胃
イ　尉
イ　こと　*異
イ　うつる・うつす　*移
イ　なえる　萎
イ　ユイ　唯
イ　えらい　偉

イ　椅
イ　彙
イ　*意
イ　ちがう・ちがえる　違
イ　維
イ　なぐさめる・なぐさむ　慰
イ　ユイ　*遺
イ　緯
い　セイ・ショウ　*井
いう　こと・ゲン・ゴン　*言
いえ　や・カ・ケ　*家
いえる　いやす・ユ　癒
いかす　いきる・いける・うまれる・うむ・おう・はえる・はやす・き・なま・セイ・ショウ　*生
いかる　おこる・ド　怒

イキ　*域
いき　ソク　*息
いき　スイ　粋
いきおい　セイ　*勢
いきどおる　フン　憤
いきる　いかす・いける・うまれる・うむ・おう・はえる・はやす・き・なま・セイ・ショウ　*生
イク　そだつ・そだてる・はぐくむ　*育
いく　ゆく・おこなう・コウ・ギョウ・アン　*行
いく　ゆく・セイ　逝
いく　キ　幾
いくさ　たたかう・セン　*戦
いけ　チ　*池
いける　いきる・いかす・うまれる・うむ・おう・はえる・はやす・き・なま・セイ・ショウ　*生

いこい　いこう・ケイ　憩
いさぎよい　ケツ　*潔
いさむ　ユウ　*勇
いし　セキ・シャク・コク　*石
いしずえ　ソ　礎
いずみ　セン　*泉
いそ　○磯
いそがしい　ボウ　忙
いそぐ　キュウ　*急
いた　ハン・バン　*板
いたい　いたむ・いためる・ツウ　*痛
いだく　だく・かかえる・ホウ　抱
いたす　チ　致

いただく　いただき・チョウ　*頂
いたむ　トウ　悼
いたむ　いたい・いためる・ツウ　*痛
いたむ　いためる・きず・ショウ　*傷
いためる　いたい・いたむ・ツウ　*痛
いためる　いたむ・きず・ショウ　*傷
いためる　㊥炒
いたる　シ　*至
イチ　イツ・ひと・ひとつ　*一
イチ　壱
いちこ　シ　*市
いちじるしい　あらわす・チョ　*著
イツ　イチ・ひと・ひとつ　*一
イツ　*逸
いつ　いつつ・ゴ　*五
いつくしむ　ジ　慈
いつつ　いつ・ゴ　*五
いつわる　にせ・ギ　偽
いと　シ　*糸
いとなむ　エイ　*営
いどむ　チョウ　挑
いな　ヒ　*否
いな　いね・トウ　稲
いぬ　ケン　*犬
いね　いな・トウ　稲
いのち　メイ・ミョウ　*命
いのる　キ　祈
いばら　*茨
いま　コン・キン　*今
いましめる　カイ　戒
いむ　いまわしい・キ　忌
いも　芋
いもうと　マイ　*妹
いや　きらう・ケン・ゲン　嫌
いやしい　いやしむ・いやしめる・ヒ　卑
いやす　いえる・ユ　癒
いる　いれる・はいる・ニュウ　*入
いる　キョ　*居
いる　かなめ・ヨウ　*要
いる　シャ　*射
いる　セン　煎
いる　チュウ　鋳
いれる　いる・はいる・ニュウ　*入
いろ　ショク・シキ　*色
いろどる　サイ　彩
いわ　ガン　*岩
いわう　シュク・シュウ　*祝
イン　ひく・ひける　*引
イン　しるし　*印
イン　よる　*因
イン　咽
イン　姻
イン　オン・おと・ね　*音
イン　*員
イン　*院
イン　みだら　淫
イン　かげ・かげる　陰
イン　のむ　*飲
イン　かくす・かくれる　隠
イン　韻

【ウ・う】

ウ　ユウ・みぎ　*右
ウ　*宇
ウ　ユウ・ある　*有
ウ　は・はね　*羽

ウ　あめ・あま　＊雨

うい　そめる・はじめ・はじめて・はつ・ショ　＊初

うい　うれえる・うれい・ユウ　憂

うえ　うわ・かみ・あげる・あがる・のぼる・のぼせる・のぼす・ジョウ・ショウ　＊上

うえる　キ　飢

うえる　うわる・ショク　＊植

うお　さかな・ギョ　＊魚

うかがう　シ　伺

うかぶ　うかべる・うかれる・うく・フ　浮

うかる　うける・ジュ　＊受

うく　うかぶ・うかべる・うかれる・フ　浮

うけたまわる　ショウ　＊承

うける　うかる・ジュ　＊受

うける　こう・セイ・シン　請

うごく　うごかす・ドウ　＊動

うし　ギュウ　＊牛

うじ　シ　＊氏

うしなう　シツ　＊失

うしろ　あと・おくれる・のち・ゴ・コウ　＊後

うす　キュウ　臼

うず　カ　渦

うすい　うすめる・うすまる・うすらぐ・うすれる・ハク　薄

うた　唄

うた　うたう・カ　＊歌

うたい　うたう・ヨウ　謡

うたう　うた・カ　＊歌

うたう　うたい・ヨウ　謡

うたがう　ギ　＊疑

うち　ナイ・ダイ　＊内

ウツ　鬱

うつ　ダ　＊打

うつ　トウ　＊討

うつ　ゲキ　撃

うつくしい　ビ　＊美

うつす　うつる・シャ　＊写

うつす　うつる・はえる・エイ　＊映

うつす　うつる・イ　＊移

うったえる　ソ　訴

うつる　うつす・シャ　＊写

うつる　うつす・はえる・エイ　＊映

うつる　うつす・イ　＊移

うつわ　キ　＊器

うで　ワン　腕

うとい　うとむ・ソ　疎

うながす　ソク　促

うね　畝

うばう　ダツ　奪

うぶ　うむ・うまれる・サン　＊産

うま　ま・バ　＊馬

うまる　うめる・うもれる・マイ　埋

うまれる　うむ・いきる・いかす・いける・おう・はえる・はやす・き・なま・セイ・ショウ　＊生

うまれる　うむ・うぶ・サン　＊産

うみ　カイ　＊海

うむ　うまれる・いきる・いかす・いける・おう・はえる・はやす・き・なま・セイ・ショ

ウ　*生
うむ　うまれる・うぶ・サン　*産
うめ　バイ　*梅
うめる　うまる・うもれる・マイ　埋
うやうやしい　キョウ　恭
うやまう　ケイ　*敬
うら　浦
うら　リ　*裏
うらなう　しめる・セン　占
うらむ　うらめしい・コン　恨
うらやむ　うらやましい・セン　羨
うる　うれる・バイ　*売
うる　える・トク　*得
うるおう　うるおす・うるむ・ジュン　潤

うるし　シツ　漆
うるむ　うるおう・うるおす・ジュン　潤
うるわしい　レイ　麗
うれい　うれえる・シュウ　愁
うれい　うれえる・うい・ユウ　憂
うれえる　うれい・シュウ　愁
うれえる　うれい・うい・ユウ　憂
うれる　うる・バイ　*売
うれる　ジュク　*熟
うわ　うえ・かみ・あげる・あがる・のぼる・のぼせる・のぼす・ジョウ・ショウ　*上
うわる　うえる・ショク　*植

ウン　はこぶ　*運
ウン　くも　*雲

【エ・え】

エ　カイ・あう　*会
エ　カイ・まわる・まわす　*回
エ　イ　依
エ　ケイ・めぐむ　恵
エ　カイ　*絵
え　コウ　江
え　がら・ヘイ　柄
え　おもい・かさねる・かさなる・ジュウ・チョウ　*重
え　えさ・ジ　餌
エイ　ながい　*永
エイ　およぐ　*泳
エイ　*英
エイ　うつる・うつす・はえる　*映

エイ　さかえる・はえ・はえる　*栄
エイ　いとなむ　*営
エイ　よむ　詠
エイ　かげ　影
エイ　するどい　鋭
エイ　*衛
えがく　かく・ビョウ　描
エキ　ヤク　*役
エキ　イ・やさしい　*易
エキ　ヤク　疫
エキ　ヤク　*益
エキ　*液
エキ　*駅
えさ　え・ジ　餌
えだ　シ　*枝
エツ　悦
エツ　こす・こえる　越
エツ　謁

閲　エツ
＊笑　えむ　わらう・ショウ
偉　えらい　イ
＊選　えらぶ　セン
襟　えり　キン
＊得　える　うる・トク
獲　える　カク
＊円　エン　まるい
＊延　エン　のびる・のばす・のべる
＊沿　エン　そう
炎　エン　ほのお
宴　エン
怨　エン　オン
＊媛　エン
援　エン
＊園　エン　その
煙　エン　けむり・けむる・けむい
猿　エン　さる

＊遠　エン　オン・とおい
鉛　エン　なまり
＊塩　エン　しお
＊演　エン
縁　エン　ふち
艶　エン　つや

【オ・お】

汚　オ　きたない・けがす・けがれる・けがらわしい・よごす・よごれる
＊和　オ　ワ・やわらぐ・やわらげる・なごむ・なごやか
＊悪　オ　アク・わるい
＊小　お　ちいさい・こ・ショウ
尾　お　ビ
雄　お　おす・ユウ

緒　お　ショ・チョ
＊老　おいる　ふける・ロウ
＊王　オウ
凹　オウ
＊央　オウ
＊応　オウ　こたえる
＊往　オウ
押　オウ　おす・おさえる
旺　オウ
欧　オウ
殴　オウ　なぐる
＊皇　オウ　コウ
＊桜　オウ　さくら
翁　オウ
＊黄　オウ　コウ・き・こ
奥　オウ　おく
＊横　オウ　よこ
＊生　おう　いきる・いかす・いける・うまれる・うむ・はえる・はやす・き・なま・セイ・ショウ

＊追　おう　ツイ
＊負　おう　まける・まかす・フ
扇　おうぎ　セン
＊終　おえる　おわる・シュウ
＊大　おお　おおきい・おおいに・ダイ・タイ
＊多　おおい　タ
＊大　おおいに　おお・おおきい・ダイ・タイ
覆　おおう　くつがえす・くつがえる・フク
＊大　おおきい　おお・おおいに・ダイ・タイ
仰　おおせ　あおぐ・ギョウ・コウ
＊公　おおやけ　コウ

おか　キュウ　丘
おか　＊岡
おかす　ハン　＊犯
おかす　シン　侵
おかす　ボウ　冒
おがむ　ハイ　＊拝
おき　チュウ　＊沖
おぎなう　ホ　＊補
おきる　おこる・おこす・キ　＊起
オク　や　＊屋
オク　＊億
オク　憶
オク　臆
おく　オウ　奥
おく　チ　＊置
おくらす　おくれる・おそい・チ　遅
おくる　ソウ　＊送
おくる　ゾウ・ソウ　贈

おくれる　あと・うしろ・のち・ゴ・コウ　＊後
おくれる　おくらす・おそい・チ　遅
おこす　おきる・おこる・キ　＊起
おこす　おこる・コウ・キョウ　＊興
おごそか　きびしい・ゲン・ゴン　＊厳
おこたる　なまける・タイ　怠
おこなう　いく・ゆく・コウ・ギョウ・アン　＊行
おこる　いかる・ド　怒
おこる　おこす・おきる・キ　＊起
おこる　おこす・コウ・キョウ　＊興
おさえる　ヨク　抑

おさえる　おす・オウ　押
おさない　ヨウ　＊幼
おさまる　おさめる・シュウ　＊収
おさまる　おさめる・なおる・なおす・ジ・チ　＊治
おさまる　おさめる・シュウ・シュ　＊修
おさまる　おさめる・ノウ・ナッ・ナ・ナン・トウ　＊納
おさめる　おさまる・シュウ　＊収
おさめる　おさまる・なおる・なおす・ジ・チ　＊治
おさめる　おさまる・シュウ・シュ　＊修
おさめる　おさまる・ノウ・ナッ・ナ・ナン・トウ　＊納

おしい　おしむ・セキ　惜
おしえる　おそわる・キョウ　＊教
おしむ　おしい・セキ　惜
おす　おさえる・オウ　押
おす　スイ　＊推
おす　お・ユウ　雄
おそい　おくれる・おくらす・チ　遅
おそう　シュウ　襲
おそれ　■虞
おそれる　イ　畏
おそれる　おそろしい・キョウ　恐
おそわる　おしえる・キョウ　＊教
おだやか　オン　穏
おちいる　おとしいれる

・カン　陥
おちる　おとす・ラク＊落
オツ　乙
おっと　フ・フウ＊夫
おと　ね・オン・イン＊音
おとうと　テイ・ダイ・デ＊弟
おどかす　おどす・おびやかす・キョウ　脅
おとこ　ダン・ナン＊男
おとしいれる　おちいる・カン　陥
おとす　おちる・ラク＊落
おどす　おどかす・おびやかす・キョウ　脅
おとずれる　たずねる・ホウ＊訪
おどり　おどる・ヨウ　踊
おとる　レツ　劣
おどる　おどり・ヨウ　踊

おどる　ヤク　躍
おとろえる　スイ　衰
おどろく　おどろかす・キョウ　驚
おなじ　ドウ＊同
おに　キ　鬼
おのおの　カク＊各
おのれ　コ・キ＊己
おび　おびる・タイ＊帯
おびやかす　おどかす・おどす・キョウ　脅
おびる　おび・タイ＊帯
おぼえる　さます・さめる・カク＊覚
おぼれる　デキ　溺
おも　ぬし・シュ・ス＊主
おも　おもて・つら・メン＊面
おもい　え・かさねる・かさなる・ジュウ・チョウ＊重

おもう　シ＊思
おもて　あらわす・あらわれる・ヒョウ＊表
おもて　おも・つら・メン＊面
おもむき　シュ　趣
おもむく　フ　赴
おや　したしい・したしむ・シン＊親
およぐ　エイ＊泳
およぶ　および・およぼす・キュウ　及
おり　おる・おれる・セツ＊折
おりる　おろす・くだる・くだす・くださる・さげる・さがる・した・しも・もと・カ・ゲ＊下

おりる　おろす・ふる・コウ＊降
おる　おれる・おり・セツ＊折
おる　ショク・シキ＊織
おれ　俺
おれる　おる・おり・セツ＊折
おろか　グ　愚
おろし　おろす　卸
おろす　おりる・くだる・くだす・くださる・さげる・さがる・した・しも・もと・カ・ゲ＊下
おろす　おろし　卸
おろす　おりる・ふる・コウ＊降
おわる　おえる・シュウ＊終

オン・イン・おと・ね　＊音
オン・エン　怨
オン　＊恩
オン　あたたか・あたたかい・あたたまる・あたためる　＊温
オン・エン・とおい　＊遠
オン　おだやか　穏
おん・ギョ・ゴ　御
おんな・め・ジョ・ニョ・ニョウ　＊女

【カ・か】

カ・ゲ・おろす・おりる・くだる・くだす・くださる・さげる・さがる・した・しも・もと　＊下
カ・ケ・ばける・ばかす　＊化

カ・ひ・ほ　＊火
カ　くわえる・くわわる　＊加
カ　＊可
カ・ケ・かり　＊仮
カ　なに・なん　＊何
カ　はな　＊花
カ　佳
カ　あたい　＊価
カ　はたす・はてる・はて　＊果
カ　かわ　＊河
カ　苛
カ　＊科
カ　かける・かかる　架
カ・ゲ・なつ　＊夏
カ・ケ・いえ・や　＊家
カ　に　＊荷
カ・ケ・はな　華
カ　菓

カ　＊貨
カ　うず　渦
カ　あやまつ・あやまち・すぎる・すごす　＊過
カ　とつぐ・よめ　嫁
カ　ひま　暇
カ　禍
カ　くつ　靴
カ　寡
カ　うた・うたう　＊歌
カ　箇
カ　かせぐ　稼
カ　＊課
か　ひ・ニチ・ジツ　＊日
か　かおり・かおる・コウ・キョウ　＊香
か　蚊
か　しか　＊鹿
ガ・ゲ・きば　牙
ガ　かわら　瓦

ガ　わ・われ　＊我
ガ・カク　＊画
ガ　め　＊芽
ガ　＊賀
ガ　雅
ガ　餓
カイ　介
カイ・エ・まわる・まわす　＊回
カイ　はい　＊灰
カイ・エ・あう　＊会
カイ　こころよい　＊快
カイ　いましめる　戒
カイ　あらためる・あらたまる　＊改
カイ　あやしい・あやしむ　怪
カイ　拐
カイ　くいる・くやむ・くやしい　悔

カイ　うみ　＊海
カイ　＊界
カイ　みな　皆
カイ　＊械
カイ　エ　＊絵
カイ　あく・あける・ひらく・ひらける　＊開
カイ　＊階
カイ　ガイ・まち　＊街
カイ　かたまり　塊
カイ　楷
カイ　ゲ・とく・とかす・とける　＊解
カイ　つぶす・つぶれる　潰
カイ　こわす・こわれる　壊
カイ　なつかしい・なつかしむ・なつく・なつける・なつこい・ふところ　懐
カイ　諧
かい　＊貝
ガイ　ゲ・そと・ほか・はずす・はずれる　＊外
ガイ　劾
ガイ　＊害
ガイ　がけ　崖
ガイ　涯
ガイ　カイ・まち　＊街
ガイ　慨
ガイ　ふた　蓋
ガイ　該
ガイ　概
ガイ　骸
かいこ　サン　＊蚕
かう　かわす・まじわる・まじえる・まじる・まざる・まぜる・コウ　＊交

かう　バイ　＊買
かう　シ　＊飼
かえす　かえる・ヘン　＊返
かえす　かえる・キ　＊帰
かえりみる　はぶく・セイ・ショウ　＊省
かえりみる　コ　顧
かえる　かわる・しろ・よ・ダイ・タイ　＊代
かえる　かえす・ヘン　＊返
かえる　かわる・ヘン　＊変
かえる　かえす・キ　＊帰
かえる　かわる・カン　換
かえる　かわる・タイ　替
かお　ガン　＊顔
かおり　かおる・か・コウ・キョウ　＊香
かおる　クン　薫
かかえる　いだく・だく・ホウ　抱
かかげる　ケイ　掲
かがみ　キョウ　＊鏡
かがやく　キ　輝
かかり　かかる・ケイ　＊係
かかり　かかる・かける　掛
かかる　かかり・ケイ　＊係
かかる　かける・カ　架
かかる　かける・かかり　掛
かかる　かける・ケン・ケ　懸
かかわる　せき・カン　＊関
かき　垣
かき　柿
かぎ　ケン　鍵
かぎる　ゲン　＊限
カク　おのおの　＊各
カク　かど・つの　＊角
カク　＊拡

読み	他の読み	漢字
カク	ガ	＊画
カク	キャク	＊客
カク	かわ	＊革
カク	コウ	＊格
カク		核
カク	から	殻
カク		郭
カク	おぼえる・さます・さめる	＊覚
カク		較
カク	へだてる・へだたる	隔
カク		＊閣
カク	たしか・たしかめる	＊確
カク	える	獲
カク		嚇
カク		穫
かく	かける・ケツ	＊欠
かく	ショ	＊書
かく	えがく・ビョウ	描
かぐ	キュウ	嗅
ガク	まなぶ	＊学
ガク	たけ	岳
ガク	ラク・たのしい・たのしむ	＊楽
ガク	ひたい	＊額
ガク	あご	顎
かくす	かくれる・イン	隠
かげ	かげる・イン	陰
かげ	エイ	影
がけ	ガイ	＊崖
かける	かく・ケツ	＊欠
かける	かかる・カ	架
かける	かかる・かかり	掛
かける	かる・ク	駆
かける	ト	賭
かける	かかる・ケン・ケ	懸
かげる	かげ・イン	陰
かご	こもる・ロウ	籠
かこむ	かこう・イ	＊囲
かさ	サン	傘
かざ	かぜ・フウ・フ	＊風
かさねる	かさなる・え・おもい・ジュウ・チョウ	＊重
かざる	ショク	飾
かしこい	ケン	賢
かしら	あたま・トウ・ズ・ト	＊頭
かす	タイ	＊貸
かず	かぞえる・スウ・ス	＊数
かぜ	かざ・フウ・フ	＊風
かせぐ	カ	稼
かぞえる	かず・スウ・ス	＊数
かた	ホウ	＊方
かた	ヘン	＊片
かた	かたち・ケイ・ギョウ	＊形
かた	ケン	肩
かた	ケイ	＊型
かた		＊潟
かたい	かためる・かたまる・コ	＊固
かたい	ケン	堅
かたい	コウ	硬
かたい	むずかしい・ナン	＊難
かたき	テキ	＊敵
かたち	かた・ケイ・ギョウ	＊形
かたな	トウ	＊刀
かたまり	カイ	塊
かたまる	かためる・かたい・コ	＊固

かたむく　かたむける・ケイ　傾
かためる　かたまる・かたい・コ　＊固
かたよる　ヘン　偏
かたらう　かたる・ゴ　＊語
かたわら　ボウ　傍
カツ　括
カツ　＊活
カツ　喝
カツ　かわく　渇
カツ　わる・わり・われる・さく　＊割
カツ　くず　葛
カツ　コツ・すべる・なめらか　滑
カツ　褐
カツ　轄
カッ　ガッ・ゴウ・あう・あわす・あわせる　＊合

かつ　■且
かつ　まさる・ショウ　＊勝
ガツ　ゲツ・つき　＊月
ガッ　カッ・ゴウ・あう・あわす・あわせる　＊合
かつぐ　になう・タン　＊担
かて　リョウ・ロウ　糧
かど　つの・カク　＊角
かど　モン　＊門
かな　かね・キン・コン　＊金
かなしい　かなしむ・ヒ　＊悲
かなでる　ソウ　＊奏
かなめ　いる・ヨウ　＊要
かならず　ヒツ　＊必
かね　かな・キン・コン　＊金
かね　ショウ　鐘
かねる　ケン　兼

かの　かれ・ヒ　彼
かぶ　＊株
かべ　ヘキ　壁
かま　釜
かま　ヨウ　窯
かま　鎌
かまえる　かまう・コウ　＊構
かみ　うえ・うわ・あげる・あがる・のぼる・のぼせる・のぼす・ジョウ・ショウ　＊上
かみ　かん・こう・シン・ジン　＊神
かみ　シ　＊紙
かみ　ハツ　髪
かみなり　ライ　雷
かめ　キ　亀
かもす　ジョウ　醸
かよう　とおる・とおす・ツウ・ツ　＊通

から　そら・あく・あける・クウ　＊空
から　トウ　唐
から　カク　殻
がら　え・ヘイ　柄
からい　シン　辛
からす　かれる・コ　枯
からだ　タイ・テイ　＊体
からむ　からまる・からめる・ラク　絡
かり　カ・ケ　＊仮
かり　かる・シュ　狩
かりる　シャク　＊借
かる　刈
かる　かり・シュ　狩
かる　かける・ク　駆
かるい　かろやか・ケイ　＊軽
かれ　かの・ヒ　彼

かれる	からす・コ	枯
かろやか	かるい・ケイ	*軽
かわ	セン	*川
かわ	ヒ	*皮
かわ	カ	*河
かわ	カク	*革
がわ	ソク	*側
かわく	かわかす・カン	乾
かわく	カツ	渇
かわす	かう・まじわる・まじえる・まじる・まざる・まぜる・コウ	*交
かわら	ガ	瓦
かわる	かえる・よ・しろ・ダイ・タイ	*代
かわる	かえる・ヘン	*変
かわる	かえる・カン	換
かわる	かえる・タイ	替
カン	ほす・ひる	*干
カン		*刊
カン	あまい・あまえる・あまやかす	甘
カン	コウ	甲
カン	あせ	汗
カン		缶
カン		*完
カン	きも	肝
カン		*官
カン	かんむり	冠
カン	まく・まき	*巻
カン		*看
カン	おちいる・おとしいれる	陥
カン	かわく・かわかす	乾
カン		勘
カン	わずらう	患
カン	つらぬく	貫
カン	さむい	*寒
カン		喚
カン	たえる	堪
カン	かえる・かわる	換
カン		敢
カン		棺
カン		款
カン	ケン・あいだ・ま	*間
カン		閑
カン	すすめる	勧
カン		寛
カン	みき	*幹
カン		*感
カン		*漢
カン	なれる・ならす	*慣
カン	くだ	*管
カン	せき・かかわる	*関
カン		歓
カン		監
カン	ゆるい・ゆるやか・ゆるむ・ゆるめる	緩
カン		憾
カン		還
カン	やかた	*館
カン		環
カン		*簡
カン		*観
カン		韓
カン		艦
カン	かんがみる	鑑
かん	かみ・こう・シン・ジン	*神
ガン	まる・まるい・まるめる	*丸
ガン	ゲン・もと	*元
ガン	ふくむ・ふくめる	含
ガン	きし	*岸

ガン　いわ	＊岩
ガン	玩
ガン　ゲン・まなこ	＊眼
ガン	頑
ガン　かお	＊顔
ガン　ねがう	＊願
かんがえる　コウ	＊考
かんがみる　カン	鑑
かんばしい　ホウ	芳
かんむり　カン	冠

【キ・き】

キ　コ・おのれ	＊己
キ　くわだてる	企
キ	伎
キ　あぶない・あやうい・あやぶむ	＊危
キ　つくえ	＊机
キ　ケ	＊気
キ	＊岐
キ	＊希
キ　いむ・いまわしい	忌
キ	＊汽
キ	奇
キ　いのる	祈
キ	＊季
キ	＊紀
キ	軌
キ　すでに	既
キ　しるす	＊記
キ　おきる・おこる・おこす	＊起
キ　うえる	飢
キ　おに	鬼
キ　かえる・かえす	＊帰
キ　もと・もとい	＊基
キ　よる・よせる	＊寄
キ	＊規
キ　かめ	亀
キ　よろこぶ	＊喜
キ　いく	幾
キ	＊揮
キ　ゴ	＊期
キ	棋
キ　たっとい・たっとぶ・とうとい・とうとぶ	＊貴
キ	棄
キ	毀
キ　はた	＊旗
キ　うつわ	＊器
キ	畿
キ　かがやく	輝
キ　はた	＊機
キ	騎
き　こ・ボク・モク	＊木
き　いきる・いかす・いける・うまれる・うむ・おう・はえる・はやす・なま・セイ・ショウ	＊生
き　こ・コウ・オウ	＊黄
ギ　わざ	＊技
ギ	宜
ギ　いつわる・にせ	偽
ギ　あざむく	欺
ギ	＊義
ギ　うたがう	＊疑
ギ	儀
ギ　たわむれる	戯
ギ	擬
ギ	犠
ギ	＊議
きえる　けす・ショウ	＊消
キク	菊
きく　リ	＊利
きく　コウ	＊効
きく　きこえる・ブン・モン	＊聞
きく　チョウ	聴

きこえる　きく・ブン・モン　*聞
きざし　きざす・チョウ　*兆
きざむ　コク　*刻
きし　ガン　*岸
きず　いたむ・いためる・ショウ　*傷
きずく　チク　*築
きずな　○絆
きせる　きる・つく・つける・チャク・ジャク|　*着
きそう　せる・キョウ・ケイ　*競
きた　ホク　*北
きたえる　タン　鍛
きたす　きたる・くる・ライ　*来
きたない　けがす・けがれる・けがらわしい・よごす・よごれる・オ　汚
きたる　きたす・くる・ライ　*来
キチ　キツ　吉
キツ　喫
キツ　つめる・つまる・つむ　詰
きぬ　ケン　*絹
きば　ガ・ゲ|　牙
きびしい　おごそか・ゲン・ゴン|　*厳
きまる　きめる・ケツ　*決
きみ　クン　*君
きめる　きまる・ケツ　*決
きも　カン　肝
キャ|　キャク・あし　脚
キャク　却
キャク　カク　*客
キャク　キャ|・あし　脚
ギャク　さか・さからう　*逆
ギャク　しいたげる　虐
キュウ　ク・ここの・ここのつ　*九
キュウ　ク|・ひさしい　*久
キュウ　およぶ・および・およぼす　及
キュウ　ゆみ　*弓
キュウ　おか　丘
キュウ　*旧
キュウ　やすむ・やすまる・やすめる　*休
キュウ　すう　*吸
キュウ　くちる　朽
キュウ　うす　臼
キュウ　もとめる　*求
キュウ　きわめる　*究
キュウ　なく　*泣
キュウ　いそぐ　*急
キュウ　*級
キュウ　糾
キュウ　グウ・ク|・みや　*宮
キュウ　すくう　*救
キュウ　たま　*球
キュウ　*給
キュウ　かぐ　嗅
キュウ　きわまる・きわめる　窮
ギュウ　うし　*牛
キョ　コ・さる　*去
キョ　巨
キョ　いる　*居
キョ　こばむ　拒
キョ　コ　拠
キョ　あげる・あがる　*挙
キョ　コ|　虚
キョ　ゆるす　*許

キョ　距
ギョ　うお・さかな　＊魚
ギョ　ゴ・おん　御
ギョ　リョウ　＊漁
きよい　きよまる・きよめる・セイ・ショウ　＊清
キョウ　凶
キョウ　ケイ・あに　＊兄
キョウ　とも　＊共
キョウ　さけぶ　叫
キョウ　くるう・くるおしい　狂
キョウ　ケイ　＊京
キョウ　享
キョウ　ク・そなえる・とも　＊供
キョウ　＊協
キョウ　況
キョウ　峡
キョウ　はさむ・はさまる　挟
キョウ　せまい・せばめる・せばまる　狭
キョウ　コウ・か・かおり・かおる　＊香
キョウ　おそれる・おそろしい　恐
キョウ　うやうやしい　恭
キョウ　むね・むな　＊胸
キョウ　おびやかす・おどす・おどかす　脅
キョウ　ゴウ・つよい・つよまる・つよめる・しいる　＊強
キョウ　おしえる・おそわる　＊教
キョウ　ゴウ　＊郷
キョウ　ケイ・へる　＊経
キョウ　ケイ・さかい　＊境
キョウ　はし　＊橋
キョウ　コウ・おこる・おこす　＊興
キョウ　ためる　矯
キョウ　かがみ　＊鏡
キョウ　ケイ・きそう・せる　＊競
キョウ　ひびく　響
キョウ　おどろく・おどろかす　驚
ギョウ　コウ・あおぐ・おおせ　仰
ギョウ　コウ・アン・いく・ゆく・おこなう　＊行
ギョウ　ケイ・かた・かたち　＊形
ギョウ　あかつき　暁
ギョウ　ゴウ・わざ　＊業
ギョウ　こる・こらす　凝
キョク　まがる・まげる　＊曲
キョク　＊局
キョク　ゴク・きわめる・きわまる・きわみ　＊極
ギョク　たま　＊玉
きよまる　きよめる・きよい・セイ・ショウ　＊清
きらう　いや・ケン・ゲン　嫌
きり　ム　霧
きる　きれる・セツ・サイ　＊切
きる　ザン　斬
きる　きせる・つく・つける・チャク・ジャク　＊着
きれる　きる・セツ・サイ　＊切
きわ　サイ　＊際
きわまる　きわめる・きわみ・キョク・ゴク　＊極

きわまる　きわめる・キュウ　窮
きわみ　きわめる・きわまる・キョク・ゴク　＊極
きわめる　キュウ　＊究
きわめる　きわまる・きわみ・キョク・ゴク　＊極
きわめる　きわまる・キュウ　窮
キン　巾
キン　コン・いま　＊今
キン　斤
キン　＊均
キン　ちかい　＊近
キン　コン・かね・かな　＊金
キン　菌
キン　ゴン・つとめる・つとまる　＊勤
キン　こと　琴

キン　すじ　＊筋
キン　わずか　僅
キン　＊禁
キン　緊
キン　にしき　錦
キン　つつしむ　謹
キン　えり　襟
ギン　吟
ギン　＊銀

【ク・く】

ク　キュウ・ここの・このつ　＊九
ク　キュウ・ひさしい　＊久
ク　コウ・くち　＊口
ク　コウ　＊工
ク　＊区
ク　コウ　＊功
ク　＊句
ク　キョウ・そなえる・とも　＊供

ク　くるしい・くるしむ・くるしめる・にがい・にがる　＊苦
ク　コウ・べに・くれない　＊紅
ク　キュウ・グウ・みや　＊宮
ク　コ　＊庫
ク　コウ・みつぐ　貢
ク　かける・かる　駆
グ　＊具
グ　惧
グ　おろか　愚
くいる　くやむ・くやしい・カイ　悔
クウ　あく・あける・から・そら　＊空
くう　くらう・たべる・ショク・ジキ　＊食

グウ　キュウ・ク・みや　＊宮
グウ　偶
グウ　＊遇
グウ　すみ　隅
くき　ケイ　茎
くさ　ソウ　＊草
くさい　におう・シュウ　臭
くさらす　くさる・くされる・フ　腐
くさり　サ　鎖
くさる　くされる・くさらす・フ　腐
くし　串
くじら　ゲイ　鯨
くず　カツ　葛
くずす　くずれる・ホウ　崩
くすり　ヤク　＊薬

くずれる　くずす・ホウ　崩
くせ　ヘキ　癖
くだ　カン　＊管
くだく　くだける・サイ　砕
くだる　くだす・くださる・おろす・おりる・さげる・さがる・した・しも・もと・カ・ゲ　＊下
くち　コウ・ク　＊口
くちびる　シン　唇
くちる　キュウ　朽
クツ　屈
クツ　ほる　掘
クツ　窟
くつ　カ　靴
くつがえす　くつがえる・おおう・フク　覆

くに　コク　＊国
くばる　ハイ　＊配
くび　シュ　＊首
くま　＊熊
くみ　くむ・ソ　＊組
くむ　シャク　酌
くむ　くみ・ソ　＊組
くも　ウン　＊雲
くもる　ドン　曇
くやむ　くやしい・くいる・カイ　悔
くら　ソウ　＊倉
くら　ゾウ　＊蔵
くらい　イ　＊位
くらい　アン　＊暗
くらう　くう・たべる・ショク・ジキ　＊食
くらす　くれる・ボ　＊暮
くらべる　ヒ　＊比
くり　○栗

くる　きたる・きたす・ライ　＊来
くる　繰
くるう　くるおしい・キョウ　狂
くるしい　くるしむ・くるしめる・にがい・にがる・ク　＊苦
くるま　シャ　＊車
くれない　べに・コウ・ク　＊紅
くれる　くらす・ボ　＊暮
くろ　くろい・コク　＊黒
くわ　ソウ　桑
くわえる　くわわる・カ　＊加
くわしい　ショウ　詳
くわだてる　キ　企
くわわる　くわえる・カ　＊加

クン　きみ　＊君
クン　＊訓
クン　勲
クン　かおる　薫
グン　＊軍
グン　＊郡
グン　むれる・むれ・むら　＊群

【ケ・け】

ケ　カ・ばける・ばかす　＊化
ケ　カ・かり　＊仮
ケ　キ　＊気
ケ　カ・いえ・や　＊家
ケ　カ・はな　華
ケ　ケン・かける・かかる　懸
け　モウ　＊毛
ゲ　カ・おろす・おりる　＊下

・くだる・くだす・くださる・さげる・さがる・した・しも・もと　＊下
ゲ｜ガ・きば　牙
ゲ　ガイ・そと・ほか・はずす・はずれる　＊外
ゲ｜カ・なつ　＊夏
ゲ　カイ・とく・とかす・とける　＊解
ケイ｜キョウ｜・あに　＊兄
ケイ　刑
ケイ　ギョウ・かた・かたち　＊形
ケイ　＊系
ケイ　キョウ　＊京
ケイ　＊径
ケイ　くき　茎
ケイ　かかる・かかり　＊係
ケイ　かた　＊型

ケイ　ちぎる　契
ケイ　はかる・はからう　＊計
ケイ　エ・めぐむ　恵
ケイ　啓
ケイ　かかげる　掲
ケイ　渓
ケイ　キョウ・へる　＊経
ケイ　ほたる　蛍
ケイ　うやまう　＊敬
ケイ　＊景
ケイ　かるい・かろやか　＊軽
ケイ　かたむく・かたむける　傾
ケイ　たずさえる・たずさわる　＊携
ケイ　つぐ　＊継
ケ｜イ　もうでる　詣
ケイ　キョウ・さかい　＊境

ケイ　慶
ケイ　憬
ケイ　稽
ケイ　いこい・いこう　憩
ケイ　＊警
ケイ　にわとり・□とり　鶏
ケイ　キョウ・きそう・せる　＊競
ゲイ　＊芸
ゲイ　むかえる　迎
ゲイ　くじら　鯨
けがす　けがれる・けがらわしい・きたない・よごす・よごれる・オ　汚
ゲキ　すき　隙
ゲキ　＊劇
ゲキ　うつ　撃
ゲキ　はげしい　＊激

けす　きえる・ショウ　＊消
けずる　サク　削
けた　桁
ケツ　かける・かく　＊欠
ケツ　あな　＊穴
ケツ　ち　＊血
ケツ　きめる・きまる　＊決
ケツ　むすぶ・ゆう・ゆわえる　＊結
ケツ　傑
ケツ　いさぎよい　＊潔
ゲツ　ガツ・つき　＊月
けむい　けむり・けむる・エン　煙
けもの　ジュウ　獣
ける　シュウ　蹴
けわしい　ケン　＊険
ケン　いぬ　＊犬
ケン　＊件
ケン　みる・みえる・み

せる　*見
ケン　*券
ケン　かた　肩
ケン　コン・たてる・たつ　*建
ケン　とぐ　*研
ケン　*県
ケン　倹
ケン　かねる　兼
ケン　つるぎ　剣
ケン　こぶし　拳
ケン　のき　軒
ケン　すこやか　*健
ケン　けわしい　*険
ケン　圏
ケン　かたい　堅
ケン　*検
ケン　カン・あいだ・ま　*間
ケン　ゲン・きらう・いや　嫌
ケン　コン　献
ケン　きぬ　*絹
ケン　つかう・つかわす　遣
ケン　ゴン　*権
ケン　*憲
ケン　かしこい　賢
ケン　謙
ケン　かぎ　鍵
ケン　まゆ　繭
ケン　顕
ケン　ゲン　*験
ケン　ケ・かける・かかる　懸
ゲン　ガン・もと　*元
ゲン　まぼろし　幻
ゲン　玄
ゲン　ゴン・いう・こと　*言
ゲン　つる　弦
ゲン　かぎる　*限
ゲン　はら　*原
ゲン　あらわれる・あらわす　*現
ゲン　舷
ゲン　ガン・まなこ　*眼
ゲン　へる・へらす　*減
ゲン　ケン・きらう・いや　嫌
ゲン　みなもと　*源
ゲン　ゴン・おごそか・きびしい　*厳
ゲン　ケン　*験

【コ・こ】

コ　キ・おのれ　*己
コ　と　*戸
コ　キョ・さる　*去
コ　ふるい・ふるす　*古
コ　よぶ　*呼
コ　かためる・かたまる・かたい　*固
コ　キョ　拠
コ　孤
コ　弧
コ　また　股
コ　とら　虎
コ　ゆえ　*故
コ　かれる・からす　枯
コ　*個
コ　ク　*庫
コ　キョ　虚
コ　みずうみ　*湖
コ　やとう　雇
コ　ほこる　誇
コ　つづみ　鼓
コ　錮
コ　かえりみる　顧
こ　シ・ス　*子

こ　お・ちいさい・ショウ　*小
こ　き・ボク・モク　*木
こ　こな・フン　*粉
こ　き・コウ・オウ　*黄
ゴ　いつ・いつつ　*五
ゴ　たがい　互
ゴ　*午
ゴ　呉
ゴ　コウ・あと・おくれる・うしろ・のち　*後
ゴ　娯
ゴ　さとる　悟
ゴ　ギョ・おん　御
ゴ　キ　*期
ゴ　碁
ゴ　かたる・かたらう　*語
ゴ　あやまる　*誤
ゴ　*護
こい　ノウ　濃

こい　こう・こいしい・レン　恋
コウ　ク・くち　*口
コウ　ク　*工
コウ　おおやけ　*公
コウ　勾
コウ　孔
コウ　ク　*功
コウ　たくみ　巧
コウ　ひろい・ひろまる・ひろめる・ひろがる・ひろげる　*広
コウ　カン　甲
コウ　まじわる・まじえる・まじる・まざる・まぜる・かう・かわす　*交
コウ　ギョウ・あおぐ・おおせ　仰
コウ　ひかる・ひかり　*光

コウ　むく・むける・むかう・むこう　*向
コウ　*后
コウ　このむ・すく　*好
コウ　え　江
コウ　かんがえる　*考
コウ　ギョウ・アン・いく・ゆく・おこなう　*行
コウ　坑
コウ　*孝
コウ　抗
コウ　せめる　攻
コウ　さら・ふける・ふかす　更
コウ　きく　*効
コウ　さいわい・さち・しあわせ　*幸
コウ　拘
コウ　肯
コウ　侯

コウ　あつい　*厚
コウ　ゴ・あと・おくれる・うしろ・のち　*後
コウ　恒
コウ　洪
□コウ　にじ　虹
コウ　オウ　*皇
コウ　ク・べに・くれない　*紅
コウ　あらい・あれる・あらす　荒
コウ　郊
コウ　キョウ・か・かおり・かおる　*香
コウ　そうろう　*候
コウ　カク　*格
コウ　*校
コウ　たがやす　*耕
コウ　モウ　耗
コウ　*航

コウ　ク・みつぐ　貢
コウ　おりる・おろす・ふる　＊降
コウ　たかい・たか・たかまる・たかめる　＊高
コウ　＊康
コウ　ひかえる　控
コウ　梗
コウ　オウ・き・こ　＊黄
コウ　のど　喉
コウ　あわてる・あわただしい　慌
コウ　みなと　＊港
コウ　かたい　硬
コウ　しぼる・しめる・しまる　絞
コウ　項
コウ　みぞ　溝
コウ　＊鉱
コウ　かまう・かまえる　＊構
コウ　つな　綱
コウ　酵
コウ　稿
コウ　キョウ・おこる・おこす　＊興
コウ　衡
コウ　はがね　＊鋼
コウ　＊講
コウ　購
こう　乞
こう　かみ・かん・シン・ジン　＊神
こう　こい・こいしい・レン　恋
こう　うける・セイ・シン　請
ゴウ　＊号
ゴウ　ガッ・カッ・あう・あわす・あわせる　＊合
ゴウ　拷
ゴウ　剛
ゴウ　キョウ・つよい・つよまる・つよめる・しいる　＊強
ゴウ　キョウ　＊郷
ゴウ　ギョウ・わざ　＊業
ゴウ　傲
ゴウ　豪
こうむる　ヒ　被
こえ　こわ・セイ・ショウ　＊声
こえる　こえ・こやす・こやし・ヒ　＊肥
こえる　こす・エツ　越
こえる　こす・チョウ　超
こおり　ひ・ヒョウ　＊氷
こおる　こごえる・トウ　凍
こがす　こげる・こがれる・あせる・ショウ　焦
コク　セキ・シャク・いし　＊石
コク　克
コク　つげる　＊告
コク　たに　＊谷
コク　きざむ　＊刻
コク　くに　＊国
コク　くろ・くろい　＊黒
コク　＊穀
コク　酷
ゴク　キョク・きわめる・きわまる・きわみ　＊極
ゴク　獄
こげる　こがす・こがれる・あせる・ショウ　焦
こごえる　こおる・トウ　凍
ここの　ここのつ・キュウ・ク　＊九

こころ　シン　*心
こころざす　こころざし・シ　*志
こころみる　ためす・シ　*試
こころよい　カイ　*快
こし　ヨウ　腰
こす　こえる・エツ　越
こす　こえる・チョウ　超
こたえ　こたえる・トウ　*答
こたえる　オウ　*応
こたえる　こたえ・トウ　*答
コツ　ほね　*骨
コツ　カツ・すべる・なめらか　滑
こと　いう・ゲン・ゴン　*言
こと　ジ・ズ　*事

こと　シュ　殊
こと　イ　*異
こと　キン　琴
ことぶき　ジュ　寿
ことわる　たつ・ダン　*断
こな　こ・フン　*粉
このむ　すく・コウ　*好
こばむ　キョ　拒
こぶし　ケン　拳
こま　駒
こまか　ほそい・ほそる・こまかい・サイ　*細
こまる　コン　*困
こむ　こめる　込
こむ　まじる・まざる・まぜる・コン　*混
こめ　ベイ・マイ　*米
こめる　こむ　込
こもる　かご・ロウ　籠
こやし　こえる・こえ・こやす・ヒ　*肥

こよみ　レキ　暦
こりる　こらしめる・こらす・チョウ　懲
こる　こらす・ギョウ　凝
ころ　頃
ころがす　ころがる・ころげる・ころぶ・テン　*転
ころす　サツ・サイ・セツ　*殺
ころぶ　ころがる・ころげる・ころがす・テン　*転
ころも　イ　*衣
こわ　こえ・セイ・ショウ　*声
こわい　フ　怖
こわす　こわれる・カイ　壊

コン　キン・いま　*今
コン　こまる　*困
コン　昆
コン　キン・かね・かな　*金
コン　ケン・たてる・たつ　*建
コン　うらむ・うらめしい　恨
コン　ね　*根
コン　婚
コン　まじる・まざる・まぜる・こむ　*混
コン　あと　痕
コン　紺
コン　ケン　献
コン　たましい　魂
コン　墾
コン　ねんごろ　懇
ゴン　ゲン・いう・こと

*言
ゴン　キン・つとめる・つとまる　*勤
ゴン　ケン　*権
ゴン　ゲン・おごそか・きびしい　*厳

【サ・さ】

サ　ひだり　*左
サ　サイ・ふたたび　*再
サ　*佐
サ　沙
サ　サク・つくる　*作
サ　チャ　*茶
サ　*査
サ　シャ・すな　*砂
サ　そそのかす　唆
サ　さす　*差
サ　詐
サ　くさり　鎖

ザ　すわる　*座
ザ　挫
サイ　*才
サイ　セツ・きる・きれる　*切
サイ　サ・ふたたび　*再
サイ　セイ・にし　*西
サイ　わざわい　*災
サイ　つま　*妻
サイ　采
サイ　くだく・くだける　砕
サイ　宰
サイ　栽
サイ　サツ・セツ・ころす　*殺
サイ　ザイ　*財
サイ　いろどる　彩
サイ　とる　*採
サイ　すむ・すます　*済

サイ　まつる・まつり　*祭
サイ　斎
サイ　ほそい・ほそる・こまか・こまかい　*細
サイ　な　*菜
サイ　もっとも　*最
サイ　たつ・さばく　*裁
サイ　債
サイ　もよおす　催
サイ　ソク・ふさぐ・ふさがる　塞
サイ　セイ　歳
サイ　のせる・のる　載
サイ　きわ　*際
さい　*埼
ザイ　ある　*在
ザイ　*材
ザイ　サイ　剤
ザイ　*財
ザイ　つみ　*罪

さいわい　さち・しあわせ・コウ　*幸
さえぎる　シャ　遮
さか　ハン　*坂
さか　さからう・ギャク　*逆
さか　さけ・シュ　*酒
さかい　キョウ・ケイ　*境
さかえる　はえ・はえる・エイ　*栄
さがす　ソウ　捜
さがす　さぐる・タン　*探
さかずき　ハイ　杯
さかな　うお・ギョ　*魚
さかのぼる　ソ　遡
さからう　さか・ギャク　*逆
さかる　さかん・もる・セイ・ジョウ　*盛
さがる　さげる・おろす

・おりる・くだる・くだす・くださる・した・しも・もと・カ・ゲ　＊下
さかん　さかる・もる・セイ・ジョウ　＊盛
さき　セン　＊先
さき　＊崎
サク　サッ　＊冊
サク　サ・つくる　＊作
サク　けずる　削
サク　＊昨
サク　柵
サク　索
サク　＊策
サク　す　酢
サク　しぼる　搾
サク　錯
さく　咲
さく　わる・わり・われる・カツ　＊割

さく　さける・レツ　裂
さくら　オウ　＊桜
さぐる　さがす・タン　＊探
さけ　さか・シュ　＊酒
さげすむ　ベツ　蔑
さけぶ　キョウ　叫
さける　さく・レツ　裂
さける　ヒ　避
さげる　さがる・おろす・おりる・くだる・くだす・くださる・した・しも・もと・カ・ゲ　＊下
さげる　テイ　＊提
ささえる　シ　＊支
さす　ささる・シ　刺
さす　ゆび・シ　＊指
さす　サ　＊差
さす　ソウ　挿

さずかる　さずける・ジュ　＊授
さそう　ユウ　誘
さだか　さだめる・さだまる・テイ・ジョウ　＊定
さち　さいわい・しあわせ・コウ　＊幸
サツ　サク　＊冊
サツ　ふだ　＊札
サツ　する　＊刷
サツ　セツ　刹
サツ　拶
サツ　サイ・セツ・ころす　＊殺
サツ　＊察
サツ　とる　撮
サツ　する・すれる　擦
サッ　ソウ・はやい・はやまる・はやめる　＊早
ザツ　ゾウ　＊雑

さと　リ　＊里
さとす　ユ　諭
さとる　ゴ　悟
さばく　たつ・サイ　＊裁
さび　さびしい・さびれる・ジャク・セキ　寂
さま　ヨウ　＊様
さます　さめる・つめたい・ひえる・ひや・ひやす・ひやかす・レイ　＊冷
さます　さめる・おぼえる・カク　＊覚
さまたげる　ボウ　妨
さむい　カン　＊寒
さむらい　ジ　侍
さめる　さます・つめたい・ひえる・ひや・ひやす・ひやかす・レイ　＊冷

さめる　さます・おぼえる・カク　＊覚
さら　＊皿
さら　ふける・ふかす・コウ　更
さる　キョ・コ　＊去
さる　エン　猿
さわ　タク　沢
さわぐ　ソウ　騒
さわやか　ソウ　爽
さわる　ふれる・ショク　触
さわる　ショウ　＊障
サン　み・みつ・みっつ　＊三
サン　やま　＊山
サン　まいる　＊参
サン　桟
サン　かいこ　＊蚕
サン　ザン・みじめ　惨
サン　うむ・うまれる・うぶ　＊産
サン　かさ　傘
サン　ちる・ちらす・ちらかす・ちらかる　＊散
サン　＊算
サン　すい　＊酸
サン　＊賛
ザン　のこる・のこす　＊残
ザン　きる　斬
ザン　サン・みじめ　惨
ザン　暫

【シ・し】

シ　＊士
シ　ス・こ　＊子
シ　ささえる　＊支
シ　とまる・とめる　＊止
シ　うじ　＊氏
シ　ジ・つかえる　＊仕
シ　＊史
シ　＊司
シ　よ・よつ・よっつ・よん　＊四
シ　いち　＊市
シ　や　＊矢
シ　ジ・しめす　＊示
シ　むね　旨
シ　ジ・つぐ・つぎ　＊次
シ　しぬ　＊死
シ　いと　＊糸
シ　ジ・みずから　＊自
シ　いたる　＊至
シ　うかがう　伺
シ　こころざす・こころざし　＊志
シ　わたくし・わたし　＊私
シ　つかう　＊使
シ　さす・ささる　刺
シ　はじめる・はじまる　＊始
シ　あね　＊姉
シ　えだ　＊枝
シ　祉
シ　肢
シ　すがた　＊姿
シ　おもう　＊思
シ　さす・ゆび　＊指
シ　セ・ほどこす　施
シ　＊師
シ　恣
シ　かみ　＊紙
シ　あぶら　脂
シ　＊視
シ　むらさき　紫
シ　＊詞
シ　は　＊歯
シ　嗣
シ　こころみる・ためす　＊試

シ　*詩
シ　*資
シ　かう　*飼
シ　*誌
シ　め・めす　雌
シ　摯
シ　たまわる　賜
シ　はかる　諮
ジ|　シ・つかえる　*仕
ジ　シ・しめす　*示
ジ　チ　*地
ジ　あざ　*字
ジ　てら　*寺
ジ　シ・つぐ・つぎ　*次
ジ　みみ　*耳
ジ　シ・みずから　*自
ジ　にる　*似
ジ　ニ|　*児
ジ　ズ|・こと　*事
ジ　さむらい　侍

ジ　チ・おさめる・おさまる・なおる・なおす　*治
ジ　もつ　*持
ジ|　ジョ・のぞく　*除
ジ　とき　*時
ジ　*滋
ジ　いつくしむ　慈
ジ　やめる　*辞
ジ　*磁
ジ　えさ・え　餌
ジ　璽
じ　ロ　*路
しあわせ　さいわい・さち・コウ　*幸
しいたげる　ギャク　虐
しいる　つよい・つよまる・つよめる・キョウ・ゴウ　*強
しお　エン　*塩

しお　チョウ　*潮
しか　か|　*鹿
しかる　シツ　叱
シキ　*式
シキ　ショク・いろ　*色
シキ　ショク・おる　*織
シキ　*識
ジキ　チョク・ただちに・なおす・なおる　*直
ジキ|　ショク・くう・くらう・たべる　*食
しく　フ　敷
ジク　軸
しげる　モ　茂
しず　しずか・しずまる・しずめる・セイ・ジ|ョウ　*静
しずく　したたる・テキ　滴
しずまる　しずめる・しず・しずか・セイ・ジ|ョウ　*静
しずまる　しずめる・チン　鎮
しずむ　しずめる・チン　沈
しずめる　しずまる・しず・しずか・セイ・ジ|ョウ　*静
しずめる　しずまる・チン　鎮
した　しも・もと・おろす・おりる・くだる・くだす・くださる・さげる・さがる・カ・ゲ　*下
した　ゼツ　*舌
したう　ボ　慕
したがう　したがえる・ジュウ・シ|ョウ・ジ|ュ

＊従
したしい　したしむ・お
や・シン　＊親
したたる　しずく・テキ　滴
シチ　なな・ななつ・な|
の|　＊七
シチ　シツ・チ|　＊質
シツ　しかる　叱
シツ　うしなう　＊失
シツ　むろ　＊室
シツ　疾
シツ　シュウ・とる　執
シツ　しめる・しめす　湿
シツ　嫉
シツ　うるし　漆
シツ　シチ・チ|　＊質
ジツ　ニチ・ひ・か　＊日
ジツ　み・みのる　＊実
ジッ　ジュウ・とお・と

＊十
しな　ヒン　＊品
しぬ　シ　＊死
しのばせる　しのぶ・ニ
ン　忍
しば　芝
しばる　バク　縛
しぶ　しぶい・しぶる・
ジュウ　渋
しぼる　しめる・しまる
・コウ　絞
しぼる　サク　搾
しま　トウ　＊島
しまる　しめる・とじる
・とざす・ヘイ　＊閉
しまる　しめる・しぼる
・コウ　絞
しまる　しめる・テイ　締
しみ　しみる・そめる・
そまる・セン　＊染

しめす　ジ・シ　＊示
しめす　しめる・シツ　湿
しめる　うらなう・セン　占
しめる　しまる・とじる
・とざす・ヘイ　＊閉
しめる　しめす・シツ　湿
しめる　しまる・しぼる
・コウ　絞
しめる　しまる・テイ　締
しも　した・もと・おろ
す・おりる・くだる・
くだす・くださる・さ
げる・さがる・カ・ゲ　＊下
しも　ソウ　霜
シャ　うつす・うつる　＊写
シャ　やしろ　＊社
シャ　くるま　＊車
シャ　＊舎

シャ　もの　＊者
シャ　サ・すな　＊砂
シャ　いる　＊射
シャ　すてる　＊捨
シャ　赦
シャ　ななめ　斜
シャ　にる・にえる・に
やす　煮
シャ　さえぎる　遮
シャ　あやまる　＊謝
ジャ　邪
ジャ　ダ・へび　蛇
シャク　＊尺
シャク|　セキ・コク|・い
し　＊石
シャク|　セキ・あか・あ
かい・あからむ・あか
らめる　＊赤
シャク|　セキ・むかし　＊昔
シャク　かりる　＊借

シャク くむ 酌
シャク 釈
シャク 爵
ジャク ニャク・わかい・もしくは *若
ジャク よわい・よわる・よわまる・よわめる *弱
ジャク セキ・さび・さびしい・さびれる 寂
ジャク チャク・きる・きせる・つく・つける *着
シュ て・た *手
シュ ス・おも・ぬし *主
シュ ス・まもる・もり *守
シュ 朱
シュ とる *取
シュ かる・かり 狩

シュ くび *首
ジュ シュウ・おさめる・おさまる *修
シュ こと 殊
シュ 珠
シュ さけ・さか *酒
ジュ シュウ *衆
シュ はれる・はらす 腫
シュ たね *種
シュ おもむき 趣
ジュ ことぶき 寿
ジュ うける・うかる *受
ジュ のろう 呪
ジュ ジュウ・ショウ・したがう・したがえる *従
ジュ さずける・さずかる *授
ジュ シュウ・つく・つける *就

ジュ 需
ジュ 儒
ジュ *樹
シュウ おさめる・おさまる *収
シュウ 囚
シュウ す *州
シュウ ふね・ふな 舟
シュウ ひいでる 秀
シュウ まわり *周
シュウ ソウ *宗
シュウ ジュウ・ひろう *拾
シュウ シュク・いわう *祝
シュウ あき *秋
シュウ くさい・におう 臭
シュウ シュ・おさめる・おさまる *修

シュウ そで *袖
シュウ シツ・とる 執
シュウ おわる・おえる *終
シュウ 羞
シュウ ならう *習
シュウ *週
シュウ ジュ・つく・つける *就
シュウ シュ *衆
シュウ あつまる・あつめる・つどう *集
シュウ うれい・うれえる 愁
シュウ 酬
シュウ みにくい 醜
シュウ ける 蹴
シュウ おそう 襲
ジュウ ジッ・とお・と *十

ジュウ　チュウ・なか　＊中
ジュウ　しる　汁
ジュウ　あてる　充
ジュウ　すむ・すまう　＊住
ジュウ　シュウ・ひろう　＊拾
ジュウ　ニュウ・やわらか・やわらかい　柔
ジュウ　チョウ・え・おもい・かさねる・かさなる　＊重
ジュウ　ショウ・ジュ・したがう・したがえる　＊従
ジュウ　しぶ・しぶい・しぶる　渋
ジュウ　銃
ジュウ　けもの　獣
ジュウ　たて　＊縦
シュク　叔

シュク　シュウ・いわう　＊祝
シュク　やど・やどる・やどす　＊宿
シュク　淑
シュク　粛
シュク　ちぢむ・ちぢまる・ちぢめる・ちぢれる・ちぢらす　＊縮
ジュク　塾
ジュク　うれる　＊熟
シュツ　スイ・でる・だす　＊出
ジュツ　のべる　＊述
ジュツ　＊術
シュン　ジュン　旬
シュン　俊
シュン　はる　＊春
シュン　またたく　瞬
ジュン　シュン　旬

ジュン　めぐる　巡
ジュン　たて　盾
ジュン　准
ジュン　殉
ジュン　＊純
ジュン　循
ジュン　＊順
ジュン　＊準
ジュン　うるおう・うるおす・うるむ　潤
ジュン　■遵
ショ　＊処
ショ　はじめ・はじめて・はつ・うい・そめる　＊初
ショ　ところ　＊所
ショ　かく　＊書
ショ　庶
ショ　あつい　＊暑
ショ　＊署

ショ　チョ・お　緒
ショ　＊諸
ジョ　ニョ・ニョウ・おんな・め　＊女
ジョ　ニョ　如
ジョ　たすける・たすかる・すけ　＊助
ジョ　＊序
ジョ　叙
ジョ　徐
ジョ　ジ・のぞく　＊除
ショウ　ジョウ・うえ・うわ・かみ・あげる・あがる・のぼる・のぼせる・のぼす　＊上
ショウ　ちいさい・こ・お　＊小
ショウ　セイ・い　＊井
ショウ　ます　升
ショウ　すくない・すこ

し　＊少
ショウ　めす　召
ショウ　セイ・ただしい・ただす・まさ　＊正
ショウ　セイ・いきる・いかす・いける・うまれる・うむ・おう・はえる・はやす・き・なま　＊生
ショウ　匠
ショウ　セイ・こえ・こわ　＊声
ショウ　とこ・ゆか　床
ショウ　抄
ショウ　肖
ショウ　セイ　姓
ショウ　尚
ショウ　セイ　＊性
ショウ　まねく　＊招
ショウ　うけたまわる　＊承

ショウ　のぼる　昇
ショウ　まつ　＊松
ショウ　ぬま　沼
ショウ　セイ・あお・あおい　＊青
ショウ　セイ・まつりごと　＊政
ショウ　＊昭
ショウ　セイ・ほし　＊星
ショウ　セイ・かえりみる・はぶく　＊省
ショウ　ソウ・あい　＊相
ショウ　○哨
ショウ　よい　宵
ショウ　＊将
ショウ　ジュウ・ジュ・したがう・したがえる　＊従
ショウ　きえる・けす　＊消
ショウ　症

ショウ　祥
ショウ　称
ショウ　わらう・えむ　＊笑
ショウ　となえる　＊唱
ショウ　あきなう　＊商
ショウ　渉
ショウ　セイ・きよい・きよまる・きよめる　＊清
ショウ　＊章
ショウ　紹
ショウ　訟
ショウ　かつ・まさる　＊勝
ショウ　掌
ショウ　晶
ショウ　やく・やける　＊焼
ショウ　あせる・こげる・こがす・こがれる　焦
ショウ　硝
ショウ　粧
ショウ　ソウ・よそおう　＊装

ショウ　みことのり　詔
ショウ　□あかす　＊証
ショウ　ゾウ　＊象
ショウ　いたむ・いためる・きず　＊傷
ショウ　奨
ショウ　てる・てらす・てれる　＊照
ショウ　くわしい　詳
ショウ　彰
ショウ　さわる　＊障
ショウ　セイ　＊精
ショウ　あこがれる　憧
ショウ　衝
ショウ　＊賞
ショウ　つぐなう　償
ショウ　礁
ショウ　かね　鐘
ジョウ　ショウ・うえ・

うわ・かみ・あげる・あがる・のぼる・のぼせる・のぼす　＊上
ジョウ　たけ　丈
ジョウ　冗
ジョウ　セイ・なる・なす　＊成
ジョウ　＊条
ジョウ　＊状
ジョウ　テイ・さだめる・さだまる・さだか　＊定
ジョウ　のる・のせる　＊乗
ジョウ　しろ　＊城
ジョウ　浄
ジョウ　剰
ジョウ　つね・とこ　＊常
ジョウ　セイ・なさけ　＊情
ジョウ　セイ・もる・さかる・さかん　＊盛
ジョウ　ば　＊場

ジョウ　たたむ・たたみ　畳
ジョウ　むす・むれる・むらす　＊蒸
ジョウ　セイ・しず・しずか・しずまる・しずめる　＊静
ジョウ　なわ　＊縄
ジョウ　壌
ジョウ　嬢
ジョウ　錠
ジョウ　ゆずる　譲
ジョウ　かもす　醸
ショク　シキ・いろ　＊色
ショク　ふく・ぬぐう　拭
ショク　ジキ・くう・くらう・たべる　＊食
ショク　うえる・うわる　＊植
ショク　ふえる・ふやす　殖

ショク　かざる　飾
ショク　ふれる・さわる　触
ショク　嘱
ショク　シキ・おる　＊織
ショク　＊職
ジョク　はずかしめる　辱
しら　しろ・しろい・ハク・ビャク　＊白
しらべる　ととのう・ととのえる・チョウ　＊調
しり　尻
しりぞく　しりぞける・タイ　＊退
しる　ジュウ　汁
しる　チ　＊知
しるし　イン　＊印
しるす　キ　＊記
しろ　かわる・かえる・よ・ダイ・タイ　＊代

しろ　しら・しろい・ハク・ビャク　＊白
しろ　ジョウ　＊城
しろい　しろ・しら・ハク・ビャク　＊白
シン　こころ　＊心
シン　もうす　＊申
シン　のびる・のばす・のべる　伸
シン　ジン　＊臣
シン　芯
シン　み　＊身
シン　からい　辛
シン　おかす　侵
シン　＊信
シン　つ　津
シン　ジン・かみ・かん・こう　＊神
シン　くちびる　唇

シン	娠
シン ふる・ふるう・ふれる	振
シン ひたす・ひたる	浸
シン ま	*真
シン はり	*針
シン	◯疹
シン ふかい・ふかまる・ふかめる	*深
シン	紳
シン すすむ・すすめる	*進
シン もり	*森
シン みる	診
シン ねる・ねかす	寝
シン つつしむ	慎
シン あたらしい・あらた・にい	*新
シン	審
シン セイ・こう・うける	請
シン ふるう・ふるえる	震
シン たきぎ	薪
シン おや・したしい・したしむ	*親
ジン ニン・ひと	*人
ジン は	刃
ジン ニ	*仁
ジン つくす・つきる・つかす	尽
ジン シン	迅
ジン シン	*臣
ジン シン・かみ・かん・こう	*神
ジン はなはだ・はなはだしい	甚
ジン	陣
ジン たずねる	尋
ジン	腎

【ス・す】

ス シ・こ	*子
ス シュ・おも・ぬし	*主
ス シュ・まもる・もり	*守
ス ソ	*素
ス	須
ス スウ・かず・かぞえる	*数
す シュウ	*州
す ソウ	*巣
す サク	酢
ズ ト・はかる	*図
ズ トウ・まめ	*豆
ズ ジ・こと	*事
ズ トウ・ト・あたま・かしら	*頭
スイ みず	*水
スイ シュツ・でる・だす	*出
スイ ふく	吹
スイ たれる・たらす	*垂
スイ たく	炊
スイ	帥
スイ いき	粋
スイ おとろえる	衰
スイ おす	*推
スイ よう	酔
スイ とげる	*遂
スイ	睡
スイ ほ	穂
すい サン	*酸
ズイ	随
ズイ	髄
スウ	枢
スウ	崇
スウ ス・かず・かぞえる	*数
すう キュウ	*吸

すえ　マツ・バツ　＊末
すえる　すわる　据
すかす　すく・すける・トウ　透
すがた　シ　＊姿
すき　ゲキ　隙
すぎ　杉
すぎる　すごす・あやまつ・あやまち・カ　＊過
すく　このむ・コウ　＊好
すく　すかす・すける・トウ　透
すくう　キュウ　＊救
すくない　すこし・ショウ　＊少
すぐれる　やさしい・ユウ　＊優
すけ　たすける・たすかる・ジョ　＊助
すける　すく・すかす・トウ　透

すこし　すくない・ショウ　＊少
すごす　すぎる・あやまつ・あやまち・カ　＊過
すこやか　ケン　＊健
すじ　キン　＊筋
すず　レイ・リン　鈴
すずしい　すずむ・リョウ　涼
すすむ　すすめる・シン　＊進
すずむ　すずしい・リョウ　涼
すすめる　すすむ・シン　＊進
すすめる　カン　勧
すすめる　セン　薦
すそ　裾
すたる　すたれる・ハイ　廃

すでに　キ　既
すてる　シャ　＊捨
すな　サ・シャ　＊砂
すべて　まったく・ゼン　全
すべる　トウ　＊統
すべる　なめらか・カツ・コツ　滑
すまう　すむ・ジュウ　＊住
すます　すむ・サイ　＊済
すます　すむ・チョウ　澄
すみ　タン　＊炭
すみ　グウ　隅
すみ　ボク　墨
すみやか　はやい・はやめる・はやまる・ソク　＊速
すむ　すまう・ジュウ　＊住
すむ　すます・サイ　＊済

すむ　すます・チョウ　澄
する　サツ　＊刷
する　すれる・サツ　擦
するどい　エイ　鋭
すれる　する・サツ　擦
すわる　ザ　＊座
すわる　すえる　据
スン　＊寸

【セ・せ】

セ　セイ・よ　＊世
セ　シ・ほどこす　施
せ　せい・そむく・そむける・ハイ　＊背
せ　瀬
ゼ　是
セイ　ショウ・い　＊井
セイ　セ・よ　＊世
セイ　ショウ・ただしい・ただす・まさ　＊正

セイ　ショウ・いきる・いかす・いける・うまれる・うむ・おう・はえる・はやす・き・なま　*生
セイ　ジョウ・なる・なす　*成
セイ　サイ・にし　*西
セイ　ショウ・こえ・こわ　*声
セイ　*制
セイ　ショウ　姓
セイ　征
セイ　ショウ　*性
セイ　ショウ・あお・あおい　*青
セイ　斉
セイ　ショウ・まつりごと　*政
セイ　ショウ・ほし　*星

セイ　牲
セイ　ショウ・かえりみる・はぶく　*省
セイ　凄
セイ　ゆく・いく　逝
セイ　ジョウ・なさけ　*情
セイ　ショウ・きよい・きよまる・きよめる　*清
セイ　ジョウ・もる・さかる・さかん　*盛
セイ　むこ　婿
セイ　はれる・はらす　*晴
セイ　いきおい　*勢
セイ　サイ　歳
セイ　ショウ　*聖
セイ　まこと　*誠
セイ　ショウ　*精
セイ　*製
セイ　ちかう　誓
セイ　ジョウ・しずか・しずまる・しずめる　*静

セイ　シン・こう・うける　請
セイ　ととのえる・ととのう　*整
セイ　醒
せい　せ・そむく・そむける・ハイ　*背
ゼイ　*税
ゼイ　セツ・とく　*説
セキ　ゆう　*夕
セキ　斥
セキ　シャク・コク・いし　*石
セキ　シャク・あか・あかい・あからむ・あからめる　*赤
セキ　シャク・むかし　*昔
セキ　析

セキ　*席
セキ　脊
セキ　隻
セキ　ジャク・さび・さびしい・さびれる　寂
セキ　おしい・おしむ　惜
セキ　戚
セキ　せめる　*責
セキ　あと　跡
セキ　つむ・つもる　*積
セキ　*績
セキ　籍
せき　かかわる・カン　*関
セチ　セツ・ふし　*節
セツ　サイ・きる・きれる　*切
セツ　おる・おり・おれる　*折
セツ　つたない　拙
セツ　サツ　刹

セツ　窃
セツ　サッ・サイ・ころす　＊殺
セツ　つぐ　＊接
セツ　もうける　＊設
セツ　ゆき　＊雪
セツ　摂
セツ　セチ・ふし　＊節
セツ　ゼイ・とく　＊説
ゼツ　した　＊舌
ゼツ　たえる・たやす・たつ　＊絶
ぜに　セン　＊銭
せまい　せばまる・せばめる・キョウ　狭
せまる　ハク　迫
せめる　コウ　攻
せめる　セキ　＊責
せる　きそう・キョウ・ケイ　＊競

セン　ち　＊千
セン　かわ　＊川
セン　仙
セン　しめる・うらなう　占
セン　さき　＊先
セン　＊宣
セン　もっぱら　＊専
セン　いずみ　＊泉
セン　あさい　＊浅
セン　あらう　＊洗
セン　そめる・そまる・しみる・しみ　＊染
セン　おうぎ　扇
セン　栓
セン　旋
セン　ふね・ふな　＊船
セン　いくさ・たたかう　＊戦
セン　いる　煎

セン　うらやむ・うらやましい　羨
セン　腺
セン　詮
セン　践
セン　箋
セン　ぜに　＊銭
セン　ひそむ・ひそめる・もぐる　潜
セン　＊線
セン　遷
セン　えらぶ　＊選
セン　すすめる　薦
セン　繊
セン　あざやか　鮮
ゼン　まったく・すべて　＊全
ゼン　まえ　＊前
ゼン　よい　＊善
ゼン　ネン　＊然

ゼン　禅
ゼン　漸
ゼン　膳
ゼン　つくろう　繕

【ソ・そ】

ソ　ねらう　狙
ソ　はばむ　阻
ソ　＊祖
ソ　租
ソ　ス　＊素
ソ　措
ソ　あらい　粗
ソ　くむ・くみ　＊組
ソ　うとい・うとむ　疎
ソ　うったえる　訴
ソ　塑
ソ　いしずえ　礎
ソ　ソウ　＊想
ソ　さかのぼる　遡

ゾ|ソウ　曽
ソウ　ふた　双
ソウ　壮
ソウ　サッ|・はやい・はやまる・はやめる　*早
ソウ　あらそう　*争
ソウ　はしる　*走
ソウ　シュウ　*宗
ソウ　かなでる　*奏
ソウ　ショウ・あい　*相
ソウ　荘
ソウ　くさ　*草
ソウ　おくる　*送
ソウ　くら　*倉
ソウ　さがす　捜
ソウ　さす　挿
ソウ　くわ　桑
ソウ　す　*巣
ソウ　はく　掃
ソウ　曹

ソウ　ゾ|　曽
ソウ　さわやか　爽
ソウ　まど　*窓
ソウ　つくる　*創
ソウ　も　喪
ソウ　やせる　痩
ソウ　ほうむる　葬
ソウ　ショウ・よそおう　*装
ソウ　僧
ソウ　ソ|　*想
ソウ　*層
ソウ　*総
ソウ　あう　遭
ソウ　槽
ソウ　踪
ソウ　あやつる・みさお　*操
ソウ　燥
ソウ　しも　霜

ソウ|　ゾウ・おくる　贈
ソウ　さわぐ　騒
ソウ　も　藻
そう　エン　*沿
そう　そえる・テン　添
ゾウ　つくる　*造
ゾウ　ショウ　*象
ゾウ　*像
ゾウ　ます・ふえる・ふやす　*増
ゾウ　にくむ・にくい・にくらしい・にくしみ　憎
ゾウ　ザッ　*雑
ゾウ　くら　*蔵
ゾウ　ソ|ウ・おくる　贈
ゾウ　*臓
そうろう　コウ　*候
そえる　そう・テン　添
ソク　*則

ソク　たば　*束
ソク　あし・たりる・たる・たす　*足
ソク　うながす　促
ソク　即
ソク　いき　*息
ソク　とらえる　捉
ソク　はやい・はやめる・はやまる・すみやか　*速
ソク　がわ　*側
ソク　はかる　*測
ソク　サイ・ふさぐ・ふさがる　塞
ゾク　俗
ゾク　*族
ゾク　*属
ゾク　賊
ゾク　つづく・つづける　*続

そこ　テイ　＊底
そこなう　そこねる・ソン　＊損
そそぐ　チュウ　＊注
そそのかす　サ　唆
そだつ　そだてる・はぐくむ・イク　＊育
ソツ　＊卒
ソツ　リツ・ひきいる　＊率
そで　シュウ　袖
そと　ほか・はずす・はずれる・ガイ・ゲ　＊外
そなえる　とも・キョウ・ク　＊供
そなえる　そなわる・ビ　＊備
その　エン　＊園
そまる　そめる・しみる・しみ・セン　＊染
そむく　そむける・せ・せい・ハイ　＊背
そめる　はじめ・はじめて・はつ・うい・ショ　＊初
そめる　そまる・しみる・しみ・セン　＊染
そら　あく・あける・から・クウ　＊空
そらす　そる・ハン・ホン・タン　＊反
ソン　ゾン　＊存
ソン　むら　＊村
ソン　まご　＊孫
ソン　たっとい・たっとぶ・とうとい・とうとぶ　＊尊
ソン　そこなう・そこねる　＊損
ソン　遜
ゾン　ソン　＊存

【タ・た】

タ　タイ・ふとい・ふとる　＊太
タ　ほか　＊他
タ　おおい　＊多
タ　汰
た　て・シュ　＊手
た　デン　＊田
ダ　うつ　＊打
ダ　妥
ダ　ジャ・へび　蛇
ダ　つば　唾
ダ　堕
ダ　惰
ダ　駄
タイ　ダイ・おお・おおきい・おおいに　＊大
タイ　タ・ふとい・ふとる　＊太
タイ　ダイ・かわる・かえる・よ・しろ　＊代
タイ　ダイ　＊台
タイ　ツイ　＊対
タイ　テイ・からだ　＊体
タイ　たえる　耐
タイ　まつ　＊待
タイ　おこたる・なまける　怠
タイ　胎
タイ　しりぞく・しりぞける　＊退
タイ　おびる・おび　＊帯
タイ　泰
タイ　堆
タイ　ふくろ　袋
タイ　逮
タイ　かえる・かわる　替
タイ　かす　＊貸
タイ　＊隊

タイ　とどこおる　滞
タイ　*態
タイ　戴
ダイ　タイ・おお・おおきい・おおいに　*大
ダ|イ　ナイ・うち　*内
ダイ　タイ・かわる・かえる・よ・しろ　*代
ダイ　タイ　*台
ダ|イ　テイ・デ|・おとうと　*弟
ダイ　*第
ダイ　*題
たいら　ひら・ヘイ・ビョウ　*平
たえる　タイ　耐
たえる　カン　堪
たえる　たやす・たつ・ゼツ　*絶
たおす　たおれる・トウ　倒
たかい　たか・たかまる・たかめる・コウ　*高
たがい　ゴ　互
たかまる　たかめる・たか・たかい・コウ　*高
たがやす　コウ　*耕
たから　ホウ　*宝
たき　滝
たきぎ　シン　薪
タク　*宅
タク　択
タク　さわ　沢
タク　卓
タク　拓
タ|ク　ド・ト|・たび　*度
タク　託
タク　濯
たく　スイ　炊
ダク　諾
ダク　にごる・にごす　濁
だく　いだく・かかえる・ホウ　抱
たぐい　ルイ　類
たくみ　コウ　巧
たくわえる　チク　蓄
たけ　ジョウ　丈
たけ　チク　*竹
たけ　ガク　岳
たしか　たしかめる・カク　*確
たす　たりる・たる・あし・ソク　*足
だす　でる・シュツ・ス|イ|　*出
たすかる　たすける・すけ・ジョ　*助
たずさえる　たずさわる・ケイ　携
たずねる　おとずれる・ホウ　*訪
たずねる　ジン　尋
たたかう　いくさ・セン　*戦
たたかう　トウ　闘
ただし　■但
ただしい　ただす・まさ・セイ・ショウ　*正
ただちに　なおす・なおる・チョク・ジキ　*直
たたみ　たたむ・ジョウ　畳
ただよう　ヒョウ　漂
タツ　*達
たつ　たてる・リツ・リ|ュウ|　*立
たつ　たてる・ケン・コ|ン|　*建
たつ　リュウ　竜
たつ　ことわる・ダン　*断

たつ　たえる・たやす・ゼツ　＊絶
たつ　さばく・サイ　＊裁
ダツ　ぬぐ・ぬげる　脱
ダツ　うばう　奪
たっとい　たっとぶ・とうとい・とうとぶ・ソン　＊尊
たっとい　たっとぶ・とうとい・とうとぶ・キ　＊貴
たっとぶ　たっとい・とうとい・とうとぶ・ソン　＊尊
たっとぶ　たっとい・とうとい・とうとぶ・キ　＊貴
たて　ジュン　盾
たて　ジュウ　＊縦
たてまつる　ホウ・ブ　奉

たてる　たつ・リツ・リュウ　＊立
たてる　たつ・ケン・コン　＊建
たとえる　レイ　＊例
たな　棚
たに　コク　＊谷
たね　シュ　＊種
たのしい　たのしむ・ガク・ラク　＊楽
たのむ　たのもしい・たよる・ライ　頼
たば　ソク　＊束
たび　ド・ト・タク　＊度
たび　リョ　＊旅
たべる　くう・くらう・ショク・ジキ　＊食
たま　ギョク　＊玉
たま　キュウ　＊球
たま　ひく・はずむ・ダン　弾

たま　レイ・リョウ　霊
たまご　ラン　＊卵
たましい　コン　魂
だまる　モク　黙
たまわる　シ　賜
たみ　ミン　＊民
ためす　こころみる・シ　＊試
ためる　キョウ　矯
たもつ　ホ　＊保
たやす　たえる・たつ・ゼツ　＊絶
たより　ベン・ビン　＊便
たよる　たのむ・たのもしい・ライ　頼
たらす　たれる・スイ　＊垂
たりる　たる・たす・あし・ソク　＊足
だれ　誰

たれる　たらす・スイ　＊垂
たわむれる　ギ　戯
たわら　ヒョウ　＊俵
タン　丹
タン　ハン・ホン・そる・そらす　＊反
タン　ダン　旦
タン　かつぐ・になう　＊担
タン　＊単
タン　すみ　＊炭
タン　胆
タン　さぐる・さがす　＊探
タン　あわい　淡
タン　みじかい　＊短
タン　なげく・なげかわしい　嘆
タン　はし・は・はた　端
タン　ほころびる　綻
タン　＊誕
タン　ダン　壇

タン　きたえる　鍛
ダン　タン　旦
ダン　トン　*団
ダン　ナン・おとこ　*男
ダン　*段
ダン　たつ・ことわる　*断
ダン　ひく・はずむ・たま　弾
ダン　あたたか・あたたかい・あたたまる・あたためる　*暖
ダン　*談
ダン　タン　壇

【チ・ち】

チ　ジ　*地
チ　いけ　*池
チ　ジ・おさめる・おさまる・なおる・なおす　*治

チ　しる　*知
チ　ね・あたい　*値
チ　はじる・はじ・はじらう・はずかしい　恥
チ　いたす　致
チ　おくれる・おくらす・おそい　遅
チ　痴
チ　稚
チ　おく　*置
チ　シツ・シチ　*質
チ　緻
ち　ケツ　*血
ち　セン　*千
ち　ちち・ニュウ　*乳
ちいさい　こ・お・ショウ　*小
ちかい　キン　*近
ちかう　セイ　誓
ちがう　ちがえる・イ　違

ちから　リョク・リキ　*力
ちぎる　ケイ　契
チク　たけ　*竹
チク　畜
チク　逐
チク　たくわえる　蓄
チク　きずく　*築
ちち　フ　*父
ちち　ち・ニュウ　*乳
ちぢむ　ちぢまる・ちぢめる・ちぢれる・ちぢらす・シュク　*縮
チツ　秩
チツ　窒
チャ　サ　*茶
チャク　ジャク・きる・きせる・つく・つける　*着
チャク　嫡
チュウ　ジュウ・なか　*中

チュウ　なか　*仲
チュウ　むし　*虫
チュウ　おき　*沖
チュウ　*宙
チュウ　*忠
チュウ　抽
チュウ　そそぐ　*注
チュウ　ひる　*昼
チュウ　はしら　*柱
チュウ　衷
チュウ　酎
チュウ　いる　鋳
チュウ　駐
チョ　あらわす・いちじるしい　*著
チョ　*貯
チョ　ショ・お　緒
チョウ　テイ　*丁
チョウ　とむらう　弔
チョウ　*庁

チョウ　きざす・きざし　＊兆
チョウ　まち　＊町
チョウ　ながい　＊長
チョウ　いどむ　挑
チョウ　ジュウ・え・おもい・かさねる・かさなる　＊重
チョウ　＊帳
チョウ　はる　＊張
チョウ　ほる　彫
チョウ　ながめる　眺
チョウ　つる・つり　釣
チョウ　いただく・いただき　＊頂
チョウ　とり　＊鳥
チョウ　あさ　＊朝
チョウ　はる　貼
チョウ　こえる・こす　超
チョウ　＊腸

チョウ　はねる・とぶ　跳
チョウ　徴
チョウ　あざける　嘲
チョウ　しお　＊潮
チョウ　すむ・すます　澄
チョウ　しらべる・ととのう・ととのえる　＊調
チョウ　きく　聴
チョウ　こりる・こらす・こらしめる　懲
チョク　ジキ・ただちに・なおす・なおる　＊直
チョク　勅
チョク　捗
ちる　ちらす・ちらかす・ちらかる・サン　＊散
チン　しずむ・しずめる　沈
チン　めずらしい　珍
チン　■朕

チン　陳
チン　＊賃
チン　しずめる・しずまる　鎮

【ツ・つ】

ツ|　ツウ・とおる・とおす・かよう　＊通
ツ　ト・みやこ　＊都
つ　シン　津
ツイ　タイ　＊対
ツイ　おう　＊追
ツイ　椎
ツイ　墜
ついやす　ついえる・ヒ　＊費
ツウ　ツ|・とおる・とおす・かよう　＊通
ツウ　いたい・いたむ・いためる　＊痛

つか　塚
つかう　シ　＊使
つかう　つかわす・ケン　遣
つかえる　シ・ジ|　＊仕
つかす　つくす・つきる・ジン　尽
つかまえる　つかまる・とらえる・とらわれる・とる・ホ　捕
つかる　つける　漬
つかれる　ヒ　疲
つかわす　つかう・ケン　遣
つき　ゲツ・ガツ　＊月
つぎ　つぐ・ジ・シ　＊次
つきる　つくす・つかす・ジン　尽
つく　つける・フ　＊付
つく　トツ　突

つく　つける・シュウ・
ジュ　*就
つく　つける・きる・き
せる・チャク・ジャク　*着
つぐ　つぎ・ジ・シ　*次
つぐ　セツ　*接
つぐ　ケイ　継
つくえ　キ　*机
つくす　つきる・つかす
・ジン　尽
つぐなう　ショウ　償
つくる　サク・サ　*作
つくる　ゾウ　*造
つくる　ソウ　*創
つくろう　ゼン　繕
つける　つく・フ　*付
つける　つく・シュウ・
ジュ　*就
つける　つく・きる・き

せる・チャク・ジャク　*着
つける　つかる　漬
つげる　コク　*告
つたえる　つたわる・つ
たう・デン　*伝
つたない　セツ　拙
つたわる　つたえる・つ
たう・デン　*伝
つち　ド・ト　*土
つちかう　バイ　培
つつ　トウ　筒
つづく　つづける・ゾク　*続
つつしむ　シン　慎
つつしむ　キン　謹
つつみ　テイ　堤
つづみ　コ　鼓
つつむ　ホウ　*包
つどう　あつまる・あつ

める・シュウ　*集
つとまる　つとめる・ム　*務
つとまる　つとめる・キ
ン・ゴン　*勤
つとめる　ド　*努
つとめる　つとまる・ム　*務
つとめる　つとまる・キ
ン・ゴン　*勤
つな　コウ　綱
つね　とこ・ジョウ　*常
つの　かど・カク　*角
つのる　ボ　募
つば　ダ　唾
つばさ　ヨク　翼
つぶ　リュウ　粒
つぶす　つぶれる・カイ
*潰
つぼ　坪

つま　つめ　爪
つま　サイ　*妻
つまる　つめる・つむ・
キツ　詰
つみ　ザイ　*罪
つむ　つまる・つめる・
キツ　詰
つむ　テキ　摘
つむ　つもる・セキ　*積
つむぐ　ボウ　紡
つめ　つま　爪
つめたい　ひえる・ひや
・ひやす・ひやかす・
さめる・さます・レイ　*冷
つめる　つまる・つむ・
キツ　詰
つもる　つむ・セキ　*積
つや　エン　艶
つゆ　ロ・ロウ　露

つよい　つよまる・つよめる・しいる・キョウ・ゴウ　＊強
つら　おも・おもて・メン　＊面
つらなる　つらねる・つれる・レン　＊連
つらぬく　カン　貫
つらねる　つらなる・つれる・レン　＊連
つる　ゲン　弦
つる　チョウ　釣
つる　鶴
つるぎ　ケン　剣
つれる　つらなる・つらねる・レン　＊連

【テ・て】

て　た|・シュ　＊手
デ|　テイ・ダイ|・おとうと　＊弟
テイ　チョウ　＊丁
テイ　タイ・からだ　＊体
テイ　ひくい・ひくめる・ひくまる　＊低
テイ　呈
テイ　廷
テイ　ダイ|・デ|・おとうと　＊弟
テイ　ジョウ・さだめる・さだまる・さだか　＊定
テイ　そこ　＊底
テイ　抵
テイ　邸
テイ　亭
テイ　貞
テイ　帝
テイ　訂
テイ　にわ　＊庭
テイ　逓
テイ　＊停
テイ　偵
テイ　つつみ　堤
テイ　さげる　＊提
テイ　ほど　＊程
テイ　艇
テイ　しまる・しめる　締
テイ　あきらめる　諦
デイ　どろ　泥
テキ　まと　＊的
テキ　ふえ　＊笛
テキ　つむ　摘
テキ　しずく・したたる　滴
テキ　＊適
テキ　かたき　＊敵
デキ　おぼれる　溺
テツ　迭
テツ　哲
テツ　＊鉄
テツ　徹
テツ　撤
てら　ジ　＊寺
てらす　てる・てれる・ショウ　＊照
でる　だす・シュツ・ス|イ|　＊出
てれる　てる・てらす・ショウ　＊照
テン　あめ・あま|　＊天
テン　＊典
テン　みせ　＊店
テン　＊点
テン　＊展
テン　そえる・そう　添
テン　ころがる・ころげる・ころがす・ころぶ　＊転
テン　塡
テン　デン・との・どの

	殿	
*	田	デン　た
*	伝	デン　つたわる・つたえる・つたう
	殿	デン　テン・との・どの
*	電	デン

【ト・と】

*	土	ト　ド・つち
	斗	ト
	吐	ト　はく
*	図	ト　ズ・はかる
	妬	ト　ねたむ
*	度	ト　ド・タク・たび
*	徒	ト
	途	ト
*	都	ト　ツ・みやこ
	渡	ト　わたる・わたす
*	登	ト　トウ・のぼる
	塗	ト　ぬる
	賭	ト　かける
*	頭	ト　トウ・ズ・あたま・かしら
*	十	と　とお・ジュウ・ジッ
*	戸	と　コ
*	土	ド　ト・つち
	奴	ド
*	努	ド　つとめる
*	度	ド　ト・タク・たび
	怒	ド　いかる・おこる
*	問	とい　とう・とん・モン
*	刀	トウ　かたな
*	冬	トウ　ふゆ
*	灯	トウ　ひ
*	当	トウ　あたる・あてる
*	投	トウ　なげる
*	豆	トウ　ズ・まめ
*	東	トウ　ひがし
	到	トウ
	逃	トウ　にげる・にがす・のがす・のがれる
	倒	トウ　たおれる・たおす
	凍	トウ　こおる・こごえる
	唐	トウ　から
*	島	トウ　しま
	桃	トウ　もも
*	討	トウ　うつ
	透	トウ　すく・すかす・すける
*	党	トウ
*	納	トウ　ノウ・ナッ・ナ・ナン・おさめる・おさまる
	悼	トウ　いたむ
	盗	トウ　ぬすむ
	陶	トウ
	塔	トウ
	搭	トウ
*	道	トウ　ドウ・みち
	棟	トウ　むね・むな
*	湯	トウ　ゆ
	痘	トウ
*	登	トウ　ト・のぼる
*	答	トウ　こたえる・こたえ
*	等	トウ　ひとしい
	筒	トウ　つつ
*	統	トウ　すべる
	稲	トウ　いね・いな
*	読	トウ　ドク・トク・よむ
	踏	トウ　ふむ・ふまえる
*	糖	トウ
*	頭	トウ　ズ・ト・あたま・かしら

トウ　謄
トウ　ふじ　藤
トウ　たたかう　闘
トウ　騰
とう　とい・とん・モン　*問
ドウ　おなじ　*同
ドウ　ほら　洞
ドウ　胴
ドウ　うごく・うごかす　*動
ドウ　*堂
ドウ　わらべ　*童
ドウ　トウ・みち　*道
ドウ　はたらく　*働
ドウ　*銅
ドウ　みちびく　*導
ドウ　ひとみ　瞳
とうげ　峠
とうとい　とうとぶ・たっとい・たっとぶ・ソン　*尊
とうとい　とうとぶ・たっとい・たっとぶ・キ　*貴
とうとぶ　とうとい・たっとい・たっとぶ・ソン　*尊
とうとぶ　とうとい・たっとい・たっとぶ・キ　*貴
とお　と・ジュウ・ジッ　*十
とおい　エン・オン　*遠
とおす　とおる・かよう・ツウ・ツ　*通
とかす　とける・とく・ヨウ　溶
とかす　とく・とける・カイ・ゲ　*解

とき　ジ　*時
トク　匿
トク　*特
トク　える・うる　*得
トク　督
トク　*徳
トク　ドク・トウ・よむ　*読
トク　篤
とく　とかす・とける・ヨウ　溶
とく　とかす・とける・カイ・ゲ　*解
とく　セツ・ゼイ　*説
とぐ　ケン　*研
ドク　*毒
ドク　ひとり　*独
ドク　トク・トウ・よむ　*読
とける　とかす・とく・ヨウ　溶
とける　とかす・とく・カイ・ゲ　*解
とげる　スイ　遂
とこ　ゆか・ショウ　床
とこ　つね・ジョウ　*常
ところ　ショ　*所
とざす　とじる・しめる・しまる・ヘイ　*閉
とし　ネン　*年
とじる　とざす・しめる・しまる・ヘイ　*閉
とち　栃
トツ　凸
トツ　つく　突
とつぐ　よめ・カ　嫁
とどく　とどける　*届
とどこおる　タイ　滞
ととのう　ととのえる・しらべる・チョウ　*調

ととのう　ととのえる・セイ　*整
ととのえる　しらべる・ととのう・チョウ　*調
ととのえる　ととのう・セイ　*整
となえる　ショウ　*唱
となり　となる・リン　隣
との　どの・デン・テン　殿
とばす　とぶ・ヒ　*飛
とびら　ヒ　扉
とぶ　とばす・ヒ　*飛
とぶ　はねる・チョウ　跳
とぼしい　ボウ　乏
とまる　とめる・シ　*止
とまる　とめる・ハク　泊
とまる　とめる・リュウ・ル　*留
とみ　とむ・フ・フウ　*富

とむらう　チョウ　弔
とめる　とまる・シ　*止
とめる　とまる・ハク　泊
とめる　とまる・リュウ・ル　*留
とも　ユウ　*友
とも　キョウ　*共
とも　そなえる・キョウ・ク　*供
ともなう　ハン・バン　伴
とら　コ　虎
とらえる　ソク　捉
とらえる　とらわれる・とる・つかまえる・つかまる・ホ　捕
とり　チョウ　*鳥
□とり　にわとり・ケイ　鶏
とる　シュ　*取
とる　とらえる・とらわれる・つかまえる・つかまる・ホ　捕

とる　シツ・シュウ　執
とる　サイ　*採
とる　サツ　撮
どろ　デイ　泥
トン　屯
トン　ダン　*団
トン　ぶた　豚
トン　頓
とん　とう・とい・モン　*問
ドン　むさぼる　貪
ドン　にぶい・にぶる　鈍
ドン　くもる　曇
どんぶり　どん　丼

【ナ・な】

ナ　那
ナ　*奈

ナ　ナン・みなみ　*南
ナ　ノウ・ナッ・ナン・トウ・おさめる・おさまる　*納
な　メイ・ミョウ　*名
な　サイ　*菜
ナイ　ダイ・うち　*内
ない　ボウ・モウ　*亡
ない　ム・ブ　*無
なえ　なわ・ビョウ　苗
なえる　イ　萎
なおす　おさめる・おさまる・なおる・ジ・チ　*治
なおす　なおる・ただちに・チョク・ジキ　*直
なおる　おさめる・おさまる・なおす・ジ・チ　*治
なおる　ただちに・なお

す・チョク・ジキ　＊直
なか　チュウ・ジュウ　＊中
なか　チュウ　＊仲
ながい　エイ　＊永
ながい　チョウ　＊長
ながす　ながれる・リュウ・ル　＊流
なかば　ハン　＊半
ながめる　チョウ　眺
ながれる　ながす・リュウ・ル　＊流
なく　キュウ　＊泣
なく　なる・ならす・メイ　＊鳴
なぐさめる　なぐさむ・イ　慰
なぐる　オウ　殴
なげく　なげかわしい・タン　嘆
なげる　トウ　＊投

なごむ　なごやか・やわらぐ・やわらげる・ワ・オ　＊和
なさけ　ジョウ・セイ　＊情
なし　＊梨
なす　なる・セイ・ジョウ　＊成
なぞ　謎
ナッ　ノウ・ナ・ナン・トウ・おさめる・おさまる　＊納
なつ　カ・ゲ　＊夏
なつかしい　なつかしむ・なつく・なつける・ふところ・カイ　懐
なな　ななつ・なの・シチ　＊七
ななめ　シャ　斜
なに　なん・カ　＊何
なの　なな・ななつ・シチ　＊七

なべ　鍋
なま　いきる・いかす・いける・うまれる・うむ・おう・はえる・はやす・き・セイ・ショウ　＊生
なまける　おこたる・タイ　怠
なまり　エン　鉛
なみ　ならべる・ならぶ・ならびに・ヘイ　＊並
なみ　ハ　＊波
なみだ　ルイ　涙
なめらか　すべる・カツ・コツ　滑
なやむ　なやます・ノウ　悩
ならう　ホウ　倣
ならう　シュウ　＊習

ならす　なれる・カン　＊慣
ならす　なく・なる・メイ　＊鳴
ならぶ　ならべる・ならびに・なみ・ヘイ　＊並
なる　なす・セイ・ジョウ　＊成
なる　なく・ならす・メイ　＊鳴
なれる　ならす・カン　＊慣
なわ　なえ・ビョウ　苗
なわ　ジョウ　＊縄
ナン　ダン・おとこ　＊男
ナン　ナ・みなみ　＊南
ナン　ノウ・ナ・ナッ・トウ・おさめる・おさまる　＊納
ナン　やわらか・やわらかい　軟
ナン　かたい・むずかし

い　*難
なん　なに・カ　*何

【ニ・に】

ニ　ふた・ふたつ　*二
ニ　ジン　*仁
ニ　あま　尼
ニ　弐
ニ　ジ　*児
に　カ　*荷
にい　あたらしい・あらた・シン　*新
にえる　にやす・にる・シャ　煮
におう　匂
におう　くさい・シュウ　臭
にがい　にがる・くるしい・くるしむ・くるしめる・ク　*苦
にがす　にげる・のがす・のがれる・トウ　逃
にがる　にがい・くるしい・くるしむ・くるしめる・ク　*苦
にぎる　アク　握
ニク　*肉
にくむ　にくい・にくらしい・にくしみ・ゾウ　憎
にげる　にがす・のがす・のがれる・トウ　逃
にごる　にごす・ダク　濁
にし　セイ・サイ　*西
にじ　□コウ　虹
にしき　キン　錦
にせ　いつわる・ギ　偽
ニチ　ジツ・ひ・か　*日
になう　かつぐ・タン　*担
にぶい　にぶる・ドン　鈍
ニャク　ジャク・わかい・もしくは　*若
にやす　にえる・にる・シャ　煮
ニュウ　いる・いれる・はいる　*入
ニュウ　ちち・ち　*乳
ニュウ　ジュウ・やわらか・やわらかい　柔
ニョ　ジョ・ニョウ・おんな・め　*女
ニョ　ジョ　如
ニョウ　ジョ・ニョ・おんな・め　*女
ニョウ　尿
にる　ジ　*似
にる　にえる・にやす・シャ　煮
にわ　テイ　*庭
にわとり　□とり・ケイ　鶏
ニン　ジン・ひと　*人
ニン　まかせる・まかす　*任
ニン　妊
ニン　しのぶ・しのばせる　忍
ニン　みとめる　*認

【ヌ・ぬ】

ぬう　ホウ　縫
ぬく　ぬける・ぬかす・ぬかる・バツ　抜
ぬぐ　ぬげる・ダツ　脱
ぬぐう　ふく・ショク　拭
ぬける　ぬく・ぬかす・ぬかる・バツ　抜
ぬげる　ぬぐ・ダツ　脱
ぬし　おも・シュ・ス　*主
ぬすむ　トウ　盗

ぬの　フ　＊布

ぬま　ショウ　沼

ぬる　ト　塗

【ネ・ね】

ね　おと・オン・イン　＊音

ね　あたい・チ　＊値

ね　コン　＊根

ネイ　寧

ねがう　ガン　＊願

ねかす　ねる・シン　寝

ねこ　ビョウ　猫

ねたむ　ト　妬

ネツ　あつい　＊熱

ねばる　ネン　粘

ねむる　ねむい・ミン　眠

ねらう　ソ　狙

ねる　ねかす・シン　寝

ねる　レン　＊練

ネン　とし　＊年

ネン　＊念

ネン　捻

ネン　ねばる　粘

ネン　ゼン　＊然

ネン　もえる・もやす・もす　＊燃

ねんごろ　コン　懇

【ノ・の】

の　ヤ　＊野

ノウ　なやむ・なやます　悩

ノウ　ナッ・ナ・ナン・トウ・おさめる・おさまる　＊納

ノウ　＊能

ノウ　＊脳

ノウ　＊農

ノウ　こい　濃

のがす　のがれる・にげる・にがす・トウ　逃

のき　ケン　軒

のこす　のこる・ザン　＊残

のせる　のる・ジョウ　＊乗

のせる　のる・サイ　載

のぞく　ジョ・ジ　＊除

のぞむ　ボウ・モウ　＊望

のぞむ　リン　＊臨

のち　あと・うしろ・おくれる・ゴ・コウ　＊後

のど　コウ　喉

ののしる　バ　罵

のばす　のびる・のべる・シン　伸

のばす　のびる・のべる・エン　＊延

のびる　のばす・のべる・シン　伸

のびる　のべる・のばす・エン　＊延

のべる　のびる・のばす・シン　伸

のべる　のびる・のばす・エン　＊延

のべる　ジュツ　＊述

のぼる　のぼせる・のぼす・あげる・あがる・うえ・うわ・かみ・ジョウ・ショウ　＊上

のぼる　ショウ　昇

のぼる　トウ・ト　＊登

のむ　イン　＊飲

のる　のせる・ジョウ　＊乗

のる　のせる・サイ　載

のろう　ジュ　呪

【ハ・は】

ハ　把

ハ　なみ　＊波

ハ　＊派

ハ やぶる・やぶれる	*破
ハ	覇
はジン	刃
は はね・ウ	*羽
は ヨウ	*葉
は シ	*歯
は はし・はた・タン	端
バ うま・ま|	*馬
バ	婆
バ ののしる	罵
ば ジョウ	*場
ハイ おがむ	*拝
ハイ さかずき	杯
ハイ せ・せい・そむく・そむける	*背
ハイ	*肺
ハイ	○胚
ハイ	*俳
ハイ くばる	*配
ハイ	排
ハイ やぶれる	*敗
ハイ すたれる・すたる	廃
ハイ	輩
はい カイ	*灰
バイ うる・うれる	*売
バイ	*倍
バイ うめ	*梅
バイ つちかう	培
バイ	陪
バイ	媒
バイ かう	*買
バイ	賠
はいる いる・いれる・ニュウ	*入
はえ はえる・さかえる・エイ	*栄
はえる はやす・いきる・いかす・いける・うまれる・うむ・おう・き・なま・セイ・ショウ	*生
はえる うつる・うつす・エイ	*映
はか ボ	*墓
はがす はぐ・はがれる・はげる・ハク	剥
ばかす ばける・カ・ケ	*化
はがね コウ	*鋼
はからう はかる・ケイ	*計
はかる ズ・ト	*図
はかる はからう・ケイ	*計
はかる ソク	*測
はかる リョウ	*量
はかる シ	諮
はかる ボウ・ム|	謀
はがれる はがす・はぐ・はげる・ハク	剥
ハク ビャク・しろ・し|ら|・しろい	*白
ハク	伯
ハク ヒョウ|	拍
ハク とまる・とめる	泊
ハク せまる	迫
ハク はがす・はぐ・はがれる・はげる	剥
ハク	舶
ハク バク|	*博
ハク うすい・うすめる・うすまる・うすらぐ・うすれる	薄
はく ト	吐
はく ソウ	掃
はく リ	履
はぐ はがす・はがれる・はげる・ハク	剥
バク むぎ	*麦

バク ハク ＊博
バク マク ＊幕
バク 漠
バク ボウ・あばく・あばれる ＊暴
バク しばる 縛
バク 爆
はぐくむ そだつ・そだてる・イク ＊育
はげしい ゲキ ＊激
はげむ はげます・レイ 励
はげる はがす・はぐ・はがれる・ハク 剝
ばける ばかす・カ・ケ ＊化
はこ ＊箱
はこぶ ウン ＊運
はさむ はさまる・キョウ 挟

はし は・はた・タン ＊端
はし 箸
はし キョウ ＊橋
はじ はじる・はじらう・はずかしい・チ 恥
はじまる はじめる・シ ＊始
はじめ はじめて・はつ・うい・そめる・ショ ＊初
はじめる はじまる・シ ＊始
はしら チュウ ＊柱
はじらう はじる・はじ・はずかしい・チ 恥
はしる ソウ ＊走
はじる はじ・はじらう・はずかしい・チ 恥
はずかしめる ジョク 辱
はずす はずれる・そと・ほか・ガイ・ゲ ＊外

はずむ ひく・たま・ダン 弾
はずれる はずす・そと・ほか・ガイ・ゲ ＊外
はた はたけ ＊畑
はた キ ＊旗
はた はし・は・タン ＊端
はた キ ＊機
はだ 肌
はだか ラ 裸
はたけ はた ＊畑
はたす はてる・はて・カ ＊果
はたらく ドウ ＊働
ハチ や・やつ・やっつ・よう ＊八
ハチ ハツ 鉢
はち ホウ 蜂
バチ バツ 罰

ハツ ホツ ＊発
ハツ ハチ 鉢
ハツ かみ 髪
ハッ ホウ・ホッ ＊法
はつ はじめ・はじめて・うい・そめる・ショ ＊初
バツ マツ・すえ ＊末
バツ 伐
バツ ぬく・ぬける・ぬかす・ぬかる 抜
バツ バチ 罰
バツ 閥
はて はてる・はたす・カ ＊果
はな カ ＊花
はな カ・ケ 華
はな ビ ＊鼻
はなし はなす・ワ ＊話
はなす はなつ・はなれ

る・ほうる・ホウ　＊放
はなす　はなし・ワ　＊話
はなす　はなれる・リ　離
はなつ　はなす・はなれ
る・ほうる・ホウ　＊放
はなはだ　はなはだしい
・ジン　甚
はなれる　はなす・はな
つ・ほうる・ホウ　＊放
はなれる　はなす・リ　離
はね　は・ウ　＊羽
はねる　とぶ・チョウ　跳
はは　ボ　＊母
はば　フク　幅
はばむ　ソ　阻
はぶく　かえりみる・セ
イ・ショウ　＊省
はま　ヒン　浜
はやい　はやまる・はや
める・ソウ・サッ　＊早

はやい　はやまる・はや
める・すみやか・ソク　＊速
はやし　リン　＊林
はやす　はえる・いきる
・いかす・いける・う
まれる・うむ・おう・
き・なま・セイ・ショ
ウ　＊生
はやまる　はやい・はや
める・ソウ・サッ　＊早
はやまる　はやい・はや
める・すみやか・ソク　＊速
はやめる　はやい・はや
まる・ソウ・サッ　＊早
はやめる　はやい・はや
まる・すみやか・ソク　＊速
はら　ゲン　＊原

はら　フク　＊腹
はらう　フツ　払
はらす　はれる・セイ　＊晴
はらす　はれる・シュ　腫
はり　シン　＊針
はる　シュン　＊春
はる　チョウ　＊張
はる　チョウ　貼
はれる　はらす・セイ　＊晴
はれる　はらす・シュ　腫
ハン　ボン　凡
ハン　ホン・タン・そる
・そらす　＊反
ハン　なかば　＊半
ハン　氾
ハン　おかす　＊犯
ハン　ほ　帆
ハン　汎
ハン　バン・ともなう　伴
ハン　バン　＊判

ハン　さか　＊坂
ハン　＊阪
ハン　バン・いた　＊板
ハン　＊版
ハン　＊班
ハン　畔
ハン　般
ハン　販
ハン　斑
ハン　めし　＊飯
ハン　搬
ハン　ボン・わずらう・
わずらわす　煩
ハン　頒
ハン　範
ハン　繁
ハン　藩
バン　マン　＊万
バン　ハン・ともなう　伴
バン　ハン　＊判

バン　ハン・いた　*板
バン　*晩
バン　*番
バン　蛮
バン　盤

【ヒ・ひ】

ヒ　くらべる　*比
ヒ　かわ　*皮
ヒ　妃
ヒ　いな　*否
ヒ　*批
ヒ　かれ・かの|　彼
ヒ　披
ヒ　ヒツ　泌
ヒ　こえる・こえ・こやす・こやし　*肥
ヒ　*非
ヒ　いやしい・いやしむ・いやしめる　卑
ヒ　とぶ・とばす　*飛
ヒ　つかれる　疲
ヒ　ひめる　*秘
ヒ　こうむる　被
ヒ　かなしい・かなしむ　*悲
ヒ　とびら　扉
ヒ　ついやす・ついえる　*費
ヒ　碑
ヒ　罷
ヒ　さける　避
ひ　か・ニチ・ジツ　*日
ひ　ほ|・カ　*火
ひ　こおり・ヒョウ　*氷
ひ　トウ　*灯
ビ　お　尾
ビ　ミ|・まゆ　眉
ビ　うつくしい　*美
ビ　そなえる・そなわる　*備
ビ　微
ビ　はな　*鼻
ひいでる　シュウ　秀
ひえる　ひや・ひやす・ひやかす・つめたい・さめる・さます・レイ　*冷
ひかえる　コウ　控
ひがし　トウ　*東
ひかり　ひかる・コウ　*光
ひき　ヒツ　匹
ひきいる　ソツ・リツ　*率
ひく　ひける・イン　*引
ひく　はずむ・たま・ダン　弾
ひくい　ひくめる・ひくまる・テイ　*低
ひける　ひく・イン　*引
ひざ　膝
ひさしい　キュウ・ク|　*久
ひじ　肘
ひそむ　もぐる・セン　潜
ひたい　ガク　*額
ひたす　ひたる・シン　浸
ひだり　サ　*左
ひたる　ひたす・シン　浸
ヒツ　ひき　匹
ヒツ　かならず　*必
ヒツ　ヒ　泌
ヒツ　ふで　*筆
ひつじ　ヨウ　*羊
ひと　ひとつ・イチ・イツ　*一
ひと　ジン・ニン　*人
ひとしい　トウ　*等
ひとつ　ひと・イチ・イツ　*一
ひとみ　ドウ　瞳
ひとり　ドク　*独

ひびく　キョウ　響
ひま　カ　暇
ひめ　姫
ひめる　ヒ　＊秘
ひや　ひやす・ひやかす・ひえる・つめたい・さめる・さます・レイ　＊冷
ヒャク　＊百
ビャク　ハク・しろ・しら・しろい　＊白
ひやす　ひや・ひやかす・ひえる・つめたい・さめる・さます・レイ　冷
ヒョウ　こおり・ひ　＊氷
ヒョウ　ヘイ　＊兵
ヒョウ　ハク　拍
ヒョウ　おもて・あらわす・あらわれる　＊表

ヒョウ　たわら　＊俵
ヒョウ　＊票
ヒョウ　＊評
ヒョウ　ただよう　漂
ヒョウ　＊標
ビョウ　ヘイ・たいら・ひら　＊平
ビョウ　なえ・なわ　苗
ビョウ　＊秒
ビョウ　ヘイ・やむ・やまい　＊病
ビョウ　えがく・かく　描
ビョウ　ねこ　猫
ひら　たいら・ヘイ・ビョウ　＊平
ひらく　ひらける・あく・あける・カイ　＊開
ひる　ほす・カン　＊干
ひる　チュウ　＊昼
ひるがえる　ひるがえす・ホン　翻

ひろい　ひろまる・ひろめる・ひろがる・ひろげる・コウ　＊広
ひろう　シュウ・ジュウ　＊拾
ひろがる　ひろげる・ひろまる・ひろめる・ひろい・コウ　＊広
ヒン　しな　＊品
ヒン　はま　浜
ヒン　ビン・まずしい　＊貧
ヒン　賓
ヒン　頻
ビン　ベン・たより　＊便
ビン　敏
ビン　瓶
ビン　ヒン・まずしい　＊貧

【フ・ふ】

フ　ブ　＊不
フ　フウ・おっと　＊夫
フ　ちち　＊父
フ　つける・つく　＊付
フ　ぬの　＊布
フ　扶
フ　＊府
フ　こわい　怖
フ　＊阜
フ　■附
フ　ホ・ブ・あるく・あゆむ　＊歩
フ　訃
フ　まける・まかす・おう　＊負
フ　おもむく　赴
フ　フウ・かぜ・かざ　＊風
フ　うく・うかれる・う

読み	音訓	漢字
	かぶ・うかべる	浮
フ		*婦
フ		符
フ	フウ｜・とむ・とみ	*富
フ		普
フ	くさる・くされる・くさらす	腐
フ	しく	敷
フ		膚
フ		賦
フ		譜
ブ	フ	*不
ブ	ブン・フン・わける・わかれる・わかる・わかつ	*分
ブ	あなどる	侮
ブ｜	ホウ・たてまつる	奉
ブ	ム	*武
ブ	ホ・フ｜・あるく・あゆむ	*歩
ブ		*部
ブ	ム・ない	*無
ブ	まう・まい	舞
フウ｜	フ・おっと	*夫
フウ	ホウ	封
フウ	フ｜・かぜ・かざ｜	*風
フウ｜	フ・とむ・とみ	*富
ふえ	テキ	*笛
ふえる	ふやす・ショク	殖
ふえる	ふやす・ます・ゾウ	*増
ふかい	ふかまる・ふかめる・シン	*深
ふかす	ふける・さら・コウ	更
ふかまる	ふかめる・ふかい・シン	*深
フク	ふせる・ふす	伏
フク		*服
フク		*副
フク	はば	幅
フク		*復
フク		*福
フク	はら	*腹
フク		*複
フク	おおう・くつがえす・くつがえる	覆
ふく	スイ	吹
ふく	ぬぐう・ショク	拭
ふく	フン	噴
ふくむ	ふくめる・ガン	含
ふくらむ	ふくれる・ボウ	膨
ふくろ	タイ	袋
ふける	おいる・ロウ	*老
ふける	ふかす・さら・コウ	更
ふさ	ボウ	房
ふさがる	ふさぐ・サイ・ソク	塞
ふし	セツ・セチ｜	*節
ふじ	トウ	藤
ふす	ふせる・フク	伏
ふせぐ	ボウ	*防
ふせる	ふす・フク	伏
ふた	ふたつ・ニ	*二
ふた	ソウ	双
ふた	ガイ	蓋
ふだ	サツ	*札
ぶた	トン	豚
ふたたび	サイ・サ｜	*再
ふたつ	ふた・ニ	*二
ふち	エン	縁
ふち		○淵
フツ	はらう	払
フツ	わく・わかす	沸
ブツ	ほとけ	*仏
ブツ	モツ・もの	*物

ふで　ヒツ　＊筆
ふとい　ふとる・タイ・タ　＊太
ふところ　なつかしい・なつかしむ・なつく・なつける・カイ　懐
ふとる　ふとい・タイ・タ　＊太
ふな　ふね・シュウ　舟
ふな　ふね・セン　＊船
ふね　ふな・シュウ　舟
ふね　ふな・セン　＊船
ふまえる　ふむ・トウ　踏
ふみ　ブン・モン　＊文
ふむ　ふまえる・トウ　踏
ふもと　ロク　麓
ふやす　ふえる・ショク　殖
ふやす　ふえる・ます・ゾウ　＊増

ふゆ　トウ　＊冬
ふる　ふるう・ふれる・シン　振
ふる　おりる・おろす・コウ　＊降
ふるい　ふるす・コ　＊古
ふるう　ふる・ふれる・シン　振
ふるう　ふるえる・シン　震
ふるう　フン　＊奮
ふるえる　ふるう・シン　震
ふるす　ふるい・コ　＊古
ふれる　ふる・ふるう・シン　振
ふれる　さわる・ショク　触
フン　ブン・ブ・わける・わかれる・わかる・わかつ　＊分
フン　こ・こな　＊粉
フン　まぎれる・まぎらす・まぎらわす・まぎらわしい　紛
フン　雰
フン　ふく　噴
フン　墳
フン　いきどおる　憤
フン　ふるう　＊奮
ブン　フン・ブ・わける・わかれる・わかる・わかつ　＊分
ブン　モン・ふみ　＊文
ブン　モン・きく・きこえる　＊聞

【へ・へ】

べ　あたり・ヘン　＊辺
ヘイ　丙
ヘイ　ビョウ・たいら・ひら　＊平
ヘイ　ヒョウ　＊兵
ヘイ　あわせる　併
ヘイ　なみ・ならべる・ならぶ・ならびに　＊並
ヘイ　がら・え　柄
ヘイ　＊陛
ヘイ　ビョウ・やむ・やまい　＊病
ヘイ　とじる・とざす・しめる・しまる　＊閉
ヘイ　塀
ヘイ　幣
ヘイ　弊
ヘイ　蔽
ヘイ　もち　餅
ベイ　マイ・こめ　＊米
ヘキ　かべ　壁
ヘキ　璧

ヘキ　くせ　癖
へだてる　へだたる・カク　隔
ベツ　わかれる　*別
ベツ　さげすむ　蔑
べに　くれない・コウ・ク　*紅
へび　ジャ・ダ　蛇
へらす　へる・ゲン　*減
へる　ケイ・キョウ　*経
へる　へらす・ゲン　*減
ヘン　かた　*片
ヘン　あたり・べ　*辺
ヘン　かえす・かえる　*返
ヘン　かわる・かえる　*変
ヘン　かたよる　偏
ヘン　遍
ヘン　あむ　*編
ベン　*弁
ベン　ビン・たより　*便

ベン　*勉

【ホ・ほ】

ホ　ブ・フ・あるく・あゆむ　*歩
ホ　たもつ　*保
ホ　哺
ホ　とらえる・とらわれる・とる・つかまえる・つかまる　捕
ホ　おぎなう　*補
ホ　舗
ほ　ひ・カ　*火
ほ　ハン　帆
ほ　スイ　穂
ボ　はは　*母
ボ　つのる　募
ボ　はか　*墓
ボ　したう　慕
ボ　くれる・くらす　*暮

ボ　モ　*模
ボ　簿
ホウ　かた　*方
ホウ　つつむ　*包
ホウ　かんばしい　芳
ホウ　邦
ホウ　ブ・たてまつる　奉
ホウ　たから　*宝
ホウ　だく・いだく・かかえる　抱
ホウ　はなす・はなつ・はなれる・ほうる　*放
ホウ　ハッ・ホッ　*法
ホウ　あわ　泡
ホウ　フウ　封
ホウ　胞
ホウ　俸
ホウ　ならう　倣
ホウ　みね　峰
ホウ　砲

ホウ　くずれる・くずす　崩
ホウ　おとずれる・たずねる　*訪
ホウ　むくいる　*報
ホウ　はち　蜂
ホウ　ゆたか　*豊
ホウ　あきる・あかす　飽
ホウ　ほめる　褒
ホウ　ぬう　縫
ボウ　モウ・ない　*亡
ボウ　とぼしい　乏
ボウ　モウ　妄
ボウ　いそがしい　忙
ボウ　ボッ　坊
ボウ　さまたげる　妨
ボウ　わすれる　*忘
ボウ　ふせぐ　*防
ボウ　ふさ　房
ボウ　肪

ボウ	某
ボウ　おかす	冒
ボウ	剖
ボウ　つむぐ	紡
ボウ　モウ・のぞむ	*望
ボウ　かたわら	傍
ボウ	帽
ボウ	*棒
ボウ	*貿
ボウ	貌
ボウ　バク・あばく・あばれる	*暴
ボウ　ふくらむ・ふくれる	膨
ボウ　ム・はかる	謀
ほうむる　ソウ	葬
ほうる　はなす・はなつ・はなれる・ホウ	*放
ほお	頬
ほか　そと・はずす・はずれる・ガイ・ゲ	*外
ほか　タ	*他
ほがらか　ロウ	*朗
ホク　きた	*北
ボク　モク・き・こ	*木
ボク　モク・め・ま	*目
ボク	朴
ボク　まき	*牧
ボク	睦
ボク	僕
ボク　すみ	墨
ボク	撲
ほこ　ム	矛
ほこる　コ	誇
ほころびる　タン	綻
ほし　セイ・ショウ	*星
ほしい　ほっする・ヨク	*欲
ほす　ひる・カン	*干
ほそい　ほそる・こまかい・こまかい・サイ	*細
ほたる　ケイ	蛍
ホツ　ハツ	*発
ホッ　ホウ・ハッ	*法
ボツ	没
ボツ	勃
ボッ　ボウ	坊
ほっする　ほしい・ヨク	*欲
ほど　テイ	*程
ほとけ　ブツ	*仏
ほどこす　シ・セ	施
ほね　コツ	*骨
ほのお　エン	炎
ほまれ　ヨ	誉
ほめる　ホウ	褒
ほら　ドウ	洞
ほり	堀
ほる　チョウ	彫
ほる　クツ	掘
ほろびる　ほろぼす・メツ	滅
ホン　ハン・タン・そる・そらす	*反
ホン　もと	*本
ホン	奔
ホン　ひるがえる・ひるがえす	翻
ボン　ハン	凡
ボン	盆
ボン　ハン・わずらう・わずらわす	煩

【マ・ま】

マ　あさ	麻
マ	摩
マ　みがく	磨
マ	魔
ま　め・モク・ボク	*目
ま　シン	*真

ま|うま・バ　＊馬
ま　あいだ・カン・ケン　＊間
マイ　＊毎
マイ　ベイ・こめ　＊米
マイ　いもうと　＊妹
マイ　＊枚
マイ　味
マイ　うめる・うまる・うもれる　埋
まい　まう・ブ　舞
まいる　サン　＊参
まう　まい・ブ　舞
まえ　ゼン　＊前
まかす　まかせる・ニン　＊任
まかす　まける・おう・フ　＊負
まかせる　まかす・ニン　＊任

まかなう　ワイ　賄
まがる　まげる・キョク　＊曲
まき　ボク　＊牧
まき　まく・カン　＊巻
まぎれる　まぎらす・まぎらわす・まぎらわしい・フン　紛
マク　バク　＊幕
マク　膜
まく　まき・カン　＊巻
まくら　枕
まける　まかす・おう・フ　＊負
まげる　まがる・キョク　＊曲
まご　ソン　＊孫
まこと　セイ　＊誠
まさ　ただしい・ただす・セイ・ショウ　＊正

まさる　かつ・ショウ　＊勝
まざる　まじる・まぜる・まじわる・まじえる・かう・かわす・コウ　＊交
まざる　まじる・まぜる・こむ・コン　＊混
まじえる　まじわる・まじる・まざる・まぜる・かう・かわす・コウ　＊交
まじる　まざる・まぜる・こむ・コン　＊混
まじわる　まじえる・まじる・まざる・まぜる・かう・かわす・コウ　＊交
ます　ショウ　升
ます　ふえる・ふやす・ゾウ　＊増

まずしい　ヒン・ビン　＊貧
まぜる　まじわる・まじえる・まじる・まざる・かう・かわす・コウ　＊交
まぜる　まじる・まざる・こむ・コン　＊混
また　■又
また　コ　股
またたく　シュン　瞬
まち　チョウ　＊町
まち　ガイ・カイ|　＊街
マツ　バツ・すえ　＊末
マツ　抹
まつ　ショウ　＊松
まつ　タイ　＊待
まったく　すべて・ゼン　＊全
まつり　まつる・サイ　＊祭
まつりごと　セイ・ショ|

ウ| *政
まつる まつり・サイ *祭
まと テキ *的
まど ソウ *窓
まどう ワク 惑
まなこ ガン・ゲン| *眼
まなぶ ガク *学
まぬかれる・メン 免
まねく ショウ *招
まぼろし ゲン 幻
まめ トウ・ズ| *豆
まもる もり・シュ・ス| *守
まゆ ビ・ミ| 眉
まゆ ケン 繭
まよう メイ *迷
まる まるい・まるめる
・ガン *丸
まるい エン *円
まるめる まる・まるい
・ガン *丸
まわす まわる・カイ・
エ| *回
まわり シュウ *周
まわる まわす・カイ・
エ| *回
マン バン *万
マン みちる・みたす *満
マン 慢
マン 漫

【ミ・み】

ミ *未
ミ あじ・あじわう *味
ミ| ビ・まゆ 眉
ミ 魅
み みつ・みっつ・サン *三
み シン *身
み みのる・ジツ *実
みえる みる・みせる・
ケン *見
みがく マ 磨
みき カン *幹
みぎ ウ・ユウ *右
みことのり ショウ 詔
みさお あやつる・ソウ *操
みさき 岬
みささぎ リョウ 陵
みじかい タン *短
みじめ サン・ザン 惨
みず スイ *水
みずうみ コ *湖
みずから ジ・シ *自
みせ テン *店
みせる みる・みえる・
ケン *見
みぞ コウ 溝
みたす みちる・マン *満
みだす みだれる・ラン *乱
みだら イン 淫
みだれる みだす・ラン *乱
みち ドウ・トウ| *道
みちびく ドウ *導
みちる みたす・マン *満
ミツ *密
ミツ 蜜
みつ み・みっつ・サン *三
みつぐ コウ・ク| 貢
みっつ み・みつ・サン *三
みとめる ニン *認
みどり リョク・ロク| *緑
みな カイ 皆
みなと コウ *港
みなみ ナン・ナ| *南

みなもと　ゲン　＊源
みにくい　シュウ　醜
みね　ホウ　峰
みのる　み・ジツ　＊実
みみ　ジ　＊耳
みや　キュウ・グウ・ク　＊宮
ミャク　＊脈
みやこ　ト・ツ　＊都
ミョウ　メイ・な　＊名
ミョウ　妙
ミョウ　メイ・いのち　＊命
ミョウ　メイ・あかり・あかるい・あかるむ・あからむ・あきらか・あける・あく・あくる・あかす　＊明
ミョウ　メイ　冥
みる　みえる・みせる・ケン　＊見

みる　シン　診
ミン　たみ　＊民
ミン　ねむる・ねむい　眠

【ム・む】

ム　ほこ　矛
ム　ブ　＊武
ム　つとめる・つとまる　＊務
ム　ブ・ない　＊無
ム　ゆめ　＊夢
ム　ボウ・はかる　謀
ム　きり　霧
む　むつ・むっつ・むい・ロク　＊六
むかう　むく・むける・むこう・コウ　＊向
むかえる　ゲイ　迎
むかし　セキ・シャク　＊昔
むぎ　バク　＊麦

むく　むかう・むける・むこう・コウ　＊向
むくいる　ホウ　＊報
むける　むく・むかう・むこう・コウ　＊向
むこ　セイ　婿
むこう　むく・むかう・むける・コウ　＊向
むさぼる　ドン　貪
むし　チュウ　＊虫
むす　むれる・むらす・ジョウ　＊蒸
むずかしい　かたい・ナン　＊難
むすぶ　ゆう・ゆわえる・ケツ　＊結
むすめ　娘
むつ　む・むっつ・むい・ロク　＊六
むな　むね・キョウ　＊胸

むな　むね・トウ　棟
むね　シ　旨
むね　むな・キョウ　＊胸
むね　むな・トウ　棟
むら　ソン　＊村
むら　むれる・むれ・グン　＊群
むらさき　シ　紫
むらす　むれる・むす・ジョウ　＊蒸
むれ　むれる・むら・グン　＊群
むれる　むらす・むす・ジョウ　＊蒸
むれる　むれ・むら・グン　＊群
むろ　シツ　＊室

【メ・め】

め　おんな・ジョ・ニョ

見出し	音訓	漢字
	・ニョウ	*女
め	ま・モク・ボク	*目
め	ガ	*芽
め	めす・シ	雌
メイ	ミョウ・な	*名
メイ	ミョウ・いのち	*命
メイ	ミョウ・あかり・あかるい・あかるむ・あからむ・あきらか・あける・あく・あくる・あかす	*明
メイ	まよう	*迷
メイ	ミョウ	冥
メイ		*盟
メイ		銘
メイ	なく・なる・ならす	*鳴
めぐむ	ケイ・エ	恵
めぐる	ジュン	巡
めし	ハン	*飯
めす	ショウ	召
めす	めす・め・シ	雌
めずらしい	チン	珍
メツ	ほろびる・ほろぼす	滅
メン	まぬかれる	免
メン	おも・おもて・つら	*面
メン	わた	*綿
メン		麺

【モ・も】

見出し	音訓	漢字
モ	しげる	茂
モ	ボ	*模
も	ソウ	喪
も	ソウ	藻
モウ	ボウ・ない	*亡
モウ	け	*毛
モウ	ボウ	妄
モウ		盲
モウ	コウ	耗
モウ		猛
モウ	ボウ・のぞむ	*望
モウ	あみ	網
もうける	セツ	*設
もうす	シン	*申
もうでる	ケイ	詣
もえる	もやす・もす・ネン	*燃
モク	ボク・き・こ	*木
モク	ボク・め・ま	*目
モク	だまる	黙
もぐる	ひそむ・セン	潜
もしくは	わかい・ジャク・ニャク	*若
もす	もえる・もやす・ネン	*燃
もち	ヘイ	餅
もちいる	ヨウ	*用
モツ	ブツ・もの	*物
もつ	ジ	*持
もっとも	サイ	*最
もっぱら	セン	*専
もてあそぶ	ロウ	弄
もと	した・しも・さげる・さがる・くだる・くだす・くださる・おろす・おりる・カ・ゲ	*下
もと	ゲン・ガン	*元
もと	ホン	*本
もと	もとい・キ	*基
もどす	もどる・レイ	戻
もとめる	キュウ	*求
もどる	もどす・レイ	戻
もの	ブツ・モツ	*物
もの	シャ	*者
もも	トウ	桃
もやす	もえる・もす・ネン	*燃

読み	他の読み	漢字
もよおす	サイ	催
もらす	もる・もれる・ロウ	漏
もり	まもる・シュ・ス	＊守
もり	シン	＊森
もる	さかる・さかん・セイ・ジョウ	＊盛
もる	もれる・もらす・ロウ	漏
モン	ブン・ふみ	＊文
モン	かど	＊門
モン		紋
モン	とう・とい・とん	＊問
モン	ブン・きく・きこえる	＊聞

【ヤ・や】

読み	他の読み	漢字
ヤ		冶
ヤ	よ・よる	＊夜
ヤ	の	＊野
や	やつ・やっつ・よう・ハチ	＊八
や	シ	＊矢
や		弥
や	オク	＊屋
や	いえ・カ・ケ	＊家
やかた	カン	＊館
ヤク		厄
ヤク	エキ	＊役
ヤク	エキ	疫
ヤク		＊約
ヤク	エキ	＊益
ヤク	わけ	＊訳
ヤク	くすり	＊薬
ヤク	おどる	躍
やく	やける・ショウ	＊焼
やさしい	エキ・イ	＊易
やさしい	すぐれる・ユウ	＊優
やしなう	ヨウ	＊養
やしろ	シャ	＊社
やすい	アン	＊安
やすむ	やすまる・やすめる・キュウ	＊休
やせる	ソウ	痩
やつ	や・やっつ・よう・ハチ	＊八
やど	やどる・やどす・シュク	＊宿
やとう	コ	雇
やどる	やど・やどす・シュク	＊宿
やなぎ	リュウ	柳
やぶる	やぶれる・ハ	＊破
やぶれる	ハイ	＊敗
やま	サン	＊山
やまい	やむ・ビョウ・ヘイ	＊病
やみ		闇
やむ	やまい・ビョウ・ヘイ	＊病
やめる	ジ	＊辞
やわらか	やわらかい・ジュウ・ニュウ	柔
やわらか	やわらかい・ナン	軟
やわらかい	やわらか・ジュウ・ニュウ	柔
やわらかい	やわらか・ナン	軟
やわらぐ	やわらげる・なごむ・なごやか・ワ・オ	＊和

【ユ・ゆ】

読み	他の読み	漢字
ユ	ユウ・ユイ・よし	＊由
ユ	あぶら	＊油
ユ		喩

ユ　愉
ユ　ユウ・あそぶ　*遊
ユ　さとす　諭
ユ　*輸
ユ　いえる・いやす　癒
ゆ　トウ　*湯
ユイ　ユ・ユウ・よし　*由
ユイ　イ　唯
ユイ　イ　*遺
ユウ　とも　*友
ユウ　ウ・みぎ　*右
ユウ　ユ・ユイ・よし　*由
ユウ　ウ・ある　*有
ユウ　いさむ　*勇
ユウ　幽
ユウ　悠
ユウ　*郵
ユウ　わく　湧
ユウ　猶
ユウ　裕

ユウ　ユ・あそぶ　*遊
ユウ　お・おす　雄
ユウ　さそう　誘
ユウ　うれえる・うれい・うい　憂
ユウ　融
ユウ　やさしい・すぐれる　*優
ゆう　セキ　*夕
ゆう　ゆわえる・むすぶ・ケツ　*結
ゆえ　コ　*故
ゆか　とこ・ショウ　床
ゆき　セツ　*雪
ゆく　いく・おこなう・コウ・ギョウ・アン　*行
ゆく　いく・セイ　逝
ゆする　ゆさぶる・ゆすぶる・ゆれる・ゆる・ゆらぐ・ゆるぐ・ヨウ　揺

ゆずる　ジョウ　譲
ゆたか　ホウ　*豊
ゆだねる　イ　*委
ゆびさす・シ　*指
ゆみ　キュウ　*弓
ゆめ　ム　*夢
ゆらぐ　ゆれる・ゆる・ゆるぐ・ゆする・ゆさぶる・ゆすぶる・ヨウ　揺
ゆるい　ゆるむ・ゆるめる・ゆるやか・カン　緩
ゆるぐ　ゆれる・ゆらぐ・ゆる・ゆする・ゆさぶる・ゆすぶる・ヨウ　揺
ゆるす　キョ　*許
ゆるむ　ゆるめる・ゆるやか・ゆるい・カン　緩

ゆれる　ゆる・ゆらぐ・ゆるぐ・ゆする・ゆさぶる・ゆすぶる・ヨウ　揺
ゆわえる　ゆう・むすぶ・ケツ　*結

【ヨ・よ】

ヨ　あたえる　与
ヨ　*予
ヨ　あまる・あます　*余
ヨ　ほまれ　誉
ヨ　あずける・あずかる　*預
よ　セイ・セ　*世
よ　かわる・かえる・しろ・ダイ・タイ　*代
よ　よつ・よっつ・よん・シ　*四
よ　よる・ヤ　*夜

よい　リョウ　＊良
よい　ショウ　宵
よい　ゼン　＊善
ヨウ　おさない　＊幼
ヨウ　もちいる　＊用
ヨウ　ひつじ　＊羊
ヨウ　あやしい　妖
ヨウ　＊洋
ヨウ　いる・かなめ　＊要
ヨウ　＊容
ヨウ　庸
ヨウ　あげる・あがる　揚
ヨウ　ゆれる・ゆる・ゆらぐ・ゆるぐ・ゆする・ゆさぶる・ゆすぶる　揺
ヨウ　は　＊葉
ヨウ　＊陽
ヨウ　とける・とかす・とく　溶

ヨウ　こし　腰
ヨウ　さま　＊様
ヨウ　瘍
ヨウ　おどる・おどり　踊
ヨウ　かま　窯
ヨウ　やしなう　＊養
ヨウ　擁
ヨウ　うたい・うたう　謡
ヨウ　＊曜
よう　や・やつ・やっつ・ハチ　＊八
よう　スイ　酔
ヨク　おさえる　抑
ヨク　沃
ヨク　あびる・あびせる　＊浴
ヨク　ほっする・ほしい　＊欲
ヨク　＊翌
ヨク　つばさ　翼

よこ　オウ　＊横
よごす　よごれる・けがす・けがれる・けがらわしい・きたない・オ　汚
よし　ユ・ユウ・ユイ　＊由
よせる　よる・キ　＊寄
よそおう　ソウ・ショウ　＊装
よつ　よ・よっつ・よん・シ　＊四
よぶ　コ　＊呼
よむ　エイ　詠
よむ　ドク・トク・トウ　＊読
よめ　とつぐ・カ　嫁
よる　イン　＊因
よる　よ・ヤ　＊夜
よる　よせる・キ　＊寄
よろこぶ　キ　＊喜

よわい　よわる・よわまる・よわめる・ジャク　＊弱
よん　よ・よつ・よっつ・シ　＊四

【ラ・ら】

ラ　拉
ラ　はだか　裸
ラ　羅
ライ　レイ　＊礼
ライ　くる・きたる・きたす　＊来
ライ　かみなり　雷
ライ　たのむ・たのもしい・たよる　頼
ラク　からむ・からまる・からめる　絡
ラク　おちる・おとす　＊落
ラク　ガク・たのしい・

たのしむ　*楽
ラク　酪
ラツ　辣
ラン　みだれる・みだす　*乱
ラン　たまご　*卵
ラン　*覧
ラン　濫
ラン　あい　藍
ラン　欄

【リ・り】

リ　吏
リ　きく　*利
リ　さと　*里
リ　*理
リ　痢
リ　うら　*裏
リ　はく　履
リ　璃
リ　はなれる・はなす　離
リキ　リョク・ちから　*力
リク　*陸
リチ　リツ　*律
リツ　リュウ・たつ・たてる　*立
リツ　リチ　*律
リツ　ソツ・ひきいる　*率
リツ　慄
リャク　*略
リュウ　リツ・たつ・たてる　*立
リュウ　やなぎ　柳
リュウ　ル・ながれる・ながす　*流
リュウ　ル・とめる・とまる　*留
リュウ　たつ　竜
リュウ　つぶ　粒
リュウ　隆
リュウ　硫
リョ　侶
リョ　たび　*旅
リョ　虜
リョ　慮
リョウ　了
リョウ　*両
リョウ　よい　*良
リョウ　*料
リョウ　すずしい・すずむ　涼
リョウ　猟
リョウ　みささぎ　陵
リョウ　はかる　*量
リョウ　僚
リョウ　ギョ　*漁
リョウ　*領
リョウ　寮
リョウ　レイ・たま　霊
リョウ　療
リョウ　瞭
リョウ　ロウ・かて　糧
リョク　リキ・ちから　*力
リョク　ロク・みどり　*緑
リン　はやし　*林
リン　厘
リン　倫
リン　レイ・すず　鈴
リン　わ　*輪
リン　となる・となり　隣
リン　のぞむ　*臨

【ル・る】

ル　リュウ・ながれる・ながす　*流
ル　リュウ・とめる・とまる　*留
ル　瑠
ルイ　なみだ　涙
ルイ　累

ルイ　　塁
ルイ　たぐい　＊類

【レ・れ】

レイ　　＊令
レイ　ライ　＊礼
レイ　つめたい・ひえる・ひや・ひやす・ひやかす・さめる・さます　＊冷
レイ　はげむ・はげます　励
レイ　もどる・もどす　戻
レイ　たとえる　＊例
レイ　リン・すず　鈴
レイ　　零
レイ　リョウ・たま　霊
レイ　　隷
レイ　　齢
レイ　うるわしい　麗
レキ　こよみ　暦
レキ　　＊歴
レツ　　＊列
レツ　おとる　劣
レツ　　烈
レツ　さく・さける　裂
レン　こう・こい・こいしい　恋
レン　つらなる・つらねる・つれる　＊連
レン　　廉
レン　ねる　＊練
レン　　錬

【ロ・ろ】

ロ　　呂
ロ　　炉
ロ　　賂
ロ　じ　＊路
ロ　ロウ・つゆ　露
ロウ　おいる・ふける　＊老
ロウ　　＊労
ロウ　もてあそぶ　弄
ロウ　　郎
ロウ　ほがらか　＊朗
ロウ　　浪
ロウ　　廊
ロウ　　楼
ロウ　もる・もれる・もらす　漏
ロウ　リョウ・かて　糧
ロウ　ロ・つゆ　露
ロウ　かご・こもる　籠
ロク　む・むつ・むっつ・むい　＊六
ロク　リョク・みどり　＊緑
ロク　　＊録
ロク　ふもと　麓
ロン　　＊論

【ワ・わ】

ワ　オ・やわらぐ・やわらげる・なごむ・なごやか　＊和
ワ　はなす・はなし　＊話
わ　われ・ガ　＊我
わ　リン　＊輪
ワイ　まかなう　賄
わかい　もしくは・ジャク・ニャク　＊若
わかす　わく・フツ　沸
わかる　わける・わかれる・わかつ・ブン・フン・ブ　＊分
わかれる　ベツ　＊別
わき　　脇
ワク　まどう　惑
わく　　枠
わく　わかす・フツ　沸

わく　ユウ　湧
わけ　ヤク　＊訳
わける　わかれる・わかる・わかつ・ブン・フン・ブ　＊分
わざ　ギ　＊技
わざ　ギョウ・ゴウ　＊業
わざわい　サイ　＊災
わずか　キン　僅
わずらう　カン　患
わずらう　わずらわす・ハン・ボン　煩
わすれる　ボウ　＊忘
わた　メン　＊綿
わたくし　わたし・シ　＊私
わたる　わたす・ト　渡
わらう　えむ・ショウ　＊笑
わらべ　ドウ　＊童
わる　わり・われる・さく・カツ　＊割

わるい　アク・オ　＊悪
われ　わ・ガ　＊我
われる　わる・わり・さく・カツ　＊割
ワン　湾
ワン　うで　腕

【付表―漢字書きできる当て字・熟字訓】

いわゆる当て字や熟字訓など、主として一字一字の音訓として挙げにくい語を、この表に示した。無印は内閣告示の「常用漢字表」の「付表」にある語。○印は新聞用語懇談会、時事通信社が使用を認めた語で、読み仮名を付けずに漢字書きできる。挙げられた語を熟語の一部として用いてもかまわない。柔らかい記事では平仮名書きしてよい。

あす　明日
あずき　小豆
あま　海女、海士
いおう　硫黄
いくじ　意気地
いなか　田舎
いぶき　息吹
○いりもや　入り母屋
うなばら　海原
うば　乳母
うわき　浮気
うわつく　浮つく
○うんも　雲母
えがお　笑顔
おじ　伯父、叔父
○おちうど・おちゅうど　落人
○おてまえ　お点前〈茶の湯〉
おとな　大人
○おとひめ　乙姫
おとめ　乙女
おば　伯母、叔母
おまわりさん　お巡りさん
おみき　お神酒
おもや　母屋
○おやま　女形
○おんみつ　隠密
かあさん　母さん
○がいため　外為
かぐら　神楽
かし　河岸
かじ　鍛冶
かぜ　風邪
かたず　固唾
○かたりべ　語り部
かな　仮名
かや　蚊帳
○かりうど・かりゅうど　狩人
かわせ　為替
○かわも　川面
かわら　河原
○ぎだゆう　義太夫
きのう　昨日
きょう　今日
○くげ　公家
くだもの　果物

くろうと	玄人
けさ	今朝
けしき	景色
○けんうん	巻雲
○けんせきうん	巻積雲
○けんそううん	巻層雲
ここち	心地
こじ	居士
ことし	今年
○このえへい	近衛兵
○ごようたし	御用達
○さいさき	幸先
さおとめ	早乙女
ざこ	雑魚
さじき	桟敷
さしつかえる	差し支える
さつき	五月
さなえ	早苗
さみだれ	五月雨
○さんく	産駒

○しおさい・しおざい	潮騒
○じかだんぱん	直談判
○じかとりひき	直取引
しぐれ	時雨
しっぽ	尻尾
しない	竹刀
しにせ	老舗
しばふ	芝生
しみず	清水
○しゃみせん	三味線
じゃり	砂利
じゅず	数珠
じょうず	上手
しらが	白髪
しろうと	素人
しわす・しはす	師走
○すき	数寄
すきや	数寄屋
○すけっと	助っ人
すもう	相撲

○せきわけ	関脇
○せっけん	席巻
ぞうり	草履
○そとうば・そとば	卒塔婆
だし	山車
○たしせいせい	多士済々
たち	太刀
たちのく	立ち退く
○たて	殺陣
○たておやま	立女形
たなばた	七夕
たび	足袋
○たゆう	太夫・大夫
ちご	稚児
ついたち	一日
つきやま	築山
つゆ	梅雨
でこぼこ	凸凹
○でずいり	手数入り
てつだう	手伝う

てんません	伝馬船
とあみ	投網
とうさん	父さん
とえはたえ	十重二十重
どきょう	読経
とけい	時計
○とざま	外様
○としま	年増
○どどいつ	都々逸
ともだち	友達
なこうど	仲人
なごり	名残
なだれ	雪崩
○なにわぶし	浪花節
にいさん	兄さん
○にんじょう	刃傷
○ぬすっと	盗っ人
ねえさん	姉さん
のら	野良
のりと	祝詞
はかせ	博士
はたち	二十(歳)
はつか	二十日
はとば	波止場
○はんにゃ	般若
○ひぞっこ	秘蔵っ子
○ひとみごくう	人身御供
ひとり	一人
ひより	日和
○ふいちょう	吹聴
ふたり	二人
ふつか	二日
ふぶき	吹雪
○ふんぬ	憤怒
へた	下手
へや	部屋
○ほうがんびいき	判官びいき
まいご	迷子
まじめ	真面目
まっか	真っ赤
まっさお	真っ青
○みかげいし	御影石
○みのしろきん	身代金
○みはた	御旗
みやげ	土産
むすこ	息子
めがね	眼鏡
○めしゅうど	召人
○もくろみしょ	目論見書
もさ	猛者
もみじ	紅葉
もめん	木綿
もより	最寄り
やおちょう	八百長
やおや	八百屋
やまと	大和
やよい	弥生
ゆかた	浴衣
ゆくえ	行方
よせ	寄席

わこうど　若人

表外漢字字体表

「表外漢字字体表」は、常用漢字にない漢字を印刷文字として使用する場合の「字体の選択のよりどころ」として、旧国語審議会により2000年に作成された。掲げられた1022字のうち155字は、2010年に新たに常用漢字に採用された。

表外漢字字体表に掲げられた漢字については、同表が定める字体を使い、丸カッコ内の新字体（簡易慣用字体）は原則として使わない。ただし、「曽」「痩」「麺」の3字だけは新字体が常用漢字で採用されたため、新字体を使う。

啞(唖)蛙鴉埃挨曖靄
軋斡按庵鞍闇已夷
畏韋帷萎椅葦彙飴
謂閾溢鰯尹咽殷淫

隕蔭于迂盂烏鬱云
暈穢曳洩裔穎(頴)嬰
翳腋曰奄宛怨俺冤
袁婉焉堰淵焰筵厭
鳶燕閻嚥嗚凰嘔鴨
甕襖謳鶯鷗(鴎)鸚臆
俤瓜呵苛珂迦訛訶
跏嘩瑕榎窩蝦蝸鍋
顆牙瓦臥俄峨訝蛾
衙駕芥乖廻徊恢晦
堺潰鞋諧檜蟹咳崖
蓋漑骸鎧喀廓摑攪
(撹)愕萼諤顎鰐樫絣
筈葛闊鰹萱奸串旱
函咸姦宦柑竿悍桓
涵菅嵌鉗澗翰諫瞰
韓檻灌玩雁翫頷癌
贋几卉其祁耆埼悸
揆毀箕畿窺諱徽櫃
妓祇魏蟻掬麴(麹)吃

屹拮詰仇臼汲灸咎
邱柩笈躬厩嗅舅炬
渠裾噓墟鋸遽欅匈
怯俠脇莢竟卿僑嬌
蕎鋏頰橿彊饗棘髷
巾僅禽饉狗惧軀懼
俱喰寓窟粂偈荊珪
畦脛頃痙詣禊閨稽
頸髻蹊鮭繫睨戟隙
抉頁訣蕨姸倦虔捲
牽喧硯腱鍵瞼鹼(鹸)
呟眩舷諺乎姑狐股
涸菰袴壺跨糊醐齬
亢勾叩尻吼肛岡庚
杭肴咬垢巷恍恰狡
桁胱崗梗喉腔蛤幌
煌鉤敲睾膏閤膠篝
縞薨糠藁鮫壙曠劫
毫傲壕濠嚙(噛)轟剋
哭鵠乞忽惚昏痕渾

褌叉些嗟蓑磋坐挫
晒柴砦犀賽鰓榊柵
炸窄簀刹拶紮撒薩
珊餐簒霰攢讃斬懺
仔弛此址祀屍屎柿
茨恣砥祠翅舐疵趾
斯覗嗜滓獅幟摯嘴
熾髭贄而峙痔餌竺
雫叱悉蛭嫉膝櫛柘
洒娑這奢闍杓灼綽
錫雀惹娶腫諏鬚呪
竪綬聚濡襦帚酋袖
羞葺蒐箒皺輯鍬繡
（繍）蹴讐鷲廿揉絨粥
戌閏楯馴杵薯藷汝
抒鋤妾哨秤娼逍廂
椒湘竦鈔睫蛸鉦摺
蔣（蒋）裳誦漿蕭踵鞘
篠聳鍾醬（醤）囁杖茸
嘗擾攘饒拭埴蜀蝕

燭褥沁芯呻宸疹蜃
滲賑鍼壬訊腎靱塵
儘笥祟膵誰錐雖隋
隧芻趨鮨丼凄栖棲
甥貰蜻醒錆臍瀞鯖
脆贅脊戚晰蹟泄屑
浙啜楔截尖苫穿閃
陝釧揃煎羨腺詮煽
箋撰箭賤蟬癬喘膳
狙疽疏甦楚鼠遡蘇
齟爪宋炒叟蚤曾（曽）
湊葱搔（掻）槍漕箏噌
瘡瘦（痩）踪艘薔甑叢
藪躁囃竈鰺仄捉塞
粟杣遜噂樽鱒侘咤
詫陀拿荼唾舵楕驒
苔殆堆碓腿頽戴醍
托鐸凧襷燵坦疸耽
啖蛋毯湛痰綻憚歎
簞譚灘雉馳蜘緻筑

膣肘冑紐酎厨蛛註
誅疇躊佇楮箸儲瀦
躇吊帖喋貼牒趙銚
嘲諜寵捗枕槌鎚辻
剃挺釘掟梯逞啼碇
鼎綴鄭薙諦蹄鵜荻
擢溺姪轍辿唸塡篆
顚囀纏佃淀澱臀兎
妬兜堵屠賭宕沓套
疼桶淘萄逗棹樋蕩
鄧橙濤檮櫂禱（祷）撞
禿瀆栃咄沌遁頓呑
貪邇匂韮涅禰捏捻
撚膿嚢杷爬琶頗播
芭罵蟇胚徘牌稗狽
煤帛柏剝粕箔莫駁
瀑曝畠捌撥潑醱筏
跋噺氾汎阪叛袢絆
斑槃幡攀挽磐蕃屁
庇砒脾痺鄙誹臂枇

毘梶媚琵薇靡疋畢
逼謬豹憑瓢屏(屛)廟
牝瀕憫鬢斧阜訃俯
釜腑孵鮒巫葡撫蕪
諷祓吻扮焚糞并(幷)
聘蔽餅斃袂僻璧襞
蔑瞥扁篇騙娩鞭哺
圃蒲戊牡姥菩呆彷
庖苞疱捧逢蜂蓬鞄
鋒牟芒茫虻榜膀貌
鉾謗吠卜勃梵昧邁
枡(桝)俣沫迄曼蔓瞞
饅鬘鰻蜜鵡冥瞑謎
麺(麪)蒙朦勿籾悶揶
爺鑓喩揄愈楡尤釉
楢猷飫輿孕妖拗涌
痒傭熔瘍蠅沃螺萊
蕾洛埒拉辣瀾爛鸞
狸裡罹籬戮慄掠笠
溜榴劉瘤侶梁聊菱
寥蓼淋燐鱗屢蛉蠣
櫟礫轢煉漣憐簾鰊
攣賂魯濾(沪)盧櫓蘆
(芦)鷺弄牢狼榔瘻臈
臘朧蠟(蝋)籠聾肋勒
漉麓窪歪猥隈或罠
椀碗彎(弯)

人名用漢字

戸籍法施行規則（2017年改正）により常用漢字以外で使用が認められている「人名用漢字」（863字）は次の通り。

表1は常用漢字以外の漢字。「—」で示したのは1字種2字体の文字で、「—」の下が異体字。原則として上に示された字体を使う。ただし、「檜」だけは下に表示された字体を使う。

表2は常用漢字の異体字で、丸カッコ内に常用漢字を示した。新聞用語懇談会の申し合わせにより、これらの異体字は原則として使用しない。ただし、「薗」「條」「嶋」「冨」「峯」「埜」「龍」については例外として使い分ける。

表1（常用漢字以外）

丑丞乃之乎也云亘—
亙些亦亥亨亮仔伊
伍伽佃佑伶侃侑俄
俠俣俐倭俱倦倖偲
傭儲允兎兜其冴凌
凜—凛凧凪凰凱函劉
劫勁勺勿匁匡廿卜
卯卿厨厩叉叡叢叶
只吾吞吻哉哨啄哩
喬喧喰喋嘩嘉嘗噌
噂圃圭坐尭—堯坦埴
堰堺堵塙壕壬夷奄
奎套娃姪姥娩嬉孟
宏宋宕宥寅寓寵尖

尤屑峨峻崚嵯嵩嶺
巌巖巫已巳巴巷巽
帖幌幡庄庇庚庵廟
廻弘弛彗彦彪彬徠
忽怜恢恰恕悌惟惚
悉惇惹惺惣慧憐戊
或戟托按挺挽掬捲
捷捺捧掠揃摑摺撒
撰撞播撫擢孜敦斐
斡斧斯於旭昂昊昏
昌昴晏晃晄晒晋晟
晦晨智暉暢曙曝曳
朋朔杏杖杜李杭杵
杷枇柑柴柘柊柏柾
柚桧檜栞桔桂栖桐
栗梧梓梢梛梯桶梶
椛梁棲椋椀楯楚楕
椿楠楓椰楢楊榎樺
榊榛槙槇槍槌樫槻
樟樋橘樽橙檎檀櫂

櫛櫓欣欽歎此殆毅
毘毬汀汝汐汲沌沓
沫洸洲洵洛浩浬淵
淳渚渚淀淋渥渾湘
湊湛溢滉溜漱漕漣
澪濡瀕灘灸灼烏焔
焚煌煤煉熙燕燎燦
燭燿爾牒牟牡牽犀
狼猪猪獅玖珂珈珊
珀玲琢琢琉瑛琥琶
琵琳瑚瑞瑶瑳瓜瓢
甥甫畠畢疋疏皐皓
眸瞥矩砦砥砧硯碓
碗碩碧磐磯祇祢禰
祐祐祷禱禄祿禎禎
禽禾秦秤稀稔稟稜
穣穰穹穿窄窪窺竣
竪竺竿笈笹笙笠筈
筑箕箔篇篠簞簾籾
粥粟糊紘紗紐絃紬

絆絢綺綜綴緋綾綸
縞徽繫繡纂纏羚翔
翠耀而耶耽聡肇肋
肴胤胡脩腔脹膏臥
舜舵芥芹芭芙芦苑
茄苔苺茅茉茸茜莞
荻莫莉菅菫菖萄菩
萌萠萊菱葦葵萱葺
萩董葡蓑蒔蒐蒼蒲
蒙蓉蓮蔭蔣蔦蓬蔓
蕎蕨蕉蕃蕪薙蕾蕗
藁薩蘇蘭蝦蝶螺蟬
蟹蠟衿袈袴裡裟裳
襖訊訣註詢詫誼諏
諄諒謂諺讃豹貰賑
赳跨蹄蹟輔輯輿轟
辰辻迂迄辿迪迦這
逞逗逢遥遙遁遼邑
祁郁鄭酉醇醐醍醬
釉釘釧銑鋒鋸錘錐

錆 錫 鍬 鎧 閃 閏 閤 阿
陀 隈 隼 雀 雁 雛 雫 霞
靖 鞄 鞍 鞘 鞠 鞭 頁 頌
頗 顚 颯 饗 馨 馴 馳 駕
駿 驍 魁 魯 鮎 鯉 鯛 鰯
鱒 鱗 鳩 鳶 鳳 鴨 鴻 鵜
鵬 鷗 鷲 鷺 鷹 麒 麟 麿
黎 黛 鼎

表2（常用漢字の異体字）

亞(亜) 惡(悪) 爲(為) 逸(逸)
榮(栄) 衞(衛) 謁(謁) 圓(円)
緣(縁) 薗(園) 應(応) 櫻(桜)
奧(奥) 橫(横) 溫(温) 價(価)
禍(禍) 悔(悔) 海(海) 壞(壊)
懷(懐) 樂(楽) 渴(渇) 卷(巻)
陷(陥) 寬(寛) 漢(漢) 氣(気)
祈(祈) 器(器) 僞(偽) 戲(戯)
虛(虚) 峽(峡) 狹(狭) 響(響)
曉(暁) 勤(勤) 謹(謹) 驅(駆)

勳(勲) 薰(薫) 惠(恵) 揭(掲)
鷄(鶏) 藝(芸) 擊(撃) 縣(県)
儉(倹) 劍(剣) 險(険) 圈(圏)
檢(検) 顯(顕) 驗(験) 嚴(厳)
廣(広) 恆(恒) 黃(黄) 國(国)
黑(黒) 穀(穀) 碎(砕) 雜(雑)
祉(祉) 視(視) 兒(児) 濕(湿)
實(実) 社(社) 者(者) 煮(煮)
壽(寿) 收(収) 臭(臭) 從(従)
澁(渋) 獸(獣) 縱(縦) 祝(祝)
暑(暑) 署(署) 緖(緒) 諸(諸)
敍(叙) 將(将) 祥(祥) 涉(渉)
燒(焼) 獎(奨) 條(条) 狀(状)
乘(乗) 淨(浄) 剩(剰) 疊(畳)
孃(嬢) 讓(譲) 釀(醸) 神(神)
眞(真) 寢(寝) 愼(慎) 盡(尽)
粹(粋) 醉(酔) 穗(穂) 瀨(瀬)
齊(斉) 靜(静) 攝(摂) 節(節)
專(専) 戰(戦) 纖(繊) 禪(禅)
祖(祖) 壯(壮) 爭(争) 莊(荘)

搜(捜) 巢(巣) 曾(曽) 裝(装)
僧(僧) 層(層) 瘦(痩) 騷(騒)
增(増) 憎(憎) 藏(蔵) 贈(贈)
臟(臓) 卽(即) 帶(帯) 滯(滞)
瀧(滝) 單(単) 嘆(嘆) 團(団)
彈(弾) 晝(昼) 鑄(鋳) 著(著)
廳(庁) 徵(徴) 聽(聴) 懲(懲)
鎭(鎮) 轉(転) 傳(伝) 都(都)
嶋(島) 燈(灯) 盜(盗) 稻(稲)
德(徳) 突(突) 難(難) 拜(拝)
盃(杯) 賣(売) 梅(梅) 髮(髪)
拔(抜) 繁(繁) 晚(晩) 卑(卑)
祕(秘) 碑(碑) 賓(賓) 敏(敏)
冨(富) 侮(侮) 福(福) 拂(払)
佛(仏) 勉(勉) 步(歩) 峯(峰)
墨(墨) 飜(翻) 每(毎) 萬(万)
默(黙) 埜(野) 彌(弥) 藥(薬)
與(与) 搖(揺) 樣(様) 謠(謡)
來(来) 賴(頼) 覽(覧) 欄(欄)
龍(竜) 虜(虜) 凉(涼) 綠(緑)

涙(涙)　壘(塁)　類(類)　禮(礼)
曆(暦)　歷(歴)　練(練)　鍊(錬)
郞(郎)　朗(朗)　廊(廊)　錄(録)

《参考》新聞用語懇談会の人名用漢字の字体に関する申し合わせ(2021年12月9日)

①「常用漢字表」内の漢字は原則として通用字体を使い、旧字体の使用は避ける。

②「常用漢字表」内の漢字の異体字についても、通用字体を使うことを原則とする。

③戸籍法施行規則別表第2の「漢字の表1」に掲げられた人名用漢字は、「表外漢字字体表」掲載の「人名用漢字の字体一覧」に掲げられた字体を使用し、同一覧にない字種については「表外漢字字体表」(3部首許容、簡易慣用字体の採用は各社判断)に従うことを原則とするが、同字体表にない字種の扱いも含め、当分の間、各社の対応にゆだねる。

例 亘—亙　凜—凛　槙—槇　遥—遙(いずれも前者が「人名用漢字の字体一覧」掲載の字体)

注「表外漢字字体表」(2000年国語審議会答申)掲載の「人名用漢字の字体一覧」は97年までに制定された人名用漢字一覧で、同表前文に「常用漢字に準じて扱うことが妥当である」と明記しているものである。04年以後制定の人名用漢字は、法務省が字体の標準を示すものではないと表明しているので、字体の標準としては考慮しない。

④戸籍法施行規則別表第2の「漢字の表2」に掲げられた常用漢字の異体字(旧字体など)は原則として使用せず、丸カッコ内の常用漢字の字体を使用する。

⑤ただし、特に本人、家族などの強い希望があった場合、前記各項の申し合わせについては各社の運用に任せる。

【現代仮名遣い】

記事を書くときの仮名遣いは、1986年7月内閣告示の「現代仮名遣い」による。

この仮名遣いは、現代日本語の音韻に従って書き表すことを原則とし、主として現代文の口語体に適用する。文語文の引用や固有名詞などでこの仮名遣いにより難いものには適用しない。

ただし、固有名詞に読み仮名を付ける場合は、原則として現代仮名遣いによる。

例　島津千鶴子（しまづ・ちづこ）　小千谷（おぢや）　遠江（とおとうみ）

「現代仮名遣い」の要領

1、仮名の使い方は、おおむね発音通りとする。

①旧仮名の「ゐ」「ゑ」「を」（助詞は除く）は使わず、「い」「え」「お」と書く。「くわ」「ぐわ」は「か」「が」と書く。

例　ゐる（居る）→いる　うゑる（植ゑる）→うえる　をどり（踊り）→おどり　くわじ（火事）→かじ　ぐわか（画家）→がか　つひやす（費やす）→ついやす　あやふい（危ふい）→あやうい　かんがへる（考へる）→かんがえる　なほす（直す）→なおす　あふぐ（仰ぐ）→あおぐ　やはらか（柔らか）→やわらか

②拗音（ようおん）は「ゃ」「ゅ」「ょ」で表し、なるべく小書きにする（新聞は小書きが原則）。

例　しゅくじ（祝辞）　かいじょ（解除）

③撥音（はつおん）は、「ん」と書く。

例　まなんで（学んで）　しんねん（新年）

④促音は「っ」で表し、なるべく小書きにする（新聞は小書きが原則）。

例　はしって（走って）　がっこう（学校）

⑤ア、イ、ウ、エ各列の長音は、それぞれの列の仮名に「あ」「い」「う」「え」を添えて書く。ただし、オ列の長音はオ列の仮名に「う」を添えて書く。

例　ア列＝おかあさん〈母〉　イ列＝にいさん〈兄〉　ウ列＝ふうふ（夫婦）　エ列＝ねえさん〈姉〉　ええ〈応答の語〉　オ列＝おとうさん〈父〉　わこうど（若人）　きょう（今日）　おはよう　おうぎ（扇）

2、特定の語については、表記の習慣を尊重して、次のように書く。

①助詞の「を」は、「を」と書く。

例 本を読む　やむを得ない　いわんや…をや

②助詞の「は」は、「は」と書く。

例 きょうは日曜日　あるいは　とはいえ　願わくは　こんにちは

注 次のようなものは、この例に当たらない。

いまわの際　すわ一大事　雨も降るわ風も吹くわ　来るわ来るわ　きれいだわ

③助詞の「へ」は、「へ」と書く。

例 故郷へ帰る　…さんへ

④動詞の「いう(言う)」は、「いう」と書く。

例 ものをいう　こういうわけ　人というもの

⑤次のような語は、「ぢ」「づ」を用いる。

(1)同音の連呼によるもの

例 ちぢむ(縮む)　つづみ(鼓)　つづく(続く)　つづる(綴る)

注 次のようなものは、この例に当たらない。

いちじく　いちじるしい(著しい)　くつずみ(靴墨)

(2)2語の連合によるもの

例 はなぢ(鼻血)　そこぢから(底力)　いれぢえ(入れ知恵)　まぢか(間近)　みかづき(三日月)　こづかい(小遣い)　こづつみ(小包)　こづく(小突く)　もとづく(基づく)

⑥次のような語は、一般的に2語と認識しにくいものとして、「じ」「ず」を用いて書く。

例 せかいじゅう(世界中)　いなずま(稲妻)　きずな(絆)　さかずき(杯)　ほおずき　うなずく　おとずれる(訪れる)　つまずく　ひざまずく　さしずめ　でずっぱり　なかんずく　うでずく　くろずくめ　ひとりずつ　ゆうずう(融通)

注 次のような語は漢字の音読みが本来濁っているため、「じ」「ず」と書く。

じめん(地面)　ぬのじ(布地)　ずが(図画)　りゃくず(略図)

⑦次のような語は、オ列の仮名に「お」を添えて書く。

例 おおかみ　おおやけ(公)　こおり(氷)　こおろぎ　ほおずき　ほのお(炎)　とお(十)　いきどおる(憤る)　おおう(覆う)　こおる(凍る)　とおる(通る)　もよおす(催す)　おおい(多い)　おおきい(大きい)　とおい(遠い)　おおよそ

⑧次のような語は、エ列の長音として発音されるか、エイ、ケイなどのように発音されるかにかかわらず、エ列の仮名に「い」を添えて書く。

例　せい(背)　かせいで(稼いで)　まねいて(招いて)　春めいて　へい(塀)　れい(例)　えいが(映画)　とけい(時計)　ていねい(丁寧)

「ぢ・づ」「じ・ず」の使い分け用例

注　例文中のカッコ内の△印、●印はそれぞれ常用漢字表にない漢字、音訓を示す。○印は常用漢字表にはないが、新聞用語懇談会が使用を決めた字。個々の文字遣いは「用字用語集」の項参照。

【「ぢ」を使うもの】

ぢ　そえぢ(添え乳)　はなぢ(鼻血)
ぢえ　いれぢえ(入れ知恵)　わるぢえ(悪知恵)
ぢか　ちかぢか(近々)　みぢか(身近)
ぢから　そこぢから(底力)
ちぢ　ちぢこまる(縮こまる)　ちぢれる(縮れる)
ぢち　もらいぢち(貰い乳)
ぢゃわん　ゆのみぢゃわん(湯飲み茶碗)
ぢょうし　いっぽんぢょうし(一本調子)　うわぢょうし(上調子)
ぢょうちん　ぼんぢょうちん(盆提灯)
ぢり　ちりぢり(散り散り)　ひぢりめん(緋縮緬)
ぢんまり　こぢんまり

【「づ」を使うもの】

づえ　そばづえ(側杖)　まつばづえ(松葉杖)
づか　かいづか(貝塚)　きねづか(杵柄)
づかい　いきづかい(息遣い)　うわめづかい(上目遣い)　むだづかい(無駄遣い)　ひとづかい(人使い)
づかえ　みやづかえ(宮仕え)
づかし　あいそづかし(愛想尽かし)
づかみ　おおづかみ(大摑み)　てづかみ(手摑み)
づかれ　きづかれ(気疲れ)　たびづかれ(旅疲れ)
づき　おぼろづき(朧月)　にくづき(肉付き)　もろてづき(双手突き)　しちぶづき(七分搗き)
づく　かたづく(片付く)　きづく(気付く)　ちかづく(近づく)　どくづく(毒づく)　もとづく(基づく)　つくづく(熟々)
づくえ　きょうづくえ(経机)
づくし　こころづくし(心尽くし)
づくり　てづくり(手作り)　にづくり(荷造り)
づくろい　みづくろい(身繕い)

づけ　しおづけ（塩漬け）　くぎづけ（釘付け）　ことづけ（言付け）
づける　ちからづける（力付ける）
づた　きづた（木蔦）
づたい　にわづたい（庭伝い）
づたえ　くちづたえ（口伝え）
づち　あいづち（相槌）　かなづち（金槌）
づつ　つづうらうら（津々浦々）　つづく（続く）　つづめる（約める）　つづる（綴る）
づつ　たけづつ（竹筒）　ちゃづつ（茶筒）
づつみ　かみづつみ（紙包み）　こづつみ（小包）
づて　ことづて（言伝て）　ひとづて（人伝て）
づと　わらづと（藁苞）
づとめ　かいしゃづとめ（会社勤め）
づな　たづな（手綱）　ともづな（纜）　よこづな（横綱）
づね　つねづね（常々）
づま　きりづまづくり（切り妻造り）　にいづま（新妻）　ひだりづま（左褄）
づまり　きづまり（気詰まり）
づまる　ゆきづまる（行き詰まる）
づみ　やまづみ（山積み）　そくづみ（即詰み＝将棋）
づめ　あるきづめ（歩き詰め）　おおづめ（大詰め）　じづめ（字詰め）　なまづめ（生爪）　ひづめ（蹄）
づもり　こころづもり（心積もり）
づよい　ねづよい（根強い）　ねばりづよい（粘り強い）
づら　うちづら（内面）　はなづら（鼻面）ひげづら（髭面）
づらい　いいづらい（言い辛い）　みづらい（見辛い）
づり　おかづり（陸釣り）　ちゅうづり（宙吊り）
づる　おりづる（折り鶴）　かねづる（金蔓）　ゆみづる（弓弦）
づれ　おやこづれ（親子連れ）　みちづれ（道連れ）　つれづれ（徒然）

【「じ」を使うもの】

じ　じめん（地面）　いじ（意地）　じかたび（地下足袋）　ぬのじ（布地）　ろじ（路地、露地）　たびじ（旅路）　こんじ（根治）　たいじ（退治）　ほじ（保持）　いじる（弄る）　いちじるしい（著しい）　かじ（梶、舵）　かじや（鍛冶屋）　たじろぐ（辟易ぐ）　とじる（閉じる）　なんじ（汝）　ねじ（螺子）　ねじる（捩る）　はじ（恥）　ひじ（肘）　みじかい（短い）　ものおじ（物怖じ）　もみじ（紅葉）
じか　じかに（直に）　じかとりひき（直取引）
じき　じきに（直に）　しょうじき（正直）

じく　かけじく（掛け軸）
じゃ　じゃり（砂利）
じゃく　しゅうじゃく（執着）　とんじゃく（頓着）
じゅう　ねんじゅう（年中）　じゅうきょ（住居）　じゅうやく（重役）
じょ　じょせい（女性）　かいじょ（解除）　じょがい（除外）
じょう　じょうせき（定石）　しじょう（市場）　じょうざい（錠剤）
じり　じりじり　じりひん（じり貧）
じん　じんち（陣地）　じんちょうげ（沈丁花）　みじん（微塵）

【「ず」を使うもの】

ず　ずつう（頭痛）　あいず（合図）　ずが（図画）　ずぼし（図星）　りゃくず（略図）　あずき（小豆）　あずける（預ける）　あずさ（梓）　いずみ（泉）　いずれ（何れ）　いたずら（悪戯）　いちず（一途）　うずく（疼く）　うずくまる（蹲る）　うずたかい（堆い）　うずめる（埋める）　うずら（鶉）　おずおず（怖々）　おとずれる（訪れる）　かかずらう（拘う）　かたず（固唾）　かわず（蛙）　きずく（築く）　くんずほぐれつ（組んず解れつ）　けずる（削る）　さえずる（囀る）　さずける（授ける）　だいず（大豆）　たずさえる（携える）　たずねる（訪ねる、尋ねる）　でずっぱり（出突っ張り）　てなずける（手懐ける）　なずむ（泥む）　はずかしい（恥ずかしい）　はずれる（外れる）　ひずむ（歪む）　まず（先ず）　みずおち（鳩尾）　みずほ（瑞穂）　むずかしい（難しい）　むずかる（憤る）　むずむず　わずらう（患う、煩う）
ずう　ずうたい（図体）　ゆうずう（融通）
ずか　ずかずか
ずから　おのずから（自ら）　てずから（手ずから）　みずから（自ら）
ずき　さかずき（杯）　ずきずき　ずきんと
ずく　うでずく（腕尽く）　かねずく（金尽く）　ちからずく（力尽く＝力任せ）　なっとくずく（納得尽く）　うなずく（頷く）　かしずく（傅く）　つまずく（躓く）　ひざまずく（跪く）　なかんずく（就中）　あせみずく（汗みずく）　みみずく（木菟）
ずくめ　くろずくめ（黒尽くめ）　けっこうずくめ（結構尽くめ）
ずた　ずたずた（寸々）
ずつ　ひとつずつ（一つ宛）
ずな　きずな（絆）
ずま　あずまじ（東路）　いなずま（稲妻）
ずめ　さしずめ（差し詰め）

【送り仮名の付け方】

1、この「送り仮名の付け方」は、1973年6月内閣告示の「送り仮名の付け方」に基づき、日本新聞協会の新聞用語懇談会が定めた基準に準拠した。

2、現代口語文を書く場合の送り仮名の付け方のよりどころを示したもので、次の3点を基本方針としている。

①活用語およびこれを含む語は、その活用語の語尾を送る。

②誤読、難読の恐れがないようにする。

③慣用が固定していると認められるものは、それに従う。

通則

《単独の語》

◇活用のある語

通則1

本則 活用のある語（通則2を適用する語を除く）は、活用語尾を送る。

例 表す　著す　憤る　承る　行う　書く　断る　賜る　実る　催す　現れる　生きる　陥れる　考える　助ける　荒い　潔い　賢い　濃い　主だ

例外

①語幹が「し」で終わる形容詞は「し」から送る。

例 著しい　惜しい　悔しい　恋しい　珍しい

②活用語尾の前に「か」「やか」「らか」を含む形容動詞は、その音節から送る。

例 暖かだ　細かだ　静かだ　穏やかだ　健やかだ　和やかだ　明らかだ　平らかだ　滑らかだ　柔らかだ

③次の語は、次のように送る。

明らむ　味わう　哀れむ　慈しむ　教わる　脅かす（おどかす・おびやかす）　食らう　異なる　逆らう　捕まる　群がる　和らぐ　揺する　明るい　危ない　危うい　大きい　少ない　小さい　冷たい　平たい　新ただ　同じだ　盛んだ　平らだ　懇ろだ　惨めだ　哀れだ　幸いだ　幸せだ　巧みだ

注意 語幹と活用語尾との区別がつかない動詞は、例えば「着る」「寝る」「来る」などのように送る。

通則2

本則　活用語尾以外の部分に他の語を含む語は、含まれている語の送り仮名の付け方によって送る。（含まれている語を〔　〕の中に示す）

例

①動詞の活用形またはそれに準じるものを含むもの。

動かす〔動く〕　照らす〔照る〕　語らう〔語る〕　計らう〔計る〕　向かう〔向く〕　浮かぶ〔浮く〕　生まれる〔生む〕　踏まえる〔踏む〕　押さえる〔押す〕　捕らえる〔捕る〕　勇ましい〔勇む〕　輝かしい〔輝く〕　喜ばしい〔喜ぶ〕　晴れやかだ〔晴れる〕　及ぼす〔及ぶ〕　積もる〔積む〕　聞こえる〔聞く〕　頼もしい〔頼む〕　起こる〔起きる〕　落とす〔落ちる〕　暮らす〔暮れる〕　冷やす〔冷える〕　当たる〔当てる〕　終わる〔終える〕　変わる〔変える〕　集まる〔集める〕　定まる〔定める〕　連なる〔連ねる〕　交わる〔交える〕　混ざる・混じる〔混ぜる〕　恐ろしい〔恐れる〕

②形容詞・形容動詞の語幹を含むもの。

重んずる〔重い〕　若やぐ〔若い〕　怪しむ〔怪しい〕　悲しむ〔悲しい〕　苦しがる〔苦しい〕　確かめる〔確かだ〕　重たい〔重い〕　憎らしい〔憎い〕　古めかしい〔古い〕　細かい〔細かだ〕　柔らかい〔柔らかだ〕　清らかだ〔清い〕　高らかだ〔高い〕　寂しげだ〔寂しい〕

③名詞を含むもの。

汗ばむ〔汗〕　先んずる〔先〕　春めく〔春〕　男らしい〔男〕　後ろめたい〔後ろ〕

注意　次の語はそれぞれ〔　〕の中に示す語を含むものとは考えず、通則1によるものとする。

明るい〔明ける〕　荒い〔荒れる〕　悔しい〔悔いる〕　恋しい〔恋う〕

◇活用のない語

通則3

本則　名詞（通則4を適用する語を除く）は、送り仮名を付けない。

例　月　鳥　花　山　男　女　彼　何

例外

①次の語は、最後の音節を送る。

辺り　哀れ　勢い　幾ら　後ろ　傍ら　幸い　幸せ　互い　便り　半ば　情け　斜め　独り　誉れ　自ら　災い

②数をかぞえる「つ」を含む名詞は、その「つ」を送る。

例　一つ　二つ　三つ　幾つ

通則4

本則 活用のある語から転じた名詞および活用のある語に「さ」「み」「げ」などの接尾語が付いて名詞になったものは、元の語の送り仮名の付け方によって送る。

例

①活用のある語から転じたもの。

動き　仰せ　恐れ　薫り　稼ぎ　曇り　調べ　届け　眺め　願い　狙い　晴れ　当たり　代わり　向かい　狩り　答え　釣り　問い　祭り　群れ　憩い　愁い　憂い　香り　極み　初め　近く　遠く

②「さ」「み」「げ」などの接尾語が付いたもの。

暑さ　大きさ　正しさ　確かさ　明るみ　重み　憎しみ　惜しげ

例外 次の語は送り仮名を付けない。

謡　趣　氷　印　頂　帯　畳　卸　煙　恋　志　次　隣　富　恥　話　光　舞　折　係　掛（かかり）　組　肥　並（なみ）　巻　割

注意

①ここに掲げてある語でも、動詞の意識が十分に残っている場合には、この例外には該当せず、従ってそれぞれ元の語の送り仮名の付け方によって送り仮名を付ける。

例 枠組み　底光り　棚卸し　係り結び　巻きが緩い　頭割り

②「折」は時期、機会などを表す場合、「並」は程度などを表す場合に限り、それぞれ送り仮名を付けない。ただし「人並み・家並み」などのように、「並」が語末にくる複合名詞には、すべて送り仮名を付ける。

例 折から　折も折　折り襟　折り目　並肉　並外れ　十人並み　軒並み

③表・記号などに用いる場合は、ここに掲げてある語以外でも、次の（　）の中に示すように送り仮名を省くことができる。

例 曇り（曇）　晴れ（晴）　答え（答）　問い（問）

通則5

本則 副詞・連体詞・接続詞は最後の音節を送る。

例 必ず　少し　既に　再び　全く　最も　来る　去る

例外

①次の語は次に示すように送る。

明くる　大いに　直ちに

②次のように他の語を含む語は、含まれている語の送り仮名の付け方によって送る。（含まれている語を〔　〕の中に示す）

例 併せて〔併せる〕　至って〔至る〕　絶えず〔絶える〕　例えば〔例える〕

努めて〔努める〕 従って〔従う〕 辛うじて〔辛い〕 少なくとも〔少ない〕 互いに〔互い〕 必ずしも〔必ず〕

《複合の語》

通則6

本則 複合の語（通則7を適用する語を除く）の送り仮名は、その複合の語を書き表す漢字の、それぞれの音訓を用いた単独の語の送り仮名の付け方による。

例

①活用のある語。

書き抜く 流れ込む 申し込む 打ち合わせる 向かい合わせる 長引く 若返る 裏切る 旅立つ 聞き苦しい 薄暗い 草深い 心細い 待ち遠しい 軽々しい 若々しい 気軽だ 望み薄だ

②活用のない語。

石橋 竹馬 山津波 後ろ姿 斜め左 花便り 独り言 卸商 水煙 目印 田植え 封切り 物知り 落書き 雨上がり 墓参り 日当たり 夜明かし 先駆け 巣立ち 手渡し 入り江 飛び火 教え子 合わせ鏡 生き物 落ち葉 預かり金 寒空 深情け 愚か者 行き帰り 伸び縮み 乗り降り 抜け駆け 作り笑い 暮らし向き 売り上げ 取り扱い 乗り換え 引き換え 歩み寄り 申し込み 移り変わり 長生き 早起き 苦し紛れ 大写し 粘り強さ 待ち遠しさ 乳飲み子 無理強い 立ち居振る舞い 呼び出し電話 次々 常々 近々 深々 休み休み 行く行く〔仮名書きが望ましい〕

通則7

複合の語のうち左記のような名詞は、慣用に従って送り仮名を付けない。（個々の用例は「用字用語集」の項、送り仮名用例参照）

注 通則7は、ここに掲げた語以外でも同類であれば、ある程度類推して適用してよいが、その範囲はできるだけ限定し、類推が許されるかどうか迷う場合は、送り仮名を付ける。

注 〈 〉内は、その語の説明、使い方＝例・二の舞〈舞楽〉、二の舞い〈繰り返すこと〉。《 》内の語は、同類の語に置き換えられる＝例・《春慶》塗→《輪島》塗。（ ）内の語は前の語に続けて使うことができる＝例・絵巻（物）

①特定の領域の語で、慣用が固定していると認められるもの。

(1)地位・身分・役職・法令・書式等の名。

例 関取 年寄〈相撲〉 張出《大関》 頭取 取締《役》 取調《官》 《役員》付 《支店》詰 《社員》見習 見習《社員》 事務取扱 《進退》伺 《欠席》届 取扱《規則》 取締《法》 《退職》願

(2)工芸品およびこれに準じる物の名に用いられた「織」「染」「塗」「焼」など。

例 《博多》織 《型絵》染 《春慶》塗 《備前》焼 《鎌倉》彫 《鳴海》絞 《阿波》縮

注 工芸品に準じるものとして「一刀彫」「草木染」「楽焼」などは送り仮名を付けないが、「漆塗り、木彫り、素焼き、ろうけつ染め」などのように、形態・技法・素材を表す場合は送り仮名を付ける。

(3)主として経済分野で使われる、いわゆる「A語B語ルール」のA語。この語尾に「人・時・所・金・書・機関・制度・数量・品目・機器」を示すいわゆるB語が下に付く場合、A語の送り仮名は省略する。A語単独の場合や「動作・方法・状態」などを示す語が付く場合は仮名を送る。

例 受取期日 売上高 貸出増加額 支払総額 取扱品目 振替手数料 申込期間 受け取り拒否 売り上げの伸び 貸し出し制限 支払い催促 振り替え輸送 申し込み方法

(4)その他＝左記の用例は慣用により送り仮名を省略。経済関係の語が多いが、(3)のA語B語ルールとは別に送り仮名を省く。〈 〉カッコ付きの語は、カッコ内の用法の場合に仮名を省略することを示す。

例 請負 受渡価格 受渡期日 裏書〈経済用語〉 売方〈人〉・買方〈人〉 売値・買値 始値・終値 書留 気付〈宛先〉 切手 消印 切符 組合 組立工場 現金自動預払機 現金自動引出機 小切手 小包 作付面積 代金引換 手当〈給与・給付〉 出合残高 取引 仲買 踏切〈鉄道〉 歩合 待合室 利付債券 両替

以下の用例の「受付」「受取」「積立」「取扱」「振替」はいずれもA語で、(3)にあるように下にB語がくる場合は送り仮名が不要だが、(4)の場合でも仮名は省略する。

例 受付〈人・職名・場所〉 受取〈領収証〉 積立定期 郵便振替 取扱注意

以上の取り決めに従うと、「受

付時間（A語・B語）に受付（場所を示す用法）へ行き、受付（職名を示す用法）に受け付けて（動詞）もらい、受け付け完了（動作を示す語が付いた例）となった」となる。

②一般に慣用が固定していると認められるもの。

(1)職業の名称。

例 洗張業・店　織元　指物師　仕上工　染物業　釣具店　研師　振付師

注「業・工・師・店」など、職業名を表す語の付くもので古くから存在し、誤読・難読の恐れのないものは送り仮名を省いてもよいが、「焼き肉店」などのように比較的新しい職業、また「生け花師匠」「折り箱製造業」のように一語感の薄いものは送り仮名を付ける。迷う場合は送る。

(2)語頭に『合（あい）』『浮（うき）』『貸（かし）』『敷（しき）』『建（たて）』が付く、主として具象名詞。

例 合方　合鍵　合着　合気道　合言葉　合駒　合図　合判　合服　合間　浮足　浮草　浮雲　浮名　浮橋　浮袋　浮世　貸衣装　貸金　貸座敷　貸室　貸席　貸地　貸舟・船　貸本　貸間　貸家　敷居　敷石　敷板　敷皮　敷金　敷地　敷布　敷布団　敷物　建網　建売《住宅》　建株　建玉　建具　建坪　建値　建場　建前　建物　建屋

(3)その他。

例 泡盛　居合　入会権　植木　植芝　植草　…伺〈書式〉　歌会始　絵巻（物）　縁組　大立者　沖合　奥書　奥付　置物　覚書〈書式〉　織物　介添人　河川敷　肩書　勝手　缶詰　気合　忌引　脚立　具合　組曲　（4人）組　講書始　高利貸〈人〉　木立　子守　献立　挿絵　座敷　桟敷　差出人　指図　試合　仕立券　仕立物　字引　関守　立会演説　立場　立役者　竜巻　付添《人》　漬物　手付金　手引〈冊子〉　灯台守　友引　取組〈相撲・経済〉　捕物　泥仕合　名取　並木　鳴子　…日付〈15日付など〉　乗合《船》　乗換駅　乗組員〈乗務員〉　羽織　履物　葉巻　場合　墓守　番組　番付　日付　控室　引換券・証　瓶詰　封切館　福引（券）　星取表　掘割　舞扇　舞子　舞姫　巻紙〈手紙〉　巻物　待合（政治）　身代金　見舞《金》　水引　元締〈職務・人・機関〉　元結　物置　物語　屋敷　役割　山伏　結納　夕立　渡守　割合　割高　割安

注「貸しボート」「乗り合いバス」「くじ引き(券)」などのように、前もしくは後ろの部分を仮名で書く場合には、他の部分については単独の語の送り仮名の付け方による。

付表の語

常用漢字表の「付表」に掲げてある語のうち、送り仮名の付け方が問題となる語については、以下のようにする。

①次の語には送り仮名を付ける。
浮つく　お巡りさん　差し支える　五月晴れ　立ち退く　手伝う　最寄り

②次の語は送り仮名を付けない。
息吹　時雨　築山　名残　雪崩　吹雪　迷子　行方

注「息吹」「時雨」「雪崩」「吹雪」は、動詞形では漢字を使わず、「いぶく」「しぐれる」「なだれる」「ふぶく」のように平仮名で書く。

誤りやすい送り仮名（矢印の下が正しい表記）

▽**送り過ぎ**（×印の字は不要）

「う」から送る
商なう→商う　争そう→争う
失なう→失う　補なう→補う
行なう→行う　従がう→従う
償なう→償う　伴なう→伴う
養なう→養う　患らう→患う
煩らう→煩う

「く」から送る
輝やく→輝く　貫ぬく→貫く
働らく→働く

「す」から送る
表わす→表す　現わす→現す
著わす→著す　来たす→来す
覆えす→覆す　唆かす→唆す
耕やす→耕す

「む」から送る
慎しむ→慎む　謹しむ→謹む
育くむ→育む
緩るむ→緩む

「る」から送る
侮どる→侮る　誤まる→誤る
謝まる→謝る　偽わる→偽る
承わる→承る　陥いる→陥る
断わる→断る　遮ぎる→遮る
賜わる→賜る　翻える→翻る

「い」から送る
荒らい→荒い　粗らい→粗い
潔よい→潔い　幼ない→幼い
汚ない→汚い　快よい→快い
短かい→短い

「しい」から送る
新らしい→新しい
悔やしい→悔しい
難かしい→難しい
珍らしい→珍しい

忙が×しい→忙しい
芳ば×しい→芳しい(かんばしい)

送り仮名はいらない
公け× 己れ× 趣き× 塊り× 仮り×
先き× 次ぎ× 病い× 気短か×
間近か×

その他
憧が×れる→憧れる
併わ×せて→併せて
脅や×かす→脅かす
必ら×ず→必ず
鑑が×みる→鑑みる
割り×に→割に

▽送り不足

ア行 証(あかし)→証し
諦る→諦める
当る→当たる、当てる
危い→危ない
慌しい→慌ただしい
癒る→癒える
癒す→癒やす
押える→押さえる
恐しい→恐ろしい
下る(おりる)→下りる
〈「くだる」は「下る」〉
終る→終わる、終える

カ行 関る→関わる
悔る→悔いる
悔む→悔やむ
香しい→香ばしい
応る→応える
異る→異なる

サ行 過す→過ごす
損う→損なう

タ行 類(たぐい)→類い
頼しい→頼もしい
費す→費やす
尽す→尽くす
捕える→捕らえる

ナ行 懐しい→懐かしい
延→延べ

ハ行 恥かしい→恥ずかしい
果して→果たして
甚しい→甚だしい

マ行 紛わしい→紛らわしい
用る→用いる

ヤ行 基く→基づく
和ぐ→和らぐ

ワ行 分る→分かる
煩す→煩わす

経済関係複合語のA語B語ルール

116ページの「送り仮名の付け方」通則7の①の(3)の経済関係複合名詞の送り仮名は、この「A語B語ルール」に従う（個々の用例については「用字用語集」の項参照）。

①原則＝A語の後にB語が付く場合、A語の送り仮名は不要。

例 売上高　貸出増加額　支払総額　取扱品目　申込期間

②A語単独の場合、A語が2語重なる場合およびB語以外の「動作・方法・状態」などを表す語が後に付く場合は、いずれも送り仮名が必要。

例 売り上げの伸び　貸し出しを制限　支払いが滞る　取り扱いに注意　売り上げ見積もり　申し込み受け付け　貸し出し割り当て　売り上げ増加　貸し出し条件　支払い方法　取り扱い実績　申し込み中止

③A語が重なり、その後にB語が付く場合、原

A語	預入 受付 受取 売上 売掛 売越 卸売 買掛 買越 貸越 貸倒 貸出 貸付 借入 借受 借換 借越 仮受 仮払 繰入 繰越
B語 人	人 者 商 業 係 掛 員
B語 人（時）	時 時間 時刻 日 期 時期 期日 期間 期限
B語 金	金 金利 利子 利息 配当 口座 値段 額 金額 総額 増加額 予定額 限度額 契約額 単価 利益 利益金 益
B語 金	価格 物価 原価 勘定 資本 資本金 資金 預金 貯金 貯蓄 証券 債券 債 公債 社債 株 予算 予算額
B語 機関	機関 店 商店 代理店 専門店 問屋 業界 市場 官庁 会社 企業 局 銀行 信託 団 団体 協会 組合
B語 数量	数量 量 数 単位 率 比率 利率 利益率 合計 総計 累計 総量 総数 件数 本数 冊数 枚数 高

則としてA語の送り仮名は不要。

例　売上見積額　貸倒引当金　支払申込日　取扱引受期限　割当申込数量

④A語の後に修飾語の付いたB語が付く場合も原則としてA語の送り仮名は不要。

例　受付締め切り日　支払申請書　取扱金融機関　申込証拠金

【付表】以上を要約すると左表の通り。

①A＋B（原則）	＝送り仮名不要
②A単独 A＋A A＋動作・方法・状態	＝送り仮名必要 ＝送り仮名必要 ＝送り仮名必要
③A＋A＋B	＝送り仮名不要
④A＋修飾語＋B	＝送り仮名不要

小売↓　差引↓　支払↓　立会↓　積立↓　取扱↓　取組↓　取次↓　荷受↓　払込↓　払戻↓　引当↓　引受↓　振替↓　振込↓　振出↓　見積↓　申込↓　申立↓　割当↓　割増↓　割戻↓

所　所　先　地　場　場所　窓口　局　店舗　事業所　事務所

残　残株　残高　高　値　料　料金　費　代金　賃　賃金　運賃　**制度**　制度　制　規定　規則　保険

税　税額　損失　損失金　欠損　欠損金　準備金　手数料　基金　保険金　債権　債務　**機器**　機　器

業　業者　事業者　商　商社　**品目**　品目　品　物　物品　商品　現品　物件　銘柄

枠　**書**　書　書類　状　票　表　券　証　証書　帳　帳書　帳簿　通帳　簿　手形　伝票　用紙　小切手

用字用語編

【用字用語集】

使用の原則

1、ここに掲げた言い換えや用例は代表的な例示であって、それ以外の表現が使えないという意味ではない。文章の硬軟、文脈などに応じ、新聞常用漢字表の範囲内で、より分かりやすい表現を工夫することが必要である。

2、表記例のうち、漢字書きにしてあるものは、仮名書きにしてもよいが、乱用はしない。また、平仮名書きのものは片仮名書きにしてもよいが、逆に仮名書きのものを漢字で、片仮名のものを平仮名で書かないことを原則とする。

3、この用字用語集に掲載した主要な語例（表記例）は、次のようなものである。

▽新聞常用漢字表にない漢字（表外字）や音訓（表外音訓）を含む語で、言い換えたり、書き換えたり、読み仮名を付けたりして使える語。

▽同音異義語、同訓異字、紛らわしい同音漢字の使い分け。

▽熟字訓を含む、いわゆる慣用表記。複数の表記を持つ語の報道界での統一表記。表外字・表外音訓を含むがそのまま使用できる学術用語と、新聞用語懇談会が特別に使用を認めた語。

▽「現代仮名遣い」に基づく主な表記例。「送り仮名の付け方」に基づく送り仮名の用例。

使用の手引

1、見出し語は「現代仮名遣い」による平仮名（外来語は片仮名）で五十音順に並べた。

2、項目内では見出し語のほか、使わない表記、使用する表記、言い換え・書き換え、用例、注記などを示した。

3、**語例の説明**

①見出し語や同訓異字、同音異義語の下のカッコ内の表記は原則として使わず、「↓」以下の表記を使用する。

(1)常用漢字表にない字（△印）を含む語。

例 **ねつぞう**（捏造）↓捏△造（ねつぞう）―作り事、でっち上げ

(2)常用漢字表にない音訓（●印）を含む語。

例 **しげみ**（繁●み）↓茂み～茂る

(3)常用漢字表にあるが、新聞用語懇談会が使わないことを決めた字（■印）を含む語。

例 **じゅんしゅ**（遵守）→順守

(4)常用漢字表にはないが、同懇談会が使うことを決めた字（○印）を含む語。

例 **きずな**（絆）→絆

(5)常用漢字表にはない音訓だが、同懇談会が使うことを決めた字（□印）を含む語。

例 **こうさい**（虹彩）→虹彩

(6)常用漢字表にあるが、読み仮名を付けるのが望ましい字を含む語。

例 **ごい**（語彙）→語彙（ごい）―語類、言葉、ボキャブラリー～語彙（ごい）の豊富な人

(7)常用漢字表にあるが、平仮名書きにするのが望ましい字を含む語。

例 **ひきこもる**（引き籠もる）→引きこもる～引きこもり

(8)誤用と認められる表記（▲印）。

例 **あくどい**（悪どい）→あくどい

(9)甚だしい当て字と認められるもの。

例 **とんちんかん**（頓珍漢）→とんちんかん

(10)表記が二つ以上あり、慣用度が高いと認められる方を使うもの。

例 **すいしょう**（推賞、推称）→推奨

(11)二つ以上の表記があり、その一つを報道界で統一的に使うもの（㊔印）。

例 **いすわり**（居坐り、居据わり）→㊔居座り

②同訓異字、同音異義語、紛らわしい同音漢字の使い分けは、＝印を並列して示した。

例 **あとつぎ**

＝後継ぎ〈後継者〉～社長の後継ぎ、農家の後継ぎ

＝跡継ぎ〈家・名跡を継ぐ〉～家元・流派の跡継ぎ

③～印以下は、見出し語の用例や関連する派生語、複合語、送り仮名の語例などを示す。

例 **こる** 凝る～肩が凝る、凝った飾り・料理、凝り固まる、凝り性、芝居に凝る

④〈 〉内は言葉の大意、説明、使い方、別の読み方などを示す。このうち「一般用語」は広く一般に使われている語、「限定用語」は使用範囲が狭く、限定的な語を意味する。

例 **あたたかい**

＝温かい〈一般用語。冷の対語。情がある〉～温かい食べ物、温かい人柄・もてなし、温かい目で見守る、家庭の温かさ、体が温かい、人情の温かさ、懐が温かい

=暖かい〈寒の対語。主として気象・気温に〉~暖かい色、暖かい気候、暖かい室内、暖かいセーター、暖かい日差し、暖かい冬、生暖かい

例 **しょうしゅう**

=招集〈一般用語〉~会議を招集、外国議会・外国軍隊・自衛隊・地方議会の招集

=召集〈限定用語。国会、旧日本軍の兵役関係〉~召集令状、臨時国会を召集する

⑤表外字、表外音訓を含む語の下のカッコ内は読み仮名で、その語は読み仮名付きで使用できる。

例 **あいきょう**(愛敬、愛嬌)→愛嬌(あいきょう)

⑥表外字・表外音訓を含んでいるが、熟字訓など慣用表記として使用を認める語は(慣)印で、言い換えや書き換えが困難なため特別に使用を認める語は(特)印で、それぞれ示した。

例 (慣)師走 (慣)憤怒 (特)貫禄 (特)鍾乳洞 (特)蘇生

⑦表外訓だが音読する場合には使ってよいもの、表外音だが訓読する場合に使ってよいものは、＊印を(＊)内に記した。

例 **おととい**(＊一昨日)→おととい—「一昨日(いっさくじつ)」は使用可。

⑧送り仮名を省略する語は、(省)印を付け、ゴシック体で示した。

例 (省)**売上金** (省)**置物** (省)**欠席届**

⑨表記例の上や下のカッコ内は、その語に加えて使用できる語。

例 **せんせい**(専政)→専制(君主)

⑩漢字書きできる熟語だが、平仮名書きの慣用も定着しているもの、副詞などで漢字書き、平仮名書きのどちらでもよいもの、動植物名で片仮名書きのほか漢字書きもできるものは、中点「・」で並べ書きした。

例 曖昧・あいまい 椅子・いす 稽古・けいこ 恐らく・おそらく 全て・すべて ウミガメ・海亀 タバコ〈植物〉・たばこ〈製品〉

⑪〔注〕の欄には表記上の注意点が記してある。

例「こ(箇)→個~一個一個、別個に」の項には、[注]数詞に用いる俗用の「ケ」は使わない—とある。

記号の説明

( ) 見出し語の下や使い分けの「=」の下で、使わない漢字表記を示す。表記例の下では読みを示す。用例に付け加えて使える語を示すのに

も使う。
〈 〉言葉の大意、説明、使い方などを示す。
↓ 使用する表記を示す。
― 言い換え例を示す。
＝ その語の読みを示す。
～ 用例や関連する派生語、複合語、送り仮名の語例を示す。
△ 常用漢字表にない字。
● 常用漢字表にない音訓。
○ 常用漢字表にない字だが、新聞用語懇談会が使うことを決めた字。
□ 常用漢字表にない音訓だが、同懇談会が使うことを決めた字。
■ 常用漢字表にある字だが、同懇談会が使わないことを決めた字。
▲ 誤用の字。
＊ 音読または訓読する場合は使ってよい表記。
㊟ 送り仮名を省く語。

㊕ 二つ以上ある表記のうち、報道界が統一使用する語。
㊕ 表外字・表外音訓を含んでいるが、特別に使用を認める語。
㊕ 熟字訓など慣用表記。

【あ】

あい
＝合い〈互いに同じ動作をする、合致、程度〉～合いの手、意味合い、色合い、打ち合い、撃ち合い、折り合い、兼ね合い・かねあい、頃合い、地合い、潮合い、知り合い、筋合い、競り合い、助け合い、立ち合い〈相撲など〉、血合い、帳合い、付き合い、釣り合い、手合い、出合い頭、出来合い、度合い、取っ組み合い、殴り合い、似合い、肌合い、果たし合い、話し合い、張り合い、引き合い、風合い、程合い、間合い、見合い、巡り合い、譲り合い、横合い、寄り合い〈所帯〉、（省）**合印**、**合縁奇縁**、**合鍵**、**合気道**、**合口**〈がいい〉、**合言葉**、**合駒**〈将棋〉、**合図**、**合着**、**合札**、**合間**、**居合**〈抜き〉、**沖合**、**気合**、**具合**、**組合**、**試合**、**泥仕合**、**場合**、**歩合**、**待合室**、**割合**
＝会い〈主に人と人との出会い、会見、立ち入り、立ち会い〉～立ち会い停止、2人の出会い、（省）**入会漁業**、**入会権**、**入会地**、**立会演説会**、**立会時間**、**立会人**
＝相〈互いに、一緒に、相対・相関関係、接頭語にも〉～相哀れむ、相変わらず、相客、相呼応して、相異なる、相済まない、相席、相前後する、相対ずく、相対する、相携えて、相次ぐ、相手、相弟子、相半ばする、相棒、相星〈相撲〉、相まみえる、相身互い、相宿、相四つ〈相撲〉、相和す、骨肉相はむ

あい（間）→あい〈あいだ〉～谷あい、幕あい、山あい

あい　藍～藍色、藍染め、アイ〈植物〉

あいいれない（相容れない）→相いれない

あいうち（相討ち、相撃ち）→（統）相打ち

あいかた
＝（省）**合方**〈歌舞伎、能、落語などのはやし、またははやし方〉
＝相方〈相手役、漫才の一方〉

あいがも（合鴨・間鴨）→アイガモ〈動物〉～アイガモ農法

あいかん
＝哀感〈悲しい感じ〉～哀感が漂う、哀感を込めて歌う
＝哀歓〈悲しみと喜び〉～哀歓を共にする、人生の哀歓

あいがん（愛翫）→愛玩（動物）

あいきょう（愛敬、愛嬌）→愛嬌（あいきょう）

あいくち（匕首、合口）→あいくち―短刀

あいくるしい（愛苦▲しい）↓愛くるしい

あいさつ（挨拶）↓あいさつ

注 常用漢字だが、平仮名書きの慣用が定着。

あいしょう（合性）↓相性

あいしょう（愛誦△）↓愛唱（歌）

あいず（相図）↓㊔**合図**

あいせき

＝哀惜〈悲しみ惜しむ。本来の読みは「あいじゃく」〉～哀惜の念に堪えない

＝愛惜〈惜しんで大切にする。「あいじゃく」とも〉～愛惜の品

あいそ・あいそう（愛相）↓愛想～愛想尽かし、無愛想

あいだ　間～間柄、この間

あいちゃく・あいじゃく　愛着

あいづち（相槌△）↓相づち～相づちを打つ

あいにく（生憎•、合憎）↓あいにく

あいのて（間•の手、相の手）↓合いの手（を入れる）

あいのり（合い乗り）↓相乗り

あいびき（合い挽△き、相挽△き）↓合いびき〈牛・豚肉など〉

あいびき（逢△引、媾△曳△）↓あいびき

あいぶ（愛撫△）↓愛撫（あいぶ）―かわいがる、優しくなでる

あいふく（間•服）↓㊔**合服**

あいべや　㊖相部屋

あいまい　曖昧・あいまい～曖昧模糊（もこ）

注 常用漢字だが、平仮名書きも活用。

あいまって（相俟△って、相待▲って）↓相まって

あいよく（愛慾△）↓愛欲

あいろ（隘△路）↓狭（く険し）い道、難関、難点、障害、困難

あう

＝合う〈互いに同じ動作をする、一緒になる、一致、調和、程度〉～意見が合う、落ち合う、顔が合う、体に合う、川と川が出合う〈合流〉、気が合う、口に合う、計算が合う、つじつまが合う、道理に合う、話し合う、話が合う、間に合う、向かい合う、巡り合う、目と目が合う、渡り合う、割に合う

＝（逢△う）↓会う〈主に人と人が出あう、対面、会見、立ち入り、立ち会い〉～人に会いに行く、会うは別れの始め、客に会う、死に目に会う、席に立ち会う

＝（遇•う）↓遭う〈物事に出あう、経験する、思わぬことに偶然出くわす〉～握手攻めに遭う、返り討ちに遭う、悲しい目・とんだ目に遭う、強盗・災難・事故に遭う、台風・地震に遭う、抵抗・反撃・反対に遭う、にわか雨に遭う

あうん(阿吽)→あうん(の呼吸)
あえぐ(喘ぐ)→あえぐ
あえて(敢えて)→あえて
あえない(敢え無い)→あえない(最期)
あえる(和える、韲える)→あえる～あえ物、ごまあえ
あおい(葵)→アオイ〈植物〉～葵(あおい)の御紋、㊔葵祭
あおいきといき　青息吐息
あおぐ　仰ぐ～仰ぎ見る、教え・協力・裁断を仰ぐ、空を仰ぐ、毒を仰ぐ
あおぐ(扇ぐ)→(うちわで)あおぐ
あおたがい　青田買い
注 収穫を見越して米を買うこと。転じて、企業などが学生に対して卒業のはるか前に採用の約束をすること。「間違えやすい語字句」参照。
あおにさい(青二歳)→青二才
あおむけ(仰向け)→あおむけ～あおむく
あおる(煽る)→あおる～あおり足、あおり行為、あおり立てる、あおりを食う、火勢・人気・民衆をあおる、強風にあおられる
あおる(呷る)→(酒・毒を)あおる
あか(丹、朱、紅、緋、赭)→赤～赤い、赤だし、赤茶ける、赤土、赤の他人、赤恥、赤み
あか(垢)→あか～あか抜ける、あかを流す、手あか、水あか
あかあか
＝赤々〈真っ赤〉～赤々と咲く花、赤々と夕日が沈む、火が赤々と燃える
＝明々〈極めて明るい〉～明々と照る月、明々と点灯、明々と道を照らす、夜が明々と明ける
あがく(足搔く、踠く)→あがく～最後のあがき、悪あがき
あかご(赤児)→赤子～赤子の手をひねる(ねじる)ように
あかし・あかす(証し・証す)→証し・証す〈証明〉～身の証しを立てる、身の潔白を証す
あかす　明かす～真相・種・秘密を明かす、鼻を明かす、夜明かし
あかす　飽かす～金・暇に飽かす
あかつき　暁～暁の光、卒業の暁には
あがなう
＝(購う)→あがなう〈買う〉
＝(贖う)→あがなう〈償う〉～罪をあがなう
あかね(茜)→アカネ〈植物〉～あかね色・雲
あかみ
＝(赤味)→赤み〈赤い程度〉～赤みがかる、赤みが差す
＝赤身〈赤い肉〉～魚の赤身
あがめる(崇める)→あがめる～祖先をあがめる

あからさま（明▲からさま）↓あからさま

あからむ

＝赤らむ〈赤くなる〉～赤ら顔、西の空が赤らむ、頰を赤らめる

＝明らむ〈明るくなる〉～東の空が明らむ

あかり（灯•り）↓明かり（をつける）

あがり 上がり～上がりかまち、上がり目、上がり湯、雨上がり、一丁上がり、仕上がり、尻上がり、立ち上がり、出来上がり、成り上がり者、安上がり、家賃の上がりで暮らす、病み上がり

あがる・あげる

＝（騰•）↓上がる・上げる〈下の対語。高い方へ移る、盛んになる、よくなる、物事が終わる〉～上げ足〈相場〉、上げ石〈囲碁〉、上げ板、上げ潮、上げ底、雨が上がる、家に上がる、息・意気が上がる、腕上げ、腕前が上がる、産声・凱歌（がいか）・勝ちどき・歓声・気炎・気勢・第一声・悲鳴を上げる、お手上げ、階段を上がる、学校に上がる、株・評価を上げる、看板を上げる、着物の丈を上げる、経・祝詞を上げる、軍配を上げる、下馬評に上がる、効率・能率が上がる、腰を上げる、実績・成績が上がる、遮断機を上げる、収益・収入・利益を上げる、酒量が上がる、商売が上がったりとなる、スピード・調子・ピッチを上げる、線香を上げる、畳を上げる、地位が上がる、血祭りに上げる、血道を上げる、手を上げて伸びをする、手を上げる〈ホールドアップ、殴る〉、点数を上げる〈よくする〉、胴上げ、跳び上がって喜ぶ、名乗りを上げる、名を上げる〈有名〉、荷上げ〈登山用語。一般用語は「荷揚げ」〉、2階に上がる、熱を上げる、音を上げる、のろし・花火を上げる、人前で上がる、人を上げ下げする、火の手が上がる、風采が上がらない、物価が上がる、舞い上がる、マウンドに上がる、幕が上がる

＝（上）↓あげる〈「与える・やる」などの丁寧語。補助動詞として丁寧な感じを与える用法〉～お土産・贈り物をあげる、買って・作って・見て・やって・読んであげる、…してあげる

＝挙がる・挙げる〈目立つように示す、事を起こす、並べ立てる、挙国、検挙など〉～挙げて任せる、1勝・勝ち星・金星を挙げる、課題・原因・要因・理由を挙げる、国を挙げて〈挙国〉、効果・実績・成果を挙げる〈残す〉、候補に挙がる・挙げる、式・祝言を挙げる〈挙式〉、重量挙げ、祝杯

を挙げる、条件を挙げる、証拠を挙げる〈挙証〉、先取点を挙げる、全力・総力を挙げる、手を挙げて意見を言う〈挙手〉、点・トライ・ポイントを挙げる〈得点〉、名前を挙げる〈列挙〉、犯人を挙げる、兵を挙げる〈挙兵〉、もろ手を挙げて賛成、やり玉に挙げる、例を挙げる

注「上」と「挙」の書き分けが紛らわしいときは平仮名書き。

＝揚がる・揚げる〈高く掲げる、浮揚、掲揚、油で調理するなど〉～揚げ油、揚げ出し豆腐、揚げ超、揚げ鍋、揚げ巻き、揚げ物、いかりを揚げる、入れ揚げる、色揚げ、海外から引き揚げる、観測気球を揚げる、国旗を揚げる、たこ揚げ、てんぷら・天ぷらが揚がる、荷揚げ〈一般用語。登山用語は「荷上げ」〉、旗揚げ、一旗揚げる、帆を揚げる、水揚げ〈量〉、陸揚げ

あかるみ 明るみ～事実が明るみに出る

あかんぼう 赤ん坊

あきさめ 秋雨

あきたらない・あきたりない（慊△い）→飽き足らない・飽き足りない

あきない・あきなう 商い・商う

あきらか 明らか

あきらめる 諦める

あきる（厭△きる、倦△きる）→飽きる～飽かずに見入る、飽き飽きする、飽きっぽい、飽くなき野望、美食に飽きる、見飽きる

アキレスけん（アキレス腱△）→アキレス腱（けん）

あきれる（呆△れる、惘△れる）→あきれる～あきれ返る、あきれ果てる

あきんど（＊商人）→あきんど

あく（灰汁）→あく～あくが強い人、あく抜き

あく・あける

＝空く・空ける〈からになる、隙間ができる〉～空き缶・瓶、空き室・地・間・家、空き巣、空き箱、家を空ける、がら空き、体が空く、間隔・時間を空ける、席・ポストが空く、手空き、中身を空ける

＝明く・明ける〈明るくなる、中身が分かるようになる、片が付く〉～明かり障子、明かり取り、明くる日、明け方、明け暮れ、明け荷、明けの明星、明け渡し（期日）、明け渡す、打ち明け話、寒が明ける、休暇が明ける、休日・休場明け、年・夜が明ける、秘密を打ち明ける、目が明く〈目が見えるようになる〉、喪が明ける、夜明かし、らちが明かない、連休明け

＝開く・開ける〈ひらく、はじめ〉～開いた口がふさがらない、開かずの門、開け閉め、開けたて、開けっ放し、穴が開く、風穴を開ける、口開け、背の開いた服、そっと目を開ける、通路を開ける、戸が開く、ふたを開ける、幕開き・開け、幕が開く、店を開ける

注 差をつける意味の「水をあける」は平仮名書き。「舞台に穴があく・穴をあける」など抽象的な意味で用いる場合も平仮名書きにする。

あくぎょう　悪行〈善行の対語〉

あくごう　悪業〈仏教用語、善業の対語〉

あくたい（悪対、悪体）→悪態（をつく）

あくたれる　悪たれる～悪たれ口

あくどい（悪どい）→あくどい

あくば　悪罵―ののしる、毒づく

あくび（欠伸）→あくび～生あくび

あくまで（飽く迄）→あくまで（も）

あぐら（胡座、趺坐）→あぐら

あくらつ（悪辣）→悪辣（あくらつ）―悪質、あくどい、ひどい、たちの悪い

あくりょう　悪霊〈「あくれい」とも〉

あくる（翌る）→明くる（朝・日・年）

あげあしとり（挙げ足取り）→揚げ足取り

あげく（揚げ句）→挙げ句～挙げ句の果て

あけすけ（明け透け）→あけすけ

あげつらう（論う）→あげつらう

あけぼの（曙）→あけぼの

あげまく（上げ幕）→揚げ幕

あご（頤、頷）→顎～顎で使う、顎を出す

あこがれる（憬れる）→憧れる～憧れ

あさ　朝～朝明け、朝帰り、朝駆け、朝っぱら、朝ぼらけ、朝まだき、朝焼け

あさ　アサ・麻〈植物〉～麻織り

あざ（痣）→あざ

あさい　浅い～浅黒い、浅知恵、浅漬け、浅手、浅め、浅み

あさがお　アサガオ・朝顔〈植物〉

あさぎ

＝浅黄〈浅く染めた黄色〉～浅黄色、浅黄染め

＝（浅葱）→あさぎ〈緑がかった薄い藍色、薄青〉～あさぎ色、あさぎ裏

あざける（嘲る）→あざける～あざけり（を受ける）

あさって（＊明後日）→あさって

注 表内訓だが、読みやすさに配慮して平仮名書きに。

あさはか（浅墓）→浅はか

あさましい（浅間しい）→浅ましい

あざむく　欺く～敵をまんまと欺く

あざやか　鮮やか～鮮やかな色、鮮やかな采配

あさり（浅蜊）→アサリ〈動物〉～あさり

汁

あさる（漁る）→あさる〜買いあさる

あざわらう（嘲笑う、嘲う）→あざ笑う

あし

＝足〈一般用語。手の対語。主として足首から先の部分〉〜上げ足・下げ足〈相場用語〉、足跡、足音、足掛かり、足かせ、足固め、足が付く〈足取りが分かる〉、足が速い、足癖、足首、足代、足手まとい、足止め、足取り〈市場用語は「足どり」〉、足並み、足慣らし、足早に、足払い、足踏み、足まめ、足回り、足を洗う、足を出す、足を伸ばす〈動作〉、足を延ばす〈遠出〉、足を棒にする、後足で砂を掛ける〈比喩的に使う場合〉、勇み足、襟足、客足、毛足が長い、じゅうたん、週足〈相場〉、球足が速い、手足、出足、並足、逃げ足、抜き足差し足、ばた足、速足

＝脚〈主として太ももから下の部分、物を支える部分、物事の移りゆく状態〉〜脚色〈競馬〉、脚の線が美しい、雨脚、追い込み・差し・末・逃げ脚〈競馬〉、風脚、雲脚、机の脚、橋の脚、火脚、日脚〈相場用語は「日足」〉、船脚

注「前足・脚、後足・脚、後ろ足・脚」は語義によって使い分ける。

あし（葦、蘆、葭、芦）→アシ〈植物〉〜芦毛（あしげ）

あし（悪し）→あし〜あしからず、あしきをくじく、あしざま、折あしく、善しあし〈性格など〉、良しあし〈品質など〉

あじ 味〜味加減、味付け、味なまね、味見、味を占める

あしかけ

＝足掛け〈足場など〉〜足掛かり

＝足かけ〈期間〉〜足かけ3年

あしげ（足蹴）→足蹴（あしげ）〜足蹴（あしげ）にする

注 誤読を避けるため読み仮名を付ける。

あじけない・あじきない 味気ない

あしげく（足繁く）→足しげく

あした（＊明日、朝）→あした

あしまめ（足忠実、足豆）→足まめ（に通う）

あしもと（足下、足許）→(統)足元

あじわう 味わう〜味わわせる

注「味あう」は誤り。

あしわざ 足技〈運動〉・足業〈曲芸〉

あす あす・(慣)明日

注「きょう、きのう、あす、けさ」は平仮名書きが望ましい。「みょうにち」と読ませる場合は別。

あずかる

＝預かる〈保管、管理、保留〉〜預かり（金）、一時預かり、現金を預かる、勝負を預かる、台所・留守を預か

る
＝〈与る、関る〉→あずかる〈関与、「受ける」の謙譲語〉～あずかって力がある、あずかり知らぬ、お褒め・お招きにあずかる、恩恵・余得・分け前にあずかる、国政・事・相談にあずかる

あずき　アズキ・㊑小豆〈植物〉～氷あずき

あずけいれ　預け入れ〈条件・方法〉～㊔**預入額・期間・金・先・枠**

注　経済関係複合語ルール参照。

あずける　預ける～預け主、預け金、一時預け、体を預ける、金品を預ける、げたを預ける〈処理を一任〉

あずま〈東、吾妻〉→あずま～あずま歌、あずま男

注　人名・地名の吾妻は平仮名書きでは「あづま」。

あずまや〈東屋、四阿〉→あずまや

あせ　汗～汗臭い、汗する、汗だく、汗ばむ、汗みずく、汗みどろ

あぜ〈畔、畦〉→あぜ～あぜ織り

あせも〈汗疣、汗疹〉→あせも

あせる〈急る〉→焦る～焦り

あせる〈褪せる〉→あせる～色あせる

あぜん〈唖然〉→あぜん―あきれる、あっけに取られる

あそびほうける〈遊び呆ける、遊び惚ける〉→遊びほうける

あそぶ〈游ぶ〉→遊ぶ～遊ばせる、遊び、遊び相手、遊び心、遊び事、遊び人、遊び場

あだ
＝〈仇〉→あだ〈かたき、害〉～あだを討つ、好意・親切があだになる
＝〈徒、空〉→あだ〈無駄〉～あだおろそかに、あだ情け、あだ花

あたい
＝価〈値段、金高で表現した数量〉～価が高い、手間に見合った価、物の価
＝値〈ねうち、抽象的表現に〉～一読・一見に値する、称賛・注目に値する、千金の値〈春宵一刻値千金〉、未知数xの値を求める

あだうち〈仇討ち〉→あだ討ち―敵＝かたき＝討ち、報復、仕返し

あたたかい
＝温かい〈一般用語。冷の対語。情がある〉～温かい食べ物、温かい人柄・もてなし、温かい目で見守る、家庭の温かさ、体が温かい、人情の温かさ、懐が温かい
＝暖かい〈寒の対語。主として気象・気温に〉～暖かい色、暖かい気候、暖かい室内、暖かいセーター、暖かい日差し、暖かい冬、生暖かい

あたたまる・あたためる
＝温まる・温める〈冷たさを和らげる、抽象的表現にも〉～旧交を温める、

心温まる、スープを温める、席の温まるいとまがない、手足を温める、鳥が卵を温める、ベンチを温める、物を温めておく
＝暖まる・暖める〈温度が上がる、主として気象・気温〉～空気が暖まる、室内を暖める

あだな（仇名、渾名、綽名）→あだ名

あたま　頭～頭打ち、頭から、頭越し、頭ごなし、頭割り

あたらしい　新しい～新しがる、真新しい、目新しい

あたり　辺り～辺り一面、辺り構わず、辺りを払う〈威圧〉、この辺り
注「あすあたり一雨来そうだ」「彼あたりが適任だ」「日曜あたりに会おう」など接尾語的に使う場合は平仮名書き。

あたる
＝当たる〈接触、的中、配分、相当〉～当たり狂言、当たりくじ、当たり障り、当たり散らす、当たり外れ、当たり前、当たり屋、当たり役、当たりを付ける、当たるを幸い、朝日が当たる、1個当たり100円、大当たり、思い当たる、風に当たる、原典・辞書に当たる、心当たり、事に当たる、師匠に当たる人、図に当たる、…に当たって〈際して〉、任に当たる、日当たり、ボールに当たる、的に当たる、目の当たり、八つ当たり、予報が当たる
＝（中る）→あたる〈体に障る、中毒〉～暑気・食・湯あたり、食べ物にあたる、毒気にあてられる、毒にあたる

あつい
＝暑い〈寒の対語〉～暑い地方、暑い夏、暑がり、暑苦しい夜、暑さ寒さも彼岸まで、部屋の中が暑い、蒸し暑い
＝熱い〈冷の対語〉～熱い思い、熱い声援、熱い血潮、熱い湯、熱い論争、熱かん、お熱い仲

あつい
＝厚い〈薄の対語。熱心〉～厚い布団、厚着、厚切り、厚く感謝する、厚化粧、厚手の毛布、厚ぼったい、厚焼き、手厚いもてなし、人情が厚い、分厚い本、友情に厚い
＝（篤い）→あつい〈病気が重い、気持ちが深い〉～あつい病、あつく礼を言う、信仰心があつい

あつかう　扱う～扱い高・人・品・量

あつかましい（厚顔しい）→厚かましい

あっかん（圧観）→圧巻〈最も優れている部分〉～この場面が劇中の圧巻

あっこうぞうごん（悪口憎言）→悪口雑言

あっせい
＝圧制〈無理に抑え付ける〉～政治的圧制、暴力による圧制
＝圧政〈権力で抑え付ける政治〉～圧政国家、独裁者の圧政に苦しむ民衆

あっせん（斡旋）→あっせん＝世話、仲介、仲立ち、取り持ち、周旋

あっぱれ（天晴れ）→あっぱれ

あつまる・あつめる　集まる・集める～集まり

あつみ（厚味）→厚み

あつもの（羹）→あつもの（に懲りる）

あつらえる（誂える）→あつらえる～スーツをあつらえる

あつれき（軋轢）→あつれき＝摩擦、不和、いざこざ、もめ事

あて
＝当て～当て馬、当てが外れる、当てこする、当て込む、当て推量、当てずっぽう、当て付ける、当てにする、当て外れ、当てはめる、当て身、当てもなく、心当て、目当て
＝宛て〈送り先〉～知人宛ての手紙、(省)**宛先、宛名**

あてがう（宛行う）→あてがう～あてがいぶち

あてじ（宛て字）→(統)当て字

あてど（当て所）→あてど（もなく）

あでやか（艶やか）→あでやか～あで姿

あてる
＝当てる〈接触、的中、配分〉～風・日光に当てる、答えを当てる、布を当てる、的に当てる、胸に手を当てる、目も当てられない、割り当てる
＝充てる〈充当〉～会場に充てる、教材に充てる、建築費に充てる、後任に充てる、財源に充てる、抵当に充てる、保安要員に充てる
＝宛てる〈送り先〉～恩師に宛てて手紙を書く、母に宛てた手紙、本社に宛てられた書類

あと
＝後〈先・前の対語。後続〉～後足・脚、後味、後々まで、後追い（自殺）、後押し、後書き、後が絶える、後片付け、後がない、後釜、後腐れ、後口が悪い、後先、後作、後ずさり、後になり先になり、後の祭り、後は涙となる、後払い（金）、後回し、後戻り、後を絶たない〈後続〉、後を頼む、後をつける〈すぐ後ろをついて行く〉、後を引く、後を振り返る、…した後で、食事の後で、亡き後、2年後に

注「あと3時間、あと2キロ、あと1人、あと一息、あと少し」などは平仮名書き。「あと、思い出すことは」も平仮名書き。「その後、」

「…した後、」などは後に漢字が続いた場合の読み紛れを防ぐため、読点を付ける。
＝跡〈痕跡、相続、名跡を継ぐ〉～足跡、跡形もない、跡地、跡取り（息子）、跡目相続、跡を絶つ〈消息〉、跡をつける〈痕跡を追う〉、跡を守る、苦心・努力の跡、城跡、立つ鳥跡を濁さず、犯行の跡、容疑者の跡を追う
＝痕〈くっきり残ったあと。主として人体。比喩にも〉～手術・注射・やけどの痕、戦争の傷痕、台風の爪痕、弾の痕、血の痕
注「跡」か「痕」か迷う場合は「跡」を使う。

あとあし
＝後脚〈動物の脚〉～後脚で立つ
＝後足〈比喩的用法〉～後足で砂を掛ける

あとがま　後釜―後任

あとしまつ（跡始末、跡仕▲末）→㊔後始末

あとつぎ
＝後継ぎ〈後継者〉～社長の後継ぎ、農家の後継ぎ
＝跡継ぎ〈家・名跡を継ぐ〉～家元・流派の跡継ぎ

あな（孔、坑）→穴～穴明き（銭）、穴埋め、穴ごもり、穴掘り、落とし穴、毛穴、抜け穴

あなぐま　アナグマ〈動物〉・穴熊〈将棋〉

あなぐら（穴倉、窖△）→穴蔵

あなご（海鰻△）→アナゴ・穴子〈動物〉

あなた（＊貴方、＊貴男、＊貴女）→あなた～あなた任せ

あなどる　侮る～侮り難い

あね
＝姉～姉貴
＝（姐△）→あね〈先輩格〉～あねご肌、あねさん株、あねさんかぶり

あばく（発く）→暴く～暴かれる、暴き出す、暴き立てる

あばらぼね（肋△骨）→あばら骨―肋骨（ろっこつ）

あばれる　暴れる～暴れ馬、暴れ狂う、暴れん坊

あびきょうかん（阿鼻△叫喚）→阿鼻（あび）叫喚―地獄のような惨状

あびる　浴びる～浴びせ倒し、浴びせる、水浴び

あぶ（虻△）→アブ〈動物〉～あぶはち取らず

あぶく（泡）→あぶく（銭）

あぶない　危ない～危なげない、危なっかしい

あぶら
＝油〈液体状。主として植物・鉱物〉～油揚げ、油炒め、油絵、油紙、油染みる、油照り、油を売る、油を搾

る〈製造〉、油を絞る〈叱る〉、油を流したような水面、油を引く、ガマの油、機械油、ごま油、火に油を注ぐ、水と油
＝脂〈固体状。主として動物〉～脂足、脂汗、脂が乗る、脂ぎった顔、脂気のない肌、脂性、脂っこい食べ物、脂手、脂取り、牛肉の脂身、鼻の脂

あぶらさし（油指し）→油差し

あぶる（焙る、炙る）→あぶる～あぶり出し、火あぶり

あふれる（溢れる）→あふれる～夢と希望にあふれる

あへん（阿片、鴉片）→アヘン

注 法律名の「あへん法」などは別。

あほう（阿呆、阿房）→あほう～踊るあほうに見るあほう

あほうどり（阿呆鳥、＊信天翁）→アホウドリ〈動物〉

あほらしい（阿呆らしい）→あほらしい

あま 尼～尼寺

あま (慣)海女・(慣)海士

注 女性は海女、男性は海士。「海士」を単独で使う場合には読み仮名を付けてもよい。

あま・・ 雨～雨傘、雨がっぱ、雨具、雨靴、雨ざらし、雨垂れ、雨戸、雨どい、雨漏り、雨宿り、雨よけ

あまあし（雨足）→(統)雨脚（が速い）

あまい 甘い～甘える、甘えん坊、甘さ、甘酸っぱい、甘ったるい、甘ったれる、甘やかす

あまくだり（天降り）→天下り

あまごい 雨乞い

あます・あまる（剰す）→余す・余る～余し物、有り余る、身に余る、目に余る、持て余す

あまた（＊数多）→あまた

あまねく（周く、普く、遍く、洽く）→あまねく～全国にあまねく知られる

あまのがわ（天の河）→天の川

あまのじゃく（天の邪鬼）→あまのじゃく

あまみ（＊甘味）→甘み

注 特に味覚を強調する場合は「甘味」でもよい。

あまもよう 雨模様〈「あめもよう」とも〉

あまり
＝余り〈残り、余分〉～余りが出る、余り物・者、1時間余り、補って余りある、字余り、100人余り
＝あまり〈副詞〉～あまり多いので、あまり上手でない、あまりにもひどい、あまりの仕打ちに、悲しみのあまり、…したあまり

あまんじる 甘んじる〈「甘んずる」とも〉

あみ 網～網打ち、網棚、網引き、網目（模様）、網元、網焼き

あみ・・ 編み～編み上げ靴、編み糸、

編みがさ、編み機、編み針、編み棒、編み目、編み物
あみだ(阿弥陀)→㊕阿弥陀(如来・仏)
注「あみだくじ」「あみだかぶり」は平仮名書き。
あむ 編む
あめ 雨~雨上がり、雨男、雨降り、にわか雨
あめ(飴)→あめ~あめ玉、アメとムチ
あや(文、彩、綾)→あや~あや織り、あや取り、あやなす、言葉のあや
あやうい 危うい~危うく、危ぶむ
あやかる(肖る)→あやかる
あやしい
=怪しい〈奇怪、不気味、不安、異様〉~怪しい人影、怪しげ、怪しむ、彼の日本語は怪しい、挙動が怪しい、空模様が怪しい
=妖しい〈妖艶、神秘的〉~妖しい魅力、妖しく輝く瞳
あやつる(繰る)→操る~操り人形
あやまち・あやまつ 過ち・過つ〈過失、失敗、罪〉~過ちを犯す、過ちを償う、酒の上の過ち、万に一つの過ち、身を過つ、若気の過ち
あやまり・あやまる
=誤り・誤る〈間違う、し損なう、誤解、誤認、誤用、錯誤〉~誤った処置、誤って傷を付ける、誤りを正す、言い誤る、一生・身・道を誤る、運転を誤る、人選・適用を誤る、見誤る
=謝り・謝る〈わびる〉~謝り証文、ご無沙汰を謝る、失敗を謝る、平謝り
あやめる(殺める、危める)→あやめる
あゆ(阿諛)→あゆ(追従)—おべっか、へつらい
あゆむ 歩む~歩み、歩み寄り
あら(粗)→あら~あら探し、魚のあら
あらい
=荒い〈勢いが激しい、乱暴、荒廃〉~荒々しい、荒磯、荒い波風、荒馬、荒海、荒稼ぎ、荒行、荒くれ、荒事、荒仕事、荒田、荒立てる、荒っぽい仕事、荒波、荒縄、荒ぶる、荒法師、荒武者、荒療治、荒技・荒業、息遣いが荒い、金遣いが荒い、気が荒い、言葉遣いが荒い、手荒い
=粗い〈細かい・精・密の対語。大ざっぱ、粗雑〉~網の目が粗い、粗板、粗織り、粗がんな、粗刻み、粗削り、粗ごなし、粗塩、粗筋、粗造り、粗土、粗っぽい見方、粗積もり、粗塗り、粗ぶき、粗彫り、粗利益、きめ〈肌など〉が粗い、木目=きめ=が粗い、仕上げが粗い、守備・打撃が粗い、粒が粗い、見方が粗い
あらう 洗う~洗い髪、洗いざらい、

洗いざらし、洗いたての着物、洗い立てる、洗い物

あらがう（抗う、争う、諍う）→あらがう～権力にあらがう

あらかじめ（予め）→あらかじめ

あらかた（粗方）→あらかた

あらし　嵐～嵐が静まる、磁気嵐、砂嵐、花嵐

あらす・あれる　荒らす・荒れる～荒れ狂う、荒れ性、荒れ地、荒れ肌、荒れ果てる、荒れ模様、道場荒らし

あらず（非ず）→あらず～さにあらず、なきにしもあらず

あらそう　争う～争い事

あらた　新た～新たに

あらたまる・あらためる（革まる、検める）→改まる・改める

あらためて（更めて）→改めて〈副詞〉

あらて　新手

あらまき（荒巻き）→㊔新巻き（ザケ）

あららげる　荒らげる〈荒げる＝あらげる＝は使わない〉

あられ（霰）→あられ～雨あられ、ひなあられ

あらわ（顕わ、露わ）→あらわ～怒りをあらわにする

あらわす　著す〈著作〉～書物を著す

あらわす・あらわれる

＝表す・表れる〈感情・様子などが表面に出る、表記、表示、表明〉～言い表す、意思を表す、意味を表す、影響・効果・成果が表れる、顔色に表れる、家名を表す、兆し・現象・兆候が表れる、敬意を表す、結果に表れる、言葉・図・数字に表す、死相・症状が表れる、実績・成績に表れる、性格・怒気・喜びを表す、名は体を表す、変化が表れる

＝現す・現れる〈隠れていた姿・形が見えるようになる、出現、現出、現象〉～悪事が現れる、現れ出た救世主、怪獣が現れる、顔・姿を現す、神が現れる、才能を現す、正体・本性を現す、真価を現す、太陽が現れる、頭角を現す、馬脚を現す、皮膚に湿疹が現れる、秘密が現れる

あり（蟻）→アリ〈動物〉～アリジゴク〈動物〉、あり地獄〈比喩〉

あり・ある

＝（有）→あり・ある～会議がある、教養がある、子がある

注「有り余る」「事有るとき」など、「有無」の対照を強調したいときは漢字でもよい。

＝（在）→あり・ある～責任は私にある、日本はアジアの要にある

注「在りか」「在り方」「在りし日」など、存在・所在の意を強調したいときは漢字でもよい。

=あり・ある～ありあり、ありきたり、ありったけ、ありてい、ありとあらゆる、ありのまま、ありふれた、あるまじき

ありか（在り処）→在りか

ありかた（有り方）→在り方

ありがたい・ありがとう
=有り難い〈めったにない〉～有り難い才能、世にも有り難い
=ありがたい・ありがとう〈感謝〉～ありがたみ、ありがた迷惑

ありさま（有り様）→ありさま

ありよう（有り様）→ありよう

ある（或る）→ある〈連体詞〉～ある所、ある時、ある日

あるじ（主）→あるじ

あわ（沫）→泡～泡立つ、泡を食う、水面の泡粒、せっけんの泡、ひと泡吹かす、水の泡

あわ（粟）→アワ〈植物〉～あわ粒ほどの、恐怖で肌があわ立つ、ぬれ手で粟（あわ）・あわ

あわせる
=合わせる〈一致、合計〉～合わせ鏡、合わせ目、合わせ物、合わせ技、顔合わせ、数を合わせる、体に合わせる、考え合わせる、口裏・つじつまを合わせる、組み合わせ、心・力を合わせる、時期を合わせる、抱き合わせ、調子を合わせる、突き合わせる、手合わせ、手を合わせる、問い合わせ、時計を合わせる、引き合わせる、待ち合わせ、間に合わせる、見合わせる、巡り合わせ
=併せる〈同時に、並列、付加〉～併せ馬、併せて健康を祈る、併せて支給、併せ持つ、清濁併せのむ、二つの町を併せる、両者を併せ考える

あわただしい　慌ただしい～慌ただしげに、慌ただしさ

あわてる　慌てる～慌てふためく、慌て者、大慌て

あわや　あわや〈危うく〉～あわや大惨事

あわゆき
=淡雪〈薄く積もった雪〉
=泡雪〈泡のように消えやすい雪〉

あわれむ（憐れむ、憫れむ、愍れむ）→哀れむ～哀れ、哀れっぽい、哀れみ

あんいつ　安逸

あんうつ（暗鬱）→暗鬱（あんうつ）－暗い

あんえい（暗翳）→暗影

あんか（行火）→あんか

あんがい　案外

あんぎゃ　行脚

あんきょ（暗渠）→地下（排水）溝、地下

（通）水路
あんこく（闇黒）→暗黒
あんしょう（諳誦）→暗唱〈そらんじる〉～せりふを暗唱する
あんしょうばんごう　暗証番号
あんじる（按じる）→案じる
あんしんりつめい（安神立命）→安心立命〈仏教用語で「あんじんりゅうめい」「あんじんりゅうみょう」とも〉
あんたん（暗澹、暗胆）→暗たん—暗い、真っ暗
あんど（安堵）→安堵（あんど）—ほっとする、胸をなで下ろす、安心
あんどん（行灯）→あんどん
あんに　暗に
あんのじょう（案の条）→案の定
あんのん　安穏
あんば（鞍馬）→あん馬
あんばい
＝（塩梅）→あんばい〈味加減、具合〉～あんばい酢、いいあんばいに晴れた、体のあんばいが悪い、吸い物のあんばい
＝（按排、按配、安排、安配）→案配〈加減、処理、配置〉～仕事を案配する、料理を案配よく並べる
あんぶん（按分）→案分
あんぶんひれい（按分比例）→案分比例—比例配分
あんま（按摩）→マッサージ（師・業）、もみ療治
注 国家資格は「あん摩マッサージ指圧師」。
あんや（＊闇夜）→暗夜
あんゆ　暗喩

【い】

い
＝異〈ことなる、怪しい〉～異口同音、異形、異彩、異質、異種、異臭、異色、異数、異性、異説、異存、異端、異同、異動、異能、異物、異聞、異名、異様、異例、異論、怪異、奇異、驚異、差異、大同小異、天変地異、同工異曲、特異、変異
＝違〈ちがう、背く〉～違算、違背、違反、違約、違和感、相違
い
＝威〈おどす、いかめしい、勢い〉～威圧、威嚇、威儀、威厳、威光、威信、威勢、威迫、威風堂々、威名、威容、威力、球威、脅威、権威、国威、示威、勢威、猛威
＝偉〈並外れた、えらい〉～偉観、偉業、偉勲、偉丈夫、偉人、偉大、雄偉
＝畏〈かしこまる〉～畏敬、畏怖、畏友
い・・居～居合わせる、居心地、居酒屋、居住まい、居候、居たたまれない、居着く、居続ける、居づらい、

居所・居どころ、居直る、居ながらにして、居並ぶ、居抜き、居眠り（運転）、居残り、居待ち月、居留守

い・・射～射当てる、射落とす、射すくめる、射止める、射抜く

い・・鋳～鋳掛け、鋳型、鋳物、鋳つぶす、㊀**鋳掛屋**

いあい㊀**居合～居合抜き**

いい（謂）→いい―意味、訳

いい（良い、善い、好い、宜い）→いい～いい気・気味、いい年をして

いい・・言い～言い合い、言い争い、言い返す、言い掛かり、言いかける、言い方、言いかねる、言い交わす、言い込める、言い知れぬ、言い出しっぺ、言い付ける、言い伝え、言いなり、言い値、言い逃れ、言い古す、言い分、言い回し、言い訳、言い渡す

いいかえ（言い替え）→言い換え

いいかげん

＝（好い加減）→いい加減〈適度〉～ちょうどいい加減

＝（宜い加減、好い加減）→いいかげん〈形容動詞、副詞〉～いいかげんな態度、いいかげんにしろ

いいぐさ（言い種）→言い草

いいだくだく（易々諾々）→唯々諾々

いいづらい（言い辛い）→言いづらい

いいなずけ（＊許婚、＊許嫁）→いいなずけ―婚約者

いう

＝（云う、謂う）→言う〈思ったことを言葉で表す、語る、述べる〉～あえて言えば、言いたいことは言った、言うことのない出来、言うことを聞く、言うまでもなく、言わず語らず、言わずと知れた、言わずもがな、言わぬが花、えも言われぬ、彼の言うことには、彼は「いい」と言うが…、冗談・文句を言う、…と言える、…と言わんばかりの、何と言われようと、はっきり言って、物は言いよう

＝いう〈「言う」が実質的な意味を持たない場合などに〉～愛するということ、あっという間に、いうところの、いうなれば、怪物といわれる彼、かといって、彼こそ天才というべきだ、経験がものをいう、こういう事情があった、これといった、そういえば、だからといって、出掛けようという時に、…という〈伝聞〉…というわけだ、…といわれる、どこといって、どちらかといえば、とはいえ、何ということだ、人間というものは複雑だ、眠いといったらない、ミシミシいう

注 迷った場合は平仮名書き。「そうはいっても・そうは言っても」

「…といってよい・言ってよい」「何といっても・何と言っても」などは、言い表す度合いの強弱によって使い分ける。

いえども（雖も、言えども）↓いえども〜子どもといえども侮れない

いえもと（家許）↓家元〜茶道の家元

いえる 癒える〜傷・病が癒える

いおう (慣)硫黄

いか（烏賊）↓イカ〈動物〉〜のしいか

いがい

＝以外〈…のほか〉〜…以外の何物でもない、係員以外立ち入り禁止、そうする以外ない

＝意外〈思いのほか〉〜意外性、意外とするところ、意外な事件、意外に面白い

いがい 遺骸—遺体、亡きがら〈動物は死骸〉

いかいよう 胃潰瘍

いかが・いかん（如何、奈何）↓いかが・いかん〜いかがなものか、いかがわしい、いかなる、いかに、いかにも、いかほど、いか物食い、いかようにも、いかんせん、いかんともし難い、結果いかん、理由のいかんを問わず

いかく 威嚇〜威嚇射撃

いかす（活かす）↓生かす

いかだ（筏）↓いかだ（流し・乗り）

いかめしい（厳めしい）↓いかめしい

いかり（碇、錨）↓いかり〜いかりを揚げる、いかりを下ろす

いかる（忿る、慍る、瞋る）↓怒る〜怒り肩、肩・目を怒らす

いかん（遺感）↓遺憾〜遺憾ながら、遺憾に思う、力を遺憾なく発揮する

いき

＝息〈呼吸、気息〉〜青息吐息、息が合う、息が上がる、息がかかる〈有力者の後援や支配を受ける〉、息が切れる、息が長い、息苦しい、息せき切る、息継ぎ、息詰まる熱戦、息抜き、息の根、息巻く、息む、息を凝らす、息を殺す、息を継ぐ、息をのむ、ため息・吐息をつく、寝息、鼻息が荒い、虫の息

＝意気〈心ばえ、気概〉〜意気が上がる〈元気づく〉、意気盛ん、意気消沈・阻喪・揚々、意気天を突く、心意気、人生意気に感ず、生意気

いき 粋〜粋がる、粋筋、粋な柄・姿・計らい、小粋

いき（委棄）↓遺棄〈旧民法では「委棄」もある。「私道を委棄する」など〉〜死体遺棄、保護責任者遺棄罪

いき・・ 生き〜生き生きと、生き写し、生き馬、生き埋め、生き返る、生き方、生き地獄、生き死に、生き血、生き作り、生き永らえる、生き人形、生きのいい魚、生き延びる、

生き恥、生き物、生き霊、生き別れ

いき・・ 行き～行き当たり、行き帰り、行きがかり、行きがけ、行き来、行き先、行き過ぎ、行きずり、行きつけ、(事業が)行き詰まる、行き届く、行き止まり、行き場

・・いき 行き～東京行き

いぎ

＝異義〈違った意味〉～同音異義(語)

＝異議〈異なった意見〉～異議続出、異議なし、異議申し立て、(省)**異議申立書・人**

＝意義〈意味、価値〉～意義を見いだす、参加することに意義がある、有意義、歴史的意義

いきおい

＝勢い〈名詞。勢力、元気〉～勢い込む、勢いづく、勢いよく、勢いを付ける、勢いを増す、日の出の勢い

＝いきおい〈副詞。その時の成り行きで〉～いきおい口論となった

いきがい(生き甲斐)→生きがい

いきぎも(活き胆)→生き肝

いきけんこう(意気軒昂)→意気軒高―意気盛ん

いきさつ(＊経緯)→いきさつ

いきじ 意気地〈事を貫徹しようとする気力。否定的に使う場合は「いくじ(なし)」と読みが異なる〉

いきじびき(活き字引)→(省)**生き字引**

いきしょうてん(意気昇天)→意気衝天

いぎたない(寝汚い)→いぎたない

いきづかい 息遣い

いきづく(息衝く)→息づく

いきどおる 憤る～憤り

いきぼとけ(活き仏)→生き仏

注 チベット仏教の高僧は「活仏(かつぶつ)」。

いきまく(意気巻く)→息巻く

いきょう

＝異郷〈故郷を離れた土地、他郷〉～異郷の地に骨をうずめる

＝異境〈外国、他国〉～異境をさすらう

いぎょう

＝偉業〈立派な仕事・事業〉～偉業を成し遂げる

＝遺業〈故人が残していった仕事・事業〉～父の遺業を継ぐ

いきょく 委曲(を尽くす)

いく

＝行く〈一般用語。赴く、帰る・来るの対語〉～行く先、学校へ行く、去って行く、連れて行く、出て行く、東京行き、道を行く

＝いく〈補助動詞。「行く」の意味が薄れた場合〉～(物事が)うまくいく、簡単にいく、消えていく、実施していく、地でいく、そうはいかない、なかなかいける、納得・満足がいく、減っていく、やっていく

＝逝く〈亡くなる〉～ぽっくり逝く、多くの人に惜しまれながら逝った
注「ゆく」とも。「いく」の方が口語的。

いく・・　幾～幾重（にも）、幾多、幾たび、幾つ（か）、幾度、幾とせ、幾日、幾人、幾久しく、幾百、幾分、値段は幾ら
注　副詞の「いくら、いくらか、いくらでも、いくら何でも」は平仮名書き。

いくさ（軍）↓戦～勝ち戦、負け戦

いぐさ（藺草）↓イグサ〈植物〉・イ草〈畳表〉

いくじ（意久地）↓㊐意気地（なし）

いくせい（育生）↓育成

いくどうおん（異句同音）↓異口同音

いくばく（幾許、幾何）↓いくばく

いくん
＝遺訓〈故人の残した教え〉
＝偉勲〈立派な功績〉
＝遺勲〈故人の残した功績〉

いけい　畏敬～畏敬の念

いけうお（＊活魚）↓生け魚―活魚＝かつぎょ＝（店・料理）

いけがき（活け垣）↓生け垣

いけす（生け簀）↓いけす

いけづくり（活け作り・造り）↓生け作り〈「生き作り」とも〉

いけどり　生け捕り

いけにえ（生贄）↓いけにえ―犠牲

いけばな（活け花）↓生け花

いける（活ける）↓生ける～生きとし生けるもの、生けるしかばね、花を生ける

いけん
＝意見〈思うところ、考え、訓戒〉～意見を出す、大方の意見、親の意見
＝異見〈違う考え〉～異見立て、異見を唱える

いこい・いこう　憩い・憩う～木陰に憩う

いこう
＝偉功〈大きな手柄〉～偉功を立てる
＝偉効〈優れた効き目〉～偉効を奏する
＝遺功〈死後に残された業績〉～先人の遺功をたたえる

いこう（息う）↓憩う～憩い

いごこち　㊐居心地

いこじ（依怙地）↓意固地〈「えこじ」とも〉

いこん（意恨）↓遺恨～遺恨試合、遺恨を抱く

いごん　遺言〈法律用語。一般用語としての読みは「ゆいごん」〉

いさい　委細～委細構わず、委細面談

いさい
＝偉才〈特別優れた才能、「異才」とも〉～まれに見る偉才
＝異彩〈異なった趣〉～異彩を放つ

いさお（功、勲）↓いさお～いさおし

いさかい（諍い）↓いさかい
いさぎよい（いさぎ良い）↓潔い
いささか（聊か、些か）↓いささか
いざなう（誘う）↓いざなう
いさむ 勇む～勇ましい、勇み足、勇み立つ、勇み肌
いさめる（諫める）↓いさめる
注「いさめる」は目下の者が目上に忠告すること。「間違えやすい語字句」参照。
いざよい（＊十六夜）↓いざよい・十六夜（いざよい）〈「いさよい」とも〉
いさりび（＊漁火）↓いさり火
いし
＝意思〈持っている考え、思い。法律用語に多い〉～意思決定機関、意思の有無を問う、意思の疎通を欠く、意思表示、辞任の意思（が強い）、自由意思、承諾の意思、本人の意思を尊重
＝意志〈物事を行おう、または行うまいとする積極的な気持ち。心理学・哲学用語に多い〉～生きようとする意志、意志が強い・弱い、意志強固、意志薄弱、意志を貫く、困難に打ち勝つ意志、断固とした意志、鉄の意志
＝遺志〈死者の生前の志〉～故人の遺志を継ぐ
いし（縊死）↓首つり死、首をくくる
いじ 意地～意地ずくで、意地っ張り、意地悪
いしくれ・いしころ（石塊）↓石くれ・石ころ
いしずえ 礎～国家の礎、平和の礎（いしじ）〈沖縄〉
いしぶみ（碑、石文）↓いしぶみ
いじめる（苛める、虐める）↓いじめる～いじめ
いしゃ（慰藉）↓慰謝（料）
いしゅがえし（遺趣返し）↓意趣返し
いしゅく（委縮）↓萎縮～気持ちが萎縮する、筋萎縮性側索硬化症
注 おそれ入ってかしこまる意では「畏縮」も。
いしょう（衣裳）↓衣装～衣装合わせ、衣装道楽、馬子にも衣装
いしょう 意匠〈デザイン、工夫〉～意匠登録、意匠を凝らす
いじょう
＝異常〈一般用語。正常の対語、主として形容動詞の語幹〉～異常乾燥、異常気象、異常事態、異常心理学、異常体質、異常な音、異常に興奮する、イナゴが異常発生、エンジンに異常がある、肩に異常を覚える、室内に異常を発見、診断結果は「異常なし」、精神に異常を来す、体調の異常を訴える
＝異状〈限定用語。平常でない状態、安心

できない状態、変調、名詞〉～異状死体〈医師法〉、西部戦線異状なし〈レマルクの作品名〉

いじょう

＝移譲〈権限などを対等の間で移し譲る〉～行政事務・税源を国から地方公共団体に移譲、所有権を夫から妻に移譲、政権移譲

＝委譲〈権限などを下級のものに任せ譲る〉～社長権限の一部を副社長に委譲、政令に委譲

いしょく（依嘱）↓㊔委嘱～審議会の委員を委嘱する

いしょく（移殖）↓移植

いじる（弄る）↓いじる～いじくる

いしんでんしん（意心伝心）↓以心伝心

いす　椅子・いす

注「車いすマラソン」などは平仮名書き。

いずこ（何処）↓いずこ

いずれ（何れ、孰れ）↓いずれ（も）

いすわり（居坐り、居据わり）↓㊔居座り～居座る

いせき（遺蹟）↓遺跡

いぜん　依然（として）

いぜん　以前

いぜんけい（已然形）↓已然（いぜん）形

いそ（磯）↓磯～磯遊び、磯釣り、磯辺

いそう（位層）↓位相～位相語

いそうろう　居候

いそがしい（急がしい）↓忙しい

いそぐ　急ぐ～急ぎ足

いそしむ（勤しむ）↓いそしむ～勉学にいそしむ

いそん　依存〈「いぞん」とも〉～依存症、依存心、依存度

いぞん　異存〈不服〉～異存はない

いたい（甚い）↓痛い～痛々しい、痛しかゆし、痛手、痛み

いたいけ（幼気）↓いたいけ～いたいけな子ども・子供〈「いたいけない」は俗用なので使わない〉

いたく（依託、依托）↓㊔委託

いたく（痛く、甚く）↓いたく〈副詞〉～いたく感心

いだく（懐く）↓抱く

いたけだか（威猛高、威丈高）↓居丈高～居丈高な物言い

いたす　致す～致し方ない

いたずら（＊悪戯）↓いたずら

いたずらに（徒に）↓いたずらに～いたずらに時を費やす

いただき　頂〈てっぺん〉～山の頂

いただく

＝（戴く）↓頂く〈のせる、もらうの謙譲語〉～頂き物、ご協力・助言を頂く、これなら頂きだ、賞状を頂く、ともに天を頂かず、雪を頂く山

＝（頂く、戴く）↓いただく〈「…してもらう」の意の補助動詞、「食べる」「飲む」

の謙譲語〉～〈ご飯を〉いただきます、お読みいただく、協力していただく、出席させていただく、見ていただく

いただけない〈頂けない、戴けない〉→いただけない〈悪い〉

いたち〈鼬〉→イタチ〈動物〉～いたちごっこ

いたって 至って〈副詞〉～至って丈夫

いだてん〈韋駄天〉→韋駄天（いだてん）〈神の名〉・いだてん〈走り〉

いたむ 悼む〈哀悼〉～故人を悼む、親友の死を悼む

いたむ・いためる

＝痛む・痛める〈痛苦〉～足が痛む、痛ましい出来事、痛み分け、傷が痛む、好意に痛み入る、心・胸を痛める、ずきずき痛む、肘を痛める、人を痛めつける、懐が痛む

＝傷む・傷める〈傷つく、傷を付ける、破損〉～家・家具が傷む、傷みのひどい本、傷みを繕う、傷んだ果物、髪を傷める、機械が傷む、道路を傷める、根が傷む、花を傷める

いためる〈炒める〉→炒める〈油でいる〉～炒め物、野菜炒め

いたる〈到る、致る〉→至る～至る所、至れり尽くせり

いたわる〈労る〉→いたわる

いち・いっ・・ 一～いちいち、一概に、一段と、一度に、一目散に、一様に、一気に、一挙に、一見、一向に、一般に

いちおう〈一往〉→(統)一応～一応見ておく

いちかばちか〈一か八か〉→いちかばちか・イチかバチか

いちげんこじ (慣)一言居士

いちげんのきゃく〈一見の客〉→いちげんの客

いちご〈苺、莓〉→イチゴ〈植物〉～いちごジュース

いちごいちえ 一期一会

いちじ・・ 一時～一時預け、一時逃れ、一時払い〈金〉

いちじく〈無花果〉→イチジク〈植物〉

いちじつのちょう 一日の長

いちじゅん〈一順〉→一巡～打者一巡

いちじるしい 著しい～著しさ

いちず〈＊一途〉→いちず―ひたすら、一筋に

いちどう

＝一同～一同着席、有志一同

＝一堂～一堂に集める、一堂に会する

いちどきに〈一時に〉→いちどきに

いちはやく〈逸早く、逸速く〉→いち早く

いちぶ

＝一分〈10分の1、ごくわずか〉～一分一

厘の狂いもない、一分咲き、一分の隙もない、打率3割1分3厘
＝一部〈全体の一部分〉～一部完成、一部始終、一部の人
いちべつ（一瞥）↓いちべつ―一見、一目、ちらっと見る
いちぼう（一眸）↓一望～谷を一望する、一望千里
いちまつ　一抹～一抹の不安・恐れ
いちもうだじん　一網打尽
いちもくさんに　一目散に～一目散に逃げる
いちもくりょうぜん　一目瞭然
いちやく　一躍（有名になる）
いちょう（銀杏、＊公孫樹）↓イチョウ〈植物〉～イチョウ並木、いちょう返し〈髪形〉、大いちょう〈大相撲〉
いちようらいふく（一陽来福）↓一陽来復
いちりつ（一率）↓一律
いちりんざし　一輪挿し
いちる（一縷）↓いちる―一筋、わずか、かすか（な）～いちるの望み
いちれんたくしょう（一蓮托生、一連託生）↓一蓮托生（いちれんたくしょう）
いつ（＊何日、＊何時）↓いつ～いつか、いつしか、いつぞや、いつとはなしに、いつになく、いつも
いつ（つ）　五（つ）～五つ子
いっかい　一介～一介の文士
いっかく
＝一画〈漢字の一筆で書く線、土地の区切り〉～一点一画、分譲地の一画
＝一角〈一つのかど、一隅、一部分〉～画壇の一角、繁華街の一角、氷山の一角、優勝候補の一角
いっかくせんきん（一攫千金）↓一獲千金
いっかつ　一括〈ひとくくり〉～一括審議、一括払い
いっかつ　一喝〈叱る〉～一喝して追い返す
いっかん
＝一貫〈始めから終わりまで〉～一貫生産、終始一貫、中高一貫教育、裸一貫
＝一環〈鎖などの一つの輪、全体のつながりの中の一部分〉～活動・政策の一環、都市計画の一環
＝一巻〈書物・フィルム・巻物などの一つ〉～一巻の終わり、第1巻
いっき（一揆）↓㊕一揆～百姓一揆
いっきうち（一騎討ち）↓㊔一騎打ち
いっきかせい（一気呵成・加勢）↓一気呵成（かせい）―一息に、一気に、一挙に
いっきょ（一拠）↓一挙（に）～一挙両得
いつくしむ（愛しむ）↓慈しむ～慈しみ

いっけんや（一軒屋）↓一軒家

いっこくもの（一刻者、一国者）↓いっこく者〜いっこくな老人

いっこだて　一戸建て

いっこん　一献〜一献傾ける

いっさい
＝一切〈すべて、例外なく〉〜一切関知しない、一切の費用、一切を譲る
＝一再〈一度や二度〉〜一再ならず

いっさいがっさい　一切合切〈「一切合財」とも〉

いっさつたしょう　一殺多生

いっさんに（逸散に）↓一散に・いっさんに

いっし　一矢〜一矢を報いる

いっし　一糸〜一糸乱れず

いっしどうじん（一視同人）↓一視同仁

いっしゃせんり（一瀉千里・一射千里）
↓一息に、一気に、あっという間に、滞りなく、よどみなく

いっしゅう
＝一周・1周〈1回回る〉〜一周忌、世界一周、開店1周年、最後の1周
＝1週〈7日間の単位〉〜1週間

いっしゅう　一蹴〜挑戦者を一蹴する、要求を一蹴する

いっしょ（一所、一諸）↓一緒〜一緒に出掛ける

いっしょうけんめい　一生懸命
注「一所懸命」は歴史用語。

いっしょくそくはつ（一触速発）↓一触即発

いっしん
＝一心〈こころ〉〜一心同体、一心に祈る、一心不乱
＝一身〈身体、自身〉〜一身をささげる、同情を一身に集める

いっすいのゆめ（一睡の夢）↓一炊の夢

いっせいちだい（一生一代）↓一世一代

いっせいに　一斉に

いっそう　一層・いっそう

いったい　一体・いったい〜一体全体、一体どうするつもりか

いったん　一端〜一端を担う

いったん（一旦）↓いったん｜一時、一度
注 常用漢字だが、読みやすさに配慮して平仮名書きに。

いっちょう（一挺）↓一丁〜拳銃一丁、一丁前

いっちょういっせき　一朝一夕

いっちょうら（一帳羅、一丁羅）↓一張羅

いってつ　一徹〜一徹者、頑固一徹

いってんばり（一天張り）↓一点張り

いっと　一途〜悪化の一途

いっとうちをぬく　一頭地を抜く

いっとうぼり　㊔一刀彫〈工芸品に準じる〉

いっとき（一時）↓いっとき〜いっとき

の猶予

いつに　一に～一にかかって

いっぱい

＝一杯〈主として名詞に〉～一杯機嫌、一杯食わされる、一杯飲もう、コーヒーを1杯飲む

＝いっぱい〈形容動詞、副詞に〉～いっぱいの人だかり、感激で胸がいっぱい、元気いっぱい、今月いっぱい、時間いっぱい、精いっぱい、力いっぱい、手いっぱい、花いっぱい運動、腹いっぱい、部屋いっぱい、帆にいっぱいの風、目いっぱい

いっぱし（一端）↓いっぱし～いっぱしの口を利く

いっぱつ

＝一発～一発回答、一発の欲しい場面

＝一髪～間一髪、危機一髪

いっぺんとう（一返到、一遍到）↓一辺倒

いっぺんに　一遍に・いっぺんに～通り一遍

いつわる（詐る）↓偽る～偽り

いでたち（出立ち）↓いでたち

いてつく（凍て付く）↓いてつく

いでゆ（出湯）↓いで湯

いとう（厭う）↓いとう～労をいとわない

いどう

＝異動〈地位・勤務の状態が変わる、戸籍関係〉～株主異動、人事異動、戸籍・住所の異動、住民異動届

＝移動〈位置が動く〉～移動図書館、高気圧が移動、人口移動、民族大移動

＝異同〈相違〉～異同を明らかにする、計数の異同、字句の異同

いとおしい（愛おしい）↓いとおしい

いとく

＝遺徳〈死後まで残る人徳〉～故人の遺徳をしのぶ

＝威徳〈侵し難い徳〉～神の威徳

いとぐち（緒）↓糸口

いとけない（幼い、稚い）↓いとけない

いとこ（＊従兄・弟、＊従姉・妹）↓いとこ

いどし（亥年）↓い年・亥（い）年―いのしし年

いとしい（愛しい）↓いとしい～いとし子

いとなむ　営む～営み

いとま（暇、遑）↓いとま～いとま乞い、枚挙にいとまがない

いとめる（射留める）↓射止める

いな　異な～縁は異なもの

いな・　稲～稲作、稲妻、稲光、稲穂

いなか　(慣)田舎～田舎住まい、田舎そ

ば

いなせ（鯔背）↓いなせ（な男）

いななく（嘶く）↓いななく〈馬が鳴く〉

いなむ 否む～否めない

いなや 否や～…するや否や

いなり（稲荷）↓㊕稲荷～◯◯稲荷、稲荷神社

いなりずし（稲荷鮨・寿司）↓いなりずし

いにしえ（古）↓いにしえ

いぬ（狗）↓イヌ・犬〈動物〉～犬かき、犬死に

いぬどし（戌年）↓いぬ年・戌（いぬ）年

いね イネ・稲〈植物〉～稲刈り、稲こき

いのいちばん いの一番

いのしし（猪、豬）↓イノシシ〈動物〉～いのしし鍋

いのち 命～命懸け、命からがら、命乞い、命綱、命取り、命拾い

いはい（位牌、遺牌）↓位牌（いはい）

いはい 遺灰～海に遺灰をまく

いはつをつぐ（遺鉢を継ぐ）↓衣鉢を継ぐ

いばら（茨、棘、荊）↓イバラ〈植物〉～いばらの道

注「茨」は「茨城県」など固有名詞だけに使う。

いばる 威張る～威張りくさる

いはん（違犯）↓違反

いふ 畏怖～畏怖する、畏怖の念を抱く

注「恐れおののく」など言い換えも活用。

いぶかる（訝る）↓いぶかる～いぶかしい、いぶかしむ

いぶき ㊏息吹

いぶく（息吹く）↓いぶく

いぶす・いぶる（燻す）↓いぶす・いぶる～いぶし銀

いぼ（疣）↓いぼ

いま 今〈現在〉～今か今かと、今し方、今時分、今しも、今どき、今なお、今に、今にして、今にも、今のところ〈副詞〉、今風、今まで、今も、今もって、今や、今様、今を時めく

注「いま一度」「いま一歩」「いま少し」「いまひとつ」などは平仮名書き。

いまいましい（忌々しい）↓いまいましい

いまごろ 今頃・今ごろ

注 平仮名書きを活用。「今頃彼は…」のように後に漢字が続く場合は、平仮名書きにするか「今頃、彼は…」と読点を打つ。

いまさら（今更）↓いまさら

いましめる 戒める～戒めの言葉、戒めを守る

いまだ（未だ、今だ）↓いまだ～いまだ

かつてない、いまだに

いまわ（今際）→いまわ〈臨終、最期のこと。「いまは」とはしない〉～いまわの際

いまわしい　忌まわしい

いみ・・　忌み～忌み明け、忌み嫌う、忌み言葉、忌み日、忌み火

いみしんちょう（意味深重・慎重）→意味深長

いむ（斎む）→忌む～忌むべき行為・事柄、物忌み

いも（藷、薯）→イモ・芋〈植物〉～芋焼酎、芋づる式、芋版、芋掘り、芋虫、焼き芋

注「サツマイモ」「ジャガイモ」は原則として片仮名書き。ただし、市況・料理記事などでは「サツマ芋」「ジャガ芋」でもよい。

いもち（＊稲熱）→いもち〈病〉

いや

＝（厭）→嫌〈きらう〉～嫌々ながら、嫌がらせ、嫌がる、嫌というほど、嫌なやつ、嫌になる

＝（否）→いや〈否定〉～いや応なしに、いや違う、いやでも応でも

＝（弥）→いや〈程度が甚だしい〉～いやが上にも

いやけ（厭気）→嫌気〈市場用語は「いやき」と読む〉～嫌気が差す

いやし・いやす　癒やし・癒やす

いやしい（賤しい）→卑しい～卑しむ、卑しめる

いやしくも（苟も）→いやしくも

いやに（嫌に、厭に、否に）→いやに〈副詞〉～いやに暑い

いやはや　いやはや〈感動詞〉

いやまさる（弥勝る）→いや増さる～いや増しに、いや増す

いやみ（嫌味、厭味）→嫌み～嫌みを言う

いやらしい（嫌らしい、厭らしい）→いやらしい〈形容詞〉

いよいよ（愈々、弥々）→いよいよ

いよう（偉容）→(統)威容～威容を誇る

いらいら（苛々）→いらいら

いらだつ（苛立つ）→いら立つ～いら立たしい、いら立ち、いらつく

いり・いる・いれる（容、淹）→入り・入る・入れる〈出るの対語〉～入り海、入り江、入り口、入り組む、入り浜（権）、入り日、入り浸る、入り船、入り用、入れ揚げる、入れ替わる、入れ墨、入れ知恵、入れ違い、入れ歯、入れ物、受け入れる、疑い・忠告・願い・要求を入れる、悦に入る、恐れ入る、間髪を入れず、気に入る、くちばしを入れる、コーヒーを入れる、堂に入る、念・身を入れる、迷宮入り、物入り

注「相いれない」は平仮名書き。

いりあい　入り会い〈共用共益〉～(省)**入**

会権、入会地、入会漁業、入会組合

いりまじる（入り混じる）→入り交じる

いりもや（入り母屋）→(慣)入り母屋（造り）

いりょく（偉力）→(統)威力

いる

＝居る〈存在、居住、主に複合語の場合〉

～居合わせる、居住まい、居座る、居候、居着く、居ても立ってもいられない、居直り、居抜き、並み居る人々

＝いる〈補助動詞、「て」が加わった場合など〉～…している、待っている、雪がやんでいる

いる 要る〈必要〉～要らぬお世話だ、金・人手が要る、何も要らない、保証人が要る

いる 射る～射当てる、射止める、的を射る、弓を射る

いる 鋳る〈鋳造〉～活字・貨幣を鋳る

いる（炒る）→煎る～コーヒー豆を煎る、煎り卵、煎り豆、肝煎り

いれい（違例）→異例

いれかえ（入れ換え）→入れ替え（制）～入れ替わる

いれ（り）かわりたちかわり 入れ（り）代わり立ち代わり

いれずみ（＊文身、＊刺青）→入れ墨

いろ 色～色合い、色変わり、色気づく、色刷り、色染め、色づく、色っぽい、色とりどり、色直し、色よい（返事）、色分け、色を失う、色をなす

いろいろ（色々、＊種々）→いろいろ

いろづかい 色使い〈絵の具など〉

いろどる（色取る）→彩る～彩り

いろめく 色めく～色めき立つ

いろり（囲炉裏、居炉裏）→いろり

いろんな（色んな）→いろんな

いわ（磐、巌）→岩～岩組み、岩棚、岩戸、岩登り、岩風呂、岩屋

いわう 祝う～祝い金、祝い事、祝い酒、祝い物、内祝い、快気祝い、誕生祝い

いわかん（異和感）→違和感

いわく（曰く）→いわく～いわくありげ、いわく言い難し、いわく因縁、いわく付き

いわし（鰯、鰮）→イワシ〈動物〉～いわし雲

いわば（言わば、謂わば）→いわば〈副詞〉

いわゆる（所謂）→いわゆる

いわれ（謂れ）→いわれ～いわれなき恥辱

いん

＝陰〈陽の対語。かげ、隠れて見えない、光の当たらない〉～陰画、陰気、陰惨、陰性、光陰、夜陰、緑陰

＝隠〈かくす、かくれる〉～隠居、隠見、隠語、隠者、隠然、退隠

いんうつ（陰鬱）→陰鬱（いんうつ）―う

っとうしい、陰気
いんえい（陰翳）→陰影
いんかしょくぶつ（陰花植物）→隠花植物
いんきょ（允許）→許し、許可、免許
いんぎん（慇懃）→いんぎん—丁寧、懇ろ、礼儀正しい〜いんぎん無礼
いんこう　咽喉〜耳鼻咽喉科
いんこう　淫行—みだらな行為
いんごう　因業
いんしゅう（因襲）→因習
いんせい（隠棲、隠栖）→隠せい—隠居
いんせき　姻戚
いんせき（隕石）→隕石（いんせき）
いんぜん（陰然）→隠然
いんそつ（引卒）→引率
いんたい
=引退〈役職・地位から退く〉〜引退を表明、現役引退
=隠退〈世を逃れて閑居する〉〜郷里に隠退
いんとう　咽頭
いんどう（引道）→引導〜引導を渡す
いんとく（隠徳）→陰徳〜陰徳を積む
いんとく（陰匿）→隠匿〜隠匿物資
いんとん（隠遁）→隠居、世を捨てる
いんにん（陰忍）→隠忍〜隠忍自重
いんねん（因念）→因縁〜因縁ずく、因縁を付ける
いんび（淫靡）→節度がない、みだら
いんび（陰微）→隠微〈微妙〉
いんぺい（隠蔽）→隠蔽（いんぺい）—隠す、隠匿
いんぼう（隠謀）→陰謀
いんめつ（湮滅）→隠滅—消滅、もみ消し
いんゆ　隠喩
いんれき（陰歴）→陰暦

【う】

う（鵜）→ウ〈動物〉〜ウミウ、カワウ、うのみ、うの目たかの目
うい　憂い〜心憂い、物憂い・もの憂い
うい・・　初〜初産、初陣、初孫
ういういしい　初々しい
ういてんぺん（有為天変）→有為転変
うえ　上〜いやが上にも、上の級、上を下への大騒ぎ、検討の上、この上は、…した上に、その上、母上
うえる（餓える）→飢える〜飢え死に、心の飢え
うえる・うわる　植える・植わる〜植え替え、植え込み（面積）、植え付け、植え物、田植え、庭に木が植わる、鉢植え、㊔**植木**、**植芝**
うえん（迂遠）→回りくどい、遠回り、

実際的でない
うおがし　(慣)魚河岸
うおのめ（魚の目）→うおのめ
うかい（迂回、迂廻）→迂回（うかい）―遠回り、回り道〜迂回（うかい）路
うかい（鵜飼い）→鵜（う）飼い〜長良川の鵜（う）飼い
・・うかがい
＝伺い〈一般的用法、あいさつ〉〜ご機嫌伺い、暑中伺い
＝(省)伺〈書式〉〜進退伺
うかがう
＝伺う〈問う、訪ねる〉〜意見・指示・話を伺う、伺いを立てる、お宅に伺う
＝（窺う、覗う）→うかがう〈のぞく、狙う〉〜辺り・顔色・機会・内部・鼻息・様子をうかがう、うかがい知る、隙をうかがう
うかつ（迂闊）→うかつ―うっかり

うがつ（穿つ）→うがつ〜うがった見方
うかぶ・うかべる　浮かぶ・浮かべる〜浮かばれない、浮かび上がる
うき（雨季）→(統)雨期
うき・・　浮き〜浮き浮きする、浮き貸し、浮き沈み、浮き球〈球技〉、浮き玉〈漁具〉、浮き出る、浮きドック、浮き彫り、浮き実〈スープなど〉、(省)**浮足、浮具、浮草、浮雲、浮腰、浮桟橋、浮島、浮州、浮巣、浮灯台、浮名、浮橋、浮袋、浮舟、浮世絵、浮輪、浮技**
うきみ
＝(省)**浮身**〈泳法の一種〉
＝憂き身〈つらいことの多い身の上〉〜憂き身をやつす
うきめ　憂き目
うきよ（憂き世）→(統)(省)**浮世**
うく　浮く〜浮かぬ顔、浮かばれない、浮かれる、宙に浮く、熱に浮かされる、歯が浮く、100円浮かす
うぐいす（鶯）→ウグイス〈動物〉〜うぐいす色、うぐいす張り、うぐいす豆
うけあう（受け合う）→(統)請け合う〜安請け合い、品質を請け合う
うけおい　(省)**請負〜請負業・金額・耕作・工事・人**
うけおう　請け負う、〜工事を請け合う
うけたまわる（受け賜る）→承る
うけつけ　受け付け〈開始・業務・締め切り・順・状況・条件・増加・中・手続き・番号〉〜願書受け付け、(省)**受付**〈係・人・場所・窓口〉、**受付額・期間・金融機関・日**
注　経済関係複合語ルール参照。
うけとめる（受け留める）→(統)受け止める
うけとり　受け取り〜受け取り拒否、受け取り方法、(省)**受取**〈領収証〉、**受**

取額・期日・金・書・人・日

注 経済関係複合語ルール参照。

うける

＝受ける〈授の対語〉～受け入れ（額・件数・先）、受け入れ態勢、受け売り、受けがいい、受け答え、受け皿、受け太刀、受け継ぐ、受けて立つ、受け身、受け持ち、受け戻し（証券）、ショックを受ける、生を受ける、相談・注文・命令を受ける、大衆に受ける、保護を受ける、真に受ける、身元引き受け、元受け〈保険〉、郵便受け、(省)**身元引受人**

＝請ける〈引き受ける、保証する〉～請け合う、請け負う、請け書、請け人、請け判、下請け、質草を請ける、茶請け、孫請け、身請け、元請け〈業者〉

うけわたし 受け渡し（期限・条件・制度・通知）～受け渡し場所〈一般用語〉、(省)**受渡価格・期日**、**受渡場所**〈経済用語〉

うげん 右舷

うごうのしゅう（烏合・烏合の衆）→烏合（うごう）の衆

うこさべん（右顧左眄）→右顧左べん〈「左顧右べん」とも〉

うごめく（蠢く、動めく）→うごめく～うごめかす

うさぎ（兎）→ウサギ〈動物〉～うさぎ小屋〈比喩〉、うさぎ跳び

うさばらし 憂さ晴らし

うさんくさい（胡散臭い）→うさんくさい

うし ウシ・牛〈動物〉～牛飼い

うじ 氏～氏神、氏子

うじ（蛆）→うじ（虫）

うしお（潮）→うしお

うしどし（丑年）→うし年・丑（うし）年

うしなう（喪う）→失う

うしのひ（丑の日）→（土用の）丑（うし）の日

うしょう（鵜匠）→鵜匠（うしょう）

うしろ 後ろ～後ろ足・脚、後ろ髪、後ろ暗い、後ろ姿、後ろ盾、後ろ手、後ろ鉢巻き、後ろ前、後ろ向き、後ろめたい、後ろ指

うす 臼～石臼、ひき臼

うず 渦～渦潮、渦巻き、渦巻く

うすい（淡い）→薄い～薄明かり、薄商い、薄汚い、薄切り、薄口、薄曇り、薄暗い、薄っぺら、薄手、薄日、薄めに、薄目を開ける、薄物、薄焼き、薄汚れる、薄ら寒い、薄笑い

うすうす（薄々）→うすうす（感ずる）

うずく（疼く）→うずく～うずうずする、うずき

うずくまる（蹲る、踞る）→うずくまる

うずたかい（堆い、うず高い）→うずた

かい

うすまる・うすめる　薄まる・薄める～薄らぐ、薄れる

うずまる・うずめる・うずもれる（埋）↓うずまる・うずめる・うずもれる～うずみ火

注「埋まる、埋める、埋もれる」は「うまる、うめる、うもれる」の読みだけが表内訓。

うずら（鶉）↓ウズラ〈動物〉～うずら豆

うせる（失せる）↓うせる～うせ物、消えうせる、逃げうせる

うそ（嘘）↓うそ～うそ字、うそつき、うそ八百、うそも方便

うぞうむぞう（有像無像）↓有象無象

うそぶく（嘯く、うそ吹く）↓うそぶく

うた

＝歌〈一般用語。歌謡、曲のついた歌詞、和歌〉～歌合わせ、歌声、歌心、歌枕、歌を歌う、子守歌、舟歌、万葉集の歌

＝唄〈限定用語。邦楽・民謡など。動詞には使わない〉～小唄、地唄、長唄、端唄、馬子唄

＝（詩）↓詩（うた）〈現代詩などの場合〉

うたい　謡～地謡〈能・狂言〉、素謡

うたう

＝（唄う、詠う）↓歌う〈一般用語。詩や歌などをうたう〉～歌い声、歌い手、悲しみを詩に歌う、情感を歌い上げる、鳥が歌う、風景を歌う、流行歌を歌う

＝謡う〈限定用語。謡曲など〉～謡を謡う、謡曲「高砂」を謡う

＝（謳う）↓うたう〈強調する、褒めたたえる〉～うたい文句、効能をうたう、趣旨をうたう、条文にうたう、神童とうたわれる、友好をうたう、わが世の春をうたう

＝（唄う）↓うたう〈小唄など〉～小唄・地唄・長唄をうたう

うたかいはじめ　㊔歌会始

うたがう（嫌う）↓疑う～疑い、疑い深い、疑って掛かる、疑わしい

うたかた（泡沫）↓うたかた

うたぐる（疑る）↓うたぐる～うたぐり深い

うたげ（宴）↓うたげ

うたたね（転寝）↓うたた寝

うだつ（梲）↓うだつ～うだつが上がらない

うたよみ　歌詠み

うち

＝内〈外の対語。中側、内部〉～内祝い、内々、内書き、内掛け〈相撲〉、内気、内金、内数、内づら、内弟子、内に秘めた闘志、内のり、内払い（金）、内堀、内回り、内輪、内訳、内渡し（金）、手の内に入れる、仲間内、松の内、胸の内にしまう

=（内、中、裏、裡）→うち〈形式名詞など〉～朝のうちに、今のうちに、うちの社長、好評のうちに終わる、知らないうちに、近いうちに、3日のうち1日を充てる

=（家）→うち〈いえ〉～うちの人、うちへ帰る

うち・うつ

=打ち・打つ〈一般用語。打ち当てる、接頭語にも〉～相打ち、頭打ち、一騎打ち、打ち合い、打ち上げ（花火）、打ち明け話、打ち合わせ、打ち興じる、打ち切り、打ち首、打ち消す、打ち沈む、打ち据える、打ち出し（太鼓）、打ち立てる、打ち付ける、打ち続く雨、打ち解ける、打ち止め、（三振に）打ち取る、打ちのめす、打ち負かす、打ち身、打ち水、打ち破る、打って変わって、打って出る、追い打ち、カーブを狙い打つ、組み打ち、心打つ物語、碁を打つ、仕打ち、仕事に打ち込む、真打ち、太刀打ち、注射を打つ、手打ち式、同士打ち、逃げを打つ、抜き打ち（解散）、不意打ち、胸を打つ、（棒で）めった打ち、焼き打ち

注「うち興じる」「うち沈む」など、接頭語の場合は平仮名書きでもよい。

=討ち・討つ〈やや古風な表現。武器を使って相手をうち果たす、征伐〉～あだ討ち、討ち入り、討ち死に、討ち滅ぼす、討ち漏らす、討っ手、お手討ち、返り討ち、敵=かたき=を討ち取る、上意討ち、だまし討ち、闇討ち、夜討ち朝駆け

=（射つ）→撃ち・撃つ〈主に射撃〉～撃ち落とす、撃ち方やめ、銃で撃ち殺す、弾を撃ち込む、狙い撃ち〈射撃・一般用語〉、挟み撃ち、ピストルの撃ち合い・抜き撃ち・早撃ち、的を撃つ、迎え撃つ、（銃を）めった撃ち

うちあげ（打ち揚げ）→（統）打ち上げ～打ち上げ花火、仕事・興行の打ち上げ

うちかけ（裲襠）→打ち掛け〈着物〉

うちかつ（打ち克つ）→打ち勝つ～困難・病気に打ち勝つ

うちこむ

=打ち込む〈一般用語〉～くいを打ち込む、仕事に打ち込む、球を打ち込む

=（射ち込む）→撃ち込む〈弾など〉～ミサイルを撃ち込む

うちでのこづち（打ち手の小槌）→打ち出の小づち

うちょうてん（宇頂天、有頂点）→有頂天

うちわ（*団扇）→うちわ

うちわ(内曲)→内輪(話・もめ)

うつ(鬱)→うつ・鬱(うつ)

注 常用漢字だが、平仮名書きや読み仮名を活用する。「鬱積(うっせき)」「鬱憤(うっぷん)」「憂鬱(ゆううつ)」などは読み仮名付き。「うっ血」「うつ病」「抑うつ状態」など学術用語は交ぜ書き。「うっそう」「うっとうしい」「そううつ(病)」などは平仮名書きにする。

うつうつ(鬱々)→うつうつ(とする)

注 表記習慣によって平仮名書き。

うづき(卯月)→卯月(うづき)〈陰暦の4月〉

うっくつ(鬱屈)→鬱屈(うっくつ)―ふさぎ込む

うっけつ(鬱血)→うっ血

うつしえ

=写し絵〈描き写した絵〉

=映し絵〈写真、幻灯、影絵〉

=移し絵〈おもちゃ〉

うつす・うつる

=(撮す)→写す・写る〈文書・絵などをその通りにかきとる、撮影、模写、描写〉~生き写し、写し、写し取る、写りの良いカメラ、経典を写す〈写経〉、写真写りが良い、書類を引き写す、答案を写す、美人に写る、丸写し

=映す・映る〈物の形・色を他のものの上にあらわし出す、映写、反映〉~映し鏡、映りの悪いテレビ、映画・スライド・ビデオなどを映す、鏡に顔を映す、壁に影が映る、奇異に映る、着物がよく映る、雲が水に映る、スクリーンに映す、世相を映す流行語、テレビに映る、生意気に映る態度、防犯カメラ・ビデオに映った人物、まざまざと映し出す、目に映る風景

うつす・うつる

=(遷す)→移す・移る〈移動、経過〉~移し替える、移り香、移り変わり、移り気、移ろう、郊外に移る、時代が移る、首都を移す、住まいを移す、匂い・臭いが移る、場所が移る

=(感染す)→うつす・うつる〈感染〉~風邪がうつる、病気をうつす

うっすら(薄ら)→うっすら~うっすらと雪が積もる

うっせき(鬱積)→鬱積(うっせき)―内にこもる、(不平・不満が)積もる

うっそう(鬱蒼、鬱葱)→うっそう~うっそうと茂る、うっそうとした森

うっちゃる(打遣る、打棄る)→うっちゃる~仕事をうっちゃって遊びに行く、土俵際でうっちゃる

うつつ(現)→うつつ~うつつを抜かす、夢うつつ

うってつけ（打って付け）↓うってつけ
うっとうしい（鬱陶しい）↓うっとうしい～うっとうしい天気
うつぶせ（俯せ、うつ伏せ）↓うつぶせ～うつぶせる
うっぷん（鬱憤）↓鬱憤（うっぷん）―怒り、不満
うつむく・うつむけ（俯く、うつ向く）↓うつむく・うつむけ～恥ずかしげにうつむく、うつむける
うつろ（空ろ、虚ろ）↓うつろ
うで 腕～腕上げ、腕押し、腕利き、腕組み、腕比べ、腕ずく、腕立て伏せ、腕試し、腕っこき、腕っ節、腕前、腕まくり、腕輪、二の腕
うど（＊独活）↓ウド〈植物〉～うどの大木
うとい・うとむ（疎い）↓疎い・疎む～世事に疎い、世を疎む、疎ましい、疎んじる
うどし（卯年）↓う年・卯（う）年―うさぎ年
うどん（饂飩）↓うどん（粉）
うながす（催す）↓促す
うなぎ（鰻）↓ウナギ〈動物〉～うな丼
うなぎのぼり（鰻上り・登り・昇り）↓うなぎ登り～物価がうなぎ登りに上がる
うなずく（頷く、肯く）↓うなずく
うなばら 慣海原
うなも（＊海面）↓海面（うなも）
うなる（唸る）↓うなる～うなり声
うに（＊海胆、海栗、＊雲丹）↓ウニ〈動物〉～粒うに、練りうに
うぬぼれ（己惚れ、自惚れ）↓うぬぼれ～うぬぼれる
うのみ（鵜呑み）↓うのみ
うのめたかのめ（鵜の目鷹の目）↓うの目たかの目
うば
＝慣乳母〈めのと〉～乳母車
＝（姥、媼）↓うば〈老女〉～うば桜、うば捨て山
うばう 奪う～奪い合い、奪い取る
うぶ（初、＊初心）↓うぶ
うぶ・・ 産～産着、産毛、産声、産湯
うま ウマ・馬〈動物〉～馬が合う、馬跳び、馬の耳に念仏、馬乗り
うま（午）↓うま・午（うま）～初午（はつうま）、ひのえうま・丙午（ひのえうま）
うまい
＝（上手い、巧い）↓うまい〈上手〉
＝（旨い、美味い、甘い）↓うまい〈美味〉～うま煮
うまうま（旨々）↓うまうま～うまうまとだまされる
うまどし（午年）↓うま年・午（うま）年
うまみ

＝〈旨味〉→うまみ〈巧みさ、もうけ〉～うまみのある商売・話、芸にうまみが出る
＝〈旨味、＊甘味〉→うま味〈味覚〉～うま味調味料、かつおだしのうま味

うまや〈馬屋、厩〉→うまや―馬小屋、厩舎（きゅうしゃ）

うまる・うめる・うもれる　埋まる・埋める・埋もれる～埋め合わせ、埋め木細工、埋め草、埋め立て〈事業・工事・地・面積〉、埋め立てる、埋もれ木

うまれる・うむ
＝生まれる・生む〈一般用語。死の対語、誕生する、作り出す〉～赤ちゃんが生まれる、生まれ落ちる、生まれ変わり、生まれ故郷、生まれたて、生まれつき、生まれ月、生まれながらの、生みの苦しみ〈創作〉、うわさを生む、遅生まれ、学者の卵を生む、京都に生まれる、傑作を生む、下町の生まれ、新記録が生まれる、戦後生まれの人、伝統を生む、利潤を生む
＝産まれる・産む〈出産〉～案ずるより産むがやすし、産み落とす、産み月、産み付ける、産みの苦しみ〈出産〉、産み分ける、子を産む、卵を産む〈産卵〉

うみがめ　ウミガメ・海亀〈動物〉

うみのおや〈産みの親〉→生みの親

うめ　ウメ・梅〈植物〉～梅酒、梅漬け、梅干し

うやうやしい　恭しい

うやまう　敬う

うやむや〈有耶無耶〉→うやむや

うよきょくせつ〈紆余曲折、迂余曲折〉→紆余（うよ）曲折―曲折、複雑な経過

うら　浦～津々浦々

うら〈裡〉→裏～裏打ち、裏返し、裏切り〈者〉、裏付け〈捜査〉、裏通り、裏腹、裏目に出る、(省)**裏取引**

うら・・〈心〉→うら〈「何となく」の意味の接頭語〉～うら悲しい、うら寂しい、うら恥ずかしい、うら若い

うらがき
＝裏書き〈一般用語〉～無実を裏書きする新事実、無能さを裏書きする言動
＝(省)**裏書**〈経済用語〉～**裏書禁止、裏書譲渡、裏書人、手形・小切手・証券の裏書**

うらなう〈卜う〉→占う～占い、(省)**占師**

うらぶれる〈裏ぶれる〉→うらぶれる

うらぼん〈盂蘭盆〉→盂蘭（うら）盆

うらみ
＝〈怨み〉→恨み〈憎しみ、遺恨〉～恨み骨髄に徹す、恨みっこな

し、恨みつらみ、恨みを買う、恨みをのむ、恨めしい、金の恨み
＝〈憾み〉↓うらみ〈残念、欠点〉～公平を欠くうらみ、拙速のうらみ

うらむ〈怨む〉↓恨む～社会を恨む

うらやましい〈羨ましい〉↓うらやましい～うらやむ
注 表内訓だが、読みやすさに配慮して平仮名書きに。

うららか〈麗らか〉↓うららか

うり〈瓜〉↓ウリ〈植物〉～うりざね顔、うり二つ

うりあげ 売り上げ（課税・効率・増・増加・目標・予定）～省**売上額・金・原価・税・高・帳簿・品目・率**
注 経済関係複合語ルール参照。

うりかけ 売り掛け（増・増加・予定）～省**売掛金・債権・商品・数量**
注 経済関係複合語ルール参照。

うりこし 売り越し（基調・姿勢）～省**売越額、売越幅**
注 経済関係複合語ルール参照。

うる 得る〈「える」とも〉～あり得る、知り得る限り

うる・うれる 売る・売れる～売り一服、売り惜しみ、売りオペ（レーション）、売り買い、売り方〈方法〉、売り株、売り為替、売り切れ、売り食い、売り気配、売り子、売り込み、売り材料、売り出し（価格・期間）、売り立て（会）、売り建て、売り建玉、売り玉、売り地、売り付ける、売り手（市場）、売り伝票、売り主、売り値段、売り場、売り払う、売り戻し（価格・条件）、売り物、売り家、売り枠、売り渡し（価格・期日・手形）、売れ足、売れ口、売れ筋、売れ高、売れっ子、売れ残り、売れ行き、省**売方**〈人〉、**売値**

うるうどし（閏年、潤年）↓うるう年

うるおう（霑う）↓潤う～潤い、潤す、潤わす

うるさがた（うるさ方）↓うるさ型

うるし ウルシ・漆〈植物〉～漆塗り、漆負け

うるむ 潤む～目が潤む、潤んだ声

うるわしい 麗しい～ご機嫌麗しい

うれい・うれえる
＝愁い・愁える〈悲しみ〉～愁い（え）顔〈悲しみの表情〉、愁い（え）嘆く、愁い（え）に沈む、友の死を愁える、春の愁い（え）、身の上を愁える
＝（患）↓憂い・憂える〈心配〉～憂い（え）顔〈心配顔〉、憂い（え）を残す、憂わしい、国を憂える〈憂国〉、後顧の憂い（え）、災害を招く憂い（え）、再発を憂える、備えあれば憂い（え）なし、病状・病を憂える
注 連用中止形は「（～を）憂え・愁え…」。「（～を）憂い・愁い…」と

はしない。
うれしい(嬉△しい)↓うれしい〜うれしがる、うれし泣き、うれし涙
うれる 熟•れる〜熟れ過ぎ
うろ(空、虚•、洞•)↓うろ〜うろ覚え、木のうろ、虫歯のうろ
うろこ(鱗△)↓うろこ〜うろこ雲、目からうろこが落ちる
うわ・・ 上〜上書き、上掛け、上着、上靴、上敷き、上滑り、上澄み、上背、上っ調子、上っ面、上っ張り、上積み、上手＝うわて＝、上塗り、上の空、上履き、上振れ、上向き、上目遣い、上役
うわき(上気)↓(慣)浮気
うわぐすり(釉△薬、釉△)↓うわぐすり・上薬
うわごと(譫△言、囈△言)↓うわ言
うわさ(噂△)↓うわさ
うわずる(上擦る、浮▲ずる)↓上ずる
うわぢょうし 上調子〈邦楽〉
うわつく(上付く)↓(慣)浮つく
うわべ(上辺)↓うわべ〜うわべだけ、うわべを飾る
うわまえ 上前(をはねる)〈本来は「上米＝うわまい＝(をはねる)」〉
うわや(上家)↓(統)上屋
うんこう
＝運行〈バス・電車、天体〉
＝運航〈船・航空機〉
うんちく(蘊△蓄、薀△蓄)↓うんちく—学識、深い知識〜うんちくを傾ける
うんぬん(云△々)↓うんぬん—等々、など〜うんぬんする
うんも(雲•母)↓(慣)雲母〈「うんぼ」とも〉

【え】

え(画•、図•)↓絵〜絵心、絵空△事、絵解き、絵に描いた餅、絵の具、絵はがき、(省)絵巻、絵物語
え 餌〜餌付け、疑似餌
・・え 重〜幾重にも、一重
えいき
＝英気〈優れた才気・気性〉〜英気はつらつ、英気を養う、天性の英気
＝鋭気〈鋭く強い気性〉〜鋭気に満ちる、鋭気をくじく
えいこう(曳△航)↓えい航—引く、引航
えいごう(永劫△)↓永遠、永久〜未来永劫(えいごう)
えいこうだん(曳△光弾)↓えい光弾
えいし
＝衛視〈国会〉
＝衛士〈護衛兵、「えじ」とも〉
えいじ(嬰△児)↓乳児、乳飲み子、赤ん坊、みどり子、赤子
えいせん(曳△船)↓引き船
えいぞう
＝映像〈物の表面に映し出された像、画像、

イメージ〉～映像を結ぶ、鮮明な映像、テレビの映像、母の映像
＝影像〈絵、彫刻などに表された神仏・人の姿〉～影像を拝む、神の影像、創立者の影像

えいたん（詠歎）→詠嘆

えいち（叡智）→英知

えいよう（営養）→栄養

えがお ㊜笑顔

えかき（画描き）→絵描き〈画家〉～お絵描き

えがく（画く）→描く

えこう（廻向）→回向

えこじ（依怙地）→えこじ〈意固地＝いこじ＝とも〉

えこひいき（依怙贔屓）→えこひいき

えさ 餌

えし（壊死）→壊死（えし）

えじき 餌食

えしゃく 会釈

えせ（似非、似而非）→えせ（学者）

えそ（壊疽）→壊疽（えそ）

えだ 枝～枝打ち、枝下ろし、枝切り、枝組み、枝ぶり、枝分かれ

えたい（得体、為体）→えたい－正体～えたいが知れない

えっけん（謁見）→謁見（えっけん）－お会いする、お目にかかる、面会

注 なるべく言い換える。使うときは読み仮名付き。

えつにいる 悦に入る

えて 得手～得手勝手な考え、得手に帆を揚げる

えてして 得てして・えてして

えと（＊干支）→えと・干支（えと）

注 干支は本来十干十二支のことだが、近年は「えと」と読んで十二支を指す場合が多い。

えとき 絵解き～絵解きをする

えとく 会得

（…を）えない 得ない～…せざるを得ない、やむを得ない

えのぐ（絵具）→絵の具

えび（＊海老、蝦、蛯）→エビ〈動物〉～えび固め、えび茶（色）、エビでタイを釣る

えびす（恵比須、恵比寿、恵美須、夷、戎、蛭子）→えびす（顔・講）

注 「十日戎」など固有名詞は別。

えほう（吉方）→恵方～恵方参り、恵方巻き

えみ・えむ 笑み・笑む～笑顔、ほくそ笑む、ほほ笑む

えもいわれぬ（得も言われぬ）→えも言われぬ～えも言われぬ美しさ

えもの
＝得物〈武器、道具など〉～得物を取って戦う、棒を得物にする
＝獲物〈狩猟・漁・戦争・勝負事でとったもの〉～獲物を狙う、狩りの獲物

え

えもん（衣紋）→衣紋（えもん）～衣紋（えもん）掛け
えら（鰓、腮）→えら
えらい
＝（豪い）→偉い〈優秀、偉大〉～偉い学者、偉ぶる
＝えらい〈大変〉～えらい人出、えらい目に遭う、えらく疲れる
えらぶ（択ぶ、撰ぶ）→選ぶ～選び出す
えり（衿）→襟～襟足、襟飾り、襟髪、襟首、襟ぐり、襟留め、襟巻き、襟元、襟を正す、詰め襟
えり・・（選り）→えり～えり好み（より好み）、えりすぐり（よりすぐり）、えり抜き（より抜き）、えり分ける（より分ける）
える
＝得る〈入手、可能、文語的な言い回しでは「うる」〉～あり得る、得難い、得てして、許可を得る、…し得る、勝利を得る、…せざるを得ない、地位を得る、なし得る、やむを得ない
＝獲る〈捕獲〉～狩りでイノシシを獲る、戦利品を獲る
えん・・円～円建て（決済・債）、円盤投げ
えん・・縁～縁側、縁切り（寺）、縁づく、縁続き、縁結び、㊔縁組
えんえき（演繹）→演繹（えんえき）
えんえん（蜿々）→延々―うねうね、長々
えんか
＝円価〈円の価値〉～円価の変動
＝円貨〈通貨の種類〉～円貨換算、円貨と交換
えんか・えんげ（嚥下）→飲み込む、飲み下す
注 病名「嚥下（えんげ）障害」は別。
えんぎ（縁喜）→縁起～縁起担ぎ・直し
えんきょく（婉曲）→遠回し、やんわり、穏やかに、それとなく、間接的（に）
えんけい（円型）→円形
えんご（掩護）→援護
えんこん（怨恨）→怨恨（えんこん）―遺恨、恨み
えんさ（怨嗟）→怨嗟（えんさ）―非難、恨み
えんざい（冤罪、寃罪）→冤罪（えんざい）―無実の罪、ぬれぎぬ
えんじ（臙脂）→えんじ（色）
えんすい（円錐）→円すい
えんせい（厭世、厭生）→厭世（えんせい）―世をはかなむ～厭世（えんせい）観・自殺
えんせき 縁戚―親類、親族、親戚
えんせん（厭戦）→厭戦（えんせん）～厭戦（えんせん）気分
えんてい（堰堤）→せき、ダム、堤防
えんびふく（燕尾服）→えんび服

えんぶ
＝演武〈武芸の練習・公演〉～模範演武
＝演舞〈舞の練習・公演〉～演舞場
＝円舞〈輪の形になって踊るダンス、ワルツ〉～円舞曲
えんぶん 艶聞―浮名、浮いたうわさ
えんま（閻魔）→えんま～えんま顔、えんま帳、閻魔（えんま）大王
えんゆうかい（宴遊会）→園遊会

【お】

お
＝尾～犬の尾、尾ひれが付く、尾を引く、彗星（すいせい）の尾
＝緒～堪忍袋の緒が切れる、げたの緒、鼻緒、へその緒
お・・ 雄～雄々しい、雄たけび、雄花
お・・（御）→お〈接頭語〉～お預け、お家芸、お飾り、お門違い、お国入り、お悔やみ、お蔵入り、お志、お寒い、お絞り、お湿り、お歳暮、お世辞、お達し、お中元、お出掛け、お点前、お手盛り
おい（甥）→おい
おい・・ 追い～追い落とす、追い返す、追い掛ける、追い風、追い越し（禁止）、追い込み、追い証・証拠金、追い銭、追い立て、追い付く、追い羽根、追い払う、追い回す、追いやる、追っ手
おいうち（追い討ち、追い撃ち）→㊕追い打ち
おいおい（追々）→おいおい〈副詞〉
おいさき
＝生い先〈成長の前途〉～生い先が楽しみ
＝老い先〈余命〉～老い先短い
おいしい（美味しい）→おいしい
おいて（於いて）→おいて〈場所〉～ここにおいて
おいてきぼり 置いてきぼり〈本所七不思議の一つは「置いてけ堀」〉
おいはぎ 追い剝ぎ
おいらく（老い楽）→老いらく（の恋）
おいる 老いる～老い込む、老いの一徹、老いも若きも
おう 生う～生い茂る、生い立ち
おう 負う～負い目、気負い、重傷を負う、責任を負う、手負い、手に負えぬ
おう・・ 凹～凹地、凹凸、凹版、凹面（鏡）、凹レンズ
おういつ（横溢、汪溢）→あふれる、みなぎる、いっぱい、盛ん
おうおうにして（応々にして）→往々にして
おうか（謳歌）→（青春を）謳歌（おうか）―たたえる、享受、満喫

おうぎ（奥儀）→奥義〈「おくぎ」とも〉〜奥義を窮める
おうぎ　扇〜扇の要
おうし（牡△牛）→雄牛〜おうし座
おうじ
＝往時〈むかし〉〜往時の面影はない、往時を回想する、往時をしのぶ
＝往事〈過去の事柄〉〜往事を思い起こす、往事を踏まえて
おうじゅほうしょう（黄綬△褒章）→㊕黄綬褒章
おうせい　旺盛―盛ん
おうせい
＝王制〈王が統治する政治制度、王の定めた制度〉〜王制反対、絶対王制
＝王政〈王が行う政治〉〜王政復古、王政末端に及ぶ
おうだ　殴打
おうたい（応待△）→応対
おうだん（黄疸、黄胆▲）→黄疸（おうだん）
おうちゃく　横着〜横着な人、横着を決め込む
おうと（嘔△吐）→嘔吐（おうと）―吐く、もどす
おうな（媼△）→おうな
おうなつ（押捺△）→（指紋）押なつ―押印、（印を）押す
おうのう（懊△悩）→悩み、苦悩
おうへい（押柄、大柄△）→横柄
おうむ（鸚△鵡△）→オウム〈動物〉〜おうむ返し
おうよう（鷹△揚、応容▲）→おうよう―ゆったり、おっとり
おえつ（嗚△咽△）→おえつ（を漏らす）―むせび泣き、すすり泣き
おお・・　大〜大当たり、大暴れ、大荒れ、大入り（袋）、大写し、大売り出し、大掛かり、大柄、大食い、大騒ぎ、大仕掛け、大助かり、大立ち回り、大づかみ、大鼓＝おおつづみ＝、大詰め、大手買い、大通り、大引け、大まか、大回り、大向こう、大もて、大盛り、大笑い、大わらわ、㊔**大捕物**、**大目付**
おおい　多い〜多かれ少なかれ、多め
おおいに（多▲いに）→大いに〈副詞〉
おおう（被●う、蔽●う、蓋●う、掩△う）→覆う〜覆い、覆い隠す、覆われる
おおかた
＝大方〈名詞。大部分〉〜大方の意見、大方の賛同を得る
＝おおかた〈副詞。だいたい〉〜おおかた出来上がった、おおかたそのようだ
おおかみ（狼△）→オオカミ〈動物〉〜ニホンオオカミ、一匹おおかみ、おおかみ少年、送りおおかみ
おおぎょう（大形、大行）→大仰〜大仰な物言い

おおげさ（大袈裟）→大げさ
おおごと（＊大事）→大ごと
おおざっぱ（大雑把）→大ざっぱ
おおしい（男々しい）→雄々しい
おおせ　仰せ～仰せ言、仰せ付ける、仰せの通り
おおぜい（＊多勢）→大勢〈「小勢」の対語。「多勢＝たぜい」は別〉
おおだてもの（大立物）→㊗大立者
おおづかみ（大摑み）→大づかみ
おおっぴら（大っ平）→おおっぴら
おおにんず・おおにんずう（多人数）→大人数〈「小人数」の対語〉
おおはば（大巾）→大幅
おおばんぶるまい（大飯・大番振る舞い）→大盤振る舞い〈本来は「椀飯（おうばん）振る舞い」〉
おおぶり
＝大振り〈バットなどの大振り〉～大振りする打者
＝大ぶり〈大型〉～大ぶりの枝
おおみえ（大見得）→大見え～大見えを切る
おおみそか（大晦日）→大みそか
おおむね（大旨、概ね）→おおむね
おおめ
＝（大眼）→大目（に見る）
＝（多目）→多め〈多量〉
おおもと（大元）→大本～国の大本
おおもの（大者）→大物～大物食い
おおや（大屋）→大家
おおやいし（大谷石）→㊕大谷石
おおやけ　公～公にする
おおよう　大様・おおよう〈大まか〉
注　「鷹揚」の場合は「おうよう」。表記に気を付ける。
おおよそ・およそ（凡そ、大凡）→おおよそ・およそ
おおらか（多らか、大らか）→おおらか
おおわらわ（大童）→大わらわ

おか
＝丘〈一般用語。小高い土地〉～丘を越えて
＝岡〈限定用語。県名、熟語など〉
＝（陸）→おか〈陸地〉～おか蒸気、おか釣り、おかに上がったカッパ
おかげ（お陰、お蔭、お影）→おかげ～おかげさまで〈あいさつ〉、おかげ参り、おかげをもちまして
おかしい（可笑しい）→おかしい～面白おかしい
おかしらつき（お頭付き、御頭付き）→尾頭付き
おかす
＝犯す〈罪・過ちなどを〉～過ちを犯す、犯した罪の償い、校則を犯す、法を犯す
＝侵す〈侵害〉～学問の自由が侵される、がん・病魔に侵される、協定の原則・精神を侵す、権利を侵す、

国境・領土・聖域を侵す、三権分立を侵す、プライバシーを侵す、胸を侵される
=冒す〈あえてする、けがす〉〜面=おもて=を冒していさめる、危険を冒す、神聖・尊厳を冒す、風雨を冒して
おかっぴき 岡っ引き
おかぼ（＊陸稲）→おかぼ
おかみ（＊女将、＊内儀）→おかみ
おがむ 拝む〜拝み倒す、拝み取り、日の出を拝む
おかめはちもく（傍目八目）→岡目八目
おかもち 岡持ち
おかやき（傍焼き）→岡焼き
おから（雪花菜）→おから
おかん 悪寒〈さむけ〉
おかんむり（御冠）→おかんむり〈不機嫌〉
おき・・ 置き〜置き網、置き石、置き換え、置き傘、置き去り、置き手紙、置き時計、置き場（渡し）、置き引き、置き土産、置き屋、置き忘れ、㊝**置物**
おきあい ㊝**沖合**〜**沖合漁業**
おきて（掟）→おきて
おきな（翁）→おきな
おぎなう 補う〜補い
おきる 起きる〈発生、立つ、起床〉〜起き上がりこぼし、起きしな、起き抜け、起き伏し、事件が起きる
おく 奥〜奥さん、奥の手、奥深い、奥まる、奥行き、㊝**奥書**、**奥付**
おく
=置く〈物を置く〉〜石を置く、重きを置く、距離を置く、机に筆を置く、一呼吸置く、3日置きに
=おく〈補助動詞〉〜言わせておく、書いておく、…しておく、承知おく、見知りおく
=（措く、擱く）→おく〈除く、やめる〉〜君をおいて適任者はいない、…せずにはおかない、それはさておき、ペンをおく〈執筆をやめる〉
おくぎ（奥儀）→奥義〈「おうぎ」とも〉
おくする 臆する—気後れする、おじけづく〜おめず臆せず
おくせつ（憶説）→臆説
おくそく（憶測）→臆測
おくて（＊晩稲、＊晩生、＊晩熟）→おくて〈植物で成長が遅い品種〉
おくて 奥手〈子供などの心身の成熟が遅いこと〉〜奥手の子
おくびょう 臆病〜臆病風に吹かれる
おくめんもない 臆面もない—ずうずうしい、遠慮したふうもない
おくやみ お悔やみ
おくゆかしい（奥床しい）→奥ゆかしい
おくらいり（お倉入り）→お蔵入り
おくりな（諡）→贈り名—追号

おくる

＝送る〈迎の対語。送達、送別、届ける、過ごす〉～エール・声援・拍手を送る、送り仮名、送り字、送り状、送り出し、送り届ける、送り主、送り火、送り迎え、送る言葉〈送辞〉、義援金・見舞金を送る、祝電を送る、順送り、敵に塩を送る、荷物を送る、野辺の送り、人を送る、日を送る、見送る

＝贈る〈贈与、感謝の気持ちを込める〉～お祝い(品)を贈る、贈り主、贈り物、贈る言葉〈賛辞〉、感謝状を贈る、勲位を贈る、祝辞を贈る、称号を贈る、…の言葉を贈る

注 義援金・見舞金などは、直接手渡す場合「贈」も使える。

おくれる

＝遅れる〈一般用語。進み方が遅い、一定時刻・時期より後になる、主として時間関係〉～一歩遅れる、遅れ咲き、遅ればせ、会合に遅れる、開発の遅れた地域、完成が遅れる、行政の遅れ、時間・時代に遅れる、出世が遅れる、スタートで遅れる、対応・手当てが遅れる、立ち遅れ、月遅れ、手遅れ、出遅れ株、時計が遅れる、流行遅れ、列車が遅れる

＝後れる〈限定用語。主として位置関係、先の対語〉～後れ毛、後れを取る、気後れする、死に後れる、先頭から後れる

おけ(桶△)→おけ

おけら(螻△蛄△)→オケラ〈動物、ケラの俗称〉～おけらになる

おこがましい(烏△滸△がましい)→おこがましい～おこがましいお願いですが

おこす・おこる

＝起こす・起こる〈生じる、掘る、立つ、始める〉～思い起こす、会社・事業を起こす〈起業〉、体を起こす、災害を引き起こす、事件が起こる、持病が起こる、訴訟を起こす、土を起こす、伝票を起こす、寝た子を起こす、筆を起こす、掘り起こす、物事の起こり、やる気を起こす

＝興す・興る〈盛んにする〉～家を興す、会社・事業を興す〈振興〉、国が興る、産業を興す

注 「町・まち・村おこし」は平仮名書き。

＝(熾△す・熾△る)→おこす・おこる〈火をおこす〉～炭火をおこす

おごそか 厳か

おこたる(惰●る)→怠る～怠りない

おこない・おこなう 行い・行う

おこる 怒る～怒りだす、怒りっぽい

おごる

＝〈奢る〉↓おごる〈ぜいたくをする、ごちそうする〉～おごった暮らし、口がおごる、すしをおごる
＝〈驕る、傲る、倨る〉↓おごる〈思い上がる〉～おごり高ぶる

おさ（長）↓おさ―長＝ちょう＝～村のおさ

おさえる
＝押さえる〈主として具体的な事柄に。物理的な力で動かないようにする、ふさぐ、確保する〉～頭を押さえ付ける、（暴れる人を）押さえ込む、押さえて動かさない、勘所・要点を押さえる、傷口を押さえる、現場を押さえる、差し押さえ、証拠を押さえる、手綱を押さえる、担保を押さえる、ほとんどの選挙区を押さえる、目頭を押さえる、宿を押さえる、指で押さえる
＝抑える〈主として抽象的な事柄に。抑圧、抑制、こらえる、取り留める〉～相手打線を抑え込む、怒りを抑える、インフレを抑える、抑えが利かない、抑え込み〈柔道〉、抑えの切り札、抑えめ、経費を抑える、新人を抑えて当選、ストライキを抑える、涙を抑えて、発言を抑える、発病を抑える、反撃を抑える、病気の流行を抑える、物価の上昇を抑える、要求・欲望を抑える、0点に抑える

おさない（稚い）↓幼い～幼顔、幼子、幼心、幼友達、幼なじみ

おざなり（御座成り、御座形）↓おざなり〈不十分ながら、その場しのぎにやること〉～おざなりなあいさつ、おざなりな仕事・返事、おざなりを言う
注「なおざり」は「すべきことをせず、おろそかにする」。「なおざり」の項参照。

おさまる・おさめる
＝収まる・収める〈収容、収拾、取り込む、元通りの安定した状態にする、物の中にきちんと入れる、手に入れる〉～争い・けんか・戦争が収まる、怒りを収める、インフレが収まる、収まりがつく、風・波紋が収まる、勝ちを収める、カメラ・写真・ビデオに収める〈写す、撮る〉、興奮が収まる、混乱が収まる、財布に収める、傘下・手中に収める、成果・成功・成績を収める、手のひらに収まる、博物館に収まる、範囲・枠内に収める、夫婦の仲が収まる、不平が収まる、矛を収める、丸く収まる、目録に収める、元のさやに収まる、利益を収める
＝納まる・納める〈納付、納入、しまい込む、片付ける、終える〉～椅子・いすに納まる、歌い納める、納まり

返る、納め物、カメラ・写真・ビデオに納まる〈写っている、撮られている〉、聞き納め、国庫に納める、仕納め、仕事納め、社長に納まる、授業料・税金を納める、得意先に品物を納める、年貢の納め時、ひつぎに納める〈納棺〉、舞い納め、見納め、胸に納める

＝治まる・治める〈乱の対語。なおる、しずめる〉～痛みが治まる、気が治まる、国が治まる、せきが治まる、腹の虫が治まらない、水を治める、領地を治める

＝修まる・修める〈身に付ける、正しくする〉～学業を修める、大学で修めた科目、身持ちが修まらない、身を修める、ラテン語を修める

おし（唖）↓口の利けない人、言葉が不自由な人

注「おし」は使用不可。言い換える。

おし・・押し～押し入れ、押し売り、押し込み強盗、押し相撲、押し倒し、押し出し、押し葉、押し花、押し目買い、押し問答

おじ　慣伯父〈父・母の兄〉・慣叔父〈父・母の弟〉～大伯父、大叔父

おじ（小父）↓おじ（さん）～隣のおじさん

おしい（吝しい、愛しい）↓惜しい～惜しがる、惜しげ

おじいさん（お祖父さん、お爺さん）↓おじいさん

おしえる　教える～教わる、教え、教え子

おじぎ（お時宜）↓お辞儀・おじぎ

おしきせ（御為着せ、押し着せ）↓お仕着せ～お仕着せの制服

おしげ（惜し気）↓惜しげ～惜しげもなく捨てる

おじけ（怖じ気）↓おじけ～おじけ立つ、おじけづく、おじけを震う

おしどり（鴛鴦）↓オシドリ〈動物〉～おしどり夫婦

おしなべて（押し並べて）↓おしなべて

おしべ（雄蕊）↓おしべ・雄しべ

おしまい（お終い、お仕舞い）↓おしまい

おしむ（吝しむ、愛しむ）↓惜しむ～惜しみなく、惜しむらくは

おしゃれ（お洒落）↓おしゃれ

おしょう　和尚〈宗派によっては「かしょう」「わじょう＝和尚・和上」とも〉

おしろい（＊白粉）↓おしろい

おしんこ（お新香）↓おしんこ

おす（牡）↓雄

注　競馬は牡（おす）。

おす

＝押す〈引の対語、力を加える、無理する〉～後押しをする、押し合いへし合い、押し頂く、押し掛ける、押し

込める、押し殺した声、押し付ける、押し詰まる、押し広める、押しやる、押し寄せる、押しも押されもせぬ、念を押す、判を押す、人を押しのける、病気を押して出席、ベルを押す、無理を押し通す、横車を押す
=推す〈推進、推量、推薦〉～A案を推す、推して知るべし、推し量る、会長に推す、計画・事業を推し進める
おずおず（怖々）→おずおず
おせじ（御世辞）→お世辞
おせち（御節）→お節・おせち（料理）
おせっかい（お節介）→おせっかい
おぜんだて（御膳立て）→お膳立て—支度、用意
おそい（晩い）→遅い～遅生まれ、遅かれ早かれ、遅くとも、遅咲き
おそう　襲う～襲い掛かる、襲われる、父の跡を襲う
おそまきながら（晩蒔きながら、遅巻きながら）→遅まきながら
おそらく　恐らく・おそらく（は）
おそるおそる　恐る恐る
おそるべき　恐るべき
おそれ・おそれる
=（虞、惧、怖、懼）→恐れ・恐れる〈一般用語〉～恐れ入る、恐れ多い、恐れおののく、恐れながら、恐れをなす、飢餓・絶滅の恐れ、死を恐れる、報復を恐れて逃亡する
=畏れ・畏れる〈限定用語。かしこまる、畏敬〉～神・仏を畏れる、師を畏れ敬う
注　「おそれ入る」「おそれ多い」などは、特に畏敬の念を表すときには「畏」を使う。迷う場合は「恐」か平仮名書き。
おそろしい（怖ろしい）→恐ろしい～恐ろしく暑い
おたけび（雄叫び）→雄たけび～雄たけびを上げる
おたまじゃくし（お玉杓子）→オタマジャクシ〈動物〉・おたまじゃくし〈ひしゃく、音符〉
おためごかし（御為ごかし）→おためごかし
おだやか　穏やか
おち・　落ち～落ち合う、落ちこぼれ、落ち込む、落ち着く、落ち度、落ち延びる、落ち葉、落ちぶれる、落ち穂（拾い）、落ち武者、落ち目
おちいる（落ち入る）→陥る
おちおち（落ち落ち）→おちおち～夜もおちおち眠れない
おちゅうど　慣落人〈「おちうど」とも〉
おちる（墜ちる、堕ちる）→落ちる～落ちがない、落ちを付ける、巨星落つ、地に落ちる

おつ　乙～乙な味、乙に澄ます

おっくう（億劫）→おっくう―面倒

おっつけ

＝〈押っ付け〉→おっつけ〈相撲〉

＝〈追っ付け〉→おっつけ〈副詞。そのうちに〉～おっつけ来るだろう

おって

＝追っ手〈追跡〉～追っ手がかかる

＝追って〈副詞。後で〉～追って知らせる

おっとりがたな（追っ取り刀）→押っ取り刀～押っ取り刀で駆け付ける

おでき（お出来）→おでき

おてまえ（御手前、御点前）→(慣)お点前〈茶道〉～結構なお点前

おてもり（御手盛り）→お手盛り～お手盛りの予算

おてんば（御転婆、於転婆）→おてんば

おとぎ（御伽）→おとぎ～おとぎ話

おどける（戯ける、諢ける、お道化る）→おどける

おとこ　男～男嫌い、男盛り、男だて、男泣き、男ぶり・男っぷり、男前

おとこぎ（男気、侠気）→おとこ気

おとさた　音沙汰

おとしあな（陥し穴）→落とし穴

おとしいれる（落とし入れる）→陥れる

おとしめる（貶める）→おとしめる

おとす　落とす～落とし主、落とし話、落とし物

おどす・おどかす（威、嚇）→脅す・脅かす～脅し（文句）

おととい（＊一昨日）→おととい

おととし（＊一昨年）→おととし

おとな　(慣)大人～大人げない、大人並み、大人びる、大人ぶる

おとなしい（温和しい、大人しい）→おとなしい

おとひめ　(慣)乙姫

おとめ　(慣)乙女～乙女の祈り

おとも（お伴）→お供～部長のお供

おとり（囮）→おとり～おとり捜査、おとりに使う

おどり・おどる

＝踊り・踊る〈舞踊、揺れ動く〉～踊り子、踊り字、踊りの輪、踊り場、踊りまくる、甘言に踊らされる、バブルに踊る、人に踊らされる、笛吹けども踊らず、盆踊り

注「阿波おどり」「都をどり」など固有名詞は別。

＝躍り・躍る〈跳躍、躍動〉～躍り上がって喜ぶ、躍り掛かる、躍り食い、躍り出た新人、活字・見出しが躍る、小躍りする、心・胸が躍る、魚が躍る、血湧き肉躍る

おとろえる（劣える）→衰える～衰え

おどろく（愕く、駭く）→驚く～驚かす、驚き

おないどし　同い年

おなか（お中、お腹）→おなか
おに　鬼〜鬼瓦、鬼ごっこ、鬼っ子、鬼に金棒、鬼やらい
おにぎり（お握り）→おにぎり
おの（斧）→おの
おのおの（各、各々）→おのおの
注「各」は表内訓で「おのおの」と読めるが、「各＝かく」と使い分けるため平仮名書き。
おのずから（自ずから）→おのずから〜おのずと
おののく（戦く、慄く）→おののく
おのれ　己〜己に勝つ、己を知る
おば　慣伯母〈父・母の姉〉・慣叔母〈父・母の妹〉〜大伯母、大叔母
おば（小母）→おば（さん）〜隣のおばさん
おばあさん（お祖母さん、お婆さん）→おばあさん
おばけ　お化け
おはこ（*十八番）→おはこ
注「じゅうはちばん」と読むときは「十八番」。
おはなし
＝お話〈名詞〉〜お話にならない〈問題にならない〉、お話をする
＝お話し〈動詞〉〜お話しする〈謙譲表現〉、お話しになる〈尊敬表現〉
おはよう（お早う）→おはよう〈あいさつ〉
おはらい（お祓い）→おはらい〜おはらいをしてもらう
おはらいばこ（お祓い箱）→お払い箱〈解雇〉〜お払い箱になる
おび　帯〜帯揚げ、帯締め、帯留め
おびえる（脅える、怯える）→おびえる
おびきだす（誘き出す）→おびき出す
おひざもと（お膝許・下）→お膝元
おひとよし（お人良し・善し・好し）→お人よし
おびな（男雛）→慣男びな
おびやかす　脅かす
おびる（佩びる）→帯びる
おひろめ（お広め）→お披露目
おふくろ（お袋）→おふくろ
おふせ　お布施
おふれ（お布令）→お触れ
おぼえがき　省**覚書〜覚書を交わす**
おぼえる（憶える）→覚える〜覚えが早い・悪い、覚え込む、覚え帳、覚えめでたく
おぼしい（思しい、覚しい）→おぼしい〜犯人とおぼしい男
おぼしめし（思し召し）→おぼしめし
おぼつかない（覚束ない）→おぼつかない〜合格はおぼつかない
注「おぼつかぬ」「おぼつかず」は誤用。
おぼれる　溺れる〜溺れ死に、溺れる者はわらをもつかむ、酒色に溺れる

おぼろ（朧ろ）→おぼろ～おぼろげ、おぼろ月夜
おまえ（御前）→おまえ〈代名詞〉
おまけ（お負け）→おまけ（に）
おまもり　お守り（札）
おまわりさん　(慣)お巡りさん
おみき　(慣)お神酒
おみくじ（御神籤、御籤）→おみくじ
おみずとり　お水取り〈行事〉
おむすび（お結び）→おむすび
おめし　お召し（物）～お召し替え
おめつけやく　お目付け役
おめみえ（御目見得）→お目見え
おも（重）→主～主立った、主な、主に
おも　面～面変わり、面ざし、面立ち、面長、面持ち、面やつれ
おもい　重い～重々しい、重きを成す、重苦しい、重さ、重たい、重たげ、重め、重んじる
おもう（想う、憶う、念う、懐う）→思う～思い上がり、思い当たる、思い入れ、思い浮かべる、思い起こす、思い思いに、思い返す、思いがけない、思い切り、思い込む、思い過ごし、思い付き、思い詰める、思い出、思いとどまる、思いなしか、思いの丈、思いの外、思い巡らす、思いも付かない、思いやり、思うさま、思う存分、思うつぼ、思わしい、思わず、思わせぶり、物思い
おもかげ（俤、思影）→面影
おもかじ（面舵、主舵）→面かじ
おもし（重石）→重し～漬物の重し
おもしろい　面白い～面白がる、面白ずくめ、面白み
おもちゃ（＊玩具）→おもちゃ
おもて
＝表〈裏の対語。表面、公のもの・場所〉～裏表がない、表替え、表書き、表看板、表芸、表沙汰、表立った、表通り、表に出る、表向き、江戸表、国表、畳表
＝面〈顔、正面〉～面も上げず、面を冒す、面を伏せる、湖の面、矢面に立つ、怒りを面に出す
おもねる（阿る）→おもねる
おもはゆい（面映ゆい）→面はゆい
おもみ（重味）→重み
おもむき　趣～趣のある庭、話の趣
おもむく（趣く、趨く）→赴く
おもむろに（徐に）→おもむろに
おもや（母家、主家）→(続)(慣)母屋
おもり　お守り（役）
おもり（錘）→重り～釣り糸の重り
おもわく（思わく）→思惑～思惑買い、思惑が外れる
おもんぱかる（慮る）→おもんぱかる〈「おもんばかる」とも〉
おや（祖）→親～親思い、親代わり、親御、親子連れ、親知らず、親の七光

り、親ばか、親譲り、親指
おやくごめん お役御免
おやじ〈親父、親爺、親仁〉→おやじ
おやつ〈＊お三時、お八つ〉→おやつ～3時のおやつ
おやま ㊎㊢女形〈「おんながた」とも〉～㊒**立女形**
おやもと〈親許〉→親元～親元を離れる
およそ〈凡そ〉→およそ
および〈及び〉→および〈接続詞〉～Aおよび B
およぶ・およぼす 及ぶ・及ぼす～影響を及ぼす、及ばずながら、及び腰、及びも付かない、…するに及ばない、全国に及ぶ、力及ばず
おり〈檻〉→おり
おり ＝折り〈動作性の用法、接尾語〉～折り合い、折り入って、折り襟、折り返し（点）、折り重なる、折り方、折り紙、折り畳み（傘・式）、折り詰め（弁当）、折り鶴、折り箱、折り曲げる、折り目（正しい）、菓子折り、すし折り、三つ折り、指折り数える
＝折〈時期、機会、場合〉～折々に、折から、折しも、折に触れて、折節、折も折、折よく、折を見て、…する折、その折に、時折
おり・・ 織り～織り上げる、織り糸・布、織り方、織り柄、織り機、織り地、織り成す、織り姫、織り交ぜる、織り目、織り模様、㊒**織元、織物**
・・おり ＝織り〈一般的用法〉～あや織り、毛織り、ゴブラン織り、透かし織り、手織り、交ぜ織り、紋織り、㊒**羽織**
＝㊒**織**〈工芸品〉～**唐織、西陣織、博多織**
おりあしく〈折悪しく〉→折あしく
おりがみ 折り紙～折り紙付き
おりこむ ＝折り込む〈挟む〉～内側へ折り込む、折り込み広告、ビラを折り込む
＝織り込む〈組み入れる〉～織り込み済み、計画に織り込む
おりづる 折り鶴
おりる ＝下りる〈上の対語。くだる、垂れ下がる、認められる〉～馬から下りる〈下馬〉、階段を下りる、肩の荷が下りる、木から下りる、許可・認可が下りる、坂を下りる、遮断機が下りる、錠が下りる、タラップを下りる、土俵を下りる、2階から下りる、庭に下りる、船から下りる〈下船〉、幕が下りる、胸のつかえが下りる、屋根から下りる、山から下りる〈下山〉、リフトで下り

る
=降りる〈乗の対語。乗り物から外へ出る、地位・役目などから退く〉～駅で降りる、エスカレーター・エレベーターで（から）降りる、降り技〈体操〉、駆け降りる、管理職・議長を降りる、車・電車・飛行機・リフトから降りる〈降車〉、月面に降りる、高速道路から降りる、候補から降りる、霜が降りる〈降霜〉、主役を降りる、滑り降りる〈滑降〉、壇を降りる〈降壇〉、飛び降り自殺、ホームに降り立つ、舞い降りる、マウンドから降りる〈降板〉

注「下」「降」は手段、行為によって使い分ける。「飛び降りる」など複合動詞は「降」を使う。

おる・おれる　折る・折れる～折れ合う、折れ曲がる、折れ目、枝・骨を折る

おれ（己•）→俺

おろか　愚か～愚かしい、愚か者

おろか（疎•か）→おろか〈もちろん〉～AはおろかBも

おろし（颪△）→おろし〈山から吹き下ろす風〉～赤城おろし、六甲おろし

おろし　卸～卸会社、卸価格、卸商、卸問屋、卸値、卸元、元卸

おろしうり　卸売り～卸売り実績、卸売り条件、卸売り団地、(省)**卸売価格・業・市場・指数・商・物価**

注 経済関係複合語ルール参照。

おろしがね（卸し金）→(統)下ろし金

おろす
=下ろす〈上の対語。引き出す、切り落とす、新しく始める、閉める、すり砕く〉～いかりを下ろす、枝を下ろす、重荷を下ろす〈比喩的に〉、下ろしあえ、下ろしたてのスーツ、書き下ろし小説、看板・スローガンを下ろす、腰を下ろす、三枚に下ろす、シャッターを下ろす、錠を下ろす、新品を下ろす、大根下ろし、貯金を下ろす、積み下ろし、手を下ろす、荷物を棚から下ろす〈単純な上げ下げの場合〉、根を下ろす、吹き下ろす、幕を下ろす、雪下ろし
=降ろす〈乗の対語。乗り物から外へ出す、地位・役目などから外す、降下〉～駅前で降ろす、国旗を降ろす、主役・役職から降ろす、乗客を降ろす、積み荷を降ろす、荷降ろし作業〈荷積み作業の対語〉
=卸す〈主として商業用語〉～小売店に卸す、棚卸し、定価の6割で卸す、荷卸しの品

おろそか（疎•か）→おろそか

おわりね　(省)**終値～東京市場の終値**

おわる（卒•わる、了•わる、畢△る、竟△る）→終わる～終える、終わり、(省)**終**〈記

号の場合〉
おん・・御～御社、御大、御中、御前に、御身、御礼
おんぎ（恩誼）→恩義
おんけん（温健）→穏健
おんこう（温好）→温厚
おんこちしん（温古知新）→温故知新
おんじょう
＝温情〈他人に対する思いやりのある優しい心〉～温情主義、温情にすがる、温情判決
＝恩情〈目下の者に対する慈しみの心、恩愛の情〉～師の恩情に報いる
おんぞうし（御曹子）→（統）御曹司
おんちょう（恩寵）→恵み、恩顧、恩恵、天恵
おんど　音頭～音頭を取る
おんとう（隠当）→穏当～穏当な見方
おんどり（雄鳥、＊雄鶏）→おんどり
おんな　女～女嫌い、女盛り
おんながた（女方）→（統）女形〈「おやま」とも〉
おんねん　怨念―恨み、遺恨～怨念を晴らす
おんのじ　御の字～60点取れば御の字だ
おんびん（隠便）→穏便～穏便に済ませる
おんぶ（負んぶ）→おんぶ
おんぷ
＝音符〈音楽記号など〉～全音符、長音符、2分音符
＝音譜〈楽譜〉～音譜を読む
おんみつ（穏密）→（慣）隠密～隠密裏に行動する
おんみょうどう（陰陽道）→陰陽道（おんみょうどう）
おんりょう　怨霊～怨霊のたたり
おんわ（穏和）→（統）温和～温和な人柄

【か】

か
＝荷〈荷物、担う〉～荷重、在荷、集荷、出荷、入荷、負荷
＝貨〈金銭、品物〉～財貨、雑貨、滞貨
か
＝科〈区分、種類など〉～英文科、勘定科目、教科、小児科、選択科目、必修教科の科目
＝課〈割り当て、事務機構の単位など〉～課税、課題、教育課程、人事考課、総務課
か
＝花〈はな〉～開花、花押、花壇、花鳥、花瓶、花弁、百花、落花
＝華〈はなやか、栄える〉～栄華、華族、華壇〈華道界〉、華道、華美、華麗、豪華、昇華、精華、繁華

か ＝（個）→箇～箇所、箇所付け、箇条書き

＝（ケ）→カ〈数字に付く場合、「カ」は大文字〉～5カ月、二十一カ条の要求、8カ所、100カ条から成る法律

注 「三が日」「百か日」「五か条の御誓文」などは平仮名書き。刑期は「懲役2年6月」と書き、「カ」を送らない。

か 河～河口、河岸、百年河清をまつ

注 「かわ」と読むときは「川」を使う。

か カ・蚊〈動物〉～蚊取り線香、蚊やり（火）、ハマダラカ、やぶ蚊

か 香～梅が香、残り香

が（蛾）→ガ〈動物〉～誘蛾（ゆうが）灯

かあさん ㊎母さん～お母さん

かい（介）→貝～貝殻、貝細工、貝塚、サクラガイ・桜貝〈動物〉

かい（櫂）→かい〈船具〉

かい（甲斐、詮、効）→かい～生きがい、かいがある、かいがいしい、かい性、年がい、ふがいない

かい・・ 買い～買い上げ（額）、買い一服、買い入れ（価格・量・枠）、買い受け人、買い置き、買いオペ（レーション）、買い替え、買い方〈方法〉、買いかぶる、買い為替、買い気、買い玉、買い切り（制）、買い食い、買い気配、買い言葉、買い支え、買い占め、買い出動、買い出し、買い建て、買いだめ、買い注文、買い付け（制度・量）、買い付ける、買い手（市場）、買い伝票、買い得、買い取り（価格・債権）、買い主、買い控え、買い戻し（価格）、買い物、㊝**買方**〈人〉、**買値**

かい・・ 飼い～飼い殺し、飼いならす、飼い主、飼い猫

がい ＝慨〈嘆き〉～慨嘆、感慨、憤慨

＝概〈あらまし、趣〉～一概、概括、概観、概況、概算、概数、概説、概念、概評、概要、概略、概論、気概、大概

かいい ＝怪異〈怪しい〉～怪異現象

＝（魁偉）→（容貌）魁偉（かいい）―いかつい、たくましい

かいか ＝開花～桜の開花、才能が開花する

＝開化～文明開化

がいか（凱歌）→凱歌（がいか）―勝ちどき

がいかく（外廓）→外郭～外郭団体

かいかけ 買い掛け～買い掛け条件・方法、㊝**買掛勘定・金・債務・数量**

注 経済関係複合語ルール参照。

かいかつ（快闊、快豁）→快活

がいかん

＝外観〈外から見た様子〉～外観は立派
＝概観〈大体の様子〉～全体を概観する
がいかん　外患〈外部から被る心配事〉～内憂外患
かいき（回起）→回帰～回帰熱、北回帰線
かいきいわい（回気祝い）→快気祝い
かいきえん　怪気炎（を上げる）〈威勢が良過ぎて真実味が疑われる話しぶり。聞いていて快くなるほど元気な発言の意味で「快気炎」を使う場合もある〉
かいきしょく（皆既蝕）→皆既食
かいぎゃく（諧謔）→滑稽・こっけい、（気の利いた）冗談、ユーモア
かいきゅう（回旧）→懐旧～懐旧の情
かいきょう（回教）→イスラム教
注「回教」は使わない。
かいきょう（海狭）→海峡
かいきん（開衿）→開襟（シャツ）
かいけつ（快傑）→怪傑〈不思議な力を持つ人物〉
注「快傑ゾロ」など固有名詞は別。
かいげん　開眼～開眼供養、大仏開眼
注「開眼＝かいがん＝手術」は別。
かいこ　カイコ・蚕〈動物〉～蚕棚
かいこ
＝回顧〈過去を顧みる〉～回顧録
＝懐古〈昔を懐かしむ〉～懐古趣味、懐古の情
かいご（改悟）→悔悟～悔悟の情
かいこう（邂逅）→巡り合い、思いがけず出会う
がいこうじれい（外交辞礼）→外交辞令
かいこく（誡告）→戒告
かいこし　買い越し～買い越し基調・姿勢、外国人投資家の買い越し、（省）買越額、買越幅
注　経済関係複合語ルール参照。
がいこつ　骸骨
かいこん（開懇）→開墾～荒地の開墾
かいさい（快哉）→快哉（かいさい）～快哉（かいさい）を叫ぶ
かいさく（開鑿）→開削
かいさつぐち（開札口）→改札口
かいざん（改竄）→改ざん―変造、改変
がいし（碍子）→がいし
がいして　概して
かいしゃこうせいほう（会社更正法）→会社更生法
かいじゅう（晦渋）→難解
かいしゅん（改悛、悔悛）→改悛（かいしゅん）（の情）―改心、悔悟
注　刑法の条文では「改悛の状」。
かいしゅん　買春～児童買春・児童ポルノ禁止法
かいしょ　楷書
かいしょく（海蝕）→海食（作用）
かいしん（快心）→会心～会心の笑み、会心の作
かいしん

＝改心〈心を改める、悔悟〉～犯人が改心する

＝回心〈キリスト教で神の道へ心を向ける、仏教では「えしん」〉

＝戒心〈用心する〉～戒心の要あり、戒心を怠らない

かいじん（灰燼）→灰じん（に帰する）―全焼、灰になる

かいする

＝介する～人を介する、意に介さない

＝会する～一堂に会する

＝解する～真意・風流を解する

かいせき

＝会席〈宴会の席・料理〉～会席膳、会席料理

＝懐石〈茶席料理〉～懐石料理、茶懐石

がいせん（凱旋）→凱旋（がいせん）～凱旋（がいせん）公演・パレード、凱旋（がいせん）門

がいぜんせい（蓋然性）→蓋然（がいぜん）性―確からしさ、公算、確率

かいそう（潰走）→敗走

注 常用漢字だが、言い換える。

かいそう

＝海藻〈海中の隠花植物。海の藻類の総称、コンブ、ワカメ、テングサ、ノリなど〉

＝海草〈海中の顕花植物。アマモ、イトモ、スガモなど〉

注 一般的には「海藻」を使う。

かいぞえ 介添え（役）～㊔介添人

かいそく

＝快足〈足が速い〉～快足の打者、快足を飛ばす

＝快速〈気持ちが良いほど速い〉～快速船・電車

かいだめ（買い溜め）→買いだめ

がいため ㊩外為〈「外国為替」の略〉～外為市場

がいたん（概歎）→概嘆

かいちゅう（蛔虫）→回虫〈動物〉

かいちょう 諧調―ハーモニー

注 「階調」はグラデーションの意。

かいちょう（開張）→開帳～賭博開帳の疑い、秘仏の開帳

注 刑法の条文では賭博の「開張」。

かいてい

＝改定〈一般用語。一度決めたものを定め直す〉～運賃・給与・料金の改定、改定価格、改定計画、学習指導要領の改定、常用漢字表の改定

＝改訂〈書物・文書・ホームページなどの内容を直す〉～改訂版、字句の改訂、辞書の改訂

かいとう

＝回答〈質問、照会に対する返事〉～アンケート・世論調査の回答率、回答を迫る、質問に回答する、身の上相談への回答

=解答〈問題、疑問を解いて答える〉~クイズの解答、試験問題の解答、人口問題への一つの解答

かいどう
=街道〈主要道路〉~奥州・甲州・日光・水戸街道、街道筋
=海道〈海沿いの主要道路〉~海道一の大親分、しまなみ海道、東海道

がいとう
=街灯〈道路などを照らす電灯〉~銀座の街灯
=外灯〈屋外に取り付けた電灯〉~門柱の外灯

かいとうらんま〈快投乱麻〉→快刀乱麻

かいどく〈買い徳〉→買い得

がいはんぼし〈外反拇趾〉→外反母趾(ぼし)

かいびゃく〈開闢〉→開びゃく

かいふく〈恢復、快復〉→回復~景気回復、国交回復、失地回復、疲労回復

かいへん
=改変〈内容を改める〉~規則・制度を改変する
=改編〈編集・編成し直す〉~機構の改編、番組改編

かいほう
=開放〈閉鎖の対語、開け放つ、出入り自由〉~運動場を開放、開放感のある部屋、開放経済、開放的な性格、開放都市、国有地を開放、市場開放、窓を開放する、門戸開放
=解放〈束縛を解いて自由にする〉~解放区、解放戦線、仕事からの解放感に浸る、奴隷解放、農地解放、人質解放、貧困からの解放
注「開放感」〈閉塞(へいそく)感の対語〉と「解放感」〈束縛感の対語〉の使い分けに注意。

かいぼう 解剖

かいまみる 垣間見る
注「物の隙間からのぞき見る」の意味。「垣間見せる」「垣間聞く」は誤用。

かいめい
=解明〈解き明かす〉~真相を解明
=開明〈開けている〉~開明的な君主

かいめつ〈潰滅〉→壊滅
注 旧国語審議会による書き換え。

かいもく 皆目~皆目見当がつかない
注 打ち消しの言葉を伴って使う。

かいゆ 快癒~病気が快癒する

かいゆう 回遊(魚)

かいよう 潰瘍~胃・十二指腸潰瘍

がいよう〈概容〉→概要

かいらい〈傀儡〉→かいらい(政権)—手先、操り人形

かいらん〈潰乱〉→壊乱~風俗壊乱

かいり〈海里、浬〉→カイリ

かいり
=〈乖離〉→乖離(かいり)〈互いに背き

離れる〉―懸け離れる、隔たり、背理～理想と現実の乖離（かいり）
＝解離〈解け離れる〉～解離性大動脈瘤（りゅう）、解離熱、電気解離

かいろ　懐炉・カイロ～使い切りカイロ

かいろう（廻△廊）↓回廊～回廊式庭園

かいわい（界隈△）↓かいわい―付近、周辺、辺り、近辺

かいわれ　カイワレ・貝割れ〈植物〉～カイワレダイコン・貝割れ大根

かう　交う～飛び交う、行き交う

かう　買う～怒り・恨みを買う、腕・才能・実力を買う、けんかを買って出る、人柄を買う

かえす・かえる
＝返す・返る〈主として事物が戻る。元の状態になる〉～あきれ返る、言い返す、生き返る、意趣返し、裏返し、追い返す、贈り物を返す、思い返す、折り返し点、恩返し、返し歌、返し技、返す返すも、返り討ち、返り咲き、返り証、返り初日、返り点、返り花、原点に返る、香典返し、ごった返す、自然・野性に返る、借金を返す、正気・われに返る、しょげ返る、初心に返る、先祖返り、俗人に返る、立ち返る、宙返り、土に返る、手のひらを返す、点を返す、童心に返る、とって返す、とんぼ返り、煮えくり返る、寝返り、白紙に返す、引き返す、ぶり返す、紛失物が返る、見返す、昔に返る、元へ返す、読み返す、領土を返す
＝帰す・帰る〈主として人が戻る〉～家に帰る、生きて帰る、親元・国に帰す、帰らぬ旅、帰らぬ人となる、帰りがけ、帰り支度、帰りしな、帰り新参、帰り着く、帰り道、故郷に帰る、里帰り、使いを帰す、領土が帰る
注「三塁走者がかえる、走者をホームにかえす」などは平仮名書き。

かえす・かえる（孵△す・孵△る）↓かえす・かえる～親鳥が卵をかえす、ひながかえる

かえだま　替え玉～替え玉受験

かえち（換え地）↓替え地

かえって（却•って、反•って、返って）↓かえって〈副詞〉～かえって失礼だ

かえば（換え刃）↓㊔替え刃

かえりうち（返り打ち）↓返り討ち

かえりみる
＝省みる〈反省〉～省みて恥じない、過去の過ちを省みる、自らを省みる
＝顧みる〈振り返る、気に掛ける〉～後ろの席を顧みる、顧みて他を言う、過去・半生・歴史を顧みる、家庭

を顧みない、危険・結果を顧みない、人のことを顧みる暇がない

かえる〈蛙〉→カエル〈動物〉〜かえる跳び、カエルの面に水

かえる・かわる

=代える・代わる〈別のもの・人がその役をする、代理、代表、交代〉〜あいさつに代えて、命に代えても、入れ(り)代わり立ち代わり、親代わり、肩代わり、代わりの品、代わり映え、代わりはな(ばな)、代わり番こ、代わる代わる、ご飯のお代わり、社長・大臣が代わる、石炭に代わる燃料、背に腹は代えられぬ、その代わり、打者・投手を代える、父に代わって、取って代わる、身代わり、余人をもって代え難い

=変える・変わる〈前と異なる状態、変化、変更〉〜雨が雪に変わる、位置が変わる、色が変わる〈変色〉、打って変わって、生まれ変わる、顔色を変える、形を変える〈変形〉、変わり種〈変種〉、変わり果てる、変わり身が早い、変わり者、観点・立場・見方を変える、気が変わる、季節・時代の変わり目、議題・話題を変える、攻守所を変える、声変わり〈変声〉、心変わり〈変心〉、様変わり、宗旨変え、住所が変わる、手段・方針・予定を変える、情勢・様子が変わる、染め変える、調子を変える〈変調〉、所変わって、何の変わりもない、日程・旅程を変える、早変わり〈歌舞伎、日本舞踊では「早替わり」も〉、風変わり、別に変わりはない、方針を変える

=換える・換わる〈あるものを渡して別のものを受け取る、換金、交換、置換、転換など〉〜言い換え〈換言〉、遺伝子の組み換え、置き換え〈置換〉、書き換え、金に換える〈換金〉、借り換え、空気を換える〈換気〉、それに引き換え、取っ換え引っ換え、取り換え、乗り換え、配置換え、人質と引き換えに、部品を換える、

㊔**乗換駅・券、引換券・証**

=替える・替わる〈前の物事をやめて別の物事をする、新しいものにする〉〜預け替え、入れ替え、入れ替わる、植え替え、円をドルに替える〈為替〉、お召し替え、買い替え、替え歌、替え玉、替え地、替え着・ズボン、替え刃、掛け替えのない人、替わり狂言、着替え、着せ替え、切り替え、国替え、首をすげ替える、組み替え〈一般用語〉、くら替え、クラス替え、衣替え、差し替え、シーツを替える、障子・ふすまの張り替え、商売替え、住み替え、す

り替え、世代替わり、組織・編成替え、台・代替わり、畳替え、(金の)立て替え、(家の)建て替え、月・年度・日替わり、作り・造り替える、付け替え、包み替え、積み替え、詰め替え、手を替え品を替え、何物にも替え難い、並べ替え、塗り替える、振り替え休日・輸送、額を掛け替える、水を替える、模様替え、宿替え、読み替え、

㊟**振替**〈経済用語〉、**両替**

注 書き分けに迷うときは平仮名書き。

かえん(火焔△)↓火炎～火炎に包まれる、火炎瓶

かお(貌•)↓顔～顔合わせ、顔が利く、顔出し、顔立ち、顔つき、顔なじみ、顔触れ、顔負け、顔見知り、顔向けできない

かおう(華押)↓花押

かおみせ 顔見せ〈歌舞伎などの「顔見世狂言・興行」は別〉

かおる

=香る〈一般用語。主として具体的なものに〉～香り高い、菊が香る、香水の香り、茶の香り、土の香り、花が香る、ふるさとの香り

=薫る〈比喩的、抽象的なものに〉～風薫る5月、初夏の薫り、文化の薫り

がかい(瓦解)↓瓦解(がかい)|崩壊、崩れる

かかえる 抱える～抱え込む

注「抱きかかえる」は平仮名書き。

かがく

=科学〈サイエンス〉～科学技術、自然科学

=化学〈ケミストリー〉～化学反応、化学肥料、理化学研究所〈国立研究開発法人〉

かかし(案•山•子)↓かかし〈「かがし」とも〉

かかと(踵△)↓かかと

かがみ

=鏡〈姿見〉～鏡張り、鏡開き〈「鏡割り」は使わない〉、鏡餅、鏡を抜く、手鏡、水鏡、目は心の鏡

=(鑑•、鑒△)↓かがみ〈規範とすべきもの〉、手本、模範～武士のかがみ

かがむ(屈•む)↓かがむ～(腰が)かがまる、かがみ込む、かがめる

かがやく(耀△く、赫△く)↓輝く～輝かしい、輝かす

かかり

=係り〈関与〉～係りの者、裁判長係り

=係〈役職名など。一般的〉～係員、戸籍係、進行係

=掛〈役職名など。限定的〉～検査掛、御用掛

かかりあう(係り合う)↓掛かり合う～事件に掛かり合う

かがりび〈篝火〉→かがり火

かかる 係る〈関係する、職務〉〜係り結び、生死に係る問題、…の考案・発明に係る製品、本件に係る訴訟、㊔
係員、係官、係長

かかる〈罹る〉→かかる〜病気にかかる

かかる・かける
＝掛かる・掛ける〈一般用語。ぶら下げる、掲げる、及ぶ〉〜足掛かり、足場を掛ける、網に掛かる、売り掛け、大掛かり、押し掛ける、襲い掛かる、鍵を掛ける、掛け合い〈漫才〉、掛け合わせ〈交配〉、掛け売り、掛け替えのない人、掛け金〈保険〉、掛け声、掛け言葉、掛け算、掛け軸・図・物、掛け捨て、掛け時計、掛け取り〈帳〉、掛け値、掛け布団、掛け目、掛け持ち〈授業〉、語り掛ける、壁掛け、看板を掛ける、気に掛ける、くぎに掛ける、声を掛ける、心掛ける、腰掛け、仕掛け花火、詰め掛ける、手掛かり、出掛ける、問い掛け、通り掛かる、謎掛け、呪い・魔法を掛ける、はかりに掛ける、拍車を掛ける、はしごを掛ける、働き掛ける、発破・ハッパを掛ける、話し掛ける、膝掛け、引っ掛かる、振り掛ける、帽子掛け、帆掛け舟・船、保険を掛ける、魔手に掛かる、見掛け倒し、水掛け論、見せ掛け、眼鏡を掛ける、呼び掛ける、寄り掛かる
注 実質的な意味が薄れたものは平仮名書き。
＝〈掛〉→かかる・かける〈慣用で平仮名書きとなっているもの、実質的な意味が薄い場合〉〜アイロン・クーラー・扇風機・掃除機・ブラシ・ミシンをかける、明け方にかけて、足かけ3年、圧力をかける、行きがかり、行き・帰り・通りがけ、行きかける、医者にかかる、一にかかって、1日・5人がかり、疑いがかかる、王手をかける、かかりきり、かかりつけの医者、書き・食べ・やりかけ、かけ（うどん・そば）、肩にかかる重荷、鎌をかける、気がかり、経費・コストがかかる、時間・月日・手数・手間暇・人手がかかる、双肩にかかる、倒れかかる、力がかかる、つぶれかかる、手塩にかける、電話をかける、動員をかける、土日にかけて、泊まりがけ、取りかかる、歯止めをかける、ふるいにかける、ブレーキをかける、麻酔をかける、名曲がかかる、迷惑がかかる、目をかける、読みかけ、レコードをかける
注 迷うときは平仮名書きにする。

経済用語は慣用で漢字書き。頭に「掛かり」「掛け」がくるものは漢字書きが多い。

＝懸かる・懸ける〈懸垂、懸命、懸隔〉～生き残り・進退・生死・存亡・命運を懸ける、威信・名誉を懸ける、一球に懸ける、命懸け、命を懸けて〈懸命〉、懸け離れる、懸け隔て〈懸隔〉、神懸かり、神に懸けて誓う、けさ懸け、決断・手腕に懸かる、出場権を懸ける、賞金・賞品を懸ける〈懸賞〉、勝負を懸ける、巣を懸ける、生活が懸かる、成否が懸かる、選手生命を懸ける、空に懸かる虹、滝が懸かる、中天に懸かる月、月に懸かる雲、虹・友好・夢の懸け橋〈比喩的に〉、橋懸かり〈能・狂言〉、メンツを懸けて、優勝が懸かる

注「掛」「懸」の区別に迷うときは平仮名書きにする。

＝架かる・架ける〈架け渡す〉～架け替え（工事）、架け橋〈一般用語〉、綱を架け渡す、電線を架ける、橋が架かる

・・がかる　がかる〈体言に付いて「似通う」「帯びる」の意味に〉～赤みがかる、芝居がかる

かかわる（拘わる、係わる）→関わる～関わり合い、生死に関わる問題、不毛な論争に関わるな

注「雨にもかかわらず決行」「晴雨にかかわらず実施」「合否にかかわらず連絡する」など、「…に（も）かかわらず」は平仮名書き。

かき　垣～生け垣、垣根（越し）

かき　カキ・柿〈植物〉～柿色、渋柿、つるし柿、干し柿

かき（牡蠣、牡蛎）→カキ〈動物〉～かきフライ、酢がき

かき（花卉）→花卉（かき）―草花、花

かき（夏期）→(統)夏季

注「夏期講習」など特に期間を表す場合は別。

かき・・　書き～書き誤り、書き入れ時、書き置き、書き下ろし、書き換え、書き方、書き初め、書き付け、書き手、書き留める、書き取り帳、書き殴る、書き物、書き分け、書き割り

かぎ

＝鍵～鍵穴、鍵を掛ける、事件・優勝の鍵を握る、問題を解く鍵

注「事件の鍵」「問題を解く鍵」など比喩的に用いる場合は「カギ」と片仮名書きしてもよい。

＝（鉤）→かぎ〈フック〉～かぎかっこ、かぎ裂き、かぎに掛ける、かぎの手、かぎ鼻、かぎ針

がき　餓鬼（道・大将）

かきとめ　(省)書留～書留郵便、簡易書

留、現金書留
かきゅうてき（可急的）→可及的（速やかに）
かきょう（佳郷）→佳境（に入る）
かきょう（華僑）→㊕華僑
かぎょう
＝家業〈家代々の仕事〉～家業を継ぐ
＝稼業〈生活のための仕事〉～浮草稼業、サラリーマン稼業
＝課業〈割り当てた学科・業務〉
かきん（家禽）→家禽（かきん）―家畜の鳥
かく　各～各自、各地、各国
注「各＝おのおの」は平仮名書き。
かく
＝書く〈一般用語。文字・文・表など〉～書き写す、書き記す、書き連ねる、楷書で書く、箇条書き、記事を書く、口上書き、効能書き、断り書き、小説・日記を書く、筋書き、能書き、端書き、落書き、㊔奥書、覚書、肩書
＝（画く）→描く〈絵・図・模様など〉～油絵を描く、絵描き〈画家〉、絵に描いた餅、お絵描き、描き写す、地図・ポスター・漫画を描く、眉を描く
かく（掻く）→かく～あぐら・汗・頭・いびき・裏・寝首・恥・べそをかく、犬かき、かいくぐる、かいつまんで、かい巻き、かき揚げ（そば）、かき集める、かき口説く、かき消す、かき立てる、かき鳴らす、かき回す、かき乱す、かきむしる、かき分ける、かっ払い、雪かき
かく・・格～格上げ（取引）、格下、格付け
かく・・角～角落ち、角刈り
かぐ　嗅ぐ～嗅ぎたばこ、嗅ぎつける
がく（蕚）→（花の）がく
かくう（仮空）→架空
がくかんせつ　顎（がく）関節～顎（がく）関節症
かくさ
＝格差〈一般用語。格付けの差〉～企業格差、賃金格差
＝較差〈気象用語。比較した差、本来の読みは「こうさ」〉～最高・最低気温の較差、日較差、年較差
注「較差」の本来の読みは「こうさ」。主に気象用語で使われるが、なるべく「差」「違い」などに言い換える。
かくしつ　確執〈「かくしゅう」とも〉
かくしゃく（矍鑠）→かくしゃく―元気、壮健、達者
かくしゅ（馘首）→解雇、免職
かくしゅ（鶴首）→鶴首（かくしゅ）～鶴首（かくしゅ）して待つ
がくしょく（学植）→学殖～学殖豊かな人

かくしん（確▲心）↓核心〜核心に迫る

かくしん（確▲心）↓確信〜確信を抱く

かくす・かくれる　隠す・隠れる〜隠し味、隠し芸、隠し事、隠し立て、隠し玉〈野球は「隠し球」〉、隠し撮り、隠れみの、物陰に隠れる

かくする（劃△する）↓画する〜一線を画する

かくせい　覚醒―自覚、目覚め〜覚醒剤

注　法律名「覚せい剤取締法」も「覚醒剤取締法」と表記する。

がくせい・せいと・じどう・えんじ

＝学生〈大学、高等専門学校、専修学校、各種学校〉

＝生徒〈中学校、高等学校〉

＝児童〈小学校、「学童」とも〉

＝園児〈幼稚園、保育所〉

注　学校教育法では専修学校・各種学校生は「生徒」。

かくぜん（劃△然）↓画然〜画然たる差

がくぜん（愕△然）↓がくぜん―（非常に）驚く、衝撃を受ける

かくだん・かくべつ　格段（に）・格別（に）

かくてい

＝確定〈はっきり決める〉〜確定申告、期日が確定

＝画定〈区切りを決める〉〜境界・国境・選挙区・領地の画定

注　法律関係では「境界確定訴訟」など「確定」も使われる。

かくとう（挌△闘）↓格闘

かくはん（攪△拌△）↓かき混ぜる、かき回す〜攪拌（かくはん）機

注　本来の読みは「こうはん」。

かくまう（匿●う、隠▲まう）↓かくまう

かぐら　㊮神楽

かくらん（攪△乱）↓かく乱―かき乱す

注　本来の読みは「こうらん」。

かくらん（霍△乱）↓（鬼の）かくらん―日射病、暑気あたり

かくれが（隠れ処●）↓隠れ家・隠れが

かくれんぼ　隠れんぼ・かくれんぼ・隠れん坊

かぐわしい（馨△しい、香●しい、芳●しい）↓かぐわしい

がくわり　㊜**学割**〈「学生割引」の略〉

かげ

＝（蔭△、翳△）↓陰〈隠れて見えないところ、光の当たらないところ〉〜陰口、陰膳、陰で糸を引く、陰で支える、陰で舌を出す、陰で悪口を言う、陰ながら、陰に隠れる、陰になり日なたになり、陰の声、陰の実力者・功労者、陰弁慶、陰干し、草葉の陰で、木陰で休む、茂みの陰、島陰・山陰で見えない、柱の陰から見送る、日陰〈日が当たらない場所〉、山の陰になる、寄らば大樹の陰

=影〈物体により光が遮られてできる暗いところ、光によって現れ、映る物の姿・形、光〉~うわさをすれば影、面影、影絵、影が薄い、影の形に添うように、影の内閣、影法師、影武者、影も形もない、影を投げ掛ける〈投影〉、影を潜める、影を踏む、暗い影が差す〈暗影〉、経済大国の光と影、島影が見える、障子に影が映る、月影がさえる、日影〈日の光〉、人影が絶える、不吉な影が差す、帆影、星影、湖に山の影が映る、見る影もない

がけ 崖~崖崩れ、崖下

かけきん =掛け金〈定期的に積み立てる金〉~生命保険の掛け金

=賭け金〈ばくち〉~賭け金を上げる

がけっぷち（崖っ淵▲）→崖っ縁・崖っぷち

かけはし 架け橋

注 比喩的な用法では「懸け橋」も可。

かけひき（駈△け引き、懸け引き、掛け引き）→駆け引き

かけら（欠けら、欠片••）→かけら

かける 掛ける、懸ける、架ける

注 「かかる・かける」の項参照。

かける 賭ける〈ばくち〉~賭け金・事・率、賭けに勝つ、危険な賭け、金品を賭ける

かける =（馳△ける、駈△ける）→駆ける〈走る〉~駆け上がる、駆け足、駆け落ち、駆け降りる、駆け込む、駆けずり回る、駆け出し、駆け付ける、駆け回る、駆けっこ、駆け抜ける、駆け巡る

=（翔△る）→かける〈飛ぶ〉~天=あま=かける・がける、空をかける

かげる（蔭△る、翳△る）→陰る~景気の陰り、日が陰る、表情が陰る

かげろう（*陽炎••）→かげろう~かげろうが燃える

かげろう（蜉△蝣△、蜻△蛉△）→カゲロウ〈動物〉~かげろうの命

かげん 加減~味・さじ・手・湯加減、加減が悪い、加減する

注 形容動詞、副詞の「いいかげん」は平仮名書き。

かご =籠〈竹などを編んで作った入れ物〉~籠抜け詐欺、籠の鳥、花籠

=（駕•籠）→かご〈担いで運ぶ乗り物〉~かごに乗る、かごを担ぐ

かこうがん（花崗△岩）→花こう岩〈慣〉「御影石」とも

かこうぜき（河口堰△）→河口堰（ぜき）

かこく（苛酷）→過酷~厳しい、むごい

注 特にむごさ、無慈悲なさまを強調したいときは「苛酷」も。

かこつ（託•つ、喞△つ）→かこつ~不遇を

かこつ、かこつける
かこん（禍痕）→禍根～禍根を絶つ
かさ
＝（笠）→かさ〈頭にかぶるもの〉～かさに着る、編みがさ、市女がさ、キノコのかさ、三度がさ、陣がさ、すげがさ、電灯のかさ、松かさ
＝傘〈頭上にかざすもの〉～雨傘、核の傘、傘立て、唐傘、蛇の目傘、番傘、日傘、破れ傘、洋傘
＝（暈）→かさ〈光環〉～月がかさをかぶる、月にかさが懸かる
かさ・かさむ（嵩）→かさ・かさむ〈分量〉～かさ上げ、かさにかかって攻める、かさばる、荷物がかさむ、費用がかさむ、水かさが増す
かざ・・　風～風脚、風穴、風上、風切り、風車、風花、風向き
かざす（翳す）→かざす
かさなる・かさねる　重なる・重ねる～重ね重ね、重ね着、重ねて
かさぶた（瘡蓋、痂）→かさぶた
かざみどり（風見鶏）→風見鶏
かざる　飾る～飾り気、飾り職、飾り立てる、飾り付け、飾り窓
かし　(慣)河岸～魚河岸、河岸を変える
かし　カ氏・華氏
かし（瑕疵）→瑕疵（かし）―傷、欠点、過ち
かし・・　貸し～貸し売り、貸し方〈貸す方法〉、貸し切り（バス・列車）、貸し倒れ、貸し手、貸しビル・ボート・ホール、(省)**貸衣装**、**貸傘**、**貸方**〈人、簿記〉、**貸株**、**貸金**、**貸金庫**、**貸座敷**、**貸室**、**貸自転車**、**貸事務所**、**貸席**、**貸地**、**貸賃**、**貸店舗**、**貸主**、**貸農園**、**貸布団**、**貸船・舟**、**貸別荘**、**貸部屋**、**貸本**、**貸間**、**貸元**、**貸家**
かじ（舵、梶、楫）→かじ～面かじ、かじ付き（なし）フォア、かじ取り、かじを取る、取りかじ
かじ　(慣)鍛冶～刀鍛冶
かしぐ（傾ぐ）→かしぐ～首をかしげる、船がかしぐ
かしこい　賢い〈賢明〉～ずる賢い、悪賢い
かしこくも（畏くも）→かしこくも―おそれ多くも
かしこし　貸し越し（限度・増・増加）～当座貸し越し、(省)**貸越額・金・残高・制度・高・比率**
注　経済関係複合語ルール参照。
かしこまる（畏まる）→かしこまる
かしずく（傅く）→かしずく
かしだおれ　貸し倒れ（準備・状態・増・増加・引き当て）～債権の貸し倒れ、(省)**貸倒額・引当金**
注　経済関係複合語ルール参照。
かしだし　貸し出し（開始・基準・協定・限度・準備・条件・政策・増・

か

方法）～㊔貸出額・機関・期間・金・金利・先・残高・信託・枠

注 経済関係複合語ルール参照。

かしつけ 貸し付け（開始・契約・決定・限度・国・実績・状況・条件・増加・担保・方法・申し込み）～㊔貸付係・額・期間・金・金利・先・信託・枠

注 経済関係複合語ルール参照。

かしましい（囂しい、姦しい）→かしましい

かしゃく（呵責、苛責、可責）→呵責（かしゃく）―責め苦、苦悩、とがめる～良心の呵責（かしゃく）

かしゃく 仮借〈見逃す・許す。漢字六書の一つは「かしゃ」〉～仮借ない糾弾

かじゅう
＝加重〈重さが加わる〉～加重平均、累犯加重
＝荷重〈物体に加わる力、耐える力〉～荷重に耐える、クレーンの荷重
＝過重〈重過ぎる〉～過重な負担、労働過重

かしょ
＝（個処）→箇所〈特定の場所〉～箇所付け、疑問の箇所
＝カ所〈数字に付く場合、「カ」は大文字〉～3カ所、数カ所

かしょう
＝過小〈過大の対語〉～過小資本、過小評価
＝過少〈過多の対語〉～過少金額、過少申告
＝（寡小）→寡少〈衆多の対語〉～寡少な勢力、寡少な労働力

がじょう 牙城（を崩す）―根拠地、本拠

かじょうがき（個条書き）→箇条書き

かしら 頭～尾頭付き

かじる（噛る、齧る）→かじる～かじり付く

かしわ（柏、槲）→カシワ〈植物〉～かしわ餅

かしわで（柏手、拍手）→かしわ手

がしんしょうたん（臥薪嘗胆）→臥薪嘗胆（がしんしょうたん）

かす（滓）→かす～食べかす、残りかす

かす（糟、粕）→かす～かす汁、かす漬け、酒かす

かす 貸す～信用貸し、賃貸し、手・耳を貸す

かすか（幽か、微か）→かすか

かすがい（鎹）→かすがい～子はかすがい

かずのこ（鯑）→カズノコ・数の子

かすみ（霞）→かすみ～かすみ網

かすむ（霞む、翳む）→かすむ～かすみ目

かすめる（掠める）→かすめる

かずら（葛、蔓）→かずら〈つる草の総称、

つる〉～かずら橋

かすり（絣△、＊飛白）→絣（かすり）・かすり～久留米絣（がすり）

かする（掠△る、擦る）→かする～かすり傷、かすれる

かする

＝科する〈罰金・刑などを負わせる〉～制裁・懲罰・罰金・罰則・ペナルティーを科する

＝課する〈義務として税金、学業などを割り当てる〉～使命・宿題・責任・任務を課する、制限を課する、追徴金を課する、ノルマを課する、兵役義務を課する

かせ（枷△）→かせ～手かせ足かせ

かぜ　(慣)風邪～風邪薬、風邪っ気、風邪を引く

かせいソーダ（苛性曹達）→カセイソーダ

注 水酸化ナトリウムの工業製品としての慣用名。

かせつ

＝仮設〈一時的に設置する〉～仮設住宅、仮設スタンド、仮設トイレ

＝架設〈電線や橋などをかけ渡す〉～電話の架設、橋を架設する

かせん　寡占

がぜん（俄△然）→がぜん―突然、にわかに、急に、突如

かせんしき　(省)**河川敷**〈「かせんじき」とも〉

かそう

＝仮装〈偽り装う、似せて装う〉～仮装行列、仮装売買、仮装標的

＝仮想〈仮定の想像〉～仮想現実、仮想図、仮想敵国

かぞえる（算える）→数える～数え上げる、数え歌、数え年

かた

＝形〈主として物の姿・かたち、フォーム、抵当〉～足形〈踏んで残る足の形〉、跡形もない、扇形、大形の模様、女形＝おんながた＝、形崩れ、形鋼、形無し、髪形、コの字形、借金の形にする、自由形〈水泳〉、柔・剣・空手道の形、単3形乾電池、筒形・ボタン形乾電池、D51形蒸気機関車、手形、波形、ハート形、歯形〈歯でかんだ跡〉、人形流し＝ひとがたながし＝〈民俗行事〉、肥満形、三日月形、優形、痩せ形、山形、弓形

＝型〈一定の形を作り出すもとになるもの、一定の形式、手本、タイプ、パターン、サイズ〉～足型〈靴の木型〉、鋳型、うるさ型、雲竜型、大型機械、大型自動車、大型新人、大型の小売店、大型の魚〈魚釣り〉、大型の台風、大型免許〈自動車〉、型紙、型崩れ、型通り、型にはまる、型のごとく、

型破り、型枠、型を見ない〈魚釣り〉、木型、型式証明〈自動車、航空機など〉、血液型、小型飛行機、最新型、32型テレビ、西高東低型、内向型、2016年型、歯型〈歯並びを写し取ったもの〉、人型ロボット、ひな型、紋切り型、㊔**型絵染**〈工芸品に準じる〉

かた 方～相方、明け方、方々〈人々〉、考え方、この方、5割方高い、父方、出方、見方、やる方なし

かた 片～片意地、片思い、片仮名〈「カタカナ」とも〉、片言交じり、片隅、片袖、片(っ)端、片手間、片時、片翼飛行、片腹痛い、片方、片棒を担ぐ、片や、片寄る、片割れ、片を付ける

注 「片親」「片手落ち」「片肺飛行」は使わない。

かた 肩～肩上げ、肩当て、肩掛け、肩代わり、肩車、肩凝り、肩透かし、肩たたき、肩慣らし、肩脱ぎ、肩肘、山の肩、路肩

かたい

＝固い〈緩の対語。全体が強くて形が変わらない状態、融通が利かない、確固、固形、厳格〉～頭が固い、意志・志が固い〈意志強固〉、固い握手、固い絆、固い決意、固い約束、固い友情、固織り、固く戒める、固くお断りする、固く禁じる、固く辞退する、固く信じる、固く握り締める、固く念を押す、(言い付け・約束を)固く守る、固練り、固太り、口を固く閉ざす、財布のひもが固い、辞意が固い、地盤が固い、団結が固い、身持ちが固い

＝堅い〈脆(もろ)いの対語。中が詰まって砕けにくい状態、かたくるしい、確実〉～織り目が堅い、ガードが堅い、堅い果実・材木・炭、堅い人物、堅い話〈かたくるしい内容、確実な内容〉、堅い守り〈堅守〉、堅気になる、堅苦しい、堅炭、堅パン、堅物、堅餅、堅焼き、考え方が堅い、義理堅い、茎・つぼみ・葉・実が堅い、口が堅い、合格・当選・優勝は堅い、底堅い動き、手堅い商売、100人は堅い

＝硬い〈軟の対語。力を加えても形が変わらない状態、こわばっている、生硬〉～硬い石・鉛筆・氷・土・肉・布地・皮革・皮膚、硬い顔つき・目つき、硬い表現、硬い文章、硬い飯、硬さがほぐれる、髪・体・筋肉・骨が硬い、緊張して硬くなる、態度が硬い、手触りが硬い、話が硬い〈生硬〉、表情が硬い、身のこなしが硬い

かたい・(・・)がたい 難い～得難い、…し難い、信じ難い、想像に難くな

い、耐え難い
かたいぶ(下腿部)→下腿(かたい)部―すね
かたがき ㊔肩書
かたがた(旁)→かたがた〈ついでに〉
かたがつく(方・形が付く)→片が付く～片を付ける
かたがわり(肩替わり、片代わり)→肩代わり
かたき(仇)→敵～敵討ち、敵同士、敵役
かたぎ
＝堅気〈まじめ、律義〉～堅気になる、堅気の商売
＝(＊気質)→かたぎ〈気風、気性〉～江戸っ子かたぎ、職人かたぎ、昔かたぎ
かたくな(頑な、固くな)→かたくな
かたくり(片栗)→カタクリ〈植物〉～かたくり粉

かたず ㊡固唾～固唾をのむ
かたち(容、貌)→形～形作る
注 「顔かたち」「姿かたち」は誤読を避けるため平仮名書き。
かたづく・かたづける 片付く・片付ける～後片付け
かたつむり(蝸牛)→カタツムリ〈動物〉
かたておち(片手落ち)→不公平、不平等、均衡を欠く
注 「片・手落ち」のことで、本来は差別語でないが、不快な響きを与えるので使わない。
かたどる(象る、模る、型どる、形どる)→かたどる
かたな 刀～刀折れ矢尽きる、刀鍛冶
かたはだ(肩肌)→片肌(脱ぐ)
かたびら(帷、帷子)→かたびら
かたまり
＝固まり〈主として集まり、一団〉～汗・星の固まり、学生の固まり
＝塊〈かたまったもの、固形物〉～金・脂肪・土・肉の塊、好奇心・自信・良心・欲・劣等感の塊
かたまる・かためる 固まる・固める～足固め、1カ所に固まる、固め打ち、固め技、決意・態度を固める、凝り固まる、地固め、土を固める
かたみ
＝形見〈思い出の品、遺品〉～形見分け、亡父の形見
＝片身〈体の半分〉～魚の片身
＝肩身〈他人に対する面目〉～肩身が狭い
かたむく 傾く～傾き、傾ける
かたよせる 片寄せる～荷物を片寄せる
かたよる
＝片寄る〈ずれて一方に寄る〉～隅に片寄る、月が山に片寄る、積み荷が片寄る

＝偏る〈中立的でなくなる、公正を欠く、偏在〉～扱い・処分が偏る、栄養が偏る、偏った考え・見方、食事が偏る、人口が都市に偏る

かたりぐさ（語り種）→語り草

かたりべ 慣語り部

かたる

＝語る〈話して聞かせる〉～語らい、語らう、語り合う、語り掛ける、語り口、語り手、語り物、語るに落ちる、事実を語る、浪曲を語る、省**物語**

＝（騙る）→かたる〈だます〉～学歴をかたる、他人の名をかたる

かたわら（側ら、旁ら）→傍ら

かたん（荷担）→統加担

かち・・ 勝ち～勝ち戦、勝ち気、勝ちっ放し、勝ち点、勝ち投手、勝ち抜き、勝ち星、勝ち負け、勝ち目、省**勝馬投票券**〈競馬〉、**勝点**〈記録の場合〉

・・がち（勝ち）→がち～…しがち、ありがち、遠慮がち

かちあう（搗ち合う）→かち合う

かちかん（価値感）→価値観

かちどき（勝鬨）→勝ちどき（を上げる）

かちみ（勝ち味）→勝ちみ～勝ちみがない

かちゅう

＝火中〈火の中〉～火中の栗を拾う

＝渦中〈真っただ中〉～渦中の人

かつ

＝活〈生きる、元気づける〉～活を入れる、死中に活を求める

＝喝〈叱る、どなる〉～一喝する、喝を食らわす、大喝する

かつ（克つ）→勝つ～己・欲望に勝つ

かつ（且つ）→かつ～かつは、かつまた

かつお（鰹、堅魚、松魚）→カツオ〈動物〉～かつお節

がっか

＝学科〈学問の種類〉～専門の学科、法律学科

＝学課〈学業の割り当て〉～全学課を修了

がっかい

＝学会〈学術研究団体・会合〉～日本メディア学会

＝学界〈学問・学者の社会〉～学界の権威、学界の第一人者

かっかそうよう（隔靴搔痒）→隔靴搔痒（そうよう）－じれったい、もどかしい、歯がゆい

かっきてき（劃期的）→画期的～画期的な業績

かつぐ 担ぐ～縁起を担ぐ、担ぎ出す、荷を担ぐ、人を担ぐ〈だます〉

かっけ（脚気）→かっけ

かっけつ（喀血）→喀血（かっけつ）－血を吐く

注 呼吸器系の器官から出た血を吐

くこと。消化器系の器官からの血は「吐血」。

かっこ（括孤）→かっこ・カッコ・括弧
注 なるべく平仮名書きにする。

かっこ（確乎）→確固～確固たる信念

かっこう（恰好）→格好～格好の標的、不格好

かっさい　喝采～喝采を博する、拍手喝采

がっしょう　合掌～合掌造り

がっしょうれんこう　合従連衡

かっせん　合戦～弔い合戦、雪合戦

かったつ（闊達、豁達）→闊達（かったつ）—おおらか、度量の広い～自由闊達（かったつ）

かっちゅう（甲冑）→甲冑（かっちゅう）—よろいかぶと、具足

かって　㊔**勝手**～**勝手口**、**勝手向き**、**勝手元**、**使い勝手**

かつて（嘗て、曽て）→かつて〈「かって」とはしない〉～いまだかつて

がってん　合点〈「がてん」とも〉

かっとう　葛藤—争い、もつれ、もめ事～心の葛藤

かっぱ（河童）→かっぱ・カッパ～おかっぱ頭、かっぱ巻き、カッパの川流れ

かっぱ　喝破～真理を喝破する

かっぱ（合羽）→かっぱ～雨がっぱ

かっぷ　割賦〈「わっぷ」とも〉

かっぷく（恰幅）→恰幅（かっぷく）・かっぷく—押し出し

かっぽ（闊歩）→闊歩（かっぽ）—大手を振って歩く、ゆったりと歩く

かっぽう（割烹）→かっぽう—（日本）料理（店）～かっぽう着

かつもく（刮目）→注目

かつようじゅ（闊葉樹）→広葉樹

かつら（鬘）→かつら〈「かずら」とも〉

かて　糧～心の糧

かてい
＝過程〈進行のプロセス、段階〉～進化の過程、製造の過程
＝課程〈ある期間に割り当てた学業・仕事など〉～義務教育課程、業務課程、修士課程

かど　角～角が立つ、角が取れる、角張る、街角

かど　門～お門違い、門出、門松、笑う門には福来たる

かど（廉）→かど〈理由〉～盗みのかど

かどう
＝可動〈動かせる〉～可動橋、可動堰（ぜき）
＝（稼動）→稼働〈実働〉～稼働日数、稼働率

かどう（花道）→華道

かどで（＊首途）→門出

かどばん（角番）→かど番〈相撲、囲碁、将棋〉～かど番大関

かどわかす（拐す、勾かす）↓かどわかす
かな（仮字）↓（慣）仮名～仮名書き、仮名遣い、漢字仮名交じり文
かな・・金～金網、金切り声、金具、金気、金縛り、金棒、金物
かなう（適う、叶う、敵う）↓かなう～道理にかなう、望みがかなう
かなえ（鼎）↓かなえ～かなえの軽重を問う
かなしい（哀しい）↓悲しい～悲しむ
かなた（彼方）↓かなた～空のかなた
かなづち（金槌、鉄鎚）↓金づち
かなでる　奏でる
かなめ　要～扇・守備の要、肝心要
かならず　必ず～必ずしも、必ずや
かなり（可成、可也）↓かなり
かに（蟹）↓カニ〈動物〉～かにみそ、かに飯
かね　金～金入れ、金貸し、金繰り、金ずくで、金遣い、金包み、金詰まり、金づる、金離れ、金回り、金持ち
注「政治とカネ」「カネ余り」などは片仮名書きしてもよい。
かね
＝鐘〈つりがね〉～鐘突き堂、鐘を突く、除夜の鐘、早鐘、割れ鐘
＝（鉦）↓かね〈打楽器〉～かねや太鼓
かねあい　兼ね合い・かねあい
かねじゃく（＊曲尺、矩尺）↓かね尺
かねつ
＝加熱〈熱を加える、熱くする〉～加熱器、加熱処理、徐々に加熱する
＝過熱〈熱くなり過ぎる〉～景気の過熱、ストーブの過熱から火事に
注原子力・火力発電などでは「過熱器」も使う。
かねて（予て）↓かねて〈副詞〉
注「かねてから」は重複表現。「間違えやすい語字句」参照。
かねる
＝兼ねる〈動詞。二つ以上の働きをする〉～兼ね備える、視察を兼ねる、重役を兼ねる、大は小を兼ねる
＝かねる〈補助動詞。できそうもない〉～悪事をやりかねない、言いだしかねる、賛成しかねる、待ちかねる、見るに見かねる
かの　彼～彼女〈使えるのは「彼女」だけ〉
注「かの地」「かの人」「かの有名な」などは平仮名書き。
かのう（化膿）↓化膿（かのう）―うむ
かのこ（鹿の子）↓鹿（か）の子～鹿（か）の子絞り
注「しかの子」と誤読されないために読み仮名付き。
かば（樺）↓カバ〈植物〉～かば色
かば　カバ・河馬〈動物〉
かばう（庇う）↓かばう～かばい立て
かばやき（蒲焼き）↓かば焼き

か

かばん（鞄）↓かばん～かばん持ち
かひ（可非）↓可否～可否を決する
かび（黴）↓カビ・かび～かび臭い、かびる
かふ　寡婦、寡夫
かぶ（蕪）↓カブ・カブラ〈植物〉～かぶ漬け
かぶき　歌舞伎
かぶと（兜、冑、甲）↓かぶと～かぶとを脱ぐ、カブトムシ〈動物〉
かぶり（頭）↓かぶり～かぶりを振る
かぶりつく（噛り付く、齧り付く）↓かぶり付く～かぶり付き
かぶる（被る、冠る）↓かぶる～罪をかぶる、波をかぶる、かぶせる、覆いかぶさる
かぶれる（気触れる、感染れる）↓かぶれる～漆にかぶれる
かぶん　寡聞～寡聞にして知らない
かへい（貨弊）↓貨幣
がべい　画餅〈「がへい」とも〉―絵に描いた餅、徒労、無駄～画餅に帰す
かほう（佳報）↓果報～果報は寝て待て、果報者
かぼちゃ（南瓜）↓カボチャ〈植物〉～かぼちゃスープ
かほど（斯程）↓かほど（のことで）
かま
＝釜〈生活用具など〉～後釜、同じ釜の飯、釜揚げうどん、釜飯、茶釜、鍋釜、初釜、風呂釜
＝窯〈焼き物などを作る設備〉～石窯〈パン、ピザ〉、窯跡、窯元、炭焼き窯、登り窯
＝（缶）↓かま〈ボイラーなど〉～かまたき、蒸気機関車のかま
かま　鎌〈農具〉～鎌首、鎌をかける、草刈り鎌
がま（蒲）↓ガマ〈植物〉
がま（蝦蟇）↓ガマ〈動物、ガマガエルのこと〉～がまの油（売り）
かまう・かまえる　構う・構える～構え、構えて、構わない、門構え
がまぐち（蝦蟇口）↓がまぐち
かまち（框）↓かまち～上がりかまち
かまど（竈）↓かまど
かまぼこ（蒲鉾）↓かまぼこ
がまん　我慢～痩せ我慢
かみ・・　上～上方、上座、上手＝かみて＝
かみ・・　神～神懸かり、神懸けて、神さびる、神様、神棚、神頼み、神業
かみ・・　紙～紙入れ、紙切れ、紙くず、紙子、紙包み、紙挟み、紙一重、紙吹雪、紙巻き
かみ・・　髪～髪飾り、髪結い、髪形
かみしも（裃）↓かみしも
かみそり（剃刀）↓かみそり
かみなり　雷～雷おやじ

かみわざ（神技）→神業

かむ（噛△む、嚼△む、咬△む）→かむ～一枚かむ、かみ合う、かみ切る、かみしめる、かみつく

がむしゃら（我武者羅）→がむしゃら

かめ　カメ・亀〈動物〉～亀の甲より年の功

注　総称としてのウミガメ、リクガメは漢字書きでもよい。アカウミガメ、ミドリガメなど種名は片仮名書き。

かめ（瓶、甕△）→かめ～水がめ

かも（鴨、鳧△）→カモ〈動物〉～かもにする、カモ猟

かもい（鴨居△）→かもい

かもく（課目）→科目

注　馬術の課目などは別。

かもす　醸す～醸し出す

かや（茅△、萱△）→カヤ〈植物〉～かやぶき屋根

かや（蚊屋）→㊫蚊帳～蚊帳の外

かゆ（粥）→かゆ～七草がゆ

かゆい（痒△い）→かゆい～かゆい所に手が届く、かゆみ、歯がゆい、むずがゆい

かよう　通う～通い、通い路＝じ＝、通い帳、通い詰める、通わす

から・・　空～空威張り、空売り、カラオケ、空くじ、空騒ぎ、カラ出張、空だき、空っ風、空っぽ、空念仏〈「そらねんぶつ」とも〉、空振り、空回り

注　「カラオケ」「カラ出張」は片仮名書き。

から・・　唐～唐傘、唐紙、唐草（模様）、唐紅、唐門、㊮唐織

・・から　殻～吸い殻、出し殻、抜け殻、燃え殻、もぬけの殻

がら　柄～絵柄、大柄、柄が悪い、柄にもない、時節柄、職業柄、役柄

からあげ（空揚げ）→唐揚げ・から揚げ

からい（鹹△い）→辛い～辛くも、辛党、辛め、辛うじて

からくさ　唐草（模様）

がらくた（瓦落多、我楽多）→がらくた

からくり（絡繰り、＊機関）→からくり

からげる（絡げる、紮△げる）→からげる～裾をからげる

からし（芥△子、辛子）→からし〈マスタード系〉～からし漬け、からしれんこん、練りがらし

注　「トウガラシ・唐辛子」「辛子めんたいこ」は別。

からす（烏△、鴉△）→カラス〈動物〉～からすの行水、三羽がらす、旅がらす

からす・かれる

＝（涸△）→枯らす・枯れる〈しなびる、干上がる〉～愛情・才能・涙・発想が枯れる、泉・井戸・温泉が枯れる、枯れ色、枯れ枝・木・草・野・葉、枯れ尾花、枯れ山水、枯れた芸風、

木枯らし、資金枯れ、霜枯れ、田・水を枯らす、立ち枯れ、苗を枯らす、人間が枯れている、水枯れ

注「出がらし」は平仮名書き。

＝（嗄）→からす・かれる〈かすれる〉～声をからす、喉がかれる

ガラス（硝子）→ガラス～ガラス張り

からだ（＊身体、躯、躰）→体～体つき

からて（唐手）→空手

からぶき（乾拭き）→から拭き

からまつ（＊落葉松）→カラマツ・唐松〈植物〉

からまる・からむ　絡まる・絡む～絡み合い、絡み付く、金銭絡みのトラブル、失策絡みの得点

からみ（辛味）→辛み

注 味覚の場合は「辛味」でもよい。

・・**がらみ**（搦み）→がらみ〈接尾語。引っくるめて、見当〉～40がらみの人、1000円がらみの品、袋がらみ買う

からめる

＝絡める〈一般用語。巻き付ける、密接に結び付ける〉～足を絡めた攻撃、団子にあんを絡める

＝（搦める）→からめる〈縛り付ける〉～からめ手、からめ捕る、がんじがらめ

がらん（伽藍）→伽藍（がらん）―寺院、仏閣～七堂伽藍（がらん）

かり・かりる　借り・借りる～借り上げ、借り貸し、借り方〈借りる方法〉、借り着、借り切り、借り倒し、借り地〈「借地＝しゃくち」〉、借り賃、借り手、借り主、借り物、賃借り、前借り、間借り（人）、(省)**借方**〈人、簿記〉、**借株**

かり・・　仮～仮親、仮差し押さえ、仮処分、仮住まい、仮に（も）、仮縫い、仮寝、仮の姿、仮免許、仮渡し金

カリ（加里）→カリ〈金属元素の一つ、カリウムの略〉～青酸カリ

かりいれ（借り入れ）〈業務・契約・限度・国・実績・条件・申請・担保・方法〉、手形借り入れ～(省)**借入額・機関・期間・期日・金・債務・枠**

注 経済関係複合語ルール参照。

かりうけ　仮受け（状況・方法）～(省)**仮受金・残高・手数料**

注 経済関係複合語ルール参照。

かりうけ　借り受け（契約・実績・条件・申請・返済・方法）～(省)**借受額・期間・金・書・人**

注 経済関係複合語ルール参照。

かりうど・かりゅうど（猟人）→(慣)狩人

かりかえ　借り換え（基準・条件・実績・条件・申請・方法）～(省)**借換額・期間・金・公債・債**

注 経済関係複合語ルール参照。

かりこし　借り越し（計算・限度）～(省)**借越額・金・件数**

注 経済関係複合語ルール参照。

かりばらい 仮払い〈契約・申請・申し込み〉～㊔仮払額・期日・金・申請書・制度・伝票・申込書

注 経済関係複合語ルール参照。

かりゅう（顆粒）→顆粒（かりゅう）―粒

かりょう ＝科料〈軽い刑事罰、とが料〉～科料に処す

＝過料〈軽い行政処分、あやまち料〉～過料を取られる

がりょうてんせい（画竜点睛・天晴）→画竜点睛（がりょうてんせい）～画竜点睛（がりょうてんせい）を欠く

かる ＝（苅る）→刈る〈草木、髪など〉～青刈り、稲を刈る、角刈り、刈り入れ、刈り込む、刈り取り（機）、刈り穂

＝（猟る）→狩る〈鳥獣などを追い出して捕らえる、探し捕らえる〉～イチゴ・キノコ・タケノコ狩り、獲物・犯人を狩り出す、狩り場、桜・紅葉狩り、潮干狩り、蛍狩り、魔女狩り、山狩り

＝（駈る）→駆る〈追い立てる〉～馬を駆る、応援・デモ・投票に駆り出す、駆り立てる、好奇心・嫉妬・衝動・不安・欲望に駆られる、人を駆り集める、余勢を駆って

かるい 軽い～軽々しい、軽々と、軽み、軽め、軽焼き、軽業

かるた（歌留多、加留多、骨牌）→かるた

かるはずみ 軽はずみ

がれき（瓦礫）→がれき

かれつ 苛烈―激烈、猛烈

かれる 枯れる・かれる

注「からす・かれる」の項参照。

かれん（可憐）→かれん―愛らしい、いじらしい、かわいらしい

かろうじて 辛うじて

かろやか 軽やか

かろんじる 軽んじる〈「軽んずる」とも〉

かわ 川〈一般用語。固有名詞に付く〉～天の川、小川、川岸、川下り、川越え、川尻、川沿い、川伝い、川っ縁、川釣り、川開き、川辺、川べり、川向こう、テムズ川

注「河＝かわ」は表内訓だが、「かわ」と読む場合には「川」を使う。

かわ ＝皮〈天然皮、表皮〉～皮がむける、皮算用、皮を剝ぐ、木・果物の皮、毛皮、獣の皮、面の皮、化けの皮、骨と皮、ミカンの皮、欲の皮

＝革〈加工皮〉～革帯、革かばん、革靴、革細工、革ジャンパー、革製品、革袋、なめし革、わに革

かわいい（可愛い）→かわいい～かわいがる、かわいげ、かわいらしい

かわいそう（可哀相、可哀想）↓かわいそう

かわく
＝乾く〈一般用語。湿の対語〉～乾いた土地、空気が乾く、洗濯物が乾く、火で乾かす
＝渇く〈喉がかわく、渇望〉～愛情の渇き、渇きを覚える、口が渇く

かわす
＝交わす〈交換、交差〉～あいさつ・握手・言葉・話を交わす、言い交わす、酒を酌み交わす、取り交わした誓約書
＝（躱す）↓かわす〈避ける、外す、そらす〉～相手の意図をかわす、体・身をかわす、追及・矛先をかわす
注 競馬の「先行馬をかわす」「鼻差でかわす」などは平仮名書き。

かわせ 慣為替

かわも（川面）↓慣川面
注 「水面＝みなも」は読み仮名を付ける。

かわや（厠）↓かわや

かわら 瓦～瓦版、瓦ぶき、屋根瓦

かわら（磧、川原）↓統慣河原

かわりばえ（代わり栄え）↓代わり映え

かわる 代わる、変わる、換わる、替わる
注 「かえる・かわる」の項参照。

かわるがわる 代わる代わる

かん
＝観〈注意して見る、見方、考え方〉～偉観、外観、概観、価値観、観閲式、観桜会、観相、観測、観点、観念、奇観、客・主観、先高観、雑観（記事）、参観、死生観、終末観、宿命観、女性観、人生観、世界観、先入観、壮観、相場観、達観、道徳観、悲観、美観、文学観、別人の観がある、傍観、唯物史観、倫理観、歴史観
＝感〈物事に触れて起こる心の動き、気持ち、感じる〉～安心感、安定感、意外感、一体感、違和感、音感、快感、解放感、隔世の感、感化、感慨、感覚、感極まる、感触、感想、感度、感に入る、感に堪える、感応、飢餓感、危機感、期待感、虚無感、緊張感、屈辱感、好感、孤独感、罪悪感、雑感〈さまざまな感想〉、品薄感、重税感、所感、正義感、責任感、疎外感、底値感、存在感、第六感、高値警戒感、多感、抵抗感、天井感、読後感、値頃感、万感、悲壮感、敏感、不信感、負担感、不透明感、方向感、満足感、無力感、優越感、予感、臨場感、霊感、割高感
注 「無常観・感」などは内容によって使い分ける。

＝勘〈直感によって悟る能力〉～勘がいい・鈍い・悪い、勘繰る、勘違い、勘を働かせる、試合勘、勝負勘、相撲勘がある、土地勘、ヤマ勘

かん（罐）→缶～空き缶、缶切り、缶詰め状態、ドラム缶

かん（癇）→かん～かんに障る

かん（燗）→かん～熱かん、かん酒

かん・・寒～寒明け、寒稽古・寒げいこ、寒造り、寒の入り

がん（雁、鴈）→ガン〈動物、「かり」とも〉～がん首

がん（癌）→がん～胃・肺がん、抗がん剤

注「社会のがん」など比喩的な意味には使わない。

かんいっぱつ（間一発）→間一髪～間一髪のところで間に合う

かんがい（旱害）→干害

かんがい（感慨）→感慨～感慨にふける

かんがい（灌漑）→かんがい―水利、引き水、潤す

がんかけ（願掛け）→願掛け

注「願を掛ける」は「願を懸ける」とも。

かんかつ（管括）→管轄～管轄区域

かんがみる 鑑みる

かんがん（寒顔）→汗顔～汗顔の至り

かんかんがくがく（侃々諤々）→かんかんがくがく

注「けんけんがくがく」は誤り。

かんき（乾季）→㊫乾期

かんきつ（柑橘）→かんきつ（類）

がんぐ（翫具）→玩具―おもちゃ

がんくつ（巌窟）→岩窟―岩穴、岩屋

かんぐる（感繰る）→勘繰る～勘繰り

かんけい（奸計、姦計）→悪巧み、悪計、策謀、策略

かんげき（間隙）→間隙（かんげき）―隙間、（一瞬の）隙、溝、不和～間隙（かんげき）を縫う

かんけつ（間歇）→間欠～間欠泉

かんげん（諌言）→忠告、忠言、意見、いさめる

かんげんがく（管絃楽）→管弦楽

かんご

＝看護～看護師〈資格、肩書〉、老人看護

＝監護〈民法、児童福祉法〉～監護義務者、監護権

＝観護〈少年法〉～観護措置

かんこう（箝口、鉗口、緘口）→かん口―口止め～かん口令を敷く

かんごう（環濠）→環濠（かんごう）〈環壕（かんごう）」もある〉

がんこう（雁行）→雁行（がんこう）

かんこつだったい 換骨奪胎

かんこどり 閑古鳥〈カッコウの異称〉～閑古鳥が鳴く〈商売などのはやらないさま〉

かんさ
＝監査〈監督、検査〉～会計監査、監査役
＝鑑査〈審査〉～無鑑査で出品
がんさく（贋作）→贋作（がんさく）―偽作、偽物
かんざし（簪、髪挿）→かんざし
かんさつ
＝観察〈物事を注意して見る〉～観察眼、自然観察、保護観察
＝監察〈視察し監督する〉～監察医、監察官、行政監察
かんし
＝（看視）→監視〈注意して見張る〉～火山活動を監視、監視員、監視の目が光る、監視網
＝環視〈周りで見る〉～衆人環視（の中）
がんじがらめ（雁字搦め）→がんじがらめ〈「…がらみ」とも〉
かんしゃく（癇癪）→かんしゃく

かんしゅ（監守）→看守
かんじゅく
＝完熟〈完全に熟す〉～完熟した果物
＝慣熟〈慣れて上手になる〉～慣熟飛行、操作に慣熟する
かんしょ（甘藷、甘薯）→甘藷（かんしょ）〈植物。「サツマイモ」の異称。「唐芋」とも〉
注 市況・料理記事などでは「サツマ芋」も可。
かんしょ（甘蔗）→サトウキビ〈植物〉
注「かんしゃ」とも。
かんしょう
＝鑑賞〈芸術作品などを味わい理解する〉～演劇・音楽・絵画・美術・文学の鑑賞、鑑賞批評、能楽鑑賞、名園を鑑賞
＝観賞〈見て楽しむ〉～映画観賞〈「映画鑑賞」とも〉、観賞魚、観賞樹木、草花・自然・風景を観賞
＝観照〈客観的に見詰める〉～自己観照、自然観照、人生観照の哲学
かんしょう 勧奨〈励まし勧める〉～勧奨退職
かんじょう 環状～環状線、環状列石
がんしょう 岩礁～岩礁に乗り上げる
がんじょう（岩乗、岩畳）→頑丈
かんしょうちたい（間衝地帯）→緩衝地帯
かんしん
＝感心〈心に深く感じる〉～いたく感心する、感心な行い、感心な生徒
＝関心〈心に掛かる、気に掛ける、興味を持つ〉～関心がある、関心事、関心の的、無関心
＝歓心〈うれしく思う〉～歓心を買う
＝寒心〈ぞっとする〉～寒心に堪えない
かんじん（肝腎）→㊔肝心～肝心要
かんじん 勧進～勧進相撲、勧進帳、勧進元

かんすい〈完遂〉↓完遂〈「かんつい」は誤読〉
かんすう〈函数〉↓関数
かんせい〈陥穽〉↓落とし穴、わな
かんせい
=官製〈政府・行政の主導でできたもの〉～官製談合、官製の協議会
=官制〈行政機関の組織、権限など〉～官制改革
=管制〈管理、制限〉～管制官、管制塔、灯火管制
かんせい
=歓声〈喜びの声〉～勝利の瞬間に歓声が湧く、大歓声に包まれる
=喚声〈叫び声、わめき声〉～驚きの喚声が上がる、突撃の喚声
=（喊声）↓ときの声〈戦場で士気を鼓舞する声〉～ときの声を上げる
かんせん　汗腺〈身体器官〉
かんぜんちょうあく　勧善懲悪

がんぞう〈贋造〉↓偽造
かんたい〈款待〉↓歓待
かんだかい〈疳高い、感高い〉↓甲高い
かんたん〈感歎〉↓感嘆～感嘆の声
かんたん　肝胆～肝胆相照らす
がんたん　元旦〈元日の朝のこと〉
注「間違えやすい語字句」参照。
かんち
=関知〈あずかり知る〉～一切関知しない、当方は関知しない
=感知〈感じる、反応する〉～相手の意図を感知する、感知器
かんちがい〈感違い〉↓勘違い
かんちょう〈浣腸、灌腸〉↓かん腸
かんづく〈勘付く〉↓感付く
かんづめ
=缶詰〈製品〉～缶詰工場、カニ・サケの缶詰
=缶詰め〈動作、状態、比喩的に〉～缶詰め作業、缶詰め状態、旅館に缶詰めになる

かんてつ〈完徹〉↓貫徹～初志貫徹
かんてん〈旱天〉↓干天～干天の慈雨
かんどころ〈甲所、肝所〉↓勘所
かんなづき　神無月〈陰暦10月の別称〉
かんなん〈艱難〉↓艱難（かんなん）―苦難、困苦、困難～艱難（かんなん）辛苦
かんにさわる〈癇・勘に触る〉↓かんに障る
かんにん〈勘忍〉↓堪忍～堪忍袋の緒が切れる
かんぬし　神主
かんのう　官能～官能を刺激する
かんのう　堪能―練達
注「たんのう」の項参照。
かんのん　観音～観音様、観音開き
かんぱ　看破～真相を看破する
かんぱい〈乾盃〉↓乾杯
かんばしい〈香しい、馨しい〉↓芳しい

かんばつ〈旱魃〉→干ばつ―日照り、水枯れ、渇水、干害
がんばる　頑張る～頑張り屋
かんぱん　甲板〈「こうはん」とも〉
かんぴょう〈干瓢、乾瓢〉→かんぴょう
かんぷ　完膚～完膚なきまでに
かんぷく〈感伏〉→感服～感服の至り
がんぶつ〈贋物〉→偽物
かんぺき〈完璧〉→完璧～完璧を期する
かんべん〈堪弁〉→勘弁
かんぼう〈寒冒〉→感冒
かんぽう〈漢法〉→漢方～漢方薬
かんぼく〈灌木〉→低木
かんまん〈緩漫〉→緩慢
がんみ〈翫味、含味〉→玩味～熟読玩味
かんむり　冠～冠大会、おかんむり〈不機嫌〉、草かんむり
かんめい〈肝銘〉→㊝感銘～感銘を受ける
がんめい〈頑冥〉→頑迷

かんめん〈干麺〉→乾麺
がんもどき〈雁擬き〉→がんもどき
かんよ〈干与〉→関与
かんよう〈涵養〉→養成、育成、蓄える
がんらい　元来
かんり
=管理〈職務・施設などを管轄・運営し保守する〉～管理社会、管理職、健康の管理、品質の管理
=監理〈監督・管理する〉～行政監理、設計監理、電波監理審議会
かんりゅう〈乾溜〉→乾留～石炭の乾留
かんりゅう
=還流〈流れが元に戻る〉～株・資金の還流
=環流〈流れ巡る〉～海水・大気の環流、血液の環流
=貫流～平野を貫流する大河
かんれき〈還歴〉→還暦〈満60歳〉～還暦の祝い

がんろう〈翫弄〉→玩弄（がんろう）―もてあそぶ、おもちゃにする
かんろく〈貫禄〉→㊕貫禄
かんわ〈閒話〉→閑話～閑話休題

【き】

き
=季〈季節〉～季題、今・来季、四季、春・夏・秋・冬季、年季（を入れる）
=期〈ある期間〉～雨期、乾期、期末手当、厳寒期、今・来期、時期、周期、盛期、前・後期、第2四半期、冬期間、農閑・農繁期、端境期、末期、満期、無期懲役、漁・猟期
注「○○夏期講座」「○○秋期大会」などは固有名詞扱い。
=気〈精神、気質、気体など〉～一気に、運気、英気、気受け、気負い、気後れ、気落ち、気重、気が変わる、

気が利く、気が早い、利かん気、鬼気迫る、気位、気骨=きこつ・きぼね=、気さく、気障り、気色悪い、気勢、気ぜわしい、気息、気立て、気遣い、気疲れ、気詰まり、気動車、気取り、気に掛ける、気に障る、気に病む、気の毒、気乗り薄、気恥ずかしい、気晴らし、気張る、気風、気前、気まずい、気まま、気短、気密性、気脈、気難しい、気持ち、気安い、気休め、気弱、気を使う、気を付ける、心気の衰え、電気を送る、二十四節気=にじゅうしせっき=、㊔**気合**、**気付**〈宛先〉

=機〈機械、きっかけ、弾み、頃合い〉~逸機、機運、機会をうかがう、機が熟す、機関車、機嫌、機知、機転が利く、機に乗じて、機帆船、機を失する、機を見るに敏、好機を逃す、国家機密、勝機、蒸気機関、心機一転、存亡の機、転機を迎える、動機、臨機応変

き

=器〈単純または小型の容器・道具・器具・装置など〉~泡立て器、安全器、うそ発見器、温水器、加圧器、火炎放射器、火器、花器、楽器、家庭電器、器械体操、気化器、器物、吸入器、計器、継電器、警報器〈ガス漏れなど〉、計量器、煙感知器、検温器、検波器、弱音器、遮断器〈ブレーカー〉、消火器、水準器、水晶発振器、炊飯器、送・受話器、聴診器、抵抗器、電熱器、投光器、透析器、ふ化器、復水器、分度器、変圧器、保育器、放熱器、歩行器、補聴器、蒸し器、湯沸かし器、連結器

=機〈複雑または大型の機械・装置、動力を使った機械など〉~編み機、印刷機、映写機、開閉機、拡声機、火災報知機、乾燥機、機材〈建設など〉、起重機、金銭登録機、空気清浄機、計算機、警報機〈踏切〉、検眼機、原動機、耕運機、工作機、削岩機、自動販売機、写真機、遮断機〈踏切〉、集じん機、昇降機、織機、信号機、洗濯機、扇風機、掃除機、送・受信機、送風機、測深機、脱穀機、探査機、探知機、端末機、通信機、電算機、転てつ機、電動機、電話機、破砕機、発電機、発動機、溶接機、輪転機、録音機

注「警報器・機」「測定器・機」「治療器・機」「盗聴器・機」「噴霧器・機」などは機器の規模や性能に応じて使い分ける。

き(樹)→木~木切れ、木組み、木づち、木で鼻をくくる、木登り、木彫り、

木を見て森を見ず

き　生～生一本（な性格）、生じょうゆ、生そば、生の酒

き　黄～黄色（い）、黄ばむ

き・・　着～着替え、着心地、着こなし、着込む、着丈、着付け、着流し、着膨れ、着古し、着痩せ

きあい　㊔**気合～気合負け**

きあけ　忌明け

きいん（基因）→㊕起因

ぎいん

＝議員〈議会で議決権を持つ人〉～議員会館、議員総会、議員立法、衆院・参院議員

＝議院〈国政を審議する場所〉～議院運営委員会、議院証言法、議院内閣制

きうそうだい　気宇壮大

きうん（気運）→㊕機運～機運が熟す

きえ　帰依～仏道に帰依する

きえん（気焔△）→気炎～気炎を上げる

きえん

＝機縁〈因縁、きっかけ〉～これを機縁に

＝奇縁〈不思議な縁〉～また会うとは奇縁だ、㊔**合縁奇縁**

ぎえんきん（義捐△金）→義援金

きえんさん（稀△塩酸）→希塩酸

きおうしょう（既応▲症）→既往症

きおくれ（気遅れ、気怯△れ）→気後れ

きか

＝奇貨〈意外な利益を得る見込みのある品物・機会〉～奇貨おくべし、これを奇貨として

＝奇禍〈思いがけない災難〉～奇禍に遭う

きか（麾△下）→旗下―指揮下（の者）、部下、配下

きか

＝気化〈液体・固体が気体に変わること〉～気化熱

＝帰化〈渡来した生物がその土地に適応し繁殖すること〉～帰化植物・動物

注　国籍に関係する「帰化」は「国籍を取得する」に言い換える。「帰化人」も「渡来人」とする。ただし、国籍法に基づく「帰化（申請・手続き）」などは「帰化」を使う。

きが（饑△餓）→飢餓

きかい

＝機械〈一般用語。動力を用いる大型・複雑なシステム〉～機械化、機械工学、機械的、医療・光学・工作機械

＝器械〈限定用語。人間が動かす小型・簡単なシステム〉～器械運動・体操、理化学器械

きがい（気慨▲）→気概

きがえ（着換え）→㊕着替え

きがかり　気がかり

ぎがく　伎楽～伎楽面

き

きガス（稀ガス）→希ガス
きがね　気兼ね～周囲に気兼ねする
きかん
＝器官〈体内の臓器など〉～呼吸器官、消化器官
＝気管〈呼吸器の一部〉～気管が弱い、気管支炎
きかん（汽鑵）→汽缶－かま、ボイラー
きき（毀棄）→毀棄（きき）～公文書等毀棄（きき）罪
きき（器機）→機器
ききいっぱつ（危機一発）→危機一髪
ききこみ（聴き込み）→㊨聞き込み（捜査）
ききざけ（聞き酒）→㊨利き酒
ききとして（嬉々として）→喜々として
ききめ
＝効き目〈効能〉～効き目がある
＝利き目〈よく使う方の目〉～利き目で見る
ききゅう　危急（存亡）
ききょう　奇矯（な振る舞い）
ぎきょうしん（義侠心）→義侠（ぎきょう）心－正義感
ききん（飢饉、饑饉）→飢饉（ききん）－凶作
ききん
＝基金～国際交流基金、年金基金
＝寄金～寄金を募る
きく　キク・菊〈植物〉～菊判、除虫菊
きく
＝聞く〈一般用語。音・声・話などを耳に感じて理解する、自然に耳に聞こえてくる〉～言い聞かせる、言うこと・意見・考え・話・要求を聞く、歌を聞かせる、うわさを聞く、音に聞こえる、聞かせる話、聞き入る、聞き入れる、聞き置く、聞き納め、聞き覚え、聞き返す、聞き書き、聞きかじる、聞き方、聞きしに勝る、聞き上手、聞き捨て、聞きただす、聞き付ける、聞きづらい、聞き手、聞きどころ、聞き取り調査、聞き流す、聞きほれる、聞き耳を立てる、聞き物、聞き役、聞き分けがない、聞く耳持たぬ、聞こえが悪い、聞こえよがし、香を聞く〈聞香〉、立ち聞き、手が言うことを聞かない〈手が利かない〉、盗み聞き、話し声を聞く、人聞き、また聞き、見聞き、道順を聞く、胸の内を聞く、物音を聞く
＝聴く〈限定用語。身を入れてきく〉～音楽・講義を聴く、声なき声・国民の声・街の声を聴く、事情を聴く

注「聞」「聴」は、きく態度によって書き分ける。例えば、「事情をきく」は「事情を聞く」もある。どちらか迷うときは「聞」を使う。複合語は慣用で「聞」を用いる。

きく

＝利く〈能力・機能を発揮する、役に立つ、物をいう、可能、利用〉～応用が利く、押し・おだて・脅し・にらみが利く、回転の利いた突っ張り、顔が利く、肩書が利く、利いたふうなことを言う、気が利く、利かぬ顔、利かん気、利き足・腕・手・目、利き駒〈将棋〉、機転が利く、口利き、口を利く、小才が利く、ごまかしが利かない、小回りが利く、自由・無理・融通が利く、すごみを利かす、暖房・冷房が利く、つぶしが利く、展望が利く、どすの利いた声、のりの利いたワイシャツ、歯止め・ブレーキが利く、鼻・耳・目が利く、幅を利かす、左利き、目利き、目先・目端が利く、めりはりが利く、ワサビが利く

＝効く〈ききめがある、効果、効能〉～効き目がある、薬が効く〈薬効〉、先取点・ホームランが効く、宣伝が効く、賄賂が効く

注「だしを利かせる、だしが効いた」「パンチを利かす、パンチが効く」「鼻薬を利かす、鼻薬が効く」などは、「働かす」「効果がある」の語義によって使い分ける。紛らわしい場合は平仮名書き。

きぐ（危懼■）→危惧～不安、恐れ、心配、危ぶむ、懸念～絶滅危惧種

きぐ

＝器具〈道具類、比較的小さなもの〉～医療・ガス器具、健康・照明器具、電気器具

＝機具〈機械・機器、比較的大きなもの〉～機具置き場、船舶機具、農機具

きぐう　奇遇

きぐう（寄寓△）→仮住まい、（他人の家に）身を寄せる、厄介になる

きけい（畸△形）→奇形～奇形の魚

ぎけつ　議決〈条約など承認案件は「議決」。法案など一般案件は「可決」〉

きげん（譏△嫌、気嫌▲）→機嫌

きげん（起原）→起源

きげん　紀元～紀元元年

きげんそ（稀△元素）→希元素

きこう

＝帰港〈港に帰る〉～帰港途中の航海で

＝帰航〈帰りの航海・飛行〉～帰航中の漁船

きこう

＝寄港〈港に立ち寄る〉～外国船が寄港

＝寄航〈途中で空港に立ち寄る〉～チャーター機がハワイに寄航

きごう（揮毫△）→揮毫（きごう）―筆を執る、染筆～師の揮毫（きごう）

きこうぼん（稀△覯△本）→希少本、希書、珍本

ぎごく　疑獄～疑獄事件

きこり（木こり、樵△）→きこり

きざ（気障•）→きざ～きざっぽい

きさい

＝奇才〈珍しく優れた才能〉～奇才を発揮、不世出の奇才

＝鬼才〈人間とは思われないほどの才能〉～映画界・文壇の鬼才

＝機才〈機敏な才気〉～機才が利く、機才にたける、機才に富む

きざい

＝機材〈機械や材料〉～建設機材、ダム工事の機材

＝器材〈器具や材料〉～観測用の器材、教育器材

きさき（妃、后•）→きさき、妃殿下

注「お妃（きさき）選び」は別。

きざす（徴す、萌△す）→兆す～兆し

きざむ　刻む～刻み、刻み付ける、刻み目

きさらぎ（如△月•）→如月（きさらぎ）〈陰暦の2月〉

きし（旗幟△、旗識▲）→旗幟（きし）－旗印、立場、態度～旗幟（きし）鮮明

注「きしょく」「きしき」は誤読。

きじ（雉△、雉子△）→キジ〈動物〉～キジも鳴かずば打たれまい

きじ

＝生地〈自然のままの質、布地〉～菓子・パン・麺の生地、生地が出る、生地のまま、洋服の生地

＝木地〈塗り物の下地、木目〉～木地師、木地塗り

ぎし　義肢

ぎじ（擬似）→(統)疑似～疑似餌、疑似コレラ、疑似体験

きしかいせい　起死回生～起死回生の策

きじく

＝基軸〈基準、中心〉～基軸通貨、日本を基軸として

＝機軸〈機関・車輪の軸、活動の中心・方式〉～新機軸を打ち出す

きしつ

＝気質〈気立て〉～サラリーマン気質

＝器質〈生まれつきの素質、器官の性質〉～器質的障害

＝基質〈酵素と作用して化学反応を起こす物質、結合組織の細胞間にある物質〉～アミラーゼの基質はでんぷん

ぎじばり（擬餌鉤△）→擬餌針

きしむ（軋△む）→きしむ～きしませる、きしる、歯ぎしり

きしゃ（寄捨）→喜捨

きしゃく（稀△釈）→希釈

きしゅう　奇習～その土地の奇習

きしゅう　奇襲～奇襲攻撃

きじゅん（規準）→(統)基準

きしょう

＝気性〈気立て〉～気性が荒い、進取

の気性に富む

＝気象〈天候状態など〉～気象観測

きしょう（稀少、希小）→希少～希少価値

きしょう（徽章）→記章―バッジ

ぎしょう

＝偽称〈偽って名乗る〉～肩書を偽称

＝偽証〈偽りの証言〉～偽証罪

ぎじょうへい（儀仗兵）→儀仗（ぎじょう）兵〈自衛隊では「儀仗（ぎじょう）隊（員）」〉

ぎしんあんき　疑心暗鬼

きず（創、疵、瑕）→傷～刀傷、傷が付く、傷薬、傷口、傷つく、傷つける、傷物、生傷、無傷

注 比喩的表現の「玉にきず」「きずもの」などは平仮名書き。

きずあと　傷痕

注「あと」の項参照。

きすう（帰趨）→成り行き、動向、行方、落ち着き先

きずな（絆）→絆～夫婦の絆

きせい

＝規制〈規律を立てて制限する〉～交通規制、行動を規制、窓口規制、輸出を規制

＝規正〈限定用語〉～政治資金規正法

きせい

＝既成〈未完の対語。既に出来上がっている物事〉～既成概念、既成事実、既成政党、既成の権威

＝既製〈既に商品として出来上がっているもの〉～既製品、既製服

きせい　期成〈やり遂げようと互いに誓うこと〉～期成同盟

ぎせい

＝擬制〈見せ掛け〉～擬制資本

＝擬勢〈虚勢〉～擬勢を張る

＝擬製〈本物に似せて作る〉～擬製豆腐

きせき（奇蹟）→奇跡～奇跡の生還

きせき　鬼籍～鬼籍に入る〈「死ぬ」の文語的表現〉

きせる（＊煙管）→きせる

きせん（気先）→機先～機先を制する

きぜん（毅然）→毅然（きぜん）―厳然、決然、断固～毅然（きぜん）とした態度

きそう　帰巣～帰巣本能

きぞう　寄贈〈「きそう」とも〉

ぎそう

＝偽装〈偽りごまかす〉～偽装結婚、偽装工作、偽装殺人

＝擬装〈カムフラージュ〉～擬装陣地、擬装砲

ぎそう（艤装）→艤装（ぎそう）～艤装（ぎそう）工事

きそうきょく（綺想曲）→奇想曲〈狂想曲、カプリッチオ、自由な楽曲〉

きそくえんえん（気息奄々）→気息奄々（えんえん）―息も絶え絶え

きそん（棄損、毀損）→毀損（きそん）―損傷、破損～名誉毀損（きそん）

きたい（奇体）→奇態～奇態な振る舞い

きたい・きだい（稀代）→希代～希代の出来事

ぎたい 擬態～擬態語、昆虫の擬態

きたす 来す～支障を来す

きだて 気立て～気立ての良い人

きたない（穢い）→汚い～汚らしい

ぎだゆう ㊎義太夫

きたる
＝来る〈連体詞〉～来る10月10日
注「来＝く＝る」と紛らわしい場合は、送り仮名を補って「来たる」としてよい。
＝来たる〈動詞〉～英雄来たる、冬来たりなば春遠からじ

きだん（綺談）→奇談

きたんない（忌憚ない）→忌憚（きたん）ない―腹蔵ない、率直な、遠慮のない

きち
＝（奇智）→奇知〈奇抜な知恵〉～奇知をてらう
＝（機智）→機知〈ウイット〉～機知に富む

きちがい（気違い）→精神障害者
注「気違い」は使わない。「気違い沙汰、気違いじみた、気違いに刃物、…気違い」などの熟語・成句も避け、別な表現を工夫する。「…キチ」も使わない。

きちょうめん（几帳面）→きちょうめん

きっかい 奇っ怪～奇っ怪至極

きづかい 気遣い～気遣う、気遣わしい
注「気をつかう」は「使う」。

きっきん 喫緊（の課題）―緊要

きづく 気付く～気が付く

きつけ 着付け

きつけ 気付け〈元気づける〉～気付け薬

きづけ ㊒気付〈宛先〉～○○気付

きっこう（拮抗）→拮抗（きっこう）―張り合う、競り合う、対抗、伯仲

きっこう 亀甲～亀甲文様

きっすい 生粋～生粋の江戸っ子

きっすい（吃水）→喫水～喫水線

きって ㊒切手～小切手

・・きっての（切っての）→きっての～学校きっての秀才

きつね（狐）→キツネ〈動物〉～きつね色、きつねうどん、きつね火

きっぷ ㊒切符～通し切符

きっぷ（気っ風）→きっぷ～きっぷのいい男

きづまり 気詰まり～気詰まりな会合

きつりつ（屹立）→そびえ立つ、そそり立つ

きてい（規程）→㊕規定
注「国家公務員倫理規程」「自民党

総裁公選規程」など固有名詞は別。
きていほうしん（規▲定方針）↓既定方針
きてん
＝起点〈終点の対語、始まりとなる点〉～鉄道・路線の起点
＝基点〈基となる点、中心点〉～…を基点として半径10キロ
きてん（気転）↓機転（を利かす）
きとう（祈禱△）↓祈り、祈念、祈願～祈禱（きとう）師
きとく
＝危篤〈病気が重く生命が危うい〉～危篤に陥る
＝（奇篤）↓奇特〈殊勝〉～奇特な人
きなこ（黄•粉）↓きな粉
きぬ
＝絹〈繊維〉～絹織り、絹ごし豆腐、絹ずくめ、絹張り、㊥絹織物
＝（衣•）↓きぬ〈着物〉～きぬ擦れ、ぬれぎぬ、歯に衣（きぬ）着せぬ

きね（杵△）↓きね～昔取ったきねづか
きねん（紀念）↓記念～記念日、記念品
きねん　祈念
注　広島は「平和記念式典」（正式には「原爆死没者慰霊式並びに平和祈念式」）。長崎は「平和祈念式典」（正式には「原爆犠牲者慰霊平和祈念式典」）。いずれも単に「平和祈念式」と呼ぶ場合もある。平和記念公園、平和記念資料館（広島）、平和祈年像（長崎）。
きのう　きのう・㊇昨日
注　平仮名書きが望ましい。「さくじつ」と読ませる場合は別。
きのこ（茸、菌•）↓キノコ〈菌類〉～キノコ狩り・採り、きのこ雲、きのこ汁
きのみきのまま　着の身着のまま
きば　牙～牙をむく
きはく（気魄△）↓気迫～気迫に欠ける
きはく（稀△薄）↓希薄～希薄な人間関係

きはん（軌範）↓規範
きばん
＝基盤〈物事の土台〉～基盤整備、確固たる基盤、生活の基盤
＝基板〈電気回路が埋め込まれている板、ウエハー〉～電子回路の基板、プリント基板
きび（黍△、稷△）↓キビ〈植物〉～きび団子
きび（気▲微）↓機微～人情の機微
きびき　㊥忌引
きびしい（酷•しい）↓厳しい
きびす（踵△）↓きびす～きびすを返す
きふく（帰伏）↓帰服
きべん（詭△弁、奇弁）↓詭弁（きべん）～詭弁（きべん）を弄（ろう）する
きまぐれ（気紛•れ）↓気まぐれ
きまじめ　㊇生真面目
きまりわるい（極•まり悪い）↓きまり悪い～きまりが悪い
きまる・きめる（極•）↓決まる・決める

〜決まって〈副詞〉、決まり切った、決まり手、決まり文句、決まりをつける、決め込む、決め球、決め付ける、決め手、決めどころ、月決め、取り決め、本決まり
ぎまん（欺瞞）→欺瞞（ぎまん）―欺く、偽り、ごまかし
きみ　君〜君が代、君たち
きみ
＝（黄味）→黄み〜黄みを帯びる
＝黄身〜卵の黄身
きみ　気味〜いい気味、風邪気味、気味が悪い、小気味よい、不気味
きみじか　気短〜気短な人
きみつ
＝気密〈気圧が変化しないよう密閉した状態〉〜気密構造、気密性が高い
＝機密〈政治・軍事などの重要な秘密〉〜機密費、機密文書、機密を漏らす、データの機密性

きめ
＝（肌理）→きめ〈一般用語。皮膚などの表面〉〜きめが粗い・細かい、きめ細かな観察
＝（＊木理）→木目〈木の板の表面に年輪がつくりだす模様、「もくめ」とも〉〜木目込み細工・人形
きめたおし（極め倒し）→きめ倒し〈相撲〉
きめだし（極め出し）→きめ出し〈相撲〉
きも（胆）→肝〜肝が据わる、肝吸い、肝試し、肝っ玉、肝に銘じる
きもいり（肝入り）→肝煎り〜上司の肝煎り
ぎゃくそう　逆走〜逆走車
ぎゃくそう　逆送〈少年法・検察官送致〉
きゃしゃ（華奢）→きゃしゃ
きやすめ（気安め）→気休め
きゃたつ　㊔**脚立**
きゃはん（脚絆）→脚半

きゃら（伽羅）→キャラ〈植物〉・きゃら〈香料〉
きやり（木遣り）→木やり〜木やり歌
きゅう（灸）→きゅう〜おきゅう、きゅうを据える
きゆう（杞憂）→杞憂（きゆう）―取り越し苦労、無用の心配
きゅういん　吸引〜アヘン・大麻の吸引、吸引力
注　アヘンなどには「吸飲」も使われる。
きゅうかく　嗅覚〜鋭い嗅覚
きゅうきゅう（急救）→救急〜救急救命士、救急車、救命救急センター
きゅうきゅうとする（汲々とする）→（金もうけに）きゅうきゅうとする
きゅうきょ（急遽、急拠）→急きょ―急ぎ、急に、緊急に
きゅうきょう（窮況）→窮境〜窮境を脱する

き

きゅうきょく〈窮極〉→㊔究極

きゅうこう 旧交～旧交を温める

きゅうこう
=休校〈学校の授業全てが休みになる〉～台風で休校になる
=休講〈講義を休む〉～都合で休講にする

きゅうごう 糾合～同志を糾合する

きゅうし 臼歯

きゅうじ 給餌〈餌を与える〉

きゅうしゃ〈廐舎〉→廐舎（きゅうしゃ）—馬小屋、うまや

きゅうしゅきょうぎ〈鳩首協議〉→鳩首（きゅうしゅ）協議—寄り集まって相談する

きゅうしゅん〈急峻〉→急峻（きゅうしゅん）—（非常に）険しい

ぎゅうじる 牛耳る～委員会を牛耳る

きゅうしん
=急伸〈急に伸びる〉～売り上げが急伸、業績・株価が急伸
=急進〈急いで進む。変革を急ぐ〉～艦船を急進させる、急進派

きゅうす 急須

きゅうする
=休する〈やむ〉～万事休す
=窮する〈困る〉～窮すれば通ず

きゅうせい 急逝～肺炎で急逝する

きゅうせき〈旧蹟〉→旧跡～名所旧跡

きゅうせんぽう〈急先鋒〉→急先鋒（せんぽう）

きゅうたいいぜん 旧態依然

きゅうだん〈糺弾〉→糾弾

きゅうてき〈仇敵〉→敵、あだ

きゅうてんかい
=急展開〈急に範囲・様相などが広がる〉～交渉が急展開、事態が急展開する
=急転回〈ぐるりと方向を変える〉～増税から減税へ政策を急転回させる

きゅうはく
=急迫〈差し迫る〉～情勢急迫
=窮迫〈困りきる〉～財政・生活が窮迫

きゅうむいん〈廐務員〉→廐務（きゅうむ）員

きゅうめい
=究明〈道理・原因などをきわめ明らかにする〉～原因・真相を究明
=糾明〈罪状などをただし明らかにする〉～違法行為・責任を糾明

きゅうめいどうい〈救命胴着〉→救命胴衣

きよい〈浄い、潔い〉→清い～清める、清らか

きょう きょう・㊏今日
注 平仮名書きが望ましい。「こんにち」と読ませる場合は別。

きょう〈卿〉→㊕卿〈爵位を持つ人に付ける敬称〉～枢機卿〈「すうきけい」とも〉、チ

ャーチル卿

きょうあい（狭隘）→狭い、狭苦しい、窮屈、狭量

きょうあく（兇悪、狂悪）→凶悪

きょうい

＝脅威〈脅し、恐れ、威力〉～脅威を与える・感じる、軍事的脅威、自然の脅威〈台風など〉

＝驚異〈非常な驚き〉～驚異的な記録、大自然の驚異〈景観など〉

きょうえつ　恐悦～恐悦至極

きょうえん（饗宴）→供宴～光と音の供宴

きょうえん

＝共演〈同じ舞台・ドラマなどに出演する〉～トップスターの初共演

＝競演〈同じ役柄・演目などを競い合う〉～忠臣蔵を競演

＝協演〈協力して演奏する〉～ベルリンフィルと協演

きょうおう（饗応）→供応

きょうか　供花〈仏教では「供華＝くげ」〉

きょうかい（教誨）→教戒～教戒を施す

きょうかいし（教誨師）→教誨（きょうかい）師

きょうがく（驚愕）→（非常に）驚く、仰天、肝をつぶす

きょうかつ（脅喝）→恐喝～恐喝罪

きょうかん（兇漢）→凶漢

きょうき（兇器）→凶器

きょうき（俠気）→おとこ気

ぎょうぎ　行儀～行儀作法

ぎょうぎょうしい（業々しい）→仰々しい

きょうきらんぶ（狂気乱舞）→狂喜乱舞

きょうきん　胸襟～胸襟を開く

きょうこ（鞏固）→強固

きょうこう　教皇〈カトリック教会の最高位〉～ローマ教皇

きょうこう（兇行）→凶行

きょうこう　恐慌～100年に1度の金融恐慌

きょうこう

＝強行〈障害を押し切って行う、無理に行う〉～強行採決、強行突破、核実験を強行、計画・工事・審議を強行

＝強硬〈手ごわい、強い態度〉～強硬手段、強硬な意見・抗議・態度、強硬に主張

＝強攻〈強気で攻める〉～ヒットエンドランの強攻策

注「強行策」「強硬策」「強攻策」は内容によって使い分ける。

きょうごう（強剛）→㊔強豪

ぎょうこう（僥倖）→（思わぬ）幸運

きょうこつ（頬骨）→頬骨（きょうこつ）

注「ほおぼね」と読む場合は読み仮名は不要。

きょうさ　教唆～教唆扇動、殺人教唆

き

きょうさく（狭窄）→狭窄（きょうさく）
～気管・視野狭窄（きょうさく）
きょうざつぶつ（夾雑物）→不純物、混じり物
きょうざめ（興醒め）→興ざめ
ぎょうさん（仰山）→ぎょうさん
きょうじ（矜持、矜恃）→誇り、自負
注「きんじ」は慣用読み。
きょうしょう（狭少）→狭小
きょうじん（兇刃）→凶刃
きょうじん（強靱）→強靱（きょうじん）
―粘り強い、強固、頑丈
きょうせい（匡正）→矯正～矯正視力
ぎょうせい
＝（擬陽性）→㊔疑陽性〈陽性かと疑われる〉
＝偽陽性〈誤って陽性とされる〉
ぎょうせき
＝業績〈実績〉～業績を挙げる
＝行跡〈品行〉～不行跡

きょうそう
＝競争〈一般用語。互いに優劣を競う〉～競争価格、競争入札、生存競争
＝競走〈走り比べ〉～駅伝競走、競走馬、自転車競走、徒競走、モーターボート競走
＝（競漕）→競漕（きょうそう）〈こぎ比べ〉～ペーロン競漕（きょうそう）
きょうそう（狂躁）→狂騒
きょうそうきょく
＝協奏曲〈コンチェルト〉～ピアノ協奏曲
＝狂想曲〈カプリッチオ、奇想曲〉
＝狂騒曲〈比喩的に〉～歳末狂騒曲
きょうそく（脇息）→脇息（きょうそく）
きょうたい（狂体）→狂態～狂態を演じる
きょうだい　兄弟
注 男女が何人もいる場合や、兄妹＝けいまい＝、姉弟＝してい＝を「きょうだい」と読ませたいとき、また性別がはっきりしないときは平仮名書き。
きょうたん（驚歎）→驚嘆～驚嘆に値する
きょうだん（兇弾）→凶弾
きょうてん
＝教典〈教育上、宗教上よるべき書物〉～初等教育の教典
＝経典〈宗教的な教えの書〉～仏教の経典
ぎょうてん　仰天～びっくり仰天
きょうてんどうち　驚天動地
きょうどう
＝（協同）→㊔共同～共同研究・作業
注「協同一致」「協同組合」「産学協同」などは別。
＝協働～行政とNPOの協働
きょうとうほ（橋頭堡、橋頭保）→橋頭

堡（きょうとうほ）―足掛かり、拠点

きょうはく
＝脅迫〈脅し。刑法の用語。一般にも広く使われる〉～脅迫罪、脅迫状
＝強迫〈無理強い。民法および医学・心理学関係に使われる〉～強迫観念、強迫神経症、強迫による意思表示

きょうべんをとる（教鞭を執る）→教える、教壇に立つ、教師になる、教職に就く
注「鞭」が体罰を連想させるため、言い換える。

きょうぼう（兇暴、狂暴）→㊕凶暴

きょうぼく（喬木）→高木

きょうまん（驕慢）→高慢

きょうみしんしん（興味深々）→興味津々

きょうゆ・きょうじゅ・きょういん
＝教諭〈幼稚園、小、中、高校〉
＝教授〈大学、高等専門学校〉
＝教員〈各種学校、専修学校〉
注「教員」は教職に携わる者全般に用いることもできる。

きょうよう
＝共用〈共同で使う〉～共用部分、炊事場の共用
＝供用〈使用に供する〉～供用林、施設の供用を開始する

きょうらく 享楽～享楽主義

きょうりょう（橋梁）→橋梁（きょうりょう）―橋
注「橋梁工事」は「架橋工事」「橋の修理工事」などのように言い換えを工夫する。

きょうわ
＝協和〈心を合わせ仲良くする〉～協和音、協和の精神
＝共和〈共同和合して政務などをする〉～共和国、共和主義・制

ギョーザ（餃子）→ギョーザ

きょか（炬火）→たいまつ、トーチ
注 国体は「炬火（きょか）」、五輪は「聖火」を使う。

ぎょかい（魚貝）→魚介～魚介類

ぎょかく（魚獲）→漁獲～漁獲高・量

ぎょきょう（魚況）→漁況

きょきん（醵金）→拠金

きょくげん
＝局限〈範囲を限る〉～問題を局限する
＝極限〈ぎりぎりの状態〉～体力の極限

きょくげん 極言～あえて極言する

ぎょくさい 玉砕

きょくじつ（旭日）→旭日（きょくじつ）～旭日（きょくじつ）昇天の勢い

きょくじつだいじゅしょう（旭日大綬章）→㊕旭日大綬章

ぎょくせきこんこう（玉石混淆）→玉石混交

きょくち
＝局地〈限られた土地、区域〉～局地豪雨、

局地戦、局地的解決
＝極地〈どん詰まりの地、南・北極〉～極地探検、極地法〈登山・探検〉
＝極致〈この上ない境地・趣、きわみ〉～美の極致

きょさつ（巨刹）→巨刹（きょさつ）―大寺院

ぎょじ　御璽～御名御璽

ぎょしゃ（馭者）→御者

きょしゅつ（醵出）→拠出

ぎょしょう　魚礁〈人工的な場合は「漁礁」も使う〉

きょしんたんかい（虚心坦懐）→虚心坦懐（たんかい）―こだわりなく、虚心、わだかまりなく、率直

ぎょする（馭する）→御する〈操る〉～御し難い乱暴者

ぎょふ（漁夫）→漁民、漁師、漁船員
注「漁夫の利」（「漁父の利」とも）は別。

きよほうへん（毀誉褒貶）→毀誉褒貶（きよほうへん）―評判、世評

ぎょもう（魚網）→(統)漁網

ぎょろう（魚撈）→漁労

きら（綺羅）→きら（を飾る）～きら星のごとく〈本来の読みは「きら・ほしのごとく」〉

きらい（嫌い）→きらい〈傾向、気味、区別〉～短気なきらいがある、男女のきらいなく

きらう　嫌う〈好むの対語〉～忌み嫌う、嫌いな食べ物、毛嫌い、好き嫌い

きらびやか（煌びやか）→きらびやか

きらめく（煌めく、燦めく）→きらめく

きり　霧～霧吹き、夜霧

きり（桐）→キリ〈植物〉～きりげた、きりだんす、きり箱

きり（錐）→きり〈道具〉～きりもみ状態

きり・・　切り～切り上げ（率）、切り売り、切り絵、切り替え、切り返し、切りがない、切り株、切り髪、切り紙（細工）、切り傷、切り口、切り口上、切り込み、切り下げ（率）、切り捨て（御免）、切り出し、切り通し、切り付ける、切り詰める、切り立つ、切り取り線、切り抜き帳、切り抜ける、切り花、切り札、切り干し、切り身、切り盛り

・・きり
＝切り〈区切り、限度〉～打ち切り、思い切り、買い切り、区切り、飛び切り、持ち切り、読み切り
＝（切）→きり〈「…だけ」「ずっとその状態にある」意味を示す副助詞〉～一回きり、行ったきり、それっきり、付きっきり、寝たきり、二人きり
＝（限）→きり〈受け渡し期限〉～9月きり、先ぎり、当ぎり、中ぎり

きりかえ（切り換え）→(統)切り替え

きりこ　切り子（ガラス）〈「江戸切子」「薩

摩切子」などの固有名詞は別〉
きりさめ 霧雨
きりつ（紀律）→規律
きりづま 切り妻～切り妻造り
きりは（切り端）→切り羽
きりゅうさん（稀硫酸）→希硫酸
ぎりょう（技倆、伎倆）→技量
きりん（麒麟）→キリン〈動物〉・麒麟（きりん）〈想像上の動物〉～麒麟児（きりんじ）
きる
＝（伐る、截る、剪る）→切る〈一般用語〉～縁を切る、期限を切る、首を切る〈解雇〉、たんかを切る、電源を切る、なで切り、野菜を切る、ナイフで首を切られる、苦り切る、逃げ切る、割り切る、割り切れない
＝斬る〈限定用語〉～悪徳商法を斬る〈強く批判する〉、一刀の下に敵を斬る、首を斬る〈斬首〉、世相を斬る、つじ斬り
注 使い分けに迷うときは「切る」を用いる。
きる（著る）→着る～恩に着る、かさに着る、罪を着る
きれい（綺麗）→きれい・奇麗～きれい事、小ぎれい、身ぎれい
きれつ 亀裂
きれる（伐れる、斬れる、截れる、剪れる）→切れる～切れ味、切れ切れ、切れ口、切れ込み、切れ地、切れ端、切れ間、切れ目、切れ者、球の切れ
きろ
＝帰路〈帰り道、戻り道〉～会社からの帰路
＝岐路〈分かれ道〉～人生の岐路
きわ 際～際立つ、際どい、際物
きわまる
＝極まる〈極限、極度〉～感極まる、危険・失礼・不愉快極まりない、残酷極まる
＝窮まる〈窮迫、行き詰まる〉～窮まりなき宇宙、進退窮まる
きわみ 極み～痛恨・悲惨の極み
きわめつき 極め付き～極め付きの芸
注「極め付け」は使わない。
きわめて 極めて〈副詞〉
きわめる
＝極める〈極限、極度〉～栄華を極める、口を極めてののしる、位人臣を極める、混雑・困難を極める、頂上を極める、見極める
＝窮める〈窮理、突き詰める〉～奥義を窮める
＝究める〈追究、探究〉～学問を究める、真相・真理を究める
注「きわめ尽くす」は内容によって使い分ける。
きをいつにする（揆・気・機を一にする）→軌を一にする

きんかぎょくじょう　金科玉条
きんき　禁忌〜禁忌を犯す
きんき　錦旗
きんぎょ　キンギョ・金魚〈動物〉〜金魚売り、金魚鉢
きんきん　近々〈「ちかぢか」とも〉
きんこ（禁固）→禁錮
きんさ　僅差−小差、わずかな差
きんしたまご（金糸卵）→㊝錦糸卵
きんしゅ　筋腫〜子宮筋腫
きんしゅう　錦秋〜錦秋の京都
きんじゅう（禽獣）→鳥獣
きんしょう　僅少−わずか、少し
きんじょう　錦上〜錦上花を添える
ぎんしょう（吟誦）→吟唱
きんじょうとうち　金城湯池
きんせい（均斉）→均整〜均整の取れた体
きんせいひん（禁製品）→禁制品
きんとん（金団）→きんとん〜栗きんとん
ぎんなん（銀杏）→ギンナン
きんのう　勤王、勤皇
きんぱく（金箔）→金箔（きんぱく）
きんむく（金無垢）→金無垢（むく）−純金
きんり（禁裡）→禁裏−宮中、御所

【く】

く・・　区〜区切り、区分け、区割り
ぐあい（工合）→㊝**具合**〜**腹具合**
くい（杙、杭）→くい〜出るくいは打たれる
くい・くう　食い・食う〜泡を食う、お目玉を食う、食い上げ、食い合わせ、食い意地、食い入る、食い気、食い込む、食い下がる、食いしん坊、食い倒れ、食い足りない、食い違う、食いちぎる、食い付く、食い詰める、食い道楽、食い止める、食い逃げ、食い延ばす、食いぶち、食い放題、食い物、食えない、食って掛かる、食わず嫌い、食わせ物・者、歯を食い縛る
くいる　悔いる〜悔い、悔い改める
ぐう
＝偶〈人形、連れ合い、たまたま〉〜偶感、偶数、偶然、偶像、偶発、土偶、配偶者
＝隅〈すみ〉〜一隅、辺隅
＝遇〈あう、もてなす〉〜奇遇、境遇、厚遇、遭遇、待遇、知遇、不遇、優遇、礼遇、冷遇
くうかんち（空閒地）→空閑地
ぐうきょ（寓居）→仮住まい
くうげき（空隙）→隙間
くうていぶたい（空挺部隊）→空挺（くうてい）部隊−降下部隊
くうほう

＝空包〈実包（実弾）の対語、音だけ出る演習弾〉～空包射撃
＝空砲〈実弾を込めていない銃砲、またはその射撃〉～空砲で脅す

ぐうわ（寓話）→寓話（ぐうわ）

くえんさん（枸櫞酸）→クエン酸

くおん　久遠

くかく（区劃）→区画

くき　茎～茎漬け、歯茎

くぎ（釘）→くぎ～くぎ付け、くぎ抜き、くぎを刺す

きょう（苦況）→苦境～苦境を脱する

くぎる（句切る）→区切る～仕事・発音・文章の区切り（目）、土地を区切る〈俳句などの「句切れ」は別〉

くくる（括る）→くくる～締めくくる、ひもでくくる

くぐる（潜る）→くぐる～門・トンネルをくぐる、戦火をくぐり抜ける

くげ　㊜公家

くげ（供花）→供華〈仏教用語。一般には「供花＝きょうか」〉

くけい（矩形）→長方形

くさい　臭い〈におい〉・くさい〈怪しい、疑わしい〉～臭い物にふた、くさい演技・芝居

・・くさい
＝臭い～青臭い、汗臭い、かび臭い、きな臭い、焦げ臭い、酒臭い、土臭い、生臭い
＝くさい～陰気くさい、うさんくさい、けちくさい、素人くさい、照れくさい、泥くさい、古くさい、分別くさい、水くさい〈情味が薄い〉、面倒くさい

注　嗅覚と無関係なものは平仮名書き。

くさいきれ（草熱れ、草熅れ、草息れ）→草いきれ

くさきぞめ　㊜草木染〈工芸品〉

くさす（腐す）→くさす〈けなす〉

くさばのかげ　草葉の陰〈墓の下、あの世〉～草葉の陰から見守る

くさび（楔）→くさび～くさび形文字、くさびを打ち込む

くさむら（叢）→草むら

くさる　腐る～腐らす、腐れ縁、持ち腐れ

くし　串～串揚げ、串刺し、串焼き、玉串

くし（櫛）→くし～くしでとかす、くしの歯が欠ける、くし目

くじ（籤）→くじ～くじ引き、宝くじ

くじく（挫く）→くじく～足をくじく、出はなをくじく

くしくも（奇しくも）→くしくも～くしくも一致した、くしき因縁

くじゅう
＝苦汁〈苦い経験〉～苦汁の日々、苦汁をなめる、苦汁を飲まされる

=苦渋〈心の苦しみ〉~苦渋に満ちた表情、苦渋の色・決断・選択、苦渋を味わう

くじら クジラ・鯨〈動物〉~シロナガスクジラ、鯨尺、歯鯨、ひげ鯨

くず(屑△)↓くず~紙くず、くず籠

くず(葛)↓クズ・葛〈植物〉~葛切り、葛餅、葛湯

ぐず(愚図)↓ぐず~(赤ん坊が)ぐずる、ぐずぐずする、ぐずつく

くずおれる(頽△れる、崩折▲▲れる)↓くずおれる

くすぐる(擽△る)↓くすぐる~足の裏をくすぐる、くすぐりの利いた芝居

くずす 崩す~崩し書き、崩し字

くすだま(薬玉●)↓くす玉

くすのき(樟△、楠△)↓クスノキ〈植物〉

くすぶる(燻△る、薫●る)↓くすぶる~家にくすぶる、不満がくすぶる、まきがくすぶる

くせ 癖~癖毛、口癖、無くて七癖

注 「くせ球」は平仮名書き。

・・**くせ**(癖)↓くせ~そのくせ

くぜつ(口舌)↓口説〈弁舌、口げんか、恨み言。「口舌=こうぜつ=の徒」は別〉

くせもの(曲者、癖者)↓くせ者〈人〉・くせもの〈物事〉~くせ者が忍び込む、その一件がくせものだ

くだ 管~管を巻く

くだく・くだける 砕く・砕ける~岩を砕く、砕けた内容・話・人、腰が砕ける

ください・くださる

=下さい・下さる〈「くれ・くれる」の尊敬・丁寧語〉~お水を下さい、下され物、ご返事を下さい、ご褒美を下さる

=ください・くださる〈補助動詞〉~お話しください、ご了承ください、…してください、見てくださる

くだす・くだる(降●す、降●る)↓下す・下る~下し薬、下って、下り坂、下り列車、軍門に下る、敵を下す、手を下す、命令を下す、野に下る

くだもの 慣果物

くだらない (下らない)↓くだらない〈価値がない〉

くだり(行●)↓くだり〈文章の1行〉~三くだり半

くだり(件●、条●)↓くだり〈文章の一部分〉~…のくだりを読み返す

くち・・ 口~口開け、口当たり、口入れ(業)、口移し、口裏を合わせる、口惜しい、口堅い、口利き、口汚い、口切り、口癖、口答え、口ごもる、口さがない、口寂しい、口触り、口ずさむ、口酸っぱく、口添え、口出し、口付き、口止め(料)、口直し、口慣らし、口走る、口幅ったい、口早、口火を切る、口ぶり、口汚し

ぐち 愚痴～愚痴る

くちこみ 口コミ〈「マスコミ」のもじり〉

くちづけ 口づけ・くちづけ

くちづたえ 口伝え

くちづて（口伝て）↓口づて

くちばし（嘴、口ばし）↓くちばし～くちばしを入れる

くちびる（口びる）↓唇

くちもと（口許）↓口元

くちょう ＝口調〈言葉を話す調子〉～演説・朗読口調、諭すような口調
＝句調〈文の調子、俳句の調べ・句風〉

くちる 朽ちる～朽ち木・葉、朽ち果てる

くつ（沓）↓靴～雨靴、革靴、靴下（留め）、靴墨、靴擦れ、靴ひも、靴磨き、ゴム靴

注「木ぐつ」「わらぐつ」などは平仮名書き。

くつがえす 覆す～覆る

くっさく（掘鑿）↓掘削

くっし 屈指～南米屈指の観光地

くっしん 屈伸～屈伸運動

注 体操競技の技は「屈身」。

くったく（屈托）↓屈託～屈託がない

くっつく（食っ付く）↓くっつく

くっぷく（屈伏）↓㊔屈服

くつろぐ（寛ぐ）↓くつろぐ～くつろぎ

くつわ（轡）↓くつわ～くつわを並べる

くでん 口伝～口伝の秘法

くとうてん 句読点〈句点「。」と読点「、」〉

くどく 功徳～功徳を積む

くどく 口説く～口説き文句

くに ＝国～お国入り、お国自慢、国替え、国柄、国取り、国持ち大名、国譲り、㊔国詰
＝（＊郷里、＊故郷）↓くに〈ふるさと〉～くにの両親

くにづくり（国作り）↓国造り

くにもと（国許）↓国元

くはい（苦盃、苦敗）↓苦杯～苦杯を喫する

くばる 配る～気を配る、配り物、目配り

くび（頸、馘、馘首）↓首～首飾り、首かせ、首っ丈、首っ引き、首にする、首根っこ、首巻き、首回り、首輪、首を突っ込む、借金で首が回らない

くびじっけん（首実験）↓首実検

くふう（工風）↓工夫～工夫を凝らす

くぼむ（凹む、窪む）↓くぼむ～目がくぼむ、くぼ地、くぼみ

くま（隈）↓くま〈すみ、黒ずんだ部分〉～目にくまができる

くまどり（隈取り）↓隈（くま）取り〈歌舞伎〉

くま クマ・熊〈動物〉～アナグマ、クマザサ、クマゼミ、ツキノワグマ、

ヒグマ、穴熊〈将棋の戦法〉、熊手

くまなく（隈無く）→くまなく～くまなく捜す

くみ

＝組み〈動作性の用法〉～足組み、石組み、腕組み、大組み、組み合わせ、組み糸、組み入れる、組み打ち、組み込み、組み敷く、組み写真、組み立て（工程・式）、組み違い、組み手〈空手の種目は「組手」〉、組み版、組みひも、組み伏せる、組み物、仕組み、2枚組みのDVD・写真、枠組み、㊟縁組、**組合**、**組曲**、**組立会社・工場・機・業**、**組立工・人**

＝組〈グループ〉～赤組・白組、組員、組替え〈クラス替え〉、組頭、組違い同番号、組長、組分け、組割り、3組の夫婦、4人組〈文化大革命関係は「四人組」〉

くみかえ

＝組み替え〈一般用語〉～組み替え予算

＝組み換え〈遺伝学関係〉～遺伝子の組み換え

くみする（与する、組する）→くみする～悪事にくみする、くみしやすい

くむ

＝酌む〈酒を器につぐ、思いやる〉～意・気持ち・心・事情を酌む、酒を酌み交わす

＝（汲む）→くむ〈液体をすくう、取り入れる〉～意見をくみ上げる、くめども尽きぬ味わい、誠意がくみ取れる、水・湯をくむ、流れをくむ

くめん（苦面）→工面～金を工面する

くも 雲～雲合い、雲脚、雲隠れ、雲間、雲行き、雲を突く

くも（蜘蛛）→クモ〈動物〉～クモの子を散らす、くも膜下出血〈病名〉

くもつ 供物

くもり 曇り、㊟曇〈表・記号の場合〉

くもる 曇る～曇らす、曇りがち、曇りガラス、曇り空、花曇り

くもん（苦悶）→苦悶（くもん）—苦しみ～苦悶（くもん）の表情

くやしい（口惜しい）→悔しい～悔しがる、悔し泣き、悔し涙、悔し紛れ

くやむ 悔やむ～お悔やみ、悔やみ状

くゆらす（燻らす、薫らす）→くゆらす

くよう（供要）→供養～先祖の供養

くら

＝倉〈一般用語。倉庫など〉～倉入れ、倉出し、倉荷証券、倉渡し（値段）、製品を倉に収める、㊟倉敷料

＝蔵〈やや古風な慣用語。土蔵など〉～穴蔵、お蔵入り、お蔵にする、金蔵、蔵ざらえ、蔵出し（の酒・みそ）、蔵出し税、蔵払い、蔵開き、蔵元、米蔵、酒蔵、質屋の蔵

くら（鞍）↓くら～くら替え

くらい
＝位〈名詞など〉～気位、位が高い、位人臣を極める、位する、位取り、位に就く、位負け、10の位
＝くらい〈助詞〉～このくらい、中ぐらい、どのくらい、40歳ぐらい

くらう（喰らう）↓食らう～食らい付く、食らわす、面食らう

くらげ（＊水母、＊海月）↓クラゲ〈動物〉～クラゲに刺される

くらす 暮らす～暮らし（向き）

くらべる（較べる、競べる）↓比べる～比べものにならない

くらます（晦ます、暗ます）↓くらます～姿・行方をくらます

くらむ（眩む、暗む、晦む）↓くらむ～目がくらむ、立ちくらみ

くらやみ 暗闇

くり（栗）↓クリ・栗〈植物〉～甘栗、栗毛、栗ようかん、桃栗三年柿八年

くり（庫裡）↓庫裏

くり・・ 繰り～繰り上げ（償還）、繰り合わせる、繰り替え（金・払い）、繰り返し、繰り言、繰り込む、繰り下げ、繰り出す、繰り延べ（資産）、繰り広げる、繰り戻し（金）

くりいれ 繰り入れ～繰り入れ基準・計算、次期繰り入れ、(省)**繰入額・勘定・金・損失・利益**

注 経済関係複合語ルール参照。

くりこし 繰り越し～繰り越し計算、次期繰り越し、(省)**繰越額・欠損・高・予算・利益・利益金**

注 経済関係複合語ルール参照。

くりぬく（刳り貫く、くり抜く）↓くりぬく

くる
＝来る〈行くの対語〉～朝が来る、遊びに来る、嵐・台風が来る、車・時・人が来る、連れて来る、友達がやって来る、人が出て来る
＝くる〈原因する、補助動詞、「来る」の意味が薄れた場合〉～頭にくる、行ってくる、かちんと・ぴんとくる、過労からくる病気、…してくる、…ときたら、…なってくる

くる 繰る～糸・ページを繰る、資金繰り

くるう 狂う～狂おしい、狂わす

くるしい 苦しい～苦し紛れ

くるま 車～車止め、車寄せ

くるみ（胡桃）↓クルミ〈植物〉～くるみ割り

くるわ（廓、郭、曲輪）↓くるわ

くれぐれ（呉々）↓くれぐれ（も）

くれない 紅～紅のバラ

くれる（昏れる、眩れる）↓暮れる～悲しみ・思案・途方・涙に暮れる、暮れなずむ、年・日が暮れる、夕暮れ

ぐれんたい（愚連隊）→ぐれん隊

くろ　黒～黒い、黒々、黒焦げ、黒ずくめ、黒ずむ、黒っぽい、黒塗り、黒光り、黒星、黒みを帯びる、黒め（加減）、黒目がち、黒枠、どす黒い

ぐろう（愚弄）→愚弄（ぐろう）―侮る、からかう、ばかにする

くろうと　（慣）玄人～玄人はだしの腕前

くろがね（鉄●）→くろがね

くろこ（黒衣）→黒子〈「くろご」とも〉～黒子に徹する

くわ　クワ・桑〈植物〉～桑畑

くわ（鍬△）→くわ～くわ入れ

くわえる　加える～数を加える、害を加える、手を加える、仲間に加える

くわえる（銜△える、咥△える、食▲わえる）→くわえる～くわえたばこ、指をくわえる

くわしい（委●しい、精●しい）→詳しい

くわせもの
＝食わせ者〈油断できない人〉～とんだ食わせ者
＝食わせ物〈偽物〉～食わせ物をつかまされた

くわだてる　企てる～企て

くんかい（訓誡△）→訓戒～訓戒を垂れる

ぐんき（軍規）→（統）軍紀～軍紀の乱れ

くんじ（訓辞）→（統）訓示

ぐんしゅう
＝群衆〈人の群れ〉～群衆整理、群衆に加わる、群衆を扇動する、数万の群衆、大群衆
＝群集〈人・物が集まる〉～群集劇、群集心理、群集墳、サンゴが群集、やじ馬が群集する

くんじょう（燻△蒸）→燻蒸（くんじょう）、薫蒸

ぐんじょう　群青～群青色

くんせい（燻△製）→薫製、燻製（くんせい）

ぐんせい（群棲△）→群生～高山植物の群生地

ぐんそう　軍曹

くんとう（訓陶▲）→薫陶～薫陶を受ける

ぐんゆうかっきょ　群雄割拠

【け】

け・・　毛～毛足、毛編み、毛織り、毛嫌い、毛ずね、毛並み、毛針、毛彫り、（省）**毛織物**

・・け・げ
＝気〈様子、気配、気分〉～味気ない、嫌気、色気、女っ気、飾り気、風邪っ気、食い気、産気、塩気、潮気、湿気、湿り気、邪魔っ気、しゃれっ気、商売っ気、俗気、素っ気ない、血の気、ちゃめっ気、土気、毒気、粘り気、眠気、吐き気、火の気、混じり気、水気、湯気、

若気の至り
＝け・げ〈…そうだ、…らしい様子、接尾語〉～危なげない、怪しげ、慌ただしげ、うれしげ、惜しげもなく、恐れげ、大人げない、おぼろげ、悲しげ、かわいげがない、気味悪げ、けなげ、寂しげ、寒けがする、さりげない、自信ありげ、親しげ、心配げ、楽しげ、得意げ、何げなく、憎々しげ、人けがない、誇らしげ、満足げ、珍しげ、物欲しげ、訳ありげ

注 「寒け」「人け」は「寒気＝かんき」「人気＝にんき」と読み紛れるのを避けるため平仮名書き。

けあな（毛孔）→毛穴

けい（罫）→けい～けい紙、けい線、けいを引く

注 相場用語は「ケイ線」「ケイ線買い」などと片仮名書き。

けい
＝形〈姿、かたち、フォーム〉～円形、外形、活用形、奇形、球形、胸郭成形、形式、形状、形勢、形成外科、形態（学）、形容、原形をとどめない、固形、語形、三角形、字形、象形文字、陣形、図形、整形外科、造形、体形、隊形、地形、定形郵便物、美形、有形・無形、流線形
＝型〈一定の形式、手本、パターン、タイプ〉～規格成型、（鋳物などの）原型、紙型、定型業務、定型詩、典型、飛型点〈スキー〉、文型、無定型、模型、理想型、類型

けいい 経緯―いきさつ

けいがいか 形骸化―空洞化、形式化

けいがん（炯眼、慧眼）→眼識、眼力、洞察力

げいぎ（芸妓）→芸妓（げいぎ）〈「芸妓（げいこ）」とも〉―芸者

けいけん（敬虔、敬謙）→敬虔（けいけん）―信心深い、信仰心のあつい

けいこ 稽古・けいこ

注 「柔道の猛稽古」「ピアノのおけいこ」など、文章の硬軟によって漢字書きと平仮名書きを使い分ける。

けいご（警固）→警護～要人の警護

けいこう 蛍光～蛍光灯・塗料

けいこく 渓谷～渓谷の紅葉

けいこつ（頸骨）→頸骨（けいこつ）―首の骨

けいこつ（脛骨）→脛骨（けいこつ）―向こうずねの骨

けいさん（珪酸）→ケイ酸

けいじじょうがく（形而上学）→㊕形而上学

けいしょう（軽小）→軽少～軽少な問題

けいすう
＝（系数）→係数〈経済・科学用語〉～エ

ンゲル係数、摩擦係数
＝計数〈計算〉～計数管、計数器、計数整理、計数に明るい

けいせい
＝形成〈形作る〉～形成外科、人格形成
＝形勢〈ありさま、成り行き〉～形勢不利、天下の形勢、不穏な形勢

けいせい
＝警世〈警告を与える〉～警世の鐘、警世の文章
＝経世〈世を治める〉～経世済民

けいせつ　蛍雪～蛍雪の功を積む
けいせん（繋船）→係船
けいせん（罫線）→けい線～けい線を引く
けいそ（珪素、硅素）→ケイ素
けいそう（繋争）→係争～係争中の事件
けいぞく（繋属）→係属～訴訟は最高裁に係属中

けいそつ（軽卒）→軽率〈軽はずみ〉～軽率な言動
けいたい（形体）→形態～形態学
けいだい　境内
けいちつ（啓蟄）→啓蟄（けいちつ）
けいちょう（軽佻）→軽佻（けいちょう）―軽薄、軽はずみ、浮ついた、上っ調子～軽佻（けいちょう）浮薄
けいつい（頸椎）→頸椎（けいつい）
けいとう（鶏冠）→ケイトウ・鶏頭〈植物〉～葉鶏頭
けいどうみゃく（頸動脈）→頸（けい）動脈
けいばつ（閨閥）→閨閥（けいばつ）―親族閥、姻族閥
けいぶ（頸部）→頸部（けいぶ）―首
けいべつ　軽蔑
けいぼう（閨房）→寝室、寝間
けいま（桂馬）→㊕桂馬〈将棋〉
けいもう（啓蒙）→啓蒙（けいもう）―啓発～啓蒙（けいもう）思想・主義
けいら（警邏）→巡回、パトロール
注 組織名の「警ら隊」は別。
けいり（計理）→経理
注 計理士は公認会計士の旧称。
けいりゅう（繋留）→係留～気球の係留
けいりゅう（谿流）→渓流～渓流下り
けいるい（繋累）→係累～係累が多い
けいれん（痙攣）→けいれん―ひきつけ～胃けいれん
けいろ（径路）→経路～感染経路
けう（希有、稀有）→まれ、珍しい、希少
けおされる（気圧される）→気おされる
けが（怪我）→けが～けがの功名
けがす・けがれる　汚す・汚れる～名誉を汚す、汚らわしい、汚れ

げき
＝劇〈危険な、主として毒物・薬物関係〉～劇症肝炎、劇毒、劇物、劇薬

＝激〈はげしい〉～急激、激臭、激暑、激賞、激職、激震、激甚、激痛、激変、激務、激烈、激論

げき（檄）→檄（げき）～檄文（げきぶん）、檄（げき）を飛ばす

げきか
＝劇化〈脚色〉～小説を劇化する
＝激化〈はげしくなる〉～抗争・対立が激化する

げきこう・げっこう（激昂）→激高―憤激、激怒

げきらい（気嫌い）→毛嫌い

げきりんにふれる（逆鱗に触れる）→逆鱗（げきりん）に触れる―（目上の人を）激怒させる

けげん（怪訝）→けげん～けげんな顔をする

げこ　下戸

げこくじょう（下剋上）→下克上

けさ　けさ・㋫今朝

注　平仮名書きが望ましい。「こんちょう」と読ませる場合は別。

けさ（袈裟）→けさ～けさ懸け

げざい（解剤）→下剤

けし（芥子、罌粟）→ケシ〈植物〉～けし粒ほどの…

けし…　消し～消し込み〈操作・伝票〉、消しゴム、消し炭、消し飛ぶ、消し止める、㋛消印

げし　夏至

けしき　㋫景色～冬・雪景色

けしきばむ　気色ばむ

けしょう　化粧～化粧まわし

けしん（化神）→化身

けずる　削る～鉛筆削り、削りくず、削り節

げせない　解せない

けた　桁～桁違い、桁外れ、下2桁、昭和一桁生まれ、橋桁、1桁の成長率

げた（下駄）→げた～げた履き、げたを預ける〈処理を一任〉

けだもの（獣）→けだもの

けだるい（気怠い、気懈い）→気だるい

けち（吝）→けち～けちくさい、けちる、けちをつける、けちん坊

けっかい（決潰）→決壊～堤防が決壊する

注　旧国語審議会による書き換え。

けつがん（頁岩）→頁岩（けつがん）―泥板岩

けっき（蹶起）→決起～決起大会

けっきょく　結局

げっけいじゅ（月桂樹）→ゲッケイジュ・月桂（げっけい）樹〈植物〉

けっこう　結構（ずくめ）

けっこん　血痕

けっさい
＝決済〈商取引で決まりをつける。清算〉～現金決済、債務・手形の決済、

電子決済
＝決裁〈責任者が案件の採否を決める。裁定〉～決裁を仰ぐ、書類を決裁する、大臣の決裁
けっして 決して～決して忘れない
けっしゅ 血腫
けつじょ↓欠如～倫理観の欠如
けっしょう（血漿△）↓血漿（けっしょう）～血漿（けっしょう）製剤
けっしょうばん 血小板～血小板輸血
げっしょく（月蝕△）↓月食
けっしん（決審▲）↓結審～訴訟の結審
けっせん 血栓～脳血栓
けっせん
＝決戦〈最後の勝負〉～最後の決戦を挑む、短期決戦
＝決選〈当選を決める、決定選挙の略〉～決選投票
けつぜん（蹶△然）↓決然～決然たる態度
けっちゃく 決着～決着をつける

けっちゃく 結着～結着剤、結着技術
げっぷ 月賦～月賦払い
けつべつ（訣△別）↓決別
けつぼう（欠亡▲）↓欠乏～物資が欠乏する
けつまくえん 結膜炎
けづめ（蹴爪、距●）↓蹴爪（けづめ）
注 誤読を避けるために読み仮名を付ける。
げてもの（下手物）↓げてもの
げどく（下毒●）↓解毒～解毒作用
けなげ（健気）↓けなげ
けなす（貶△す）↓けなす
げねつ（下熱）↓解熱～解熱剤
けねん 懸念
けば（毛羽、毳△）↓けば～けばけばしい、けば立つ
げばひょう 下馬評～下馬評が高い
けびょう 仮病
けまり（蹴鞠△）↓蹴鞠（けまり）

けむ（煙●）↓けむ～けむ出し、けむに巻く〈相手を幻惑する〉
けむい 煙い～煙たい存在、煙たがる
けむり 煙～煙に巻かれる〈火事など〉、砂煙、土煙、水煙、湯煙
けむる 煙る～雨・霧に煙る
けもの 獣～獣じみた
ける 蹴る～蹴落とす、蹴散らす、蹴破る、球を蹴る、提案・要求を蹴る
けわしい（嶮△しい）↓険しい
けん（嶮△）↓険～険のある顔、天下の険
げん
＝原〈もと、物事のはじめ〉～原価、原罪、原作、原産（地）、原子（力）、原始（時代・人）、原紙、原初、原状（回復）、原色、原人、原図、原寸大、原生林、原石、原則、原体験、原点、原動力、原文、原本、原油、原理、原料、病原（菌・体）
＝源〈みなもと〉～起源、供給源、源泉、

け

源流、光源、語源、根源、財源、資源、字源、震源地、水源、電源、熱源、本源

=元〈根本、第一〉~改元、還元、紀元、元勲、元号、元首、元素、元服、元老、次元、多元、復元(力)

げん 験〈縁起〉~験がいい、験担ぎ、験直し

げん(絃)→弦~弦を張る、管弦楽

けんいん(牽引)→けん引(車・役)|引っ張る、先導、リードする

けんうん(絹雲)→㊨巻雲

けんお 嫌悪

けんか(喧嘩)→けんか|争い~兄弟げんか、けんか両成敗

げんか(元価)→原価~原価割れ

げんがく(絃楽)→弦楽~弦楽器、弦楽四重奏

げんかしょうきゃく(原価消却)→減価償却

けんがみね 剣が峰~剣が峰に立たされる

けんぎ 嫌疑~嫌疑がかかる

げんきょう(元兇)→元凶~環境汚染の元凶

けんきょうふかい(牽強附会)→牽強(けんきょう)付会|こじつけ

げんきん 現金〈名詞〉・げんきん(な人)〈形容動詞〉

げんきんじどう・・ 現金自動~㊫現金自動預払機・貸付機・引出機

げんけい

=原形〈もとの形、原始の形〉~原形質、原形をとどめない

=原型〈出来上がりのもととなる型〉~鋳物・彫像の原型、西欧文明の原型

=現形〈現在の形、現状〉~現形のまま保存

けんげん

=権限〈職権、権能の及ぶ範囲〉~権限争い、職務権限

=権原〈権利の発生する法律上の原因〉~占有の権原

けんげん(献言)→㊰建言

けんけんごうごう(喧々囂々)→けんけんごうごう~けんけんごうごうたる非難

注「けんけんがくがく」は誤り。

げんこ(拳固)→げんこ

けんこうこつ 肩甲骨

げんこつ(拳骨)→げんこつ

けんこんいってき(乾坤一擲)→乾坤一擲(けんこんいってき)|のるかそるか、イチかバチか、命運を懸けた

げんさい 減殺~興味が減殺する

けんさく 検索

けんさん(研鑽)→研さん|研究~研さんを積む

けんし(検死、検屍)→㊰検視

けんし 繭糸〈まゆから取った糸〉

げんし
＝（源資）→原資〈資金源〉～原資を確
保する
＝減資〈資本を減らす〉～減資と増資
けんじつ（健実）→堅実
けんじゅう　拳銃
けんしょう　顕彰
げんしょう（減小）→減少
げんじょう
＝原状〈もとの状態〉～原状回復、原状
に戻す
＝現状〈今の状態〉～現状維持、現状
打破、現状分析
けんしょうえん（腱鞘炎）→けんしょう
炎
けんしん
＝検診〈主に特定疾患の有無の検査〉～胃
の集団検診、乳がんの検診
＝健診〈総合的な健康診断〉～高齢者健
診、定期健診、乳児健診

げんしん（元審）→原審
けんしんてき（献心的）→献身的
げんすい（元師）→元帥
けんせい（牽制）→けん制～けん制球
けんせき（譴責）→けん責～けん責処分
けんせきうん（絹積雲）→(慣)巻積雲
げんせん（原泉）→源泉～源泉徴収、知
識の源泉
げんぜん（儼然）→厳然
けんそ（嶮岨）→険阻―険しい
げんそ（原素）→元素
けんそう（喧噪、喧騒）→騒がしい、や
かましい、騒々しい
けんそううん（絹層雲）→(慣)巻層雲
げんそく　舷側
げんぞく（還俗）→還俗（げんぞく）―
（僧・尼が）俗人に戻る
けんそん　謙遜―控えめ
けんたい（倦怠）→倦怠（けんたい）―だ
るい～倦怠（けんたい）感・期

けんだま（剣玉、拳玉）→けん玉
けんたん（健啖）→健啖（けんたん）―大
食、食欲旺盛～健啖（けんたん）家
げんち　言質～言質を取る
けんでん（喧伝）→言いはやす、言い立
てる、言い触らす、吹聴
けんとう　拳闘―ボクシング
けんどじゅうらい（捲土重来）→捲土
（けんど）重来〈「けんどちょうらい」とも〉
―巻き返し
げんに　現に～現にこの目で見た
げんに　厳に～厳に戒める
けんのん（剣呑）→けんのん―危険
けんばん　鍵盤～鍵盤楽器
げんばん
＝原板〈写真、「げんぱん」とも〉
＝原盤〈レコード、CD〉
げんぱん　原版〈印刷、「げんばん」とも〉
げんぶつ
＝現物〈実際の物、品物〉～現物取引

=原物〈もとのもの、模造品・写真などに対して〉～原物と比べてみる
=元物〈法律用語。法律上の「果実」を生むもとになるもの〉

けんぶん
=検分〈一般用語〉～状況を検分、対局室を検分
=見分〈捜査関係〉～実況見分

けんぶんき（見分記）↓見聞記

けんぺいりつ（建蔽率）↓建ぺい率
注「蔽＝へい」は常用漢字だが、交ぜ書きが定着。

けんぽう　拳法

けんぼうしょう（健忘性）↓健忘症

げんぽん（源本）↓原本

けんま（研摩）↓研磨～研磨剤・材

けんまく（権幕、剣幕、見幕）↓けんまく

けんもほろろ（剣もほろろ）↓けんもほろろ

けんらん（絢爛）↓（豪華）絢爛（けんらん）ーきらびやか、華麗

けんろう（堅牢）↓堅固、丈夫

げんわく（眩惑）↓幻惑

けんをきそう（妍を競う）↓けんを競う
ー美しさを競う

【こ】

こ（箇）↓個～一個一個、別個に
注 数詞に用いる俗用の「ケ」は使わない。

こ・・　小～小商い、小当たり、小うるさい、小躍りする、小柄、小刻み、小汚い、小切手、小気味よい、小ぎれい、小口買い、小ざかしい、小ざっぱり、小じっかり、小締まる、小じゃれたレストラン、小じゅうと、小競り合い、小高い、小出し、小遣い（銭）、小突く、小作り、小手先、小手調べ、小憎らしい、小ぬか雨、小ばかにする、小走り、小太り、小ぶり〈大ぶりの対語〉、小降り〈雨や雪〉、小まめ、小回り、小難しい

こ・・　子～子飼い、子持ち、㊜子守

・・（っ）こ
=子〈人、物を表す、特に小さいものに〉～甘えっ子、いたずらっ子、売れっ子、江戸っ子、末っ子、駄々っ子、パリっ子、振り子、呼び子の笛
=こ〈接尾語的な用法、比べる、状態を表す〉～恨みっこ、教えっこ、駆けっこ、知りっこない、隅っこ、抱っこ、慣れっこ、にらめっこ、根っこ、ぺちゃんこ

ご
=（御）↓ご〈接頭語〉～ごあいさつ、ご案内、ご意見番、ご縁、ご機嫌（斜め）、ご協力、ご結婚、ご厚意、ご三家、ご祝儀、ご神体、ご存じ、

ご託、ご多分に漏れず、ご当所、ご当地、ご念が入る、ご飯、ご本尊、ごめん被る、(二度と)ごめんだ、(商店の)ご用聞き、(何か)ご用ですか、ご来光、ご覧になる、ご両所、ご臨終、そういうご仁
＝御〈接頭語のうち漢字で書く習慣が強いものや固有名詞的なもの〉～赤坂御所、大御所、お役御免、木戸御免、切り捨て御免、御詠歌、御家人、御三家〈徳川、公家〉、御所人形、御神火、御前試合、御殿、御幣(担ぎ)、御用〈捕物〉、御用学者、御用組合、御用達、御用邸、御利益、御陵、御猟場、御料林、天下御免
注「御用始め、御用納め」は使わず、「仕事始め、仕事納め」と言い換える。

こい(鯉△)→コイ〈動物〉～こいこく、コイの洗い、コイの滝登り、まな板のコイ

こい　濃い～濃い口、濃い茶、濃いめ、㊔濃茶〈茶道〉

こい
＝恋〈一般的用法〉～恋歌、恋敵、恋心、恋路、恋しい、恋しがる、恋する、恋仲、恋人、恋文、恋煩い
＝恋い〈主として複合動詞〉～恋い焦がれる、恋い慕う、恋い死に

ごい(語彙)→語彙(ごい)―語類、言葉、ボキャブラリー～語彙(ごい)の豊富な人
注「語彙」はある範囲において使われる単語の総体、集まりのこと。「豊富な語彙」などのように用い、単語の使い方の間違いを指して「その語彙の使い方はおかしい」とは言わない。

こいき(小意気△)→小粋～小粋な身なり

こいぬ
＝(仔△犬)→子犬〈犬の子〉
＝小犬〈小さい犬〉

こいねがう(希う、冀△う、請い願う)→こいねがう～こいねがわくは

こいのぼり(鯉△幟△)→こいのぼり

こう　恋う～古里を恋う

こう
＝請う〈一般用語〉～案内を請う、教えを請う、許可を請う、紹介を請う、連絡を請う、請われて出馬する
＝乞う〈限定用語。名詞形にも〉～乞うご期待、雨乞い、いとま乞い、命乞い、慈悲を乞う

ごう
＝剛〈柔の対語、こわい、かたい、しっかりしている〉～外柔内剛、剛球、剛速球〈「豪速球」とも〉、剛体、剛直、剛の者、剛腹、剛腕〈「豪腕」とも〉、金剛(石・力)、質実剛健

＝豪〈優れる、勇ましい、並外れた、権勢がある〉～強豪、剣豪、豪雨、豪華、豪快、豪気、豪傑、豪語、豪勢、豪雪、豪壮、豪打、豪胆、豪邸、豪放、豪勇、豪遊、古豪、酒豪、富豪、文豪
＝強〈つよい、つよくする、しいる〉～強引、強弓、強情、強訴、強奪、強盗、強欲、強力

ごう
＝（壕△）→壕（ごう）〈空堀〉～塹壕（ざんごう）、防空壕（ごう）
＝（濠△）→濠（ごう）〈水をたたえたもの〉
―堀、溝

こうい
＝好意〈親切な気持ち、慕わしい気持ち〉～好意的な扱い、好意を抱く
＝厚意〈思いやりの気持ち、厚情〉～ご厚意に感謝する

こういん（拘引）→勾引〈法律用語〉～勾引状
注 一般的には「連行（する）」などとする。無理やり連れていかれる意味では「拘引」も。

こううん（好運）→幸運

こううんき（耕耘△機）→耕運機

こうえい（後裔△）→子孫

こうえん
＝口演〈口で述べる〉～講談、浪曲などの口演
＝公演〈演技、演奏などの公開〉～地方公演、本邦初公演
＝講演〈公衆に講義する〉～学術講演会、教授の講演を聞く

こうえん　好演～ヒロイン役を好演する

こうお　好悪～好悪の念

ごうおん
＝号音〈合図の音〉～号音一発
＝（轟△音）→ごう音〈とどろき渡る大きな音〉～航空機のごう音

こうがい　口蓋～口蓋音

こうがい　梗概―概要、大要、粗筋、あらまし

こうがい（慷△慨）→慷慨（こうがい）―憤慨～悲憤慷慨（こうがい）

こうかく　甲殻～甲殻類

こうがく
＝向学〈学問を志す〉～向学心
＝好学〈学問を好む〉～好学の士
＝後学〈今後のためになる学問、後進の学者〉～後学のために見ておく、後学の徒

こうかくあわをとばす　口角泡を飛ばす

こうかつ（狡△猾△）→ずる賢い、悪賢い

こうかん
＝交換〈取り換える、取り交わす〉～エールの交換、交換学生、物々交換、名刺交換会

＝交歓〈共に楽しむ〉～（新年）交歓会
＝交感〈互いに感じ合う〉～交感神経
こうかん（巷△間）↓世間、ちまた
ごうかん（強姦△）↓（少女・女性への）暴行・乱暴、性的暴行、婦女暴行
注 刑法の罪名は「強制性交等罪」。
ごうがん（傲岸）↓傲岸（ごうがん）－尊大、横柄、高慢、居丈高
こうがんむち 厚顔無恥
こうき
＝（幸機）↓好機〈チャンス〉～好機到来
＝好期〈良い時期〉～アユ釣りの好期
こうき
＝校紀〈学校の風紀〉～校紀を乱す
＝校規〈学校の規則〉～校規に違反
こうぎ（交誼△、厚誼△、好誼△）↓親しい交わり、厚いよしみ
こうぎ（講議▲）↓講義
ごうき（剛毅△、豪毅△）↓剛毅（ごうき）〈意志強固、豪放〉～剛毅（ごうき）に構える
こうきしゅくせい（綱規▲粛清▲）↓綱紀粛正
こうきしん（好気▲心）↓好奇心
ごうきゅう（強球、豪球）↓㊔剛球
こうきょ（溝渠△）↓溝
こうきょ（薨△去）↓（ご）逝去、（ご）死去、（ご）永眠、お亡くなりになる
こうぎょう
＝興行〈演芸、スポーツなどを催す〉～興行会社、興行成績、秋季興行、追善興行
＝興業〈産業や事業を興す〉～興業債券、殖産興業
こうぎょう（礦△業）↓鉱業
こうきん（勾禁）↓拘禁
こうぐう（好遇▲）↓厚遇
こうげ（香花●）↓香華～香華を手向ける
こうげん
＝公言〈公衆の面前で堂々と言う〉
＝広言〈辺りはばからず放言する〉
＝高言〈偉そうに大きなことを言う〉
＝巧言〈言葉を飾る〉
こうげん（抗元）↓抗原～抗原検査、抗原抗体反応
こうげんれいしょく 巧言令色
こうこ（好箇●）↓好個（の例）
こうこう・こうくう（口腔△）↓口腔（こうこう）
注 「こうこう」は一般用語、動物関係。医学関係では「こうくう」と読む。「口腔（こうくう）外科」など。
こうごうしい 神々しい
こうこうや（好々爺△）↓好々爺（こうこうや）
こうこく
＝広告〈世に広く知らせる〉～意見広告、誇大広告、新聞広告
＝公告〈官庁などが一般市民に知らせる〉

～官報の公告、競売公告
＝抗告〈上級裁判所に不服を申し立てる〉～抗告審、即時抗告

こうこつ　硬骨～硬骨漢

こうこつ（恍惚）→恍惚（こうこつ）―うっとり、陶然

こうさい　光彩〈美しい輝き〉～光彩陸離、光彩を放つ

こうさい（虹彩）→虹彩〈瞳の周りにある膜〉～虹彩炎

こうさてん（交叉点）→交差点

こうさん　公算
注 確実さの度合いのことで「大きい」「小さい」で表す。「間違えやすい語字句」参照。

こうざん（礦山）→鉱山

こうし　格子～格子じま、格子戸、鉄格子

こうし（嚆矢）→嚆矢（こうし）―最初、始まり、発端

こうじ　小路～袋小路

こうじ　公示〈総選挙、参院通常選挙の場合〉
注 衆参両院の補欠・再選挙、地方選挙、最高裁裁判官国民審査および外国の選挙の場合は「告示」。

こうじ　後事〈将来の事〉～後事を託す

こうじ　好餌〈えじき、人を誘惑する手段〉～悪徳商法の好餌になる

ごうし（合祀）→合祀（ごうし）

こうじまおおし　好事魔多し

ごうしゃ（豪奢）→豪華、豪勢

こうじゃく　耗弱～心神耗弱

こうしゅ
＝好守〈うまい守備〉～好守に救われる
＝攻守〈攻撃と守備〉～攻守交代

こうじゅつ
＝口述〈口頭で述べる〉～口述試験、口述筆記
＝公述〈公聴会などで意見を言う〉～公述人
＝後述〈後で述べる〉～詳細は後述

こうじゅほうしょう（紅綬褒章）→㊕紅綬褒章

こうしょう
＝高尚〈上品〉～高尚な趣味
＝好尚〈好み、流行〉～時代の好尚

こうしょう（哄笑）→高笑い、大笑

こうじょう（口状）→口上～切り口上、口上書き

ごうじょう（剛情）→強情～強情っ張り

こうじょうせん　甲状腺

こうしょはじめ　㊔講書始

こうじる（嵩じる、昂じる）→高じる

こうしん（亢進、昂進）→高進～デフレ・インフレが高進する
注 病名、病状では「亢進（こうしん）」を使う。

こうしん
＝後進〈後ろから進んでくる〉～後進に

道を譲る
＝後身〈生まれ変わった存在〉～旧制中学の後身である高校
こうじん（好甚）↓幸甚～幸甚に存じます
こうじんをはいする（後塵を拝する）↓後塵（こうじん）を拝する―一歩を譲る、先んじられる
こうずか　好事家
こうせい
＝（甦生）↓更生〈生まれ変わる、生き返る、再起、再生〉～会社更生法、更生会社、更生管財人、（生活保護法の）更生施設、更生して再出発、自力更生、前非を悔いて更生
＝更正〈改め正す〉～更正登記、更正予算、税金の更正決定
＝厚生〈生活を豊かにする〉～（会社の）厚生施設、厚生年金、福利厚生
こうせい
＝後世〈後の世、後の時代〉～後世に名を残す
＝後生〈後から生まれる者、後代の人、後輩〉～後生畏るべし
ごうせいせんざい（合性洗剤）↓合成洗剤
こうせいぶっしつ（抗性物質）↓抗生物質
こうせき（効績）↓功績～功績を残す
こうせき（礦石）↓鉱石
こうせきそう　洪積層
こうせつ（巷説）↓風説、（世間の）うわさ
こうぜつのと（口説の徒）↓口舌の徒〈「くぜつのと」とは読まない、「口説＝くぜつ」は別〉
こうせん
＝交戦〈互いに戦う〉～交戦国、交戦状態
＝抗戦〈抵抗して戦う〉～徹底抗戦
＝好戦〈すぐ武力によって解決しようとする〉～好戦的
こうぜん
＝公然〈大っぴら〉～公然の秘密
＝（昂然）↓昂然（こうぜん）―意気盛ん～昂然（こうぜん）と胸を張る
＝（浩然）↓浩然（こうぜん）―伸び伸びとした気持ち～浩然（こうぜん）の気を養う
ごうぜん（傲然）↓傲然（ごうぜん）―高慢、横柄、尊大
こうそ
＝公訴〈刑事事件で検察官が起訴状を提出、審理・裁判を請求すること〉～公訴時効、公訴手続きを取る、公訴を提起する
＝控訴〈一審判決を不服として上訴すること〉～控訴審、被告が控訴する
注　「公訴棄却」と「控訴棄却」がある。「法律関連用語」参照。

こうそう（宏△壮）→広壮～広壮な屋敷
ごうそう（豪壮）→豪壮～豪壮な邸宅
こうそく（硬▲塞）→梗塞～心筋梗塞、脳梗塞
こうた　小唄
こうたい（交替）→㊕交代
こうだい（宏△大）→広大（無辺）～広大な宇宙
こうたいごう　皇太后
ごうたん（剛胆、強胆）→㊕豪胆
こうち　拘置～拘置所、拘置状
注「こうりゅう・こうち」の項、「法律関連用語」参照。
こうち　巧緻―精巧、巧妙
こうち（狡△知、狡△智△）→悪知恵
こうちゃく（膠△着）→こう着（状態）―行き詰まり、手詰まり、足踏み
こうちょう
＝公聴〈一般用語。重要案件で利害関係者・学識経験者などから意見を聞く〉～公聴会
＝広聴〈行政用語。行政機関が住民の意見・要▲望を収集する〉～広聴活動
ごうちょく
＝剛直〈気が強く心が正しい〉～剛直な人
＝強直〈収縮してこわばる、硬直。「きょうちょく」とも〉～筋肉が強直する
ごうつくばり　強突く張り
こうてい
＝工程〈作業の進行過程〉～工程管理、製造工程、工程表
＝行程〈道のり〉～目的地までの行程、行程表
注　ロードマップには「目的地までの地図・道のり」「行程表」という意味と「目標までの計画表」「工程表」という意味があり、状況に応じて使い分ける。一般的には「工程表」を使う。
＝航程〈船・飛行機の航行距離〉
こうてい（校定）→㊕校訂
こうでい　拘泥
こうていえき（口蹄△疫）→口蹄（こうてい）疫
こうてつ（交▲迭）→更迭～大臣を更迭する
こうでん（香奠△）→香典
こうとう（昂△騰）→高騰～地価の高騰
こうとう　喉頭～喉頭がん
こうとうしもん（口答試▲問）→口頭試問
こうとうむけい　荒唐無稽―でたらめ
こうどく
＝購読〈買って読む〉～雑誌を購読する、新聞購読料
＝講読〈読んで意味・内容を説き明かす〉～原書講読、講読会
こうない
＝校内〈学校の中〉～校内暴力
＝構内〈建物や敷地の中〉～駅の構内

ごうのもの〈豪の者、強の者〉→剛の者
こうばい　勾配―傾斜、傾き
こうばい〈購売、講買〉→購買
こうはいち〈向背地〉→後背地
こうばしい〈芳しい、馨しい〉→香ばしい
ごうはら　業腹〈非常に腹が立つ〉
こうはん　甲板〈「かんぱん」とも〉
こうはん〈広汎〉→広範
注「広汎性発達障害」などの病名は別。
こうはんいん　甲板員〈「かんぱんいん」とも〉
こうふ
＝公布〈法令などを世に知らせる〉～憲法・法律の公布
＝交付〈書類・金品などを渡す〉～交付金、辞令・証明書の交付
こうふく〈降服〉→降伏
ごうふく〈豪腹、強腹〉→剛腹〈太っ腹〉―豪胆
こうぶつ〈礦物〉→鉱物
こうふん〈口吻〉→口ぶり、口先
こうふん〈昂奮、亢奮〉→興奮～興奮冷めやらない、興奮のるつぼ
こうふん　公憤〈正義の憤り〉～公憤を禁じ得ない、政治の腐敗に公憤を覚える
こうべ〈首、頭〉→こうべ〈を垂れる〉
ごうべん　合弁～合弁会社
注　合弁は外国資本と共同で経営すること。国内資本同士には使わず、「共同出資〈会社〉」とする。
こうほう
＝〈弘報〉→広報〈PR〉～広報活動、広報紙・誌、広報車、政府広報
＝公報〈官庁から国民に発表する報告〉～選挙公報、戦死の公報が届く
こうぼう〈光芒〉→光、光線
ごうほう〈剛放〉→豪放～豪放磊落〈らいらく〉
こうぼく　公僕
こうまい〈高邁〉→秀でた、気高い、崇高
ごうまん〈傲慢〉→傲慢〈ごうまん〉―高慢、おごり、横柄
こうむる〈蒙る〉→被る～ごめん被る
こうもり〈蝙蝠〉→コウモリ〈動物〉～こうもり傘
こうもん〈肛門〉→㊕肛門
ごうもん　拷問
こうや〈曠野、曠埜〉→広野
こうやく〈膏薬〉→こう薬
こうゆう
＝交友〈友人として交際する〉～交友関係、交友の範囲が広い
＝交遊〈親しく交際する〉～交遊録、政治家との交遊
こうよう〈昂揚〉→高揚～士気を高揚する

こ

ごうよく〈強慾△〉→強欲

こうら 甲羅～甲羅干し

こうり 小売り（契約・実績・指導・専門店・マージン）～㊗小売価格・業・市場・商・税・店・人・値

注 経済関係複合語ルール参照。

こうり〈行李△〉→こうり～こうり詰め

こうりがし ㊗高利貸〈職業、「こうりかし」とも〉

こうりゅう・こうち

＝勾留〈容疑者や被告の身柄を拘禁すること〉～勾留期間の延長、勾留質問、勾留状、勾留理由開示、未決勾留

＝拘留〈30日未満の最も軽い自由刑。主として軽犯罪に〉～20日の拘留に処せられる

＝拘置〈刑の言い渡しを受けた者を拘禁すること〉～拘置所

注 外国の事件関係では「拘束」を用いる。「法律関連用語」参照。

こうりょう〈宏△量〉→広量～広量な人物

こうりょう〈荒寥△〉→荒涼～荒涼とした景色

こうれいしゃ〈高令▲者〉→高齢者

こうろ

＝行路〈通り道、世渡り〉～行路の人、行路病者、人生行路

＝航路〈船・航空機の通るルート〉～外国航路、航路、航路標識、定期航路

ごうわん 剛腕〈「豪腕」とも〉

こうをそうする〈効を奏する〉→㊐功を奏する〈奏功〉

こえ 肥～肥だめ

こえる 肥える～肥え土、目が肥える

こえる・こす

＝越える・越す〈物の上を通り過ぎて向こう側へ出る、時間・年齢などがある基準・境界の時を過ぎる、越権〉～頭越しに、一線を越える、海を越えて異国に行く、売り・買い越す、垣根・壁・柵・ハードルを越える〈比喩的にも〉、勝ち越す、期限を越える、K点越え〈スキーのジャンプ〉、権限を越える〈越権〉、国境を越えて亡命〈越境〉、先を越す、3年越し、趣味・素人の域を越える、障害・難関を乗り越える、頭上を越す、電話越しに、峠・ピークを越える、年を越す〈越年〉、度を越す、…に越したことはない、野越え山越え、引っ越す、冬を越す〈越冬〉、分を越えて、またお越しください、見越す、持ち越す、ラインを越える、60の坂を越す

＝超える・超す〈ある基準を上回る、ある考え方・立場にこだわらずに先へ進む、追い抜く、超越、超過〉～愛憎を超える、気温が30度を超える、基準・水準を超える、警戒水位を超える、限度・程度を超える、国境を超

えた愛・平和運動・理想〈比喩的表現〉、時代・世代を超える、10万人を超す、主義・立場・党派を超える、制限量を超える、先輩を超えて抜てき、想像を超える、定員を超える、値上がり率が70%を超える、能力を超える、範囲・枠・枠組みを超える、100万円を超す借金、目標を超す額、予想・理解を超える、利害を超える、60歳を超える

注 「勝ち越し」「乗り越える」などのように他の動詞と複合する場合は、原則として「越」を使う。

ごえん（誤嚥）→誤嚥（ごえん）―誤飲～誤嚥（ごえん）性肺炎

こおどり（雀躍り）→小躍り

こおり 氷～氷が張る、氷詰め

こおる（氷る）→凍る～凍り付く、凍り豆腐、土が凍る

こおろぎ（蟋蟀）→コオロギ〈動物〉

ごかく（互格、牛角）→互角～互角の戦い

こかげ（木蔭、＊樹陰）→木陰

こがす・こがれる 焦がす・焦がれる～思い焦がれる、焦がれ死に、待ち焦がれる、身を焦がす

こかつ（涸渇）→枯渇～資源が枯渇する

こがね
＝黄金〈金、金貨〉～黄金色、黄金造り
＝小金〈金銭〉～小金をためる

こがらし（凩）→木枯らし～木枯らし1号

ごかん
＝五官〈目・耳・舌・鼻・皮膚の五つの感覚器官〉～五官を働かせる
＝五感〈見る・聞く・味わう・嗅ぐ・触れるの五つの感覚・働き〉～五感に訴える

こかんせつ 股関節

こき（古稀）→古希

注 本来は数え年70歳だが、近年は満年齢で祝うことがある。

こきおろす（扱き下ろす）→こき下ろす

こきつかう（扱き使う）→こき使う

こぎつける（漕ぎ着ける）→こぎ着ける

こぎって 小切手～不渡り小切手

こぐ（漕ぐ）→こぐ～舟をこぐ

ごく・・
＝極〈名詞の構成要素〉～極悪、極寒、極彩色、極上、極道、極秘、極貧、極楽
＝（極く）→ごく〈副詞。きわめて〉～ごく一部、ごくごく、ごく普通

こくいっこく 刻一刻

こくう 虚空～虚空をつかむ

こくじ 告示〈衆参両院の補欠・再選挙、地方選挙、最高裁裁判官国民審査および外国の選挙の場合〉～内閣告示

こ

注 総選挙、参院通常選挙の場合は「公示」。
こくじ　国璽～国璽を押す
こくじょう（国状）→(統)国情
こくはく　酷薄～酷薄な人
こくめい　克明～克明に記録する
こけ（苔、蘚）→コケ〈植物〉～こけむす
こけ（虚仮）→こけ～こけおどし、こけにする
こけい（固型）→固形～固形燃料
こけつ　虎穴～虎穴に入らずんば虎子（虎児）を得ず
こけらおとし（杮落とし）→こけら落とし
注 新築劇場などの初興行のこと。
こける（痩ける）→こける～頬がこける、痩せこける
こげる　焦げる～焦げ臭い、焦げ茶色、焦げ付き債権、焦げ付く
こけん（沽券）→こけん―体面、品位～こけんに関わる
ごげん（語原）→語源
ここう　虎口～虎口を脱する
ここう（糊口、餬口）→糊口（ここう）―生計～糊口（ここう）をしのぐ
ごごう　古豪～古豪同士の対決
こごえる　凍える～凍え死ぬ
ここち　(慣)心地～心地よい、居心地、着心地、座り心地
こごと（叱言）→小言
ここの（つ）　九（つ）～九重
こころ・・　心～心温まる、心当たり、心意気、心祝い、心得、心置きなく、心覚え、心掛かり、心掛け、心構え、心から、心変わり、心組み、心して、心遣い、心尽くし、心付け、心積もり、心無い、心なしか、心ならずも、心憎い、心根、心残り、心の丈、心ばえ、心ばかり、心待ち、心もとない、心安く、心行くまで、心より
・・ごころ　心～絵心、親心、恋心、里心、下心、出来心、真心、物心
こころざし　志～志す
こころみる　試みる～試み、試みに
こころもち　心持ち〈名詞〉・こころもち〈副詞〉～こころもち大きい
こころやり（心遣り）→心やり
こころよい（心良い）→快い
こざかしい（小賢しい）→小ざかしい
こさつ（古刹）→古刹（こさつ）―古寺
こさめ　小雨
ごさん（午餐）→昼食
注 皇室関係の「午餐会」も「昼食会」とする。
ごさんけ　御三家〈徳川家の尾張・紀伊・水戸家〉
注 芸能界などは「ご三家」。
こし　腰～腰当て、腰折れ、腰掛け（仕事）、腰巾着、腰砕け、腰だめ、腰投げ、腰巻き、腰元

こ

こし（輿△）→こし〈乗り物〉～こし入れ、玉のこしに乗る
こし（故紙）→古紙
こじ
＝固辞〈かたく辞退する〉～就任を固辞する
＝固持〈しっかり持ち続ける〉～信念を固持する
こじ 慣居士～一言居士
こしかた（越▲し方）→来し方〈「きしかた」とも〉～来し方行く末
こじき（乞●食）→こじき―物乞い
注 「こじき」はなるべく使わない。
こしきゆかしく（古色床▲しく）→古式ゆかしく
こしたんたん（虎視眈△々）→虎視眈々（たんたん）
こしつ 固執〈「こしゅう」とも〉
こじつけ こじつけ～こじつける
こしゃく（小癪△）→こしゃく―生意気

こしょう 小姓
こしょう（胡△椒△）→コショウ〈植物〉・こしょう〈香辛料〉～黒・白こしょう
ごしょう 後生～後生大事
こしょくそうぜん（古色蒼△然）→古色蒼然（そうぜん）―古びた（趣）、古めかしい
こじらいれき（古事来歴）→故事来歴
こしらえる（拵△える）→（話を）こしらえる
こじらす・こじれる（拗△らす）→こじらす・こじれる
ごじん（御人▲）→ご仁～奇特なご仁
こす 越す・超す
こす（漉△す、濾△す）→こす～こしあん
注 「こえる・こす」の項参照。
こすい（狡△い）→こすい～こすからい
こすう（箇●数）→個数
こずえ（梢△）→こずえ
こする（擦●る）→こする

ごする（伍△する、互▲する）→伍（ご）する―肩を並べる、（仲間に）加わる
こぜい 小勢〈「大勢＝おおぜい」の対語〉
こせいだい（古世代▲）→古生代
こせき（古蹟△）→古跡―旧跡
こぜりあい 小競り合い
こせんきょう（跨△線橋）→陸橋、渡線橋
こぞう（子僧）→小僧～寺の小僧さん、膝小僧
注 「小僧」は比喩的な用法以外はなるべく使わない。
ごぞうろっぷ（五臓六腑△）→五臓六腑（ろっぷ）
こそく（姑△息）→姑息（こそく）―間に合わせ、一時しのぎ、ひきょう～姑息（こそく）な手段
こそぐ（刮△ぐ）→こそぐ～こそぎ取る、根こそぎ
こぞって（挙●って）→こぞって〈副詞〉～こぞって参加する

ごぞんじ〈御存知〉→ご存じ

こたい

＝固体〈一定の形・体積をもっていて容易に変化しない物質〉〜固体燃料

＝個体〈他と区別され独立の存在を保つもの〉〜個体群、個体差、個体変異

こたえ 答え、㊔**答**〈表・記号、一問一答形式などの場合〉

こたえる

＝答える〈返答、返事〉〜受け答え、口答え、質問・照会・問題に答える、呼べば答える

＝応える〈反応、応じる、響く〉〜インタビュー・相談に応える、恩顧・歓呼・期待・声援・負託・要望に応える、手・旗を振って応える、手応え、歯応え、批判に応える、見応え、読み応え

注 強く感じるという意味の「体・骨身・胸にこたえる」「寒さがこたえる」は平仮名書き。「インタビュー・相談にこたえる」は内容によって「応える」「答える」を使い分ける。

＝〈堪える〉→こたえる〈耐える、我慢する〉〜こたえられない味、持ちこたえる

ごたく〈御託〉→ご託〜ご託を並べる

こだち ㊔**木立〜夏・冬木立**

こたつ〈火燵、炬燵〉→こたつ

ごたぶんにもれず〈ご多聞に漏れず〉→ご多分に漏れず

こだま〈谺〉→こだま〈山びこ〉・木霊〈木の精〉

ごちそう〈御馳走〉→ごちそう

ごちょう〈伍長〉→㊕伍長

こぢんまり〈小ぢんまり〉→こぢんまり

注 小さいながら程よくまとまっているなど、肯定的な意味で使う。

こつ

＝骨〈ほね〉〜お骨、骨揚げ

＝こつ〈要領、呼吸〉〜こつをのみ込む

こづかい〈小使い〉→小遣い〜お小遣い、小遣い銭

こっかく〈骨骼〉→骨格

こづく〈小衝く〉→小突く〜小突き回す

こっくべんれい〈克苦勉励〉→刻苦勉励

こづくり

＝小作り〈一般用語〉〜小作りの家具

＝小づくり〈体つき〉〜小づくりの人

こっけい 滑稽・こっけい

こっこく 刻々〈「こくこく」とも〉

こつぜん〈忽然〉→こつぜん―にわかに、たちまち、突然、突如、不意に

こつそしょうしょう〈骨粗鬆症〉→骨粗しょう症

こっちょう 骨頂〜愚の骨頂、真骨頂

こつづみ 小鼓

こづつみ ㊔**小包**

こっとう〈骨董〉→骨董（こっとう）〈品〉

―古美術品、古道具、古物

こっぱみじん（木っ葉微塵）↓木っ端みじん

こて（鏝）↓こて〈道具〉～焼きごて

こて

＝小手〈肘と手首の間の部分〉～小手が利く、小手先、小手調べ、小手投げ、小手を打つ〈剣道〉、小手をかざす

＝（籠手）↓こて〈小手を覆う防具〉

ごてどく（ごて徳）↓ごて得〈「ごね得」とも〉

こと 言～恨み言、片言、繰り言、小言、言挙げ、言霊、言づて、泣き言、独り言、二言三言、わび言

こと

＝事〈主として具体的な事柄を表す場合、実質名詞〉～遊び事、荒事、争い事、あらぬ事、賭け事、考え事、芸事、事新しい、事有るとき、事欠く、事柄、事切れる、事細かに、事足りる、事と次第では、事なかれ主義、事に当たる、事のついでに、事始め、事ほどさように、事もあろうに、事も無げに、事を起こす、事を構える、事を好む、勝負事、作り事、出来事、願い事、まね事、見事、物事、もめ事、約束事、よそ事、笑い事

注 読み違いを防ぐため、「大事」は「大ごと」、「人事」は「人ごと・ひとごと」とする。

＝こと〈主として抽象的な内容を表す場合、形式名詞〉～あの人のことは、あんなことになる、うまいことを言う、驚いたことに、書くことができる、勝手なことをする、ことによると、このことは、…することにしている、すんでのことで、…ということ、勉強することだ、見たこともない、読むこと、私ことこのたび

こと（糊塗）↓取り繕う、一時しのぎ、ごまかす

こと 異～異なる、異にする

ごと（毎）↓ごと～1時間ごとに、日ごとに、夜ごとに

注「各県ごとに」などは重複表現。

ごとく（如く）↓ごとく―ように

ことごとく（悉く）↓ことごとく

ことごとに（事毎に）↓事ごとに

ことさら（殊更）↓ことさら

ことし 慣今年

ことづける（託ける）↓言付ける～言付かる、言付け

ことづて（言伝て）↓言づて―伝言

ことに（殊に）↓ことに〈副詞〉

ことのほか（殊の外）↓ことのほか・ことの外

ことば（辞、詞）↓言葉～忌み言葉、売り・買い言葉、開会の言葉、掛け言葉、言葉尻（を捉える）、言葉少な、

言葉遣い、言葉つき、言葉のあや、言葉を濁す、天皇陛下のお言葉、話し言葉、早口言葉、はやり言葉、大和言葉、㊝合言葉

ことはじめ　事始め

ことぶき　寿

ことほぐ（寿ぐ）→ことほぐ

こども（小供）→子ども・子供（連れ）

注 祝日は「こどもの日」。

ことわざ（諺）→ことわざ

ことわり（理）→ことわり〈筋道〉

ことわる　断る～断って休む、断り書き、断り状、断りの電話を入れる

こな　粉～粉々に、粉みじん、粉雪

こなす（熟す）→こなす～頭ごなし、粗ごなし、着こなし、こなれる、使いこなす、腹ごなし、身のこなし

こにんず・こにんずう　小人数〈「大人数」の対語〉

注「少人数」は「多人数」の対語。

ごねどく（ごね徳）→ごね得〈「ごて得」とも〉

こねる（捏ねる）→こねる～こね上げる、こねくる、こね回す

この（此の）→この～この間、この後、この上は、このうち、この期に及んで、この頃・このごろ、この際、このたび、このところ、この辺で、この方、このほか・この他、このほど、この世

このえへい（近衛兵）→㊡近衛兵～近衛師団・部隊

このむ　好む～好ましい、好み

注「好きこのんで」などは平仮名書き。

こはく（琥珀）→琥珀（こはく）

ごはさん（ご破産）→ご破算

ごはっと　ご法度

こばなし（小咄、小噺）→小話

こばむ　拒む～拒み通す

こはる　小春〈陰暦10月の異称〉～小春日和〈晩秋から初冬にかけての暖かい日和〉

ごびゅう（誤謬）→誤り

こひょう　小兵～小兵の大関

こびる（媚びる）→こびる

こぶ（瘤）→こぶ～力こぶ

こぶ　コブ・昆布〈植物。「コンブ」の俗称〉～昆布巻き

ごぶさた　ご無沙汰・ごぶさた

注 平仮名書きも活用。

こぶし　拳・こぶし～握り拳・こぶし

注「こぶし大の石」などは平仮名書き。

こぶり（小振り）→小ぶり～小ぶりの器

ごへい　語弊～語弊がある

こべつ

＝個別〈一つ一つ、一人一人〉～個別交渉、個別指導

＝戸別〈一軒一軒〉～戸別訪問、戸別保障制度

ごぼう（牛蒡）→ゴボウ〈植物〉～ごぼう抜き
こぼす（零す）→こぼす～愚痴をこぼす、こぼれ話、こぼれる
こぼんのう　子煩悩
こま　駒〈馬、将棋など〉～駒組み、駒げた、駒不足、駒を進める、ひょうたんから駒（が出る）、持ち駒、若駒
こま（齣）→こま〈映画用語、一区切り〉～こま送り、こま撮り、青春の一こま、3こまの授業
こま（＊独楽）→こま～こま回し
ごま（胡麻）→ゴマ〈植物〉～ごまあえ、ごま油、ごま塩（頭）、ごまをする〈比喩〉
ごま　護摩～護摩をたく
こまいぬ（狛犬）→こま犬
こまかい　細かい～事細かに
ごまかす（誤魔化す）→ごまかす
こまぎれ（小間切れ）→細切れ
こまごま（細々）→こまごま
こまねく（拱く）→こまねく〈本来は「こまぬく」〉～手をこまねく
こまめ（小忠実）→小まめ～小まめに働く
こまもの　小間物
こまやか
＝細やか〈こまかい〉～細やかな編み目、細やかに説明する
＝（濃やか）→こまやか〈濃い、情が深い〉～こまやかな心遣い、人情こまやか
ごみ（塵、芥）→ごみ～ごみため
こみあげる　込み上げる～涙が込み上げる
こみいる　込み入る～込み入った事情
こみち（＊小径）→小道
こむ
＝込む〈入り組む、込み入る、連用形に付いて複合語を作る〉～仕事が立て込む、手が込む、煮込む、日程が込む、申し込む、吹き込む、負けが込む、
＝混む〈混雑する〉～混み合う店内、電車が混む、人混み
こむすび　㊜小結〈相撲〉
こむそう　虚無僧
こめ　米・コメ～米蔵、米作り
こめかみ（顳顬、蟀谷）→こめかみ
こめる（籠める）→込める～雨に降り込められる、言い込める、祈り・気持ち・願い・真心を込める、押し込める、霧・煙が立ち込める、親しみを込める、弾を込める、閉じ込める、封じ込める、やり込める
ごめん　御免・ごめん～お役御免、木戸御免、切り捨て御免、ごめんなさい、二度とごめんだ、真っ平ごめん
こも（薦、菰）→こも～こもで包む
ごもく　五目～五目ずし・飯、五目並べ、コミは5目半〈囲碁〉

こもり ㊡子守～子守歌

こもる（籠もる、込もる、隠る）↓こもる～陰にこもる、口ごもる、心がこもる、城に立てこもる、閉じこもる、巣ごもり、寺にこもる、閉じこもる、引きこもる、冬ごもり、身ごもる、山ごもり

注「籠もる＝こもる」は表内訓だが、読みやすさに配慮して平仮名書きに。

こもれび 木漏れ日

こもんじょ 古文書

こやし 肥やし～肥やす

こゆう（個有）↓固有～固有名詞

こよい（今宵）↓こよい

こよう（雇傭）↓雇用～雇用契約

ごようたし（御用達）↓㊫御用達〈「ごようたつ」とも〉

ごようはじめ（御用始め）↓仕事始め

注「御用納め」も「仕事納め」とする。

ごらいこう（ご来迎）↓ご来光

こらえる（堪える、怺える）↓こらえる～こらえ性

こらす 凝らす〈凝り固まるようにする、集中させる〉～息・瞳・目を凝らす、意匠・数寄を凝らす、考え・作戦を凝らす、装いを凝らす

こらす 懲らす〈こりるようにさせる〉～懲らしめる、敵を懲らす

ごらん

＝（御覧）↓ご覧〈「見る」の尊敬語〉～ご覧に入れる、ご覧になる

＝ごらん〈補助動詞〉～…してごらん（なさい）

こりごり（懲り懲り）↓こりごり

こりつむえん 孤立無援

ごりむちゅう（五里夢中）↓五里霧中

ごりやく 御利益

こりる 懲りる～あつものに懲りてなますを吹く、懲りもせず、失敗に懲りる、性懲りもなく

こる 凝る～肩が凝る、凝った飾り・料理、凝り固まる、凝り性、芝居に凝る

こるい 孤塁～孤塁を守る

これ（此れ、是れ）↓これ～これから、これきり、これぐらい、これしき、これほど、これまで、これ見よがし、これより、これら

ころ

＝頃～頃合い、子供の頃、頃を見る、食べ頃、年の頃、値頃、見頃

注「食べごろ」「見ごろ」など接尾語的な場合は平仮名書きも。「今ごろ」「先ごろ」「日ごろ」など副詞的に用いる場合は平仮名書きを活用する。他の語の漢字と連続する場合には、平仮名書きか読点を入れる。

＝ころ〈特定の日時などの後に付く場合〉～1月10日ごろ、3日午後8時ご

ろ、4世紀ごろ
ごろ（語路）→語呂～語呂合わせ
ころう（故老）→古老
ころう（固陋）→頑固、頑迷、かたくな、強情
ころがす・ころがる・ころげる　転がす・転がる・転げる～転がり込む、転げ落ちる、転げ込む、転げ回る
ころぶ　転ぶ～転ばす、寝転ぶ
ころもがえ（衣更え）→衣替え
こわ・　声～声色、声高、声音
こわい
＝（恐い）→怖い〈恐ろしい〉～後が怖い、犬が怖い、怖い顔をする、怖いもの知らず、怖がりを言う、怖がる
＝（強い、剛い）→こわい〈抵抗力が強い、固い〉～毛がこわい、こわ談判、情がこわい、手ごわい
こわき　小脇～小脇に抱える
こわく（蠱惑）→魅惑～魅惑的な瞳
こわごわ（恐々、怖々）→こわごわ
こわす・こわれる（毀す）→壊す・壊れる～壊れ物
こわばる（強張る）→こわばる
こわもて（強面、怖面）→こわもて〈強い態度に出る〉～こわもてに意見する、こわもての談判
こんき
＝今期〈現在の期間〉～今期の決算
＝今季〈今シーズン〉～今季の最高記録
ごんぎょう（勤経）→勤行〈仏教用語〉
こんくらべ（根競べ）→根比べ
ごんげ　権化～悪の権化
こんげん（根原、根元）→根源
ごんげん　権現～権現造り
こんご　今後
こんこう（混淆）→混交～玉石混交、神仏混交
ごんごどうだん（言語同断）→言語道断
こんこん
＝懇々〈繰り返し説く〉～懇々と諭す
＝（昏々）→こんこん（と眠る）
＝（渾々、滾々）→こんこん～こんこんと湧き出る泉
こんじき　金色～金色の穂波
こんじゃく　今昔～今昔の感
こんじゅほうしょう（紺綬褒章）→㊕紺綬褒章
こんじょう　今生～今生の別れ
こんじょう（根精）→根性
こんしん（渾身）→こん身─満身、全身
こんすい（昏睡、昏酔）→昏睡（こんすい）─意識不明、人事不省、失神
注　刑法の条文では「昏（こん）酔強盗」だが、一般記事では「昏睡（こんすい）強盗」を使う。
こんせい
＝混成〈異種のものを混合すること〉～混成酒、混成チーム、混成旅団

＝混生〈複数の植物などが一緒に生息すること〉～混生林
＝混声〈男声と女声〉～混声合唱団
こんせき 痕跡～痕跡をとどめる
＝混戦〈敵味方が入り乱れて戦う〉～混戦状態、三つどもえの混戦
＝混線〈電信・電話で別の信号・通話が入り交じる。話の筋が混乱する〉～電話が混線、話が混線して要領を得ない
こんぜん（渾然）→混然～混然一体
こんだく 混濁～意識の混濁
こんだて ㊌献立
こんたん 魂胆
こんてい（根柢）→根底
こんど 今度
こんとう（昏倒）→昏倒（こんとう）―卒倒
こんとん（混沌、渾沌）→混沌（こんとん）―混迷
こんにちは・こんばんは（今日わ・今晩わ）→こんにちは・こんばんは〈あいさつ〉
こんにゃく（蒟蒻、菎蒻）→コンニャク〈植物〉・こんにゃく（玉）〈食品〉～こんにゃく問答
こんぱい（困憊）→（疲労）困憊（こんぱい）―疲れ果てる
こんぱく（魂魄）→霊魂
こんぶ コンブ・昆布〈植物。「こぶ」とも〉
こんぺき（紺碧）→紺ぺき～紺ぺきの空
こんぼう（棍棒）→こん棒
こんぽう（梱包）→梱包（こんぽう）―荷造り
こんめい（昏迷）→混迷
こんりゅう 建立～寺を建立する
こんりゅう（根瘤）→根粒～根粒菌
こんりんざい（根輪際）→金輪際
こんろ（焜炉）→こんろ～石油こんろ
こんわく（混惑）→困惑
こんをつめる 根を詰める

【さ】

さい（才）→歳〈年齢の場合。「才に溺れる、天才、文才」など才能を意味する場合は別〉
さい
＝采〈とる、彩り、姿〉～采を取る〈指揮をする〉、喝采、采配、納采、風采
＝（釆、賽、骰）→さい〈さいころなど〉～さいの河原、さいの目、さいは投げられた
さい（差違）→㊌差異～差異が生じる
・ざい
＝材〈原料、材料、人材〉～画材、器材、機材、教材、建材、資材（置き場）、人材、素材、題材、廃材、冷却材〈原子炉〉
＝財〈財産、財貨〉～私財、資財（帳）、消費財、生産財、耐久財、文化財

＝剤〈薬剤〉～育毛剤、覚醒剤、乾燥剤、起爆剤、抗がん剤、殺虫剤、錠剤、接着剤、防臭剤、冷却剤〈保冷剤〉

さいおうがうま　塞翁（さいおう）が馬

さいか（裁下▲）→裁可（を仰ぐ）

ざいか（罪過）→(統)罪科

さいかい

＝再会〈再び会う〉～旧友に再会

＝際会〈たまたま会う〉～好機に際会

＝再開〈再び開く〉～休憩後に再開

さいきかんぱつ（才気煥△発）→才気煥発（かんぱつ）―才気縦横

さいぎしん（猜△疑心）→疑心、疑念、邪推

さいくん（妻君）→細君

さいけつ

＝採決〈議案の可否を賛否の数で決める〉～強行採決、起立採決、討論採決

＝裁決〈上位者による裁断、審査請求などに対する行政庁の決定〉～海難審判所・国税不服審判所の裁決、議長裁決

さいけん

＝債券〈有価証券〉～外国債券、債券の発行、割引債券

＝債権〈債務の対語。財産権。貸した金を返してもらう権利〉～債権国会議、債権者、債権放棄、不良債権

さいげん（最限▲）→際限～際限がない

さいご

＝最後〈一番あと〉～最後に笑う者、最後のチャンス

＝最期〈死に際〉～最期をみとる、悲惨な最期

さいこうちょう（最高調▲、最高頂▲）→最高潮～興奮が最高潮に達する

さいごうちょう（最後通牒△）→最後通告

さいさき　(慣)幸先～幸先が良い

さいさん　再三～再三再四

さいし（祭祀△）→祭祀（さいし）―祭り、祭事

さいじき（歳事記）→歳時記〈俳句〉

さいじつ　祭日

注 現在の日本では「国民の祝日」（法律）に祭日はないので、「祝日」とする。

さいしゅ

＝採取〈選び取る〉～鉱物・植物の採取、指紋の採取

＝採種〈植物の種子を取る〉～来春の栽培用に採種する

さいしゅほ（採種圃△）→採種園・田・畑、種畑

さいしょう

＝最小〈最大の対語、一番小さい〉～最小限（度）、最小公倍数、最小湿度、最小の努力で

＝最少〈最多の対語、一番少ない〉～最少額、最少得点、最少の人数で戦う

さ

ざいせ（在生）→在世〈「ざいせい」とも〉
さいせい
＝再生〈生まれ変わる、生き返る、作り直す〉～再生紙、再生繊維、再生装置、再生不良性貧血、トカゲの尾が再生する、録画・録音テープを再生
＝再製〈製品を加工して作り直す〉～再製生糸、再製酒、再製茶
さいせき
＝採石〈石材を切り出す〉～採石場
＝砕石〈細かに砕いた岩石〉～砕石工場
ざいせき
＝在籍〈団体・学校などに籍がある〉～在籍者名簿、本校に在籍する生徒
＝在席〈職場で自分の席にいる〉～会議のため在席していない
さいせん（賽銭）→さい銭（箱）
さいだいもらさず（最大漏らさず）→細大漏らさず
さいたく　採択

注　議会関係では意見書、請願、陳情に用いる。条例案などは「議決」。
さいだん
＝裁断〈布、紙などを裁ち切る。理非・善悪を判断してさばく〉～生地を裁断する、裁断を下す
＝細断〈紙などを細かくたち切る〉～書類を細断する
さいち　細緻―細密、綿密
さいてい（最低）→最低
さいはい　采配～采配を振る・振るう
さいばい（栽培）→栽培
さいりょう（採量）→裁量～自由裁量
さいろく
＝（載録）→採録〈とりあげて記録する〉～民話を採録する
＝再録〈再び記録・登載する〉～小説を雑誌に再録する
さいわい　幸い～幸いに
さえずる（囀る）→さえずる

さえる（冴える）→さえる～頭がさえる、顔色がさえない、さえた音色、さえ渡る
さお
＝（竿）→さお〈竹の棒〉～旗ざお、物干しざお
＝（棹）→さお〈舟を操るのに使う長い棒〉～流れにさおさす〈舟を進める、時流に乗るの意。「逆らう」の意味で使うのは誤用〉
さおとめ（早少女）→㊖早乙女
さか・・逆～逆上がり、逆落とし、逆毛、逆子、逆立ち、逆手、逆なで、逆ねじ、逆巻く、逆夢
さか・・酒～酒代、酒だる、酒手、酒盛り、酒屋
さが（性、相）→さが
さかうらみ（逆怨み）→逆恨み
さかぐら（酒倉）→酒蔵
さかさま（逆、倒、逆様）→逆さま～真

っ逆さま

さがす
＝探す〈主に欲しいものをたずね求める〉〜あら・欠点を探す、獲物を探す、貸家を探す、講演の題材を探す、里親探し、職を探す、宝探し、父の面影を探す、婿・嫁探し
＝捜す〈主に見えなくなったものをたずね求める、捜査〉〜家出人を捜す、親捜し、犯人を捜す、紛失物を捜す、迷子を捜す、身元捜し、目撃者を捜す、家＝や＝捜し、行方不明者を捜す、離散した家族を捜し求める
注「探・捜し当てる、探・捜し出す、探・捜し回る、探・捜し物」などは、内容によって書き分ける。例えば、「店で手ごろな財布を探す」「落とした財布を捜す」、求人は「人探し」、行方不明者など特定の場合は「人捜し」となる。

さかずき（盃△）→杯〜水杯

さかな
＝魚〈一般用語〉〜魚釣り
＝（肴△）→さかな〈酒のつまみ、酒席の話題〉〜酒のさかなにする

さかのぼる（遡る、溯△る、泝△る、逆上る）→さかのぼる〜時代をさかのぼる
注「遡＝さかのぼる」は表内訓だが、読みやすさに配慮して平仮名書きに。

さからう　逆らう

さかり・さかる　盛り・盛る〜盛り場、生意気盛り、働き盛り、花盛り、日盛り、分別盛り

さがる　下がる〜お下がり、下がり目

さかん（旺●ん）→盛ん

さき・・　先〜先借り、先々、先立つ、先付け（小切手）、先取り、先走り、先払い、先触れ、先細り、先ほど、先回り、先物買い、先行き、先渡し（価格）、先んじる、㊔**先物取引**

さぎ（詐偽）→詐欺〈公職選挙法の「詐偽投票」「詐偽登録」は別〉

さきおととい・さきおととし（*一昨々日、*一昨々年）→さきおととい・さきおととし

さきがけ（先駈△け、魁△）→先駆け〜先駆ける

さきごろ　先頃・先ごろ
注 平仮名書きを活用。「先頃私は…」のように後に漢字が続く場合は、平仮名書きにするか「先頃、私は…」のように読点を打つ。

さきもり（防●人●）→防人（さきもり）

さく
＝策〈はかりごと、むち、つえ〉〜画策、金策、警策、献策、国策、策士、策定、策動、策謀、散策、施策、失策、術策、政策、対策、秘策、

さ

方策
=索〈求める、むなしい、縄〉～検索、索引、索条、索然、索敵、索道、捜索、探索、模索
さく 柵～柵越え、鉄柵
さく 咲く～咲き薫る、咲き匂う、咲き誇る、咲き乱れる、七分咲き
さく
=裂く〈破る、引き離す〉～岩の裂け目、切り裂く、布を裂く、仲を裂く、生木を裂く、引き裂く
=割く〈切り分ける、分け与える〉～給料を割く、魚を割く、割きいか、時間を割く、紙面を割く、人員を割く、領土を割く
さくい
=作為〈こしらえる、つくりごと〉～作為的、作為の跡が見える、不作為の違法性、無作為抽出
=作意〈たくらみ、制作意図〉～作意が湧く、作意不明、見え透いた作意
さくがんき（鑿岩機）→削岩機
さくさく（嘖々）→（好評）さくさく
さくさん（醋酸）→酢酸
さくせい
=作成〈計画・文書などを〉～計画書・法案・ホームページ・マニュアル・名簿・目録・問題・リポートを作成
=作製〈物品・図面などを〉～カレンダー・器具・CD・DVD・図案・ステッカー・ソフトウエア・地図・パンフレット・ビデオ・標本・ポスター・本・マークの作製、万能細胞・クローンを作製する、ワクチンを作製する
注 パンフレット、本、地図などの場合、書かれた内容に重点を置けば「作成」、物品として大量生産する点に重点を置けば「作製」と使い分ける。
さくせん（策戦）→作戦
さくそう（錯綜）→錯綜（さくそう）―交錯、入り乱れる、入り組む、もつれる
さくづけ 作付け～作付け計画・時期・状況・転換・目標・留保率・割合・割り当て、㊙作付面積
さくばく（索莫、索寞）→索漠～索漠たる風景
さくら サクラ・桜〈植物〉～桜狩り、サクラソウ・桜草、桜餅
さくらんぼう（＊桜桃、桜ん坊）→サクランボウ〈「サクランボ」とも〉
さくれつ（炸裂）→さく裂―破裂、爆発
さけ 酒～酒臭い、酒造り、酒飲み、酒浸り
さけ（鮭）→サケ〈動物〉～新巻きザケ、さけ茶漬け
さげすむ（蔑む、貶む、下げすむ）→さ

げすむ

注「蔑＝さげすむ」は表内訓だが、読みやすさに配慮して平仮名書きに。

さける 裂ける～裂け目、布が裂ける

さげる

＝下げる〈上げるの対語、低くする。下に垂らす〉～上げ下げ、頭を下げる、下げ足、下げ止まり、下げ渡し先、室温を下げる、等級を下げる、値段を下げる、軒に下げる、見下げ果てた、問題のレベルを下げる

＝提げる〈手に持つ、携帯〉～かばん・荷物・土産物を提げる、手提げ金庫、手提げ袋、手鍋提げても、引っ提げる

さげん 左舷

ざこ ㊥雑魚～雑魚寝

ささ（笹△、篠△）→ササ〈植物〉～クマザサ、ささ団子、ささ舟、ささ身〈鶏肉〉、ささやぶ

ささい（些△細）→ささい―わずか、少々、取るに足りない

ささげる（捧△げる、献げる）→ささげる～祈りをささげる、ささげ物、優勝旗をささげる

さざなみ（＊小波、細波、漣△）→さざ波

ささめゆき（細雪）→ささめ雪

ささやか（細やか、小やか）→ささやか

ささやく（囁△く、私語く）→ささやく～ささやき

さざれいし（細れ石）→さざれ石

さし・さす

＝刺し・刺す〈突きさす、突き入れる、刺激する〉～くぎを刺す、刺し網、刺し子（織り）、刺し殺す、刺し違えて死ぬ、刺し貫く、刺し身（包丁）、走者を刺す、田楽刺し、とげが刺さる、とどめを刺す、肌を刺す寒気、鼻を刺す臭い、刃物で刺す、針を刺す、人を刺す〈突きさす、中傷する〉、虫刺され

＝指し・指す〈事物をそれだと示す、方向を示す〉～指し切り・込み〈将棋〉、指し示す、指し値、指し物、将棋を指す、名指しする、旗指し物、目指す方向、㊯**指図、指物師**

注「人さし指」「指さす」は平仮名書き。

＝差し・差す〈さし挟む、かざす、照り込む、兆す、接頭語にも〉～赤み・日・光が差す、油を差す、嫌気が差す、影が差す、傘を差す、刀を差す、記事を差し止める、行司の差し違え、差し上げる、差し当たり、差し入れ（品）、差し扇、差し置く、差し押さえ（物件・命令）、差し替え、差し掛かる、差し金、差し込み、差し障り、差し迫る、差し遣わす、差しつ差されつ、差しで会

う、差し出がましい、差し止め〈請求〉、差し伸べる、差し歯、差し挟む、差し控える、差し招く、差し回し、差し戻し〈裁判〉、差し身〈相撲〉、差し向かい、差し渡し、潮が差す、状差し、抜き差しならぬ、根差す、日差し、紅を差す、魔が差す、水を差す、目薬を差す、物差し

=挿し・挿す〈はめ込む、さし込む〉～一輪挿し、かんざしを挿す、挿し木、挿し花、花を挿す

・さし（止し）→さし〈途中でやめる〉～吸いさし、燃えさし、読みさし

さじ（匙、匕）→さじ～さじ加減、さじを投げる

さじ（些事）→小事、ささいな事

ざし（坐視）→座視～座視するに忍びない

さしあし　差し足～抜き足差し足

さしあし　差し脚〈競馬〉

さしえ（＊挿画）→㊔挿絵

さじき　㊙㊔桟敷～天井桟敷

さしず　㊔指図

さしずめ（差し詰め）→さしずめ

さしだし　差し出し～差し出し口、差し出す、㊔差出状、差出人

さしつかえる　㊙差し支える

さして

=指し手〈将棋〉

=差し手〈相撲〉

さしひき　差し引き〈貸し越し・借り越し・計算〉～㊔差引額・勘定・損失・高

注　経済関係複合語ルール参照。

さしょう（些少）→わずか、少し、少々

ざしょう（坐礁）→座礁

ざしょう　挫傷

さじん（砂塵）→砂煙、砂ぼこり

さす（砂洲）→砂州

さすが（流石）→さすが

さずかる・さずける　授かる・授ける～授かり物、授け物

さすらい（＊流離、＊流浪、＊漂泊）→さすらい～さすらう

ざせつ（座折）→挫折

ざぜん（坐禅）→座禅

さそう　誘う～誘い出す、誘い水

さそり（蠍）→サソリ〈動物〉～さそり座

さた　沙汰～沙汰やみ、音沙汰、地獄の沙汰、取り沙汰、刃傷沙汰

注　読みやすさに配慮して平仮名書きも。

さだか　定か～定かに

さだまる・さだめる　定まる・定める～定め、定めし、定めて

さち　幸～海・山の幸

ざっかん

=雑感〈さまざまな感想〉～雑感随想、人生・旅行雑感

＝雑観〈いろいろな所見〉～雑観記事
さつき 慣五月～五月晴れ
さつき（皐月）→皐月（さつき）〈陰暦の5月〉～皐月（さつき）賞〈競馬〉
さつき（皐月、五月）→サツキ〈植物〉
さっきゅう 早急〈「そうきゅう」とも〉
さっそう（颯爽）→さっそう
さっそく 早速
さっとう（殺倒）→殺到
ざっとう（雑沓）→雑踏
ざっぱく（雑駁）→雑ぱく（な知識）―雑然、粗雑
さつばつ 殺伐～殺伐とした光景
さつまいも（薩摩芋、甘薯、甘藷）→サツマイモ〈植物。「唐芋」「甘藷（かんしょ）」とも〉
注 市況・料理記事では「サツマ芋」でもよい。
さつりく（殺戮）→殺りく―大量殺害、惨殺
さてつ（蹉跌）→失敗、つまずき、挫折
さと（郷）→里～里親、里子、里心、里山
さとうきび（砂糖黍）→サトウキビ〈植物〉
さとがえり 里帰り
注 嫁いだ女性が実家へ一時的に帰ること。国外に流出した美術品が買い戻されたようなときは「一時的」ではないので、「里帰り」を使うのは誤り。夏休みなどで郷里に帰る場合は「帰省」とする。
さとす 諭す
さとる（覚る）→悟る～悟りの境地
さなえ 慣早苗
さなか（＊最中）→さなか
さなぎ（蛹）→さなぎ
さば（鯖）→サバ〈動物〉～さば折り〈相撲〉、さば雲、さばを読む、締めさば
さはい（作配）→差配
さばき・さばく
＝裁き・裁く〈理非曲直をはっきりさせる、裁判する〉～大岡裁き、けんか・事件を裁く、法の裁きを受ける
＝（捌）→さばき・さばく〈解きほぐす、手で巧みに扱う、処理する、売りこなす〉～売りさばく、在庫・荷をさばく、仕事をさばく、太刀・手綱・球・手さばき
さばく（沙漠）→砂漠
さはんじ （日常）茶飯事
さび 寂・さび～寂のある声・庭、わびとさび
さび（錆、銹）→さび～さび止め、鉄さび、身から出たさび
さびしい（淋しい）→寂しい
さびる（寂びる、荒びる）→さびる～さびた味、さびた芸風
さびれる 寂れる～寂れた商店街
ざぶとん（坐蒲団）→座布団

さ

さほど（左程、然•程）→さほど

さぼる　サボる〈サボタージュが語源〉～仕事をサボる

さま

＝様〈漢字で書く習慣が強い敬称〉～王様、神様、観音様、殿様、仏様

注 皇室関係では「皇后さま、皇太子さま、○○宮さま」などとする。「お客さま」「奥さま」「皆さま」「午前さま」などもなるべく平仮名書きにする。

＝（様）→さま〈様子、接尾語〉～あしざま、ありさま、おあいにくさま、お気の毒さま、お世話さま、お互いさま、お疲れさま、お待ち遠さま、思うさま、ご苦労・ご愁傷さま、ごちそうさま、死にざま、すぐさま、擦れ違いざま、続けざま、ぶざま、横ざま

さまがわり　様変わり

さまざま（様々）→さまざま

さます・さめる

＝冷ます・冷める〈ひえる、感情・興味が薄らぐ〉～愛情が冷める、興が冷める、興奮が冷める、熱を冷ます、ほとぼりが冷める、湯が冷める、湯冷めをする、余韻冷めやらぬ、料理が冷める

＝覚ます・覚める〈目がさめる、現実に立ち返る〉～意識を覚ます、太平の眠りを覚ます、寝覚めが悪い、眠気を覚ます、迷いを覚ます、目の覚めるような色、夢から覚める、呼び覚ます

注「冷めた表情・目」「覚めた表情・目」などは内容によって使い分ける。

＝（醒•）→さます・さめる〈酔いがなくなる〉～興ざめ、酔いをさます

さまたげる　妨げる～妨げ

さまつ（瑣△末、些△末）→さまつ―ちょっとした、取るに足らない、ささい

さまになる　様になる

さまよう（彷△徨△う、さ迷う）→さまよう

さみだれ　慣五月雨

注「さみだれ式」「さみだれスト」などは平仮名書きに。

さむい　寒い～寒け、寒がる、寒々

さむえ（作務衣•）→作務衣（さむえ）

さむらい（士•）→侍～侍大将

さめ（鮫）→サメ〈動物〉～さめ肌

さめる（褪△める）→さめる〈あせる〉～青ざめる、色がさめる

さや

＝（莢△）→（豆の）さや

＝（鞘△）→（刀の）さや～逆ざや・順ざや、さや当て、さや取り、さや寄せ、利ざや

さゆ（＊白湯•）→さゆ

ざゆう　座右～座右の銘

さようなら〈左様なら〉↓さようなら〈「さよなら」とも〉～さよなら公演、サヨナラホームラン

さら〈新〉↓さら・更〈手が加わっていない〉～さら地・更地、さらのタオル、さら湯・更湯、真っさら

注「更＝さら」は表内訓だが、なるべく平仮名書き。

さらい・・再来～再来週、再来月、再来年

さらう

＝〈攫う〉↓さらう〈奪い去る〉

＝〈浚う、渫う〉↓さらう〈除く〉

＝〈復習う〉↓さらう〈復習する〉～おさらい

さらす〈晒す、曝す〉↓さらす～さらし、さらし粉、さらし者、恥さらし

さらに〈更に〉↓さらに～さらなる

ざらば〈更場〉↓ザラバ〈市場用語〉

ざらめ〈粗目〉↓ざらめ〈糖・雪〉

さる　サル・猿〈動物〉～猿ぐつわ、猿芝居、猿知恵、猿まね、猿回し、ニホンザル

注「さるまた」は平仮名書き。

さる　去る～去る3日

ざる〈笊〉↓ざる～ざる碁、ざるそば

さるどし〈申年〉↓さる年・申（さる）年

されき〈砂礫〉↓砂れき―砂利

ざれごと

＝〈戯れ言〉↓ざれ言〈冗談〉

＝〈戯れ事〉↓ざれ事〈いたずら〉

さわ　茶話〈会〉

さわぐ　騒ぐ～騒がしい、騒がせる、騒ぎ、騒ぎ立てる

さわやか　爽やか

さわり・さわる

＝触り・触る〈ふれる、聞かせどころ〉～歌・小説・話の触り、口触り、触らぬ神にたたりなし、舌触り、政治的な問題には触らない、手が触る、手触り、展示品に触らない、肌触り

＝障り・障る〈妨げる、差し支え〉～当たり障り、（深酒・夜更かしは）体・身に障る、かん・気・神経に障る、差し障り、しゃくに障る、出世に障る、人気に障る、耳障りな言葉、目障りな人物

さんいつ〈散佚〉↓散逸

さんか　傘下

さんか〈讃歌〉↓賛歌

ざんがい　残骸

さんかくきん　三角巾

さんがにち〈三箇日、三ケ日〉↓三が日

さんかほうしゅう〈参加報酬〉↓参稼報酬〈プロ野球など〉

ざんき〈慚愧、慙愧〉↓ざんき（に堪えない）―恥じ入る、赤面、汗顔（の至り）

ざんぎゃく〈惨虐〉↓残虐

さんきんこうたい（参観交代）→参勤交代
さんく （慣）産駒〈競馬〉
ざんげ（懺悔）→ざんげ
注 仏教では「さんげ」と読む。
さんけい 参詣―参拝、お参り
さんげん（三絃）→三弦―三味線
ざんげん（讒言）→中傷、告げ口、そしる
さんご（珊瑚）→サンゴ〈動物〉～サンゴ礁、さんご細工
ざんごう（塹壕）→塹壕（ざんごう）
ざんこく（惨酷）→残酷
さんさく（散索）→散策
さんさしんけい（三叉神経）→三叉（さんさ）神経
ざんさつ
=斬殺〈きり殺す〉～刀で斬殺する
=惨殺〈むごたらしく殺す〉～一家4人が惨殺される

さんさろ（三叉路）→三差路
さんざん（惨々）→散々～散々な結果、散々な目に遭う
さんさんくど 三三九度（の杯）
さんさんごご 三々五々
さんじ（讃辞）→賛辞
ざんし（残滓）→残りかす、名残
さんしゃく 参酌～事情を参酌する
ざんしゅ 斬首
さんしょう（山椒）→サンショウ〈植物〉・さんしょう〈香辛料〉
注 「さんしょ」とも。
さんしょううお（山椒魚）→サンショウウオ〈動物〉
ざんしん 斬新―目新しい
さんすい（撒水）→散水―水まき
さんずのかわ（三途の川）→さんずの川
さんぜん（燦然）→さんぜん（と輝く）―きらびやか、きらきら、輝かしい
さんたん（惨憺）→惨たん―悲惨、惨め

さんたん（讃嘆、讃歎）→賛嘆
さんだんとび 三段跳び
さんにゅう
=参入〈参加する〉～他の業界に参入する
=算入〈計算に加える〉～損金に算入する
ざんにん（惨忍）→残忍
さんば（産婆）→助産師〈「産婆役」は別〉
さんばし 桟橋
さんはんきかん（三半器官）→三半規管
さんび（惨鼻）→酸鼻～酸鼻を極める
さんび（讃美）→賛美（歌）
さんぴ（賛非）→賛否
さんぷ（撒布）→散布―まく
さんぼう
=三方〈神前、貴人などに物を供える器物〉～三方に盛る
=三宝〈仏教用語、仏・法・僧を指す〉～深く三宝を敬う

さんま〈＊秋刀魚〉→サンマ〈動物〉
さんまい　三昧─無我の境
注「道楽・読書・念仏ざんまい」など熱中する意味で接尾語的に使う場合は平仮名書き。
さんまん（散漫）→散漫～散漫な注意力
さんみいったい（三身一体）→三位一体
さんりょう（山稜）→尾根
さんりょう　山陵〈山と丘、天皇と皇后の墓、みささぎ〉
さんろく　山麓

【し】

し
＝士〈資格、称号、職名〉～運転士、栄養士、エネルギー管理士、海技士、介護福祉士、海事代理士、学士・修士・博士、環境計量士、管理栄養士、棋士、義肢装具士、技術士〈建設部門など〉、気象予報士、技能士〈造園など〉、救急救命士、行政書士、計装士、言語聴覚士、建築士、航海士、公認会計士、作業環境測定士、作業（物理・化学）療法士、歯科衛生士、歯科技工士、自動車整備士、視能訓練士、司法書士、社会福祉士、社会保険労務士、臭気判定士、手話通訳士、精神保健福祉士、税理士、潜水士、船舶料理士、造園施工管理技士、操縦士、測量士、中小企業診断士、通関士、道士〈主として道教〉、土地家屋調査士、（剣道などの）範士・教士・錬士、不動産鑑定士、弁護士、弁理士、保育士、ボイラー技士、無線技士、無線技術士、理学療法士、臨床心理士
＝師〈教師、指導者、資格、職名〉～衛生検査技師、家畜人工授精師、看護師、きゅう師、狂言師、講談師、獣医師、柔道整復師、助産師、診療放射線技師、宣教師、相場師、殺陣師、調教師、調理師、調律師、伝道師、道化師、導師〈仏教〉、はり師、表具師、美容師、牧師、保健師、マッサージ師、薬剤師、理容師、臨床検査技師、㊔**鎌倉彫技能師**、**振付師**、**彫師**、**彫物師**
＝司〈職名〉～児童福祉司、身体障害者福祉司、知的障害者福祉司、保護司

し・・　仕～仕上がり、仕入れ（業者・先・書・値・品）、仕打ち、仕送り（先）、仕納め、仕返し、仕掛かり品、仕掛け（人・花火・品）、仕掛ける、仕切り（金・書・直し・値・場・売買）、仕組み、仕込み、仕付け（糸）、仕留める、仕舞〈舞踊〉、仕向け地、仕向ける、仕様書き、仕分け、仕訳帳

じ　＝滋〈茂る、増す、潤す〉～滋味、滋養
　＝慈〈いつくしむ〉～慈愛、慈顔、慈善、慈悲、慈母、仁慈

じ・・　地～地合い、地上げ屋、地固め、地金、地滑り、地続き、地取り、地ならし、地鳴り、地引き網、地響き、地回り、地割り、地割れ

じ・・　字～字余り、字配り、字詰め、400字詰め、㊥**字引**

・・じ　路～海路、旅路、山路

・・じ　児～異端児、風雲児

注　奇形児、登校拒否児など差別表現につながりかねない用語は使用しない。

しあい（仕合）→(省)**試合**

注　「泥仕合」は別。

しあげ　仕上げ～総仕上げ、(省)**仕上工**

しあさって（＊明々後日）→しあさって

しあわせ（仕合わせ、倖△せ）→幸せ

しあん　＝私案〈自分の案〉～座長が私案を提示、私案にすぎない
　＝試案〈試みの案〉～厚生労働省の改革試案、試案の段階
　＝思案〈考えを巡らせる〉～思案顔、思案に余る、思案に暮れる

しい（椎）→シイ〈植物〉～シイタケ〈菌類〉、シイの実

しい（思惟△）→思考、思索、考え

しい（恣意）→恣意（しい）、勝手、気まま

じい　示威～示威運動、示威行進

しいか　詩歌〈「しか」とも〉

じいさん（爺△さん、祖父さん）→じいさん

しいたげる　虐げる

しいて　強いて～強いて言えば

しいる　強いる〈強制〉～無理強い

じう（滋雨）→（干天の）慈雨

じうた　地唄〈上方歌〉～(省)**地唄舞**

じうたい　地謡〈能楽、狂言〉

しえん（私怨）→私怨（しえん）―私恨、私憤、恨み

しお　塩～塩辛い、塩漬け、塩引き、塩豆、塩焼き

しお（汐△）→潮～潮合い、潮脚、潮風、潮煙、潮時、潮干狩り、潮吹き、潮待ち、潮目、潮焼け

しおき　仕置き～仕置き場

しおさい（潮騒）→(慣)潮騒〈「しおざい」とも〉

しおり（栞△）→しおり

しか　シカ・鹿〈動物〉

しが　歯牙～歯牙にもかけない〈問題にしない〉

じか（直）→じか～じか履き、じか火

注　「直談判」「直取引」は別。

じか　自家～自家中毒、自家発電、自家用

しがい〈屍骸〉→死骸―死体
しかく
＝視覚〈目で見る感覚〉〜視覚障害、視覚に訴える
＝視角〈見える範囲、視点〉〜視角が広い、視角を変えて考える
＝死角〈目の届かないところ〉〜死角に入る、法の死角
しかく　刺客〈「しきゃく」とも〉
しかけ・・　仕掛け〜仕掛け人、仕掛け花火
しかし〈然し、併し〉→しかし〜しかしながら
じがじさん〈自我自讃〉→自画自賛
じかじゅふん〈自花受粉〉→自家受粉
じかせんえん　耳下腺炎〈病名〉
しかた　仕方〜仕方ない、仕方なしに
じかたび〈直足袋〉→地下足袋
じかだんぱん〈直談判〉→(慣)直談判〈「じきだんぱん」とも〉

しかつめらしい〈鹿爪らしい〉→しかつめらしい〜しかつめらしい顔
じかとりひき〈直取引〉→(慣)(省)直取引〈一般的には「じきとりひき」〉
じかに〈直に〉→じかに
しかばね〈屍〉→しかばね
しかも〈然も、而も〉→しかも
しがらみ〈柵〉→しがらみ
しかる〈呵る〉→叱る〜叱り付ける
しかん〈弛緩〉→弛緩（しかん）―緩み、たるみ〜筋弛緩（しかん）剤
じかんわり　(省)時間割
しき〈志気〉→(統)士気〜士気に関わる、士気を鼓舞する
しき・・　敷き〜敷き写し、敷き詰める、敷き伸べる、敷きわら、(省)敷居、敷石、敷板、敷皮〈敷物〉、敷革〈底の〉、敷金、敷地、敷布、敷布団、敷物、敷料
・・しき　敷き〜板敷き、下敷き、鍋敷き、(省)河川敷、軌道敷、桟敷、座敷、風呂敷、屋敷

じき　直〜直参、直々、直訴、直弟子、直伝、直筆
じき
＝時期〈とき、季節〉〜時期尚早、時期外れ、花の時期
注 労働基準法の「時季指定権」「時季変更権」は別。特に季節を強調したい場合は「時季」とも。
＝時機〈頃合い、潮時〉〜時機到来、時機を逸する・失する、時機をうかがう、時機を見計らう
じぎ　時宜〈程よい頃合い〉〜時宜にかなう、時宜に適した、時宜を得た措置
じきしょうそう〈時機尚早〉→時期尚早
じきに　直に・じきに〜もうじき
しきもう〈色盲〉→色覚障害
じきもの　直物〜直物相場、(省)直物取引

しきりに（頻りに）↓しきりに
しく（布く）↓敷く～布団を敷く、レールを敷く
じくうけ（軸承け）↓軸受け
しぐさ（仕草、仕種、為種）↓しぐさ
じくじ（忸怩）↓じくじ（たる思い）―恥ずかしい
しぐれ ㊮時雨～せみ時雨
しぐれる（時雨れる）↓しぐれる
しけ（時化、＊不漁）↓しけ～しける〈荒れる、不景気〉
しげき（刺戟）↓刺激
しげく（繁く）↓しげく～足しげく
しげしげ（繁々）↓しげしげ
しげみ（繁み）↓茂み～茂る
しげん（資原）↓資源
しこ 四股～四股を踏む
注 「しこ名」は平仮名書き。
しこう
＝志向〈一般用語。心がある方向に向かっていく〉～権力志向、高級化志向、上昇志向、本物志向
＝指向〈限定用語。事物が一定の方向に向かう〉～指向性アンテナ・マイク
＝思考〈思い巡らす、考えられた事柄〉～思考停止、プラス思考〈「プラス志向」とはしない〉
しこう
＝施行〈法令の効力を発生させる〉～施行期限、施行細則、施行日
＝施工〈工事を行う〉～施工図、施工業者、施工主
注 どちらも「せこう」とも読む。
しこう（嗜好）↓嗜好（しこう）―好み、愛好～嗜好（しこう）品
しこうさくご（思考錯誤）↓試行錯誤
しごく 至極―極めて、至って
しごく（扱く）↓しごく～しごき
しさい（仔細）↓子細―詳細、訳
しざい
＝資材〈物をつくる材料〉～建築資材、資材置き場
＝資財〈元手となる財産〉～資財帳
しし（獅子）↓㊕獅子～獅子身中の虫、獅子奮迅、獅子舞
しし 嗣子
しじ
＝支持〈支える、他人の意見などに賛成する〉～価格支持制度、支持者、支持政党
＝指示〈指図・命令する〉～計画の中止を指示する、上司の指示
ししなべ（猪鍋）↓しし鍋
しじみ（蜆）↓シジミ〈動物〉～しじみ汁
ししゅう（刺繡）↓刺しゅう―縫い取り
じしゅう（自修）↓自習
ししゅく 私淑～私淑する人物
注 「間違えやすい語字句」参照。
しじゅほうしょう（紫綬褒章）↓㊕紫綬褒章

ししょ（死処）→㊔死所

じしょ

＝自署〈自分の署名〉〜誓約書に自署する

＝自書〈自分で書く〉〜自書式の投票方法、遺言状を自書する

じじょ（二女）→次女

注 戸籍の続き柄表記は「二女」。

しじょう 至上〜至上の喜び、至上命令

注「至上命題」は使わない。

じじょう 自乗

注 数学などでは「2乗」〈読みは「にじょう」〉。

じじょうじばく 自縄自縛

ししょばこ（私書函△）→私書箱

しずく（雫△）→滴

じすべり（地辷△り）→地滑り

しずまる・しずめる

＝静まる・静める〈動の対語、静かになる、落ち着く〉〜嵐・風・火山活動が静まる、怒りが静まる、気を静める、心が静まる、騒がしい場内を静める、静まり返る、鳴りを静める、寝静まる、物音が静まる

＝鎮まる・鎮める〈おさえつける、おさまる〉〜痛みを鎮める〈鎮痛〉、神々が鎮まる、せきを鎮める薬、取り鎮める、内乱・猛火が鎮まる、反乱を鎮める、み霊が鎮まる

しずむ 沈む〜悲しみに沈む、船を沈める、ベッドに身を沈める、身を沈めて銃弾をよける

じする 辞する〈辞退する、やめる、退出する〉〜委員を辞する、徹夜も辞さない、訪問先を辞す

しせい

＝市制〈市としての制度〉〜市制施行、市制を敷く

＝市政〈市の行政〉〜市政運営、市政刷新

＝市勢〈市の人口・産業・財政などの情勢〉〜市勢要覧

じせい

＝自制〈自己抑制、自重〉〜自制心、自制を求める

＝自省〈自己反省、内省〉〜自省の念に駆られる、深く自省する

じせい

＝時世〈時代、ときのよ〉〜ありがたいご時世だ、激動の時世に生きる、時世に会・合う、時世の流れ

＝時勢〈時代の情勢〉〜時勢に遅れる、時勢に逆らう、時勢に順応する、時勢を通観

しせき（史蹟△）→史跡

じせき（事蹟△、事迹△）→事跡

じせつ

＝自説〈他説の対語、自分の意見〉〜自説を貫く

し

=持説〈普段から抱いている意見、持論〉~年来の持説

じせん =自薦〈自分で自分を推薦する、他薦の対語〉~自薦他薦の候補者
=自選〈選挙などで自分を選ぶ、自分の作品の中から選ぶ〉~自選集、自選投票、自選の句

しぜんとうた（自然淘△汰）→自然淘汰（とうた）

しそ（紫蘇△）→シソ〈植物〉~しそ巻き

しそうけんご 志操堅固

しそうのうろう（歯槽膿△漏）→歯槽膿漏（のうろう）

した 舌~舌打ち、舌先三寸、舌触り、舌足らず、舌なめずり、舌を巻く

した・ 下~下請け（会社・工事・代金・人）、下押し、下書き、下刈り、下着、下心、下ごしらえ、下敷き、下っ端、下積み、下取り（価格）、下縫い、下塗り、下履き、下働き

しだ（*羊歯・歯朶△）→シダ〈植物〉

したい（屍△体）→死体〈人間以外の動物は原則として「死骸」〉~死体遺棄罪

したい =肢体〈手足と身体〉~しなやかな肢体
=（姿体）→姿態〈動作したときの姿、体つき〉~美しい姿態

しだい 次第~事と次第によっては、式次第、…（し）次第、次第に

じたい
=（事体）→事態〈事の成り行き〉~緊急事態、事態の収拾を図る
=自体〈それ自身〉~計画自体に問題がある

じだい 事大~事大主義

したう 慕う~慕わしい

したがう 従う~従える、…に（付き）従って行く

したがって 従って〈接続詞〉

したく（仕度）→(統)支度（金・部屋）

したけんぶん（下見分）→下検分

しだし 仕出し~仕出し弁当・料理、(省)仕出屋

したしい 親しい~親しみ、親しむ

したためる（認•める）→したためる

したたる（瀝△る）→滴る~滴り

したつづみ 舌鼓〈「したづつみ」とも〉

したて 仕立て~仕立て上がり、仕立て直し、(省)仕立券、仕立物、仕立屋

じだらく 自堕落

しだれる（垂•れる）→しだれる・枝垂れる~しだれ花火、シダレヤナギ・枝垂れ柳〈植物〉

じだんだ（地団太、地団駄）→じだんだ（を踏む）

しち・ 質~質入れ、質受け、質流れ（品）、質札、質屋

しちぐさ（質•種）→質草

しちてんばっとう（七顛△八倒）→七転八

倒〈「しってんばっとう」とも〉

じちょう

=自重〈軽はずみな行動を慎む〉~隠忍自重、自重自戒、立場を考え自重する

=自嘲〈自分をあざける〉~自嘲気味に吐露する、自嘲の薄笑い

しちりん(七輪、七厘)↓しちりん

じっかい(十誡)↓十戒

しっかいちょうさ(悉皆調査)↓悉皆(しっかい)調査―全数調査

しっかり(確り)↓しっかり

じっきょうけんぶん(実況検分)↓実況見分

しっくい(漆喰)↓しっくい

しつけ(躾)↓しつけ~しつける

じっこう

=実行〈実際に行う〉~計画を実行に移す、実行税率〈関税〉、実行予算、実行力、不言実行

=実効〈実際に表れる効力・効果〉~実効が上がる、実効価格・金利、実効支配、実効性に乏しい、実効税率〈所得税など、表面税率の対語〉

しっこく(桎梏)↓手かせ足かせ、妨げ、束縛、拘束

じっこん(昵懇)↓じっこん―懇意、別懇

じつじょう(実状)↓㊔実情

しっしん(失心)↓失神

しっしん(湿疹)↓湿疹

しっせい

=叱正〈叱りただす〉~ご叱正のほどを、叱正を請う

=叱声〈叱る声・言葉〉~叱声が飛ぶ

しっせき　叱責~叱責を受ける

じっせん

=実戦〈実際の戦闘〉~実戦訓練、実戦経験、実戦部隊

=実践〈実際に行う〉~実践記録、実践的解決、実践に移す、進んで実践する

しっそう　失踪―失跡、行方不明~失踪者、失踪宣告

しった(叱咤)↓叱咤(しった)―大声で叱る、励ます~叱咤(しった)激励

じったい

=実体〈本質、本体、正体〉~経営実体のないダミー会社、実体経済、実体審理、実体のないもの、実体法、実体を備える、生命の実体

=実態〈実際の状態、情勢、活動状況〉~経営・生活の実態、実態調査

しっと　嫉妬―焼きもち、ねたみ

じつどう

=実働〈実際に働く〉~実働7時間、実働人口・日数

=実動〈実際に動く〉~実動演習・訓練、実動台数、実動部隊

じっぱひとからげ(十把一絡げ)↓十把

―からげ
しっぷうじんらい〈疾風迅来〉→疾風迅雷
しっぺい　疾病
しっぽ　㋕尻尾・しっぽ
じっぽうしゃげき〈実砲射撃〉→実包射撃〈「空包射撃」の対語〉
しつよう〈執拗〉→執拗（しつよう）―しつこい、執念深い
じづら　字面
して
＝〈仕手、為手〉→シテ〈能・狂言、「ワキ」「ツレ」「アド」も片仮名〉
＝仕手〈あることをする人、市場用語〉～仕事の仕手を探す、仕手株・戦
じてん
＝字典〈文字を主とした辞書〉～康熙字典
＝事典〈事柄を主とした辞書〉～百科事典
＝辞典〈言葉を主とした辞書〉～国語辞典
してんのう〈四天皇〉→四天王
じどう〈自働〉→自動～自動運転車、自動制御、自動販売機
しとめる〈仕止める〉→仕留める
しとやか〈淑やか〉→しとやか
じどり　地鶏〈ニワトリ〉・地鳥〈ニワトリ以外〉
しない　㋕竹刀
しなびる〈萎びる〉→しなびる
じならし〈地均し、地慣らし〉→地ならし
じなん〈二男〉→次男～次男坊
注　戸籍の続き柄表記は「二男」。
しに・・　死に・・～死に石〈囲碁〉、死に顔、死に学問、死に金、死に神、死に際、死に装束、死に体、死に恥、死に場所、死に花、死に水、死に目に会う、死に別れ
しにせ　㋕老舗
しにものぐるい〈死に者狂い〉→死に物狂い
しにょう〈屎尿〉→し尿―大小便、汚物
じにん
＝自任〈自負する〉～第一人者だと自任する
＝自認〈自分で認める〉～過失を自認
しの〈篠〉→シノ〈植物〉～しの突く雨、しの笛
しのぎ〈鎬〉→しのぎ（を削る）
しののめ〈東雲〉→しののめ
しのぶ
＝忍ぶ〈我慢する、ひそかに行う〉～あいくちを忍ばせる、お忍び、忍び会い、忍び足、忍び歩き、忍び返し、忍び声、忍び込む、忍び泣き、忍び音、忍びの者、忍びやか、忍び寄る、忍び笑い、忍ぶ恋、耐え忍ぶ、恥・不便を忍ぶ、人目・世を

忍ぶ、見るに忍びない
＝（偲ぶ）→しのぶ〈懐かしむ、恋い慕う〉～遺徳・故人・人柄をしのぶ、故郷をしのぶ、昔をしのぶ

しば
＝シバ・芝〈植物〉～芝刈り〈機〉
＝（柴）→しば〈雑木の小枝〉～しば刈り

しはい（賜盃）→賜杯

しばいぬ（柴犬）→シバイヌ〈動物〉

しばしば（屢々）→しばしば

じはだ（地膚）→地肌

しばたたく（瞬く）→しばたたく〈「しばたく」とも〉～目をしばたたかせる

しばふ　(慣)芝生

しはらい・・　支払い～支払い延期、支払い限度、支払い実績、支払い指定、支払い準備、支払い条件、支払い申請、支払い増加、支払い担当、支払い停止、支払い手続き、支払い方式・方法、支払い保証、支払い命令、支払い申し込み、支払い猶予、(省)**支払額、支払勘定、支払機、支払限度額、支払指定日・期日、支払準備金、支払準備制度、支払申請額・申請書、支払増加額、支払担当者、支払人、支払保証制度・保証人、支払申込金・申込書、支払予算・予算額**
注　経済関係複合語ルール参照。

しばらく（暫く）→しばらく

しばる　縛る～縛り付ける

しはん
＝（屍斑）→死斑〈死後数時間後に皮膚に現れる〉
＝紫斑〈内出血によって現れる〉～打撲による紫斑

じびき　(省)**字引**～**生き字引**

じびきあみ（地曳き網）→地引き網

しびん（溲瓶、尿瓶）→し瓶

しぶ（い）→渋（い）～カキ・柿の渋、渋うちわ、渋柿、渋皮、渋々、渋抜き

しぶき（飛沫）→しぶき～しぶく

しふく　雌伏

しぶとい（渋太い）→しぶとい

しぶみ　渋み～渋みのある演技
注　味の一種ととらえて、「渋味」とも。

しぶる　渋る～貸し渋り、出し渋る

しぼつ（死歿）→死没

しぼり
＝絞り〈一般用語〉～お絞り、総絞り、豆絞り、レンズの絞り
＝(省)絞〈地名を冠した工芸品〉～**有松絞、鳴海絞、博多絞**

しぼる
＝絞る〈一般用語。強くねじり押し付けて水分などを取り去る、責める、範囲を限定する〉～油を絞る〈叱る〉、音量を絞る、声を振り絞る、言葉を絞り出す、絞り上げる、絞り染め、タオルを絞る、無い知恵を絞る、涙

を絞る、人数を絞る、範囲を絞る
=搾る〈限定用語。締め付けて液体を取る、無理に出させる〉～油を搾る〈製造〉、牛乳を搾る、搾りかす、搾り機、搾り汁、税金を搾り取る、チューブから搾り出す

しま（縞）→しま～シマウマ〈動物〉、しま模様

しまい　仕舞（を舞う）〈能楽〉

しまい（仕舞い、終い）→しまい～おしまいにする、しまいに笑いだす、手じまい、店じまい

しまおくそく（揣摩臆測）→当て推量、想像

しまかげ
=島影〈島の姿〉～島影が見えてくる
=島陰〈島に隠れて見えないところ〉～島陰に隠れる

しまつ（仕末）→始末（書）～後始末、不始末

しまる・しめる
=締まる・締める〈一般用語。緩の対語、しめつける、しめくくる〉～帯・ネクタイを締める、気持ち・口元・心・身を引き締める、帳簿を締める、財布のひもを締める、締まった体つき、締まりがない、締め切り日、締めくくる、締めさば、締め付け、締めて100万円、相場が締まる、たがを締める、抱き締める、手綱を締める、手締め、戸締まり、取り締まり、ねじを締める、羽交い締め、ひもが締まる、脇を締める、
㊔**取締規則・本部、取締役**
=絞まる・絞める〈限定用語。主に首をしめる〉～首が絞まる、絞め殺す、絞め技、喉を絞める
=閉まる・閉める〈開の対語〉～カーテンが閉まる、閉め切った窓、栓を閉める、戸・門が閉まる、ふたを閉める、店を閉める

しみ　染み（抜き）

しみ（＊紙魚、＊衣魚）→シミ〈動物。衣服や和紙を食べる昆虫〉

じみ（慈味）→滋味（あふれる）

しみじみ（染み染み）→しみじみ

しみず　㊎清水～岩清水

しみる
=（滲みる、沁みる、浸みる）→染みる〈色が付く、ぬれとおる、影響が及ぶ、深く感じる〉～色が染みる、傷が染みる、心・身に染みる、染み付いた習性、染み通る、水が染み込む、目に染みる
=（凍みる）→しみる〈こおりつく〉～しみ豆腐、しみる夜

・・じみる（染みる）→じみる～油・脂じみる、子供じみる、芝居じみる、所帯じみる、不良じみる

しむけ・・　仕向け～仕向け先、仕向

け地
じむとりあつかい ㊔**事務取扱**〈役職〉
しめい
＝使命〈大事な任務〉～使命を果たす
＝死命〈生死を左右するような急所〉～死命を制する
しめかざり（標・注連・七五三・〆飾り）
↓しめ飾り
しめきり（〆切り）↓締め切り
しめきる
＝閉め切る〈戸・窓・門を閉ざす〉～閉め切った部屋
＝締め切る〈取り扱いを終了する〉～応募を締め切る
しめす 示す～示し合わせる、示しが付かない
しめだす
＝閉め出す〈中に入れない〉～家から閉め出される
＝締め出す〈抽象表現、仲間外れにする〉～業界から締め出す
しめなわ（標縄、注連縄、七五三縄）↓しめ縄
しめる 占める～味を占める、買い占め、独り占め
しめる 湿る～お湿り、湿っぽい、湿らす、湿り気
しめんそか（四面楚歌）↓四面楚歌（そか）
しも 下～下肥、下々、下手＝しもて＝、下膨れ
しも 霜～霜囲い、霜枯れ、霜解け、霜柱、霜降り、霜焼け、霜よけ
しもつき 霜月〈陰暦の11月〉
しもん
＝諮問〈有識者や機関に意見を求める〉～諮問機関、大臣が諮問する
＝試問〈問題を出して試験する〉～口頭試問
しゃ 斜〈かたむくこと。ななめ〉～斜滑降、斜線を引く、斜に構える〈正面から対応せず、皮肉な態度をとる〉
じゃ 蛇～蛇口、蛇の目傘、大蛇
しゃか（釈迦）↓釈迦（しゃか）～お釈迦（しゃか）様、釈迦（しゃか）に説法
じゃがいも（馬鈴薯）↓ジャガイモ〈植物〉
注 市況・料理記事では「ジャガ芋」でもよい。
しゃがれる（嗄れる）↓しゃがれる～しゃがれ声
じゃき（邪鬼）↓邪気（を払う）
しゃく（癪）↓しゃく～しゃくに障る、しゃくの種・虫
しゃくしじょうぎ（杓子定木）↓しゃくし定規
しゃくどう 赤銅（色）
しゃくとりむし シャクトリムシ・尺取り虫〈動物〉
しゃくねつ（灼熱）↓灼熱（しゃくねつ）

—炎熱

じゃくねん（弱年）→（統）若年

じゃくはい（弱輩）→（統）若輩

じゃけん（邪慳）→邪険〜邪険な言い方

しゃこうしん（射倖心）→射幸心

しゃし（奢侈）→ぜいたく、おごり

しゃだつ（洒脱）→洒脱（しゃだつ）—あか抜けした、俗気のない、洗練〜軽妙洒脱（しゃだつ）

しゃだんき
=遮断機〈鉄道踏切などの開閉機〉
=遮断器〈電流を遮断する装置〉

しゃち（鯱）→シャチ〈動物〉〜しゃちほこ（張る）

じゃっかん　若干〈少し、わずか〉〜若干不安がある、若干名

じゃっかん（若冠）→弱冠〈男子20歳の異称、転じて年の若いことをいう〉〜弱冠21歳の首位打者

注 20歳前後の形容。「弱冠8歳、弱冠40歳」などは不適切。

じゃっき（惹起）→引き起こす

しゃてい　射程〈射距離のこと〉

注「射程距離」は重複表現。

しゃにむに　遮二無二・しゃにむに

じゃのめ　蛇の目〜蛇の目傘

しゃば（娑婆）→しゃば〜しゃばっ気

しゃふつ　煮沸（消毒）

しゃへい（遮蔽、遮閉）→遮蔽（しゃへい）—覆う、遮る

じゃま　邪魔〜邪魔っ気

しゃみせん　（慣）三味線

しゃも（*軍鶏）→シャモ〈動物〉

じゃり　（慣）砂利

しゃりょう（車輛）→車両

しゃれ（洒落）→しゃれ〜しゃれ込む、しゃれっ気、しゃれのめす、しゃれる、駄じゃれ

じゃんけん（両拳）→じゃんけん

しゅ
=主〈中心となる物事、支配者、あるじ〉〜国家・党主席、主幹、主君、主査、主祭、主宰、主事、主軸、主従、主将、主唱、主審、主戦投手、主題〈主な題目〉、主調、主導（権）、主任、主犯、主賓、主峰、主砲、店主、天主（教）、当主、盟主
=首〈はじまり、先頭、要、かしら〉〜元首、首位、首座、首席代表、首題〈最初の題目〉、首長、首都、首脳、首班、首府、首謀者、首領、党首

しゅい（主意）→趣意〈国会用語の「質問主意書」は別〉

・しゅう（洲）→州〜九州、豪州、大洋州

しゅうう（驟雨）→にわか雨、夕立

しゅうえん（終焉）→終わり、終息、終幕、最期

じゅうおうむじん（縦横無人）→縦横無尽

しゅうか（蒐荷、集貨）→㊔集荷
しゅうかく（収獲）→収穫～旅の収穫、麦の収穫
しゅうがく
＝修学〈学問・知識を学び修める〉～修学年限、修学旅行
＝就学〈教育を受けるために学校に入る〉～就学義務、就学年齢
じゆうがた（自由型）→自由形〈水泳〉
しゅうかんし（週間誌・紙）→週刊誌・紙
しゅうき（週期）→周期
しゅうき（秋期）→㊔秋季
注「秋期講習」など特に期間を表す場合は別。
しゅうき（週忌）→周忌～一周忌
しゅうぎ　祝儀～ご祝儀
じゅうき（什器）→日用家具、器具、道具
しゅうぎいっけつ　衆議一決

しゅうきゅう　蹴球〈サッカー、フットボール〉
しゅうぎょう
＝終業〈仕事・学年などを終える〉～終業時間、終業式
＝就業〈仕事に就く〉～就業規則、就業拒否、就業人口
＝修業〈学問・技芸などを習い修める。「しゅぎょう」とも〉～修業証書、修業年限
しゅうきょく
＝終局〈落着、碁・将棋の対局の終わり〉～事件の終局、終局裁判、終局戦術、終局を迎える
＝終極〈おしまい、とどのつまり〉～終極の目的、終極目標
しゅうぎょとう（集漁灯）→集魚灯
しゅうけつ（終決）→終結
しゅうげん　祝言（を挙げる）
しゅうこう（修交）→修好～修好条約

しゅうこう
＝就航〈船や飛行機が初めて航路につく〉～国際線に就航する、新造船が就航する
＝周航〈船で一巡する〉～世界周航の旅、琵琶湖を周航する
しゅうし
＝終始〈始めと終わり〉～終始一貫、自己弁護に終始する
しゅうしゅう
＝終止～終止形、終止符を打つ
＝収拾～事態を収拾する
＝収集～切手を収集する
じゅうじゅう　重々（承知している）
じゅうじゅん（柔順）→㊔従順
じゅうしょう
＝重症〈重い症状〉～重症患者
＝重傷〈重い傷〉～3カ月の重傷を負う
しゅうしょうろうばい（周章狼狽）→周

章狼狽（ろうばい）→右往左往、慌てふためく
しゅうじん（集塵）→集じん（機）
しゅうじんかんし（周人監視）→衆人環視
しゅうせい
=修正〈一般用語。正しくする、直す〉～修正案、修正液〈文具〉、条文・文案を修正
=修整〈限定用語。直し整える〉～画像・写真の修整、修整液
しゅうせい（終世）→終生～終生忘れない
じゅうそう　重曹〈重炭酸ソーダの略〉
しゅうそく
=収束〈おさめる。他動詞〉～混乱・事態を収束
=（終熄）→終息〈終わる、絶える。自動詞〉～悪疫が終息、戦火が終息
=集束〈光線の束を集める〉～集束レンズ
しゅうたい（醜体）→醜態～醜態をさらす
じゅうたい（重態）→重体
じゅうたい　渋滞
じゅうたん（絨緞、絨毯）→じゅうたん―カーペット
しゅうたんば（愁歎場）→愁嘆場
しゅうち　羞恥（心）―はにかみ、恥じらい、恥ずかしさ
しゅうち
=周知〈あまねく知れ渡る〉～周知徹底、周知の事実
=衆知〈多くの人の知恵・知識〉～衆知を集める
しゅうちゃく　執着〈「しゅうじゃく」とも〉
じゅうてん（充塡）→充塡（じゅうてん）―詰める、満たす、補充
しゅうと（舅、姑）→しゅうと
しゅうとく
=拾得〈拾う〉～拾得物
=収得〈自分の物にする〉～株式を収得する、収得罪、収得賞金、収得税
しゅうとく（修得）→習得〈「修得単位」は別〉
しゅうとめ（姑）→しゅうとめ
じゅうにひとえ（十二単）→十二単（ひとえ）
じゅうにんといろ　十人十色
しゅうびをひらく　愁眉を開く―安心する、ほっとする
じゅうふく（重復）→重複〈「ちょうふく」とも〉
しゅうぶん（臭聞）→醜聞
じゅうぶん（充分）→㊔十分・じゅうぶん（に）
シューマイ（焼売）→シューマイ
しゅうめい　襲名～襲名披露
しゅうもく　衆目～衆目の一致すると

ころ、衆目を集める

しゅうよう
＝収用〈法律用語、取り上げて使う〉～強制収用、土地収用法、非常収用
＝収容〈収め入れる〉～強制収容所、収容人員・量、倉庫・病院に収容

しゅうらく（聚△落）↓集落

しゅうりょう
＝修了〈修め終える〉～修了式、全科目を修了、大学院修士課程を修了
＝終了〈物事を終える〉～会期を終了、終了時刻

じゅうりょうあげ　重量挙げ〈ウエートリフティング〉

じゅうりょうぜい　従量税〈物の重量・容積などを基準に税率を決める租税。酒税、揮発油税など〉
注「自動車重量税」は別。

じゅうりん（蹂△躙△）↓（人権）じゅうりん―踏みにじる、侵害

しゅうれん（収斂△）↓収束、収縮、集約

しゅうれん
＝（修錬）↓㊔修練〈磨き鍛える〉～武道の修練
＝習練〈繰り返し習う、練習〉～水泳の習練

しゅうろく
＝収録〈新聞・雑誌・書物などに取り上げて載せる、録音、録画〉～新語を収録した辞書、ビデオ・DVDに収録
＝集録〈集めて記録する〉～各地の伝説を集録する

しゅかい（首魁△）↓首謀者、首領

しゅかん
＝主管〈主になって管理する〉～主管官庁
＝主幹〈仕事の中心となる役職・人物〉～編集主幹

じゅきゅう
＝需給〈需要と供給〉～需給が逼迫（ひっぱく）する、需給相場、需給のバランス
＝受給〈配給・給与などを受ける〉～受給資格、年金を受給する

しゅぎょう
＝修業〈一般用語。学問・技芸・職業などを習い修める。読みは「しゅうぎょう」とも〉～板前修業、学問の修業、修業課程・証書、花嫁修業、文章修業
＝修行〈仏法・武道などを努力して修める、巡礼する〉～学問の修行〈古風な表現〉、剣の修行を積む、修行僧、人生修行、寺で修行する、武者修行

しゅくさつ　縮刷（版）

じゅくし（熟柿）↓熟柿（じゅくし）～熟柿（じゅくし）の落ちるのを待つ
注「じゅくしがき」は「熟しガキ・柿」。

しゅくしょう（縮少）↓縮小

しゅくせい
=粛正〈厳しく取り締まって物事を正しくする〉~綱紀粛正、乱脈を粛正
=粛清〈厳しく取り締まって異分子を取り除く〉~血の粛清、反対派を粛清
しゅくどう　縮瞳~縮瞳剤
じゅくどくがんみ　熟読玩味
しゅくはい（祝盃）→祝杯（を挙げる）
じゅけん
=受験〈試験を受ける、入学・入社・昇進の試験など〉~大学受験
=受検〈検査・検定を受ける、血液検査、規格の検定など〉~新弟子検査の受検
注　個別の試験については主催者発表に合わせる。
しゅげんじゃ　修験者
しゅこう（趣好）→趣向~趣向を凝らす
しゅさい
=主催〈中心となって催しをする〉~主催団体、○○主催の音楽祭
=主宰〈人々の上に立ち中心となって物事を行う〉~会議を主宰する、劇団・同人雑誌を主宰する
じゅさんみ　従三位
しゅし（主旨）→㊔趣旨
じゅじゅ　授受~金銭授受
じゅじゅつ（咒術）→呪術―まじない
しゅしょう（首唱）→主唱~改革を主唱する
しゅじょう　衆生~衆生済度
じゅしょう
=受賞（者）・授賞（式）〈ノーベル賞など〉
=受章（者）・授章（式）〈勲章・褒章など〉
注　「授賞（章）者側」のような使い方もある。また「受彰者」は使わず、「表彰される人」などとする。
じゅず（珠数）→㊕数珠
じゅすい（＊入水）→身投げ、投身
じゅせい
=受精〈卵子が精子と結合する〉~自家・他家受精、受精卵、体外受精
=授精〈人工的に精子を与える〉~顕微授精、人工授精
しゅせき（手蹟）→手跡―筆跡
しゅせき
=主席〈地位を表す称号〉~国家主席、党主席
=首席〈第1位の席〉~首席奏者、首席代表、首席で卒業、首席を占める
しゅせんど　守銭奴
じゅそ（呪詛）→呪い
しゅだい
=主題〈主たる題目、テーマ〉~楽曲・論文の主題、主題歌
=首題〈最初に付ける題目〉~経文の首題、首題に表示、首題の件で
じゅたい（授胎）→受胎
じゅたく（授託）→受託

しゅっしょ
＝出所〈出どころ、刑務所から出る〉～出所祝い、出所を明らかにする
＝出処〈人の進退〉～出処進退を誤らぬ

しゅっすい　出穂～出穂期

しゅったつ　㊔**出立**

しゅつらん（出藍）↓出藍（しゅつらん）
～出藍（しゅつらん）の誉れ

しゅとう　種痘

しゅぬり　朱塗り

しゅのう（主脳）↓首脳

じゅばく（呪縛）↓呪縛―束縛、とらわれる

しゅはん（首犯）↓主犯

しゅはん（主班）↓首班―首席

じゅばん（襦袢）↓じゅばん

しゅはんしめい（首班指名）↓首相指名
〈日本の場合。外国は別〉

しゅび　首尾～首尾一貫、首尾よく、不首尾に終わる

じゅふん
＝受粉〈めしべが花粉を受ける〉～自家・他家受粉
＝授粉〈人工的に花粉を付けてやる〉～人工授粉

しゅぼう（主謀）↓首謀（者）

しゅぼば（種牡馬）↓㊕種牡馬

じゅもん（咒文）↓呪文―まじない（言葉・文句）

しゅよう　腫瘍―腫れ物、おでき

じゅよう（需用）↓㊔需要〈地方予算項目の「需用費」は別〉

しゅら　修羅（場）

しゅりけん　手裏剣

しゅりゅうだん（手榴弾）↓手りゅう弾
〈「てりゅうだん」とも〉―手投げ弾

しゅん　旬～旬の魚・野菜

じゅん
＝準〈一般用語。次ぐ、なぞらえる、はかる〉～準委任、準会員、準急、準拠、準契約、準決勝、準抗告、準星、準備、準法律行為、準用、照準、水準、標準、平準
＝准〈限定用語。意味は準と同じ、地位・資格に多く使う〉～准尉、准看護師、准教員（旧制）、准教授、准師範、准将、批准（書）

しゅんえい（俊鋭）↓俊英

じゅんか（醇化）↓純化

じゅんか（馴化）↓順化～気候順化、高地順化

じゅんかん（循還）↓循環

しゅんき（春期）↓春季

注　「春期講習」など特に期間を表す場合は別。

じゅんぎょう　巡業

じゅんけつ
＝純血〈純粋な血統〉～純血種の犬
＝純潔〈心身が清らか〉～純潔教育

じゅんけっしょう（准決勝）→準決勝
しゅんげん（峻△厳）→厳しい、厳格、冷厳、険しい
しゅんこう（竣△工、竣△功）→竣工（しゅんこう）（式）―落成、完工、完成
じゅんこう
＝巡行〈方々を巡り歩く〉～山鉾（やまほこ）巡行
＝巡航〈方々を航海して回る〉～巡航速度、巡航ミサイル
しゅんさい（駿△才）→俊才
じゅんしゅ（遵■守、循守）→順守
しゅんじゅん（逡△巡）→逡巡（しゅんじゅん）―尻込み、ためらい
じゅんじゅんと（諄△々と）→じゅんじゅんと（説く）―懇々と、懇ろに、丁寧に
しゅんしょう　春宵～春宵一刻値千金
じゅんしょく（潤飾）→潤色
じゅんじる（准じる）→準じる
じゅんしん（純心）→純真
しゅんせつ（浚△渫△）→しゅんせつ（船）
しゅんそく（駿△足）→俊足―快足
しゅんどう（蠢△動）→うごめく
じゅんぱい（順拝）→巡拝
じゅんぷうまんぱん　順風満帆〈「…まんぽ」は誤読〉
しゅんべつ（峻△別）→（公私を）峻別（しゅんべつ）―はっきり区別する
じゅんぽう（遵■法）→順法～順法精神
じゅんぼく（醇△朴）→純朴
しゅんめ（駿△馬●）→良馬、名馬
じゅんら（巡邏△）→巡回、パトロール
じゅんれい（順礼）→巡礼
しゅんれつ（峻△烈）→峻烈（しゅんれつ）―厳しい
しょ
＝所〈ところ、立場〉～箇所、急所、死所、地所、出所、所期、所業、所見、所作、所在、所蔵、所用、所要、随所、長所、適所、難所、入所
＝処〈落ち着く、取りさばく〉～出処進退、処遇、処刑、処々方々、処置、処罰、処分、処方（箋△）、処理、善処、対処
しょ　緒～緒に就く
・しょ・じょ
＝所〈一般用語〉～刑務所、検疫所、拘置所、裁判所、支所〈刑務支所、拘置支所など〉、収容所、少年鑑別所、職業安定所、測候所、駐在所、登記所、保育所、保健所、保護観察所、療養所
＝署〈限定用語〉～営林署、海上保安署、官署、警察署、鉱山保安監督署、支署〈税関支署、税務署・警察署支署など〉、消防署、税関監視署、税務署、部署、労働基準監督署
＝処〈限定用語〉～補給処・支処〈陸上・航空自衛隊。海上自衛隊は「補給所」〉

しょう
＝小〈大の対語、小さい、わずかの、幼い〉～過小（評価）、狭小、極小、群小、最小（限度）、弱小、縮小、小康、小差、小市民、小食、小数（点）、小生、小成、小児、小品、短小、卑小、微小（動物）
＝少〈多の対語、少ない、わずか、減る、若い〉～過少（申告）、寡少、希少、軽少、減少、最少（額）、少数（意見）、少壮、少量、多少、年少、微少（な量）、幼少

しょう
＝性〈性質〉～飽き性、荒れ性、苦労性、こらえ性、凝り性、心配性、冷え性〈体質的、感覚的表現〉、貧乏性
＝症〈症状〉～恐怖症、健忘症、熱中症、冷え症〈病名〉、憂鬱（ゆううつ）症

しょう
＝称〈唱える、名付ける、たたえて広く知らせる〉～愛称、改称、敬称、呼称、称号、称賛、称名
＝賞〈めでる、物を与えるなどして褒める〉～恩賞、観賞、鑑賞、激賞、（論功）行賞、賞罰、賞美、賞味、賞与、嘆賞

しよう・しょう
＝仕様〈内容、手順〉～仕様書き、仕様書
＝（仕様）→しよう・しょう〈方法、手だて〉～しようがない、涙が出てしょうがない
注 「しようがない」「しょうがない」はどちらも使える。

じょう
＝状〈かたち、様子、書き付け〉～委任状、回状、行状、形状、原状、現状、告訴状、罪状、状況、症状、情状、書状、信任状、訴状、白状、病状、名状、免状、礼状
＝情〈心の動き、なさけ、真心、ありさま、味わい〉～愛情、温情、感情、苦情、強情、国情、私情、事情、実情、純情、情景、情実、情趣、情状、情勢、情報、心情、政情、世情、多情、直情、陳情、敵情、内情、人情、熱情、表情、物情、無情、旅情

しょういぐんじん（傷痍軍人）→傷痍（しょうい）軍人（会）

しょういだん（焼夷弾）→焼夷（しょうい）弾

しょうう
＝小雨〈すこし降る雨〉～小雨決行
注 気象用語の「小雨＝こさめ」は数時間降り続いても雨量が1ミリに達しないくらいの雨。
＝少雨〈多雨の対語〉～少雨情報

しょうえん（荘園、庄園）→(慣)荘園

しょうか（銷夏）→消夏～消夏法

しょうか（頌歌）→賛歌
しょうが（生姜）→ショウガ〈植物〉～紅しょうが
しょうかい（哨戒）→哨戒（機・艇）
しょうかい
＝紹介〈引き合わせる、取り持つ〉～業者を紹介、紹介状、新製品を紹介、知人を紹介
＝照会〈問い合わせる〉～照会に回答、取引の照会、身元照会
しょうがい 傷害～傷害罪、傷害致死罪、傷害保険、傷害を負わせる
しょうがい（障碍）→障害～胃腸障害、更年期障害、障害競走〈馬術、競馬〉、障害物競走〈陸上競技〉、性同一性障害
注 「障がい者制度改革推進本部」など組織・団体名はそれぞれの表記に従う。
しょうがく
＝小額〈高額の対語、わずかな額面〉～小額紙幣
＝少額〈多額の対語、わずかな額〉～少額出資、少額貯蓄
しょうかん
＝召喚〈呼び出す〉～召喚状、証人を召喚、法廷に召喚
＝召還〈呼び返す〉～大使を召還、本国に召還
＝償還〈借金などを返す〉～国債を償還する
しょうき
＝商機〈ビジネスチャンス〉～商機を逸する
＝勝機〈勝てる機会〉～勝機をつかむ
しょうぎ（象棋）→将棋
じょうき（常規）→常軌（を逸する）
じょうき（蒸汽）→蒸気～蒸気機関車、蒸気船
じょうぎ（定木）→定規
じょうぎ（情誼、情宜）→情義（に厚い）
しょうきゃく
＝消却〈消去〉～自社株消却、名簿から消却
＝償却〈償い返す〉～減価償却、償却資産
＝焼却〈焼き捨てる〉～ごみを焼却処分
じょうきょう（情況）→(統)状況
しょうけい（少憩）→(統)小憩
しょうけい（憧憬）→憧憬（しょうけい）―憧れ
注 「どうけい」は慣用読み。
じょうけい（状景）→(統)情景
じょうご 上戸～泣き・笑い上戸
じょうご（剰語）→冗語
じょうご（＊漏斗）→じょうご
しょうこう（少康）→小康～小康状態
しょうこり（性凝り）→性懲り（もなく）
しょうさ（少差）→小差
じょうさい（城塞、城砦）→城塞（じょ

うさい）―城、とりで
しょうさん（賞讃、賞賛）→(統)称賛
しょうじ（障紙）→障子
じょうし（上梓）→出版
じょうし（城址、城趾）→城跡
しょうしつ
＝焼失〈焼けてなくなる〉～焼失面積、文化遺産を焼失する
＝消失〈消えてなくなる〉～権利が消失する
しょうしゃ（瀟洒）→すっきりした、しゃれた、あか抜けした
じょうしゃひっすい　盛者必衰
じょうじゅ　成就
しょうしゅう
＝招集〈一般用語〉～会議を招集、外国議会・外国軍隊・自衛隊・地方議会の招集
＝召集〈限定用語。国会、旧日本軍の兵役関係〉～召集令状、臨時国会を召集する
じょうしゅう
＝常習〈同じ行為を繰り返す癖〉～常習者、常習犯
＝常襲〈よく襲う〉～台風・水害・津波などの常襲地帯
注　地震・干害・冷害・地滑り・雪崩などは「頻発（地帯）」。
しょうしょ
＝証書〈証明する文書〉～卒業証書、当選証書、預金証書
＝詔書〈天皇が出す公文書〉～国会召集の詔書、衆議院解散の詔書
しょうしょう　少々
じょうじょう（上乗）→上々
じょうじょうしゃくりょう　情状酌量
しょうしょく（少食）→小食
しょうじん　精進（揚げ・落ち・潔斎）
しょうしんしょうめい　正真正銘
しょうしんよくよく（小心欲々）→小心翼々
しょうず　小豆〈市場用語〉
じょうず　(慣)上手
しょうすい（憔悴）→憔悴（しょうすい）―やつれ、衰え、疲れ切った
じょうすい
＝上水〈飲料用のきれいな水〉～上水道、玉川上水
＝浄水〈清らかな水〉～浄水場、浄水タンク
しょうすう
＝小数〈1に満たない数〉～小数点
＝少数〈多数の対語、わずかな数〉～少数意見、少数精鋭主義
しょうせい（召請）→招請
じょうせい（状勢）→(統)情勢
じょうせき
＝定石〈囲碁・一般用語〉～定石通り
＝定跡〈将棋用語〉

し

＝上席〈かみざ〉～上席研究員、主賓を上席に案内する
＝定席〈決まっている席、常設の寄席〉～定席に着く

じょうぜつ（饒△舌）↓冗舌―多弁、おしゃべり

しょうぜん（悄△然）↓しょんぼり、意気消沈、元気なく

しょうそう（焦躁△）↓焦燥～焦燥感

しょうそう　尚早～時期尚早

しょうぞく（裳△束）↓装束

じょうたい（常体）↓常態〈「敬体」の対語の「常体」は別〉

じょうたい（情態）↓状態

しょうち（召致）↓(統)招致～参考人招致

しょうちゅう　焼酎～芋・米・麦焼酎

じょうちょ　情緒〈「じょうしょ」とも〉

しょうちん（銷△沈）↓（意気）消沈

じょうてい（上提▲）↓（法案を）上程

しょうてん
＝衝天〈天をつく〉～意気衝天、怒髪衝天
＝昇天〈天に上る〉～旭日（きょくじつ）昇天の勢い、昇天祭

しょうど
＝焦土〈焼け野原〉～焦土作戦、焦土と化す
＝焼土〈土地改良法の一つ〉～焼土作業

しょうどう
＝唱道〈自分から言い出す〉～改革運動を唱道、唱道者
＝唱導〈仏教用語、先立ちとなって導く〉～唱導師

じょうとう（常套△）↓常とう―ありふれた、決まり切った～常とう句・手段

しょうにゅうどう（鍾△乳洞）↓(特)鍾乳洞～鍾乳石

しょうにん　小人〈大人＝だいにん＝、中人＝ちゅうにん＝の対語。子供の料金区分に使う〉

しょうにん　上人～法然上人
注　宗派によっては開祖に「聖人＝しょうにん」を使う。

しょうにんず・しょうにんずう　少人数〈「多人数」の対語〉
注「少人数」はなるべく使わず、「小人数＝こにんず・こにんずう」とする。教育関係では「少人数学級、小人数学習」などという。

しょうはい
＝（賞盃△）↓賞杯〈さかずき〉―カップ、トロフィー
＝（賞牌△）↓賞牌（しょうはい）〈記章〉―メダル、賞盾

しょうび（称美）↓賞美

しょうび　焦眉―危急、急務、切迫～焦眉の急
注　なるべく「急務」「切迫した事態」のように言い換える。

じょうひ（剰費）↓冗費～冗費を削る

しょうひざい〈消費材▲〉→消費財
しょうひょう
＝商標〈トレードマーク〉～商標権、商標登録
＝証票〈証明のための札・伝票〉～検査済みの証票、品質証明の証票
しょうぶ〈菖△蒲△〉→ショウブ〈植物〉～しょうぶ湯
しょうふく〈承伏〉→承服
じょうぶつ　成仏
しょうぶん〈生▲分〉→性分
しょうへい〈招聘△〉→招聘（しょうへい）
―招請、招待、招く、迎え入れる
しょうへき〈牆△壁〉→障壁～非関税障壁
しょうほん
＝正本〈根拠となる原本、台帳〉～正本と副本、登記所の正本
＝抄本〈必要部分の抜き書き〉～戸籍抄本
じょうまん〈冗慢▲〉→冗漫

しょうみ　正味～正味100グラム
しょうみ　賞味～賞味期限
じょうみゃく　静脈～静脈瘤（りゅう）
じょうもん　縄文～縄文時代、縄文（式）土器
しょうや〈庄△屋、荘●屋〉→㊕庄屋
じょうやど〈常宿〉→定宿
しょうゆ〈醬△油、正▲油〉→しょうゆ
しょうよう〈縦▲容〉→従容（として）
しょうよう〈逍△遥△〉→散歩、散策、そぞろ歩き
しょうよう〈賞揚〉→称揚
じょうらん〈擾△乱〉→乱れる、かき乱す、騒乱、騒動
じょうり
＝条理〈筋道〉～条理にかなう、条理を説く、不条理
＝情理〈人情と道理〉～情理兼ね備える、情理を尽くす
じょうりゅう〈蒸溜△〉→蒸留

しょうりょう〈小量〉→少量
しょうりょう　精霊（会・流し・舟）
じょうるり　浄瑠璃
じょうれい
＝条例〈地方公共団体が制定する法規〉～東京都公安条例
＝条令〈箇条書きの法令〉～法律の条令
じょうれん〈定連〉→常連
しょかん〈書翰△〉→書簡
しょき
＝初期〈初めの時期〉～初期の段階
＝所期〈期待すること〉～所期の目的を達成
しょぎょう〈所行〉→所業～許し難い所業
しょぎょうむじょう〈諸業▲無情▲〉→諸行無常
しょく
＝植〈うえる、置く〉～移植、誤植、写植、植字、植民（地）、植林、入植

し

=殖〈ふやす〉～殖財、殖産、生殖、増殖、拓殖、繁殖、養殖、利殖

しょくあたり（食中り）↓食あたり

しょぐう（所遇）↓処遇

しょくざい（贖罪）↓贖罪（しょくざい）―罪滅ぼし、罪の償い

しょくじ　食餌～小動物の食餌実験

しょくじりょうほう（食餌療法）↓食事療法

注 医療関係では「食餌療法」を使う場合もある。

しょくじん（蝕甚）↓食甚―食の最大

注 日食・月食で太陽・月が最も大きく欠けた瞬間をいう。

しょくぜん　食膳―食卓、食事

じょくそう（褥瘡）↓床擦れ

しょくみん（殖民）↓植民（地）

しょくよく（食慾）↓食欲

しょくりょう

=食料〈食べ物全体〉～携帯食料、食料安保、食料サミット、食料自給率、食料品、生鮮食料

=食糧〈穀類を中心とした主食物〉～食糧管理制度、食糧年度、食糧法、戦後の食糧難

注「食料（糧）援助、食料（糧）危機・不足、食料（糧）事情、食料（糧）問題、食料（糧）輸出（入）」などは両様の表記がある。

じょくんしゃ（叙勲者）↓受勲者―受章者

注「叙勲」は勲等・勲章を授けることなので、受ける人を「叙勲者」と呼ぶのは不適当。

しょこう（曙光）↓曙光（しょこう）―光明、兆し

じょこう（除行）↓徐行（運転）

じょさいない　如才ない

じょじ（抒事）↓叙事（詩）

しょしかんてつ　初志貫徹

じょじょう（抒情）↓叙情（詩）

じょじょに（序々に、除々に）↓徐々に

しょしょほうぼう（所々方々）↓㊔処々方々

じょすうし

=助数詞〈数量を表す数字の下に付ける語。1個、2枚、3頭、4件など〉

=序数詞〈順序を表す数詞。5等、6番目、第7番など〉

しょせい（処生）↓処世～処世訓、処世術

じょせい　女婿〈「娘婿＝むすめむこ」とも〉

じょせい

=助成〈経済面で力を添える〉～助成金、開発を助成する

=助勢〈加勢、手助けする〉～助勢を求める

しょせん（所詮）↓しょせん

注 常用漢字だが、読みやすさに配慮して平仮名書きに。

しょせん
＝初戦〈第1戦〉～シリーズの初戦に勝つ
＝緒戦〈戦いの始まったころ〉～緒戦の優勢が終盤で逆転
しょたい・せたい
＝所帯〈しょたい。主として日常的な場で使う〉～大所帯、所帯じみる、所帯道具、所帯持ち、所帯やつれ、所帯を構える、新所帯、貧乏所帯、寄り合い所帯
＝世帯〈せたい。主として戸籍など公的な場で使う〉～世帯数、世帯調査、世帯主、被災世帯
しょち（所置）→処置
しょちゅう　暑中～暑中伺い、暑中見舞い
しょっかく
＝触覚〈五感の一つ、触れて起こる感覚〉～鋭い触覚
＝触角〈昆虫などの感覚器官〉～触角を伸ばす、バッタの触角
しょっきり（初っ切り）→しょっきり〈相撲〉
しょとくほしょう
＝所得保障〈社会保障制度の一部門。年金、児童手当、生活保護などの現金給付をいう〉
＝所得補償〈山間部など条件が不利な営農者に対する金銭補償などの場合〉
じょのくち　序の口〈相撲は「序ノ口」〉
しょほうせん（処法箋）→処方箋
じょまく
＝除幕〈記念碑などの幕を外す〉～除幕式
＝序幕〈芝居などの第1幕、物事の始め〉～大会の序幕
しょよう
＝所用〈用事〉～所用で外出、所用を帯びる
＝所要〈必要〉～所要回数・経費・時間、所要の条件・手続き
じょりゅう（女流）→女性
注「女流」は「女流名人位戦」など固有名詞以外には使わない。
しら　白～白木造り、白茶ける、白む、白焼き
じらい（爾来）→以来、その後
じらいげん（地雷源）→地雷原
しらが　㊖白髪～白髪染め、白髪交じり
しらける　白ける・しらける～髪が白ける、座がしらける、シラケ世代
注　抽象的な場合は平仮名書き。
しらじらしい（白々しい）→しらじらしい（うそをつく）
しらじらと　白々と（夜が明ける）
しらす（白子）→シラス〈動物〉～しらす干し
しらす（白洲）→白州（に出る）
しらす（白砂）→シラス〈土壌〉～シラス

台地

しらふ（＊素面）→しらふ

しらみ（虱）→シラミ〈動物〉

しり（臀、後）→尻～尻上がり、尻押し、尻切れとんぼ、尻拭い、尻抜け、尻もち、目尻

じりき

＝自力〈自分だけの力、独力〉～自力更生、自力で脱出

＝地力〈本来の力、実力〉～地力に勝る、地力の差、地力を発揮する

しりごみ（後込み）→尻込み

しりすぼみ（尻窄み）→尻すぼみ〈「尻つぼみ」とはしない〉～尻すぼまり

しりぞく・しりぞける（却く、斥ける）→退く・退ける

じりつ

＝自立〈他の助けを借りずに自力で物事を行う。独り立ち〉～親から自立する、自立経営、自立心、精神的・経済的に自立する

＝自律〈強制されず自らをコントロールする〉～学問の自律性、景気の自律回復、自律神経（失調症）

しりとり（尻取り）→しり取り（遊び）

しりめ（後目）→尻目

しりめつれつ（四離滅裂）→支離滅裂

しりょう（思料）→㊕思量

しりょう

＝資料〈研究・判断の基になる材料〉

＝史料〈歴史研究・編さんに必要な文献・遺物〉

＝試料〈科学実験などに使う物質・生物〉

しる　知る～知ったかぶり、知らんぷり、知り合い、知り人、知れる、知れ渡る、物知り

しるし

＝（標、記）→印〈目印、証拠になるもの〉～感謝・友情の印、印ばんてん、印を付ける、旗印、矢印

＝（徴、験）→しるし〈兆し、効き目〉～祈ったしるしが表れる、大雪は豊年のしるし

しるす

＝（誌す、認す）→記す〈書き付ける、覚えておく〉～思いを記す、書き記す、心に記す、手帳に記す、由来を記す

＝（印す、標す）→しるす〈目印とする、跡形を付ける〉～月面に第一歩をしるす、足跡をしるす

しるべ

＝（導、標）→しるべ〈導くもの〉～道しるべ

＝知る辺〈知り合い〉～知る辺を頼って上京

しれい

＝指令〈一般用語。指揮、命令〉～緊急指令、指令本部、指令を通達、指令を待つ、スト指令、通信指令室〈警

察、消防〉、総合指令所（室）〈JR〉
＝司令〈主として軍隊用語〉～消防司令、司令官・長官、司令塔、司令部

しれつ（熾烈）↓激烈、猛烈、激しい

しれない
＝知れない〈分からない〉～底知れない、行方が知れない
＝しれない〈補助形容詞的用法〉～…かもしれない

しれん（試煉、試錬）↓(統)試練

しろ 代～代かき、代田、苗代、飲み代、身の代

しろ 白～白い、白々、白っぽい

しろうと (慣)素人～素人くさい

しろがね（銀）↓しろがね

しろみ
＝（白味）↓白み（を帯びる）
＝白身～白身の魚、卵の白身〈黄身の対語〉

しろもの 代物

じろん（自論）↓（年来の）持論

しわ（皺）↓しわ～しわくちゃ、しわ寄せ

しわがれる（嗄れる、しわ枯れる）↓しわがれる〈「しゃがれる」とも〉～しわがれ声

しわけ
＝仕分け〈区分、分類する〉～仕事・商品の仕分け、三つに仕分ける
＝仕訳〈簿記用語。勘定を科目に分ける〉～仕訳して記帳、仕訳帳

しわざ（為業）↓仕業

しわす (慣)師走〈「しはす」とも。陰暦の12月〉

しん
＝心〈こころ、精神。慣用の熟語〉～心・技・体、心から好き、心棒、核心、灯心、炉心
＝芯〈ものの中央、中心〉～体の芯まで冷える、鉛筆・バット・リンゴ・ろうそくの芯

注 「しんが疲れる」「しんが強い」など、使い分けに迷う場合は平仮名書きでよい。

じん 腎～腎移植、腎バンク、腎不全

じんあい（塵埃）↓ほこり、ちり

しんうち（心打ち）↓真打ち〈落語など〉

しんえん（深淵）↓深淵（しんえん）―深い淵

しんか
＝進化〈退化の対語。主に生物学用語〉～進化論、生物の進化
＝深化〈さらに深まる〉～研究が深化する、対立が深化する、不安の深化

じんかい（塵芥）↓ごみ

じんがさ（陣笠、陣傘）↓陣がさ

しんがた（新形）↓新型

しんかん（深閑）↓(統)森閑

しんかん（震撼）↓震撼（しんかん）―揺るがす、震え上がらせる

しんかん（神官）→神職〈神官は神に仕える官吏。伊勢神宮の場合は「神官」を使うこともある〉

しんき

＝新奇〈新しくて珍しい〉～新奇な型、新奇な考案・着想・催し、新奇をてらう、新奇を狙う

＝新規〈物事が新しい〉～新規開店、新規契約、新規採用、新規事業、新規要求

しんぎ（真疑▲）→真偽

しんきいってん（心気▲一転）→心機一転

しんきじく（新基▲軸）→新機軸

しんきまきなおし（新規蒔△き直し・巻▲き直し）→新規まき直し

しんきゅう（鍼△灸△）→はり・きゅう～鍼灸（しんきゅう）院・師・術

注 公的資格は「はり師」「きゅう師」。

しんきょう

＝心境〈心の状態〉～現在の心境、心境の変化

＝進境〈進歩の程度や具合〉～進境著しい、進境を見せる

しんきろう（蜃△気楼）→蜃気楼（しんきろう）

しんぎん（呻△吟）→呻吟（しんぎん）―苦しむ、うめく

しんきんこうそく 心筋梗塞

しんく（真紅）→㊔深紅

じんけい（陣型）→陣形

しんけいせんい 神経線維

しんげん（神厳▲）→森厳～森厳な神域

しんげん 震源（地）

じんご 人後～人後に落ちない〈他人にひけをとらない〉

しんこう

＝侵攻〈他国・他の領土を攻め侵す、侵略〉～敵国に侵攻する

＝進攻〈前進して攻める、進撃〉～進攻作戦、敵陣に進攻する

しんこう

＝振興〈学術・産業を盛んにする〉～科学技術の振興を図る、地域経済を振興する

＝新興〈別の勢力などが新たに興る〉～新興国・勢力、新興宗教

じんこうこきゅう（人口▲呼吸）→人工呼吸

じんこうにかいしゃする（人口に膾△炙△する）→人口に膾炙（かいしゃ）する―広く知れ渡る、有名になる

しんこく

＝申告〈所定事項を申し出る〉～確定申告、所得を申告する

＝親告〈被害者側が訴える〉～名誉毀損（きそん）罪などの親告罪

しんこん

＝心魂〈全精神〉～心魂に徹する、心魂を傾ける

＝身魂〈身体と心〉～身魂をなげうつ

しんさん　辛酸～辛酸をなめる
しんし（真摯）→真摯（しんし）－真剣、真面目、誠実
じんじいどう（人事移動）→人事異動
じんじふせい（人事不正）→人事不省
しんしゃく（斟酌）→参酌、配慮、考慮、手心、手加減
しんじゅう　心中
しんしゅつ（滲出）→浸出
注 医学用語は「滲出（しんしゅつ）」。
しんしゅつきぼつ　神出鬼没
しんしゅのきしょう　進取の気性
しんしょ
＝信書〈個人間でやりとりする手紙〉～信書の秘密
＝親書〈自筆の手紙、国の元首・首相が書いた公式の手紙〉～大統領の親書
しんしょう
＝心証〈心に受ける印象〉～心証を得る、心証を害する
＝心象〈イメージ〉～心象風景
しんしょう　身上〈身代、財産〉～身上をつぶす
しんじょう　身上〈身の上の事柄、とりえ〉～身上調書、誠実が身上
しんじょう
＝心情〈心の中の思い〉～心情的に共鳴する、若者の心情を理解する
＝真情〈まごころ〉～真情を訴える
しんじょう　信条～信条に反する、生活信条
しんしょく
＝（侵蝕）→侵食〈侵し食い込む〉～境界・領土を侵食
＝（浸蝕）→浸食〈水がしみ込んで物を損なう〉～河川の浸食、浸食作用
注 地理、地学などの教科書、学術用語は「侵食」。
しんしょばん（新書版）→新書判
しんしん
＝心身〈精神と肉体〉～心身症、心身ともに健全
＝心神〈精神、心〉～心神耗弱、心神喪失
しんじん　深甚～深甚なる謝意
じんしん
＝人心〈人の心〉～人心を一新する、人心を失う、人心をつかむ
＝人身〈人の身体〉～人身攻撃・事故・売買
しんすい（侵水）→浸水
しんずい（真髄）→㊔神髄～神髄に迫る
しんせい
＝真正〈本物〉～真正相続人、真正ダイヤモンド
＝真性〈仮性・疑似の対語〉～真性コレラ・赤痢
じんせいこうろ（人生航路）→人生行路
しんせいだい（新世代）→新生代
しんせき　親戚

し

しんせき（真蹟）→真跡―真筆
じんせきみとう（人跡未到）→人跡未踏
（の地・山）
じんぞう　腎臓
しんそこ（真底）→心底（ほれる）
しんたい　進退～進退窮まる、㊝進退伺
じんたい（靱帯）→靱帯（じんたい）
しんちゅう（真鍮）→真ちゅう―黄銅
しんちょう（伸暢、伸張）→伸長
じんちょうげ（沈丁花）→ジンチョウゲ〈植物〉
しんちょく（進捗）→進捗（しんちょく）（率）―進展、進行
注「進捗（しんちょく）率」以外は、「進展状況」などのように言い換えが望ましい。
しんちんたいしゃ　新陳代謝
じんつうりき　神通力〈「じんずうりき」とも〉

しんてい（真底）→心底（を見抜く）
しんてん
＝伸展〈勢力・規模の伸長・拡大〉～業績・貿易が伸展、経済力の伸展
＝進展〈事態や物事の進行・進歩・発展〉～局面の進展、結婚話が進展、捜査の進展に伴って
しんでんづくり　寝殿造り
しんとう　神道
しんとう（滲透、侵透）→浸透～浸透圧
しんどう
＝振動〈揺れ動く〉～新幹線の振動公害、振動数を測定、振動電流、振り子の振動
＝震動〈大きな物体がふるえ動く〉～地震・火山の震動、大地が震動する
しんにゅう
＝侵入〈不法に押し入る〉～家宅侵入、国境を越えて侵入、敵・ハッカーが侵入
＝浸入〈ひたし入る〉～濁水が浸入
＝進入〈進み入る〉～場内に進入、列車が進入

しんにん
＝（信認）→信任〈信じ任ずる〉～信任状、信任投票、信任を得る
＝信認〈信用して認める〉～市場の信認、ドルの信認
＝親任〈国王などが自ら任命する〉～親任官、親任式
じんぱい（塵肺）→じん肺〈病名〉
しんぴょうせい（信憑性、真憑性）→信ぴょう性―信頼性、信用度
しんぷ　神父〈カトリック系の司祭。プロテスタント系の聖職者は「牧師」〉
しんぷく
＝心服〈心から敬い従う〉
＝信服〈信じて服従する〉
しんぷく（震幅）→振幅
じんべえ（甚兵衛）→甚平＝じんべい＝

（羽織）

しんぼう（辛棒）→辛抱（強い）

しんぼく　親睦～親睦会、親睦を深める

しんまい　新米〈新参、新入り〉～新米社員〈本来は「新前＝しんまえ」〉

じんましん（蕁麻疹）→じんましん

しんみょう　神妙

しんめい

＝身命〈体と命〉～身命をなげうつ

＝神明〈神〉～神明造り、天地神明に誓う

じんめんじゅうしん（人面獣身）→人面獣心

注　スフィンクスなどは「人面獣身」。

じんもん（訊問）→尋問

しんやくせいしょ（新訳聖書）→新約聖書

しんらつ（辛辣）→辛辣（しんらつ）―痛烈、手厳しい、辛口（の）、容赦ない

しんらばんしょう　森羅万象

しんりゃく（侵掠）→侵略

しんれい

＝心霊〈たましい、神秘的な精神現象〉～心霊現象、心霊術

＝神霊〈神のみたま、霊妙な徳〉～神霊の加護

しんろ

＝進路〈退路の対語。進んでいく方向〉～進路指導、進路を妨げる、卒業生の進路、台風の進路

＝針路〈船や飛行機の進む方向。比喩的に進むべき方向〉～針路を修正、日本の針路、飛行機・船の針路

しんろう

＝心労〈気疲れ〉～心労が絶えない

＝辛労〈骨折り〉～辛労が報われる、辛労辛苦

【す】

す　巣～空き巣、巣立ち、巣離れ

す　酢～酢あえ、酢だこ、酢漬け、酢の物、ポン酢

す（洲）→州～三角州、中州

す（簾）→す〈すだれ〉～すを巻く

す・　素～素足、素顔、素性、素（っ）裸、素手、素通り、素泊まり、素振り、素潜り、素焼き、素浪人

ず　頭～頭が高い、頭突き

すい　酸い～酸いも甘いも

すい・　吸い～吸い殻、吸い口、吸い込み口、吸い出し、吸い取り紙、吸い飲み、吸い物

すいか（誰何）→名を問いただす、呼びとがめる

すいぎゅう　スイギュウ・水牛〈動物〉

すいきょう（粋狂、酔興）→酔狂

すいげんち　水源地〈特に「池」を指す場合は別〉
すいこう（推敲）→推敲（すいこう）―文を練る
ずいしょ（随処）→随所
すいしょう（推賞、推称）→推奨
すいせい
＝水性〈水に溶けやすい性質〉～水性インク、水性ガス、水性塗料
＝（水棲）→水生〈水中で生息する生物〉～水生昆虫、水生植物
すいせい（彗星）→彗星（すいせい）―ほうき星
すいせん（推選）→推薦
注　地方自治法の「指名推選」は別。
すいせん　スイセン・水仙〈植物〉
すいぜん（垂涎）→垂涎（すいぜん）～垂涎（すいぜん）の的
すいぞう（膵臓）→膵臓（すいぞう）
すいたい（衰頽）→衰退

すいたい　推戴―推挙
ずいちょう（瑞兆）→吉兆
すいとう　出納～出納長、出納簿
ずいどう（隧道）→トンネル〈「すいどう」とも〉
ずいぶん　随分・ずいぶん
すいほう
＝水泡〈水の泡〉～水泡に帰す
＝（水疱）→水疱（すいほう）〈水膨れ〉
ずいほうしょう（瑞宝章）→㊕瑞宝章
すいれん（睡蓮、水蓮）→スイレン〈植物〉
すうき（数奇）→数奇（な運命）
すうききょう（枢機卿）→㊕枢機卿〈「すうきけい」とも〉
ずうずうしい（図々しい）→ずうずうしい
すうせい（趨勢）→大勢、動向、流れ
ずうたい（図体）→ずうたい―（大きな）体
すえ　末～末恐ろしい、末々、末頼もしい、末っ子、末永く、末広がり、…の末
ずえ
＝図絵〈図画〉～地獄図絵
＝図会〈図集〉～国勢・名所図会
すえき（＊陶器）→須恵器
すえる　据える～打ち据える、上座に据える、きゅうを据える、腰を据える、社長に据える、据え置き（期間・料金）、据え膳、据え付け、礎石を据える、腹に据えかねる、目を据えてよく見る
ずがいこつ　頭蓋骨〈「とうがいこつ」とも〉
すかさず（透かさず）→すかさず〈副詞〉
すかす（賺す）→すかす〈だます、おだてる〉～なだめすかす
すかす・すく
＝透かす・透く〈隙間をつくる、向こう側のものが見える〉～肩透かし、透か

し織り、透かし彫り、透ける、見え透いた、見透かす

=（空かす、空く）→すかす・すく〈中にあるものが少なくなる〉〜手がすく、電車がすく、腹をすかす

すがすがしい（清々しい）→すがすがしい

すがた 姿〜姿見、姿焼き

すき（数奇）→(慣)(統)数寄（を凝らす）

すき（透き）→隙〜油断も隙もない

すき・すく 好き・好く〜好き勝手、好き嫌い、好きこのんで、好き好き

すぎ スギ・杉〈植物〉〜スギ花粉（症）、杉並木

・・すぎ

=過ぎ〈一般用語。物事の程度が超えている〉〜遊び過ぎ、行き過ぎ、食べ過ぎ、出来過ぎ

=すぎ〈ある時刻・年数・距離を超えている〉〜3時・正午・昼すぎ、半ばすぎ、80すぎの老人、6キロすぎ

注「3時を過ぎて」「80を過ぎた老人」など動詞形は漢字書き。

すきとおる（透き徹る）→透き通る

（・・に）すぎない（過ぎない）→（に）すぎない〈補助形容詞的用法〉

すきま（隙間、透き間）→(統)隙間〜隙間風が吹く

すきや（数奇屋）→(統)(慣)数寄屋（造り）

すきやき（鋤焼き）→すき焼き

ずきん 頭巾

すく（漉く、抄く）→（紙を）すく

すく（梳く）→（髪を）すく

すく（鋤く）→（畑・土を）すく

すぐ（直ぐ）→すぐ〜すぐさま、すぐに、真っすぐ

・・ずく（尽く）→ずく〜腕ずく、計算ずく、力ずく、納得ずく、欲得ずく

すくう 救う〜救い（手・主）

すくう（掬う、抄う）→すくう〈取り上げる〉〜足をすくう、金魚すくい、すくい投げ

すくう（巣食う）→巣くう

すくない 少ない〜言葉少な、少なからず、少なくとも、少なめ、残り少な

すくむ・すくめる（竦む）→すくむ・すくめる〜居すくまる、射すくめる、すくみ上がる、抱きすくめる、立ちすくむ

・・ずくめ（尽くめ）→ずくめ〜規則ずくめ、黒ずくめ、結構ずくめ

すぐる（選る）→すぐる〈選び取る〉〜よ（え）りすぐる

すぐれる（秀れる、勝れる）→優れる〜気分・天候が優れない、優れて〈副詞〉、優れ物

すけ 助〜助太刀、助べ（え）根性

すげ（菅）→スゲ〈植物〉〜すげがさ

すげかえ（挿げ替え）→すげ替え〜首を

す

すげ替える〈役職交代〉、鼻緒をすげ替える
すけっと(助っ人)→㊜助っ人
すけとうだら(介党鱈)→スケトウダラ〈動物〉
注「スケソウダラ」とも呼ばれるが、「スケトウダラ」を使用する。
すげない(素気ない)→すげない
すごい(凄い)→すごい～すご腕、すごみ、すごむ
すこし 少し～少しく、少しも
すごす 過ごす
すこぶる(頗る)→すこぶる
すごもり(巣籠もり)→巣ごもり
注「籠＝こもり」は表内訓だが、読みやすさに配慮して平仮名書きに。
すこやか 健やか
すごろく(双六)→すごろく
すさまじい(凄まじい)→すさまじい
ずさん(杜撰)→ずさん〈「ずざん」とも〉―ぞんざい、粗雑
すし(鮨、鮓、寿司)→すし～回転ずし、五目ずし、すし詰め＝すしづめ＝〈ぎっしり入っている状態〉、にぎりずし
すじ 筋～筋合い、筋書き、筋金入り、筋立て、筋違い、筋道、筋向かい、筋向こう、筋目
すじこ 筋子・すじこ
すじょう(素姓、素生)→素性～素性のはっきりした品
すす(煤)→すす～すすける、すす掃き、すすばむ、すす払い
すず(錫)→スズ～スズ合金
すずかけ(篠懸)→スズカケ・鈴懸け〈植物〉
すすぐ(濯ぐ、漱ぐ、雪ぐ)→すすぐ〈「そそぐ」とも〉～恥をすすぐ
すずしい 涼しい～涼む
すずなり(鈴生り)→鈴なり(になる)
すすむ 進む～食事・食欲が進む、進まぬ顔、進んで行く、進んで行う
すずむし スズムシ・鈴虫〈動物〉
すずめ(雀)→スズメ〈動物〉～着たきりすずめ、すずめの涙、群スズメ
すすめる
＝進める〈進行〉～一歩を進めて、会議を進める、計画を進める、交渉を進める、時計を進める
＝(奨める)→勧める〈勧誘、奨励〉～結婚を勧める、酒を勧める、辞任を勧める、席を勧める、節約を勧める、転地を勧める、読書を勧める、入会を勧める
＝薦める〈推薦〉～お薦め品、候補者として薦める、別の品を薦める、良書を薦める
すする(啜る)→すする～うどんをすする、すすり泣き
すそ 裾～お裾分け、裾さばき、裾野、裾模様、山裾

ずだぶくろ（頭陀袋）→ずだ袋

すたる・すたれる　廃る・廃れる～廃り物、廃れ物・者、はやり廃り

・・ずつ（宛）→ずつ～少しずつ、1人ずつ、二つずつ

すっとんきょう（素っ頓狂）→すっとんきょう

すっぱい　酸っぱい～酸っぱみ

すっぱだか・すはだか　素っ裸・素裸

すっぱぬく（素っ破抜く）→すっぱ抜く～すっぱ抜き

すっぽん（鼈）→スッポン〈動物〉～すっぽん汁、月とすっぽん

すてき（素敵、素的、素適）→すてき

すてご（捨て児、棄て子）→捨て子

すでに（已に）→既に・すでに

すてる（棄てる）→捨てる～捨て石、捨て印、捨て金、捨てぜりふ、捨て値、捨て身

すな　砂～砂嵐、砂かぶり、砂煙、砂時計、砂袋

すなお　素直

すなわち（即ち、則ち）→すなわち

ずにのる（頭に乗る）→図に乗る

ずぬける（頭抜ける、図抜ける）→ずぬける―ずばぬける、際立っている

すね（脛、臑）→すね～すね当て、すねかじり、すねに傷を持つ

すねる（拗ねる）→すねる～すね者

すのこ（簀の子）→すのこ（敷き）

すばしこい（素早しこい、素速しこい）→すばしこい

すはだ（素膚）→素肌

ずばぬける（ずば抜ける）→ずばぬける

すばやい（素速い）→素早い

すばらしい　素晴らしい

すばる（昴）→すばる（星）

注　「すばる」はプレアデス星団の和名。従って片仮名書きにしない。

ずぶとい（図太い）→ずぶとい

ずぶぬれ（ずぶ濡れ）→ずぶぬれ

すぶり　素振り〈木刀、バットなど〉

すべ（術）→すべ～なすすべがない

すべからく（須く）→すべからく―当然、ぜひ

注　「すべて」の意に使うのは誤り。

すべて（凡て、総て）→すべて・全て

注　平仮名書きが望ましい。

すべる（辷る）→滑る～口が滑る、滑り込み、滑り台、滑り出し、滑り止め

すべる（総べる）→統べる～天下を統べる

ずぼし　図星～図星を指される

すまう　住まう～住まい

すまき（簀巻き）→す巻き

すます・すむ　済ます・済む～検査・逮捕・売約・用済み、済ませる、成り済ます

すます・すむ　澄ます・澄む～行い澄ます、澄まし汁、澄まし屋、澄み通

す

る、研ぎ澄ます、狙い澄ます

すみ　炭～炭窯、炭取り、炭焼き（小屋）

すみ（角）→隅～隅々、隅っこ、四隅

すみ　墨～お墨付き、墨染め

すみか（棲み処）→すみか〈動物など〉・住み家〈人〉

すみやか　速やか

すみれ（菫）→スミレ〈植物〉～すみれ色

すみわけ（棲み分け）→すみ分け〈動物など〉・住み分け〈人〉

注 人の場合でも競合を避けて各自の領域で共存する意で用いるときは「すみ分け」とする。

すむ

＝住む〈人の場合〉～住めば都、部屋住み

＝（棲む、栖む）→すむ〈動物などの場合〉～魚のすむ川、魔物がすむ、森にすむ獣

すもう（＊角力）→慣相撲（取り）

すりこぎ（擂り粉木、摺り粉木）→すりこ木

する・すれる

＝刷る・刷れる〈印刷〉～校正刷り、新聞を刷る、刷り上がり、刷り込み（現象）、刷り物、版画を刷る、名刺を刷る

＝擦る・擦れる〈こする〉～靴擦れ、擦り合わせる、擦り傷、擦り込む、擦り抜ける、擦り寄る、擦れ違う、擦れ（っ）からし、擦れる、膝を擦りむく、服が擦り切れる、マッチを擦る、悪擦れ

＝（摩、磨、摺、擂）→する・すれる〈みがく、使い果たす、細かく砕く、摩滅、摩耗〉～靴がすり減る、競馬でする、ごまをする、神経をすり減らす、墨をする、すり足で進む、すり餌、すり替え、すりガラス、すり切り、すりつぶす、すり鉢、すり身、手すり、みそすり

ずるい（狡い）→ずるい～ずる賢い、ずるける、ずる休み

するめ（鯣）→するめ〈加工品〉～スルメイカ〈動物〉

すれすれ（擦れ擦れ）→すれすれ

すわ　すわ（一大事）〈「すは」とはしない〉

すわる

＝（坐る）→座る〈腰を下ろす、一定の地位・場所を占める〉～後釜に座る、椅子・いすに座る、居座る、上座に座る、社長のポストに座る、座り方、座り心地、座り込み、横座り

＝据わる〈一定の場所に落ち着く、動きを止める、沈着になる〉～赤ちゃんの首が据わる、肝・度胸・腹が据わる、腰・目が据わる、据わりが悪い

すん　寸～寸暇、寸借、寸前、寸詰まり、寸鉄、寸評

すんげき（寸隙）→寸隙（すんげき）―わ

ずかな隙、寸暇～寸隙（すんげき）を縫う

すんごう（寸毫△）→寸分、少し

ずんどう（寸胴•）→ずんどう〈「ずんど」とも〉～ずんどう鍋

すんぽう　寸法（書き）

【せ】

せ・・　背～背負い投げ、背負う、背泳ぎ、背丈、背に腹は代えられぬ、背伸び、背骨、背割り、（敵に）背を見せる、背を向ける

せい

＝成〈仕上げる、育てる〉～育成、既成事実、作成、速成講座、促成栽培、即成犯、編成〈一般用語〉

＝制〈定める、とどめる、ととのえる〉～禁制品、制作、専制、体制、統制、編制〈法律用語・軍隊用語だが、一般記事では「編成」にする〉

＝製〈こしらえる、衣服を仕立てる〉～既製品、私製、製靴、製作、製造、製版、即製即売、調製、特製、複製、編製〈戸籍、選挙人名簿の〉

せいあつ（征圧）→制圧

注　「がん征圧月間」など固有名詞は別。

せいいく

＝成育〈人間に〉～子どもの成育環境、成育医療

＝生育〈植物に〉～稲の生育期間

注　動物の場合は学術用語では「生育」だが、一般には「成育」も使われる。

せいいっぱい（精一杯）→精いっぱい

せいかく（精確）→㊕正確

せいかん（精悍△）→精悍（せいかん）―たくましい、精強

せいがん

＝請願〈議会や行政機関などに願い出る〉～国会に請願する

＝誓願〈神仏に事の成就を願う〉～神に誓願する

せいがんざい（制癌△剤）→制がん剤

せいき（制規、成規）→正規

せいき

＝生気〈生き生きとした気分、活気〉～生気はつらつ、生気を取り戻す

＝精気〈精神と気力、生命根源の力〉～精気を奮い起こす、万物の精気

せいきょ　逝去

せいぎょ（制禦△、制馭△）→制御

せいぎょう

＝正業〈堅気の仕事〉～正業に就く

＝生業〈暮らしを立てるための仕事〉～生業に励む、農業を生業とする

注　生業を「なりわい」と読む場合は平仮名書き。

せいくらべ　背比べ

せ

せいけい
=成形〈形をつくる〉~胸郭成形、射出成形機、陶器の成形、プラスチックの成形加工
=成型〈型にはめてつくる〉~規格成型、成型品
=整形〈形を整える〉~整形外科、整形手術〈身体形状・運動機能の矯正〉
せいけい（西径）→西経
せいごう（斉合）→整合~出力回路の整合、二つの地層が整合、政策の整合性
せいこく（正鵠）→正鵠（せいこく）―急所、要点、核心~正鵠（せいこく）を射る・得る
せいこん
=精根〈精神と根気〉~精根尽きる
=精魂〈たましい〉~精魂傾けて、精魂を込める、不屈の精魂
せいさい
=（生彩）→㊔精彩〈活気にあふれる、美しい彩り〉~精彩を欠く、精彩を放つ
=精細〈詳しく細かい〉~高精細度テレビ、精細な筆致
せいさく
=制作〈主として芸術的なものをつくる〉~絵画・工芸品の制作
=製作〈主として実用的なものをつくる〉~機械・器具の製作
注 映画、演劇、新聞、放送番組、CD、ビデオなどは「制作・製作」の両様がある。固有名詞に注意。
せいさん（凄惨、悽惨）→凄惨（せいさん）―陰惨、悲惨、むごたらしい
せいさん
=清算〈決まりをつける〉~お互いの関係を清算する、過去を清算、借金の清算、清算会社
=精算〈詳しい計算をする〉~運賃精算所、精算書を提出、費用を精算
せいさんざい（生産材）→生産財
せいし
=制止〈人の言動などを抑えとどめる〉~群衆を制止する、制止を振り切る
=静止〈止まって動かない〉~静止衛星、静止画像、静止軌道
せいしき（清拭）→清拭（せいしき）―体を拭う
せいじけっしゃ（政事結社）→政治結社
せいじしきんきせいほう 政治資金規正法〈日本。外国は「…規制法」〉
ぜいじゃく（脆弱）→脆弱（ぜいじゃく）―もろい、弱い
せいじゅく（生熟）→成熟~成熟卵
せいしょう（整唱）→斉唱
せいじょう
=性状〈性質と行状・状態〉~性状に問題がある人物、物質の性状

＝性情〈性質と心情、気立て〉～明るい性情の人、温和な性情
せいじょう（政状）→政情～政情不安
せいじんびょう（成人病）→生活習慣病
せいぜい（精々）→せいぜい
せいぜつ（凄絶、悽絶）→凄絶（せいぜつ）―すさまじい、ものすごい、想像を絶する
せいそ（清楚）→清楚（せいそ）―清らか、すっきり
せいそう（凄愴、悽愴）→痛ましい、すさまじい、むごたらしい、悲惨
せいそう
＝正装〈正式の服装。略装の対語〉～正装に威儀を正す
＝盛装〈華やかに着飾る〉～振り袖姿に盛装して
せいそう　星霜～幾星霜
せいそく（棲息）→生息
せいぞろい（勢揃い）→勢ぞろい

せいたい
＝生体〈生きているままの体〉～生体肝移植、生体実験、生体反応
＝生態〈生物が生活している状態〉～生態学、生態系、生態写真、野鳥の生態
ぜいたく（贅沢）→ぜいたく
せいだくあわせのむ（清濁併せ呑む）→清濁併せのむ
せいち（精緻）→精緻―精巧、精密、きちんとした
せいちゅう（掣肘、制肘）→制約、拘束、干渉
せいちょう（生長）→㊔成長〈動植物とも〉～稲・草木の成長、経済成長、子ども・子供の成長、成長株
せいちょう
＝清聴〈他人が自分の話を聞いてくれることの敬語〉～ご清聴を感謝します
＝静聴〈静かに聞く〉～ご静聴願います

せいてんのへきれき（晴天の霹靂）→青天のへきれき
せいてんはくじつ（晴天白日）→青天白日
せいとう
＝正当〈道理にかなう。不当の対語〉～正当な理由、正当防衛
＝正統〈正しい系統。異端の対語〉～政権の正統性、正統派
せいとん　整頓～整理整頓
ぜいにく（贅肉）→ぜい肉
せいは（征覇）→制覇～世界市場を制覇
せいばい　成敗～けんか両成敗
せいばつ（制伐）→征伐
せいはん（整版）→製版
注 版木を指す場合は「整版」。
せいひ
＝正否〈正しいか否か〉～正否を明らかにする、正否を見定める
＝成否〈成功するか否か〉～成否の鍵を

握る、成否は問わない、成否を占う

せいひつ（静謐）→静か、穏やか、太平

せいひん　清貧（に甘んじる）

せいふく（征伏）→征服

せいもく（正目、聖目、井目）→星目〈囲碁〉

せいゆじょ（精油所）→製油所

せいよく（性慾）→性欲

せいらい（性来）→生来〈「しょうらい」とも〉～生来の正直者

せいらん（青嵐）→青嵐（せいらん）〈「あおあらし」とも〉

注「晴嵐（せいらん）」は晴れた日の山にかかるかすみ。

せいれい

＝制令〈制度と法令〉

＝政令〈憲法・法律を実施するために内閣が定める命令〉～政令指定都市

せいれき（西歴）→西暦

せいれつ（清冽）→清れつ―清らか

せいれん

＝精練〈繊維から混じり物を取り除く〉～生糸の精練

＝精錬〈金属の不純物を取り除く〉～粗鋼の精錬

＝製錬〈鉱石から金属を取り出す〉～製錬所〈工程により「精錬所」とも〉

せいれんけっぱく　清廉潔白

ぜかひか（是か否か）→是か非か

ぜがひでも（是が否でも）→是が非でも

せがれ（伜、倅）→せがれ

せき　関～関の山、㊔関取〈十両以上の力士〉、関守

せき（堰）→せき（を切ったように）～河口・可動堰（ぜき）

せき（咳）→せき～せき払い

せき（蹟）→跡

せきがく（碩学）→大家、権威、大学者

せきずい　脊髄

せきちゅう　脊柱

せきつい　脊椎～脊椎動物

せきとして　寂として

せきとめる（塞き止める、堰き止める）→せき止める～せき止め湖

せきねん

＝昔年〈昔の漢語的表現〉～昔年の面影

＝積年〈積もった年月〉～積年の恨み

せきばく（寂寞）→寂しさ、ひっそり

せきひん　赤貧～赤貧洗うがごとし

せきりょう（寂寥）→わびしい、物寂しい、ひっそり

せきわけ　㊕関脇〈相撲〉

せく（咳く）→せく〈せきをする〉～せき入る、せき込んで話せない〈激しいせき〉

せく（急く）→せく〈焦る、激しくなる〉～息せく、気がせく、心せく、せかす、せき込んで話す〈焦って〉、せき立てる

せけんてい　世間体～世間体を繕う

せこう　施行・施工
注「しこう」の項参照。
せし・せっし　セ氏・摂氏
注 一般に温度を表すとき、「セ氏」は不要。
せじょう
＝世上〈世間〉～世上のうわさ、世上をにぎわす
＝世情〈世の中の事情・人情〉～世情に疎い、世情に通じる
せたい　世帯
注「しょたい・せたい」の項参照。
せちえ　節会
せっかい（節介）→せっかい（を焼く）
せっかく（折角、切角）→せっかく
せっかん（折檻）→せっかん
せっき
＝節気〈季節の区分〉～二十四節気
＝（節期）→節季〈盆、暮れなどの勘定期〉～節季大売り出し、節季払い

せっきょう
＝説教〈宗教の教義を説明する、意見する〉～お説教、信者に説教する
＝説経〈経文を説明し聞かせる〉～説経節
せっく（節供）→節句～桃の節句
せっくつ　石窟―岩屋、岩穴
せっけん（石鹸）→せっけん
せっけん（席捲）→㊕席巻―勝ち進む、攻めまくる
せっけん　接見～教皇が信徒を接見する、弁護士が被告と接見
せっこう　斥候
せっこう（石膏）→石こう
せっさたくま（切瑳琢磨、切磋琢磨）→切磋琢磨（せっさたくま）―鍛錬、互いに鍛える、修練
ぜっさん（絶讃）→絶賛
せっしょう　摂政
せっしょう　殺生～無益な殺生
せっしょう（接衝、折渉）→折衝

せつじょく　雪辱～雪辱する、雪辱を果たす
せっせい
＝摂生〈養生する〉～摂生に努める
＝節制〈欲望を慎む〉～酒・たばこを節制
せっせん（切線、截線）→接線
ぜったい（絶体）→絶対～絶対安静、絶対に、絶対反対
ぜったいぜつめい（絶対絶命）→絶体絶命〈体も命も窮まること〉
せつだん（截断）→切断―裁断
せっちゅう（折中）→折衷～和洋折衷
せつな（刹那）→刹那（せつな）―一瞬、瞬間～刹那（せつな）主義・的
せつない　切ない
せつに　切に～切なる
せっぱく（接迫）→切迫～事態が切迫する
せっぱつまる（切端詰まる）→切羽詰まる

る

せっぱん　折半〜費用を折半する

せっぴ（雪庇△）↓雪庇（せっぴ）

せっぷく（説服）↓説伏〜反対派を説伏する

せっぷん（接吻△）↓キス、口づけ・くちづけ

ぜっぽう（舌鋒△）↓舌鋒（ぜっぽう）｜弁舌、舌端〜舌鋒（ぜっぽう）鋭く

せつり
＝節理〈物事の筋道、岩石の割れ目〉〜柱状節理
＝摂理〈万物を支配する法則〉〜神・自然の摂理

せとぎわ　瀬戸際〜瀬戸際外交

ぜに　銭〜小銭入れ

せばまる・せばめる　狭まる・狭める

ぜひ
＝是非〈名詞。よしあし、可否、当否〉〜是が非でも、是々非々、是非に及ばず、是非もない、是非を問う、是非を論じる
＝ぜひ〈副詞。どうしても〉〜ぜひ来てください、ぜひとも

せぶみ　瀬踏み

せまい　狭い〜狭き門、狭苦しい

せみ（蟬△）↓セミ〈動物〉〜せみ時雨、ミンミンゼミ

せめぎあい（鬩△ぎ合い）↓せめぎ合い

せめる
＝攻める〈攻撃〉〜質問攻め、城を攻める、積極的に攻め込む、攻めあぐむ、兵糧攻めにする
＝責める〈拷問、せっかん、非難〉〜落ち度・失敗・非を責める、拷問で責められる、責め馬〈調教〉、責め苦、責めさいなむ、責めを負う、無責任な言動を責める

せりふ（＊台詞、＊科白、台白）↓せりふ〜捨てぜりふ、せりふ回し

せる（糶△る）↓競る〜小競り合い、競り合い〈「つばぜり合い」は別〉、競り市、競り売り、競り落とす、競り買い、競りに掛ける

せる（迫る）↓せる〜せり〈舞台の〉、（上へ）せり上げる、せり出し、腹がせり出す

ゼロ（零）↓ゼロ〜0歳児・ゼロ歳児、ゼロ成長、ゼロ戦〈「零＝れい＝式艦上戦闘機」の通称。「零＝れい＝戦」とも〉、ゼロメートル地帯

注　平均寿命などでは「零＝れい＝歳児」が使われる。

・せん　腺〜汗腺、胸腺、甲状腺、前立腺、乳腺、分泌腺、涙腺

ぜん　膳〜一膳飯、陰膳、据え膳、二の膳、配膳、薬膳、お膳立て

せんい
＝繊維〈一般用語〉〜化学繊維、食物・植物繊維、繊維工業

＝線維〈医学用語〉～神経線維、線維細胞、肺線維症

せんえい（尖鋭）→先鋭～先鋭化する

せんえつ（僭越）→せんえつ―思い上がり、出過ぎ、出しゃばり

せんか

＝戦火〈戦争による火災、戦闘〉～戦火を逃れる

＝戦果〈戦争・戦闘で得た成果〉～戦果を報告する

＝戦禍〈戦争による災難・被害〉～戦禍を被る、戦禍を免れる

＝戦渦〈戦争による混乱〉～戦渦に巻き込まれる

ぜんかい（全潰）→全壊～全壊家屋

せんぎ　詮議―審議、評定、取り調べ

せんきょ（船渠）→ドック

せんぎり（繊切り）→千切り（大根）

せんきん

＝千金〈多額の金、大きな値打ち〉～一獲千金、千金の値、千金を費やす

＝（千鈞）→千鈞（せんきん）〈1鈞は30斤、非常に重いこと〉～千鈞（せんきん）の重み

せんけつ

＝先決〈先に決める〉～先決問題

＝専決〈その人の考えだけで決める〉～専決事項、専決処分、独断専決

せんけつ

＝鮮血〈生々しい血〉～傷口から鮮血が噴き出す

＝潜血〈微量の出血〉～潜血反応

せんこう（閃光）→閃光（せんこう）

せんこう（選衡、銓衡、詮考）→選考～書類選考、選考試験

注「金利選好」「選好度調査」などは別。

せんこう（穿孔）→せん孔（機）―穴開け（機）～胃穿孔（せんこう）

せんこう

＝潜行〈表面に出ない、ひそかに活動する〉～潜行中の容疑者、地下に潜行する

＝潜航〈水中を航行する〉～潜航艇

せんこう

＝先行〈他より先に行く〉～先行指標、先行投資

＝先攻〈競技の先攻め〉～先攻のチーム

＝専行〈自分の判断だけで行う〉～独断専行

＝専攻〈専門に研究する〉～政治学を専攻

ぜんごさく（前後策）→善後策

せんざいいちぐう（千歳一遇）→千載一遇～千載一遇の好機

せんさく（穿鑿）→詮索―探る、細かく調べる

ぜんじ（漸時）→漸次―次第に、だんだん

せんしょう（僭称）→自称、誇称

せんじょう（洗滌△）→洗浄
せんじょう（煽△情）→扇情～扇情的な表現
せんじょうこん（旋条痕、綫△条痕）→線条痕—ライフル痕
ぜんしょうせん（前哨戦）→前哨戦
せんしょく
=染色〈糸・布などの着色〉～染色糸、染色体、染色法
=染織〈染め物・織物の技法、製品〉～染織工芸
せんじる　煎じる～煎じ薬、煎じ詰める、二番煎じ
せんじん　千尋～千尋の谷
ぜんしん
=前進〈前へ進む〉～一歩前進
=漸進〈少しずつ進む。急進の対語〉～漸進主義、漸進的な改革
ぜんじんみとう（前人未踏）→前人未到
せんす　扇子

せんせい（専政）→専制（君主）
せんせき（戦蹟△）→戦跡
せんせき（戦積▲）→戦績
せんせんきょうきょう（戦々兢△々）→戦々恐々
せんそう（船艙△）→船倉
ぜんそく（喘△息）→ぜんそく
ぜんだいみもん　前代未聞
せんたくし　選択肢
せんだって（先立って、先達て）→せんだって
せんたん（尖△端）→先端
ぜんち（全智△）→全知～全知全能
せんちゃ　煎茶
ぜんちょう（前徴）→前兆～噴火の前兆
せんてい（剪△定）→剪定（せんてい）—枝切り、刈り込み
せんてつ（銑鉄△）→㊕銑鉄
せんとう（先登）→先頭
せんとう（洗湯）→銭湯

せんとう（尖△塔△）→尖塔（せんとう）
せんどう（煽△動）→扇動～群衆を扇動する
せんにゅうかん（先入感▲）→先入観
せんにん
=専任〈一つの任務を担当〉～専任講師
=先任〈先にその任務・地位に就く〉～先任将校
=選任〈選んで任命する〉～取締役を選任
ぜんのう
=前納〈前払い〉～授業料を前納する
=全納〈全部納める〉～税金を全納する
せんばづる　千羽鶴
せんびょうしつ　腺病質
せんべい　煎餅・せんべい
せんぺい（尖△兵）→先兵～海外進出の先兵
せんべつ（餞△別、銭▲別）→餞別（せんべつ）—はなむけ

せんぺんいちりつ〈千篇一律、千辺一率、千遍一律〉→千編一律
せんぺんばんか〈千編万化〉→千変万化
せんべんをつける〈先鞭・先弁をつける〉→先鞭（せんべん）をつける―先駆ける、先手を取る、先んじる
せんぼう〈羨望〉→羨望（せんぼう）―うらやむ～羨望（せんぼう）の的
せんぽう〈先鋒〉→先鋒（せんぽう）―先頭、先陣、先駆け～急先鋒（せんぽう）
ぜんぼう　全貌―全容、全体像
せんぼつ〈戦歿〉→戦没～戦没者慰霊祭
ぜんまい〈*発条、撥条〉→ぜんまい～ぜんまい仕掛け
ぜんまい〈薇〉→ゼンマイ〈植物〉
せんめつ〈殲滅〉→全滅（させる）、壊滅（させる）
ぜんめん
＝全面〈すべての面、面全体〉～壁の全面、全面改訂、全面広告、全面戦争、全面的に信頼する
＝前面〈表の方、前の面〉～改革を前面に押し出す、前面に立ちはだかる、闘志を前面に出す
せんもん〈専門〉→専門
せんゆう
＝占有〈自分の物にする〉～占有権、占有の意思
＝専有〈共有の対語、独り占めにする〉～経営権を専有、専有物・部分、専有面積
せんよう
＝占用〈自分の物にして使う〉～占用許可、土地の占用
＝専用〈ある目的、またはある人や団体だけが使う〉～自動車専用道路
せんりつ〈戦慄〉→戦慄（せんりつ）―おののく、震え上がる、衝撃
ぜんりつせん　前立腺

【そ】

そう
＝壮〈盛ん、強い〉～強壮、広壮、豪壮、少壮、壮観、壮挙、壮健、壮行会、壮士、壮者、壮絶、壮大、壮途、壮図、壮年、壮麗、壮烈、大言壮語、悲壮、勇壮
＝荘〈厳か、別宅〉～山荘、荘厳、荘重、別荘
そう
＝沿う〈伝って行く〉～意・期待・希望・趣旨・目的に沿う、海沿いの町、川・流れ・道に沿う、国の方針に沿う、線路に沿って歩く
＝（副う）→添う〈付き加わる〉～添い遂げる、添い寝、付き添い、連れ添う、後添い、寄り添う、㊔付添人
ぞう　ゾウ・象〈動物〉～アジアゾウ、

アフリカゾウ

そうい（相異）→相違〜案に相違して、意見の相違

そうい（創痍）→創痍（そうい）―傷、痛手〜満身創痍（そうい）

そううつびょう（躁鬱病）→そううつ病

注 正式病名は「双極性障害」。分かりやすくするため、「双極性障害（そううつ病）」などとする。

ぞうお 憎悪

そうおん（噪音）→騒音

そうかい（掻海）→掃海（艇）

そうかい 爽快〜気分爽快、爽快な目覚め

注 肉体的に快く、元気にあふれている意味では「壮快」も。「壮快なスポーツ」など。

そうかつ（総轄）→（統）総括

ぞうがん（象嵌）→象眼

そうきょく（箏曲）→（特）箏曲

ぞうきん 雑巾〜雑巾掛け

そうく（走狗）→手先

そうくつ 巣窟―（悪党の）すみか、根城、温床

ぞうげ 象牙〜象牙の塔

ぞうけい（造型）→（統）造形

ぞうけい 造詣―学識、知識、たしなみ〜造詣が深い

そうこう（奏効）→（統）奏功〈功を奏する〉

そうごう 相好〜相好を崩す

そうごう（綜合）→総合

そうこく（相尅）→相克―争い

そうごん（壮厳）→荘厳〈厳か。寺院や仏像を美しく飾る意味の場合は「しょうごん」と読む〉

ぞうさ（雑作）→（統）造作〈面倒、もてなし〉〜造作ないこと、造作を掛ける、無造作に

そうさい 相殺〜過失相殺

そうざい（惣菜）→総菜、おかず

ぞうさく（雑作）→造作〈建築用語、顔のつくり〉〜家の造作、顔の造作

そうさくねがい （省）捜索願

そうし（草子、双紙、冊子）→（統）草紙〈「枕草子」など固有名詞は別〉

そうしそうあい（想思相愛）→相思相愛

そうじゅうかん（操縦桿）→操縦桿（かん）

そうしょ（叢書）→双書―シリーズ

そうじょう（僧上）→僧正

そうじょう（騒擾）→騒乱（罪）

そうしん（痩身）→痩身（そうしん）〜痩身（そうしん）術

そうすい 総帥

ぞうすい 雑炊

そうせい（早逝）→早世〈早死に〉

そうせい

=創世〈世界の出来初め〉〜創世記、創世神話

=創成〈物事の出来初め〉〜経済学の創

成、テレビの創成期

＝創製〈初めての製造〉～明治時代創製の和菓子

そうせい　創生～地方創生、ふるさと創生

そうそうたる（錚々たる）→そうそうたる－立派な、一流の、堂々たる

そうそふ　曽祖父－ひいおじいさん

そうそぼ　曽祖母－ひいおばあさん

そうそん　曽孫－ひ孫、ひい孫

そうだ（操舵）→操舵（そうだ）（室）

そうだい（荘大）→壮大～気宇壮大

そうちょう（壮重）→荘重～荘重な調べ、式典を荘重に執り行う

そうちょう　曹長

そうてい（装幀、装釘）→装丁

そうてい（漕艇）→ボート

そうてん（装塡）→装塡（そうてん）－詰め込む～弾丸を装塡（そうてん）する

そうと

＝壮図〈壮大な企て〉～壮図むなしく、ヒマラヤ征服の壮図を抱く

＝壮途〈勇ましい門出〉～南極探検の壮途に就く

そうとう（掃蕩）→掃討－掃滅

ぞうとく　蔵匿－かくまう、隠す

ぞうに　雑煮

そうはく（蒼白）→（顔面）蒼白（そうはく）－青白い、青ざめた

そうばな　総花～総花的な政策

そうふ（送附）→送付

ぞうぶつ（贓物）→盗品、横領品、賄賂によって得た品物〈犯罪の種類によって適宜言い換える〉

そうへき（双壁）→双璧～画壇の双璧

そうほう（相方）→双方

そうぼう　相貌－顔形、顔つき、容貌、ありさま

そうぼう（僧房）→僧坊

そうまとう　走馬灯

そうめい（聡明）→聡明（そうめい）－賢明、賢い

そうめん（素麺、索麺）→そうめん

そうらん

＝騒乱〈騒ぎで治安が乱れる〉～騒乱罪

＝争乱〈争いで世の中が乱れる〉～戦国時代の争乱、争乱の世

ぞうり　㊝草履

そうりょ　僧侶

そうりょう（惣領）→総領～総領の甚六

そうれい（荘麗）→壮麗

そうろう　候～居候、候文

そうわ　挿話〈エピソード〉

そえる（副える）→添える～添え書き、添え木、添え乳＝そえぢ＝、添え物、手を添える、花を添える

そえん（粗遠）→疎遠

ソーダ（曹達）→ソーダ

そかい　疎開～学童疎開

そがい

＝阻害〈妨げる〉～発展を阻害する
＝疎外〈のけものにする〉～疎外感、人間疎外
そきゅう（遡及、溯及）→遡及（そきゅう）―さかのぼる
そきゅう　訴求～訴求効果、訴求力
そく
＝即〈すぐさま、ぴったり付く〉～即応、即座、即死、即時、即日、即成犯、即席、即答、即物的、即妙、即興、即金、即効薬、即刻
＝速〈スピードがはやい〉～早速、迅速、拙速、速射、速修、速成教育、速達、速断を避ける、速報、速記、速攻、速効性、敏速
そぐ（殺ぐ、削ぐ）→そぐ～勢いをそぐ、興味をそぐ
そくいん（惻隠）→いたわしい、哀れみ
ぞくじ
＝俗事〈世間のわずらわしい事柄〉～俗事に疎い、俗事に追われる
＝俗耳〈世間一般の人々の耳〉～俗耳に入りやすい
そくしんじょうぶつ　即身成仏
そくする
＝即する〈ぴったり付く〉～事実・実情に即する
＝則する〈のっとる〉～法に則する
そくせい
＝即成〈その場で成立〉～即成犯〈法律用語。殺人罪など〉
＝促成〈人工的に成長を促す〉～促成栽培
＝速成〈速やかに成し遂げる〉～速成教育、速成講座
＝即製〈その場でつくる〉～即製即売
ぞくせい（簇生）→族生―群生
そくせんそっけつ（速戦速決）→速戦即決
そくだん
＝即断〈たちどころに決める〉～即断即決
＝速断〈早まった判断〉～速断を避ける
そくとう（速答）→（統）即答
そくぶん（仄聞）→側聞―伝え聞く、うわさに聞く
そくわん（側彎）→側湾
そげき　狙撃（銃・兵）
そこ　底～底上げ、底意地、底入れ、底打ち、底堅い、底知れない、底力、底積み、底無し、底抜け、底値、底冷え、底光り、底引き網・漁業、底割れ、底を突く
そご（齟齬）→食い違い、手違い
そこう　素行～素行が悪い
そこう（遡行、溯行）→遡行（そこう）―さかのぼる
注 船に限った場合は「遡航（そこう）」も。
そこつ（粗忽）→そこつ―軽率

そこなう・そこねる　損なう・損ねる
そさい（蔬菜）→野菜
そし（沮止）→阻止
そしゃく（咀嚼）→そしゃく―かみこなす、かみ砕く、消化、よく理解する
そじょう（遡上、溯上）→遡上（そじょう）―さかのぼる
そじょうにのせる（俎上に載せる）→俎上（そじょう）に載せる―話題・問題にする
そしらぬ　素知らぬ（顔）
そすい（疏水）→疎水
注「琵琶湖疏水」など固有名詞は別。
そせい（蘇生、甦生）→特蘇生（術）
そそう（疎相）→粗相〈しくじる〉～粗相
そそう（沮喪）→阻喪〈くじける〉～意気阻喪
がないように
そぞう　塑像
そそぐ
＝注ぐ〈流し込む、集中する〉～愛情を注ぐ、全力を注ぐ、火に油を注ぐ、水を注ぐ
＝（濯ぐ、雪ぐ）→そそぐ〈洗い落とす、名誉を回復する。「すすぐ」とも〉～汚名・恥をそそぐ
そそのかす（唆す）→唆す
そだつ・そだてる　育つ・育てる～育ち盛り、育て親
そつ
＝卒〈にわかに、終わる、兵士〉～従卒、卒業、卒然、卒中、卒読
＝率〈ひきいる、軽はずみ〉～引率、軽率、率先、統率
＝そつ〈手抜かり〉～そつがない、そつのない答弁
そつう（疏通）→疎通～意思の疎通
ぞっかい（続会）→続開～続開大会
そっくりかえる　反っくり返る
そっけつ（速決）→続即決～融資を即決する
そっけない　素っ気ない
そっこう（即攻）→速攻
そっこう（速行）→即行〈すぐ行う〉
そっこう
＝即効〈一般用語。すぐに効き目が表れる〉～即効薬
＝速効〈限定用語〉～速効性肥料
そっこく（速刻）→即刻
そっせん（卒先）→率先～率先垂範
そっちょく（卒直）→率直
そっとう（率倒）→卒倒
そで　袖～袖口、袖ぐり、袖丈、袖付け、袖にする、袖の下、留め袖、長袖、半袖、舞台の袖、振り袖
そと　外～外掛け、外構え、外づら、外回り、外周り
そとうば・そとば　慣卒塔婆
そとぼり（外濠）→外堀
そなえる

＝供える〈提供、供進〉～お供え、お神酒を供える、供え物、霊前に花を供える
＝備える〈準備、具備〉～各部屋に消火器を備える、備えあれば憂い（え）なし、備え付け品、台風に備える、防犯カメラを備えた施設、老後に備える

そなわる（具わる）→備わる～気品が備わる、身に備わる人徳

そねむ（嫉む、妬む、猜む）→そねむ

その（苑）→園

その（其の）→その～その後、その上、そのうち、その代わり、そのくせ、その他＝そのた、そのほか＝、その辺、そのまま、その実、そのもの

そのころ　その頃・そのころ
注　平仮名書きを活用。「その頃彼は…」のように頃の後に漢字が続く場合は、平仮名書きにするか「その頃、彼は…」と読点を打つ。

そば（傍、側）→そば～言うそばから、そばづえを食う〈とばっちりを食う〉

そば（蕎麦）→ソバ〈植物〉・そば〈食品〉～ざるそば、そば打ち、そばがき、そば殻、そば粉、焼きそば

そばかす（雀斑）→そばかす

そばだてる（欹てる、側立てる）→そばだてる～耳をそばだてて聴く

そびょう
＝素描〈すがき、デッサン〉
＝粗描〈あらましの描写〉

そぶり（素振り）→そぶり～知らないそぶり、そぶりも見せない
注　バットなどの「素振り＝すぶり」は漢字書き。

そほう（疎放）→粗放～粗放農業

そほうか　素封家

そぼく（素樸）→素朴

そまる・そめる　染まる・染める～意に染む、染め上げる、染め変え、染め返し、染め粉、染め付け、染め物、染め模様、㊔**染物業・店・屋**

そむく　背く～（顔・目を）背ける

・・ぞめ
＝染め〈一般用語〉～藍染め、墨染め、ろうけつ染め
＝㊔**染**〈工芸品〉～**型絵染、京染、草木染、友禅染**

そめい（疏明）→疎明〈言い訳、弁明〉

そめる　初める～明け初める、書き初め、出初め式、見初める

そら（虚）→空～上の空、空恐ろしい、空覚え、空言〈虚言〉、空事〈つくり事〉、空々しい、空とぼけ、空涙、空似、空音、空念仏〈「からねんぶつ」とも〉、空耳、空夢、空喜び
注「そらで言う」は平仮名書き。

そらす
＝反らす〈弓なり〉～身を反らす、胸

を反らす
＝〈逸らす〉→そらす〈逃す、他の方へ向ける〉～質問をそらす、話をそらす、目をそらす

そらまめ（＊蚕豆）→ソラマメ・空豆〈植物〉

そらんじる（諳んじる、空んじる）→そらんじる

そりゃく（疎略）→粗略～粗略な扱い

そりん　疎林

そる　反る～反っくり返る、反りが合わない、反り橋、反り身、のけ反る、踏ん反り返る

そる（剃る）→そる～ひげそり

そろう（粗漏）→疎漏

そろう・そろえる（揃う）→そろう・そろえる～粒がそろう、そろい踏み

そろばん（＊算盤）→そろばん（ずく）

ぞんがい　存外

そんきょ（蹲踞）→そんきょ（の姿勢）〈相撲〉―うずくまる

ぞんじ（存知）→存じ～ご存じの通り、存じ上げる、存じません

そんしょく　遜色―見劣り、引け目

そんぞく（尊族）→尊属

そんたく（忖度）→忖度（そんたく）―推量、推測、推察

ぞんぶん　存分

そんもう　損耗～損耗が激しい、タイヤの損耗

【た】

た　手～手折る、手繰る、手綱、手向ける

だ　駄～駄菓子、駄作、駄じゃれ、駄賃、駄馬、無駄

たい
＝体〈身、形、様子、本質、大本〉～遺体、一体、解体、合体、具体的、自体、実体、死に体、弱体、重体、正体、政体、生体、体位、体現、体質、体制、体勢、体得、体面、体をかわす、肉体、媒体、変体、本体、容体＝ようだい＝、裸体
＝態〈構え、様子〉～悪態、奇態、擬態、旧態依然、狂態、形態、姿態、事態、失態、実態、醜態、状態、常態、酔態、生態、態勢、態度、変態、本態

たい（鯛）→タイ〈動物〉～たい焼き

だい
＝代〈歴史上の期間、年代・年齢の範囲、家督の順などを示す〉～昭和60年代、1800年代、徳川三代、8代将軍吉宗、40（歳）代
＝台〈数量の大体の範囲〉～1万円の大台、午後5時台、100キロ台

たいあんきちじつ　大安吉日〈「たいあんきちにち」「たいあんきつじつ」とも〉

だいいちにちめ〈第1日目〉→第1日、1日目
たいいんれき〈大陰暦〉→太陰暦
だいおんじょう　大音声
たいか〈滞荷〉→滞貨～滞貨の山
たいがい　大概・たいがい
たいがいじゅせい〈体外授精〉→体外受精
たいかない　大過ない～大過なく定年まで勤める
だいがわり
=代替わり〈君主、経営者、年代などが替わる〉～王様の代替わり、商店の代替わり、21世紀に代替わり
=台替わり〈主として経済用語。数字の単位が替わる〉～株価の大台替わり
だいかん　大寒〈「たいかん」とは読まない〉
たいかん　戴冠〈式〉
たいき〈待期〉→待機
たいぎ
=大義〈最高の道義〉～国家の大義、大義に殉じる、大義にもとる
=大儀〈骨が折れる、おっくう〉～朝起きるのが大儀だ、仕事が大儀になる
だいぎし〈代議士〉→衆院議員〈「代議士会」など固有名詞は別〉
たいぎめいぶん〈大義明文・名文〉→大義名分
たいきょくけん　太極拳
だいきん　代金～代金支払い、代金取り立て手形、㊟代金引換
たいく〈体軀〉→体、体つき、体格
たいくう
=対空〈空からの攻撃に対抗する〉～対空射撃・砲火、対空ミサイル
=滞空〈航空機などが飛び続ける〉～滞空記録、滞空時間
=耐空〈限定用語。長く飛行できる〉～耐空証明、耐空性改善命令
たいくつ〈怠屈〉→退屈
たいけい〈体型〉→㊕体形～肥満体形
たいけい〈隊型〉→隊形～戦闘隊形
たいけい
=大系〈シリーズ〉～文学大系
=体系〈系統的な組織、システム〉～給与体系、診療報酬体系、体系的な学説
たいこ〈大古〉→太古
たいこ〈大鼓〉→太鼓～太鼓結び
注「大鼓＝おおつづみ・おおかわ」は能・長唄に使う楽器で、鼓の大型のもの。機嫌取りの「たいこ持ち」は平仮名書き。
たいご〈隊伍〉→隊列、隊
たいこう
=対抗〈競い合う〉～対抗意識、対抗戦、対抗馬
=対向〈向き合う〉～対向車線
=対校〈学校同士の競争〉～対校試合
たいこうぼう〈大公望〉→太公望

だいこくばしら　大黒柱～一家の大黒柱

だいごみ（醍醐味）→醍醐味（だいごみ）―妙味、面白さ

だいこん　ダイコン・大根〈植物〉～大根下ろし、時無し大根

たいざんめいどう（泰山鳴動）→大山鳴動～大山鳴動してネズミ一匹

たいじ（対峙）→対峙（たいじ）―対抗、にらみ合い、相対する

だいしきょう・だいしゅきょう

＝大司教〈ローマ・カトリック教会〉

＝大主教〈聖公会・英国国教会・東方正教会〉

たいして　大して～大した

たいしゃ　代謝～新陳代謝

だいじゅしょう（大綬章）→㊕大綬章

たいしょう

＝対称〈釣り合っていること〉～左右対称、線・面対称、対称軸、対称図形、対称点、対称律

＝対象〈相手、目標〉～調査の対象、読者対象

＝対照〈比較、取り合わせ〉～AとBとを対照、対照的な存在

だいじょうぶ　大丈夫

たいしょうりょうほう　対症療法

注「対処療法」「対象療法」は誤り。

たいしょく（褪色）→退色―色あせる、あせた色

たいしょてき（対蹠的）→対照＝たいしょう＝的

たいしん（対震）→耐震～耐震建築

注「対震自動消火装置付きのストーブ」などは別。

だいじん　大尽～大尽遊び、大尽風

だいず　ダイズ・大豆〈植物〉～大豆油

たいせい

＝体制〈国家・社会・組織などの恒久的、長期的な仕組み・様式、組織立ったもの、秩序立ったもの、システム〉～救急医療体制、旧・新体制、教育体制、55年体制、資本主義体制、責任体制、戦時体制、体制側、独裁体制、幕藩体制、反体制、ベルサイユ体制、有事即応体制

＝態勢〈特定の物事に対応する一時的・臨時的・部分的な構え、単なる構え・状態、ありさま、ポーズ〉～受け入れ態勢、監視・警戒態勢、協調・支援態勢、厳戒態勢、出動態勢、準備態勢、初動態勢、スト態勢、選挙態勢、独走態勢、臨戦態勢

注「挙党体制・態勢」「警備体制・態勢」「体制・態勢づくり」「24時間体制・態勢」などは内容によって書き分ける。

＝体勢〈体の勢い、姿勢、フォーム〉～射撃体勢、体勢が崩れる〈運動など〉、体勢不利、飛行機が着陸体勢に入

る

たいせい 大勢〈おおよその形勢、成り行き〉～大勢に影響はない、大勢を決する

たいせい（頽△勢）→退勢～退勢を挽回する

たいせいよう（太▲西洋）→大西洋

たいせき 堆積～堆積岩、堆積作用

たいそう 大層〈副詞〉

だいそれた 大それた

だいたい 大体・だいたい

だいたい（大腿△）→大腿（だいたい）（骨・部）―太もも

だいだい（橙△）→ダイダイ〈植物〉～だいだい色

たいてい 大抵・たいてい～並大抵

たいと 泰斗―権威者～学界の泰斗

たいとう（擡△頭）→台頭～ファシズムの台頭

たいとう（駘△蕩△）→駘蕩（たいとう）―のどか、うららか～春風駘蕩（たいとう）

だいどうしょうい 大同小異

だいどうだんけつ 大同団結

だいなし 台無し

たいのう（怠△納）→滞納～税金の滞納

たいはい（頽△廃）→退廃

たいひ

＝退避〈一般用語〉～退避訓練、退避命令

＝待避〈鉄道・交通用語〉～待避所、待避線

たいひ 堆肥

たいふ 大夫～士大夫〈東宮大夫は「だいぶ」と読む〉

だいぶ・だいぶん（大分）→だいぶ・だいぶん

たいへい（泰平）→太平

注 相撲の軍配に記されているのは「天下泰平」。

たいへいよう（太▲平洋）→太平洋

たいへん 大変

たいぼうしき 戴帽式

たいまつ（＊松明）→たいまつ

たいまん（怠漫▲）→（職務）怠慢

たいよう（体様）→態様〈ありさま、かたち〉

たいよう 耐用～耐用年数

たいようしゅう（大洋州▲）→大洋州―オセアニア

たいら 平ら～平らか、平らげる

注 固有名詞の「日本平」「松本平」は別。

だいり 内裏〈宮中〉～内裏びな

たいりん 大輪〈「だいりん」とも〉～大輪の花

だいろっかん（第六勘）→第六感〈直感〉

だえき 唾液～唾液腺

たえず 絶えず〈副詞〉

たえる

＝耐える〈こらえる〉～運命・重み・

困苦欠乏・重圧に耐える、悲しみに耐えられない、耐え難い暑さ、耐え切れない苦痛、耐え忍ぶ〈忍耐〉、風雪に耐える、理不尽な批判に耐える

＝堪える〈値する、感情を抑えるなど〉～哀惜(の念)に堪えない、遺憾・驚き・感激・寒心・ざんき・憤慨・憂慮・喜びに堪えない、鑑賞に堪える、感に堪えない、聞く・見る・読むに堪えない、使用・保存に堪える、任に堪えない、批判に堪える学説、歴史の評価に堪える

たえる　絶える〈切れる〉～息が絶える、子孫が絶える、消息・通信・連絡が絶える、送金が絶える、絶え入る、絶え絶え、絶えて久しく、絶え間、望みが絶える、補給・水が絶える

だえん(楕△円)→楕円(だえん)―長円～楕円(だえん)形

たおす・たおれる　倒す・倒れる～看板倒れ、共倒れ

たおる　手折る～草花を手折る

たか(鷹△)→タカ〈動物〉～タカ狩り、鷹匠(たかじょう)、タカ派

たか

＝高〈数量、程度〉～高が知れる、高をくくる

＝多寡〈多少〉～金額の多寡にかかわらず

たか・・　高～高止まり、高鳴る、高値引け、高望み、高らか、高笑い

たがい　互い(に)～お互いさま、互い先＝せん〈囲碁〉、互い違い

たがう・たがえる(違•う)→たがう・たがえる～期待にたがわぬ、仲たがい

たかが(高が)→たかが〈せいぜい〉～たかが一度の失敗、たかが1匹

たかだか

＝高々〈ひときわ高く〉～高々と掲げる、高々とそびえる、鼻高々

＝たかだか〈副詞。せいぜい〉～たかだか500円

たかとび

＝高飛び〈逃走〉～犯人が高飛びする

＝高跳び〈陸上〉～走り高跳び、棒高跳び

たかねのはな(高嶺△の花)→高根の花

たかぶる(昂△ぶる)→高ぶる～おごり高ぶる、神経が高ぶる

たかまる・たかめる(昂△まる)→高まる・高める～士気が高まる

たかみのけんぶつ(高処•・高見▲の見物)→高みの見物

たから　宝～子宝、宝くじ、宝探し、宝船、宝物

だかん(兌△換)→兌換(だかん)―引き換え、交換～兌換(だかん)紙幣

たき　多岐～多岐にわたる

たき　滝～滝つぼ、滝登り

だき　唾棄―忌み嫌う、吐き捨てる、軽蔑、嫌悪～唾棄すべき行為
たきぎ　薪～薪能
たきび（焚き火）↓たき火
たく
＝炊く〈食べ物を煮る〉～炊き込みご飯、炊き出し、炊きたて、煮炊き
＝（焚く）↓たく〈火を燃やす〉～落ち葉たき、かまたき、護摩・火をたく、石炭・ストーブをたく、たきつけ、風呂をたく
＝（炷く、薫く）↓たく〈香をくゆらせる〉～香・線香をたく、たきしめる
だく　抱く～抱き合わせ（商法・販売）、抱き起こす、抱きかかえる、抱き込む、抱き締める、抱きすくめる、抱き付く、抱き留める、抱き寄せる
たくあん（沢庵）↓たくあん（漬け）
たぐい（比い）↓類い～類いまれな人物
たくさん（沢山）↓たくさん
たくす（托す）↓託す～伝言を託す
たくはつ（托鉢）↓托鉢（たくはつ）
たくましい（逞しい）↓たくましい～想像をたくましくする
たくみ　巧み～巧みな話術、悪巧み
たくみ（匠）↓匠（たくみ）―工匠、大工
たくむ（工む、巧む）↓たくむ～たくまざる、たくまずして
たくらむ（企む、謀む）↓たくらむ～謀反をたくらむ
たぐる　手繰る～記憶を手繰る、手繰り寄せる
たくわえる（貯える）↓蓄える～蓄え
たけ　岳～谷川岳
たけ　丈～思いの丈、首っ丈、袖丈、丈比べ、身の丈
たけ　タケ・竹〈植物〉～竹馬、竹筒、竹とんぼ、竹みつ、竹やぶ、竹やり
たけだけしい（猛々しい）↓たけだけしい
たけのこ（筍）↓タケノコ〈植物〉～雨後のたけのこ、たけのこ飯
たこ（凧、紙鳶）↓たこ～たこ揚げ
たこ（蛸、＊章魚、鮹）↓タコ〈動物〉・たこ〈料理、比喩〉～マダコ、酢だこ、たこ足配線、たこつぼ、たこ配当、たこ焼き、引っ張りだこ、ゆでだこ
たこ（胼胝）↓たこ～座りだこ、ペンだこ、耳にたこができる
たざんのいし　他山の石
注「他人の立派な言行を良い手本にする」意味で使うのは誤用。
だし（出し、出汁）↓だし～赤だし、だし汁、人をだしに使う
だし　慣山車
たしか　確か～確かだ、確かに、確かめる
たしせいせい　慣多士済々〈「たしさいさい」とも〉

たしなむ（嗜む）→たしなむ〜茶の湯をたしなむ、たしなみ、身だしなみ
だしもの（演し物）→出し物
だじゃれ（駄洒落）→駄じゃれ
たしょう（多小）→多少
たしょうのえん（多少の縁）→多生の縁〈「多生」は仏教用語で何度も生まれ変わること。「他生の縁」とも〉
だす
＝出す〈一般用語〉〜駆け出しの記者、滑り出し、説得に乗り出す、出し入れ、出し惜しみ、出し切る、出し投げ、出し抜け、作り出す・造り出す〈生み出す〉、照らし出す、話を切り出す、振り出し
＝だす〈「…し始める」の意味で使う補助動詞〉〜歩きだす、荒れだす、動きだす、降りだす、米を作りだしてから3年目、泣きだす、話しだす
たすける（救ける、援ける、扶ける）→助ける〜人を助ける、芸は身を助ける、助け合い、助け上げる、助け舟
たずさえる　携える〜携わる
たずねる
＝訪ねる〈おとずれる〉〜史跡・古都を訪ねる、訪ねて来る人もいない、知人を訪ねる
＝（訊ねる）→尋ねる〈問い求める〉〜お尋ね者、消息・名前を尋ねる、証人に尋ねる、尋ね当たらず、尋ね人、尋ね物、道を尋ねる、由来を尋ねる
たぜい　多勢〈「無勢＝ぶぜい」の対語〉〜多勢に無勢
だせい（堕勢）→惰性
たそがれ（黄昏）→たそがれ
だそく（駄足）→蛇足〜蛇足ながら
ただ（只、唯）→ただ〜ただ事、ただただ、ただならぬ、ただ乗り、ただ働き、ただ者
だだ　駄々〜駄々っ子、駄々をこねる
ただいま（只今、唯今）→ただ今〈あいさつ言葉の「ただいま」は平仮名書き〉
たたえる（讃える、賛える、称える）→たたえる〈褒める〉〜健闘・功績をたたえる、褒めたたえる
たたえる（湛える）→たたえる〈満たす〉〜笑み・涙・水をたたえる
たたかう
＝戦う〈一般用語。戦争・勝負・競技、競争相手と優劣を争う〉〜意見・議論を戦わせる、強豪校と互角に戦う、源平の戦い、言論の戦い、選挙で戦う、戦わずして勝つ、天下分け目の戦い、投手と打者の戦い
＝闘う〈闘争・格闘、利害・主張の対立で争う、困難などに打ち勝とうと努める〉〜基地返還の闘い、時間との闘い、自然との闘い、自分との闘い、首相指名の闘い、精神と肉体の闘い、

た

闘う組合、派閥の闘い、病魔との闘い、貧苦と闘う、暴漢と闘う、労使の闘い

注 迷うときは「戦」を使う。

たたく(叩く)↓たたく~大口をたたく、たたき上げ、たたき売り、たたき込む、たたき台、たたきのめす

ただし(但し)↓ただし~ただし書き

ただす

=正す〈誤りや悪いところを改める〉~誤り・威儀・襟・姿勢を正す、国政の本を正す〈根本を正しくする〉

=(質す)↓ただす〈質問する〉~疑問・真偽・問題点をただす、真意をただす

=(糾す、糺す)↓ただす〈罪の有無を調べる、取り調べる〉~疑惑をただす、罪をただす、本をただせば〈根本を調べる〉

たたずまい(佇まい)↓たたずまい~家のたたずまい

ただちに 直ちに~直ちに出発

ただなか ただ中~真っただ中

たたみ

=畳〈主に名詞〉~石畳、畳表、畳替え、畳敷き

=畳み〈動詞的用法〉~折り畳み傘、畳み掛ける、畳み込む

たたむ 畳む~テント・店を畳む

ただよう・ただよわす 漂う・漂わす~波に漂う、香りを漂わす

たたる(祟る)↓たたる~不摂生がたたる、弱り目にたたり目

ただれる(爛れる)↓ただれる

たち(*大刀)↓㊖太刀~助太刀、太刀さばき、太刀持ち

注 奈良時代までの直刀は「大刀(たち)」と書く。

たち(質)↓たち~たちが悪い、涙もろいたち

たち・・立ち~立ち居振る舞い、立ち入り(禁止)、立ち売り(人)、立ち往生、立ち泳ぎ、立ち返る、立ち消え、立ち聞き、立ち食い、立ち腐れ、立ちくらみ、立ち去る、立ちづめ、立ち止まる、立ち飲み、立ち話、立ち番、立ち回り(先)、立ち見(席)、立ち行く、立ち寄る、立ち技

・・**たち**(達)↓たち~君たち、子ども・子供たち、友人たち、私たち

注 熟字訓の「友達」だけ漢字表記。

たちあい

=立ち会い〈同席、列席〉~お立ち会い、開票の立ち会い、市場の立ち会い、立ち会い検査、立ち会い終了・停止、㊔**立会演説**、**立会時間**、**立会場**、**立会人**

注 経済関係複合語ルール参照。

=立ち合い〈互いに立つ、勝負する〉~剣道の立ち合い、相撲の立ち合い

た

たちうち（太刀討ち）→㊜太刀打ち

たちおくれ（立ち後れ）→立ち遅れ

たちき　立ち木〈「立木＝りゅうぼく＝登記・入札」などは別〉

たちこめる（立ち籠める）→立ち込める〜煙が立ち込める

たちどころに（立ち所に）→たちどころに

たちならぶ（建ち並ぶ）→（家・人が）立ち並ぶ

たちのく　㊜立ち退く〜立ち退き先、立ち退き料

たちば　立場

たちやく　㊜㊝**立役**〈歌舞伎〉

だちん　駄賃〜お駄賃をあげる

たつ　竜〜タツノオトシゴ・竜の落とし子〈動物〉

たつ

＝断つ〈打ち切る、分断する、遮る〉〜思いを断つ、快刀乱麻を断つ、絆を断つ、後続を断つ、国交・交わりを断つ〈断交〉、酒を断つ、雑念を断つ、食事を断つ〈断食の場合〉、退路・補給路・糧道を断つ、断ち難い思い、断ち切る、茶断ち塩断ち、通信回線を断つ、電源を断つ、（電気・熱の）伝導を断つ、反撃を断つ、筆を断つ〈断筆〉

＝絶つ〈途中で切れる、絶える、絶やす、やめる〉〜悪縁を絶つ、後を絶たない、跡を絶つ〈消息〉、命を絶つ〈絶命〉、禍根を絶つ、交際・交わりを絶つ〈絶交〉、消息を絶つ、食事を絶つ〈絶食の場合〉、足跡を絶つ、通信・連絡を絶つ、望み・夢が絶たれる

注　「関係を断つ・絶つ」「交際・交わりを断つ・絶つ」などは文脈によって使い分ける。

＝裁つ〈裁断〉〜裁ち板、裁ち方、裁ち台、裁ち縫い、裁ちばさみ、裁ち物、服地を裁つ

たつ（発つ）→たつ〈出発する〉〜朝5時にたつ、駅・空港をたつ

たつ（経つ）→たつ〈時間が過ぎる〉〜年月がたつ

たつ・たてる

＝（起つ）→立つ・立てる〈一般用語〉〜市・縁日が立つ、居ても立ってもいられない、うわさ・評判が立つ、演壇に立つ、丘に立つ家、音を立てる、思い立つ、顔を立てる、駆り立てる、危機・窮地・苦境に立つ、岐路に立つ、計画を立てる、煙・波・虹が立つ、志を立てる、使者に立つ、石碑が立つ公園、席を立つ、選挙に立つ、立て板に水、立て掛ける、立て看板、立て続けに、立て膝、立て札、連れ立って、手柄を立てる、煮え立つ、歯が立

たない、腹を立てる、筆・弁が立つ、見通しが立つ、身を立てる、民衆が立つ、役に立つ、優位に立つ、㊔**大立者**、**脚立**、**献立**、**出立**、**立行司**、**立呼び出し**
＝建つ・建てる〈主に建築する場合〉～新たに石碑が建つ公園、家が建つ、国を建てる〈建国〉、ビル・銅像を建てる、一戸建ての家、建て増し、別建て、㊔**建株**、**建玉**、**建場**、**建面積**

たっかん（達感▲）↓達観～人生を達観する

だっきゃく（脱脚▲）↓脱却～不振から脱却する

だっきゅう　脱臼

たっけん（達見）↓㊌卓見～卓見に富む

だっこくき（脱穀▲機）↓脱穀機

たっしゃ　達者～口が達者、達者に暮らす

たつせがない（立つ背▲がない）↓立つ瀬がない

たっちゅう（塔•頭、塔•中）↓塔頭（たっちゅう）―別坊、子院、脇寺

だっと（脱兎△）↓脱兎（だっと）～脱兎（だっと）のごとく逃げる

たっとい・たっとぶ　尊い・尊ぶ、貴い・貴ぶ
注「とうとい・とうとぶ」の古風な言い方。「とうとい・とうとぶ」の項参照。

たつどし（辰△年）↓たつ年・辰（たつ）年

たづな　手綱～手綱を締める

たつまき　㊔**竜巻**

たて（楯△）↓盾～後ろ盾、盾突く、盾に取る

たて（竪△、経•）↓縦～縦糸、縦書き、縦組み、縦じま、縦結び、縦割り（行政）

たて（＊殺•陣•）↓㊖殺陣（師）

たて（立て）↓タテ〈助数詞。連敗〉～3タテを食う〈なるべく「3連敗…」とする〉

・・**たて**（立て）↓たて〈接尾語。…したばかり〉～生まれたて、出来たて、ペンキ塗りたて、焼きたてのパン

だて（伊達△•）↓だて～だて男、だて眼鏡、だてに年を取ってはいない

・・**だて**
＝立て～お膳立て、義理立て、邪魔立て、2頭立て馬車、2本立て映画、二本立ての答申・法案
＝建て～一戸建て、円・ドル建て、2階建て、2本建て価格、別建て、両建て預金

たてあな
＝縦穴〈縦に掘った穴〉
＝（竪△穴）↓㊕竪穴〈遺跡の場合〉～竪穴式住居

たてあみ（立て網）↓㊔**建網**

たてうり　建て売り（価格・販売・マンション）～㊔**建売業者**・**住宅**・**別**

荘
たておやま 慣統省**立女形**
たてかえ
=立て替え〈金銭〉～食事代を立て替える、立て替え金
=建て替え〈改築〉～家を建て替える
たてがみ（鬣）→たてがみ～馬のたてがみ
たてぐ 省**建具**
たてこう（竪坑）→立て坑
たてごと（竪琴）→たて琴、ハープ
たてこむ（立て混む、建て込む）→立て込む～仕事が立て込む、店内は立て込んでいた
たてこもる（立て籠もる、立て込もる）→立てこもる
注「籠もる=こもる」は表内訓だが、読みやすさに配慮して平仮名書きに。
たてつぼ 省**建坪**〈なるべく「建面積」を使う〉
たてなおす
=立て直す〈一般用語〉～会社・経営・経済を立て直す、計画・作戦を立て直す、陣形・体勢を立て直す
=建て直す〈建築する場合〉～家を建て直す
たてね 省**建値**
たてまえ（立て前）→省**建前**～**本音と建前**
だてまき（伊達巻き）→だて巻き〈帯、食品〉
たてまつる 奉る
たてもの 省**建物**
たてや 省**建屋**〈設備・機器を格納〉～原子炉建屋
たてやくしゃ 省**立役者**
たてる（点てる）→たてる～お茶をたてる
たとい・たとえ（仮令、縦令、例い、例え）→たとい・たとえ（…しても）
たとえ・たとえる（譬、喩）→例え・例える～例え話
たとえば 例えば
たどる（辿る）→たどる～記憶をたどる、たどり着く
たな 棚～大陸棚、棚上げ、棚ざらえ、棚引く・たなびく、棚ぼた
たなおろし（店卸し）→棚卸し～棚卸し資産
たなこ（店子）→店子（たなこ）―借家人
たなごころ（掌）→たなごころ～たなごころを返す
たなざらし（店晒し、店曝し、棚晒し）→たなざらし
たなばた 慣七夕～七夕祭り
たにあい（*谷間、谷合い）→谷あい
たにまち（谷町）→タニマチ―ひいき筋
たにんず・たにんずう 多人数〈「少人数」の対語〉

た

たぬき（狸）→タヌキ〈動物〉～たぬきうどん・汁、たぬき寝入り、古だぬき

たね 種～落とし種、変わり種、子種、種明かし、種芋、種馬、種切れ、種付け、種取り、種火、種本、菜種、パン種、一粒種

注「新聞ダネ」「特ダネ」「ひまダネ」などは片仮名書き。

たねまき（種蒔き）→種まき

たのしい（愉しい）→楽しい～楽しむ

たのむ 頼む～数・力を頼む、頼みの綱

たのもしい（頼母しい）→頼もしい

たば 束～束になって掛かる、束ねる

たばこ（*煙草、莨）→タバコ〈植物〉・たばこ〈製品〉～紙巻きたばこ、刻みたばこ、葉タバコ

たはた（田畠）→田畑

たび 旅～旅がらす、旅路、旅支度、旅する、旅立ち、旅疲れ、旅回り

たび（度）→たび～会うたびに、幾たびも、このたびは、…するたびに、たびごとに、…のたびに、三たび

注「度＝たび」は表内訓だが、なるべく平仮名書き。ただし、「度重なる」は漢字書き。

たび ㊄足袋

だび（荼毘）→荼毘（だび）―火葬～荼毘（だび）に付す

注 仏教用語。キリスト教などには使わない。

たびかさなる 度重なる～度重なる失敗

たびたび（度々）→たびたび

たぶらかす（誑かす）→たぶらかす

ダブる ダブる〈「ダブル」を動詞化した語〉～ダブって見える、ダブりを発見、日程がダブる

たぶん 多分～多分に

たべる 食べる～食べ歩き、食べかけ、食べ頃、食べ盛り、食べ過ぎ、食べ残し、食べ物

だほ（拿捕）→拿捕（だほ）―捕獲

たま

＝（珠）→玉〈一般用語〉～替え玉、隠し玉〈一般用語〉、くす玉、こんにゃく玉、シャボン玉、掌中の玉、善玉悪玉、玉入れ〈運動会〉、玉飾り、玉串、玉転がし、玉砂利、玉すだれ、玉突き（衝突）、玉手箱、玉にきず、玉の汗、玉のこしに乗る、玉乗り、玉を磨く、火の玉、目の玉

＝球〈球形、球体、主として球技に〉～隠し球〈野球用語〉、決め球、くせ球、球足が速い、球遊び、球投げ、電灯の球、ピンポン球、棒球

＝弾〈弾丸〉～大砲の弾、弾よけ、流れ弾、ピストルの弾

たま（魂）→霊～言霊、霊送り、霊祭り、霊迎え、霊屋、み霊

たまう（給う、賜う）→たまう～お言葉をたまう、…してくれたまえ
たまご（玉子）→卵～卵酒、卵とじ、卵焼き
注「玉子丼」など料理名では「玉子」も。
たましい　魂～負けじ魂
だます（騙す）→だます～子供だまし、だまかす、だまし討ち、だましだまし
たまに（偶に）→たまに～たまに行く、たまさか、たまの休み、時たま
たまねぎ（玉葱）→タマネギ・玉ネギ〈植物〉
たまむし　タマムシ・玉虫〈動物〉～玉虫色、玉虫織り
たまもの（賜、賜物）→たまもの～ご厚情のたまもの、努力のたまもの
たまらない（堪らない）→たまらない～寒くてたまらない
たまり（溜まり）→たまり～たまり場、日だまり、吹きだまり、水たまり
たまる（貯まる、溜まる）→たまる～金がたまる、仕事がたまる、疲労がたまる
たまわる　賜る～賜り物
だみごえ（＊濁声）→だみ声
たむける　手向ける～手向けの花
たむろする（屯する）→たむろする
ため（為）→ため～おためごかし、ためにする、念のため、…のため
だめ　駄目～駄目押し、ダメ押し（点〈スポーツなど〉、駄目になる、駄目を押す、駄目を出す
ためいき（溜め息）→ため息～ため息交じり、ため息をつく
ためいけ（溜め池）→ため池
ためし
＝（例）→ためし〈先例〉～成功したためしがない
＝（験し）→試し〈こころみ〉～試しにやってみる、ものは試し
ためす（験す）→試す～腕試し、運試し、肝試し、試し切り〈包丁など〉・試し斬り〈刀〉、試し算、力試し
ためる（溜める、貯める）→ためる〈たくわえる〉～金をためる、買いだめ、食いだめ、ストレスをためる、ため込む、掃きだめ、目に涙をためる
ためる（撓める）→矯める〈曲げる、正す〉～矯めつすがめつ、矯め直す、角を矯めて牛を殺す
たもと（袂）→たもと～たもとを連ねる、たもとを分かつ
たやす　絶やす～子孫を絶やす、根絶やし
たやすい（容易い）→たやすい
たゆう（大夫）→慣太夫・大夫～義太夫、若太夫
たよう

=多様〈さまざまであること〉～多種多様、多様化、生物多様性条約
=多用〈多く用いる、多忙〉～外来語を多用する、ご多用中恐縮ですが
=他用〈他の使い道、他の用事〉～他用に供する、他用で外出中
たより　便り～風の便り、花便り
たよる　頼る～頼りがい、頼りにする
たらい（盥△）↓たらい～たらい回し
だらく（惰▲落）↓堕落～酒が元で堕落する、政治の堕落
たらす　垂らす～ロープを垂らす
たりきほんがん　他力本願〈阿弥陀仏の本願によって極楽往生を願うこと。「人頼み」「他人任せ」の意味では使わない〉
だりょく（堕力）↓惰力（で動く）
たりる・たる　足りる・足る～1時間足らず、舌足らず、足りない
たる（樽△）↓たる～たる詰め、たる酒
たるき（棰△）↓㊔垂木

だるま（達磨•）↓だるま～血・火・雪だるま
だれ　誰～誰言うとなく、誰彼（なしに）、誰それ、誰々
たれる　垂れる～水が垂れる、教訓を垂れる、垂れ込める、垂れ流し、垂れ幕、垂れ目、雨垂れ、前垂れ
注　調味用の汁は平仮名書きで「たれ」。「悪たれ」「甘ったれ」「しみったれ」なども平仮名書き。
たわいない（他愛•ない）↓たわいない〈「たあいない」とも〉
たわごと（＊戯言•）↓たわ言
たわむ（撓△む）↓たわむ～枝がたわむ、たわめる
たわむれる　戯れる
たわら　俵～米・炭俵、俵詰め、徳俵
たわわ（撓△わ）↓たわわ（に実る）
たんか（担荷）↓担架～担架で運ぶ
たんか（啖△呵△）↓たんか～たんかを切る

だんか（檀△家）↓檀家（だんか）
だんかい　団塊～団塊の世代
だんがい　弾劾～政府を弾劾する、弾劾裁判所
だんがい　断崖～断崖絶壁
たんがん（歎△願）↓嘆願～嘆願書
だんぎ
=談議〈話し合う、相談する〉～ゴルフ談議、政治談議、談議に花を咲かす
=談義〈主として仏教用語。道理を説く〉～談義僧、下手の長談義、法話談義
たんきゅう
=探求〈探し求める、探索〉～真実を探求、平和の探求
=探究〈たずねきわめる、研究〉～真理の探究、本質を探究、歴史を探究
たんけん（探嶮△）↓㊔探検～南極探検
だんこ（断乎△）↓断固～断固拒否する

だんご　団子・だんご〈比喩〉～花より団子、だんご鼻、だんごレース
たんこう
=炭坑〈石炭を掘る穴〉～炭坑に入る、炭坑節〈歌名〉
=(炭礦)→炭鉱〈石炭の出る山〉～炭鉱の町、炭鉱労働者、三池炭鉱
=探鉱〈鉱床・石油・石炭層を探る〉～地質学的探鉱
だんこう
=断行〈思い切って行う〉～改革を断行する、熟慮断行
=断交〈主に国家間の交流を断つ〉～経済断交、隣国と断交する
だんごう　談合～談合ずく、入札談合
たんごのせっく　端午の節句
だんこん　弾痕～壁の弾痕
たんざ　単座〈1人乗り〉～単座戦闘機
たんざ(端坐)→端座―正座
たんざく　短冊

たんさんガス(炭酸ガス)→二酸化炭素
だんじき　断食～断食療法
だんじて　断じて
たんしゅう(反収)→10アール当たり収量
たんしょ(端初)→端緒〈「たんちょ」とも〉～問題解決の端緒
たんしょう(嘆称、歎賞)→嘆賞
だんじり(檀尻、地車、*山車)→だんじり
たんす(箪笥)→たんす～たんす預金
たんせい(丹誠)→㊕丹精(を込める)
たんせい(端整)→端正
たんそ(炭疽)→炭疽(たんそ)～炭疽(たんそ)菌・病
たんだ
=短打〈バットを短く持って小さく振り、確実に打っていく〉～短打に徹する、長短打
=単打〈シングルヒット〉～単打で出塁
たんたん
=淡々〈あっさり〉～淡々とした味わい・態度、淡々と心境を語る
=(坦々)→たんたん〈平らか、無事、平穏〉～たんたんと続く道、日々をたんたんと生きる
=(湛々)→たんたん〈水などがいっぱい〉～たんたんと水をたたえた湖
=(眈々)→たんたん〈じっと狙う〉～虎視眈々(たんたん)、たんたんとチャンスを待つ
だんだん
=段々〈段のあるさま、事柄の一つ一つ〉～段々畑、失礼の段々
=(段々)→だんだん(と・に)〈副詞。次第に〉～だんだん明るくなる
たんちょ　端緒〈本来の読みは「たんしょ」〉
たんちょう(丹頂)→タンチョウ〈動物。「タンチョウヅル」とも〉
たんてき(単的、短的)→端的～端的な表現、端的に言えば

たんでき（耽溺）→溺れる、ふける、夢中になる
たんとうちょくにゅう（短刀直入）→単刀直入
たんどく（耽読）→読みふける
だんな　旦那～旦那衆、若旦那
注　文脈により平仮名書きも。
たんのう（胆嚢）→胆のう～胆のう炎
たんのう　堪能～語学に堪能、芝居・料理を堪能
注　常用漢字表にある「堪」の音読みは「かん」だが、同表備考欄に「堪能」は「たんのう」とも読まれると注記。練達・上手を意味する「堪能」の本来の読みは「かんのう」だが、一般的には「たんのう」。
たんぱく（淡白）→㊕淡泊
たんぱくしつ（蛋白質）→たんぱく質
注　学術用語は「タンパク質」。
たんぺいきゅう（単兵急）→短兵急～短兵急な要求
たんぺん（短篇）→短編～短編小説
たんぼ（田圃）→田んぼ―田
だんボール　段ボール（箱）〈「ダンボール」とはしない〉
だんまつま　断末魔～断末魔の叫び
だんまり（黙り）→だんまり（戦術）
たんもの（段物）→反物
だんらん（団欒）→だんらん～一家だんらん
たんれい　端麗～容姿端麗
たんれい　淡麗〈酒の口当たり〉～淡麗辛口
たんれん（鍛練、鍛煉）→㊕鍛錬
だんろ（煖炉）→暖炉

【ち】

ち（智）→知～英知、機知、理知
ち　血～生き血、返り血、血合い、血煙、血潮、血染め、血続き、血止め、血の気、血の巡り、血のり、血走る、血祭り、血眼、血まみれ、血迷う、血道（を上げる）、血みどろ
ち　乳～乳兄弟、乳首、乳離れ、乳飲み子、乳房
ちいさい　小さい～小さな、小さめ
ちえ（智恵、智慧）→知恵～知恵を絞る
ちかい　近い～駅に近い、近く、近回り、近めに、近寄る
ちかう（盟う）→誓う～神前で誓う、誓い、誓って
ちがう・ちがえる　違う・違える～段違い（平行棒）、違い棚
ちかく
＝地核〈地球の中心〉
＝地殻〈地球の外皮〉～地殻変動
ちかしい（親しい）→近しい～近しい間柄
ちかぢか　近々〈「きんきん」とも〉

ちかづく（近付く）→近づく
ちから　力～力いっぱい、力比べ、力添え、力試し、力任せ、力負け、力持ち、力業・力技、力を付ける
ちからずく　力ずく〈力任せ、強引〉～力ずくで奪う
ちからづく　力付く〈元気になる、力を得る〉～励ましに力付く、力付ける
ちぎる　契る〈約束する〉～契り
ちぎる（千切る）→ちぎる～パンをちぎる、ちぎれちぎれ
ちぎれぐも　千切れ雲
ちくいち（逐一）→逐一～事の逐一、逐一報告する
ちぐう（知偶）→知遇～知遇を得る
ちくさん（蓄産）→畜産～畜産農家
ちくじ（遂次）→逐次
ちくせき（畜積）→蓄積
ちくのうしょう（蓄膿症）→蓄膿（ちくのう）症

ちくよう（畜養）→蓄養～蓄養マグロ
ちくわ（竹輪）→ちくわ～焼きちくわ
ちご（稚子）→㊜稚児～稚児行列
ちしき（智識）→知識～知識をひけらかす
ちしつ（知悉）→精通、熟知
ちしゃ（智者）→知者～知者は惑わず
ちじょく　恥辱
ちせいがく（地勢学）→地政学
ちせき（治跡）→治績〈政治上の功績〉～治績をたたえる
ちたい　遅滞～業務が遅滞する
ちぢこまる　縮こまる～縮かむ
ちぢに　千々に～心が千々に乱れる
ちぢみ
＝縮み〈一般用語〉～生地の縮み、伸び縮み
＝㊔**縮**〈地名などを冠した工芸品〉～**阿波縮**、**小千谷縮**
ちぢむ　縮む～縮まる、縮み上がる、縮み織り、縮める

ちぢれる　縮れる～縮らす、縮れ髪、縮れ毛
ちっきょ（蟄居）→蟄居（ちっきょ）―閉居、閉じこもる
ちどり（鵆）→チドリ・千鳥〈動物〉～千鳥足、千鳥格子
ちなまぐさい（血腥い）→血なまぐさい
ちなむ（因む）→ちなむ～ちなみに
ちのう（智能）→知能～知能指数、知能犯
ちばなれ　乳離れ
ちほう（痴呆）→認知症
注「痴呆症」は「認知症」の旧称であり、使わない。ただし、「早発性痴呆（ちほう）」など医学用語で例外的に使われることがある。
ちぼう（智謀）→知謀～知謀を巡らす
ちまた（巷）→ちまた～戦乱のちまた、ちまたの声

ちみつ　緻密－精密、綿密、細密
ちめいしょう　致命傷～致命傷を負う
ちゃ　茶～茶入れ、茶色（い）、茶請け、茶褐色、茶釜、茶巾（絞り・ずし）、茶こし、茶さじ、茶せん、茶断ち、茶漬け、茶筒、茶摘み（歌）、茶飲み話、茶番劇、茶瓶、茶坊主、茶わん（蒸し）
ちゃかす（茶化す）→ちゃかす
ちゃくし（嫡嗣）→嫡子
ちゃくちゃく　着々～着々と進む工事
ちゃくふく　着服～公金を着服する
ちゃちゃ（茶々）→ちゃちゃ～ちゃちゃを入れる
ちゃぶだい（卓袱台）→ちゃぶ台
ちゃめ（茶目）→ちゃめ～ちゃめっ気
ちゅうおし　中押し（勝ち）〈囲碁〉
ちゅうかい（註解）→注解
ちゅうがえり（中返り）→宙返り
ちゅうけい（仲継）→中継～スポーツの生中継

ちゅうこく（注告）→忠告
ちゅうしゃく（註釈）→注釈～注釈を加える
ちゅうしゅう
＝中秋〈陰暦8月15日〉
＝仲秋〈陰暦8月の異称。初秋と晩秋の間〉
～仲秋の候、仲秋の紅葉
ちゅうしゅうのめいげつ（中秋の明月、仲秋の名月）→㊎中秋の名月
ちゅうしょく（中食）→昼食〈「ちゅうじき」とも〉
注　市販の弁当や総菜を買って（家で）食べる食事は「中食＝なかしょく」。手作りの家庭料理を食べる「内食＝ないしょく」と外食の中間の位置付け。
ちゅうしん　衷心－真心、本心～衷心より感謝する
ちゅうせい
＝中正～中正な判断、中正を欠く
＝中性～中性洗剤、中性子、中性的な魅力
ちゅうせい
＝中世〈古代と近世の間〉～中世史、中世文学
＝中生〈古生代と新生代の間〉～中生層、中生代
ちゅうぜい　中背～中肉中背
ちゅうせき　沖積～沖積世、沖積層、沖積平野
ちゅうせん（抽籤）→抽選－くじ引き
注　宝くじは「抽せん」。
ちゅうたい（紐帯）→つながり、連帯
ちゅうちょ（躊躇）→ちゅうちょ－ためらい
ちゅうづり（宙吊り、中吊り）→宙づり
〈電車などのつり広告は「中＝なか＝づり」〉
ちゅうハイ　酎ハイ
ちゅうぶう　中風〈「ちゅうぶ」「ちゅうふう」とも〉

ち

ちゅうぶらりん（宙ぶらりん）↓㊕中ぶらりん〈「ちゅうぶらり」とも〉

ちゅうぼう（厨房）↓厨房（ちゅうぼう）—台所、調理室・場

ちゅうみつ（稠密）↓密集

ちゅうもん（註文）↓注文

ちよ　千代～千代紙

ちょう（蝶）↓チョウ〈動物〉～ちょうネクタイ、ちょう結び、チョウよ花よと育てられ

ちょう・・　帳～帳合い〈簿記〉、帳消し、帳尻、帳面

・・ちょう　丁～一丁上がり、地獄の一丁目、豆腐1丁、二丁拳銃、四谷3丁目〈住所〉、四谷三丁目〈駅名〉

ちょうあい（寵愛）↓かわいがる、お気に入り、目をかける

ちょうい
＝弔意〈哀悼の意〉～弔意を表す
＝弔慰〈死者を弔い遺族を慰める〉～弔慰金

ちょうか　釣果

ちょうかん（鳥瞰）↓鳥瞰（ちょうかん）—見下ろす～鳥瞰（ちょうかん）図

ちょうこう（徴候）↓㊕兆候

ちょうこうぜつ（長講舌、長口説）↓長広舌〈「広長舌」とも〉

ちょうこく　超克～苦悩を超克する

ちょうじ　弔辞〈国会関係は「弔詞＝ちょうし」〉

ちょうじ（寵児）↓人気者、花形

ちょうじ（丁字）↓丁子〈植物、香辛料〉—クローブ

ちょうしゅう
＝徴収〈取り立てる〉～会費を徴収、源泉徴収、税金を徴収
＝徴集〈呼び集める〉～人員を徴集

ちょうしょう　嘲笑—冷笑、あざ笑う、あざけり～嘲笑を買う

ちょうじり　帳尻～帳尻を合わせる

ちょうず（手水）↓ちょうず（鉢）—手洗い

ちょうせい
＝調整〈調子や過不足などを整える〉～意見・日程を調整、エンジンを調整、景気の調整局面、調整池、年末調整
＝調製〈注文・好みに応じて作る〉～薬を調製、調製豆乳、調製品、土産品を調製、名簿・目録を調製

注　主に工業製品関係の「調整品」と、主に食品関係の「調製品」の使い分けに注意。

ちょうだ　長蛇～長蛇の列

ちょうだい
＝頂戴〈もらう・食べる・飲むの謙譲語〉～贈り物を頂戴する、お叱りを頂戴する
＝ちょうだい〈要求、促す〉～…してちょうだい、おやつをちょうだい

ちょうちょうはっし（打々発止）↓丁々発止

ちょうちん（提灯）↓ちょうちん～小田原ぢょうちん、盆ぢょうちん

ちょうつがい（蝶番）↓ちょうつがい

ちょうづめ　腸詰め

ちょうてい　調停～調停案、調停委員

ちょうでんどう

＝超伝導〈学術用語。主に基礎研究分野〉

＝超電導〈JISなど〉

注 学術用語は「超伝導」だが、JISの用語は「超電導」。リニアモーターカーなど実用化の分野でも「超電導」が使われている。

ちょうど（丁度）↓ちょうど

ちょうどきゅう（超弩級）↓超ど級－超大型～超ど級の台風

注 英国戦艦「ドレッドノート」が戦艦建造競争の目標となったことから。「弩」は「ド」の当て字。

ちょうな（手斧）↓ちょうな－手おの

ちょうはつ

＝挑発〈刺激し、そそのかす〉～挑発に乗る

＝徴発〈強制的に取り立てる〉～軍隊が食糧を徴発する

ちょうふ　貼付

注「てんぷ」は慣用読み。「貼り付ける」など分かりやすい表現も活用する。

ちょうふく（重複）↓重複〈「じゅうふく」とも〉

ちょうへん（長篇）↓長編

ちょうほう

＝重宝〈貴重な宝、役に立つ〉～お家の重宝〈「じゅうほう」とも〉、重宝な男

＝調法〈限定用語〉～口が不調法

ちょうほう（諜報）↓諜報（ちょうほう）－情報（機関）、機密・秘密情報～諜報（ちょうほう）部員

ちょうぼう　眺望

ちょうもんかい（聴問会）↓聴聞会

ちょうらく（凋落）↓衰退、衰微、没落、落ち目

ちょうりょう（跳梁）↓横行、はびこる、のさばる

ちょうろう（嘲弄）↓嘲弄（ちょうろう）－ばかにする、あざける、からかう

ちょくじょうけいこう（直情経行）↓直情径行

ちょくせつ

＝直接〈間接の対語、じかに〉

＝（直截）↓きっぱり、率直、即断～直截（ちょくせつ）簡明〈「ちょくさい」は慣用読み〉

ちょこ（猪口）↓ちょこ

ちょすいち（貯水地）↓貯水池

ちょっかん

＝直感〈瞬間的に感じ取る〉～怪しいと直感、危険を直感、直感が的中

＝直観〈直接的に本質をとらえる〉～直観教育、直観主義

ちょっけい（直経）→直径

ちょっこう

＝直行〈一般用語〉～現場に直行、（トラック・飛行機の）直行便、直行列車

＝直航〈海運用語〉～直航船、（船の）直航便

ちょっと（＊一寸）→ちょっと

ちょとつもうしん（猪突猛進）→猪突（ちょとつ）猛進―無鉄砲、向こう見ず

ちらす 散らす～散らかす、チラシ・ちらし（広告）、ちらしずし、散らばる

ちり（塵）→ちり～ちり紙、ちり取り

ちりぢり 散り散り・ちりぢり

ちりばめる（鏤める、散りばめる）→ちりばめる～宝石をちりばめる

ちりめん（縮緬）→ちりめん

ちる 散る～散り際

ちん・・ 賃～賃上げ、賃貸し、賃借り、賃金、賃貸住宅

ちんうつ（沈鬱）→沈鬱（ちんうつ）―沈痛

ちんじ（椿事）→珍事～近来にない珍事

ちんじゅ 鎮守～鎮守の森

ちんせい

＝沈静〈自然に落ち着く〉～インフレが沈静化、景気が沈静する、沈静した空気、値上げムードが沈静、噴火が沈静

＝鎮静〈人為的におさめる〉～インフレ心理を鎮静させる、景気鎮静策、鎮静剤、反乱を鎮静する

ちんでん（沈澱）→沈殿

ちんとう（枕頭）→枕頭（ちんとう）―枕元、枕上

ちんにゅう（闖入）→乱入、侵入、入り込む

ちんぷんかんぷん（珍紛漢紛）→ちんぷんかんぷん

【つ】

つい（終）→つい～ついの住み家、ついの別れ

ついえる

＝費える〈無駄に使われてなくなる〉～貴重な時間が費える、浪費で財産が費える

＝（潰える）→ついえる〈つぶれる、駄目になる〉～計画・夢・野望がついえる

ついかんばん 椎間板（ヘルニア）

ついきゅう

＝追及〈追い詰める〉～疑惑を追及、市政の腐敗を追及、責任を追及、追及の手が伸びる、犯人・余罪を追

及
＝追求〈追い求める〉～快適さを追求、幸福を追求、目的を追求、利潤の追求、理想を追求
＝（追窮）→追究〈追い究める〉～原因を追究、真理を追究、本質を追究

ついじゅう　追従〈そのまま従う〉～上司の意見に追従する

ついしょう　追従〈へつらう〉～（お）追従を言う、追従笑い

ついしん　追伸

ついたち（朔、朔日）→㊖一日・1日

ついたて（衝立）→ついたて

ついで
＝次いで〈続いて、次に〉～昨年に次いで今年も、社長に次いであいさつ
＝（序）→ついで〈折、機会〉～買い物ついで、ついでに用を済ます、骨折りついで

ついては（就いては）→ついては

ついに（終に、遂に、竟に）→ついに

ついやす　費やす

つうちょう（通牒）→通達、通告

つうば　痛罵－ののしる、非難する

つうよう（痛痒）→苦痛、痛み

つえ（杖）→つえ～松葉づえ

つかい・つかう
＝使い・使う〈一般用語。主として動詞形〉～頭を使う、色使い〈絵の具など〉、上目を使う、お使いに行く、仮名を使う、気・神経を使う、剣術使い、現地の言葉を使う、こき使う、子供の使い、小間使い、声色を使う、大金を使う、体力を使う、使い方、使い勝手、使い切れない、使い込み、使い捨て、使い手、使いでがある、使いに出す、使い走り、使い古し、使い道、使い物にならない、使い分け、道具を使う、道路建設に使う予算、二枚舌を使う、人形を使う〈文楽では「人形を遣う」〉、忍術使い、人使いが荒い、魔法使い、猛獣使い、湯を使う
＝遣い・遣う〈限定用語。主として名詞形〉～息遣い、上目遣い、お遣い物、仮名遣い、金遣い、気遣い、気遣う、心遣い、小遣い銭、言葉遣い、声遣い＝こわづかい＝、手品遣い、人形遣い〈文楽〉、筆遣い、蛇遣い、無駄遣い、文字遣い、指遣い、両刀遣い

注「…をつかう」は「使」、「…づかい」は「遣」。動詞形で「遣」を使うのは「気遣う」だけ。ただし、「気をつかう」は「使」。「剣術使い」「忍術使い」「魔法使い」「猛獣使い」「人使い」などは慣用で「使」。

つがい（番）→つがい

つかえる　仕える〈奉仕する〉～主君に仕える、神仏に仕える、組織に仕え

る

つかえる（支•える、閊△える）↓つかえる〈先へ進めなくなる〉～演説がつかえる、車がつかえる、喉につかえる

注「差し支える」は慣用で漢字書き。

つかさどる（司る、掌•る）↓つかさどる

つかす 尽かす～愛想を尽かす

つかのま（束の間•）↓つかの間

つかまる・つかまえる

＝捕まる・捕まえる〈取り押さえられる、とらえる〉～警官に捕まる、泥棒・虫を捕まえる、容疑者が捕まる

＝（摑△）↓つかまる・つかまえる〈しっかり持つ、握って離さない〉～機会をつかまえる、タクシーをつかまえる、手すりにつかまる

つかむ（摑△む）↓つかむ～つかみどころがない、つかみ取り、手づかみ

つかる（浸•かる）↓漬かる～家が水に漬かる、風呂に漬かる

つかれる 疲れる～気疲れ、疲れ目

つかれる（憑△かれる）↓つかれる〈霊魂などに乗り移られる〉～キツネ・ものにつかれる、取りつかれる

つかわす 遣わす〈行かせる、与える〉～使者を遣わす、許して遣わす

つき・・ 月～月明かり、月影、月掛け（貯金）、月替わり、月足らず、月々、月並み、月初め、月払い、月見、月割り

・・つき

＝付き〈一般用語〉～期限・条件付き、懸賞付き、座付き、役付き、(省)**利付債**

＝(省)**付**〈職分〉～**支店長付**、**社長付**、**隊付**、**部付**

つぎ 次～次々に、次の通り、次の間、二の次

つきおくれ（月後れ）↓月遅れ（のお盆）

つぎき（継ぎ木）↓接ぎ木

つきぎめ（月極•め）↓月決め

つきそい 付き添い～付き添い看護、付き添う、(省)**付添人**

つきびと・つけびと 付き人〈芸能〉、付け人〈相撲〉

つきもの

＝付き物〈付属品〉

＝（憑△き物）↓つきもの〈もののけ〉

つきやま (慣)築山

つきる 尽きる～運の尽き、力尽きる

つく

＝（衝•く、撞△く）↓突く～鐘を突く、虚・急所・ミスを突く、底を突く、玉を突く、つえを突く、突き当たり、突き合わす、突き落とす、突き刺す、突き付ける、突き詰める、突き飛ばす、突き止める、突き抜ける、突き放す、突き指、突っかい棒、突っ掛かる、突っ掛け、突っ込み、突っぱねる、突っ張り、

つ

手・肘を突く、鼻を突く異臭、風雨を突いて、棒で突く
＝(吐く)→つく〜悪態・うそ・ため息をつく、一息つく
＝(舂く、搗く)→つく〜米をつく、七分づき、つき固める、餅をつく
＝(憑く)→つく〜悪霊がつく、キツネがつく

つく・つける

＝(附)→付く・付ける〈くっつく、接する、付加する、味方する、沿う、添える、定まる〉〜足が付く〈足取りが分かる〉、味を付ける、位置付ける、意味付ける、色を付ける〈心遣い〉、印象付ける、追い付く、顔に墨が付く、駆け付ける、片が付く、片付ける、片を付ける、技術・習慣・知識を身に付ける、傷を付ける、気付け薬、義務付ける、極め付き、気を付ける、景気付け、景気を付ける、焦げ付く、自信を付ける、条件・注文・文句を付ける、食事に手を付ける、力付く、力付ける、帳面に付ける、付きまとう、付け入る、付け替える、付け加える、付け足し、付け届け、付けにする、付け狙う、付け回す、付け目、付け焼き刃、定義付ける、手付かず、手付け、どっち付かず、名前を付ける、値段を付ける、寝付き、火を付ける、吹き付け、味方に付く、めどを付ける、目を付ける、役を付ける、油断に付け込む、寄せ付けない、利息が付く、㊔**奥付**、**気付**〈宛先〉、**手付金**、**番付**、**日付**
＝(付)→つく・つける〈平仮名書きが慣用となっているもの〉〜後をつける〈すぐ後ろをついて行く〉、跡をつける〈痕跡を追う〉、言い掛かりをつける、勢いづく、行きつけ、板につく、色気づく、色づく、生まれつき、縁づく、折り合いをつける、顔つき、嗅ぎつける、活気づく、傷つく、決まりをつける、けじめをつける、けちをつける、決着をつける、けりをつける、元気・勇気づける、差をつける、高くつく、近づく、調子づく、つきが回ってくる、つけ上がる、日記をつける、弾みがつく、はねつける、まごつく、見せつける、見つかる、見つける、目つき、病みつき、横綱に土がつく

注 経済用語は慣用で漢字書き。頭に「付き」「付け」がくるものはほとんど漢字書き。付着、固定の意味がはっきりしないものは平仮名書き。迷うときは平仮名書きにする。「・つき」「・づく」「・つけ・づけ」の項も参照。

＝着く・着ける〈身にまとう、到着する〉～行き着く、居着く、衣服・装身具を身に着ける、落ち着く先、帰り着く、汽車・飛行機が着く、交渉のテーブルに着く、シートベルトを着ける、仕事が手に着かない、仕事に手を着ける、食卓に着く、住み着く、席に着く、タイヤチェーンを着ける、タクシーを玄関に着ける、たどり着く、地に足が着かない、手紙が着く、東京に着く、流れ着く、粘り着く、バッジ・ワッペン・腕章を着ける、舟を岸に着ける、補聴器を着ける、まわしを着ける

＝就く・就ける〈身を置く、地位を占める、取りかかる、赴き従う、去るの対語〉～家路・帰途に就く、位置・スタートラインに就く、外野の守備に就く、小異を捨てて大同に就く、職に就く、知事の座に就く、緒に就く、任に就く、眠りに就く、配置・持ち場に就く、兵役に就く、補佐役に就ける、病の床に就く

＝（点）→つく・つける〈点灯〉～明かりをつける、ネオン・電灯がつく

＝（即）→つく・つける〈即位〉～皇位につく

つぐ

＝次ぐ〈順次〉～相次ぐ事件、取り次ぐ、富士に次ぐ山

＝接ぐ〈接続〉～木に竹を接ぐ、接ぎ木、接ぎ台、（話の）接ぎ穂、接ぎ目〈壁・タイル〉、骨接ぎ、割れ物を接ぎ合わせる

＝継ぐ〈継続〉～後継ぎ〈後継者〉、跡継ぎ〈家督・名跡〉、跡目を継ぐ、息を継ぐ、受け継ぐ、家業を継ぐ、語り継ぐ、継ぎ足す、継ぎ手、継ぎ歯、継ぎはぎ、継ぎ目〈管・レール〉、継ぎ物、継ぎを当てる、中継ぎ投手、二の句が継げない、二の矢を継ぐ、布を継ぐ、引き継ぐ、矢継ぎ早に、世継ぎ、夜を日に継いで

＝（注ぐ）→つぐ〈そそぎ込む〉～お茶・酒をつぐ、資金・投手をつぎ込む

・・づく（付く）→づく〈接尾語、その状態から離れられなくなる、とりこになる〉～勢いづく、英語づく、活気づく、元気づく、知恵づく、調子づく、勉強づく

・・づくし 尽くし～国尽くし、心尽くし、無い無い尽くし、花尽くし

つくす 尽くす～至れり尽くせり、立ち尽くす、力を尽くす、人に尽くす

つくだに（佃煮）→つくだ煮

つくづく（熟々）→つくづく

つぐなう 償う～償い

つくる

＝作る〈こしらえる。主として規模の小さ

いものに〉～生き作り・生け作り、一夜作り、糸作り、映画・紙面・新聞・ドラマを作る、カクテル・水割りを作る、形作る、規則・ルールを作る、着物を作る、記録を作る、計画・資料・政策・法案を作る、小作りの家具、米作り、詩歌を作る、実績・前例を作る、図を作る、田作り、作り声、作り事、作り付け、作り話、作り笑い、罪作り、手作り、人形を作る、文を作る、盆栽作り、マグロの刺し身を作る〈刺し身は「(お)造り」とも〉、役作り、料理を作る、若作り

＝造る〈造成、醸造、営む。主として規模の大きいものに〉～家を造る、石造り、入り母屋・合掌・切り妻・数寄屋造り、貨幣を造る、国造り、酒・しょうゆ・みそを造る、施設を造る、自動車を造る、新語を造る、森林を造る、宅地を造る、造り酒屋、庭園を造る、荷造り、船を造る、兵器を造る、寄せ木造り

＝創る〈創造、独創を強調する場合。限定用語〉～新しい文化を創る、画期的な商品を創り出す、神が宇宙を創る

＝つくる〈主として抽象語に〉～赤字をつくる、イメージづくり、裏金づくり、会員をつくる、会社・組合・組織・派閥をつくる、環境をつくる、機会・時間・暇をつくる、基金・財産をつくる、基礎・基盤をつくる、合意づくり、小づくりの人、子供・子どもをつくる、仕組み・システム・制度をつくる、条件づくり、人脈づくり、体制・態勢づくり、体力づくり、敵をつくる、党づくり、友達・仲間をつくる、逃げ道をつくる、人づくり、雰囲気をつくる、平和な世をつくる、ペースをつくる、町・街・まちづくり、歴史をつくる、列をつくる、枠組みづくり

注 使い分けに迷う場合は平仮名書きにする。

つくろう 繕う～言い繕う、繕い物、体裁を繕う、取り繕う、身繕い

・つけ・づけ

＝付け〈一般用語〉～味付け、当て付け、位置付け、意味付け、格付け、箇所付け、義務付け、心付け、立て付け、吹き付け、焼き付け

＝付〈日付〉～1日付の人事、5日付の新聞

・・づけ 漬け～アルコール漬け、一夜漬け、かす漬け、薬漬け〈診療〉、塩漬け、接待漬け、千枚漬け、茶漬け、ぬか漬け、白菜漬け、福神漬け、みそ漬け、わさび漬け、㊟**奈良漬**

つけもの ㊕**漬物**
つける（浸ける）↓漬ける～京菜を漬ける
つげる 告げる～お告げ、告げ口、風雲急を告げる
つごう 都合～都合が悪い、都合8人が出席
つじ（辻）↓つじ～つじ斬り、つじ説法
つじつま（辻褄）↓つじつま
つた（蔦）↓ツタ〈植物〉～つたかずら〈つる草の総称〉
つたう・つたえる・つたわる 伝う・伝える・伝わる～言い伝え、尾根伝い、川伝い、伝え聞く、手伝い
つたない 拙い～拙い文章
つち 土～土臭い、土気色、土煙、土つかず〈相撲〉、土踏まず
つち（槌、鎚）↓つち～相づち、金づち、木づち
つちかう 培う～友情を培う
つちくれ（＊土塊）↓土くれ
つつ 筒～茶筒、筒袖、筒抜け
つつうらうら 津々浦々〈「つづうらうら」とも〉～全国津々浦々
つつがない（恙無い）↓つつがない
つつがむし（恙虫）↓ツツガムシ〈動物〉～つつが虫病
つつく・つっつく（突く）↓つつく・つっつく
つづく・つづける 続く・続ける～金が続く、仕事を続ける、続き柄、続き具合、続き物、続けざま、手続き、㊕**続**〈記号の場合〉
つっけんどん（突っ慳貪）↓つっけんどん～つっけんどんな態度
つつしむ
=慎む〈抑制する〉～言葉・身を慎む、酒を慎む、慎み深い、慎みを欠く
=謹む〈恭しい〉～謹んで承る、謹んで祝意を表す、謹んで申し上げる
つつましい（慎ましい）↓つつましい〈控えめ〉～つつましやか
つづまる・つづめる（約まる・約める）↓つづまる・つづめる～つづまやか〈簡潔、質素〉
つづみ 鼓～舌鼓、腹鼓
つつむ 包む～紙包み、包み替え、包み金、包み紙、㊕**小包**
つづら（葛籠）↓つづら〈衣服などを入れる籠〉
つづらおり（葛折り、九十九折り）↓つづら折り～つづら折りの山道
つづる（綴る）↓つづる～つづり方、つづれ織り
つて（伝、伝手）↓つて～口づて、言づて、つてを頼る、人づて
つど 都度～その都度
つどい・つどう 集い・集う～青年の集い、一堂に集う
つとに（夙に）↓つとに〈早くから。前々か

ら〉～つとに知られる

つとめる（力める、勉める）→努める～解決・完成に努める、家業に努める、努めて早起きする、研究・練習に努める、サービスに努める

つとめる・つとまる

＝務める・務まる〈任務、受け持った仕事ができる〉～親としての務め、議長・代理を務める、高座・土俵・舞台を務める、主役を務める、大役が務まる、兵役を務める

＝勤める・勤まる〈勤労、うまく勤めることができる〉～朝のお勤め、会社・役所に勤める、会社員が勤まる、勤め口、勤め先、勤め人、定年まで勤め上げる、よくそれで勤まるものだ

注　歌舞伎などの古典芸能では、「○○（役名）を勤める」など「勤める」と書くのが慣例。

つな　綱～命・頼みの綱、綱とり〈相撲〉、綱引き、綱渡り

つながる・つなぐ・つなげる（繫）→つながる・つなぐ・つなげる～犬をつなぐ、顔つなぎ、獄につながれる、数珠つなぎ、つなぎ留める、手をつなぐ、望みをつなぐ

つなみ（津浪）→津波～津波警報

つね　常～常々、常日ごろ

つの　角～角隠し、角だる、角突き合い、角笛

つのる　募る～寄付を募る、募る思い、不安が募る

つば　唾～唾を付ける、天に唾する

注　「つばき」は平仮名書き。

つばき（椿）→ツバキ〈植物〉～つばき油

つばさ　翼～翼を広げる

つばぜりあい（鍔迫り合い）→つばぜり合い～つばぜり合いを演じる

つばめ（燕）→ツバメ〈動物〉～つばめ返し

つぶ　粒～粒ぞろい、粒々、粒より

つぶさに（具に、悉に、備に）→つぶさに～つぶさに報告する

つぶす・つぶれる（潰す・潰れる）→つぶす・つぶれる～計画がつぶれる、時間・暇をつぶす、面目をつぶす、つぶしが利く、目つぶし

注　表内訓だが、読みやすさに配慮して平仮名書きに。

つぶて（礫、飛礫）→つぶて～石つぶて、紙つぶて、なしのつぶて

つぶやく（呟く）→つぶやく

つぶら（円ら）→つぶら～つぶらな瞳

つぼ　坪～坪当たり、坪刈り、㊔建坪

つぼ（壺）→つぼ～思うつぼ、たこつぼ、つぼにはまる、つぼ焼き

つぼね（局）→つぼね

つま（褄）→つま〈着物の裾の端〉～つじつま、左づま

つま・・ 爪～爪音、爪先、爪はじき、爪弾く、爪ようじ
つましい（倹しい）↓つましい〈質素〉
つまずく（躓く）↓つまずく
つまびらか（詳らか、審らか）↓つまびらか～真相をつまびらかにする
つまむ（撮む、摘む、抓む）↓つまむ～菓子をつまむ、酒のつまみ、つまみ洗い、つまみ食い、つまみ出す
つまる 詰まる～行き詰まる、押し詰まる、金詰まり、気詰まり、寸詰まり、切羽詰まる、手詰まり、どん詰まり
つみ 罪～罪作り、罪滅ぼし
つみ・つむ 詰み・詰む～あと1手で詰む、即詰み
つみ・・ 積み～積み上げ、積み下ろし、積み替え、積み重ね、積み木、積み金、積み肥、積み込み、積み出し（港）、積み荷を降ろす、積み残し
つみたて 積み立て（開始・型・条件・方式・方法・完了・手続き・分譲）～結婚費用を積み立てる、（省）**積立額・期間・金・貯蓄・定期・保険・預金**
注 経済関係複合語ルール参照。
つむ 摘む～茶摘み、摘み草、摘み取る、摘み菜、芽を摘む
つむ 積む～金を積む、功徳を積む、練習を積む、下積み、ばら積み、山積み
つむぎ（紬）↓紬（つむぎ）・つむぎ～大島・結城紬（つむぎ）
つむぐ 紡ぐ～糸を紡ぐ、紡ぎ歌
つむじ（＊旋毛）↓つむじ～つむじ曲がり
つむじかぜ（＊旋風）↓つむじ風
つめ 爪～爪痕、爪切り（ばさみ）、爪磨き、生爪、深爪、爪に火をともす、爪のあかを煎じて飲む、爪を研ぐ
つめ・・ 詰め～詰め合わせ、詰め襟、詰め替え、詰め掛ける、詰め碁・将棋、詰め込み（教育）、詰め所、詰め手、詰め腹、詰め物、詰め寄る
・・づめ
＝詰め〈一般用語〉～缶詰め状態、規則詰め、ぎゅう詰め、食い詰め、すし詰め、箱詰め・瓶詰め〈作業〉、膝詰め談判、（橋の）南詰め、400字詰め、理詰め
＝（省）**詰**〈製品、勤務場所〉～**江戸詰、缶詰、国詰、箱詰、瓶詰、袋詰、本省・本店詰**
＝（詰）↓づめ〈同じ状態が続く〉～雨が降りづめ、歩きづめ、立ちづめ、乗りづめ、働きづめ
つめたい 冷たい～冷たい目で見る
つもり
＝（＊心算）↓積もり〈複合語〉～心積もり、腹積もり
＝つもり〈単独語〉～会うつもり、行

くつもり、勝つつもり、死んだつもりで頑張る

つもる 積もる～雪が積もる、積もる思い、積もり積もって

つや 艶～色艶、艶っぽい、艶めく、艶やか

注「つや消し」「つや出し」など光沢の意味に用いる場合は平仮名書きも。

つや 通夜～仮通夜

つゆ ＝露〈名詞〉～ツユクサ・露草〈植物〉、露霜、露の命、露払い

＝(露)→つゆ〈副詞〉～つゆ知らず、つゆほども

つゆ ㊟梅雨～空梅雨、梅雨明け、梅雨入り、菜種梅雨、走り梅雨

つよい 強い～強がる、強気、強腰、強含み、強み、強め

つよまる・つよめる 強まる・強める

つら 面～上っ面、しかめっ面、字面、面当て、面構え、面魂、面付き、面憎い、面の皮、面汚し、泣きっ面、野面、鼻面、仏頂面、横っ面

注「うちづら」「そとづら」は「内面＝ないめん」「外面＝がいめん」と区別するため、「内づら」「外づら」と書く。

つらい(辛い)→つらい～つらい仕事・仕打ち、聞きづらい、見づらい

つらなる・つらねる(列なる)→連なる・連ねる～末席に連なる、書き連ねる、名を連ねる、連なり

つらぬく 貫く～貫き通す

つらら(＊氷柱)→つらら

つり・つる

＝釣り・釣る〈針・かぎなどで引っ掛けて引き上げる、誘い込む〉～甘言・広告で釣る、魚を釣り上げる、釣り合い、釣り糸、釣り鐘、釣り具、釣り込まれる、釣りざお、釣り師、釣り銭、釣り場、釣り針、釣り人、釣り船・舟、釣り堀、㊕**釣具店**

＝(吊△る)→つり・つる〈ぶら下げる、引っ張る〉～首をつる、棚をつる、蚊帳のつり手、宙づり、つり革、つり下げる、つり出し〈相撲〉、つり球〈野球〉、つり橋、つり輪、天井からつる、中づり広告、相場・地価・物価をつり上げる、目をつり上げる

つる(攣△る)→つる～足がつる、顔が引きつる

つる

＝(絃△、鉉△)→弦〈ゆみづる〉～土瓶・鍋の弦、バイオリンの弦、弓弦

＝(蔓△)→つる〈植物の茎、手掛かり〉～芋づる、金づる、手づる、眼鏡のつる

つる ツル・鶴〈動物〉～マナヅル、折

り鶴、千羽鶴、鶴亀算、鶴の一声、
掃きだめに鶴
つるぎ　剣～もろ刃の剣
つるす（吊す）→つるす～風鈴をつるす、
つるし上げ、つるしの背広
つるはし（鶴嘴）→つるはし
つるべ（釣瓶）→つるべ～つるべ落とし
つれづれ（*徒然）→つれづれ
つれる　連れる～連れ合い、連れ込む、
連れ添う、連れ立つ、連れ弾き〈邦楽〉、
2人連れ
つわもの（*兵、*強者）→つわもの
つわり（*悪阻）→つわり
つんざく（劈く）→つんざく～耳をつん
ざく
つんぼ（聾）→耳の聞こえない人、耳の
不自由な人
注「つんぼ桟敷」などの成句も使わ
ず、他の表現を工夫する。

【て】

て・・手～手当たり次第、手厚い、
手編み、手荒い、手洗い（所）、手合
わせ、手痛い、手いっぱい、手入れ、
手負い、手押し車、手落ち、手踊り、
手織り、手書き、手柄、手切れ金、
手心、手先、手探り、手さばき、手
触り、手締め、手ずから、手付かず、
手づかみ、手つき、手付け、手続き、
手っ取り早い、手取り（金・額）、手
直し、手投げ弾、手並み、手習い、
手慣れる、手抜かり、手ぬるい、手
始め、手はず、手ぶら、手ほどき、
手彫り、手巻きずし、手間取る、手
まね、手招き、手回り品、手持ち（品）、
手盛り、手分け、手塩にかける、手
玉に取る
で　出～静岡の出、日の出、船出、水
の出が悪い
で・・出～出入り（口）、出掛ける、
出稼ぎ（労働者）、出がらし、出盛り、
出っ張り、出無精、出任せ、出迎え
・・で（出）→で〈接尾語。分量・かさ〉～
使いでがない、読みでがある
てあい
＝手合い〈連中、やつら〉～ろくな手合
いではない
＝㊔**手合**〈囲碁、将棋の対局〉～**挑戦手
合**
であい・であう
＝出合い・出合う〈一般用語〉～売り
買いの出合い、音楽・絵画・本と
の出合い、川の本流との出合い、
奇妙な文章に出合う、国道と県道
が出合う、事故に出合う、出合い
頭、山道でクマと出合う、㊔**出合
残高、出合相場**
＝出会い・出会う〈主に人と人との場合〉

～恩師との出会い、旧友と出会う、出会いと別れ

注 芸術作品や本、動物など、強い印象や思いを込めて「であい」を表現する場合は「出会い」も使う。

てあき（手明き）→手空き

てあて

＝手当て〈一般用語。治療、対策など〉～応急手当て、傷の手当て、資金の手当て、手当てを施す

＝㊔手当〈金銭〉～お手当、家族手当、残業手当、住宅手当、通勤手当、年末手当、繁忙手当、役職手当

てい（態）→体～苦戦・困惑・満足の体、世間体、体たらく、体のいい、風体、ほうほうの体

ていかん 諦観―達観、悟り、諦め

ていかん 定款～会社の定款

ていけい

＝定形〈一定の形〉～定形郵便物

＝定型〈決まった型〉～定型詩

ていげん

＝逓減〈だんだん減る、逓増の対語〉～遠距離逓減制、収穫逓減の法則

＝低減〈減る〉～価値が低減する

ていさい（態裁）→体裁～体裁を気にする

ていじ（呈示）→㊕提示～条件を提示する

ていじ 丁字〈漢字の「丁」〉～丁字形、丁字路

ていしゅつ（呈出）→提出～書類の提出

ていしょく（牴触、觝触）→抵触

ていしん（挺身）→挺身（ていしん）―捨て身～挺身（ていしん）隊

ていする

＝呈する〈差し出す、表す〉～活況を呈する、疑問・苦言を呈する

＝（挺）→ていする～身をていして阻止する

ていせい（帝制）→帝政～第一帝政

ていそくすう（定則数）→定足数

ていたい（低滞）→停滞～景気の停滞

ていだん（鼎談）→鼎談（ていだん）―（3人の）座談（会）・話し合い

ていちょう（鄭重）→丁重

ていとう（低当）→抵当（権・流れ）

ていねい（叮嚀）→丁寧～丁寧な仕事

でいねい（泥濘）→ぬかるみ

ていねん（停年）→定年～定年退職

ていねん 諦念―悟り、諦め

ていはく（碇泊）→停泊～港に停泊する

ていはつ（剃髪）→髪をそる、落髪、出家

ていへん（低辺）→底辺～社会の底辺

ていほん

＝定本〈原本に近い形として認めた本、決定版〉～定本伊勢物語、定本が完成

＝底本〈翻訳、校訂などのもとにする本〉～初版本を底本とする

ていよく（態よく）→体よく～体よく断る

ていりつ
＝定率〈一定の割合〉～関税定率、定率課税
＝定律〈定まっている法則、仮説に対する語〉～オームの定律、自然界の定律

ていりつ（鼎立）→鼎立（ていりつ）―3者並立・対立

てうち
＝手打ち〈手作り、和解〉～手打ちうどん・そば、手打ち式
＝手討ち〈手ずから斬る〉～お手討ち、手討ちにする

ておくれ（手後れ）→手遅れ

てがかり（手懸かり）→㊟手掛かり

てがたい（手固い）→手堅い～仕事ぶりが手堅い、手堅い手腕

でき・できる
＝出来〈主に名詞形、複合語〉～大出来、上出来、出来合い（の服）、出来上がり、出来上がる、出来かけ、出来が良い、出来具合、出来心、出来事、出来過ぎ、出来損ない、出来高（払い）、出来たて、出来値、出来始め（る）、出来不出来、出来レース
＝（出来る）→できる〈主に動詞・副詞〉～…することができる、できる限り、できるだけ、道路ができる、勉強ができる、用事ができる、よくできる、理解できる、利用できる

できあい 溺愛～娘を溺愛する

てきがいしん（敵愾心）→敵意、敵対心

てきかく
＝（適確）→㊟的確〈間違いがない〉～情勢を的確につかむ、的確な判断
＝適格〈必要な資格を満たす〉～適格者、適格審査、適格年金

てきぎ 適宜～適宜な処置

てきざいてきしょ 適材適所

できし 溺死―水死、溺れ死ぬ
注 一般には「水死」を使う。

てきしゅつ（剔出）→摘出～臓器摘出

てきじょう（敵状）→敵情～敵情視察

てきせい
＝適正〈適当で正しい〉～適正価格、適正規模、適正な評価
＝適性〈それに適した性質〉～適性がある、適性検査

てきちゅう（適中）→的中～予想が的中

できばえ（出来映え）→㊟出来栄え

てきめん（覿面）→てきめん～効果・天罰てきめん、てきめんに効く

できもの（出来物）→できもの、おでき

てきよう
＝適用〈当てはめる〉～法を適用する
＝摘要〈要点の抜き書き〉～論文の摘要

てぐすね（手薬煉）→手ぐすね～手ぐすね引く
注「手ぐすねを引く」は使わない。
でくのぼう（木偶の棒）→でくの坊
てぐりあみ（手操り網）→手繰り網
でくわす（出会す、出食わす）→出くわす
てこ（梃子）→てこ～てこ入れ
てこずる（手古摺る、梃子摺る）→てこずる
てごたえ（手答え）→手応え
でこぼこ 慣凸凹・でこぼこ
てごろ 手頃～手頃な価格注 読みやすさに配慮して平仮名書きしてもよい。
てごわい（手強い）→手ごわい
てさげ 手提げ（かばん）
でし 弟子～弟子入り、まな弟子
てじまい（手仕舞い）→手じまい～手じまい売り

でずいり（手数入り）→慣手数入り〈相撲〉
てすき（手透き、手隙）→手すき〈仕事のひま、手空き〉～お手すきの折、手すきになる
注 表記習慣により平仮名書き。
てすき（手漉き）→手すき～手すきの和紙
でずっぱり（出突っ張り、出づっぱり）→出ずっぱり
てすり（手摺り）→手すり～窓の手すり
でぞめしき 出初め式
でそろう（出揃う）→出そろう
でだし（出出し）→出だし
てだて（手立て）→手だて
でたらめ（出鱈目）→でたらめ
てだれ（手足れ、＊手練）→手だれ―腕利き
てぢか 手近
てちょう（手帖）→手帳

てつ
＝徹〈貫き通す〉～一徹、貫徹、徹底、徹夜、冷徹
＝撤〈取り除く、引き揚げる〉～撤回、撤去、撤収、撤退、撤廃、撤兵
てつあれい 鉄亜鈴〈ダンベル〉
てづかみ（手摑み）→手づかみ
てづくり（手造り）→統手作り
てつけ 手付け～手付けを打つ、省手付金
てっけん 鉄拳～鉄拳制裁
てっこう
＝鉄鉱〈鉄の原料の鉱石〉～鉄鉱石、鉄鉱の採掘
＝鉄鋼〈鉄とはがね〉～鉄鋼業
＝鉄工〈鉄材を使った工作〉～鉄工所
てつだう 慣手伝う～手伝い
でっち（丁稚）→でっち（奉公）
注 特別な場合以外は「少年店員」などに言い換える。

でっちあげる〈捏ち上げる〉↓でっち上げる
てっつい〈鉄槌〉↓鉄つい－制裁、厳しい処置～鉄ついを下す
てっとうてつび　徹頭徹尾
てつめんぴ　鉄面皮
てづる〈手蔓〉↓手づる－縁故、つて
てつをふむ〈轍を踏む〉↓轍（てつ）を踏む〈失敗を繰り返す〉
でどころ〈＊出所、＊出処〉↓出どころ
てなずける〈手懐ける〉↓手なずける
てなみ　手並み～お手並み拝見
てぬぐい　手拭い
てのひら〈掌、手の平〉↓手のひら～手のひらを返す
てはじめ〈手初め〉↓(統)手始め
ではな〈出端、出鼻〉↓出はな〈「出ばな」とも〉～出はなを折る・くじく・たたく
ではな
＝出鼻〈突端〉～半島の出鼻
＝出花〈出がらしの対語〉～番茶も出花
てばなす〈手離す〉↓手放す～家屋敷を手放す、手放しで喜ぶ
てばなれ〈手放れ〉↓手離れ～手離れが早い子
てばやい〈手速い〉↓手早い
てびき
＝手引き〈誘導〉～手引きをする、内部の者の手引き
＝(省)**手引**〈案内書、冊子〉～**学習の手引**、**手引書**
てぶり〈手振り〉↓手ぶり～身ぶり手ぶり
てもと〈手許〉↓手元～手元不如意
てらう〈衒う〉↓てらう～奇をてらう、てらいのない文章
てらこや〈寺小屋〉↓寺子屋
てらす・てる・てれる　照らす・照る・照れる～照らし合わす、照らし出す、照り返し、照り付ける、照り映える、照り焼き、照れ隠し、照れくさい、照れ屋
てるてるぼうず〈照る照る坊主〉↓てるてる坊主
てれんてくだ　手練手管
てんい
＝転移〈他の場所に移る〉～がんの転移
＝転位〈位置が変わる〉～胎児の転位
てんいむほう　天衣無縫
てんか　天下～天下一品、天下太平
てんか
＝転嫁〈罪や責任を押し付ける〉～責任を転嫁、負担を国民に転嫁
＝転化〈他の状態に変わる〉～宅地に転化、転化糖
てんかい
＝転回〈回って方向を変える〉～コペルニクス的転回、方針を百八十度転回する

＝展開〈繰り広げる〉～眼下に展開する光景、議論を展開する、事態の急展開

てんかん（癲癇）→てんかん

てんき（転期）→転機〈転換のきっかけ〉～重大な転機を迎える、人生の転機

でんき

＝電気〈電力一般〉～静電気、電気機関車、電気器具、電気工事、電気製品、電気分解、（家庭の）電気料金〈産業用は「電力料金」〉

＝電器〈主として日用器具〉～家庭電器、電器商・店

＝電機〈電力を使った機械〉～軽・重電機、弱電機、電機メーカー

注 取り扱い対象の主力が家庭用なら「電器商・店」、生産用なら「電機商・店」、工事関係は「電気店」と使い分ける。東京・秋葉原などの固有名詞「電気街」は別。

でんき

＝伝記〈個人の生涯の記録〉～英雄の伝記、伝記作家

＝伝奇〈超現実的な物語や小説〉～伝奇小説、伝奇的な生涯

てんぐ（天狗）→てんぐ～てんぐになる

てんぐさ　テングサ・天草〈海藻〉

てんけい

＝天啓〈天の啓示〉～天啓に従う、天啓のようにひらめく

＝天恵〈天の恵み〉～天恵に浴する、豊かな天恵

てんけい（典形）→典型～日本人の典型

てんさい（甜菜）→テンサイ〈植物。「砂糖大根」「ビート」とも〉～てん菜糖〈「ビート糖」とも〉

てんしゅかく（天主閣）→天守閣

てんしゅきょう（天守教）→天主教〈ローマ・カトリックの古称〉

てんしゅどう（天守堂）→天主堂

てんしん

＝転身〈職業・身分・考え方などをすっかり変える〉～政治家に転身する

＝転進〈方向を変えて進む。旧日本軍では「退却」の代わりに用いた〉～船が北向きに転進する

てんしんらんまん（天心爛漫）→天真らんまん―無邪気な、飾り気のない

てんせい（天成）→㊎天性～天性の資質

てんせい

＝転生〈生まれ変わる。「てんしょう」とも〉～仏の転生

＝転成〈別の性質のものに変わる〉～連用形からの転成語

でんせん

＝伝染〈病原体や物事の状態が他へうつる〉～あくびが伝染する、伝染病〈動物の場合。人の場合は「感染症」を使う〉

＝伝線〈靴下などが縦方向にほころぶ〉～伝線したストッキング

でんそう
＝伝送〈データ、パルスなど〉
＝電送〈写真、ファクスなど〉
注 デジタル機器は「伝送」を使うことが多い。

てんたん（恬淡）→淡泊、あっさり、淡々と

てんちしんめい　天地神明～天地神明に誓って

てんちゅう（天誅）→天誅（てんちゅう）
―天罰～天誅（てんちゅう）が下る

てんてこまい（転手古舞い、天手古舞い）→てんてこ舞い（の忙しさ）

てんてん
＝点々〈散らばる〉～血痕が点々と続く、滴が点々と落ちる
＝転々〈転がる、次々と移る〉～各地を転々とする、職業を転々とする、ボールが外野を転々とする

てんとう（顛倒）→転倒～本末転倒

でんどう　伝道〈教義などを広げる〉～宗教の伝道、伝道師

でんどう
＝伝動〈動力を他の部分に伝える〉～伝動装置
＝伝導〈伝わってゆく現象〉～音波・電気・熱などの伝導、超伝導、伝導率
＝電動〈電力を動力とする〉～電動工具、電動自転車、電動のこぎり
＝電導〈電気が伝わる〉～超電導現象・コイル・物質
注 「ちょうでんどう」の項参照。

てんとうむし（瓢虫）→テントウムシ・天道虫〈動物〉

てんどん　天丼

てんねんとう　天然痘

てんのはいざい（天の配材）→天の配剤

でんぱ（伝播）→広がる、波及〈電波法では「（電波）伝搬＝でんぱん」〉

てんぴ
＝天日〈太陽の光、熱〉～天日で干す
＝天火〈オーブン〉～天火でパンを焼く

てんびき　天引き～給料からの天引き

てんびん（天秤）→てんびん～てんびんに掛ける、両てんびん

てんぷ　天賦～天賦の才能

てんぷ
＝添付〈付け添える〉～資料を添付する、メールの添付ファイル
＝貼付〈のりなどで貼り付ける〉～切手を貼付する
注 「貼付」の本来の読みは「ちょうふ」。「貼付」は「貼り付ける」など分かりやすい表現も活用する。

でんぶ（臀部）→臀部（でんぶ）―尻

てんぷく（顛覆）→転覆～脱線転覆

てんぷら（天麩羅、天婦羅）→てんぷら・天ぷら

でんぷん（澱粉）→でんぷん

てんぺん
＝天変〈天空に起こる異変〉～天変地異
＝転変〈移り変わる〉～有為転変

てんぽ（店舗）→店舗

てんません (慣)伝馬船

てんまつ（顛末）→始末、いきさつ、経緯、一部始終

てんらく（顛落）→転落

てんらん
＝展覧〈一般に見せる〉～展覧会
＝天覧〈天皇がご覧になる〉～天覧相撲

てんれい
＝典令〈法律や命令〉～典令を重んじる
＝典礼〈定まった儀式〉～即位の典礼
＝典例〈よりどころとなる先例〉～法規典例

【と】

と 十～十人十色、十月十日＝とつきとおか＝

と 戸～網戸、戸締まり、戸棚

ど・・ 度～度肝、度胸、度外れ、度忘れ

注 「どえらい」「どぎつい」「ど根性」「ど真ん中」などは平仮名書き。

どあい 度合い～強弱の度合い

とあみ (慣)投網～投網を打つ

とい 問い～問い合わせ、問い返す、問い掛け、問いただす、問い直し

注 一問一答などで記号のように使うときは「問」と送り仮名を省いてよい。

といし（砥石）→砥石（といし）

といや・とんや (省)問屋

とう
＝倒〈たおす、逆さま〉～圧倒、一辺倒、驚倒、傾倒、七転八倒、卒倒、打倒、転倒、倒産、倒立、抱腹絶倒
＝到〈いたる、行き届く〉～殺到、周到、精神一到、到達、到着、到底、到来

とう
＝謄〈うつす〉～謄写、謄本
＝騰〈わきあがる〉～騰貴、沸騰、暴騰

とう（籐）→トウ〈植物〉～とう椅子・いす、とう細工

どう・・ 胴～胴締め、胴震い、胴巻き、胴回り、胴元

どうあげ（胴揚げ）→胴上げ

とういそくみょう 当意即妙～当意即妙の受け答え

とうか
＝灯火〈明かり〉～灯火管制、灯火親しむ
＝灯下〈明かりの下〉～灯下に書をひも

とく

とうかい〈倒潰〉→倒壊～家屋の倒壊

注 旧国語審議会による書き換え。

とうかつ〈統轄〉→統括～事務を統括する

どうかつ〈恫喝〉→どう喝―脅す、脅迫、威圧

とうがらし〈唐芥子〉→トウガラシ〈植物〉・唐辛子〈香辛料〉～七味唐辛子

とうかん〈投函〉→投函（とうかん）―（手紙を）出す、（ポストに）入れる

とうかん 等閑～等閑視する、等閑に付する

とうき〈冬期〉→(統)冬季

注「冬期講習」など特に期間を表す場合は別。

とうき

＝党紀〈党の風紀・規律〉～党紀を乱す

＝党規〈党の規則〉～党規違反

どうき〈動悸〉→動悸（どうき）

どうぎ〈＊胴衣〉→胴着〈「救命胴衣＝どうい」は別〉

どうくつ 洞窟―洞穴～洞窟探検

どうけ 道化～道化師、道化役

とうけい〈東径〉→東経

どうけい〈憧憬〉→憧れ、憧憬（しょうけい）

注 本来の読みは「しょうけい」。「どうけい」は慣用読み。

とうげんきょう〈桃原境〉→桃源郷

どうこう 瞳孔～瞳孔が開く

どうこういきょく 同工異曲

どうこく〈慟哭〉→号泣、泣き叫ぶ

とうさい

＝搭載〈積み込む〉～核兵器を搭載

＝登載〈掲載する〉～候補者名簿に登載

とうさん (慣)父さん～お父さん

とうじ 冬至

とうじ 湯治～湯治客、湯治場

とうじ〈杜氏〉→杜氏（とうじ）〈「とじ」とも〉

どうし

＝同士〈仲間、種類〉～恋人同士、仲間同士

＝同志〈志を同じくする者〉～同志の首領、同志の人々、同志を集める

どうしうち〈同士討ち〉→(統)同士打ち

とうしゅう〈蹈襲〉→踏襲～前例を踏襲する

とうしょ〈島嶼〉→島しょ―島々、諸島

とうすい 陶酔～音楽に陶酔する

とうすい 統帥～統帥権

どうせい〈同棲〉→同居、一緒に暮らす

どうせい〈動勢〉→動静～政界の動静

とうせん〈当籤〉→当選〈くじに当たる〉

注 宝くじ・くじ付きはがき・サッカーくじは「当せん」。

とうぜん 陶然～陶然とした気分

と

とうそう（痘瘡）→天然痘
とうそつ（統卒）→統率〜統率者、統率力
とうた（淘汰、陶汰）→淘汰（とうた）―整理、選別〜自然淘汰（とうた）
とうだい　灯台〜灯台下暗し、㊔灯台守
どうちゃく（撞着）→食い違い、矛盾
とうつう（疼痛）→痛み、うずき
とうてき（投擲）→投てき（競技）
とうてい　到底・とうてい
とうてん　読点〜読点を打つ
どうてん　動転〜気が動転する
とうとい・とうとぶ
=尊い・尊ぶ〈尊敬〉〜神仏・先生・祖先を尊ぶ、尊い生き方・教え・犠牲、平和の尊さ
=貴い・貴ぶ〈貴重〉〜真実を貴ぶ、貴い資料、貴い体験、貴い身分、和をもって貴しとなす
注「尊・貴」は内容によって使い分ける。「とうとい人命」「生命をとうとぶ」などは「貴」を使う場合が多い。
とうとう（到頭）→とうとう〈ついに、結局〉〜とうとう来なかった
とうとうと（滔々と）→とうとうと〜とうとうたる大河の流れ、意見をとうとうと述べる
とうどり　㊔頭取
どうどうめぐり　堂々巡り
とうはん・とはん
=登坂〜登坂能力、登坂車線
=（登攀）→登攀（とうはん）―よじ登る、登山
とうび（掉尾）→最後、最終
注 本来の読みは「ちょうび」。
とうびょう（投錨）→停泊、入港
どうひょう（導標）→道標〈道しるべ〉
とうひょうばこ（投票函）→投票箱
とうふ　豆腐〜豆腐にかすがい
どうほう（同朋）→同胞〜海外で働く同胞
どうもう（獰猛）→どう猛―凶暴
どうもく（瞠目）→目を見張る、注目
とうもろこし（玉蜀黍）→トウモロコシ〈植物〉
とうや（陶冶）→陶冶（とうや）―鍛錬、錬成
とうよう（登庸）→登用〜人材の登用
どうり　道理〈名詞〉〜道理にかなう・反する
どうりで（道理で）→どうりで〈副詞〉〜どうりでおかしいと思った
とうりゅう（逗留）→滞在
とうりゅうもん　登竜門〜文壇への登竜門
とうりょう（棟梁）→棟梁（とうりょう）〜大工の棟梁（とうりょう）
とうろう　灯籠〜灯籠流し、石灯籠

とえはたえ 慣十重二十重

とおい 遠い～遠からず、遠ざかる、遠ざける、遠乗り、遠ぼえ、遠巻き、遠回し、遠回り、遠目が利く、待ち遠しい、夜目遠目

とおす・とおる 通す・通る～一年を通して、風通し、九分通り、声が通る、千枚通し、立ち通し、次の通り、通し、通し切符、通し狂言、通り雨、通り一遍、通り掛かる、通りがけ、通り越す、通りすがり、通り過ぎる、通り相場、通り名、通り抜ける、通り魔、通り道、光がガラス窓を通る、見通す、予定通り

とおのく〈遠退く〉↓遠のく

とがき ト書き～戯曲のト書き

とかく〈兎角〉↓とかく

とかげ〈蜥蜴〉↓トカゲ〈動物〉～トカゲの尻尾切り

とかす・とく〈梳かす〉↓とかす・とく～髪をとかす

とかす・とく・とける
＝〈熔、融〉↓溶かす・溶く・溶ける〈とけ合う、固体を液体にする〉～絵の具を溶かす、氷・雪を溶かして水にする、砂糖が水に溶ける、地域社会に溶け込む、チョコレートが溶ける、鉄を溶かす、溶き卵
＝解かす・解く・解ける〈とけてなくなる、緊張が緩む〉～相手の警戒心を解かす、疑いが解ける、打ち解ける、絵解き、帯を解く、会長の任を解く、禁を解く、氷・雪が解ける〈自然現象〉、誤解を解く、心が解け合う、解き明かす、解き放す、解きほぐす、謎解き、難問を解く、荷・ひもを解く、包囲が解ける、結び目を解く、雪解け

とがめる〈咎める〉↓とがめる～気がとがめる、とがめ立て

とがる〈尖る〉↓とがる～口をとがらす、とがった鉛筆

とき
＝時〈名詞など、主として時間・時刻・時期そのものを示す場合〉～売り・買い時、書き入れ時、決断の時、梅雨時、時が移る、時が解決する、時がたつ、時たま、時々、時として、時と場合、時ならぬ、時に、時に従う、時には、時の氏神、時の運、時の権力、時の流れ、時の人、時の問題、時は金なり、時を得る、時を刻む、時を待つ、何時＝なんどき＝、花見時、引け時
＝とき〈形式名詞、「…の場合」など〉～いざというとき、行くときは連絡する、火事のときは119番、事有るとき、困ったときの神頼み、事故が起こったときの処置、…しようとするときは、都合の悪いとき

注 迷った場合は「時」を使う。

とき（鬨）→とき～勝ちどき、ときの声

とき（朱鷺）→トキ〈動物〉～とき色

ときあかす

＝解き明かす〈解明〉～真相を解き明かす

＝説き明かす〈説明〉～易しく説き明かす

ときおり 時折～時折涼風が吹く

ときめく

＝ときめく〈心が躍る〉～期待で胸がときめく

＝時めく〈栄える〉～今を時めく小説家

どぎも（度胆）→度肝～度肝を抜く

どきょう ㊥読経

どきょう 度胸～度胸を決める

とぎれる（跡切れる）→途切れる

ときわず（常磐津）→㊕常磐津

ときん（鍍金）→めっき・メッキ

とく

＝得〈損の対語〉～一文の得にもならない、お買い得、お得な品、ごて・ごね得、得をする、100円の得

＝徳〈仁徳、めぐみ〉～徳用、徳用品、徳を施す、早起きは三文の徳

とく 説く～教えを説く、口説く、説き起こす、説き伏せる

とぐ（磨ぐ）→研ぐ～包丁を研ぐ、研ぎ上げる、研ぎ澄ます、研ぎ物、㊔研師

注 「米をとぐ」「とぎ汁」は平仮名書き。

とくい 得意～お得意、得意顔、得意先

どくが 毒牙～毒牙にかかる

とくしか（特志家）→篤志家

とくしゅ

＝特殊〈一般用語〉～特殊鋼、特殊撮影、特殊自動車〈道路運送車両法、道路交通法〉、特殊車両〈道路法〉、特殊法人

＝特種〈限定用語〉～特種用途自動車〈自動車損害賠償保障法施行令〉、特種情報処理技術者〈国家試験〉

どくしゅう（独修）→独習～独習書

とくしょく（瀆職）→汚職

どくしんじゅつ 読唇術〈「読心術」もある〉

どくぜつ（毒説）→毒舌～毒舌を吐く

どくだんじょう 独壇場

注 本来は「独擅場＝どくせんじょう」。

どくだんせんこう（独断先行）→独断専行～執行部が独断専行する

とくちょう

＝特徴〈特に目立つ点〉～顔の特徴、特徴のある字、容疑者の特徴

＝特長〈特に優れた点〉～操作しやすい

特長、特長を生かす

どくづく〈毒突く〉→毒づく

とくと〈篤と〉→とくと〈念を入れて〉〜とくと考える

どくとく〈独得〉→独特〜独特な性質、独特の味

とくとくと 得々と〈得意〉〜得々と語る

どくみ〈毒見〉→毒味〜毒味役

とくよう
=徳用〈割安〉〜徳用品・米
=特用〈特別の用途〉〜特用作物〈タバコ、桑、茶など食用以外の農作物〉

とくり〈徳利〉→とくり、とっくり

どくろ〈髑髏〉→どくろ―されこうべ

とげ〈刺、棘〉→とげ〜とげが刺さる、とげのある言葉

とけい 慣時計

とけつ 吐血
注 消化器系から出た血を吐くこと。呼吸器系からの血は「喀血（かっけつ）」。

とげる 遂げる〜仕遂げる、成し遂げる

とこ 床〜床上げ、床飾り、床擦れ、床に就く、床の間、床柱、床離れ、床山〈相撲〉

とこ 常〜常しえ、常夏、常春、常闇、常世の国

ところ
=〈処〉→所〈位置・場所〉〜ある所、行く所、至る所、居所、打ち所が悪い、勘所、事件のあった所、死に所、時と所、所書き、所変われば品変わる、所嫌わず、所狭し、所々、所払い、所番地、所を得る
=ところ〈形式名詞。位置・場所以外の場合〉〜今のところ、腕の見せどころ、うわさをしているところへ来た、おおよそのところ、落としどころ、思うところ、彼の説明するところによると、考えどころ、きょうのところは、このところ、思案のしどころ、勝負どころ、…するどころか、そういうところ、つまるところ、出どころ、ところが、ところで、泣きどころ、狙いどころ、望むところだ、早いところ、非の打ちどころがない、見どころ、見るべきところはない、役どころ

ところてん〈心太、心天〉→ところてん

とさか〈*鶏冠〉→とさか

とさつ〈屠殺〉→食肉処理（場）、食肉解体（場）
注 業務上の食肉処理でないものは「処分」など文脈により言い換える。

とざま 慣外様〜外様大名

どさんこ 慣道産子〈人〉・ドサンコ〈馬〉

とし〈歳〉→年〜年明け、年がい、年かさ、年子、年越し（そば）、年頃、年

波、年の暮れ、年の瀬、年端、年回り、年忘れ、年を取る

とじ（杜氏）→杜氏（とじ）〈「とうじ」とも〉

どしがたい 度し難い～度し難い分からず屋

とじこめる（閉じ籠める）→閉じ込める

とじこもる（閉じ籠もる、閉じ込もる）→閉じこもる

注「籠もる＝こもる」は表内訓だが、読みやすさに配慮して平仮名書きに。

としのいち（歳の市）→年の市

としのこう（年の劫）→年の功～亀の甲より年の功

としま 慣年増

とじまり（戸閉まり）→戸締まり

としゃ（吐瀉）→吐き下し

どしゃ 土砂～土砂降り、土砂崩れ

としゅくうけん 徒手空拳

どじょう（泥鰌）→ドジョウ〈動物〉～どじょうひげ、二匹目のどじょう

どしょうぼね 土性骨

としより

＝年寄り〈一般用語〉～年寄りの冷や水

＝省年寄〈相撲、幕府の役職〉～年寄株、年寄名跡、若年寄

とじる 閉じる〈開けるの対語〉～本を閉じる、幕・店を閉じる

とじる（綴じる）→とじる〈つづり合わす〉～書類をとじる、卵とじ、袋とじ、和とじ、割れ鍋にとじぶた

とする 賭する〈犠牲を覚悟で全力を傾ける〉～社運を賭して

とぜつ（杜絶）→途絶～通信が途絶する

とそ（屠蘇）→とそ～おとそ気分

どだい

＝土台〈名詞〉～土台を築く

＝どだい〈副詞〉～どだい無理だ

とだえる（跡絶える、杜絶える）→途絶える～便りが途絶える

とたん 途端～…した途端（に）

どたんば（土断場）→土壇場～土壇場に立たされる

とち（栃、橡）→トチ〈植物。和名は「トチノキ」〉～トチの実、とち餅

注「栃」は「栃木県」など固有名詞だけに使う。

とちかん（土地鑑、土地感）→統土地勘

とつ・ 凸～凸版、凸面（鏡）、凸レンズ

とっき（凸起）→突起

とつぐ 嫁ぐ～長女が嫁ぐ

とっさ（咄嗟、突差）→とっさ～とっさの判断

とつじょ 突如

とつぜん 突然～突然の出来事

とっつき（取っ付き）→とっつき～とっつきが悪い、とっつきにくい

とって（＊把手）→取っ手

とつとつ（訥々）→とつとつ（と話す）

とっぴ（突飛）→とっぴ～とっぴな発想

とっぴょうし　突拍子（もない）

とつべん（訥弁）→とつ弁―口下手

どて（土堤）→土手～土手っ腹

とてつ（途轍）→とてつ～とてつもない話

どどいつ（都々逸）→慣都々逸

どとう（怒濤）→荒波、激浪

注　比喩的に使う場合は「激しい」「猛烈な勢い」など表現を工夫する。四字熟語は「狂瀾怒濤（きょうらんどとう）」「疾風怒濤（どとう）」。

とどく　届く～届ける

とどけ

＝届け〈一般用語〉～付け届け、届け先、届け書、届け済み、届け出（件数・人・用紙）、届け出る、届けを怠る、届けを出す、無届け

＝省届〈書式〉～引退届、欠席届、婚姻届

とどこおる　滞る～滞りなく

ととのう・ととのえる

＝整う・整える〈整理〉～足並み・隊列を整える、形・コンディション・体調・体裁を整える、環境・室内を整える、呼吸を整える、準備が整う、整った顔立ち、整った文章、身なりを整える

＝調う・調える〈調達、まとまる〉～味を調える、縁談・協議・婚約・商談・相談が調う、音律を調える、買い調える、家財道具が調う、材料・必需品を調える、資金・費用を調える、晴れ着・洋服を調える

とどまる・とどめる（止・留・停）→とどまる・とどめる～押しとどめる、思いとどまる、書きとどめる、踏みとどまる

とどめ（止め）→とどめ～とどめを刺す

どどめ（土止め）→土留め（工事）

とどろく（轟く）→とどろく～胸がとどろく、名声・勇名をとどろかす、雷鳴がとどろく

となえる

＝唱える〈言う、主張する〉～異議・新説・反対を唱える、お題目・念仏を唱える、万歳を唱える、反戦平和を唱える

＝（称える）→となえる〈称する〉～旧姓をとなえる

となり

＝隣〈名詞〉～隣近所、隣組、隣同士、隣にいる、隣の席・人、隣町、向こう隣、両隣

＝隣り〈動詞〉～隣り合う、隣り合わせ

どなる　怒鳴る～怒鳴り声

とにかく（兎に角）→とにかく

との・どの　殿～殿方、殿様、湯殿

どのう（土囊）→土のう

とば 賭場〜賭場を荒らす

とばく 賭博〜賭博罪

どはずれ 度外れ〜度外れな大声

とび（鳶）→トビ〈動物。「トンビ」とも〉〜とび色、とび口、とび職、廊下とんび

とびうお トビウオ・飛び魚〈動物〉

とびおりる（飛び下りる）→㊎飛び降りる〜飛び降り自殺

とびとび（飛び飛び）→とびとび〜家がとびとびにある

とびはねる（跳び跳ねる）→跳びはねる

注 「跳ねる＝はねる」は表内訓だが、「跳びはねる」の場合は平仮名書き。

とぶ

＝（翔ぶ）→飛ぶ〈飛行、飛躍〉〜アフリカに飛ぶ、家を飛び出す、（飛び）板飛び込み、一足飛びに、うわさが飛ぶ、高飛び込み、（飛行機が）飛び上がる、飛び歩く、飛び石（連休）、飛び入り、飛び交う、飛び掛かる、飛び級、飛び切り上等、（先輩を）飛び越す、飛び込み（自殺・台）、飛び出しナイフ、飛び立つ、飛び地、飛び道具、飛び抜ける、飛びのく、飛び乗り、飛び離れる、飛び火、（金策に）飛び回る、鳥が飛ぶ、飛んで火に入る夏の虫、寝床から飛び起きる、容疑者が国外に高飛びする

＝跳ぶ〈跳躍〉〜カエル・バッタが跳ぶ、三段跳び、跳び上がって喜ぶ、（障害物を）跳び越す、跳び箱、（庭を）跳び回る、縄跳び、走り高・幅跳び、棒高跳び、横（っ）跳び

どぶろく（＊濁酒）→どぶろく

とほう（途法）→途方〜途方に暮れる、途方もない

とぼける（惚ける、恍ける）→とぼける〜寝とぼける

とまどう（戸迷う、途惑う）→戸惑う〜戸惑い

とまる・とめる

＝（停まる）→止まる・止める〈一般用語。停止〉〜足止め、行き止まり、息を止める、射止める、受け止める、打ち・撃ち止め、口止め（料）、車を止める、消し止める、けんかを止める、交通が止まる、差し止め、さび止め、水道が止まる、滑り止め、せき止める、体言止め、高止まり、立ち止まる、血止め、通行止め、突き止める、時計が止まる、止まり木、止め相場、鳥が木に止まる、流れを止める、歯止め、札止め、筆を止める、呼び止める、笑いが止まらない

＝留まる・留める〈留置、留意、固定〉〜命を取り留める、駅留め、獲物

を仕留める、帯留め、書き留める、気にも留めない、局留めの郵便、警察に留め置く、心に留める、抱き留める、つなぎ留める、留め置き、留め男、留め金、留め袖、留め立て、ネクタイ留め、引き留める、歩留まり、ボタンを留める、ホチキスで留める、耳・目に留まる、㊔**書留**

＝泊まる・泊める〈宿泊〉～客を家に泊める、宿直室に泊まる、泊まりがけ、泊まり客、泊まり込む、船が港に泊まる〈停泊〉

とみ　富～巨万の富を築く

とみくじ（富籤△）→富くじ

とむ　富む～起伏に富む、富み栄える

とむらいがっせん　弔い合戦

とむらう（葬●う）→弔う～祖先の霊を弔う

とめどない（止め処●ない、止め度▲ない）→止めどない

とも　友～終生の友、類は友を呼ぶ

とも

＝共〈一緒、同じ〉～家族と共に生きる、行動・生死を共にする、自他共に認める、共裏、共切れ、共食い、共倒れ、共働き

注「…と同時に」の意味の「…するとともに」は平仮名書き。

＝（共）→とも〈接尾語。…全部〉～3人とも男、送料とも2千円

＝供〈従者〉～お供をする、供ぞろい、供回り

とも（艫△）→とも－船尾

・・ども（共）→ども〈接尾語。複数、謙譲〉～男ども、者ども、私ども

ともえ（巴△）→ともえ～ともえ戦、ともえ投げ、三つどもえ

ともかせぎ　共稼ぎ

注 なるべく「共働き」に言い換える。

ともしび（灯●、＊灯火●）→ともしび～風前のともしび

ともす（点●す、灯●す）→ともす～希望の火をともす、爪に火をともす、電気をともす、ろうそくをともす

ともだち　㊎友達

ともづな（纜△）→とも綱～とも綱を解く

ともづり　友釣り

ともども（共々）→ともども～親子ともども世話になる

ともなう　伴う～…に伴い

ともびき　㊔**友引**

どもる（吃△る）→言葉がつかえる

どよう　土用～土用波、土用干し

とら　トラ・虎〈動物〉～ベンガルトラ、虎刈り、虎の子の1点、虎の巻、虎を野に放つ

とらえる

＝捕らえる〈取り押さえる〉～獲物を捕らえる、ネズミの捕らえ方、犯人

を捕らえる

=捉える〈つかむ、把握〉～意味を捉える、機会を捉える、心を捉える、言葉尻を捉える、捉えどころがない人、バットの芯でボールを捉える、文章の要点を捉える、問題の捉え方が難しい、レーダーが台風の目を捉える

とらどし（寅年）→とら年・寅（とら）年

とらわれる

=捕らわれる〈つかまる〉～敵に捕らわれる、捕らわれる、捕らわれの身

=（囚われる）→とらわれる〈こだわる〉～因習・形式・先入観・偏見にとらわれる

とり

=（禽）→鳥〈一般用語〉～地鳥〈鶏以外〉、鳥インフルエンザ、鳥籠、鳥刺し、鳥肌、鳥目、焼き鳥

=（鶏）→鶏〈ニワトリ〉～オナガドリ・尾長鶏、風見鶏、地鶏、鶏がら、鶏肉〈「けいにく」とも〉

注 「風見鶏」以外は「鳥」を使ってもよい。迷った場合は「鳥」。

とり（取り）→トリ〈真打ち、最後〉～大トリ、トリを務める

とり・　取り～取り扱う、取り合わせ、取り急ぎ、取り入れる、取り置き、取り押さえる、取り落とす、取り返す、取りかかる、取り囲む、取り交わす、取り決め、取り崩し、取り越し苦労、取りこぼし、取り込み詐欺、取り壊し、取り下げる、取り仕切る、取り鎮める、取り澄ます、取りそろえる、取り高、取り立て〈金・業者〉、取り付く島もない、取り繕う、取り付け〈工事・騒ぎ・料〉、取り付ける、取り手〈柔道・相撲など〉、取り直し、取り逃がす、取り残し、取り除く、取り計らう、取り運び、取り払う、取り分、取り巻き、取り紛れる、取りまとめる、取り乱す、取り持つ、取り戻す、取りも直さず

とりあえず（取り敢えず）→取りあえず〈副詞〉

とりあげる

=取り上げる〈手に取る、没収する〉～財産・地位を取り上げる、受話器を取り上げる

=採り上げる〈採用する、議論の対象にする〉～市民の苦情を採り上げる、提案を採り上げる

とりあつかい　取り扱い〈禁止・中止・限度・実績・状況・方法〉～(省)事務取扱、取扱額・期間・規則・業・書・高・人、取扱注意、取扱品目、取扱予定日、取扱予定品目・物品

注 経済関係複合語ルール参照。

とりいれ（穫り入れ）→取り入れ〈収穫〉

とりうち　鳥撃ち〈「鳥打ち帽」は別〉

とりえ（取り得、取り柄）→**取りえ**
とりかえ（取り替え）→**取り換え**〜部品の取り換え、取っ換え引っ換え
とりきめ（取り極め）→**取り決め**
とりくみ　取り組み（方・方式、方法）〜仕事への取り組み、㊜**取組**〈相撲〉、**取組期間・高・枚数**
注 経済関係複合語ルール参照。
とりこ（虜、擒）→**とりこ**
とりしまり　取り締まり（機関・権・当局・方法）〜㊜**取締官**、**取締規則**、**取締班**、**取締法**〈法令〉、**取締本部**、**取締役**、**取締令**
とりしらべ　取り調べ（機関・日時・場所）〜㊜**取調官・室**
とりつぎ　取り次ぎ（拒否・専門・マージン）〜㊜**取次会社・業者・件数・店・人・品目**
注 経済関係複合語ルール参照。
とりで（砦）→**とりで**

とりどし（酉年）→**とり年・酉（とり）年**
とりとめ（取り留め、取り止め）→**とりとめ**〜とりとめがない
とりとめる（取り止める）→**取り留める**〜一命・命を取り留める
とりなす（執り成す）→**とりなす**〜座をとりなす、とりなし
とりのいち（酉の市）→**酉（とり）の市**
とりひき　㊜**取引**〜**裏取引**、**先物取引**、**証券取引所**、**商取引**、**取引員・勘定・銀行・先・高**、**取引する**
とりもの　㊜**捕物**〜**捕物帳**
とりやめ（取り止め）→**取りやめ**
とりわけ（取り分け）→**とりわけ**〈副詞〉
とる（獲る、盗る、穫る、摂る、録る）→**取る、採る、捕る、とる**
とる
＝取る〈一般用語。接頭語にも〉〜相手取る、跡取り、脂取り、命取り、栄養を取る、金を取る、着物の汚れを取る、位取り、米を取る〈収穫〉、魚を取る〈漁獲〉、雑草を取る、資格を取る、食事を取る、政権・天下を取る、責任を取る、措置を取る、大事を取る、態度を取る、摘み取る、手続きを取る、手に取って見る、手間取る、点取り虫、年を取る、取って代わる、取り合わせ、取り急ぎ、取り片付ける、取り口、取り消し〈記事〉、取るに足らぬ、取る物も取りあえず、取れ高、取れたて、バランスを取る、拍子を取る、満点を取る、見取り図、脈を取る、虫を取る〈物に付いた虫をとりのける場合〉、メガホンを取る、メダルを取る、メモを取る、リーダーシップを取る、連絡を取る
注 「綱とり」〈相撲〉は平仮名書き。
＝捕る〈捕らえる〉〜生け捕る、カニ

を捕る、鯨を捕る〈捕鯨〉、魚を捕る〈捕獲〉、捕り手〈捕吏〉、捕り縄、捕り物、ネズミを捕る、飛球を捕る、分捕る、虫を捕る〈捕獲〉、召し捕る
＝採る〈採取、採用〉〜意見を採り入れる、キノコ採り、血液を採る、決を採る、木の実・薬草を採る、昆布・真珠採り、砂金採り、指紋を採る、新入社員を採る、その説を採る、拓本・標本を採る、光を採り入れる
＝執る〈扱う〉〜式を執り行う、指揮を執る、事務を執る、筆を執る
＝撮る〈撮影〉〜映画を撮る、隠し撮り、写真を撮る、ビデオ撮り・録画撮り〈撮影以外は平仮名書き〉
注「取」「捕」「採」の区別に迷うときは平仮名書きにする。

どれい　奴隷〜恋の奴隷、奴隷解放

どろ　泥〜泥臭い、泥沼、泥まみれ、泥よけ、泥んこ
どろじあい（泥試合）→(省)**泥仕合**
どろどろ（泥々）→どろどろ〜どろどろした人間関係、どろどろの道
どろなわ　泥縄〜泥縄式の勉強
どろぼう（泥坊）→泥棒
とわ（＊永久）→とわ〜とわの別れ
どわすれ　度忘れ
・・どん　丼〜うな丼、カツ丼、牛丼、玉子丼（玉丼）、鉄火丼、天丼
トン（噸、瓲、屯）→トン〜5トン積み
とんきょう（頓狂、頓興）→とんきょう〜すっとんきょう
どんぐり（団栗）→ドングリ〈植物〉〜どんぐりの背比べ、どんぐり眼＝まなこ
とんざ　頓挫－行き詰まり、つまずき
とんし　頓死－急死
どんじり（止尻）→どん尻

どんする　鈍する〜貧すれば鈍する
とんせい（遁世）→隠世
とんそう（遁走）→逃走
とんち（頓智）→頓知－機知
とんちゃく　頓着〈「とんじゃく」とも〉〜一向に頓着しない、無頓着
とんちんかん（頓珍漢）→とんちんかん
とんでんへい　屯田兵
とんと（頓と）→とんと〜とんと覚えがない
とんぷく　頓服〜頓服薬
どんぶり　丼〜丼勘定、丼飯、丼物
とんぼ（蜻蛉）→トンボ〈動物〉〜極楽とんぼ、尻切れとんぼ、竹とんぼ、とんぼ結び、とんぼを切る
とんぼがえり（とんぼ帰り）→とんぼ返り〜とんぼ返りの出張
とんま（頓馬）→とんま
どんま
＝鈍麻〈感覚が鈍くなる〉〜神経が鈍麻

する
=鈍磨〈すり減って鈍くなる〉~刃先が鈍磨する
とんや (省)問屋〈「といや」とも〉
どんよく 貪欲―飽くことのない、強欲、欲張り、欲深

【な】

な 名~名うて、名折れ、名指し、名高い、名だたる、名付け親、名乗り、名寄せ、名をはせる
な 菜〈植物〉~菜切り包丁、菜種〈油・梅雨〉、菜っ葉、菜の花
ない
=亡い〈この世にいない〉~父が亡くなる、亡きがら、亡き人をしのぶ
=無い〈有の対語〉~有ること無いこと、事も無げに、台無し、無い袖は振れぬ、無い無い尽くし、無い物ねだり、無きに等しい、無くて七癖、根無し草、宿無し
注 「無い」は平仮名書きでもよい。「金・時間がない」は平仮名書きが一般的。
=ない〈助動詞、補助形容詞の場合〉~雨がやまない、行きたくない、美しくない、…かもしれない、プロらしくない
ないがしろ(蔑ろ)→ないがしろ
ないこう
=内向〈自分の世界に閉じこもろうとする〉~内向的な性格
=内攻〈病気などが体の内部に広がる〉~内攻的症状、不満が内攻する
ないし(乃至)→ないし
ないしょ(内所、内証)→内緒~内緒事、内緒にする、内緒話
注 仏教用語の「内証=ないしょう」は別。
ないじょう(内状)→内情
ないぞう
=内蔵〈内部に含み持つ〉~高機能を内蔵する
=内臓〈器官〉~内臓疾患
ないてい
=内偵〈ひそかに探る〉~敵情を内偵する
=内定〈内々に決める〉~採用を内定する
ないぶん(内分)→内聞―内密
なえる(萎える)→なえる~足腰がなえる、気力がなえる
注 表内訓だが、読みやすさに配慮して平仮名書きに。
なお(猶、尚)→なお~なお書き、なおかつ、なおさら、なおのこと
なおざり(*等閑)→なおざり〈すべきことをせず、おろそかにする〉~伝統をなおざりにする

注「おざなり」は「その場しのぎ」。「おざなり」の項参照。

なおす・なおる
=直す・直る〈一般用語。正しい状態に戻す〉～悪癖を直す、誤りを直す、居直る、思い直す、仮名を漢字に直す、機械を直す、機嫌が直る、給金直し、故障を直す、言葉遣いを直す、仕立て直す、立ち直る、手直し、出直し、取り直し、服装を直す、焼き直し、ゆがみが直る、世直し
=治す・治る〈病気など〉～風邪を治す、傷を治す、病気が治る

なか
=中〈外に対する〉～嵐の中を帰る、家の中、クラスの中で一番足が速い、その中(で)、中入り後、中折れ帽、中だるみ、中継ぎ、中づり広告、中でも、中には、中値、中日、中ほど、中休み、中を取る、両者の中に入る
=仲〈主として対人関係〉～犬猿の仲、恋仲、仲が良い、仲たがいする、仲立ち〈媒介〉、仲直り、仲間(入り)、仲を取り持つ、夫婦の仲、不仲

ながい
=長い〈一般用語。短の対語〉～秋の夜長、枝が長く伸びる、気が長い、長雨、長い髪、長生き、長い道中、長い年月、長い目で見る、長たらしい、長談義、長丁場、長続き、長々と、長話、長引く、長め、長持ち、長病み、長患い、細く長く
=永い〈限定用語〉～末永く契る、永い眠りに就く、永くその名をとどめる、永のいとまを告げる、永の別れ、春の日永

ながうた 長唄

なかおろし 仲卸～仲卸業者

なかがい ㊔**仲買～仲買業者・店・人**

なかす(中洲)→中州〈地名など固有名詞では「中洲」もある〉

ながす 流す～汗水を流す、浮名を流す、着流し、島流し、精霊流し、流し網、流し台、流し目、吹き流し

なかたがい(仲違い)→仲たがい

ながつき 長月〈陰暦の9月〉

なかなか(中々、仲々)→なかなか

ながねん(永年)→長年〈「永年＝えいねん=勤続」は別〉

なかば(央ば、中ば)→半ば～相半ば、志半ば、半ば諦める

なかみ(中味)→中身

なかみせ(仲見世)→仲店〈「浅草仲見世」など固有名詞は別〉

ながめる 眺める

ながもち 長持ち、長持ち〈長く持つ、入れ物〉～丈夫で長持ち、長持ち歌

ながや(長家)→長屋～棟割り長屋

なかよし（仲好し）→仲良し
ながらえる（長らえる）→㊓永らえる～生き永らえる
ながらく（永らく）→㊓長らく
ながれる 流れる～流れ解散、流れ作業、流れ弾、流れにさおさす〈時流に乗る〉、流れ星、流れ者、流れをくむ
なかんずく（就中）→なかんずく
なぎ（凪）→なぎ～朝なぎ、夕なぎ
なきがら（亡骸）→亡きがら
なぎさ（渚）→なぎさ
なぎなた（*長刀、薙刀）→なぎなた
なく
＝（哭く）→泣く〈人が声を上げて涙を流す〉～看板が泣く、泣かせる話、泣き落とし、泣き顔、泣き声、泣き言、泣きじゃくる、泣き上戸、泣き付く、泣き（っ）面、泣きどころ〈「弁慶の泣き所」は別〉、泣き寝入り、泣き腫らす、泣き伏す、泣きべそ、泣き虫、泣き別れ、泣き笑い、泣く泣く
＝（啼く）→鳴く〈虫・鳥・獣などが声を出す〉～鳴かず飛ばず、鳴き交わす、鳴き声、夜鳴きそば
なぐ（凪ぐ）→（海・風・心が）なぐ
なぐ（薙ぐ）→（草を）なぐ～なぎ倒す、なぎ払う
なぐさめる 慰める～お慰み、慰み事、慰め（役）
なくす
＝無くす〈物を失う〉～無くし物、無くもがな、物を無くす
注 「無くす」は平仮名書きでもよい。
＝亡くす〈死なれて失う〉～親を亡くす、恩師が亡くなる
なぐる（撲る）→殴る～殴り掛かる、殴り書き、殴り込み、殴り殺す、殴り付ける、殴り飛ばす、横殴り
なげうつ（擲つ、抛つ）→なげうつ～身命をなげうつ
なげく（歎く）→嘆く～嘆かわしい、嘆き
なげし（長押）→なげし〈建築〉
なげやり
＝（投げ遣り）→投げやり〈態度〉
＝（投げ槍）→投げやり〈武器〉
なげる 投げる～試合を投げる、投げ足、投げ入れ口、投げ売り（品）、投げ掛ける、投げ首、投げ込む、投げ付ける、投げ飛ばす、投げ縄、投げ技、身を投げる
なこうど ㊐仲人
なごむ 和む～心が和む、和やか
なごり ㊐名残～名残惜しい
なさけ 情け～情け知らず、情けない、情け深い、情け容赦、深情け
なざし（名差し）→名指し～名指しで批判する、名指しを受ける
なし ナシ・梨〈植物〉～なしのつぶて

〈「梨」と「無し」の掛け言葉〉、ナシもぎ
なしくずし(済し崩し)→なし崩し
なじむ(馴染む)→なじむ〜幼なじみ
なす
＝成す〈仕上げる、作る〉〜意味を成さない、重きを成す、形を成す、財を成す、成し遂げる、名を成す、群れを成す
＝(為す)→なす〈する、行う〉〜悪事をなす、なすすべがない、なすところなく、なせば成る
＝(生す)→なす〈産む〉〜子をなす、なさぬ仲
注「あやなす」「色をなす」「恐れをなす」などは平仮名書き。
なずむ(泥む)→なずむ〜暮れなずむ
なする(擦る)→なする〜なすり合い、なすり付ける
なぜ(何故)→なぜ
なぞ 謎〜謎掛け、謎解き、謎めく
注「なぞなぞ(遊び)」は平仮名書き。
なだい
＝名代〈名高い〉〜名代の老舗、名代のそば
＝名題〈歌舞伎・浄瑠璃などの表題〉〜名題看板、名題の役者
なだたる(名立たる)→名だたる
なだめる(宥める)→なだめる〜なだめすかす
なだれ 慣雪崩〜雪崩を打つ
なだれる(雪崩れる)→なだれる〜なだれ落ちる、なだれ込む
なついん(捺印)→押印
なつかしい 懐かしい〜懐かしむ
なつく 懐く〜犬が懐く、人懐(っ)こい
なっとう 納豆
なっとく 納得(ずく)
なでしこ(撫子)→ナデシコ〈植物〉〜大和なでしこ
なでる(撫でる)→なでる〜なで下ろす、なで肩、なで切り、猫なで声
・・など(等)→など
注 人については主に「ら」を使い、「など」は使わない。
なとり 省名取
なな(つ) 七(つ)〜七転び八起き、七つ道具、親の七光り
ななくさ(七種)→七草(がゆ)
なに・なん 何〜何かと、何が何でも、何くれとなく、何食わぬ、何気ない、何事、何しろ、何とぞ、何々、何びと、何分・なにぶん、何ほど、何も、何者・物、何やかや、何故・なにゆえ、何より〈以上は「なに」と読む〉、何回〈以下は「なん」と読む〉、何キ、何ロ、何時、何だか・なんだか、何で、何と・なんと、何度、何といっても、何とかして、何となく・なんとなく、何とも・なんとも、何なりと、何にも・なんに

も、何年、何遍、何ら・なんら
なにがし（某、何某）→なにがし
なにしおう（何しおう）→名にし負う〈その名も有名な、その名にふさわしい〉
なにわ（難波、浪速、浪華、浪花）→㊞浪速～浪速っ子、浪速の生まれ
なにわぶし（浪花節）→㊞浪花節
なべ　鍋～手鍋提げても、鍋敷き、鍋底景気、鍋奉行、鍋物、鍋焼きうどん、寄せ鍋、割れ鍋
なま・・　生～生あくび、生揚げ、生暖かい、生意気、生乾き、生ごみ、生殺し、生爪、生々しい、生煮え、生ぬるい、生返事、生もの、生焼け、生酔い
なまぐさい　生臭い〈「血なまぐさい」は別〉
なまくら（鈍）→なまくら
なまける（懶ける）→怠ける～怠け癖、怠け者

なまず（鯰）→ナマズ〈動物〉～なまずひげ
なまなか（生半、生中）→なまなか〈中途半端、生半可〉
なまはんか　生半可～生半可な理解
なまびょうほう　生兵法～生兵法は大けがのもと
なまめかしい（艶めかしい）→なまめかしい～なまめく
なまやさしい（生優しい）→生易しい
なみ（浪）→波～波打ち際、波路、波立つ、波の花、波乗り
なみ
＝並み〈主として並んだもの・同じ程度・同類の場合〉～足並み、家並み、毛並み、十人並み、世間並み、月並み、手並み、人間並み、軒並み、人並み（外れた）、平年並み、穂並み、町・街並み、山並み
注「並木（道）」は別。

＝並〈名詞・語頭に付いて、主として程度が普通であることを示す場合〉～並足、並製、並大抵、並々ならぬ、並肉、並の品・人、並外れた、並幅
なみいる　並み居る
注「並み」は古語の動詞「並む」から。
なみだ　涙～涙雨、涙金、涙ぐましい、涙ぐむ、涙もろい、涙をのむ
なみなみと　なみなみと（酒をつぐ）
なめす（鞣す）→なめす～なめし革
なめらか　滑らか
なめる（嘗める、舐める）→なめる～舌なめずり、辛酸をなめる
なや（納家）→納屋
なやむ　悩む～悩ましい、悩ます、悩み、伸び悩み
ならう
＝習う〈習得〉～習い覚えた技術、習い事、習い性となる、習うより慣れよ、習わぬ経を読む、ピアノ・

英語を習う、世の習い
＝倣う〈模倣〉～西洋に倣った法制度、前例に倣う、ひそみに倣う、右へ倣え

ならく（那落）→奈落―どん底～奈落の底

ならす
＝慣らす〈順応させる〉～足・肩慣らし、体を慣らす、気候・土地に慣らす、口慣らし、使い慣らす、慣らし運転
＝（馴らす）→ならす〈手なずける〉～飼いならす、動物をならす
＝（均す）→ならす〈平らにする〉～地ならし、地面をならす、ならすと3千円

ならづけ（奈良漬け）→㊔奈良漬

ならびに（並びに）→ならびに〈接続詞〉

ならぶ・ならべる　並ぶ・並べる～居並ぶ、五目並べ、並び大名、並び立つ、並べ替え、歯並び、横並び

ならわし（慣わし）→習わし～言い習わす

・・なり（成り）→なり〈接尾語。…相応〉～言いなり、それなり、私なりに

なりふり（形振り）→なりふり～なりふり構わず

なりわい（＊生業）→なりわい―仕事

なる
＝成る〈仕上がる〉～工事が成る、事成れり、新装成る、全10巻から成る、成り上がり（者）、成り代わる、成り切る、成り金、成り済ます、成り立ち、成り手、成り行き、成れの果て、優勝が成る、ローマは一日にして成らず
＝（為る）→なる〈別の状態に変わる〉～雨が雪になる、一緒になる、大きくなる、公になる、気になる、先生になる、夏になる、灰になる
＝（生る）→なる〈実を結ぶ〉～木に実がなる、鈴なり

なる　鳴る～腕が鳴る、海鳴り、かき鳴らす、高鳴る、鳴り響く、鳴り物入り、鳴りを静める・潜める、耳鳴り、㊔鳴子〈鳥おどし、打楽器〉

なるほど（成る程）→なるほど

なれあう（馴れ合う）→なれ合う～なれ合い

なれそめ（馴れ初め）→なれ初め・なれそめ

なれなれしい（馴々しい、慣々しい、狎々しい）→なれなれしい

なれる
＝慣れる〈習熟する、なじむ〉～通い慣れる、聞き慣れない、仕事に慣れる、住み慣れる、使い慣れる、場慣れ、見慣れる、世慣れる
＝（馴れる）→なれる〈懐く〉～子供がなれる、（動物が）人になれる

＝（狎れる）→なれる〈親しみのあまり無遠慮になる〉～なれて礼を失する
＝（熟れる）→なれる〈熟成〉～なれずし、ぬかみそがなれる
なわ　縄～縄跳び、縄張り、はえ縄
なわしろ　苗代〈「なえしろ」とも〉
なんぎ
＝難義〈難しい意味〉～難義語
＝難儀〈苦労・困難〉～坂道に難儀する
なんきつ　難詰～不注意を難詰する
なんぎょう
＝難行〈極めてつらい修行〉～難行苦行
＝難業〈難しい事業〉～連覇の難業に挑む
なんくせ　難癖～難癖を付ける
なんこう（軟膏）→軟こう（を塗る）
なんこう（難行）→難航～交渉が難航する、捜査が難航する
なんこうふらく　難攻不落
なんど　納戸
なんなく（何なく）→難なく～難なく突破する
ナンバー・・　ナンバー～ナンバーワン、ナンバー2〈2以下は洋数字〉
なんぴょうよう（南氷洋）→南極海〈「南氷洋」は旧称〉

【に】

に　二・2～2階建て、二階屋、二重取り、2頭立て、二の足を踏む、二の腕、二の句が継げない、二の次、二番煎じ
に・・荷～荷扱い、荷さばき、荷造り（料）、荷積み、荷厄介
にあげ（荷上げ）→荷揚げ〈登山用語は「荷上げ」〉
にいさん　㊞兄さん
にいぼん　新盆
にうけ　荷受け（業務・仕事）～㊣荷受業者・代金・人・品目
注　経済関係複合語ルール参照。
にえる　煮える～生煮え、煮え切らない、煮えくり返る、煮えたぎる、煮え湯（を飲まされる）
におい・におう
＝匂い・匂う〈主によいにおい〉～梅の花の匂い、香水がほのかに匂う、匂い立つ、匂い袋
＝臭い・臭う〈主に不快なにおい〉～ガスが臭う、魚の腐った臭い、すえた臭い、生ごみが臭う
注　「辞任・出馬の意向をにおわす」など「ほのめかす」意味で用いる場合や、「強い香水・たばこのにおい」などよい香りか不快なにおいかが判別できない場合、「犯罪のにおい」など比喩的に使う場合は平仮名書きにする。
におう（仁王）→仁王（立ち・門）

に

におろし
=荷降ろし〈荷積みの対語〉～荷降ろし作業
=荷下ろし〈単純な作業〉
=荷卸し〈商業用語〉～荷卸し港、荷卸しの品

にがい　苦い～苦手、苦々しい、苦虫、苦笑い、ほろ苦い

にがす（遁△がす）→逃がす〈「のがす」と読む場合は「逃す」〉～チャンスを逃がす

にがみ（苦味）→苦み～苦み走った顔

注　味覚を表す場合は「苦味」。

にがり（＊苦塩・、＊苦汁・）→にがり

にがる　苦る～苦り切る

にぎやか（賑△やか）→にぎやか

にぎる　握る～握り拳、握り締める、握りつぶす

注　「おにぎり」「にぎりずし」「にぎり飯」は平仮名書き。

にくい（悪・い）→憎い～憎しみ、憎々しい、憎らしい

・・にくい（難・い）→にくい〈接尾語〉～言いにくい、食べにくい

にくしゅ　肉腫

にくはく（肉迫）→㊎肉薄～首位に肉薄する

にくむ（悪・む）→憎む～憎まれ口、憎まれっ子、憎まれ役

にげる　逃げる～逃げ足、逃げ脚〈競馬〉、逃げうせる、逃げ口上、逃げ腰、逃げ込み、逃げ支度、逃げ延びる、逃げ場、逃げ惑う、逃げ水、逃げ道

にごす・にごる　濁す・濁る～お茶を濁す、空気が濁る、濁り酒、濁り水

にこやか（和・やか、柔・やか）→にこやか

にじ　虹～虹の懸け橋、ニジマス〈動物〉

にしき　錦～故郷に錦を飾る、錦絵、紅葉の錦、ニシキゴイ〈動物〉、ニシキヘビ・錦蛇〈動物〉

にしきのみはた（錦の御・旗）→㊞錦の御旗

にしじんおり　㊚西陣織

にじむ（滲△む）→にじむ～血がにじむ

にじょう　2乗

にじる（躙△る）→にじる～にじり口、にじり寄る

にしん（鰊△、鯡△）→ニシン〈動物〉～身欠きにしん

にせ（贋△）→偽～偽金、偽札、偽者、偽物

にせる　似せる～似せ絵

にそくさんもん（二足三文）→二束三文

にちじょうさはんじ　日常茶飯事

にっけい（肉桂△）→ニッケイ〈植物〉・にっけい〈香辛料、シナモン〉

にっしょく（日蝕△）→日食～金環日食

にっしんげっぽ（日新月歩▲）→日進月歩

にっちもさっちも（二進・も三進・も）→にっちもさっちも（いかない）

になう（荷・う）→担う～担い手

にのつぎ　二の次
にのまい
＝二の舞〈舞楽〉
＝二の舞い〈他人・前回と同じ失敗をする〉～二の舞いを演じる
にぶい　鈍い～勘が鈍る、鈍い日差し
にほんだて
＝2本立て〈映画など〉
＝2本建て〈価格〉
＝二本立て〈答申〉
にやす　煮やす～業を煮やす
にゅうぎょ（入魚▲）→入漁（権・料）
にゅうしょく（入殖▲）→入植
にゅうせき　入籍〈養子縁組の場合〉
注　結婚の場合は「婚姻届を出した」「結婚した」などとする。
にょうぼう　女房
にらむ（睨△む）→にらむ～にらみ合い、にらみが利く、にらみ付ける、にらめっこ
にる　煮る～煮込み、煮冷まし、煮炊き、煮付け、煮詰まる、煮浸し、煮物
にる　似る～似合い、似た者同士、似たり寄ったり、似て非なる、似ても似つかぬ
にわか（俄△）→にわか～にわか雨、にわか仕込み
にわとり　ニワトリ・鶏〈動物〉
にんきもの（人気物▲）→人気者
にんぎょう　人形～人形振り〈歌舞伎〉、人形を使う〈一般用語〉、人形を遣う〈文楽〉
にんしょう（任証▲）→認証～電子認証、認証式
にんじょう（刃傷●）→慣刃傷～刃傷沙汰
にんじん（人参●）→ニンジン〈植物〉～朝鮮ニンジン、にんじんジュース
にんにく（大蒜●△、葫△）→ニンニク
にんぴ（認非▲）→認否～罪状認否
にんよう
＝任用〈任命し用いる〉～要職に任用
＝認容〈認め受け入れる〉～行動を認容

【ぬ】

ぬう　縫う～縫いぐるみ、縫い代＝しろ＝、縫い付ける、縫い取り、縫い針、縫い目、人混みを縫う
ぬか（糠△）→ぬか～小ぬか雨、ぬか漬け、ぬかにくぎ、ぬかみそ、ぬか喜び
ぬかす・ぬかる　抜かす・抜かる～腰を抜かす、手抜かり、抜かりなく
ぬかずく（額●ずく）→ぬかずく～墓前にぬかずく
ぬきうち　抜き打ち（解散・検査）〈射撃は「抜き撃ち」〉
ぬきんでる（抽●んでる、擢△んでる）→抜きんでる〈「抜きんじる」は誤用〉
ぬく・ぬける　抜く・抜ける～抜き足

差し足、抜き書き、抜き差し、抜き手、抜き取り（調査）、抜き身、抜け穴、抜け駆け、抜け替わる、抜け毛、抜け荷、抜け道、抜け目がない

ぬぐ・ぬげる　脱ぐ・脱げる～脱がす、脱ぎ捨てる、肌脱ぎ

ぬくい（温い）→ぬくい

ぬぐう　拭う～口を拭う、手拭い、拭い去る、拭い切れない疑念

ぬくぬく（温々）→ぬくぬく～ぬくぬくと育てられる

ぬけがら（脱け殻）→抜け殻

ぬけだす（脱け出す）→抜け出す～教室を抜け出す、不況を抜け出す

ぬけぬけと（抜け抜けと）→ぬけぬけと

ぬすっと　(慣)盗っ人～盗っ人たけだけしい

ぬすびと　盗人

ぬすむ　盗む～盗み聞き、盗み食い、盗み撮り、盗み見

・ぬり
＝塗り〈一般用語〉～上塗り、朱塗り、ペンキ塗り
＝(省)**塗**〈地名などを冠した工芸品〉～**春慶塗、輪島塗**

ぬる　塗る～塗り絵、塗り替え、塗り薬、塗り込める、塗りたくる、（ペンキ）塗りたて、塗り箸、塗り盆、塗り物、(省)**塗物師**

ぬるい（温い、微温い）→ぬるい～手ぬるい、生ぬるい、ぬるま湯

ぬれぎぬ（濡れ衣）→ぬれぎぬ～ぬれぎぬを着せられる

ぬれてであわ（濡れ手で粟・泡）→ぬれ手で粟（あわ）・あわ

ぬれる（濡れる、沾れる）→ぬれる～ずぶぬれ、ぬれ縁、ぬれ髪、ぬれそぼつ、ぬれねずみ、ぬれ羽色

【ね】

ね　音～ぐうの音、音色、音を上げる、初音、本音、虫の音、弱音

ね　根～息の根、舌の根、性根、付け根、根固め、根腐れ、根こそぎ、根締め、根城、根絶やし、根付く、根付け〈工芸〉、根強い、根無し草、根深い、根掘り葉掘り、根回し、根も葉もない

ね　値～言い値、掛け値、指し値、捨て値、値上がり、値上げ（幅）、値動き、値打ち、値がさ、値決め、値切る、値崩れ、値下がり、値下げ（交渉）、値付き、値引き（商品・率）、値踏み、呼び値、寄り値、(省)**売値、卸値、終値、買値、小売値、建値、始値**

ね　寝～ごろ寝、雑魚寝、添い寝、泣き寝入り、寝息、寝入りばな、寝起

き、寝返り、寝癖、寝言、寝込み、寝覚め、寝静まる、寝相、寝そびれる、寝そべる、寝たきり、寝たばこ、寝付き、寝床、寝泊まり、寝冷え、寝坊、寝ぼけ眼＝まなこ

ねあせ（＊盜汗）→寝汗

ねえさん ㊐姉さん

ねがい

＝願い〈一般用語〉～平和の願い

＝㊔**願**〈書式〉～**退職願**、**入学願**

ねがう 願う～願い事、願い下げ、願い出る、願わくは〈「願わくば」とも〉、願わしい

ねかす 寝かす～寝かし付ける、寝かし物、寝かせる

ねぎ（葱）→ネギ〈植物〉～ねぎま汁

ねぎ（禰宜）→神主、神職

注 神職の階級の場合は「禰宜（ねぎ）」

ねぎらう（労う）→ねぎらう～ねぎらいの言葉

ねぐら（塒、寝ぐら）→ねぐら

ねこ ネコ・猫〈動物〉～猫かぶり、猫かわいがり、猫舌、猫背、猫なで声、猫の目、猫ばば、野良猫、化け猫、招き猫

ねごろ 値頃～値頃感、値頃な品

ねざす 根差す～地域に根差す

ねじ（螺子、捩子）→ねじ～ねじくぎ、ねじ回し、ねじ山

ねじる（捩る、捻る）→ねじる～ねじ上げる、ねじ切る、ねじ込む、ねじ伏せる、ねじ曲げる、ねじ向ける、ねじり鉢巻き、ねじれる

ねずみ（鼠）→ネズミ〈動物〉～ねずみ色、ねずみ返し、ねずみ講、ねずみ算、ネズミ捕り器、ねずみ花火、袋のねずみ

ねたむ（嫉む、妬む）→ねたむ～他人の幸福をねたむ、ねたみ

注「妬＝ねたむ」は表内訓だが、読みやすさに配慮して平仮名書きに。

ねつ 熱～熱意、熱演、熱気、熱冷まし、熱っぽい、熱弁、熱烈

ねっから 根っから

ねっこ（根っ子）→根っこ～首根っこ

ねつぞう（捏造）→捏造（ねつぞう）―作り事、でっち上げ

ねどし（子年）→ね年・子（ね）年―ねずみ年

ねばねば（粘々）→ねばねば

ねばる 粘る～粘つく、粘っこい、粘り、粘り気、粘り着く、粘り強い、粘り抜く

ねはん（涅槃）→涅槃（ねはん）～涅槃会（ねはんえ）

ねまき（寝巻き）→㊐寝間着

ねむる 眠る～居眠り、眠気、眠らす、眠り薬、眠りこける、眠り込む、眠りに就く

ねもと〈根許、根本〉→㊕根元

ねらい・ねらう 狙い・狙う～空き巣狙い、狙い澄ます、狙いどころ、狙い目

ねらいうち 狙い打ち〈主として野球〉～カーブを狙い打ち

＝狙い撃ち〈主として射撃、比喩的にも〉～銃で狙い撃ち、生活弱者が狙い撃ちされる

ねる 練る～作戦を練る、練り上げる、練り歩く、練り薬、練り製品、練り直し、練り歯磨き、練り物

ねわざ 寝技〈柔道など〉

ねわざし〈寝技師〉→寝業師

ねんがらねんじゅう〈年柄年中〉→年がら年中〈「年が年中」の変化形〉

ねんき ＝年季〈雇い人を使う約束の年限〉～年季明け、年季奉公、年季を入れる

＝年期〈1年を単位とする期間〉～年期小作

ねんぐ 年貢～年貢の納め時

ねんごろ 懇ろ～懇ろに弔う、懇ろになる

ねんざ 捻挫

ねんしゅつ〈拈出〉→捻出―工面、算段、ひねり出す

ねんしょう〈年小〉→年少

ねんぱい〈年輩〉→㊕年配～年配の人

ねんぽう〈年棒〉→年俸～年俸制

ねんりき 念力

ねんれい〈年令〉→年齢

【の】

の 野～野ざらし、野宿、野育ち、野垂れ死に、野積み、野放し、野武士、野太い、野焼き

のういっけつ〈脳溢血〉→脳出血

のうえん 濃艶―あでやか

のうがき 能書き

のうかんき 農閑期〈「農繁期」の対語〉

のうきぐ〈農器具〉→農機具

のうこうそく 脳梗塞

のうざしょう 脳挫傷

のうしゅよう 脳腫瘍

のうしょう〈脳漿〉→脳漿（のうしょう）―脳みそ

のうしんとう〈脳振盪、脳震盪〉→脳振とう

のうせきずい 脳脊髄

のうてんき〈脳天気〉→能天気

のうり〈脳裡〉→脳裏～脳裏に浮かぶ、脳裏をかすめる

のがす・のがれる 逃す・逃れる～言い逃れ、責任逃れ、難を逃れる、見逃す、優勝を逃す

注「にがす」と読む場合は「逃がす」。

のき 軒～軒先、軒並み、軒端、軒割

り、軒を連ねる

のく(退く)↓のく～遠のく、飛びのく、のかす、跳ねのく

注「立ち退く」は漢字書き。

のけぞる(仰け反る)↓のけ反る

のけもの(除け者)↓のけ者

のける(退ける、除ける)↓のける～押しのける、払いのける

のこぎり(鋸)↓のこぎり

のこす・のこる(遺す)↓残す・残る～残り香、残り火、残り物

のせる・のる

=乗せる・乗る〈一般用語。主として行為・動作〉～脂が乗る、上乗せ、大台に乗せる、風に乗って飛ぶ、肩に乗せる、軌道に乗る、興に乗る、曲乗り、口車に乗る、計略に乗せる、交渉のテーブルに乗せる、尻馬に乗る、時流に乗る、図に乗る、電波に乗せる、相談に乗る、波に乗る、乗り合い(バス・料金)、乗り入れ(交渉)、乗り降り、乗り掛かった船〈成句〉、乗り気、乗り切る、乗り組み(客)、乗り越える、乗り心地、乗り込む、乗り出す、乗りづめ、乗り手、乗り物、飛行機に乗る、一口乗る、(省)**乗合馬車・船、乗組員**

=載せる・載る〈掲載、積載〉～網棚・車に荷物を載せる、貨物を載せた飛行機、雑誌に広告を載せる、新聞に載った事件、地図に載っていない地名、机の上に載せた本、まな板に載せる、名簿に載る

のぞく 除く～取り除く

のぞく(覗く、覘く)↓のぞく～鍵穴をのぞく、雲間から月がのぞく、のぞき見

のぞむ

=望む〈希望、望見〉～海を望む、多くを望まない、心から望む、成功を望む、高望み、望ましい、望み薄、望みを達する、はるかに富士を望む

=臨む〈臨場、臨機〉～海に臨む旅館、終わりに臨んで、会議・試合に臨む、機に臨み変に応じて、厳格な態度で部下に臨む、事・時に臨んで、その場に臨む、難局に臨む

のだて 野立て(看板・広告)〈「のだち」とも〉

のだて(野点)↓野だて〈茶道〉

のち 後〈先・前の対語〉～曇り後晴れ、…した後に、その後、後添い、後々・のちのち、後の世、後ほど

注「…した後、」「その後、」などは後に漢字が続いた場合の読み紛れを防ぐため、読点を付ける。

のっとる(則る、法る)↓のっとる～先例にのっとる、法にのっとる

のっとる　乗っ取る～乗っ取り犯
のっぴき（退っ引き）↓のっぴき（ならない）
のど（咽、咽喉）↓喉～喉から手が出る、喉越し、喉笛、喉仏、喉元過ぎれば熱さを忘れる、喉輪〈相撲〉
注「のど自慢」などは平仮名書き。
のどか（長閑）↓のどか
ののしる（罵る）↓ののしる
注　表内訓だが、読みやすさに配慮して平仮名書きに。
のびのび
＝伸び伸び〈伸びやか〉～子どもが伸び伸び育つ
＝延び延び〈期限が遅れる〉～決定・返事が延び延びになる
のびる・のばす・のべる
＝伸びる・伸ばす・伸べる〈縮の対語。背のびする、真っすぐになる〉～うどん・そばが伸びる、売り上げが伸びる、学力が伸びる、髪・ひげを伸ばす、体が伸び切る、救済の手を差し伸べる、記録・成績を伸ばす、草木が伸びる、腰・背筋を伸ばす、ゴムひもが伸びる、才能を伸ばす、写真を引き伸ばす、身長が伸びる、勢力を伸ばす、背伸び、捜査の手が伸びる、旅先で羽を伸ばす、手足を伸ばす、伸び上がる、伸び盛り、伸び縮み、伸び悩み、伸びをする、販路を伸ばす、日脚が伸びる、飛距離を伸ばす、平均寿命の伸び率
＝延びる・延ばす・延べる〈広がる、延長、延期〉～生き延びる、落ち延びる、開会を延ばす、会期・期限が延びる、回線を延ばす、繰り延べ、決定を延ばす、航空路が延びる、出発を延ばす、寿命が延びる〈延寿、延命〉、地下鉄が郊外に延びる、手延べそうめん、遠くまで足を延ばす、床を延べる、逃げ延びる、日限が延びる、延べ板、延べ金、延べ勘定、延べキロ数、延べ人員、延べ日数、延べ払い（代金・輸出）、（金の）延べ棒、延べ（床）面積、梅雨前線が延びる、間延び
注「クリームがのびる」「しわがのびる」「疲れてのびる」など使い分けに迷う場合は平仮名書き。
のべ　野辺（の送り）
のほうず（野放途、野方図）↓野放図
のぼせる　上せる〈取り上げる、のせる〉～食卓に上せる、話題に上せる
のぼせる（逆上せる）↓のぼせる〈上気する、熱中する〉～長湯でのぼせる、のぼせ上がる
のぼり（幟）↓のぼり（旗）～こいのぼり
のぼりぐち
＝上り口〈階段〉

＝登り口〈登山〉

のぼる

＝上る〈下るの対語〉～頭に血が上る、うわさに上る、屋上・屋根に上る、階段を上る、川を上る、煙・湯気が立ち上る、坂を上る、沢上り、出世コースを上る、食卓に上る、水銀柱が上る、攻め上る、損害は1億円に上る、頂点に上り詰める、日程に上る、上りアユ、上り坂、上り調子、上り列車、話題に上る

＝昇る〈降の対語〉～エスカレーター・エレベーターで昇る、神殿に昇る〈昇殿〉、高い位に昇る、天に昇る〈昇天〉、日が昇る

＝登る〈よじのぼる〉～うなぎ登り、演壇に登る〈登壇〉、木に登る、コイの滝登り、天守閣・塔・望楼に登る、登り窯、マウンドに登る〈登板〉、山に登る〈登山〉、よじ登る

注「上」「昇」「登」は手段・行為によって使い分ける。紛らわしいときは平仮名書き。

のみ（蚤△）→ノミ〈動物〉～のみの市

のむ

＝飲む〈主として液体〉～お茶・酒・水を飲む、がぶ飲み、薬・錠剤を飲む、吸い飲み、茶飲み友達、飲み明かす、飲みかけのビール、飲み食い、飲み代＝しろ＝、飲みでがある、飲み干す、飲み物、飲み屋、飲んだくれ、湯飲み

＝（呑△む）→のむ〈丸のみする、抑える、隠し持つ〉～息をのむ、うのみにする、恨みをのむ、声をのむ、こつをのみ込む、清濁併せのむ、濁流・波にのまれる、敵をのむ、涙をのむ、のみ込みが早い、早のみ込み、懐に短刀をのむ、雰囲気にのまれる、蛇がカエルをのむ、要求をのむ

注「たばこをのむ」「大麻をのむ」なども平仮名書き。

のら 慣野良～野良犬・猫、野良着、野良仕事

のり（糊△）→のり～口をのりする、のりしろ、のり付け

のり（海●苔△）→ノリ〈海藻〉・のり〈食品〉～ノリの養殖、のり巻き、焼きのり

のりかえ（乗り替え）→乗り換え（時間・取引・場所・ホーム）～省**乗換駅**・券

のりと 慣祝詞～祝詞を上げる

のりめん（法●面）→のり面～道路ののり面

のる 乗る、載る

注「のせる・のる」の項参照。

のるかそるか（伸●るか反るか、乗▲るかそるか）→のるかそるか

のれん（暖簾）↓のれん（分け）
のろい（鈍い）↓のろい〜歩みがのろい
のろう（詛う）↓呪う〜死者の呪い、呪いを掛ける、呪わしい、世を呪う
のろし（狼火、狼煙、烽火）↓のろし
のわき　野分き
のんき（呑気、暢気、暖気）↓のんき

【は】

は　把〜1把＝いちわ＝、3把＝さんば＝、10把＝じっぱ＝、十把一からげ、銃把
は　刃〜替え刃、刃こぼれ、刃先、刃物、刃渡り、もろ刃
は　羽〜羽アリ、羽繕い、羽二重、羽ぼうき、ぬれ羽色
は　歯〜差し歯、継ぎ歯、歯が浮く、歯が立たない、歯がみ、歯がゆい、歯ぎしり、歯茎、歯触り、歯止め、歯並み、歯並び、歯に衣（きぬ）着せぬ、歯磨き、虫歯
は　端〜口の端、木っ端みじん、下っ端、年端、端株、端数、端物、端役、山の端
ばあい　㊔場合
はあく　把握〜現状を把握する
ばあさん（婆さん）↓ばあさん
はい　灰〜灰落とし、灰神楽、灰吹き
はい（胚）↓胚〜クローン胚、胚性幹細胞（ES細胞）
はいえき
＝廃液〈役に立たなくなって捨てられる液〉〜工場廃液
＝排液〈排出された液〉〜排液の再利用
はいえつ（拝謁）↓お目にかかる
注「拝謁」は常用漢字だが、言い換える。
ばいえん（煤煙）↓ばい煙―すす
はいおく　廃屋
はいか（輩下）↓配下
はいが（胚芽）↓胚芽〜胚芽米
はいかい　俳諧〜俳諧師
はいかい（徘徊）↓徘徊（はいかい）―うろつく、ぶらつく、さまよう
はいがい
＝拝外〈外国の物や思想を崇拝する〉〜拝外思想
＝排外〈外国の物や思想を排除する〉〜排外運動
はいき（廃毀）↓廃棄〜産業廃棄物、廃棄処分
はいきガス（排気ガス）↓排ガス、排出ガス
注「気」は「ガス」の意なので、「排気ガス」は重複表現となる。
はいきょ（廃墟）↓廃虚
ばいきん（黴菌）↓ばい菌―（有害な）細菌、病（原）菌
はいぐう（配遇）↓配偶（者）

はいけつしょう 敗血症

はいこう
＝廃坑〈廃止された坑道・炭坑〉
＝廃鉱〈閉鎖された鉱山・炭鉱〉

はいざん
＝敗残〈戦いに負けて生き残る〉～人生の敗残者、敗残兵
＝廃残〈廃れて損なわれる〉～廃残の都市、廃残の身

ばいしゃく（媒妁）→媒酌～媒酌人、媒酌の労を取る

はいしゅつ
＝排出〈外へ出す〉～汚水を排出する
＝輩出〈人材が続々世に出る〉～人材が輩出する、有名選手を輩出した学校

注 「輩出する」は本来は自動詞だが、他動詞として使ってもよい。

ばいしゅん
＝売春～売春防止法
＝買春～買春ツアー

注 児童買春は「かいしゅん」とも読ませる。

はいじょ
＝排除〈取り除く〉～障害物を排除
＝廃除〈相続権を失わせること。民法〉～推定相続人の廃除

ばいしん（倍審）→陪審（員）

ばいじん（煤塵）→ばいじん

はいすい
＝排水〈排出された水、水を排出すること〉～温排水、工場排水〈一般用語〉、雑排水、産業排水、生活排水、排水基準、排水溝・口・ポンプ・路、排水する、排水トン、排水量
＝廃水〈使用後の汚れた水〉～廃水処理装置

注 工場関係などでは内容によって「排水」「廃水」を使い分ける。

＝配水〈水道などで水を配る〉～配水管、配水工事

はいすいのじん 背水の陣

はいする
＝廃する〈やめる、退かせる〉～王を廃する、虚礼を廃する
＝排する〈退ける〉～推測を排する、万難を排して出席する
＝配する〈配置〉～人材を配する、庭に石を配する

注 文語的な表現なので「廃止」「排除」「配置」など言い換えを工夫することが望ましい。

ばいせき（倍席）→陪席～陪席裁判官

はいせつ（排泄）→排せつ―排出

はいぜん 配膳～配膳係

はいたい（胚胎）→胚胎―はらむ、根差す、兆す

はいとく（悖徳）→背徳

はいねつ
＝排熱〈熱を外に出す〉～排熱器

＝廃熱〈副次的に発生した熱、余熱〉～廃熱ボイラー、廃熱利用

はいのう（背嚢）↓背のう

はいふ（配付）↓㊕配布〈「配付金」は別〉～ビラを配布する

はいぶつ 廃物（利用）

はいぶつきしゃく（廃仏毀釈、排仏毀釈）↓廃仏毀釈（きしゃく）

はいり

＝背理〈理屈に合わない〉～現実と背理した説

＝背離〈背き離れる〉～人心が背離する

はいれつ（排列）↓配列

はうた 端唄

はえ（蠅）↓ハエ〈動物〉～ハエがたかる、ハエたたき

はえなわ（延縄）↓はえ縄

はえぬき 生え抜き～生え抜きの選手

はえる

＝映える〈光に照らされて輝く、調和して美しく見える〉～朝日に映える、代わり映えがしない、紺のスーツに赤のネクタイが映える、映え渡る空、紅葉が映える、夕映え、和服が映える人

＝栄える〈立派に見える、繁栄、栄光〉～出来栄え、栄えある受賞（章）・勝利、見栄えがする

はえる 生える～生え替わる、生え際、生えそろう

はおり ㊒羽織～陣羽織、羽織はかま

はおる 羽織る～コートを羽織る

ばか（馬鹿、莫迦）↓ばか～ばかげる、ばか正直、ばか力、ばかに、ばかにする、ばかばかしい、ばか話、ばからしい、ばか笑い

注 「ばかちょんカメラ」「ばかでもチョンでも」「ばかの一つ覚え」などの表現は使わない。

はがいじめ（羽交い絞め）↓羽交い締め

はがき（端書、葉書）↓はがき

はがす 剝がす～着物を剝ぐ、化けの皮が剝がれる、ペンキが剝げる、ポスターを剝がす

ばかす 化かす～化かし合い

はかせ ㊖博士

注 学位の場合は「はくし」。

はがた

＝歯形〈歯でかんだ痕〉～歯形が残る

＝歯型〈歯並びを写し取ったもの〉～歯型を取る

はかどる（捗る）↓はかどる～勉強がはかどる

はかない（儚い、果敢無い）↓はかない～はかない夢

はかなむ（儚む）↓はかなむ～世をはかなむ

はがね 鋼

はかま（袴）↓はかま

はかまいり（墓詣り）↓墓参り

はかもり ㊔墓守
はからう 計らう〜特別な計らい、取り計らう、見計らう
はからずも（計らずも）↓図らずも
はかり（秤）↓はかり〜はかりに掛ける
はかりごと（謀）↓はかりごと〜はかりごとを巡らす
はかる
＝図る〈意図、企画〉〜あに図らんや、解決を図る、拡大を図る、局面の打開を図る、合理化を図る、再起を図る、詐欺を図る、自殺を図る、便宜を図る、身の安全を図る
＝計る〈計算、計画〉〜国の将来を計る、時間・タイミングを計る、計り知れない、まんまと計られる
＝測る〈測定、推測〉〜相手の心中を測る、温度・高度・深度・速度・濃度を測る、距離を測る、血圧を測る、好不調を測るバロメーター、真意を測りかねる、身長を測る、人物の才能を測る、政治動向を測る、面積を測る
＝量る〈計量、推量〉〜入るを量りていずるを制す、推し量る、体重・目方を量る、量り売り、升で量る、容積を量る
注「身長と体重を測る」は別。
＝謀る〈謀議、謀略〉〜悪事を謀る、暗殺を謀る、会社の乗っ取りを謀る、競争相手の失脚を謀る
＝諮る〈諮問〉〜会議・審議会に諮る
はき（破毀）↓破棄〜一審判決を破棄する、契約を破棄する
はき 覇気〜覇気がない
はきもの ㊔履物
ばきゃく 馬脚〜馬脚を現す
はぎれ 歯切れ〜歯切れがいい
はぎれ 端切れ〜端切れ細工
はく（箔）↓箔（はく）〜アルミ箔（はく）、金箔（きんぱく）、箔（はく）が付く
はく 吐く〜吐き気、吐き下し、吐き捨てる、吐き出す、吐き散らす
はく 掃く〜掃き清める、掃き捨てる、掃き掃除、掃きだめ
はく
＝履く〈履物を足に着ける〉〜上履き、靴・草履を履く、げた履き、（靴を）履き違える
注「自由をはきちがえる」など意味の取り違えをいう場合は「はき違える」でもよい。
＝（穿く）↓はく〈足・もも・腰にまとう〉〜靴下をはく、スカート・ズボンをはく
＝（佩く）↓はく〈腰に着ける〉〜刀・剣をはく
はぐ 剝ぐ〈むき取る、奪い取る〉〜追い剝ぎ、皮を剝ぐ、官位を剝ぐ、剝ぎ取る

はぐ〈接ぐ、綴ぐ〉→はぐ〈つぎ合わせる〉〜継ぎはぎ、はぎ合わせる
はくあ〈白堊〉→白亜〈の殿堂〉
はぐくむ 育む〜愛を育む、親鳥がひなを育む
はくさい ハクサイ・白菜〈植物〉
ばくしゅう 麦秋〈陰暦4月の異称。麦を収穫する初夏の頃〉
ばくしん〈驀進〉→突進、猛進、まっしぐら
はくする 博する〜好評を博する
はくせい 剝製
ばくぜん 漠然
ばくだい〈莫大〉→莫大〈ばくだい〉―多大、膨大
はくだつ
=剝奪〈力ずくで取り上げる〉〜権利を剝奪する、資格・地位を剝奪する
=剝脱〈はぎ落とす、はげ落ちる〉〜壁のタイルを剝脱する、金箔〈きんぱく〉が剝脱する
ばくち〈博打〉→ばくち〈打ち〉
はくちゅう 伯仲〜実力伯仲
はくちょう ハクチョウ・白鳥〈動物〉
ばくとして 漠として
はくないしょう〈白内症〉→白内障
はくはん 白斑
はくび 白眉―出色、最高、随一、傑出した
ばくふ〈瀑布〉→滝
はくらく 伯楽〜名伯楽
はくらく 剝落―剝げ落ちる、剝げる
はくり 剝離―剝がれる〜網膜剝離
ばくろ〈曝露〉→暴露〜秘密・悪事を暴露する
はけ〈刷毛〉→はけ〈ブラシ〉〜はけ目
はげしい〈劇しい、烈しい〉→激しい
はげます・はげむ 励ます・励む〜励まし、励み
はける〈捌ける〉→はける〜在庫がはける、はけ口、水はけ
はげる
=剝げる〈取れて離れる〉〜塗り・メッキが剝げる
=〈禿げる〉→はげる〈抜けてなくなる〉〜頭がはげる、はげ山
ばける 化ける〜お化け、化け猫、化けの皮、化け物〈屋敷〉
はけん 覇権
はこ〈函〉→箱〜投票箱、跳び箱、箱入り娘、箱書き、箱詰め〈作業〉、箱庭、箱乗り、㊔箱詰〈製品〉
はこう〈跛行〉→ちぐはぐ、不均衡
はごたえ 歯応え
はざかいき 端境期
はこぶね〈方舟〉→箱舟〜ノアの箱舟
はざま〈狭間、迫間〉→はざま
はさみ〈鋏〉→はさみ〜はさみを入れる、花ばさみ
はさみうち〈挟み打ち〉→挟み撃ち

はさむ　挟む～板挟みになる、紙挟み、疑問を挟む、口・言葉を差し挟む、小耳に挟む、洗濯挟み、手挟む、挟み将棋、歯に挟まる
はし　端～片っ端、切れ端、端書き、端くれ、端っこ、端々
はし　箸～箸置き、箸が進む、箸遣い、箸にも棒にも掛からない、箸の上げ下ろし、箸休め、塗り箸、割り箸
はじ　恥～赤恥、生き恥、恥さらし、恥知らず、恥の上塗り、恥も外聞もない、恥をかく、恥をすすぐ〈恥をそそぐとも〉
はしか（＊麻疹）→はしか〈「麻疹＝ましん」の俗称〉
はしがかり（橋掛かり）→橋懸かり〈能・狂言〉
はじき（土師器）→土師（はじ）器
はじく（弾く）→はじく～おはじき、才はじける、爪はじき、（事件が）はじける、笑い声がはじける
はしげた　橋桁
はしご（梯子）→はしご～はしご酒、はしご車、はしごを外される
はしたがね（端金）→はした金
はしたない（端無い）→はしたない～はしたない振る舞い
はしなくも　端なくも
はじまる・はじめる　始まる・始める～怒っても始まらない、終わりの始まり、式が始まる、商売を始める
はじめ
＝初め〈主として時間に関連する名詞に〉～秋の初め、月初め、年の初め、初めから疑って掛かる、初めに思ったこと、初めのうちは、初めの日、初めまして、物事の初め
＝始め〈主として動詞、または物事に関連する名詞に〉～国・人類の始め、稽古・けいこ始め、事始め、仕事始め、手始め、年始めの行事、始めと終わり、㊔**歌会始**、**講書始**
・・（を）はじめ（始め）→（を）はじめ〈筆頭に〉～先生をはじめ全員が出席
はじめて　初めて〈副詞〉～初めての経験、初めて見る土地
はじめね　㊔**始値**〈市況用語〉
はしゅ（播種）→種まき
ばしょう（芭蕉）→バショウ〈植物〉～ばしょう織り、ばしょう布
はじらう（羞じらう）→恥じらう
はしり（走り）→はしり〈先駆け、初物〉～サンマのはしり、梅雨のはしり〈「走り梅雨」は漢字書き〉
はしる　走る～走り書き、走り去る、走り高・幅跳び、走りだす、走り使い、走り回る、走り寄る
はじる（愧じる、羞じる）→恥じる～恥じ入る
はす（斜）→はす～はす交い、はす向か

い

はす（蓮△）↓ハス〈植物〉～ハス池、はすっぱな口調

はずかしい　恥ずかしい～気恥ずかしい、小恥ずかしい、恥ずかしがる

はずかしめる　辱める～辱め

はずす・はずれる　外す・外れる～席を外す、町外れ、予想が外れる

はずみ　弾み～弾みがつく、弾みのよいボール、弾みを食らう、ものの弾み

注「軽はずみ」は平仮名書き。

はずむ　弾む～息が弾む、祝儀を弾む、話が弾む

ばせい　罵声―ののしり声、怒鳴り声～罵声を浴びせる

はせる（馳△せる）↓はせる～遅ればせ、思いをはせる、はせ参じる

はた　旗～旗色、旗頭、旗ざお、旗指し物、旗印、旗振り役、旗本

はた

＝端〈ふち、へり〉～井戸端、堀端、道端、炉端

＝（傍、側）↓はた〈傍ら、そば〉～はたから見ると、はた目、はた迷惑

はた・はたけ（畠△）↓畑～畑違い、畑作

はだ（膚）↓肌～素肌、肌合い、肌寒い、肌触り、肌身離さず、一肌脱ぐ、名人肌、柔肌

はたあげ（旗上げ、旗挙げ）↓(統)旗揚げ～旗揚げ公演、派閥の旗揚げ

はたおり　機織り

はだか　裸～裸踊り、裸の付き合い、裸祭り

はだし（裸足）↓はだし

はたして　果たして

はたす　果たす～大役を果たす、果たし合い、目的を果たす

はたち　(慣)二十・二十歳

注　通常は「20歳」と書く。

はたらく　働く～働かす、働き掛ける、働き口、働き盛り、働きづめ、働き手、働き者

はたん　破綻―失敗、破局、つまずき、行き詰まる～財政が破綻する

はち　ハチ・蜂〈動物〉～スズメバチ、泣き面に蜂、働き蜂、蜂の子、蜂の巣をつついたような、ミツバチ・蜜蜂

はち　鉢～鉢合わせ、鉢植え、鉢巻き、鉢物

ばち（撥△）↓ばち～三味線・太鼓のばち

ばちあたり　罰当たり

はちみつ　蜂蜜

はちめんろっぴ（八面六臂△）↓八面六臂（ろっぴ）―縦横無尽

はちゅうるい（爬△虫類）↓爬虫（はちゅう）類

はつ　初～お初に、初午（はつうま）・初うま、初恋、初氷、初仕事、初競り、

初荷、初舞台、初参り、初物食い

はつえんとう
＝発炎筒〈煙と火を出すもの、列車・バスなどの非常信号用〉
＝発煙筒〈煙だけを出すもの、消防演習、煙幕、農家の霜よけ用〉

はっか　ハッカ・薄荷〈植物〉～薄荷あめ

はつか　㊫二十日
注　通常は「20日」と書く。

はつかねずみ（二十日鼠△）→ハツカネズミ〈動物〉

ばつがわるい（罰▲が悪い）→ばつが悪い

はづき　葉月〈陰暦の8月〉

はっけ（八卦△）→はっけ〈占い〉～当たるもはっけ、はっけよい

ばっこ（跋△扈△）→横行、はびこる、のさばる

はっこう（薄倖△）→薄幸

はっこう（醱△酵）→発酵

はっし（発止）→はっし～はっしと受け止める

はっしん（発疹○）→発疹〈「ほっしん」とも〉
注　「丁々発止」は別。

ばっすい（抜萃△）→抜粋

ばってき（抜擢△）→抜てき―（特に）登用、（特に）起用～抜てき人事

はっと　法度～ご法度

はっとうしん（八等身）→八頭身

はっぱ　発破～岩盤に発破を掛ける、部下にハッパを掛ける〈比喩〉

はっぴ（半被●）→法被～そろいの法被

はっぷ
＝発布〈法令などを世間に広く知らせる〉～憲法を発布
＝発付〈刑事訴訟法〉～逮捕状の発付

はっぷん（発憤）→発奮

はっぽう　発泡（酒・スチロール）

はつもうで　㊓初詣
注　「大山詣で」「熊野詣で」など他の「…詣で」には送り仮名を付ける。

はつらつ（潑△剌△、溌△剌△）→はつらつ―生き生き、きびきび、活発

はで　派手～派手好き、派手やか

ばていけい（馬蹄△形）→馬てい形〈U字形〉

はてる　果てる～挙げ句の果て、最果て、疲れ果てる、成れの果て、果てしない

はてんこう（破天候▲）→破天荒〈前代未聞〉～破天荒の大事業

はと（鳩△）→ハト〈動物〉～伝書バト、はと時計、ハト派、はと笛、ハトムギ〈植物〉、はと胸

はとう（波濤△）→大波、荒波

ばとう　罵倒―ののしる

はとば（波戸場）→㊫波止場

はどめ　歯止め～歯止めをかける

はな
＝花〈一般用語。植物〉～生け花、言わ

ぬが花、傘の花が開く、死んで花実が咲くものか、花形選手・役者、花が散る、花曇り、花言葉、花盛り、花の五人衆、花の都、花祭り、花道、花も恥じらう、花も実もある、花より団子、花を添える、花を持たせる、一花咲かせる、両手に花
＝華〈比喩・形容表現〉～火事とけんかは江戸の華、大会の華、華のある役者、華々しい、華やか、華やぐ、武士道の華、文化の華

はな

＝鼻〈器官〉～鼻息が荒い、鼻歌交じり、鼻が利く、鼻風邪、鼻が高い、鼻紙、鼻白む、鼻血、鼻っぱし、鼻っ柱、鼻つまみ、鼻であしらう、鼻水、鼻持ちならない、鼻を明かす
＝(洟)↓はな〈鼻汁〉～はな垂れ小僧、
注 はなも引っ掛けない、はなをかむ、水っぱな

はな(端)↓はな〈先端、最初〉～階段の上がりはな、初っぱな、寝入りばな、はなから疑う

はなお(花緒)↓鼻緒～げたの鼻緒

はなし

＝話〈話される内容。名詞〉～打ち明け話、おとぎ話、(お)話をする、立ち話、茶飲み話、作り話、…という話だ、話がまとまる、話変わって、話にならない、話半分、話を伺いたい、昔話、笑い話
＝話し〈話すこと。動詞的〉～お話しする、お話しになる、話し合い、話し相手、話し掛ける、話し方、話し言葉、話し込む、話し上手、話し好き、話し手
注 「おはなし」の項参照。

はなしか(咄家、噺家)↓はなし家―落語家

はなす・はなれる

＝放す・放れる〈解放、放棄〉～開け放す、言いっ放し、家を手放す、勝ちっ放し、魚を川に放す、突き放す、手放しで喜ぶ、鳥を放す、野放し、放し飼い、放れ馬・駒、見放す、矢は弦を放れた
＝離す・離れる〈距離関係、分離〉～浮世離れ、駅から離れた町、懸け離れる、金離れがいい、競争相手を引き離す、切り離す、故郷・職を離れる、素人離れ、巣離れ、戦列を離れる、握った手を離す、肉離れ、日本人離れ、肌身離さず、離れ駒〈将棋〉、離れ座敷、離れ島、離れ離れ、離れ家、人里離れた場所、目を離す、持ち場を離れる

はなつ 放つ～開け放つ、言い放つ、解き放つ、抜き放つ

はなはだ　甚だ・はなはだ
はなはだしい　甚だしい
はなむけ（餞、贐、鼻向け）→はなむけ
～はなむけの言葉
はなれわざ（放れ技）→離れ業〈体操は「離れ技」〉
はなわ（花環）→花輪
はにわ（埴輪）→埴輪（はにわ）
はね
＝（翅）→羽〈主に翼、昆虫のはね、比喩にも〉～風切り羽、トンボの羽、羽が生えたように、羽を伸ばす・広げる、飛行機の羽〈翼〉
＝羽根〈ばらばらにした鳥の羽、羽根形の器具・部品〉～赤い羽根・緑の羽根〈共同募金〉、追い羽根、スクリュー・扇風機・竹とんぼ・プロペラ・砲弾の羽根、タービンの羽根車、羽根突き、羽根布団、ヘリコプターの羽根〈回転翼〉、矢羽根

ばね（＊発条）→ばね～ばね仕掛け
注　「危機感をバネに…」など比喩的に使う場合は片仮名書きにしてもよい。
はねる
＝跳ねる〈とびあがる、とびちる。主として自動詞〉～油が跳ねる、馬が跳ねる、芝居・店が跳ねる、泥水が跳ねる、跳ね上がる、跳ね起きる、跳ね（っ）返り、跳ね返る、跳ね橋、跳ね回る
＝（撥ねる）→はねる〈はじきとばす、かすめとる、拒絶する。主として他動詞〉～上前をはねる、車にはねられる、検査ではねる、泥水をはね上げる、はね返す、はねのける、ピンはね、文字の終わりをはねる、要求をはねつける
＝（刎ねる）→はねる〈切り落とす〉～首をはねる

はば（巾）→幅～口幅ったい、幅跳び、幅広い、幅寄せ、幅を利かせる
ばば（婆）→ばば～ばば抜き
はばかる（憚る）→はばかる～はばかりながら
はばたく（羽搏く、羽撃く）→羽ばたく～羽ばたき
はふ　破風～唐破風、破風造り
はぶり　羽振り～羽振りがいい・よい
はまき　㊔**葉巻**
はまぐり（蛤）→ハマグリ〈動物〉～焼きはまぐり
はまや（浜矢）→破魔矢
はまる・はめる（嵌、塡）→はまる・はめる～当てはまる、はまり役、はめ込む、深みにはまる、指輪をはめる
はみだす（食み出す）→はみ出す～枠をはみ出す
はむかう（刃向かう）→歯向かう～権力に歯向かう

はめ（破目、端目）→㊔羽目～苦しい羽目に陥る、羽目板、羽目を外す

はや（早）→はや〈副詞〉～はや1年、もはや

はやい

＝早い〈主として時間関係。時刻・時期が前である。晩の対語〉～諦めが早い、足が早い（鮮度、売れ行き）、足早に立ち去る、いち早く、遅かれ早かれ、変わり身が早い、気が早い、けんかっ早い、酒・火の回りが早い、時期が早過ぎる、上達が早い、素早い、…するが早いか、手っ取り早い、手早い、投票の出足が早い、のみ込みが早い、早い話が、早い者勝ち、早打ち・撃ち、早起き、（ビデオなどの）早送り、早帰り、早合点、早変わり〈歌舞伎、日本舞踊では「早替わり」も〉、早口、早くも、早咲き、早指し将棋、早死に、早出、早手回し、早場米、早引け、早めに来る、耳が早い、矢継ぎ早

＝速い〈主として速度関係。スピードがある。遅の対語〉～足が速い（脚力）、頭の回転が速い、車の速さ、決断が速い、呼吸・鼓動が速い、球が速い、出足が速い車、テンポ・ペースが速い、流れが速くなる、速足、速い動作

はやし（囃子、囃）→はやし～おはやし、はやし言葉、祭りばやし

はやす（囃す）→はやす～言いはやす、もてはやす

はやす　生やす～ひげを生やす

はやて（＊疾風）→はやて

はやばやと　早々と

はやまる・はやめる

＝早まる・早める〈主として時間関係〉～期日・時期が早まる、時刻・出発を早める、順番が早まる、早まって失敗する

＝速まる・速める〈主として速度関係〉～上げ足・下げ足を速める、回転・テンポが速まる、口を速めて言う、台風が速度を速める、船脚が速まる、歩度を速める、脈拍が速まる

はやり（＊流行）→はやり～はやり歌・風邪、はやり廃り

はやる

＝（流行る）→はやる〈流行する〉～風邪がはやる、はやっている店

＝（逸る）→はやる〈勇む〉～血気にはやる、心がはやる、はやり立つ

はやわざ（早技）→早業

はら（肚）→腹～腹いせ、腹いっぱい、腹が据わる、腹固め、腹黒い、腹ごしらえ、腹ごなし、腹立ち紛れ、腹鼓、腹積もり、腹に据えかねる、腹の虫が治まらない、腹ばい、腹巻き、

(省)**腹具合**

ばら（薔薇）→バラ〈植物〉～ばら色、バラ園

はらい・・　払い～払い腰、払い込む、払い下げ（価格・品）、払い出し（人）、払い物、払い渡し

はらいこみ　払い込み（受け付け・延期・開始・指定・状況・済み・中止・猶予・方法・予定）～(省)**払込額・金**、**払込機関**、**払込期日**、**払込先**、**払込資本**、**払込人**

注 経済関係複合語ルール参照。

はらいもどし　払い戻し（決定・限度・指定・状況・請求・手続き・方式・予定）～(省)**払戻額・金**、**払戻期間・日**、**払戻件数**、**払戻書・人**

注 経済関係複合語ルール参照。

はらう

＝払う〈取り除く、支払う、心を向ける〉～悪魔払い、足払い、辺りを払う、一時払い、枝を払う、お払い箱、金払い、敬意を払う、すす払い、厄払い、厄介払い

＝（祓う）→はらう〈神に祈って災いを除く〉～おはらい、はらい清める

注「悪魔払い、厄払い、お払い箱」は慣用で「払」を使う。

はらす・はれる　晴らす・晴れる～疑いが晴れる、恨みを晴らす、気晴らし、霧が晴れる

はらす・はれる　腫らす・腫れる～泣き腫らす、腫れが引く、腫れぼったい、腫れ物、目を腫らす

はらむ（孕む、妊む）→はらむ

はらわた（腸）→はらわた～はらわたが煮え返る・煮えくり返る

はらん（波瀾）→波乱～波乱含み

注「波瀾（はらん）万丈」は別。

はり

＝（鈎、鉤）→針〈一般用語〉～釣り針、縫い針、針刺し、針のむしろ

＝（鍼）→はり〈医療用語〉～はり・きゅう、はり師、はり麻酔

注「しんきゅう」の項参照。

はり（梁）→はり・梁（はり）〈水平材〉

ばり（罵詈）→罵詈（ばり）―悪口、雑言、ののしり～罵詈（ばり）雑言

はりだし　張り出し～張り出し窓、(省)**張出大関**〈相撲〉

はりつけ（磔）→はりつけ（の刑）

はる

＝張る〈取り付ける、広がる。一般用語〉～板張りの床、気が張る、強情・片意地を張る、氷が張る、策略を張り巡らす、障子・ふすまを張る、タイル張りの壁、テントを張る、根が張る、ポスターを張る〈掲示〉、張り合う、張り切る、張り子の虎、張り込み、張り付ける、張り手、張りのある声、張り番、張りぼて、

リンクを張る、論陣を張る
=貼る〈のりなどで付ける、付着。限定用語〉～切手を貼る、貼り薬、貼り付ける〈貼付〉、ポスターを接着剤で貼る、レッテル・ラベルを貼る
注「タイルをはる」など、取り付ける意味では「張る」を使うが、貼付する作業を強調したい場合などは「貼る」でも。「はり紙」「目ばり」「切りばり」「はり替える」「はり付ける」「はり出す」などは、接着剤や電子データの場合は「貼」、迷ったときは「張」を使う。
はるいちばん　春一番
はるか（遥△か）→はるか～はるかに見える、はるか昔の
はるさめ　春雨
はるばる（遥△々）→はるばる
はれ　晴れ～晴れがましい、晴れ着、晴れ姿、晴れ晴れ、晴れ晴れしい、晴れ間、晴れやか、（省）晴〈表・記号の場合〉
ばれいしょ（馬鈴薯△）→バレイショ〈植物。「ジャガイモ」の別称〉
注 市況・料理記事では「ジャガ芋」でもよい。
はれて　晴れて～晴れて自由の身となる
はれる　腫れる～腫らす、腫れ、腫れが引く、腫れ物
はれんち　破廉恥
はん
=判〈用紙・書籍・写真などの規格、印判〉～請け判、サービス判、35ミリ判、三文判、四六判、新書判、太鼓判、タブロイド判、B5判、判で押したような
=版〈印刷関係〉～オフセット版、海賊版、改訂版、活版、決定版、豪華版、縮刷版、図版、製版、絶版、第5版、地方版、銅版、凸版
はん・・（汎）→汎（はん）～汎（はん）アジア主義、汎神（はんしん）論
はんえい（反影）→反映
はんが（板画）→版画〈「棟方板画」など固有名詞的用法は別〉
ばんか（挽△歌）→挽歌（ばんか）―哀悼歌
ばんかい（挽△回）→㊕挽回～名誉挽回
はんがんびいき（判官贔△屓△）→判官びいき〈「ほうがんびいき」とも〉
はんき
=（叛△旗）→反旗〈謀反〉～反旗を翻す
=半旗〈弔意〉～半旗を掲げる
はんぎ（板木）→版木
はんぎゃく（叛△逆）→反逆～主君に反逆する、反逆児
ばんきん（鈑△金）→板金
ばんぐみ　（省）番組
はんこ（判子）→はんこ
はんこう

は

＝反抗〈逆らう〉～反抗期、反抗的
＝反攻〈反撃〉～反攻に転じる
はんごう（飯盒）↓飯ごう
はんさ（煩瑣）↓煩雑、煩わしい
ばんざい（万才）↓万歳～万々歳
はんざつ（繁雑）↓㊕煩雑～煩雑な手続き
ばんさん（晩餐）↓夕食（会）
注 皇室・王室関係の「晩さん会」、絵画の「最後の晩餐」などは別。
ばんじきゅうす（万事窮す）↓万事休す
ばんじゃく（磐石）↓盤石～盤石の構え
はんじょう（繁昌）↓繁盛
はんしょく（蕃殖）↓繁殖
はんしんふずい（半身不髄）↓半身不随
はんすう（反芻）↓反すう～牛の反すう、師の言葉を反すうする
はんせきほうかん（藩籍奉還）↓版籍奉還
はんせつ（半截）↓半切

ばんぜん（万善）↓万全～万全の態勢、万全を期する
ばんそうこう（絆創膏）↓ばんそうこう
はんそく（犯則）↓反則～交通反則金
注 国税通則法、関税法、地方税法などでは「犯則」。
はんだ（半田）↓はんだ・ハンダ（付け）
はんちゅう（範疇）↓範囲、カテゴリー、部類、枠
ばんづけ ㊒番付
はんてん 斑点
はんてん（半纏）↓はんてん
はんと（叛徒）↓反徒
はんにゃ ㊛般若
ばんねん 晩年～晩年の作
注 一生の終わりに近い時期。スポーツ選手の現役時代の終盤の意に使うのは誤り。
はんぱ 半端～中途半端、半端仕事
はんばく（反駁）↓反論

はんぱつ（反撥）↓反発
はんぷ 頒布
はんぷく 反復～反復練習
はんぺん（半片、半平）↓はんぺん
はんぼう（煩忙）↓繁忙
はんめん
＝半面〈一般用語。表面の半分、一方の面〉～隠れた半面、その半面では、盾の半面、半面の真理、便利な半面に危険性も
＝反面〈限定用語〉～反面教師、反面調査
はんもん（斑文）↓斑紋〈まだら模様〉
はんもん（煩悶）↓もだえ、悩み、苦悩
はんよう（汎用）↓汎用（はんよう）
ばんらい
＝万来〈多くの人が来る〉～千客万来
＝万雷〈激しい音〉～万雷の拍手
はんらん（叛乱）↓反乱
はんらん 氾濫～外来語の氾濫、河川

の氾濫

はんりょ　伴侶〈パートナー〉

はんれい

＝凡例〈書物の利用の仕方など、例言〉

＝範例〈手本〉

＝判例〈判決例〉

【ひ】

ひ

＝火〈燃える火〉～火遊び、火入れ(式)、火打ち石、火消し(役)、火攻め〈攻撃〉、火責め〈拷問〉、火付け役、火取り虫、火に油を注ぐ、火の消えたような、火の気、火の粉、火鉢、火膨れ、火元、火をおこす、火を付ける〈点火、放火〉、火を吐く勢い、火を見るよりも明らか

＝灯〈ともしび〉～赤い灯青い灯、伝統の灯を絶やさぬ、灯の光を慕って、灯をつける〈点灯〉、灯をともす、街の灯

ひ(陽)↓日～日当たり、日帰り、日傘、日替わり、日切れ、日暮れ、日盛り、日照り、日取り、日延べ、日増しに、日めぐり、日焼け、日雇い(労働者)、日よけ、日割り(計算)

ひ・・干～干上がる、干菓子、干潟、干からびる

ひあし

＝(陽足)↓日脚〈日の出から日没まで〉～日脚が伸びる

＝火脚〈火の燃え広がる速さ〉～火脚が速い

＝日足〈相場用語〉

ひいき(贔屓)↓ひいき～えこひいき、判官びいき、身びいき

ひいては(延いては、引いては)↓ひいては〈副詞〉

ひいでる　秀でる～一芸に秀でる

ひうん

＝(否運)↓非運〈つきがない、不運〉～わが身の非運を嘆く

＝悲運〈悲しい運命〉～悲運に泣く、悲運の名将

ひえしょう

＝冷え症〈症状〉

＝冷え性〈体質〉

ひえる　冷える～底冷え、寝冷え、花冷え、冷え込む、冷え冷え

びおんてき(微穏的)↓微温的―手ぬるい、不徹底

ひかえる　控える～差し控える、書類の控え、手控える、控え投手、控えめ、(省)控室

ひかげ

＝(日蔭)↓日陰〈日が当たらない場所〉～涼しい日陰、日陰になる

＝日影〈日の光〉～明るい日影、日影を浴びて

注 日照権関係は「日影＝にちえい」。建築基準法でいう「日の当たらない部分」のことで、「日影基準」「日影時間」など。

ひがけ　日掛け〜日掛け金融

ひがむ（僻△む）→ひがむ〜ひがみ根性

ひかり

＝光〈光線、名詞〉〜稲光、月の光、光を放つ

＝光り〈光ること、動詞的〉〜親の七光り、黒光り、底光り、光り物

ひかる　光る〜光り輝く

ひがんざくら・ひかんざくら

＝ヒガンザクラ・彼岸桜〈植物。春の彼岸ごろ咲く、西日本・韓国・中国に自生〉

＝（緋△寒桜）→ヒカンザクラ〈植物。2月ごろ咲く、沖縄・台湾・中国南部に自生、カンヒザクラとも〉

ひき・・　引き〜引き合い、引き合わせ、引き受ける、引き起こす、引き落とし（口座・処理）、引き金、引き込み線、引きこもる、引き下げ（率）、引き算、引き潮、引き締め（政策）、引き継ぎ（事務・調書・簿）、引き続き、引き綱、（お供を）引き連れる、引き出物、引き留める、引き取り（額・人）、引き抜き、引き離す、引き払う、引き船、引き分け、引き渡し（期日・数量）

・・ひき　引き〜置き引き、駆け引き、客引き、くじ引き、首っ引き、差し引き（計算）、線引き、綱引き、手引き〈誘導〉、天引き、値引き、棒引き、間引き、万引き、4割引き、(省)**忌引**、**差引高**、**字引**、**手引**〈案内書、冊子〉、**友引**、**取引**、**福引**、**水引**、**割引**

ひきあげる

＝引き上げる〈高い方へ上げる〉〜川・線路に落ちた人を引き上げる、給料・金利を引き上げる、出資金（額）を引き上げる〈増額〉、水準を引き上げる、部長に引き上げる

＝引き揚げる〈元の場所に戻る・戻す〉〜遺体を引き揚げる、海から車・沈没船を引き揚げる、海外から引き揚げる、故郷・宿舎に引き揚げる、出資金を引き揚げる〈回収〉、派遣役員を引き揚げる、花道を引き揚げる、引き揚げ者・船

ひきあて　引き当て（準備・予定）〜(省)**引当額・金・準備金**、**引当物品**

注 経済関係複合語ルール参照。

ひきいる　率いる

ひきうけ　引き受け（契約・限度・国・シンジケート団・手・分・募集・割合）〜(省)**引受額・高**、**引受期間**、**引受銀行・団**、**引受手形**、**引受人**

注 経済関係複合語ルール参照。

ひきかえ（引き替え）→引き換え（条件・方法）〜命・現金と引き換えに、

㊔代金引換〈郵便〉、引換係、引換券・証・票、引換所

ひきぎわ・ひきどき（退き際・退き時）↓引き際・引き時〈人の進退など〉～引き際を誤る

ひきこもる（引き籠もる、引き込もる）↓引きこもる

注「籠もる＝こもる」は表内訓だが、読みやすさに配慮して平仮名書きに。

ひきだし（抽き出し、抽斗）↓引き出し

ひきとり 引き取り～引き取り人、㊔軽油引取税

ひきにげ（轢き逃げ、引き逃げ）↓ひき逃げ

ひきのばす

＝引き伸ばす〈引っ張って長く・大きくする〉～ゴムひもを引き伸ばす、写真を引き伸ばす、引き伸ばし機

＝引き延ばす〈長引かす〉～回答・期限を引き延ばす、引き延ばし策

ひきもきらず 引きも切らず～引きも切らず客が来る

ひきょう（卑怯）↓ひきょう―卑劣

ひきょう 秘境～秘境探検

ひぎょう 罷業―ストライキ

ひきんぞく

＝卑金属〈貴金属の対語。亜鉛、鉄、銅、鉛など〉

＝非金属〈金属の対語。水素、炭素、硫黄など〉

ひく

＝（曳く、牽く、惹く、退く、抽く）↓引く〈一般用語〉～網を引く、糸を引く、風邪を引く、くじを引く、車を引く、けい線を引く、潮が引く、辞書を引く、水道を引く、設計図を引く、田に水を引く、注意を引く、綱を引く、手ぐすね引く、同情を引く、熱が引く、引く手あまた、人目を引く、幕を引く、身を引く、弓を引く、例を引く

＝弾く〈弾奏〉～爪弾く、ピアノ・バイオリンを弾く、弾き語り、弾き初め、弾き手

＝（碾く）↓ひく〈臼ですり砕く〉～臼をひく、ひき割り麦

＝（挽く）↓ひく〈刃物などで〉～コーヒー豆をひく、のこぎりでひく、ひき肉

＝（轢く）↓ひく〈車輪で〉～車にひかれる、ひき逃げ

ひげ（髭、鬚、髯）↓ひげ～顎ひげ、ひげそり、ひげ面

ひけぎわ・ひけどき（退け際・退け時）↓引け際・引け時〈取引所・仕事の終了間際など〉～引け際に呼び止められる

ひけつ（秘訣）↓秘訣（ひけつ）―奥の手、こつ、秘策、極意

ひけね ㊔引値〈相場用語。一般的には「終

値」を使う〉
ひける（退●ける）引ける～引け目を感じる
ひご（庇△護）→保護、かばう
ひご（蜚△語）→飛語～流言飛語
ひごう 非業（の最期）
びこう
＝鼻孔〈鼻の穴〉
＝（鼻腔△）→鼻腔（びこう）〈鼻の中の空所。医学関係は「鼻腔（びくう）」〉
ひこうにん（否▲公認）→非公認
ひごとに（日毎●に）→日ごとに
ひごろ 日頃・日ごろ～常日頃・常日ごろ
注 平仮名書きを活用。
ひざ 膝～立て膝、膝掛け、膝頭、膝詰め談判、膝枕
ひさい（菲△才）→（浅学）非才―浅才
ひさし（庇△）→ひさし～ひさしを貸して母屋を取られる

ひざし（陽●射●し）→日差し
ひさしい 久しい～久しぶり、久々
ひざまずく（跪△く）→ひざまずく
ひさめ 氷雨
ひざもと（膝下）→（統）膝元
ひじ（肱△、臂△）→肘～肩肘張る、肘掛け椅子・いす、肘鉄砲
ひしがた（菱△形）→ひし形
ひしめく（犇△めく）→ひしめく～ひしめき合う
ひしもち（菱△餅）→ひし餅
ひしゃく（柄●杓△）→ひしゃく
ひじゅん（批準）→批准～条約の批准
ひしょう（飛翔△）→飛翔（ひしょう）―飛行、飛ぶ～飛翔（ひしょう）体
びしょう
＝微小〈極めて小さい〉～微小動物
＝微少〈極めて少ない〉～微少量
ひじり（聖●）→ひじり
ひずみ（歪△み）→ひずみ～社会のひずみ、ひずみが生じる

ひせん（卑賤△）→卑しい
ひそ（砒△素）→ヒ素～ガリウムヒ素
ひそう（皮▲想）→皮相～皮相な見方
ひそう
＝悲壮〈悲しくも勇ましい〉～悲壮な覚悟・決意・最期
＝（悲愴△）→悲愴（ひそう）〈悲しく痛ましい〉―悲痛、悲傷
注 「悲愴交響曲」「悲愴ソナタ」などは読み仮名不要。
ひぞう（脾▲臓）→脾臓（ひぞう）
ひそかに（密かに、秘●かに）→ひそかに
ひぞっこ （慣）秘蔵っ子〈「ひぞうっこ」とも〉
ひそむ・ひそめる 潜む・潜める〈隠す〉～息・声を潜める、思いを潜める、影を潜める、鳴りを潜める、身を潜める、物陰に潜む
ひそむ・ひそめる（顰△む・顰△める）→ひ

ひ

そむ・ひそめる〈しかめる〉～ひそみに倣う、眉をひそめる

ひた（直）↓ひた～ひた押し、ひた隠し、ひたと、ひた走る、ひたむき

ひだ（襞）↓ひだ～ひだひだ、山ひだ

びたい（媚態）↓こび、色っぽさ

ひたす・ひたる　浸す・浸る～入り浸る、酒に浸る、水浸し、湯に浸る、喜びに浸る

注 食べ物の「おひたし」は平仮名書き。

ひたすら（只管）↓ひたすら

ひだち（日立ち）↓肥立ち～産後の肥立ち

ひだまり（陽溜まり）↓日だまり

ひだり　左～左うちわ、左利き、左前

ひたん（悲歎）↓悲嘆

ひちゃくしゅつし　非嫡出子

ひっ・

＝引っ～引っかく、引っ掛ける、引っ担ぐ、引っ越し（業者）、引っこ抜く、引っ込み思案、引っ提げる、引っ立てる、引っ詰め、引っ捕らえる、引っ剝がす、引っ張りだこ

＝ひっ～ひっきりなし、ひっくくる、ひっくり返る、ひっくるめて、ひったくり（強盗）、ひっぱたく

ひつ（櫃）↓ひつ～米びつ、炭びつ

ひつぎ（柩、棺）↓ひつぎ

ひっきょう（畢竟）↓結局、つまり、つまるところ

びっくり（吃驚）↓びっくり～びっくり仰天

ひづけ　㊒日付～日付変更線

びっこ（跛）↓足の不自由な人、足に障害のある人

ひっし

＝必死〈全力を尽くす〉～必死に逃げる

＝必至〈必ずそうなる〉～内閣総辞職は必至

ひつじ　ヒツジ・羊〈動物〉～羊飼い

ひつじどし（未年）↓ひつじ年・未（ひつじ）年

ひっしゅうかもく（必習課目）↓必修科目

ひっす　必須～必須アミノ酸、必須科目・条件

ひっせき（筆蹟）↓筆跡

ひっそく（逼塞）↓逼塞（ひっそく）―八方ふさがり、ひっそりと暮らす

ひってき（匹適）↓匹敵

ひっぱく（逼迫）↓（需給・財政）逼迫（ひっぱく）―窮迫、切迫、行き詰まり

ひづめ（蹄）↓ひづめ

びていこつ（尾骶骨）↓尾骨

ひでり（旱）↓日照り

ひと　人～人当たり、人垣、人柄、人聞き、人繰り、人混み、人さし指、人騒がせ、人好き、人擦れ、人だかり、人助け、人だま、人違い、人付

き合い、人っ子一人いない、人通り、人となり、人泣かせ、人懐(っ)こい、人波、人並み(外れた)、人払い、人減らし、人任せ、人見知り、人寄せ

ひと・・

=一〈主に漢字に続く場合、回数を示す場合〉~一味、一足先に、一汗かく、一当たり、一荒れ、一泡、一押し、一思い、一抱え、一稼ぎ、一塊、一区切り、一言、一筋、一そろい、一つかみ、一突き、一続き、一(っ)飛び、一つまみ、一通り、一握り、一寝入り、一眠り、一走り、一肌脱ぐ、一働き、一花咲かせる、一回り、一群れ、一巡り、一目ぼれ、一休み

注 文脈に応じて「ひと味」「ひと思い」「ひと言」などと平仮名書きしてもよい。

=(一)→ひと〈主に平仮名に続く場合、副詞、名詞〉~ひとくさり、ひとしきり、ひとたまり、ひとまず、ひとまたぎ、ひとまとめ、ひともうけ

=1〈洋数字の場合〉~1口500円、1桁の成長率

ひどい(酷い、非道い)→ひどい~こっぴどい、手ひどい

ひといきれ(人熱れ、人息れ)→人いきれ

ひとえ

=一重〈一枚だけ、単弁〉~紙一重、一重まぶた

=(単、*単衣)→ひとえ〈着物。「十二単(ひとえ)」は別〉~ひとえ羽織

ひとえに(偏に)→ひとえに〈副詞〉

ひとかた(一方)→ひとかた(ならず)

ひとかど(一廉)→ひとかど

ひときわ(一際)→ひときわ

ひとけ(人気)→人け~人けがない

ひとごこち(人心地)→人心地~人心地がつく

ひとごと(人事、他人事)→人ごと・ひとごと(ではない)

注 「他人事=たにんごと」は使わない。

ひとごみ(人込み)→人混み

ひところ(一頃)→ひと頃・ひところ

ひとさしゆび(人差し指、人指し指)→人さし指

ひとしお(一入)→ひとしお~喜びもひとしお

ひとたび(一度)→ひとたび・一たび〈いったん〉

ひとつ 一つ~一つ覚え、一つずつ、一つ一つ

ひとづかい(人遣い)→人使い~人使いが荒い

ひとづて(人伝て)→人づて~人づてに聞く

ひとで（海星、人手）↓ヒトデ〈動物〉

ひととき（一時）↓ひととき

ひとなみ

＝人波〈群衆〉～人波が続く、人波にもまれる

＝人並み〈世間と同じ程度〉～人並み以上の苦労をする、人並みの暮らし

ひとはだ（人膚）↓人肌～人肌が恋しい、人肌程度に燗（かん）をする、人肌のぬくもり

ひとはだぬぐ（一膚脱ぐ）↓一肌脱ぐ

ひとみ（眸、睛）↓瞳

ひとみごくう（人身御供）↓㊐人身御供

ひとり

＝1人〈他の数字と置き換えられるもの。人数〉～被害者の1人は女性、1人当たり、1人死亡3人重傷、1人ずつ

＝㊐一人〈他の数字と置き換えられない場合など〉～自分一人、首相候補の一人、誰一人として、人っ子一人いない、（マージャンで）一人勝ち、一人（っ）きり、一人芝居（を演じる）、一人旅、一人っ子、一人天下、一人二役、一人息子・娘

＝独り〈孤独、単独、独立などの意味合いが強いもの〉～（米国の）独り勝ち、独り合点、独り決め、独り気を吐く、独り言、独り占め、独り相撲、独り立ち、独りで悩む、独り寝、独り…ばかりでなく、独り舞台、独りぼっち、独り身、独り者、独り善がり、独り笑い

注「1人」「一人」「独り」は内容によって使い分ける。文脈によって「ひとり芝居、ひとり旅」など平仮名書きを活用する。

ひとりあるき

＝一人歩き〈単独〉～暗い夜道の一人歩きは危険

＝独り歩き〈独立、勝手に動く〉～うわさ・作品・法律が独り歩きする、子どもが独り歩きする

ひとりぐらし

＝1人暮らし〈人数〉～1人暮らしの大学生

＝独り暮らし〈孤独〉～独り暮らしの高齢者対策

ひとりでに（独りでに）↓ひとりでに

ひとりひとり　一人一人・一人ひとり～一人一人数える、一人ひとりの個性

ひな（雛）↓ひな～ひな型、ヒナギク〈植物〉、ひな壇、ひな鳥、ひな祭り

ひなが（日長）↓日永～春の日永〈「秋の夜長」〉

ひなた（日向）↓日なた～陰日なたなく、日なた臭い、日なたぼっこ

ひなん（批難）↓非難～非難の的、非難を浴びる

ひにく　皮肉〜皮肉屋、皮肉る
ひにち（日日）↓日にち
ひにん（非認）↓否認
ひねくれる（捻くれる、拈くれる）↓ひねくれる〜ひねくり回す、（俳句を）ひねくる、ひねくれ者
ひねる（捻る、撚る）↓ひねる〈ねじる〉〜頭・首をひねる、手をひねる
ひのえうま（丙午）↓ひのえうま・丙午（ひのえうま）
ひのき（檜）↓ヒノキ〈植物〉〜ひのき舞台、ひのき風呂
ひのこ（火の子）↓火の粉
ひばく
＝（被曝）↓被ばく〈放射線などにさらされる〉〜被ばくした第五福竜丸、（核実験・原発事故の）被ばく者、被ばく線量
＝被爆〈爆撃を受ける。原水爆の被害を受ける〉〜広島・長崎の被爆者

ひびく　響く〜響き渡る
ひぶ
＝日歩〈100円に対する1日の利息〉〜日歩1銭
＝日賦〈負債を日々に割り当て支払う〉〜日賦で支払う
ひぶた（火蓋）↓火ぶた（を切る）—口火
注「蓋＝ふた」は表内訓だが、表記習慣により平仮名書きに。
ひふんこうがい（悲憤慷慨）↓悲憤慷慨（こうがい）
ひほう（秘方）↓秘法
ひぼう（誹謗）↓誹謗（ひぼう）—中傷、そしる、悪口〜誹謗（ひぼう）中傷
びほう（弥縫）↓弥縫（びほう）（策）—取り繕う、間に合わせ、一時しのぎ
びぼう　美貌—美形
ひぼし
＝（日乾し）↓日干し〈日光に干す〉〜魚の日干し

＝（干乾し）↓干ぼし〈飢えて痩せ衰える〉〜一家が干ぼしになる
ひま　暇〜手間暇、暇人、暇つぶし、暇に飽かす
ひまく
＝皮膜〈皮膚と粘膜、皮のような薄い膜〉〜虚実皮膜
＝被膜〈覆い包んでいる膜〉〜電線の被膜
ひまご（＊曽孫）↓ひ孫—ひい孫、曽孫
＝そうそん
ひまつ（飛沫）↓飛沫（ひまつ）—しぶき〜飛沫（ひまつ）感染
ひみつり（秘密裡）↓秘密裏
ひむろ　氷室
ひめ　姫〜乙姫、織り姫、ヒメユリ〈植物〉、舞姫
ひめる　秘める〜秘め事
ひめん　罷免
ひも（紐）↓ひも〜靴ひも、組みひも、

超ひも理論、ひも付き

びもく 眉目―顔形、顔立ち、見目、容色～眉目秀麗

ひもじい（饑じい）→ひもじい

ひもち

＝（日保ち）→日持ち～日持ちのいい菓子

＝（火保ち）→火持ち～火持ちのいい炭

ひもとく（繙く）→（書物を）ひもとく

ひもの（＊乾物）→干物

ひやかす 冷やかす～夜店を冷やかす

ひやけ（陽焼け）→日焼け

ひやす 冷やす～肝を冷やす、冷や汗、冷や酒、冷やっこい、冷や水、冷や麦、冷や飯、冷ややか、冷ややっこ

ひゃっか

＝百花〈数多くの花〉～百花斉放、百花繚乱（りょうらん）

＝百科〈いろいろな科目・学科〉～百科事典

＝百家〈多数の学者・作家〉～百家争鳴

ひゃっかにち（百箇日）→百か日〈人の死後100日目。またはその日に行う法事〉

びゃっこ 白虎～白虎隊

ひやり（冷やり）→ひやり～ひやりと、ひやひやする、ひんやり

ひゆ（譬喩）→比喩―例え

ひょう

＝表〈事柄を分類して並べたもの〉～一覧表、成績表、年表

＝票〈紙片〉～源泉徴収票、住民票

ひょう（豹）→ヒョウ〈動物〉

ひょう（雹）→ひょう～ひょう害

びょう（鋲）→びょう～画びょう

びょう（廟）→廟（びょう）―み霊屋、霊堂、霊殿

ひょうき

＝表記〈書き表す〉～日本語の表記法、表記の住所、ローマ字で表記する

＝標記〈表題〉～標記の件について

ひょうきん（剽軽）→ひょうきん

びょうく（病軀）→病気の体、病身

ひょうけつ

＝（票決）→表決〈議会関係。議案に可否の意思を表す〉～投票による表決、表決権

＝評決〈裁判関係。評議して決める〉～裁判官・裁判員の評決

ひょうさつ（標札）→表札

注 公職選挙法では「標札」。

びょうげん（病源）→病原（菌・体）

ひょうし 拍子～手拍子、突拍子もない、拍子抜け

ひょうじ（標示）→表示～住居表示

注 道路交通法では「道路標示」。

ひょうせつ（剽窃）→盗作、盗用

ひょうぜん（飄然）→ふらりと

ひょうだい（標題）→表題〈書名、演説などの題目〉

注「標題音楽」は別。

ひょうたん(瓢簞)→ヒョウタン〈植物〉
～ひょうたんから駒

ひょうてんか　氷点下〈気象用語〉
注 気象関係は「零下12度」とせず「氷点下12度」とする。物理、化学では「零下」を使う。

ひょうのう(氷嚢)→氷のう―氷袋

ひょうはく
＝漂白〈さらして白くする〉～漂白剤
＝漂泊〈ただよいさすらう〉～他国を漂泊、漂泊の詩人
＝表白〈考えを言い表す〉～自己表白

ひょうひょう(飄々)→ひょうひょう～ひょうひょうとさまよう、ひょうひょうとした人物

びょうぶ(屛風)→びょうぶ

ひょうへん(豹変)→豹変(ひょうへん)―一変、急変、変節～君子は豹変(ひょうへん)す

びょうほ(苗圃)→苗床、苗畑

ひょうぼう(標榜)→掲げる、旗印とする

びょうぼつ(病歿)→病没―病死

ひょうろう(兵粮)→兵糧(攻め)

ひよく(肥沃)→肥沃(ひよく)―肥えた、豊かな

ひよけ(日除け)→日よけ

ひよけ(火除け)→火よけ

ひよこ(雛)→ひよこ

ひより　慣日和～行楽日和、小春日和、日和見主義、待てば海路の日和あり

ひよわ(卑弱)→ひ弱

ひら　平～平謝り、平泳ぎ、平織り、平仮名、平たい、平手打ち、平に、平べったい

ひらく・ひらける(拓く・拓ける)→開く・開ける～荒野を開く、悟りを開く、手紙を開く、開き戸、開き直る、開けた国

ひらめ(鮃)→ヒラメ・平目〈動物〉

ひらめく(閃く)→ひらめく～アイデアがひらめく、旗がひらめく、ひらめき

ひらや(平家)→統平屋(建て)

びらん(糜爛)→腐乱、ただれ

びりょう(鼻梁)→鼻筋

ひる(乾る)→干る～干上がる、干からびる

ひるがえす・ひるがえる　翻す・翻る～前言を翻す、翻って

ひれ(鰭)→ひれ～尾ひれ、ひれ酒

ひれき(披瀝)→披歴―打ち明ける

ひれふす(平伏す)→ひれ伏す

ひろい　広い～だだっ広い、広々

ひろう　披露(宴)

ひろう　拾う～球拾い、拾い上げる、拾い主、拾い物、拾い読み

ひろがる(拡がる)→広がる～広げる、末広がり

ひろまる（弘まる）→広まる～広める

びわ（琵琶）→㊕琵琶〈楽器〉

ひわい（卑猥）→みだら、下品、いやらしい

ひわだ（檜皮）→檜皮（ひわだ）～檜皮（ひわだ）ぶき

ひわり　日割り～日割り計算

びん（壜）→瓶～火炎瓶、花瓶、し瓶、鉄瓶、土瓶、ビール瓶、魔法瓶

びん（鬢）→びん～びん付け油

ひんし（瀕死）→瀕死（ひんし）―死にそう（な）、致命的

ひんしゅく（顰蹙）→ひんしゅく（を買う）―顔をしかめる、苦々しく思う

びんしょう（敏捷）→敏しょう―機敏、素早い

ひんする（瀕する）→（危機に）ひんする―差し迫る、陥る、直面する

びんせん　便箋

びんづめ　瓶詰め〈作業〉・㊔**瓶詰**〈製品〉

ひんば（牝馬）→㊕牝馬

ひんぱん　頻繁

びんぼう　貧乏～貧乏くさい、貧乏くじ、貧乏性、貧乏揺すり

びんらん（紊乱）→乱す、乱れる

注　本来の読みは「ぶんらん」。

【ふ】

ふ（腑）→ふ〈内臓〉～ふがいない、ふに落ちない、ふ抜け、五臓六腑（ろっぷ）

ふ（斑）→ふ〈まだら〉～ふ入り朝顔、ふ入りの葉

ふ・・　不～不運、不可能、不吉、不謹慎、不幸せ、不確か、不体裁、不届き、不慣れ、不似合い、不払い、不行き届き、不渡り手形

注　「ふぞろい」は平仮名書き。

ふ・・（附）→付～付加、付記、付近、付言、付随、付設、付則、付属、付帯、付託、付与、付録

ぶ

＝分〈優劣の度合い〉～分がある、分が悪い

＝歩〈利益の割合、歩合〉～歩留まり（率）、歩に合わない

ぶ・・

＝不〈否定〉～不案内、不格好、不気味、不器用、不細工、不作法、不祝儀、不調法、不用心

＝無〈有の対語〉～無愛想、無音＝ぶいん＝、無遠慮、無沙汰、無事、無精、無粋、無難、無風流、無礼

ぶあい　㊔**歩合**

ぶあつい（部厚い）→分厚い

ふい

＝ふい〈無駄〉～チャンスをふいにする、努力がふいになる

＝不意〈突然〉～不意に現れる、不意の来客

ふいうち（不意討ち）↓不意打ち
ふいちょう ㊜吹聴
ふう・・ 風〜風合い、風雲児、風変わり、風紀、風穴、風車、風習、風洞（実験）、風鈴
・・ふう
＝風〈名詞に付く場合〉〜今風、学生風、上方風、芸風、下町風、当世風、昔風、山小屋風、洋風、和風
＝ふう〈主として用言に付く場合〉〜こんなふうに、…したいふうだ、知らないふうを装う
ふうき 富貴
ふうき（風規）↓風紀〜風紀が乱れる
ふうきり 封切り〜封切り映画、封切り日、㊝**封切館**
ふうこうめいび（風光明媚）↓風光明媚（めいび）
ふうさい 風采〈外見、身なり〉〜風采が上がらない

ふうし（諷刺）↓風刺
ふうじる 封じる〜封じ込め、封じ手
ふうしん（風疹）↓風疹
ふうてい（風態）↓風体〈外見〉〜怪しい風体の男
ふうび（風靡）↓風靡（ふうび）―支配、なびかせる〜一世を風靡（ふうび）
ふうふ 夫婦〜夫婦連れ、夫婦別れ
ふうぶつし（風物誌）↓風物詩
ふうぼう 風貌―容姿、風姿
ふえる・ふやす
＝増える・増やす〈一般用語。減の対語〉〜会員が増える、子ども・子供が増える、資本金を増やす、借金が増える、出費が増える、体重が増える、仲間を増やす、庭木を増やす、人数・分量を増やす、水かさが増える、予算が増える
＝殖える・殖やす〈限定用語。利殖、繁殖〉〜家畜を殖やす、金を殖やす、がん細胞が殖える、財産・貯金・利子が殖える、ネズミが殖える
注 「殖」の代わりに「増」を使ってもよい。

ふえん（敷衍、敷延）↓敷衍（ふえん）
ふか
＝付加〈付け加える〉〜付加価値、付加金
＝負荷〈仕事の責任、量〉〜負荷に耐える、負荷を加える
＝賦課〈税金などを負担させる〉〜賦課金、賦課徴収
ふか（孵化）↓ふ化―（卵を）かえす、（卵が）かえる〜人工ふ化、ふ化器
ふかい 深い〜うたぐり深い、情け深い、深入り、深追い、深爪、深々、深まる、深み、深める
ふがいない（腑甲斐ない、不甲斐ない）↓ふがいない
ふかけつ（不可決）↓不可欠

ふかす
＝（蒸す）→ふかす〈むす〉～ふかし芋、飯をふかす
＝吹かす〈煙を吐き出す〉～エンジン・たばこを吹かす、一泡吹かせる
＝更かす〈深夜まで起きている〉～夜更かし
ぶかっこう（無恰好）→不格好
ふかで（深傷）→深手〈重傷〉～深手を負う
ふかん（俯瞰）→俯瞰（ふかん）－見下ろす、（上から）見渡す
ふき（蕗）→フキ〈植物〉～フキノトウ
ぶきみ（無気味）→㊔不気味
ふきゅう　不朽～不朽の名作
ぶきよう（無器用）→㊔不器用
ぶぎょう　奉行～勘定奉行、寺社奉行、鍋奉行
ふきん　布巾
ふく
＝伏〈伏せる、隠れる、潜む、屈従〉～威伏、起伏、降伏、雌伏、説伏、潜伏、調伏、伏線、伏兵、伏魔殿、伏流水、平伏
＝服〈下る、付き従う、薬・茶などを飲む〉～一服する、感服、帰服、屈服、敬服、（困難を）克服、承服、心服、征服、着服、内服薬、服役、服従、服毒、服務、服喪、服用、不服
＝復〈元に戻る、繰り返す、仕返し〉～一陽来復、回復、（平和を）克復、修復、拝復〈返信〉、反復、復員、復縁、復習、復唱、復職、復調、復路、復活、復刊、復帰、復旧、復権、復古、復興、復刻版、報復
＝複〈単の対語。二つ以上〉～重複、複眼、複合、複雑、複式、複写、複数、複製、複線、複葉、複利
＝腹〈はら、心、抱く〉～開腹、割腹、空腹、私腹を肥やす、切腹、船腹、腹案、腹心、腹背、満腹、立腹
ふく
＝吹く〈一般用語〉～息を吹き返す、風が吹く、霧吹き、鯨が潮を吹く、火吹き竹、火を吹いておこす、笛を吹く、吹き荒れる、吹き替え、吹き掛ける、吹きさらし、吹きだまり、吹き付ける、吹き出物、吹き流し、吹き抜け、吹きまくる、吹き矢、吹き寄せ、吹っ切れる、吹っ飛ぶ、ほらを吹く、芽吹く、餅が粉を吹く
＝噴く〈噴出〉～悪感情・不満が噴き出す、汗が噴き出る、エンジンが火を噴く、おかしくて噴き出す、蒸気を噴き上げる、汁が噴きこぼれる、火を噴く山、マグマを噴き出す、水が噴き出す
ふく　拭く～汗を拭く、から拭き、拭き取る、窓を拭く

ふく（葺く）→ふく～かやぶき、瓦ぶき、屋根のふき替え

ふぐ（＊河豚、鰒）→フグ〈動物〉～ふぐ刺し

ふぐ（不具）→体の不自由な人、身体障害（者）

ふくげん（復原）→(統)復元～遺跡の復元、復元図、復元率

ふくげんりょく（復原力）→復元力～心の復元力、ゴム・ばねの復元力

注 飛行機、船舶に関しては、「復原力」が使われる。

ふくこう（腹腔）→腹腔（ふくこう）

注 医学関係は「腹腔（ふくくう）」。

ふくしゃ（輻射）→放射（線・熱）

ふくしゃ（復写）→複写～複写機

ふくしゅう（復讐）→復讐（ふくしゅう）—報復、仕返し、敵討ち

ふくしん（腹臣）→腹心（の部下）

ふくすい

＝復水〈水蒸気を水に戻す〉～復水器

＝腹水〈腹腔（ふくこう）にたまった水〉

＝覆水〈こぼれた水〉～覆水盆に返らず

ふくする

＝服する〈従う、飲む〉～毒を服する、命令に服する、喪に服する

＝伏する〈屈服する、かがむ〉～権力・武力に伏する

＝復する〈元に戻る〉～原状に復する、正常に復する

ふくせい（復製）→複製～複製画

ふくせん 伏線～伏線を敷く・張る

ふくそう（輻輳、輻湊）→集中、殺到、混雑、混み合う

ふくぞう（腹臓）→腹蔵～腹蔵なく

ふくそうひん（複葬品）→副葬品

ふくびき (省)福引～福引券

ふくほん

＝副本〈正本の写し、控え、予備〉～副本2通を添え、契約書の副本

＝複本〈原本の複製、図書館などが購入する同一の本〉～古文書・手形の複本、図書館の複本問題

ふくむ・ふくめる 含む・含める～言い含める、強含み、含み声、含み資産、含み綿、含み笑い

ふくらす・ふくらむ・ふくれる 膨らす・膨らむ・膨れる～青膨れ、着膨れ、下膨れ、火膨れ、膨らし粉、膨らます、膨らみ、膨れ上がる、膨れっ面、水膨れ

ふくらはぎ（脹脛）→ふくらはぎ

ふくろ（嚢）→袋～大入り袋、袋帯、袋織り、袋小路、袋だたき、袋詰め〈作業〉、袋とじ、袋縫い、袋貼り、(省)袋詰〈製品〉

ふけいかい（父兄会）→保護者会

注 保護者の意味で「父兄」は使わない。

ふける

＝老ける〈年を取る〉～年の割には老けて見える、老け込む、老け役
＝更ける〈深くなる〉～秋が更ける、夜が更ける、夜更かしする、夜更け
＝（耽る）→ふける〈熱中する〉～読書にふける
＝（蒸ける）→ふける〈蒸れる〉～芋がふける

ふこう
＝不幸〈幸福の対語〉～不幸中の幸い
＝不孝〈孝行の対語〉～親不孝、先立つ不孝

ふごう
＝符号〈しるし、記号〉～符号を付ける、モールス符号
＝符合〈一致〉～偶然の符合、事実と符合する

ぶこくざい（誣告罪）→虚偽告訴罪
ぶこつ（無骨）→(統)武骨（者）
ふさ（総）→房～房飾り、房々と
ぶさいく（無細工）→不細工
ふさぐ（塞ぐ）→ふさぐ～出口をふさぐ、ふさがる、ふさぎ込む
注 表内訓だが、読みやすさに配慮して平仮名書きに。
ぶさた（不沙汰）→無沙汰・ぶさた～ご無沙汰・ごぶさた、手持ち無沙汰・手持ちぶさた
注 読みやすさに配慮して平仮名書きも活用。
ぶさほう（無作法）→(統)不作法
ぶざま（無様、不様）→ぶざま
ふさわしい（相応しい）→ふさわしい
ふし 節～腕っ節、思い当たる節がある、削り節、節穴、節くれ立つ、節々、節回し、節目
ふじ フジ・藤〈植物〉～藤色、フジ棚・藤棚
ふしぎ（不思議）→不思議
ぶしつけ（不躾）→ぶしつけ
ふしまつ（不仕末）→不始末
ふじみ 不死身
ふしゅ 浮腫―むくみ
ぶしゅうぎ 不祝儀

ふじゅん
＝不純〈純粋でない〉～不純異性交遊、不純な動機
＝不順〈順調でない〉～不順な天候

ぶしょ（部所、部処）→部署

ふしょう
＝不祥〈不吉、好ましくない〉～不祥事
＝不詳〈はっきりしない〉～作者不詳、氏名・年齢不詳、伝不詳
＝不肖〈親・師に似ずに愚か〉～不肖の子、不肖私は

ぶしょう（不精）→(統)無精（ひげ・者）～出無精、筆無精
ふしょうぶしょう（不請不請、不精不精）→不承不承
ふしょく

＝〈腐蝕〉↓腐食〈腐って物の形が崩れる〉～腐食剤、腐食銅版
＝腐植〈土中で有機物が分解してできた黒褐色の物質〉～腐植質、腐植土

ぶじょく　侮辱

ふしん
＝不信〈信用しない〉～政治不信、不信の念を抱く、不信を招く
＝不審〈疑わしい〉～挙動不審、不審尋問、不審な行動、不審火、不審を抱く
＝不振〈勢いが振るわない〉～経営不振、食欲不振、打撃不振

ふしん　普請～仮普請、安普請

ふす〈附■す〉↓付す～不問に付す

ふす〈臥△す〉↓伏す～地面に伏せる、ひれ伏す、伏し目（がち）、伏せ字

ふずい　不随～半身不随

ぶすい〈不粋〉↓無粋

ふぜい　風情

ふせつ〈附■設〉↓付設〈付属して設ける〉～付設の図書館

ふせん〈附■箋〉↓付箋

ぶぜん〈憮△然〉↓ぶぜん―暗然
注 「腹を立て、むっとする」意味に使われることが多いが、本来は「失望や不満で、むなしく、やりきれない思いでいるさま」。

ふぞく〈附■属〉↓付属
注 固有名詞でも「附属」は使わない。

ふそくのじたい〈不即▲の事態〉↓不測の事態

ふそくふり〈不測▲不離、不則▲不離〉↓不即不離

ふぞろい〈不揃△い〉↓ふぞろい

ふそん　不遜―生意気、尊大、横柄、思い上がり

ふた
＝二〈一般用語〉～二重まぶた、二親、二心を抱く、二言三言、二言目には、二手に分かれる、二股を掛ける、二目と見られない
＝双〈限定用語。一対〉～双子、双葉

ふた〈蓋〉↓ふた～鍋ぶた、火ぶた、ふたを開ける、割れ鍋にとじぶた
注 表内訓だが、読みやすさに配慮して平仮名書きに。

ふだ　札～お守り札、切り札、立て札、札入れ、札付き、札止め、㊝合札

ぶた〈豕△〉↓ブタ・豚〈動物〉～酢豚、焼き豚

ふだい〈譜第〉↓譜代～譜代大名

ふたく
＝付託〈議会用語〉～委員会に付託
＝〈負托△〉↓負託〈責任を持たせて任せる〉～国民の負託に応える

ふたたび　再び〈「二たび三たび」は別〉

ふたつ　二つ～二つ折り、二つながら、二つ返事、二つ目

ふたり

ふ

＝㊎二人〈「対」の意味合いが強く、他の数字に置き換えられない場合〉～お二人（さん）、二人きり、二人とない
＝2人〈他の数と置き換えられるもの。人数〉～2人組強盗、2人連れ、自転車の2人乗り

ふだん
＝普段〈平生、平常、平素〉～普段からの努力、普段着、普段と変わりない
＝不断〈絶え間ない、決断が鈍い〉～不断の努力、優柔不断

ふち
＝縁〈へり〉～池の縁、額縁、崖っ縁・崖っぷち、金縁の眼鏡、縁取り
＝（淵、渕）→淵〈瀬の対語。深み、苦境〉～死の淵にある、絶望の淵に沈む、淵にはまる

ふち（扶持）→ふち～食いぶち、捨てぶち、ふち米

ぶち（斑）→ぶち～白黒ぶちの犬
ぶち・ぶっ・（打）→ぶち・ぶっ～ぶち上げる、ぶち壊す、ぶち抜く、ぶちまける、ぶっ倒れる、ぶった切る、ぶっつけ本番、ぶっ通し、ぶっ飛ばす
ふちょう（符牒、符帳）→符丁―符号
ぶちょうほう（無調法、不重宝）→㊎不調法～口が不調法、酒は不調法で…、不調法をしでかす
ふつか ㊎二日・2日
ふつかよい（＊宿酔）→二日酔い
ぶつぎ 物議～物議を醸す
ぶっきらぼう（ぶっきら棒）→ぶっきらぼう
ぶつぎり（打つ切り）→ぶつ切り
ぶっけん
＝物件〈物品、品物、土地・建物などの不動産〉～証拠物件、優良物件
＝物権〈財産権の一つ。所有権、抵当権など〉～物権証券、物権法

ふっこく（覆刻、複刻）→㊎復刻（版）
ふっしょく（払拭）→払拭―一掃、拭い去る、拭いきる、取り除く
ふっそ（弗素）→フッ素
ぶっそう 物騒
ぶっだ（仏陀）→仏陀（ぶっだ）・ブッダ
ぶっちょうづら 仏頂面
ふつつか（不束）→ふつつか（者）
ふつふつと 沸々と（煮えたぎる）
ふで 筆～筆入れ、筆下ろし、筆が立つ〈文章が上手なこと〉、筆立て、筆遣い、筆無精、筆まめ、筆を断つ〈文筆活動を断念する〉
ふてい
＝（不逞）→ふてい〈けしからぬ〉―不届き、ふらち～ふていのやから
＝不貞〈貞節でない〉～不貞を働く
ふてぎわ 不手際
ふてる（不貞る）→ふてる～ふてくされ

る、ふて寝
ふとい　太い～太織り、太っ腹、太々、太巻き、太め、太もも
ふとう〈埠頭〉→埠頭（ふとう）―岸壁、波止場、突堤
注「本牧ふ頭」など固有名詞は別。
ぶどう〈葡萄〉→ブドウ〈植物〉～ぶどう色、ブドウ園、ブドウ球菌、ぶどう酒、ブドウ棚、ブドウ糖
ふとうふくつ〈不撓不屈〉→不撓（ふとう）不屈〈くじけない、ひるまない〉
ふどき　風土記
ふところ　懐～懐刀、懐具合、懐手
ぶどまり〈歩止まり〉→歩留まり
ふとる〈肥る〉→太る～固太り、着太り、小太り、焼け太り
ふとん〈蒲団〉→布団、㊕貸布団
ふな〈鮒〉→フナ〈動物〉～寒ブナ、ふなずし
ふなあし〈船足〉→㊔船脚
ふなうた〈船唄、船歌、舟唄〉→㊔舟歌
ふね・ふな
＝船〈一般的なものに〉～大船に乗った気持ち、親船、宝船、出船入り船、船会社、船路、船大工、船旅、船着き場、船積み（価格・貨物）、船出、船乗り、船便、船の甲板、湯船、渡りに船
＝舟〈主として小型のものに〉～小舟、ささ舟、刺し身を入れた舟、助け舟、泥舟、ノアの箱舟、舟板塀、舟券、舟をこぐ、丸木舟
注「貸船・舟」「釣り船・舟」「船・舟遊び」「船・舟底」「船・舟端」「船・舟べり」「船・舟酔い」「渡し船・舟」などは実情に応じて使い分ける。
ふびん〈不憫、不愍〉→ふびん
ぶふうりゅう〈不風流〉→無風流
ふぶき　㊖吹雪～紙吹雪、花吹雪
ふぶく〈吹雪く〉→ふぶく
ぶべつ　侮蔑―侮辱、侮る
ふへん
＝不変〈変わらない〉～永久不変、不変の法則
＝不偏〈一方に偏らない〉～不偏不党
＝普遍〈すべてに共通する〉～普遍妥当性、普遍的
ふほう　訃報
ふまじめ　㊖不真面目
ふみ　文～落とし文、恋文、添え文、付け文、文使い
ふみづき　文月〈「ふづき」とも。陰暦の7月〉
ふむ　踏む～踏まえる、踏み荒らす、踏み石、踏み絵、踏み切り（板）、踏み込み、踏み台、踏み倒す、踏みとどまる、踏みにじる、踏み場、踏み外す、踏ん切り（が付く）、踏んづける、踏ん張る、㊕踏切〈鉄道〉

ふもと 麓
ふゆう（富有）→富裕〈「富有柿」は別〉
ふゆきとどき 不行き届き
ふよ（賦与、附与）→（権限を）付与
ふよう
=不用〈使わない〉～不用の用、不用品、予算の不用額
=不要〈必要でない〉～説明不要、不要不急
ぶようじん（無用心）→㊑不用心
ふらち（不埒）→ふらち―不届き、不都合
ふらん（腐爛）→腐乱
ふり（振り、風）→ふり〈振る舞い、様子〉～知らぬふり・知らんぷり、なりふり、人のふり見てわがふり直せ、見て見ぬふり
・・ぶり（振り）→ぶり〈接尾語。様子、時間の経過など〉～歌いぶり、枝ぶり、大ぶりの器、お国ぶり、男ぶり・男っぷり、思わせぶり、口ぶり、3年ぶり、そぶり、熱狂ぶり、飲みっぷり、話しぶり、久しぶり、勉強ぶり、万葉ぶり、身ぶり手ぶり
ふりかえ 振り替え（貸し付け・休日・手続き・申し込み・輸送）～㊝**振替額・貨幣・金・口座・残高・貯金・預金、振替決済、振替伝票・用紙、口座振替、郵便振替**
注 経済関係複合語ルール参照。
ふりこみ 振り込み～銀行・郵便振り込み、㊝**振込額・金・口座、振込先、振込申込日、振込用紙**
注 経済関係複合語ルール参照。
ふりそで 振り袖
ふりだし 振り出し～手形振り出し、振り出しに戻る、㊝**振出銀行・人・日、振出手形**
注 経済関係複合語ルール参照。
ふりつけ 振り付け～踊りの振り付け、㊝**振付師**
ふりょ（俘虜）→捕虜
ふりょ 不慮～不慮の災難
ぶりょう（無聊）→退屈
ふる 降る～降り掛かる災難、降りしきる、降りづめ、降りやむ
ふる・ふれる 振る・振れる～円高に振れる、空振り三振、客を振る、首を縦に振る、しっぽを振る、地位を棒に振る、人形振り〈歌舞伎〉、旗振り役、バットがよく振れる、針が振れる、1振りの刀、振り上げる、振り返る、振りかざす、振り仮名、振りかぶる、振り子、振り付ける、振りまく、振り分け、振る舞い（酒）、木刀の素振り、身の振り方、脇目も振らず、割り振る
・・ぶる（振る）→ぶる〈接尾語。気取る、それらしい様子をする〉～いい子ぶる、偉ぶる、学者ぶる、上品ぶる、もっ

たいぶる
ふるい（篩△）→ふるい～ふるいにかける
ふるう
＝（揮•う）→振るう〈振り回す、盛んになる〉～言うことが振るっている、腕・権力・熱弁・蛮勇・筆・猛威を振るう、士気が振るう、事業・成績が振るわない、土を振るい落とす
＝奮う〈かき立てる〉～気を奮い立たせる、精神を奮い起こす、奮って参加、勇気を奮って立ち向かう
＝震う〈ふるえる〉～声を震わせる、大地が震い動く、身震い、武者震い
＝（篩△う）→ふるう〈選別〉～土をふるって分ける、ふるい分ける、面接でふるい落とす
ふるえる 震える～足が震える、震え上がる、震えが来る、震え声、窓ガラスが震える

ふるさと（故•里、＊故•郷•）→古里・ふるさと
ふるす（旧•す）→古す～言い古す、着古し、住み古す、使い古し
ふるまい 振る舞い～振る舞い酒
ぶれい 無礼～無礼講、無礼千万、無礼者
ふれる 触れる～先触れ、触れ合い、触れ込み、触れ太鼓、触れ回る、前触れ
ふろ 風呂～風呂（おけ・釜・場）、風呂吹き（大根）、蒸し風呂、露天風呂
ふろ 風炉〈茶の湯で使う炉、「ふうろ」とも〉
ふろく（附■録）→付録
ふろしき ㊝**風呂敷**～**大風呂敷**、**風呂敷包み**
ふわたり 不渡り～不渡り手形
ふわらいどう（附■和雷同、不和雷▲動▲）→付和雷同
ふん
＝噴〈勢いよくふきだす〉～噴煙、噴火、噴射、噴出、噴水、噴霧機・器
＝憤〈いきどおる〉～義憤、公憤、痛憤、悲憤、憤慨、憤激、憤死、憤怒
＝奮〈ふるう、勇む〉～感奮興起、興奮、発奮、奮戦、奮闘、奮発、奮励
ふん
＝粉〈こな、彩る〉～脂粉、粉砕、粉飾、粉本、粉末
＝紛〈まぎれる、乱れる〉～内紛、紛糾、紛失、紛争、紛々
ふん（糞△）→ふん
ふんいき 雰囲気
ぶんか
＝分化〈単純から複雑化する〉～分化現象、未分化
＝分科〈専門に分ける〉～分科会
＝分課〈仕事を振り分ける〉～分課規定
＝文化〈学問・芸術・宗教など精神的活動の成果〉～生活文化、文化遺産、文

化財
=文科〈学問分野で理科の対語〉～文科系の学生
ふんき（憤起、奮気）→奮起（を促す）
ふんきゅう（紛糾）→紛糾
ふんこつさいしん（粉骨砕心）→粉骨砕身
ふんさい（粉砕）→粉砕
ぶんざい　分際
ふんしょく（扮飾、紛飾）→粉飾（決算）
ふんじん（粉塵）→粉じん―ちり、ほこり
ぶんすいれい（分水嶺）→分水嶺（れい）―分岐点
ふんする（扮する）→扮（ふん）する―装う
ふんぜん
=憤然〈激しく怒る〉～憤然として席を立つ
=奮然〈奮い立つ〉～奮然として戦う

ふんそう（扮装、紛装）→扮装（ふんそう）―装い
ふんどし（褌）→ふんどし
ぶんどる（分取る）→分捕る～分捕り合戦
ふんにょう（糞尿）→ふん尿―汚物、大小便
ふんぬ（忿怒）→(慣)憤怒〈「ふんど」とも〉
ふんばる　踏ん張る
ふんぱん　噴飯～噴飯もの
ふんぷん　紛々～諸説紛々
ふんぷん（芬々）→ふんぷん～悪臭ふんぷん
ぶんべん（分娩）→分娩（ぶんべん）―出産、お産
ふんまん（忿懣、憤懣）→憤まん―憤慨、不平
ぶんめいかいか　文明開化
ぶんれつ
=分裂〈分かれる〉～細胞分裂

=分列〈分かれて並ぶ〉～分列行進

【へ】

へい
=並〈並ぶ〉～並進、並列
=併〈併せる〉～併科、併願、併合、併殺、併設、併置、併読、併発
へい
=幣〈ぬさ、宝、金銭〉～貨幣、官幣大社、御幣担ぎ、紙幣、造幣
=弊〈疲れる、破れる、つたない、へりくだる〉～悪弊、旧弊、語弊、宿弊、通弊、疲弊、弊害、弊社、弊風
へい（屏）→塀～板塀、土塀、練り塀、舟板塀、塀際、塀越し
へいき（並記）→併記～両論併記
へいこう
=平行〈どこまで行っても相交わらない〉～議論が平行線をたどる、平行移

動、平行滑走路、平行四辺形、平行に並べる、(段違い)平行棒
=並行〈相並んで行う、並んで進む〉~事件が並行して起こる、鉄道の並行線、電車とバスが並行して走る、同時並行的に、並行審議、並行輸入
=平衡〈釣り合う〉~体の平衡を保つ、平衡感覚、平衡器官

べいごま(貝独楽)→べいごま

へいぜい　平生

へいそう(併走)→並走

注　競馬の調教の「併走」は別。

へいそく(閉塞)→閉塞(へいそく)~閉塞(へいそく)感・状況

注　病名の「腸閉塞」「閉塞性」「閉塞症」は読み仮名なしで使用。

へいそん(並存)→併存〈「へいぞん」とも〉

へいたん(平坦)→平たん—平ら、起伏がない

へいたん(兵站)→兵たん(線)—(軍需品)補給、後方支援

へいべい(平米)→平方メートル

へいよう(並用)→併用

へいりつ(併立)→並立~小選挙区比例代表並立制

ページ(頁)→ページ~200ページの本、歴史の一ページ

へきえき(辟易)→へきえき—尻込み、閉口、うんざり、嫌気が差す

へきがん(碧眼)→青い目

へきち(僻地)→へき地—辺地、片田舎、辺境

へきとう(劈頭)→初め、最初、冒頭

へきれき(霹靂)→へきれき—雷鳴~青天のへきれき

へこおび(兵児帯)→へこ帯

へこむ(凹む)→へこむ~親をへこます、車体がへこむ、腹がへこむ

へさき(舳、舳先)→へさき—船首

へし・(圧し)→へし~押し合いへし合い、へし折る、へし曲げる

へそ(臍)→へそ~へそくり、へそくる、へその緒、へそ曲がり

へた　慣下手

べた・・べた~べたなぎ、べた塗り、べた褒め、べたぼれ、べた負け

へだたる・へだてる　隔たる・隔てる~懸け隔て、分け隔て

へちま(糸瓜)→ヘチマ〈植物〉~へちま水

べつ　別~別刷り、別に

べっこう(鼈甲)→べっ甲

べっし　蔑視—さげすむ、見下す

べっしょう　蔑称

べつじょう(別状)→統別条~命に別条ない

べつだて(別立て)→別建て~別建ての料金

べつどうたい(別働隊)→統別動隊

へ

へど（反吐）↓へど
べに 紅～紅差し、紅しょうが、ベニバナ・紅花〈植物〉、頬紅
へび ヘビ・蛇〈動物〉～蛇遣い、蛇の生殺し
へや ㊑部屋～部屋割り
へり（縁）↓へり～川べり、船べり
へりくだる（遜る、謙る）↓へりくだる
へる 経る～年を経る、経巡る
へる 減る～がた減り、すり減る、減らす、減らず口、目減り
へん（篇）↓編～第1編
へんい
=変異〈異種のものに変わる〉～突然変異
=変位〈物理学用語。物体の位置が変わる〉～星座・物体の変位
=変移〈移り変わる〉～世相の変移
べんぎ 便宜～便宜を図る
へんきょう 辺境
へんくつ（偏窟、変屈）↓偏屈～偏屈者
へんけい
=変形〈形が変わる〉～熱で変形する、変形性関節炎
=変型〈変わった型〉～B5判変型の本
へんげんじざい 変幻自在
へんざい
=偏在〈かたよっている〉～一地方に偏在する
=遍在〈どこにでも広くある〉～全国に遍在する、天地の間に遍在
へんさん（編纂）↓編さん―編集
へんしゅう（編輯）↓編集
へんずつう（偏頭痛）↓片頭痛
へんせい
=編成〈一般用語。個々のものをまとめて組織立てる〉～楽団・チームを編成、学級編成、教育課程の編成、時間割の編成、戦時編成、8両編成の電車、番組編成、部隊編成、予算編成
注 法律用語・軍隊用語の「編制」も一般記事では「編成」にする。
=編製〈限定用語〉～戸籍の編製、選挙人名簿の編製
へんせいふう 偏西風
べんぜつ 弁舌～弁舌爽やか
へんたい
=変体〈形・体裁などが変わっている〉～変体仮名、変体詩
=変態〈異常な性状、形態を変える〉～昆虫の変態、変態性欲
へんとう（扁桃）↓へんとう（炎）
注 「へんとう腺」は旧称。
へんぴ（辺鄙）↓辺ぴ―辺地、片田舎
へんぺい（扁平）↓扁平（へんぺい）（足）―平ら、平たい
へんぼう 変貌―変容、様変わり
へんりん（片鱗）↓片りん―一端
へんれい

=返礼〈返してむくいる〉～弔問への返礼、ふるさと納税の返礼品、返礼はがき
=返戻〈かえし戻す〉～商品の返戻〈所得税法〉、保険解約の返戻金・返戻率

へんれき(遍歴)→遍歴

へんろ　遍路～お遍路さん

【ほ】

ほ　帆～帆掛け船・舟、ホタテガイ・帆立て貝〈動物〉、帆柱

ほいく(哺育)→保育～保育所・園、保育器、保育士
注「飲食物などを与え育てる」意味では「哺育」も。

ぼいん(拇印)→母印―指印、爪印

ほう　方～北の方から、その方がいい、高い方を選ぶ

ほうおう
=法王〈カトリック教会の最高位「教皇」の別称。記事では「教皇」を使う〉
=法皇〈仏門に入った上皇〉～後白河法皇

ほうが(萌芽)→萌芽(ほうが)―芽生え、兆し、始まり

ほうかい(崩潰)→崩壊～学級・家庭崩壊、地震でビルが崩壊

ぼうがい(妨碍)→妨害

ほうがちょう(奉賀帳)→奉加帳

ほうかつ(抱括)→包括～包括的な説明

ほうかん(幇間)→たいこ持ち

ほうき(抛棄)→放棄～権利を放棄

ほうき　蜂起―決起、旗揚げ～反乱軍が蜂起する

ぼうぎょ(防禦)→防御

ぼうくうごう(防空壕)→防空壕(ごう)

ほうける(惚ける、呆ける)→ほうける～遊びほうける、待ちぼうけ、病みほうける

ぼうげん
=暴言〈乱暴な言葉〉～暴言を吐く
=妄言〈出任せの言葉。「もうげん」とも〉～妄言で惑わす

ほうこ(豊庫)→宝庫

ほうこう(彷徨)→さまよう、うろつく

ほうこう(咆哮)→ほえる、たけり叫ぶ

ぼうこう(膀胱)→ぼうこう(炎)

ほうこうにん(奉行人)→奉公人

ほうさん(硼酸)→ホウ酸(軟こう)

ぼうじゃくぶじん(暴若無尽)→傍若無人

ほうじゅう(放従)→放縦〈「ほうしょう」とも〉～放縦な生活

ほうじゅん
=(芳醇)→芳醇(ほうじゅん)〈香りが高く、味がよい〉～芳醇(ほうじゅん)な香り・酒・ワイン
=豊潤〈豊かでみずみずしい〉～豊潤な土地、豊潤な音色

ほうじょ（幇助）→ほう助―補助、手助け～自殺ほう助

ほうしょう
＝褒章〈栄典の記章。褒章条例には紅綬、緑綬、黄綬、紫綬、藍綬、紺綬の6種がある〉
＝褒賞〈ほめたたえる、褒美〉～大相撲などの褒賞金、功労者を褒賞
＝報奨〈報い奨励する〉～完納を報奨、報奨金（地方税・JOC・競技団体など）
＝報償〈損害をつぐなう〉～役務に対する報償金、会社更生法・文化財保護法などの報償金

ほうじょう
＝（豊穣）→（五穀）豊穣（ほうじょう）―豊かな、豊作
＝（豊饒）→豊饒（ほうじょう）（な土地）―豊かな、肥えた

ぼうしょう　傍証～傍証固め

ほうしん（疱疹）→疱疹（ほうしん）〈ヘルペス〉～帯状疱疹（ほうしん）

ぼうず　坊主―僧侶、坊さん

注「坊主」は「坊主めくり」「てるてる坊主」「三日坊主」など、比喩的な用法以外はなるべく使わない。「坊主頭、坊主刈り」は「丸刈り」とする。

ぼうぜん（茫然、呆然）→ぼうぜん（自失）―ぼんやり

ほうそ（硼素）→ホウ素

ほうそう　法曹～法曹界、法曹三者

ほうそう（疱瘡）→天然痘

ほうたい（繃帯）→包帯

ほうだい　放題～言いたい放題、食べ放題

ぼうだい（厖大）→膨大

ぼうたかとび　棒高跳び

ほうちく（放遂）→放逐～国外に放逐

ほうちょう（庖丁）→包丁

ぼうちょう（防諜）→防諜（ぼうちょう）―スパイ防止

ぼうちょう（膨脹）→膨張

ほうてい（捧呈）→奉呈

ほうてい
＝法定〈法律で定める〉～法定代理人、法定伝染病、法定得票数、法定利息
＝法廷〈裁判をする所〉～法廷闘争、法廷に持ち込む、法廷侮辱

ほうてき（抛擲）→放棄

ほうてん
＝法典〈体系的にまとめた法令集〉～ナポレオン法典
＝宝典〈貴重な書物、便利な手引書〉～仏教の宝典、家庭医学宝典

ほうとう（放蕩）→道楽、不身持ち

ぼうとく（冒瀆）→冒瀆（ぼうとく）―侵害、（名誉・尊厳を）汚す・冒す

ほうねんまんさく（豊年万作）→豊年満作

作

ほうばい（朋輩、傍輩）→同僚、仲間

ぼうばく（茫漠）→漠然、広漠、漠として

ほうふつ（彷彿、髣髴）→ほうふつ―まざまざ、ありあり

ほうぶつせん（抛物線）→放物線

ぼうふら（孑孑、棒振）→ボウフラ〈動物〉

ほうほうのてい（這々の態）→ほうほうの体

ほうまつ（泡沫）→泡沫（ほうまつ）―あぶく、泡～泡沫（ほうまつ）候補

ほうまん（放慢）→放漫～放漫経営

ほうむる　葬る～葬り去る

ほうゆう（朋友）→友人

ほうよう（法養）→法要

ほうよう
＝包容〈包み入れる〉～包容力
＝抱擁〈抱きかかえる〉～抱擁を交わす

ほうらつ（放埒）→放縦、放逸

ほうる（抛る）→放る～放り込む、放り出す、放り投げる
注「ほっておく」「ほったらかす」「ほっぽり出す」「ほっぽり投げる」などは平仮名書き。

ほうるい（堡塁）→防塁、とりで

ほうれい
＝法令〈法律・命令の総称〉
＝法例〈法律の適用に関する通則〉

ほうれつ（砲列）→放列～カメラの放列、放列を敷く

ほうれんそう（菠薐草）→ホウレンソウ〈植物〉

ほうろう（琺瑯）→ほうろう（引き）

ほえる（吠える）→ほえる～遠ぼえ

ほお　頰～頰かぶり・かむり、頰づえ、頰張る、頰紅、頰骨

ほおずき（酸漿、鬼灯）→ホオズキ〈植物〉～ほおずき市、ほおずきぢょうちん

ほおのき（朴の木、厚朴）→ホオノキ〈植物。「ホオ」とも〉～ほお歯のげた

ほか
＝外〈範囲の外〉～思いの外に早かった、恋は思案の外、想像の外の事件が起こる、もっての外
＝他〈それ以外〉～この他、…他5人、他に方法がない、他の意見・人、他の仕事を探す
注一般的には平仮名書きも使われている。使い分けに迷うときや、他の語の漢字に続く場合には平仮名書きも活用する。

ほかく（捕獲）→捕獲

ほかげ（灯影）→火影

ほがらか　朗らか

ぼくし　牧師〈プロテスタント系の聖職者をいう。カトリック系は「神父」〉

ぼくたく（木鐸）→木鐸（ぼくたく）―先達、指導者～社会の木鐸（ぼくたく）

ぼくとつ（朴訥）→実直、素朴

ほくろ（*黒子）→ほくろ

ぼける（惚ける、呆ける、暈ける）→ぼける〜時差ぼけ、寝ぼける、ピンぼけ、古ぼける

ほけん
＝保険〈事故・災害などで一定の給付を受ける制度〉〜介護・火災・生命保険、健康保険証、保険医、保険金（受け取り）、保険調剤薬局、保険適用薬、保険料（支払い）
＝保健〈健康を保つ〉〜保健衛生、保健師、保健所、保健体育、保健薬、老人保健施設・制度・法

ほこ（鉾）→矛〜矛先、矛を収める
注 「山鉾（やまほこ）」は別。

ほご（反故、反古）→ほご（紙）〜約束をほごにする

ほごかんさつ（保護監察）→保護観察

ほこり（埃）→ほこり〜砂ぼこり

ほこる 誇る〜伝統を誇る、誇らしい顔つき

ほころびる（綻びる）→ほころびる〜梅がほころぶ、顔をほころばす
注 表内訓だが、読みやすさに配慮して平仮名書きに。

ほさ（輔佐）→補佐

ほさつ
＝捕殺〈捕らえて殺す〉〜クマを捕殺する
＝補殺〈野球用語〉〜走者を補殺する

ほさにん
＝保佐人〈成年後見制度〉
＝（輔佐人）→補佐人〈当事者を助けて訴訟行為ができる者〉

ほし 星〜星明かり、星占い、星影、星くず、星祭り、星回り、㊥**星取表**

ほし・ほす 干し・干す〜梅干し、切り干し大根、仕事を干される、煮干し、飲み干す、干し柿、干し草、干しぶどう、干し物

ぼし（拇指）→母指―親指

ほしい
＝欲しい〈自分のものにしたい〉〜金が欲しい、水を欲しがる
＝ほしい〈補助形容詞。「…てほしい」の形で〉〜…してほしい、見てほしい、読んでほしい

ほしいままに（恣に、欲しいままに）→ほしいままに〜権勢をほしいままにする

ほしゅう
＝補修〈補い繕う〉〜建物の補修、補修工事
＝補習〈正規の学習の不足を補う〉〜補習授業

ほしょう（歩哨）→歩哨（に立つ）

ほしょう
＝保証〈請け合う、損害の責めを負う〉〜命の保証はない、債務・信用保証、…という保証はない、日給○○円

を保証する、品質を保証する、文書で保証する、（商品の）保証期間、（保釈）保証金、保証契約、保証債、保証債務、保証書、保証責任、保証付きの商品、保証人、保証発行、保証保険、身の安全を保証する、身元を保証する、連帯保証
＝保障〈立場・権利などが侵されないよう守る〉〜安全保障、言論の自由を保障する、社会保障、所得保障〈社会保障の一部門〉、人権を保障する、保障期間〈生損保など〉、保障条約、身分保障〈法律用語〉、老後の生活を保障する
＝補償〈損害を補い償う〉〜遺族補償、刑事補償、戸別所得補償、損害補償、補償金、労災補償
注「自動車損害賠償保障法」など固有名詞に注意。

ほじょう（圃△場）→畑、農園

ほぞ（臍△）→ほぞ〈へそ、へた〉〜ほぞを固める・かむ

ほそい 細い〜か細い、心細い、細長い、細引き、細身の刀、細め、細目を開ける

ほそう（舗△装）→舗装

ほそく
＝補足〈不足を補う〉〜補足事項、補足して説明する
＝捕捉〈とらえる〉〜意図を捕捉する、賊を捕捉した、租税捕捉率

ほそぼそ（細々）→ほそぼそ

ぼたい
＝母体〈妊娠・出産後の母の体、分かれ出た元〉〜選挙母体、母体保護
＝母胎〈母親の胎内〉〜母胎遺伝

ぼだい（菩△提•）→菩提（ぼだい）（寺）〜ボダイジュ・菩提（ぼだい）樹〈植物〉

ほたる ホタル・蛍〈動物〉〜ホタルイカ〈動物〉、蛍狩り、蛍火

ぼたん（牡丹△）→ボタン〈植物〉〜ぼたん雪

ボタン（釦△）→ボタン（をはめる）

ぼつ（歿△）→没〜死没、没年

ほっき（発企）→発起（人）〜一念発起

ぼっこう 勃興―興隆、台頭、（にわかに）興る

ぼっこん 墨痕〜墨痕鮮やか

ほっしん（法心）→発心

ほっしん（発疹°）→発疹〈「はっしん」とも〉

ほっす 法主〈宗派の長、法会の主宰者。「ほうしゅ」「ほっしゅ」とも〉

ほったてごや（掘っ建て小屋）→掘っ立て小屋

ぼっちゃん 坊ちゃん〈夏目漱石の小説名は「坊っちゃん」〉

ぼっぱつ 勃発―突発、発生、始まる

ほっぴょうよう（北氷洋）→北極海〈「北氷洋」は旧称〉

ほてる（熱•る）→火照る〜顔が火照る

ほ

ほてん〈補塡〉→補塡(ほてん)―補充、穴埋め

ほど
＝程〈度合い、限度、距離、時分、分際など主として名詞・形容詞に〉～程がある、程がよい、程近い、程遠い、程なく、程よい、身の程知らず
注「先程、中程、何程、後程」「程々」などは、読みやすさに配慮して「先ほど、中ほど、何ほど、のちほど」「ほどほど」などと平仮名書き。
＝ほど〈事・次第・様子を表す形式名詞に、…につれてますますの意味を示す助詞に〉～あれほど、いかほど、嫌というほど、多ければ多いほど、覚悟・決意のほど、数えるほど、彼ほどの善人はいない、ご自愛のほど、このほど、これほど、さほど、つゆほども、どれほど、なるほど、3日ほど前、見れば見るほど、山ほど、酔うほどに、よほど

ほどう〈舗道〉→舗道〈舗装した道路〉

ほどう〈輔導、捕導〉→補導

ほどく〈解く〉→ほどく～ほどける

ほどこす 施す～施し主、施し物

ほとばしる〈迸る〉→ほとばしる

ほとんど〈殆ど〉→ほとんど

ほなみ
＝穂波〈穂が風で波のように揺れる様子〉～穂波が揺れる
＝穂並み〈穂の出そろった様子〉～穂並みがそろう

ほにゅう 哺乳〈動物・瓶・類〉

ほね 骨～骨惜しみ、骨折り(損)、骨組み、骨接ぎ、骨っぽい、骨無し、骨抜き、骨太、骨身、骨休め

ほのお〈焰〉→炎

ほのか〈仄か〉→ほのか～ほの明かり、ほの暗い、ほのぼの

ぼば〈牡馬〉→㊕牡馬～種牡馬

ほひつ〈輔弼〉→補佐

ほふく〈匍匐〉→ほふく(前進)―はう

ほぼ〈保姆〉→保母
注 資格名は「保育士」。

ほほえむ〈微笑む、頰笑む〉→ほほ笑む～ほほ笑ましい、ほほ笑み

ほまれ 誉れ

ほめる〈誉める、賛める、賞める〉→褒める～べた褒め、褒め言葉、褒めそやす、褒めたたえる、褒め立てる、褒めちぎる
注「ほめ殺し」は平仮名書き。

ぼや〈*小火〉→ぼや

ほら 洞～洞穴、洞が峠を決め込む

ほら〈法螺〉→ほら～ほら貝〈楽器〉、ホラガイ〈動物〉、ほら吹き

ほり〈濠、壕〉→堀～外堀、釣り堀、堀端

ほり・・ 掘り～掘り起こす、掘りごたつ、掘り下げる、掘り出し物、掘

り抜き井戸

ぼり
=彫り〈一般用語〉~浮き彫り、木彫り、透かし彫り、手彫り
=㊔**彫**〈地名などを冠した工芸品〉~**一刀彫、鎌倉彫**

ほりわり（堀割）→㊔**掘割**〈堀〉

ほる 掘る~穴掘り

ほる 彫る~仏像を彫る、彫りの深い顔立ち、彫り物、㊔**彫師、彫物師**

ほれる（惚△れる）→ほれる~うぬぼれる、聞きほれる、ほれ込む、ほれぼれ

ほろ（幌△）→ほろ~ほろ馬車

ぼろ（襤△褸△）→ぼろ~おんぼろ、ぼろ切れ、ぼろくそ、ぼろぼろ、ぼろ家

ほろびる（亡•びる）→滅びる~罪滅ぼし、滅ぶ、滅ぼす

ほん・・本~本決まり、本曇り、本立て、本降り

ぼん 盆~盂蘭（うら）盆、盆踊り、盆暮れ、盆ぢょうちん

ほんい
=本位〈元の位置、名詞に付けて判断や行動の基準にする意〉~お客様本位、興味本位、金本位制、自己本位
=本意〈本来の意思、真意〉~不本意、本意を明らかにする

ほんい 翻意~翻意を促す

ぼんしょう（梵△鐘）→釣り鐘

ほんせん
=本戦〈試合、競技。囲碁・将棋・スポーツなど〉~本戦に勝ち残る
=本選〈選考、選挙〉~コンクールの本選に進む

ほんたい
=本体〈本当の形、正体、実体、本尊、主要部分〉~本体価格
=本態〈本当の様子、実態〉~本態性高血圧症

ほんねんど（本年度）→今年度

ぼんのう 煩悩~子煩悩

ぼんぼり（＊雪•洞•）→ぼんぼり

ほんまつてんとう（本末顛△倒）→本末転倒

ほんろう（翻弄）→翻弄（ほんろう）―もてあそぶ、手玉に取る、踊らされる

ほんわり ㊔**本割**〈相撲〉

【ま】

ま
=摩〈こする、迫る、近づく〉~摩擦、摩天楼、摩滅、摩耗、減摩剤
=磨〈みがく〉~研磨、鈍磨、百戦錬磨、不磨の大典、磨崖仏

ま 真~真新しい、真一文字、真上、真後ろ、真顔、真心、真っ赤、真っ暗、真っ向、真っ最中、真っ青、真っ逆さま、真っ盛り、真っ先、真っさら、真っ正直、真っ白、真っすぐ、

真っただ中、真っ裸、真っ昼間、真っ二つ、真に受ける、真人間、真向かい、真夜中、真ん中、真ん前、真ん丸・真ん円〈「まる・まるい」の項参照〉

ま 間～間合い、間貸し、間借り(人)、間が悪い、間近、間違い、間に合わせ、間抜け、間延び、間引き、間もなく、間を持たす

マージャン(麻雀)→マージャン

まい

＝舞い〈動作を示す場合。動詞、比喩の場合〉～大盤振る舞い、お見舞いに行く、きりきり舞い、立ち居振る舞い、てんてこ舞い、二の舞い〈失敗を繰り返す〉、振る舞い酒、舞い上がる、舞い納め、舞い降りる、舞い込む、舞い散る、舞い戻る

＝舞〈名詞の場合。舞踊〉～華麗な舞、幸若舞、獅子舞、仕舞〈能楽〉、剣の舞、手古舞、二の舞〈舞楽〉、舞扇、舞姫、舞を舞う

まいこ(舞妓)→舞子・舞妓(まいこ)

まいご ㊜迷子

まいしん(邁進)→まい進―突き進む、まっしぐらに進む

まいる(詣る)→参る〈行く、来る、参拝、降参、閉口、心を奪われる〉～暑くて体が参る、一本参る、お参り、お礼参り、ぞっこん参る、墓参り

注「行ってまいります」「…してまいりました」など補助動詞は平仮名書き。

まえ 前～前祝い、前受け金、前売り(券)、前置き、前かがみ、前書き、前掛け、前貸し(金)、前借り、前倒し、前払い(金・制度)、前触れ、前向き、前もって、前渡し(金)

まがう・まごう(紛う)→まがう・まごう～まがいもない、まがいもの、見まが(ご)う

まかす 負かす～言い負かす

まかす・まかせる(委す)→任す・任せる～あなた任せ、力任せ、出任せ

まがたま(勾玉)→勾玉(まがたま)

まかなう 賄う～賄い付き、賄われる

まかる(罷る)→まかる～まかり通る、まかりならぬ、まかり間違う

まがる 曲がる～つむじ曲がり、ひん曲がる、曲がり角、曲がりくねる、曲がりなりにも

まき

＝巻き〈一般用語〉～巻きが甘い

＝㊜巻〈書物の1冊または1章〉～**桐壺の巻、虎の巻、巻の一**

まき(薪)→まき〈「たきぎ」と読めば表内訓〉～まき割り

まき・ 巻き～巻き上げ(機)、巻き網、巻き起こす、巻き落とし、巻き貝、巻き替え、巻き返し、巻き髪、巻き紙〈ロール紙〉、巻き狩り、巻き雲、

巻き毛、巻き込む、巻き舌、巻き尺、巻きずし、巻き添え、巻きたばこ、巻き取り紙、㊎**巻紙**〈手紙用〉、**巻物**

・・まき 巻き～新巻き（ザケ）、糸巻き、渦巻き、襟巻き、腰巻き、だて巻き、鉄火巻き、手巻き、胴巻き、取り巻き、のり巻き、鉢巻き、腹巻き、春巻き、㊎**絵巻**、**竜巻**、**葉巻**

まきえ（蒔絵）→蒔絵（まきえ）

まきえ（撒き餌）→まき餌

まぎれる 紛れる～悔し紛れ、苦し紛れ、どさくさ紛れ、腹立ち紛れ、紛らす、紛らわしい、紛れ込む、紛れもない

まぎわ（真際）→間際～発車間際

まく（捲く）→巻く～管＝くだ＝を巻く、けむに巻く、舌を巻く、とぐろを巻く、長いものには巻かれろ、ねじを巻く、包帯を巻く

まく ＝（蒔く、播く）→まく〈植物の種を地に埋める〉～遅まきながら、自分でまいた種、新規まき直し、種をまく

＝（撒く）→まく〈振り散らす、注ぎ掛ける〉～餌をまく、塩・水をまく、尾行をまく、ビラをまく、振りまく、豆まき〈節分〉、話題をまく

まくあい（幕合い、幕間）→幕あい

まくあき・まくあけ

＝（幕明き）→幕開き〈演劇用語〉

＝（幕明け）→幕開け〈物事の始まり、「幕開き」の転〉～近代の幕開け

まくじり 幕尻〈相撲〉

まくら 枕～歌枕、空気枕、枕木、枕経、枕辺、枕を高くして寝る、夢枕

まくらことば（枕言葉、枕詞）→枕ことば

注 和歌などでは「枕詞（まくらことば）」。

まくらもと（枕許）→枕元

まぐれ（紛れ）→まぐれ～気まぐれ、まぐれ当たり

まぐろ（鮪）→マグロ〈動物〉～マグロの水揚げ

注 「中西部太平洋まぐろ類委員会」などは別。

まげ（髷）→まげ～ちょんまげ、まげ物〈時代物〉

まける

＝（敗ける）→負ける～顔負け、根負け、夏負け、負け戦、負け犬、負け惜しみ、負けず嫌い、負け越し、負けじ魂、負け投手、負け星、負けん気

＝（負ける）→まける〈値段を安くする〉～おまけ、10円まける、まからない

まげる 曲げる～事実・主張・節を曲げる、曲げてご承諾を、曲げ物〈容

器など〉

まご 孫〜ひ孫、孫請け、孫の手、孫引き

まご 馬子〜馬子にも衣装

まごうた 馬子唄

まごつく(間誤つく)→まごつく

まこと(実、真、信)→誠〜誠に

まことしやか(実しやか、真しやか)→まことしやか

まさご(真砂)→まさご〜浜のまさご

まさしく・まさに(正しく・正に)→まさしく・まさに

まさめ(柾目)→正目〜正目のげた

まさゆめ 正夢

まさる(優る)→勝る〈すぐれる〉〜聞きしに勝る、勝るとも劣らない

まざる・まじる・まぜる

=交ざる・交じる・交ぜる〈とけ合わないまじり方〉〜入り交じる、片言交じり、漢字仮名交じり文、古豪に若手が交じる、小雨交じり、米に麦が交じる、冗談・ため息・皮肉交じり、白髪交じり、トランプを交ぜる、ない交ぜ、鼻歌交じり、人交ぜせずに、交ぜ織り、交ぜ書き、雪交じりの雨

=混ざる・混じる・混ぜる〈とけ合うまじり方〉〜異物が混じる〈混入〉、絵の具を混ぜる、ごちゃ混ぜ、酒に水を混ぜる、雑音が混じる、セメントに砂を混ぜる、匂い・臭い・においが混じり合う、煮物をかき混ぜる、混ざり物、混じり気がない、混ぜこぜ、混ぜっ返す、見分けがつかぬほど混ざり合う

注「まぜご飯」など紛らわしい場合は平仮名書き。

まし(増し)→まし〈ややよい〉〜…した方がましだ

まじえる・まじわる 交える・交わる〜私情を交える、朱に交われば赤くなる、冗談を交える、水魚の交わり、膝を交える、人の交わり、砲火を交える、道が交わる

まして

=(況)→まして〈副詞。なおさら〉〜ましてや、まして親なら

=増して〈一層〉〜以前にも増して

まじない(呪い)→まじない〜まじないを掛ける

まじめ 慣真面目〜生真面目、不真面目、真面目くさる

注「ありのままの姿」の意の読みは「しんめんもく・しんめんぼく」。

ましゃく 間尺〜間尺に合わない

ましん(麻疹)→麻疹〈病名〉

注 一般的には「はしか」。

ます(枡、桝)→升〜升酒、升席、升目

ます(鱒)→マス〈動物〉〜ニジマス、ますずし

ます 増す～以前にも増して、1割増し、建て増し、速さを増す、日増しに、増し刷り、水増し、焼き増し、割り増し、㊗**割増金**
まず（先ず）→まず～まずは、まずもって
ますい（痲酔、麻睡）→麻酔～全身麻酔、麻酔をかける
まずい
=（下手い、拙い）→まずい〈へた〉
=（不味い）→まずい〈味が悪い〉
ますます（益々、増々）→ますます～老いてますます盛ん
また
=（胯、叉）→股〈二つに分かれる所。主に名詞〉～内股、大股、刺股、世界を股にかける、二股を掛ける、二股ソケット、二股道、二股を掛ける、股上、股裂き、股下、股擦れ、股旅
注「三つまた」「四つまた」は平仮名書き。
=（又、亦、復）→また〈主に副詞・接続詞・接頭語〉～また貸し、また聞き、また来ます、またしても、またとない、またの機会、または、またもや
まだ（未だ）→まだ～まだしも、まだまだ
またたく 瞬く～星が瞬く、瞬き
またない（俟たない）→またない～言・論をまたない
まだら（斑）→まだら～まだら模様
まち
=町〈主として人家が集まっている所。地域、行政区画〉～裏町、下町、城下町、町方、町ぐるみの運動、町工場、町と村、町外れ、町家、港町、門前町
=街〈主として店などが並んでいる所。街路〉～学生の街、街角、街着、街筋、街の声、街の灯、街行く人々、街を吹き抜ける風
注「町おこし・街おこし・まちおこし」「町づくり・街づくり・まちづくり」「町並み・街並み」などは内容によって使い分ける。
まち・・ 待ち～待ち合わせ（場所）、待ちかねる、待ち構える、待ち焦がれる、待ち時間、待ち遠しい、待ち望む、待ち針、待ち人、待ち伏せ、待ちぼうけ、待ちわびる、㊗**待合室**、**待合所**、**待合**（料亭など）**政治**
まぢか（真近、目近）→間近～定年間近
まちがう 間違う～間違い、間違える
まちまち（＊区々）→まちまち～意見がまちまち
まつ マツ・松〈植物〉～松かさ、松飾り、松並木、松の内、松葉づえ、松ぼっくり、マツムシ・松虫〈動物〉、松やに

まつ
＝待つ〈待機する〉～チャンスを待つ、待ちに待った、待てど暮らせど、待てば海路の日和あり
＝（俟つ）→まつ〈頼る、期待する〉～相まって、今後の研究にまつ、本人の自覚にまつ

まつえい（末裔）→末裔（まつえい）―子孫、末孫

まっか 慣真っ赤

まっき 末期〈初期の対語〉～末期的症状

まつげ（睫、睫毛）→まつげ

まつご 末期〈死に際〉～末期の水

まっこう 抹香～抹香臭い、マッコウクジラ〈動物〉

まっこう 真っ向～真っ向勝負

まっさお 慣真っ青

まっさつ 抹殺

まっしぐら（驀地、真っしぐら）→まっしぐら

まっしょう（末梢）→末梢（まっしょう）〈神経〉―末節、末端

まっしょう 抹消～登録を抹消する

まっすぐ（真っ直ぐ）→真っすぐ

まったく 全く・まったく～全きを期す、全くもって

まつたけ（松茸）→マツタケ〈菌類〉～まつたけご飯

まっちゃ 抹茶

まっとう（真っ当）→まっとう（な話）

まっとうする（完うする）→全うする～責任・天寿を全うする

まっぴら 真っ平・まっぴら

まつよいぐさ マツヨイグサ・省待宵草〈植物〉

まつり 祭り～後の祭り、お祭り騒ぎ、三大祭り、七夕祭り、血祭り、夏祭り、花祭り、ひな祭り、火祭り、星祭り、祭りばやし、雪祭り、夜祭り
注「祇園祭」「三社祭」など、平仮名を送らない慣用のあるものはそれに従う。

まつりごと 政～政を執り行う

まつる
＝（祀る）→祭る〈神霊を慰める〉～祖先・霊を祭る、祭り上げる
＝（奉る、献る）→まつる〈…申し上げる〉～ささげまつる、仕えまつる

まつわる（纏わる）→まつわる～犬がまつわりつく、平家にまつわる伝説

・・まで（迄）→まで～あくまで、今まで、これまで、どこまで

まてんろう（魔天楼、磨天楼）→摩天楼

まと 的～的外れ、的を射る

まとう（纏う）→まとう～足手まとい、付きまとう

まどう 惑う～思い惑う、戸惑い、逃げ惑う、惑わす

まな（愛）→まな～まな弟子、まな娘

まないた（俎板、俎、真魚板）→まな板

～まな板に載せる、まな板のコイ
まなこ　眼～血眼、どんぐり眼、寝ぼけ眼
まなざし（眼差し）→まなざし
まなじり（眦）→まなじり〈目尻〉～まなじりを決する
まなびや（＊学舎）→学びや―学校
まにまに（間に間に、随に、随意に）→まにまに～波のまにまに
まぬかれる　免れる〈「まぬがれる」とも〉
まね（真似）→まね～口まね、人まね、まね事、まねる、見まね、物まね
まのあたり（眼の辺り）→目の当たり～惨状を目の当たりにする
まのび　間延び～間延びした話
まばたく（瞬く）→まばたく
まばゆい（目映い、眩い）→まばゆい～まばゆいばかりの宝冠、まばゆい光を浴びる
まばら（疎ら）→まばら～人影もまばら

まひ（麻痺）→まひ―しびれ、機能停止～交通まひ、心臓まひ
まぶか（眼深、真深）→目深～帽子を目深にかぶる
まぶしい（眩しい）→まぶしい
まぶた（目蓋、眼瞼、瞼）→まぶた～まぶたに浮かぶ
まほうじん（魔法陣）→魔方陣
まぼろし　幻
まま（儘、任、随）→まま〈身一つ、思う通り〉～着の身着のまま、気まま、ままならぬ、わがまま
まま　間々〈時々〉～間々起きる事故
ままこ（＊継子）→継子＝けいし
注「まま子」は使わない。
ままはは（＊継母）→継母＝けいぼ
注「まま母」は使わない。
まみえる（見える、目見える）→まみえる～両雄相まみえる
まみれる（塗れる）→まみれる～血まみれ

まむし（蝮）→マムシ〈動物〉～まむし酒
まめ（荳）→マメ・豆〈植物〉～血豆、豆絞り、豆鉄砲、豆電球、豆本、豆まき
まめ（肉刺）→まめ〈豆状の水膨れ〉～手足のまめ
まめ（＊忠実）→まめ〈苦労をいとわず精を出す〉～足まめ、筆まめ、まめに働く
まめつ（磨滅）→摩滅
まもう（磨耗）→摩耗
まもる（護る）→守る～お守り、沈黙を守る、守り刀、守り神、守り袋、守り札、守り本尊、身を守る、約束を守る
まゆ　眉～眉毛、眉墨、眉唾、眉をひそめる
まゆ　繭～繭玉
まよう　迷う～気迷い、血迷う、迷わす

ま

注「さまよう」は平仮名書き。

まり（毬△、鞠△）→まり～蹴鞠（けまり）、ゴムまり、まりつき

まりも（毬△藻）→マリモ〈植物〉

まる・まるい
＝丸・丸い〈一般用語〉～背中を丸くする、地球は丸い、二重丸、人間が丸くなる、丸洗い、丸いボール、丸い輪、丸写し、丸顔、丸抱え、丸刈り、丸木舟、丸く収まる、丸腰、丸ごと、丸3年、丸損、丸太、丸出し、丸太ん棒、丸つぶれ、丸投げ、丸裸、丸干し、丸ぽちゃ、丸々手に入れる、丸々と太る、丸見え、丸もうけ、丸焼き、丸焼け、真ん丸
＝円・円い〈限定用語〉～円い月、円い人柄、円がんな・円のみ〈道具〉、円テーブル、円天井、円盆、円窓、円々とした月、円屋根、真ん円〈主に平面的〉
注「円い」は主として慣用が固定したものに使われる。

まるきり（丸切り）→まるきり〈「まるっきり」とも〉

まるで（丸で）→まるで〈副詞〉～まるで夢のようだ、予想とまるで違う

まるめる 丸める～頭を丸める、丸め込む

まれ（稀△、希●）→まれ～まれに起こる、まれに見る秀才

まろやか（円やか、丸●やか）→まろやか

まわし（回し）→まわし〈相撲〉～化粧まわし

まわす（廻△す）→回す～後に回す、回覧板を回す、狂言回し、気を回す、たらい回し、連れ回す、手回し、根回し、乗り回す、回し者、目を回す

まわり
＝回り〈一般用語。巡回、回転〉～足回り、内回り、金回り、空回り、首・腰・胴・幹回り、酒・火の回りが早い、外回り、時計回り、年が一回り違う、一回りする、回り合わせ、回りくどい、回り込む、回り舞台、回り回って、回り道、回り持ち、回り廊下、水回り、身の回り（品）、見回り、持ち回り（閣議）、利回り
＝周り〈周囲、周辺。名詞形のみ〉～家の周り、池の周りを回る、口の周りを拭く、地球の周り、周りがうるさい、周りの人

まわる（廻△る、周●る）→回る～急がば回れ、舌がよく回る、回れ右

まん
＝慢〈怠る、おごる〉～我慢、緩慢、高慢、自慢、怠慢、暴慢、慢心
＝漫〈気まま、とりとめがない〉～散漫、冗漫、放漫、漫画、漫談、漫筆、漫歩、漫遊、漫録

まんいち 万一～万が一
まんえつ 満悦～ご満悦の体
まんえん（蔓延）→まん延―はびこる、流行、横行
まんかんしょく（万艦色）→満艦飾
まんきつ 満喫～楽しさを満喫
まんげきょう 万華鏡
まんざ（万座）→満座（の中で）
まんざい（万才、万歳）→漫才〈演芸用語。「三河万歳」「万歳楽」などは別〉
まんざら（満更）→まんざら（でもない）
まんじ（卍、卍字）→まんじ～まんじともえ
まんじゅう（饅頭）→まんじゅう
まんじょういっち（万場一致）→満場一致
まんじり まんじり〈副詞。まどろむさま〉～まんじりともせず一夜を明かす
まんしんそうい（満身創痍）→満身創痍（そうい）―（全身）傷だらけ
まんせい（漫性）→慢性～慢性疾患
まんぜん（慢然）→漫然～漫然と眺める
まんだら（曼陀羅、曼荼羅）→まんだら・曼陀羅（まんだら）〈「曼荼羅（まんだら）」とも〉
まんてん（万天）→満天～満天の星
まんてん（万点）→満点～満点の答案
まんぱい（満配）→満杯
まんびき 万引き
まんぷく 満幅〈全面的〉～満幅の信頼を寄せる
まんぷく 満腹〈腹いっぱい〉～満腹する
まんべんなく（万遍なく）→満遍なく
まんまと まんまと〈うまく、首尾よく〉～まんまと手に入れる
まんまん
＝満々〈満ちあふれている〉～杯に満々と注ぐ、自信満々、満々と水をたたえる
＝漫々〈果てしなく広い〉～漫々たる大海
まんゆう（慢遊）→漫遊（記）
まんをじす（万を持す）→満を持す

【み】

み
＝味〈漢語の接尾語。音読みの語などと結合して名詞などを作る〉～円熟味、甘味＝かんみ＝料、吟味、けれん味、酸味＝さんみ＝、地味、滋味、賞味、正味、真剣味、真実味、新鮮味、新味、醍醐味（だいごみ）、珍味、人間味、人情味、美味、風味、妙味、無味、薬味
＝（味、処）→み〈和語の接尾語。形容詞の語幹や訓読みの語に続く〉～赤み、明るみ（に出る）、厚み、ありがたみ、嫌み、うまみ（のある話）、面白み、重み、勝ちみ〈勝ち目〉、臭み、

茂み、渋みのある演技、すごみ、高み（の見物）、強み、苦＝にが＝み（走る）、深み、丸み、柔らかみ、弱み

注 味覚を表すときは「甘味、うま味、渋味、辛味、苦味」などと漢字書きでもよい。

み 身～知識が身に付く、身動き、身売り、身勝手、身が入る・身を入れる〈真剣になる〉、身構え、身が持たない、身から出たさび、身支度、身繕い、身投げ、身なり、身に余る、身に覚えがある、身につまされる、身の上（相談）、身の毛がよだつ、身代金、身の振り方、身の程知らず、身の回り品、身ぶり手ぶり、身震い、身持ち、身もふたもない、身寄り、身を焦がす、身を粉にする、身を任せる、身を持ち崩す、身をもって、身を寄せる

み 実～木の実、みそ汁の実、実のある話、実を結ぶ

み・・ 見～見合い（結婚）、見飽きる、見合わせる、見送り、見落とし、見劣り、見覚え、見下ろす、見掛け（倒し）、見掛ける、見かねる、見切り（発車・品）、見下す、見苦しい、見込み違い、見殺し、見境なく、見下げる、見透かす、見過ごす、見捨てる、見損なう、見出し、見立て、見違える、見繕う、見つける、見積もる、見て取る、見取り図、見慣れる、見逃す、見栄え、見張り、見舞う、見守る、見向き、見よう見まね

み・・（御）→み〈尊敬・丁寧を表す〉～神のみ子、み心、み霊

みいだす（見出す）→見いだす

みいり
＝実入り〈穀物など、収入〉～実入りのいい商売
＝身入り〈魚介類〉～カニ・カキの身入り

みいる
＝見入る〈凝視する〉～テレビの画面に見入る
＝魅入る〈取りつく、魂を奪う〉～悪魔に魅入られる

みえ（見栄、見得）→見え～見えっ張り、見え坊、見えを切る〈歌舞伎の場合は「見得（みえ）を切る」〉、見えを張る

みおさめ（見収め）→見納め

みかえし（身返し）→見返し〈製本・洋裁の用語〉

みかえり 見返り～見返り資金・物資、見返りを期待する

みがきにしん（磨きにしん）→身欠きにしん

みがく 磨く～靴磨き、磨き粉、磨きを掛ける

みかげいし 慣御影石〈学名は「花こう

岩」〉
みかた（御方、身方）→味方
みかづき　三日月
みかど（帝、御門）→みかど
みがわり（身替わり）→身代わり
みかん（蜜柑）→ミカン〈植物〉～夏みかん、ミカン狩り、みかん箱
みぎ　右～右利き、右に出る者がいない、右へ倣え、右巻き、右回り、右四つ
みきわめる（見究める）→見極める
みくだりはん（三行半、三下り半）→三くだり半
みくびる（見縊る）→見くびる
みけん　眉間
みこ
＝（御子）→み子―天皇の子、皇子、皇女
＝（巫女）→みこ・巫女（みこ）
みこし（御輿、神輿）→みこし
みごたえ　見応え
みごと（美事）→見事～見事な出来栄え
みことのり（勅）→詔
みごもる（身籠もる）→身ごもる
注「籠もる＝こもる」は表内訓だが、読みやすさに配慮して平仮名書きに。
みごろ　見頃～桜の見頃
みさお　操～操を立てる
みさき（崎、碕）→岬
みささぎ　陵〈天皇、皇后などの墓所〉
みじかい　短い～気短、手短に、短め、短夜
みじたく（身仕度）→身支度
みじまい（身仕舞い）→身じまい
みじめ　惨め
みじん（微塵）→みじん～木っ端みじん、みじん切り、みじんも感じない
みず　水～水揚げ（高）、水遊び、水浴び、水あめ、水洗い、水入らず、水入り〈相撲〉、水掛け論、水切り、水際立つ、水煙、水先案内、水炊き、水たまり、水っぽな、水の泡、水は け、水浸し、水膨れ、水辺、水まき、水増し、水回り、水も漏らさぬ、水漏れ、水割り、水を掛ける
みずおち（鳩尾）→みずおち〈「みぞおち」とも〉
みずかき（水掻き、蹼）→水かき
みずかさ（水嵩）→水かさ―水量
みずがめ（水瓶、水甕）→水がめ
みずから（躬ら）→自ら
みずがれ（水涸れ）→水枯れ
みずくさい
＝水臭い〈水っぽい〉～水臭い酒
＝水くさい〈よそよそしい〉～水くさいことを言う
みずごり（水垢離）→水ごり
みずさし（水指し）→水差し
注　茶道の「㊔水指」は別。

みずぜめ
=水攻め〈攻撃〉～備中高松城の水攻め
=水責め〈拷問〉～水責めなど過酷な尋問

みずひき ㊔**水引**

みずみずしい（瑞々しい）→みずみずしい～みずみずしい感性、みずみずしい肌、みずみずしい若葉

みする 魅する～華麗なプレーに魅せられる、人を魅する

注 「魅せる」は文法的に間違いなので使わない。

みせ 店～店売り、店構え、店開き

みせいねん（未青年）→未成年

みせもの（見世物）→見せ物

みせる
=見せる〈一般用語〉～医者に見せる、興味を見せる、手の内を見せる、見せ掛け、見せ金、見せしめ、見せつける、見せどころ、見せ場、見せびらかす、目に物見せる
=（見）→みせる〈補助動詞、主として「て」が加わった形で〉～うなずいてみせる、ピアノを弾いてみせる、やってみせる

みそ（味噌）→みそ～手前みそ、みそ汁、みそ漬け、みそを付ける

みぞう 未曽有（の大事件）＝空前、かってない

みそか（晦日）→みそか～大みそか

みそぎ（禊ぎ）→みそぎ～みそぐ

みそじ（三十路）→三十路（みそじ）

みそめる（見染める）→見初める

みそら 身空〈身の上〉～若い身空で

みぞれ（霙）→みぞれ

注 雨と雪が交ざった状態。「みぞれ交じり」は誤用。

みたす・みちる（充たす）→満たす・満ちる～空腹を満たす、酒をなみなみと満たす、需要を満たす、満たされない思い、満ち欠け、満ち潮、満ち足りる、満ち干

みだす・みだれる 乱す・乱れる～乱れ打ち、乱れ髪

みだら（淫ら）→みだら～みだらな行為

注 表内訓だが、読みやすさに配慮して平仮名書きに。

みだりに（濫りに）→みだりに～みだりに口出しするべきではない

みち（路、途、径）→道～その道の達人、人の道、道案内、道草、道すがら、道筋、道連れ、道の辺、道端、道々、道行き、道を探る

みぢか 身近～身近な問題から取り組む

みちしるべ（＊道標）→道しるべ

みちなり（道形）→道なり～道なりに進む

みちのり（＊道程）→道のり

みつ　蜜～蜂蜜、ミツバチ・蜜蜂〈動物〉、蜜豆
みつ・みっつ　三つ～三つ編み、三つ折り、三つ重ね、三つ組み、三つ子の魂、三つずつ、三つぞろい、三つ葉、三つまた〈三差路〉、三つ指
みつぐ　貢ぐ～貢ぎ物
みつげつ　蜜月～両大国の蜜月時代
みつどもえ（三つ巴△）→三つどもえ
みつまた（三椏△）→ミツマタ〈植物〉
みつめる　見詰める
みつもり　見積もり（計算・面積）～㊟省
見積価格・件数・書
注　経済関係複合語ルール参照。
みつりょう
＝密猟〈不法な猟〉～ゾウの密猟
＝密漁〈不法な漁〉～ウニの密漁
みとう
＝未到〈まだ到達しない。主として業績・記録に〉～前人未到の記録・境地・大事業
＝未踏〈まだ足を踏み入れない。主として土地に〉～人跡未踏の地・山、未踏峰
みとおし（見透•し）→見通し～見通す
みどころ（見所、見処•）→見どころ
みどし（巳△年）→み年・巳（み）年―へび年
みとめる　認める～認め印
みどり（翠△）→緑～薄緑、黄緑、深緑、緑の黒髪
注　祝日は「みどりの日」。
みとる（看•取る）→みとる〈最後まで付き添う、看病する〉～最期をみとる
みとる　見取る～状況を即座に見取る、見取り図
みとれる（見蕩△れる、見惚△れる）→見とれる～景色に見とれる
みな　皆～皆殺し、皆さま、皆々
注　「みんな」は平仮名書き。
みなぎる（漲△る）→みなぎる
みなす（見做△す、看•做△す）→見なす～敵と見なす
注　「みなし法人」「みなし公務員」「みなし贈与」などは平仮名書き。
みなづき（水無•月）→水無月（みなづき）〈陰暦の6月〉
みなも（＊水•面•）→水面（みなも）〈「みのも」とも〉～水面（みなも）を渡る風
みならい
＝見習い〈一般用語〉～見習い期間
＝㊟省見習〈職分〉～**社員見習、美容師見習、見習看護師、見習社員、見習生**
みならう（見倣う）→見習う
みにくい
＝（見憎い）→醜い〈美しいの対語〉～醜い争い
＝（見難•い）→見にくい〈見やすいの対語〉～見にくい標識

み

みね（峯△、嶺△）→峰～峰打ち、峰越し、峰伝い、峰続き

みの（蓑△）→みの～隠れみの、ミノムシ〈動物〉

みのしろきん ㊏身代金

みのる（稔△る）→実る～苦労・努力が実る、実りの秋

みばえ（見映え）→㊕見栄え

みはからう 見計らう

みはた（御●旗）→㊏御旗

みはなす（見離す）→見放す

みはらい 未払い～未払い賃金、㊘**未払込資本**

みはらし 見晴らし～見晴らしが利く

みはる（瞠△る）→見張る～見張り番、目を見張る

みぶり（身振り）→身ぶり（手ぶり）

みぶるい（身振るい）→身震い

みぼうじん（未亡人）→夫を亡くした女性

注 「未亡人」は使わず、「故○○氏の妻、○○夫人、○○さん」などと具体的に表す。

みほれる（見惚△れる）→見ほれる

みまう 見舞う～火事・暑中・陣中見舞い、見舞いはがき、㊘**見舞客、見舞金、見舞状、見舞品**

みまがう・みまごう（見紛●う）→見まがう・見まごう

みみ 耳～耳打ち、耳が痛い、耳かき、耳飾り、耳ざとい、耳遠い、耳鳴り、耳慣れる、耳元、耳寄り、耳をそろえる

みみざわり（耳触り）→耳障り（な音）

みみず（蚯△蚓△）→ミミズ〈動物〉～みみず腫れ

みみずく（木●菟△）→ミミズク〈動物〉

みめ 見目～見目麗しい

みもと（身許●）→身元～身元不明、身元を調べる、㊘**身元引受人**

みもの（見物）→見もの〈「見物＝けんぶつ」は別〉

みゃくはく（脈搏△、脈膊▲）→脈拍―脈

みやげ ㊏土産～置き土産、手土産、土産物

みやこ（京●）→都～都入り、都落ち、都育ち

みやすい（見易●い）→見やすい

みやづかえ 宮仕え

みやび（雅●）→みやび～みやびやかな衣装

みやまいり（宮詣●り）→宮参り

みよ（御●代、御●世）→（明治の）み代

みよう（見様●）→見よう～見よう見まね

みょうが（冥加）→冥加（みょうが）～冥加（みょうが）金

みょうが（茗△荷）→ミョウガ〈植物〉

みょうじ（苗●字）→名字

みょうじょう 明星〈金星〉～明けの明星、宵の明星

みょうだい　名代

みょうに　妙に～妙な

みょうねんど（明年度）↓来年度

みょうばん（明礬）↓ミョウバン

みょうり　名利〈名誉と利益。「めいり」とも〉～名利を求める

みょうり（冥利）↓冥利（みょうり）〈神仏の御利益、ある立場・状態にあることで受ける恩恵〉～役者冥利（みょうり）に尽きる

みりん（味醂、味淋）↓みりん（漬け・干し）

みる

＝（観る、視る）↓見る〈一般用語〉～足元を見る、味を見る、痛い目・憂き目を見る、映画・新聞・テレビを見る、大目に見る、顔色を見る、経過を見る、景気動向を見る、景色を見る、現地を見る、これ見よがし、事態を重く見る、隙を見て、調子を見る、疲れが見える、手相を見る、泣きを見る、人を見る目がある、日の目を見る、見え見え、（医者の）見立て違い、見る影もない、見るからに、見るに忍びない、見る見るうちに、面倒を見る、物の見方、様子を見る、老後を見る

＝みる〈補助動詞〉～朝起きてみると、言ってみれば、考えてみる、聞いてみる、食べてみる、試してみる、私としてみれば

注「…とみられる」「…とみる」など、判断・推測・予測の意味に使う場合は慣用で平仮名書き。「完成をみる」「解決をみる」など本来の意味が薄れた場合も同じ。

＝診る〈診察〉～医者に診てもらう、患者を診る、内視鏡で診る、脈を診る

注「診せる」は使わない。

みんじょう（民状）↓民情（視察）

みんせい

＝民生〈国民の生活〉～民生委員、民生技術、民生を安定させる

＝民政〈文官による政治〉～軍政から民政への移管

みんぞく

＝民俗〈住民の風俗・伝承〉～国立歴史民俗博物館、民俗学〈フォークロア〉、民俗信仰、民俗文化財

＝民族〈人種・地域などを同じくする集団〉～国立民族学博物館、多民族国家、民族解放、民族学〈エスノロジー〉、民族教育、民族自決、民族性

注「民俗音楽・民族音楽」「民俗芸能・民族芸能」などは、内容によって使い分ける。

みんな（皆）↓みんな

【む】

むい　無為～無為徒食

むいむかん　無位無官〈比喩的に「無位無冠」を使う場合は別〉

むえん　＝無援〈助けがない〉～孤立無援
　＝無縁〈縁（者）がない〉～無縁仏

むかう（対う）→向かう～向かい合わせ、向かい風、面と向かって

むかえる　迎える～迎え入れる、迎え撃つ、迎え酒、迎え火

むかっぱら（向かっ腹）→むかっ腹

むかで（＊百足）→ムカデ〈動物〉～むかで競走

むがむちゅう（無我無中）→無我夢中

むかんのていおう（無官の帝王）→無冠の帝王

むぎ　ムギ・麦〈植物〉～麦刈り、麦焦がし、麦とろ、麦踏み、麦わら帽

むきになる（向きになる）→むきになる

むく　向く～向き合う、向き不向き、向き向き

むく（剝く）→むく～牙をむく、擦りむく、むき出しの感情、目をむく

むく（無垢）→無垢（むく）｜清浄、汚れない、純粋～白無垢（むく）

むくいる（酬いる）→報いる～恩に報いる、苦労が報われる

むげ（無碍、無礙）→（融通）むげ

むげに（無下に、無気に、無碍に）→むげに〈むやみに〉～むげに断れない

むげんじごく（無限地獄）→無間地獄

むこ（聟、壻）→婿～婿入り、婿取り

むこ（無辜）→罪のない、善良な

むごい（惨い、酷い）→むごい～むごたらしい

むこう　向こう～向こう意気、向こう側、向こう傷、向こうずね、向こう付け、向こう隣、向こうに回す、向こう鉢巻き、向こう見ず、(省)**向正面**〈相撲〉

むさぼる（貪る）→むさぼる～巨利をむさぼる、惰眠をむさぼる

注　表内訓だが、読みやすさに配慮して平仮名書きに。

むざん（無惨）→(統)無残～見るも無残、無残な最期を遂げる

むし　虫～腹の虫が治まらない、虫がいい、虫が好かない、虫が付く、虫食い、虫下し、虫けら、虫の息、虫の知らせ、虫干し、虫眼鏡、虫よけ

むし・・　蒸し～蒸し暑い、蒸し返す、蒸し菓子、蒸し器、蒸し風呂、蒸し蒸しする、蒸し焼き（器）

むじ　無地

むしず（虫唾、虫酸）→むしず（が走る）

むじな（狢、貉）→ムジナ〈動物〉～同じ穴のむじな

むしば（齲歯）→虫歯

むしばむ（虫食む、蝕む）→むしばむ～健康をむしばまれる

むしゃ　武者～落ち武者、武者修行、武者震い

むじゃき（無邪鬼）→無邪気

むしゃぶりつく（武者振り付く）→むしゃぶり付く

むじょう

＝無常〈人の世は変わりやすく、はかない〉～諸行無常、無常観・感、無常な世の中

＝無情〈思いやり・感情がない〉～無情な仕打ち、無情の雨、無情の木石

＝無上〈この上ない〉～無上の光栄・喜び

むしょうに　無性に〈むやみに、やたらに〉～無性に腹が立つ

むしる（毟る）→むしる～草むしり

むしろ（筵、蓆）→むしろ～針のむしろ、むしろ旗

むしろ（寧ろ）→むしろ〈副詞〉

むじんぞう　無尽蔵

むす　蒸す～タオルを蒸す、茶わん蒸し

むす（生す、産す）→むす〈生える〉～草むす、こけむす

むずかしい　難しい〈「むつかしい」とも〉～気難しい、小難しい、難しさ

むずかる（憤る）→むずかる～赤ん坊がむずかる

むすこ　㊖息子

むすぶ　結ぶ～縁結び、係り結び、実を結ぶ、結び付き、結びの一番、結び目、㊔小結〈相撲〉

注　「おむすび」は平仮名書き。

むすめむこ（＊女婿）→娘婿〈「女婿＝じょせい」とも〉

むせぶ・むせる（噎ぶ、咽ぶ）→むせぶ・むせる～煙にむせる、涙にむせぶ、むせ返る、むせび泣く

むそう

＝夢想〈空想、夢見る〉～夢想家、夢想だにしない、夢想にふける

＝無想〈無心、何も考えない〉～無想の境地、無念無想

むぞうさ（無雑作）→無造作

むだ　無駄～無駄口をたたく、無駄死に、無駄遣い、無駄話

むたい（無代、無台）→（無理）無体

むち（鞭、笞）→むち～アメとムチ、老骨にむち打つ

むち

＝（無智）→無知〈知識がない〉～無知無欲、無知蒙昧（もうまい）

＝無恥〈恥を知らない〉～厚顔無恥

むちうちしょう（むち打ち症）→頸椎（けいつい）捻挫、むち打ち損傷

むちゃ（無茶）→むちゃ～むちゃくちゃ、むちゃを言う

むつ・むっつ　六つ～暮れ六つ
むつき（睦月）→睦月（むつき）〈陰暦の1月〉
むつまじい（睦まじい）→むつまじい～仲むつまじい夫婦
むとどけ　無届け（欠席・デモ）
むとんちゃく　無頓着〈「むとんじゃく」とも〉
むな・・胸～胸板、胸くそ悪い、胸ぐら、胸苦しい、胸毛、胸騒ぎ、胸算用、胸突き八丁、胸元
むなしい（空しい、虚しい）→むなしい～努力もむなしく
むね　胸～胸が騒ぐ、胸三寸、胸に迫る、胸焼け
むね　棟～棟上げ式、棟続き
むぼう（無暴）→無謀～無謀な賭け
むほん（謀叛）→謀反
むやみ（無闇）→むやみ～むやみやたら
注 平仮名書きの慣用が定着。

むよう（無要）→無用（の長物・の用）
むら　＝群～群雲、群スズメ、群立つ
　＝村～村里、村雨、村時雨
注 「原子力ムラ」などは片仮名書き。
むら（斑）→むら～色むら、染めむら、むら気、むらのある成績
むらがる　群がる～ファンが群がる
むらす・むれる　蒸らす・蒸れる
むりじい　無理強い
むりやり（無理矢理）→無理やり
むりょう　無量～感慨無量
むれる　群れる～群れ、群れ成す
むろ　室～氷室、室咲き
むろん　無論・むろん

【め】

め　女～乙女、女神
め　＝目〈数詞に付いて順序を表す。また生物の「目」に関連のあるものや、状況、境遇、体験、区別、境目などの表現に〉～網目、編み目、合わせ目、痛い目に遭う、1日目、1番目、色目を使う、憂き目、薄目を開く、裏目に出る、運命の分かれ目、負い目、大目に見る、押し目買い、落ち目、お披露目、お目にかかる、織り目、折り目、折れ目、勝ち目、金目の物、利き目〈働きのいい方の目〉、効き目がある、逆転の目、切れ目、焦げ目、境目、裂け目、時候の変わり目、死に目に会う、芝目を読む、尻目、筋目、台風の目、継ぎ目、付け目、天下分け目、遠目が利く、とんだ目に遭う、長い目で見る、縄目、2代目、縫い目、抜け目、猫の目、狙い目、8合目、腹八分目、引け目を感じる、ひどい目、

人目につく、日の目を見る、二つ目、細目〈目、編み目、織物〉、升目、見る目がない、結び目、破れ目、欲目、弱り目にたたり目、割れ目

＝（目）→め〈主として形容詞語幹の接尾語として、度合い、加減、性質、傾向の意を示す〉～厚め、熱め、薄めの生地、大きめ、多め、抑えめ、遅め、固め、辛め、濃いめ、少なめ、高め、近め・遠めの球、長めのズボン、派手めの服、早め、控えめな態度、低め、広め、太め、細めの糸、短め、安め

め（眼）→目～お目見え、目明かし、目新しい、目当て、目移り、目隠し、目が据わる、目くじらを立てる、目配り、目こぼし、目先、目刺し、目指す、目ざとい、目覚ましい、目障り、（タイルなどの）目地、目じゃない、目印、目立つ、目つき、目付け役、目詰まり、目に付く、目抜き通り、目の敵、目の子算、目端が利く、目鼻立ち、目張り、目減り、目盛り、目をかける、目を付ける、目を丸くする、目を見張る

め　芽～木の芽、新芽、芽ぐむ、芽生え、芽吹く、芽を摘む

めい

＝名〈名のあるもの、優れたもの〉～名案、名菓、名鑑、名手、名酒、名水

＝銘〈特別の名を持つもの〉～銘菓、銘柄、銘酒、銘仙、銘茶

めい（姪）→めい

めいうつ（名打つ）→銘打つ

めいおうせい　冥王星

めいかい

＝明快〈筋道がはっきりして気持ちがよい〉～単純明快、明快な答弁・判断・理論

＝明解〈はっきりした解釈〉～字義が明解、明解な注釈

めいかい　冥界

めいき

＝明記〈明らかに記す〉～憲法に明記された権利、住所・氏名を明記する、理由を明記する

＝銘記〈心に刻む〉～心に銘記する、銘記して忘れない

めいぎ（名儀）→名義（書き換え・貸し・変更）

めいきゅう　迷宮～迷宮入りの事件

めいげつ

＝明月〈澄んだ美しい月〉～明月の夜

＝名月〈特定の夜の月〉～栗名月・豆名月〈陰暦9月13日の月〉、中秋の名月・芋名月〈陰暦8月15日の月〉

めいげん

＝名言〈優れた言葉〉～名言集、名言を吐く

＝明言〈はっきり言う〉～明言を避ける

めいさい　迷彩～迷彩服・テント
めいさつ　明察～ご明察の通り
めいさつ（名刹）→名刹（めいさつ）―名高い寺、由緒ある寺
めいしゅ　銘酒〈「名酒」とも〉
めいしゅ（盟首）→盟主
めいじょう（名情）→名状（し難い）
めいじる
＝命じる〈命令、任命〉～係長を命じる、謹慎を命じる、退去を命じる
＝銘じる〈心に刻む〉～肝に銘じる
めいせき（明晰）→明晰（めいせき）―はっきり、明敏、筋道が通っている～頭脳明晰（めいせき）
めいそう（瞑想）→瞑想（めいそう）―沈思、黙想
めいっぱい（目一杯）→目いっぱい
めいてい（酩酊）→酩酊（めいてい）―深酔い、酔っ払う
めいど（冥途）→冥土―あの世

めいとう
＝名刀〈優れた刀、名高い刀〉
＝銘刀〈銘の入った刀〉
めいとう
＝名答〈優れた答え〉～ご名答
＝明答〈はっきり答える〉～明答を促す
めいふ　冥府―冥土、あの世
めいふく　冥福～冥福を祈る
めいぶん
＝名文〈優れた文章〉～天下の名文、名文家
＝明文〈はっきりと文章・条文に示す〉～法に明文化する、明文の規定
＝銘文〈金石・器物などに記した文章〉～碑に銘文を刻む、仏像の銘文
めいぶん
＝名聞〈世間の評判。「みょうもん」とも〉～名聞にこだわる
＝名分〈守るべき本分〉～大義名分、名分が立たない

めいぼく
＝名木〈名高い木、優れた香木〉
＝銘木〈床柱などに使う趣のある材木〉
めいめい
＝明々〈はっきりした〉～明々たる事実、明々白々
＝銘々〈それぞれ〉～銘々皿、銘々伝
注　一人一人、各自の意の「めいめい」は平仮名書き。
めいもう（迷盲）→迷妄
めいもく（瞑目）→目をつぶる、（安らかに）死ぬ、永眠
めいよきそん（名誉棄損）→名誉毀損（きそん）
めいりょう　明瞭―明白、明らか～簡単明瞭
めいる（滅入る）→めいる～気がめいる
めおと（＊夫婦）→めおと〈「みょうと」とも〉～めおと茶わん
めがでる

=目が出る〈ツキが回ってくる、幸せな状態〉～いい目が出る
=芽が出る〈芽を吹く、幸運・成功のチャンスが回ってくる〉

めがね (慣)眼鏡～色眼鏡

めきき 目利き～書の目利き

めくじら（目鯨▲）→目くじら（を立てる）

めくばせ 目配せ〈目で合図する〉～目配せして知らせる

めくばり 目配り〈注意を行き届かせる〉～周囲に目配りする、目配りが利く

めぐむ 恵む～恵まれる、恵みの雨

めくら（盲●、瞽△）→目の見えない人、目の不自由な人

注 「めくら打ち・撃ち」「めくらめっぽう」「めくら判」などの成句も使わず、「むやみに、やみくもに、いいかげんに…」など他の表現を工夫する。

めくる（捲△る）→めくる～日めくり、めくれる

めぐる 巡る〈回る、囲む〉～池を巡る、思い巡らす、駆け巡る、血の巡り、堂々巡り、名所巡り、巡り合う、巡り合わせ、巡り巡って
〈…について、関連する〉～彼を巡るうわさ、その問題を巡って

注 柔らかい記事では平仮名書きにしてもよい。

めくるめく（目眩△めく）→目くるめく

めざす（目差す）→目指す

めざましい 目覚ましい

めざめる 目覚める～目覚まし時計、目覚め

めし 飯～一膳飯、にぎり飯、冷や飯、飯炊き

めしべ（雌蕊△）→めしべ・雌しべ

めしゅうど (慣)召人〈宮内庁では「めしうど」と読む〉

めじり（眦△）→目尻

注 「まなじり」は平仮名書き。

めじろおし 目白押し・めじろ押し

めす（牝△）→雌・㊕牝〈競馬〉

めす 召す～お気に召す、召し上がる、召し替え、召し抱える、召し捕る

めずらしい 珍しい～物珍しい

めちゃ（滅茶●、目茶）→めちゃ～めちゃくちゃ、めちゃめちゃ

めっき（鍍△金●、滅金）→めっき・メッキ～メッキが剝げる

めっきり めっきり～客足がめっきり減った

めつけ 目付け～政界のお目付け役、(省)大目付・目付〈歴史用語〉

めっそう（滅相）→めっそう（もない）

めった（滅多）→めった～めった打ち・撃ち、めった突き、めったなことを言うな、めったに、めったやたら

めっぽう（滅法）→めっぽう（強い）

めでたい（芽出度●い、目出度●い）→めで

め

たい

めでる（愛でる）→めでる〜桜をめでる

めど（目処、＊目途）→めど〜めどが立つ、めどを付ける

注「目途＝もくと」とも。

めぬき

＝目抜き〈繁華な場所〉〜目抜き通り

＝（目貫き）→目ぬき〈刀をつかに留めるくぎ、それを覆う金具〉〜銀の目ぬき

めばえる 芽生える〜芽生え

めびな（女雛）→女びな

めぶく 芽吹く〜芽吹き

めぼし 目星（を付ける）

めぼしい（目星い）→めぼしい

めまい（目眩、眩暈）→めまい

めまぐるしい（目紛しい）→目まぐるしい

めもと（目許）→目元

めやす 目安〜目安箱

めりはり（減り張り）→めりはり（が利く）

めん 麺〜カップ麺、麺つゆ、麺棒、麺類、冷麺

注「そうめん＝素麺」「ラーメン＝拉麺」は仮名書き。

めん・・ 面〜面打ち、面食い、面食らう、面通し、面々、面割り

めんか（棉花）→綿花

めんくらう（面喰らう）→面食らう

めんこ（面子）→めんこ・メンコ

めんじゅうふくはい 面従腹背

めんたいこ（明太子）→めんたいこ〜辛子めんたいこ

メンツ（面子）→メンツ―面目

めんどう 面倒〜面倒がる、面倒くさい、面倒見がよい

めんどり（雌鳥、雌鶏）→めんどり

めんば 面罵―ののしる

めんぼく 面目〈「めんもく」とも〉〜面目ない、面目を施す・つぶす

めんよう 面妖―奇怪、不思議

めんよう（緬羊）→綿羊

【も】

も 喪〜喪明け、喪に服す

もう

＝妄〈節度がない、でたらめ〉〜虚妄、軽挙妄動、迷妄、妄言〈「ぼうげん」とも〉、妄執、妄信、妄想、妄念

＝盲〈目が見えない、ふさがる〉〜盲腸、盲点、盲導犬、盲目

注「盲愛」は「溺愛」、「盲従」は「何も分からずに従う」、「色盲」は「色覚障害」などと言い換える。「盲目的に」は「むやみに」などとする。

もうかる・もうける（儲かる）→もうかる・もうける〜大もうけ、金もうけ、子をもうける、100万円もうかる

もうし・・ 申し〜申し合い、申し上

げる、申し合わせ、申し入れ、申し受ける、申し送り、申し子、申し越し、申し付け、申し出、申し開き、申し分、申し渡し

もうしいで（申し出で）→申しいで

もうしこみ　申し込み（受け付け・開始・契約・締め切り・終了・順・状況・条件・済み・増・手続き・番号・方式・方法・予定）～（省）**申込先、申込書、申込証拠金・増加額、申込予定日・期日**

【注】経済関係複合語ルール参照。

もうしたて　申し立て（権・事項・手続き・方法・予定）～（省）**申立期間・先・人**

【注】経済関係複合語ルール参照。

もうじゃ（亡者）→亡者～金の亡者、我利我利亡者

もうしわけ（申し分け）→申し訳（ない）～申し訳が立たない、申し訳程度の謝礼

もうしん（盲信）→妄信～記事を妄信するな

もうす　申す～お礼申し上げる、母が申すには、申すまでもない、物申す

もうでる　詣でる～霞が関詣で、熊野詣で、神社・寺・墓に詣でる、（省）**初詣**

もうとう　毛頭～毛頭ない

もうどう（盲動）→妄動～軽挙妄動

もうまい（蒙昧）→蒙昧（もうまい）｜無知、暗愚～無知蒙昧（もうまい）

もうら　網羅

もうろう（朦朧）→もうろう｜ぼんやり

もうろく（耄碌）→もうろく｜ぼける

もえぎ（萌葱、萌黄）→もえぎ（色）

もえる

＝燃える〈燃焼〉～希望に燃える、燃え上がる、燃え移る、燃え盛る、燃えさし、燃え尽きる、燃え残る、燃え広がる、燃える心

＝（萌える）→もえる〈芽吹く〉～新緑がもえる季節

もがく（藻掻く）→もがく

もぎ（摸擬）→模擬～模擬試験

もくし

＝目視〈目で見る〉～目視検査を実施

＝黙視〈無言のままで見ている〉～黙視するに忍びない

もくず（藻屑）→藻くず～海の藻くず

もくと　目途～来春を目途として

【注】「めど」は平仮名書き。

もくとう（黙禱）→黙とう｜祈念、祈り

もくひけん（黙否権）→黙秘権

もくよく（沐浴）→沐浴（もくよく）｜湯あみ、入浴、身を清める、水浴～斎戒沐浴（もくよく）

もぐら（＊土竜）→モグラ〈動物〉～もぐらたたき

もぐる　潜る～素潜り、潜り込む、潜

りの名人
注「もぐり営業」など、無許可・無免許でする意味の場合は平仮名書き。
もくれい
=目礼〈目で会釈する〉～目礼を交わす
=黙礼〈無言でお辞儀する〉～一同黙礼する
もくろみしょ 慣目論見書
もくろむ（目論む）→もくろむ～もくろみ
もけい（模形）→模型
もこ（模糊）→模糊（もこ）―ぼんやり、曖昧・あいまい～曖昧模糊（もこ）
もさ 慣猛者～歴戦の猛者
もさく（摸索）→模索～暗中模索
もし（若し）→もし
もしくは（若しくは）→もしくは
注「若しくは」は表内訓だが、使用しない。

もじどおり 文字通り
もじる（捩る）→もじる～古歌をもじる
もす・もやす 燃す・燃やす
もぞう（摸造）→模造～模造拳銃、模造刀、模造品
もだえる（悶える）→もだえる
もたれる（凭れる）→もたれる～胃もたれ、背もたれ、もたせ掛ける、もたれ合い、もたれ掛かる
もち 餅～絵に描いた餅、鏡餅、草餅、餅菓子、餅は餅屋、焼き餅
注 嫉妬の意の「焼きもち」や「尻もち」「もち肌」などは平仮名書き。
もち・・ 持ち～持ち味、持ち合わせ（品）、持ち家（制度）、持ち帰り、持ち替える、持ち掛ける、持ち株（会社）、持ち切り、持ち崩す、持ち越し、持ち込み（禁止）、持ち時間、持ち高、（非常）持ち出し、持ち直す、持ち逃げ、持ち主、持ち場、持ち分、持ち前、持ち回り（閣議）、持ち物、持ち寄る
もちあい
=持ち合い〈互いに保有する〉～株式の持ち合い、持ち合い所帯
=（保ち合い）→もちあい〈市場用語。大きな動きがない〉～高値でもちあう、もちあい相場
もちごま 持ち駒
もちごめ（糯米）→もち米
もちつき（餅搗き）→餅つき
もちろん（勿論）→もちろん―無論・むろん
もつ（保つ）→持つ～肩を持つ、体・身が持たない、気を持たせる、座を持たす、天気が持つ、日持ちする、持ちつ持たれつ、持って生まれた才能、持って回った言い方、持て余す
もったい（勿体）→もったい～もったいない、もったいぶる
もって

=持って〈持つ〉～持って生まれた性格、持って回った言い方

=(以て)↓もって〈…の理由で、…によって、…を使って〉～今もって、これをもって閉会、最新医学をもってしても、書面をもって通知する、誠意をもって回答する、毒をもって毒を制す、博学をもって知られる、前もって、ますますもって、全くもって、身をもって知る、もっての外、余人をもって代え難い

もってこい(持って来い)↓もってこい

～もってこいの話

もっとも

=最も〈一番〉～最も優れた作品

=(尤も)↓もっとも〈道理にかなう、ただし〉～ご無理ごもっとも、もっとも今では反対だ、もっとも、もっともな話、もっともらしい

もっぱら(専ら)↓専ら・もっぱら

もてあそぶ(弄ぶ、玩ぶ、持て遊ぶ)↓

もてあそぶ～大波にもてあそばれる小舟、政治をもてあそぶ、人の気持ちをもてあそぶ

注 「弄ぶ＝もてあそぶ」は表内訓だが、読みやすさに配慮して平仮名書きに。

もてあます 持て余す

もてなす(持て成す)↓もてなす

もてはやす(持て囃す)↓もてはやす～

神童ともてはやされる

もと

=(許、因)↓元〈一般用語〉～足元、家元、親元、彼の元に嫁ぐ、過労が元で死ぬ、口は災いの元、口元、国元、蔵元、混乱・騒ぎの元、地元、出版元、手元、喉元過ぎれば、発売元、膝元、火の元、病気・万病の元、本家本元、枕元、間違いの元、耳元、身元、元受け(保険)、元請け(業者)、元売り(価格)、元卸、元からやり直す、元金、元肥、元首相、元栓、元帳、元手、元通り、元値、元のさやに収まる、元のもくあみ、元も子もない、元を取る、(省)**元締**〈職分〉、**元結**〈日本髪〉

=下〈支配下、手段〉～一撃の下に倒す、一定の条件の下で成立する、彼の下で働く、幸運の星の下に生まれる、灯台下暗し、白日の下にさらす、旗の下に集まる、法の下の平等、命令の下に動く、勇将の下に弱卒なし

=本〈末の対語。本来〉～正直をもって本となす、農は国の本、本と末、本に返って考える、本を尋ねる、本を正す、本をただせば〈本はといえば〉、本を絶つ

=基〈基本、基礎〉～外国の技術を基に製造する、基になる資料

＝（素）→もと〈素材、原料〉～元気のもと、スープのもと、だしのもと

もとい　基～基を築く

もとうた　元歌〈替え歌のもと。和歌・連歌などは「本歌＝ほんか」〉

もどす・もどる　戻す・戻る～戻し税、戻り道

もとづく　基づく～資料に基づく

もともと（元々、本々）→もともと

もとより（元より、固より、素より、本より）→もとより〈副詞〉

もとる（悖る）→もとる〈そむく、反する〉～人の道にもとる

もなか（最中）→もなか

もぬけのから（蛻の殻、藻抜けの殻）→もぬけの殻

もの
＝物〈一般用語〉～青物、揚げ物、編み物、縁起物、（政界の）大物、贈り物、近海物、壊れ物、人情物、年代物、拾い物、掘り出し物、物言い、物忌み、物入り、物憂い、物売り、物おじしない、物惜しみ、物音、物覚え、物思い、物堅い、物語る、物悲しい、物心、物腰、物事、物静か、物知り、物好き、物する、物足りない、物取り、物にする、物になる、物の見事に、物の分かる人、物は試し、物干し、物欲しげ、物見高い、物見遊山、物珍しい、物持ち、物々しい、物柔らか、物分かり、物忘れ、物笑い、物を言う、焼き物、汚れ物、割れ物、㊔**物置、物語**

注　次のような場合は「物」を平仮名書きにしてもよい。①「もの憂い、もの悲しい、もの静か」など、「何となく」を意味する接頭語の「物」②「一句をものする」など、文章や詩句などをつくることを意味する「物する」③「英会話をものにする」など、「習得する」意味で使う「物にする」④「金がものをいう、経験がものをいう」など、「効果がある」ことを意味する「物を言う」

＝（物）→もの〈形式名詞など〉～親の言うことは聞くものだ、比べものにならない、こういうもの、…したものの、切腹もの、正しいものと認める、何とかしたいものだ、人間というものは、冷や汗もの、見もの、もうけもの、ものの5分で、ものの弾み、笑いもの

もの　者～臆病者、愚か者、果報者、変わり者、剛の者、ただ者、怠け者、のけ者、厄介者、律義者

ものうい（懶い）→物憂い

ものかげ
＝物陰〈物に隠れて見えない所〉～物陰に潜む

＝物影〈物の形〉～物影が動く
ものかは　ものかは～雨もものかは
ものぐさ（物臭、懶）→ものぐさ
ものごい　物乞い
ものさし（物指し）→物差し
ものすごい（物凄い）→ものすごい
ものまね（物真似）→物まね
ものわかれ（物分かれ）→物別れ
もはや（最早）→もはや
もほう（摸倣）→模倣～模倣犯
もみ（籾）→もみ（殻・米）
もみじ（＊黄葉）→モミジ・㊫紅葉〈植物。カエデの異称〉～もみじおろし、紅葉狩り
もむ・もめる（揉む）→もむ・もめる～内輪もめ、きりもみ、気をもむ、塩もみ、満員電車にもまれる、もみ合い、もみ上げ、もみくちゃ、もみ消す、もみ手、もみほぐす、もめ事
もめん　㊫木綿～木綿豆腐

もも（股、腿）→もも
もも　モモ・桃〈植物〉～桃色、桃栗三年柿八年、桃の節句
もやし（萌やし、糵）→モヤシ〈植物〉
もよう
＝模様〈一般用語〉～雨模様、荒れ模様、色模様、会談の模様を報告する、唐草模様、裾模様、空模様、人間模様、模様替え、模様眺め
＝（模様）→もよう〈接尾語的に推測の意味で使う場合〉～…したもよう、…するもよう、…のもようだ
もよおす　催す～催し（物）
もより　㊫最寄り～最寄りの駅
もらう（貰う）→もらう～もらい泣き
もらす・もる・もれる（洩）→漏らす・漏る・漏れる～雨漏り、聞き漏らす、木漏れ日、情報を漏らす、本音を漏らす、水が漏れる、漏れなく
もり
＝守り〈一般用語〉～お守り、守りをする
＝㊮守〈職分〉～子守、関守、灯台守、堂守、墓守、宮守、渡守
もり（杜）→森～鎮守の森
注「杜（もり）の都・仙台」などは別。
もり・もる　盛り・盛る～大盛り、お手盛り、切り盛り、酒盛り、毒を盛る、目盛り、盛り上がる、盛り合わせ、盛り返す、盛り菓子、盛り塩、盛り砂、盛りそば、盛りだくさん、盛り付け、盛り土、盛り花、㊮泡盛〈酒〉
もりたてる（守り立てる、盛り立てる）→もり立てる
もろい（脆い）→もろい～涙もろい
もろざし（双差し）→もろ差し〈相撲〉
もろて（＊双手、諸手）→もろ手～もろ手突き、もろ手を挙げる
もろとも（諸共）→もろとも〈一緒〉～死なばもろとも

もろは（双刃、諸刃、＊両刃）→もろ刃
―両刃＝りょうば〜もろ刃の剣
もろはだ（双肌、諸肌、＊両肌）→もろ肌（脱ぎ）
もろみ（諸味、醪）→もろみ
もろもろ（諸々）→もろもろ
もん　紋〜家紋、紋付き
もんきりがた　紋切り型
もんし（悶死）→もだえ死に
もんじゅ（文珠）→文殊〜文殊の知恵
もんぜき　門跡〈門主〉
もんぜつ（悶絶）→もん絶―気絶
もんちゃく（悶着）→もんちゃく―騒動、ごたごた、もめ事〜ひともんちゃく
ありそうだ
もんめ（匁）→匁（もんめ）
もんもう（文盲）→読み書きのできない人、非識字者
注「文盲率」は「非識字率」とする。
もんよう（紋様）→文様
注「小紋の紋様」「チョウの羽の紋様」など、表記に慣用のある分野では「紋様」を使う。

【や】

や　矢〜矢印、矢継ぎ早、矢の催促
や
＝家〈主として住居関係〉〜空き家、あばら家、一軒家、売り家、大家、借家、離れ家、家賃、家並み、家主、（省）貸家
＝屋〈建物、職業、性質〉〜母屋、小屋、酒屋、数寄屋、総会屋、建屋、照れ屋、長屋、納屋、二階屋、平屋、屋号、屋敷、屋根、分からず屋
やいば（刃）→やいば―刃、刃物
やえざくら　八重桜
やおちょう　（慣）八百長
やおもて（矢表）→矢面〜矢面に立つ
やおや　（慣）八百屋
やかた
＝館〈邸宅〉〜白亜の館
＝屋形〈屋根の形の覆い〉〜屋形車、屋形船
注　邸宅の主の敬称は「お館さま」「お屋形さま」の両様がある。
やから（族、輩）→やから〜ふていのやから
やかん（薬缶）→やかん
やき・・焼き〜焼き網、焼き芋、焼き印、焼き金、焼き魚、焼きそば、焼き付け、焼き豆腐、焼き鳥、焼き直し、焼き肉、焼き刃、焼き畑（農業）、焼き増し、焼き飯、焼き餅、焼きもち〈嫉妬〉、焼き物、（省）焼物師
・・やき
＝焼き〈一般用語〉〜今川焼き、お好み焼き、かば焼き、塩焼き、素焼き、鉄板焼き、照り焼き、どら焼

き、野焼き、目玉焼き
＝㊔焼〈地名などを冠した工芸品〉～有田焼、九谷焼、七宝焼、備前焼、楽焼
やぎ（山羊）→ヤギ〈動物〉～やぎひげ
やきうち（焼き討ち）→焼き打ち
やきん（冶金）→冶金（やきん）
やく
＝焼く〈一般用語〉～魚を焼く、世話を焼く、対策に手を焼く、肌を焼く
＝（妬く、嫉く）→やく〈ねたむ〉～人の成功をやく、二人の仲をやく
やく・・ 厄～厄落とし、厄年、厄払い、厄日、厄よけ
やく・・ 役～役替え、役立つ、役付き（待遇・手当）、役どころ、役回り、役向き、役割
やくさつ
＝（扼殺）→絞殺〈手やひも等で絞め殺す〉
＝薬殺〈薬物を使い殺害〉
やくし 薬師～薬師如来
やくじ
＝薬事〈医薬品、薬剤師、調剤など〉～薬事行政
＝薬餌〈薬となる食物〉～薬餌療法
注 「薬事法」は医薬品医療機器法の旧称。
やくぜん 薬膳～薬膳料理
やくびょうがみ（厄病神）→疫病神
やくぶそく 役不足
注 「役不足」は役者が自分に与えられた役を不足として不満を言うこと。「荷が重い」「大役過ぎる」など「力不足」の意味で使うのは誤り。
やくろう 薬籠～自家薬籠中の物
やけ（＊自棄）→やけ～やけくそ、やけ酒、やけっぱち、やけを起こす
やけ・・ 焼け～焼け跡、焼け石、焼け落ちる、焼け焦げ、焼け残り、焼け野原、焼け火箸、焼け太り
やけど（＊火傷）→やけど
やごう（家号）→屋号
やこうせい（夜向性）→夜行性
やさがし 家捜し～家捜しして証拠を見つける
注 家の中を調べる。住む家を探すのは「家探し＝いえさがし」。
やさき 矢先
注 「直前」の意。「…した矢先」のように「直後」の意味では使わない。
やさしい 易しい〈容易、分かりやすい〉～生易しい、易しい問題、易しく書き直す
やさしい 優しい〈穏やか、思いやりがある〉～環境に優しい、気立てが優しい、心優しい、物腰が優しい、優しく接する
やし（椰子）→ヤシ〈植物〉～ヤシの実、やし油

やし（香具師、野師）→露天商
やじ（野次、弥次）→やじ〜やじ馬、やじる、やじを飛ばす
やしき（家敷、邸）→㊔屋敷
やしなう　養う〜養い親
やしゃご（＊玄孫）→やしゃご
やじり（鏃、矢尻）→矢尻
やすい
＝（廉い）→安い〈値段が低い、気軽、穏やか〉〜お安いご用だ、気安い、心安い、物価が安い、安上がり、安請け合い、安売り、安っぽい、安物買い
＝（易い）→やすい〈容易〉〜扱いやすい、言うはやすし、くみしやすい、親しみやすい、…しやすい、読みやすい、分かりやすい
やすまる・やすむ・やすめる（安）→休まる・休む・休める〜学校を休む、体が休まる暇もない、気休め、夏休み、箸を休める、休み明け
やすやす
＝安々〈極めて平穏〉〜安々と老後を暮らす
＝（易々）→やすやす〈極めて容易〉〜やすやすと問題を解く
やすらぐ（休らぐ）→安らぐ〜安らか、安らぎ
やすり（鑢）→やすり
やすんじる　安んじる
やせい
＝野生〈動植物が自然に山野で生育する〉〜野生化する、野生動物、（保護していた動物を）野生に返す、野生の猿、野生のバラ
＝野性〈自然・本能のままの性質〉〜野性児、野性的、野性に返る、野性味
やせる　痩せる〜着痩せ、夏痩せ、痩せ我慢、痩せぎす、痩せこける、痩せっぽち、痩せ細る
やつ（奴）→やつ〜困ったやつ
やつ・・　八つ〜八つ当たり、八つ切り、八つ裂き
やっかい　厄介〜厄介払い
やっき（躍気）→躍起〜躍起になる
やつぎばや　矢継ぎ早
やっきょう（薬莢）→薬きょう
やっこ（奴）→やっこ〜冷ややっこ、やっこだこ
やとう（傭う）→雇う〜雇い入れ、雇い人、雇い主、臨時雇い
やどす・やどる　宿す・宿る
やどりぎ（＊寄生木）→ヤドリギ・宿り木〈植物〉
やな（梁、簗）→やな
やなぎ（楊柳）→ヤナギ・柳〈植物〉〜柳腰、柳に風、ユキヤナギ・雪柳〈植物〉
やなぎばぼうちょう（柳葉包丁）→柳刃包丁
やに（脂）→やに〜松やに、やに下がる

やにわに（矢庭に）→やにわに
やね（家根）→屋根～屋根伝い
やはり（矢張り）→やはり
やひ（野鄙）→野卑～野卑な言葉遣い
やぶ（藪）→やぶ～やぶ入り、やぶ蚊、やぶから棒、やぶ蛇
やぶさか（吝か）→やぶさか～やぶさかでない〈努力を惜しまない〉
注 本来は「喜んでする」という意味。
やぶさめ（流鏑馬）→流鏑馬（やぶさめ）
やぶにらみ（藪睨み）→斜視、見当違い
やぶる 破る～型破り、記録を破る、証文を破る、スト破り、静寂を破る、見破る、約束を破る、優勝候補を破る
やぶれる
＝破れる〈一般用語。破壊、破棄〉～均衡・秩序・平和が破れる、国破れて山河あり、計画・事・夢が破れる、障子が破れる、八方破れ、服・靴下の破れ、破れ傘、破れかぶれ、破れ紙、破れ目
＝敗れる〈戦い・勝負事に負ける〉～交渉に敗れる、試合・戦いに敗れる、人生に敗れる、選挙に敗れる、敗れ去る、敗れて悔いなし
やぼ（野暮）→やぼ～やぼくさい、やぼったい、やぼ用〈つまらない用事〉
やま 山～山嵐〈風〉・ヤマアラシ〈動物〉、山おろし、山狩り、山崩れ、山越え、山師、山沿い、山積み、山鳴り、山なりのカーブ、山の手、山登り、山開き、山盛り、山焼き、山分け
注 「試合のヤマ、ヤマ場、ヤマ勘、ヤマを掛ける、ヤマを張る、ヤマ（っ）気」などは慣用で片仮名書き。
やまあい（＊山間、山合い）→山あい
やまごもり（山籠もり）→山ごもり
注 「籠もり＝こもり」は表内訓だが、読みやすさに配慮して平仮名書きに。
やましい（疚しい）→やましい～やましいことはしていない
やますそ 山裾
やまと（倭）→㊕大和（絵・魂）
やまなみ（＊山脈、山波）→山並み
やまびこ（山彦）→山びこ
やまぶき ヤマブキ・㊔山吹〈植物〉～山吹色
やまぶし ㊔山伏
やまやま（山々）→やまやま〈副詞〉
やみ 闇～一寸先は闇、暗闇、闇市、闇討ち、闇カルテル、闇献金、闇米、闇将軍、闇値、闇夜、宵闇、㊔闇取引
注 「ヤミ金融」「ヤミ専従」「ヤミ手当」などは片仮名書き。「むやみ」などは平仮名書き。
やみくも（闇雲）→やみくも～やみくも

な要求

注 平仮名書きの慣用が定着。

やむ 病む〜病み上がり、病みつき

やむ（止む、已む）→やむ〜小やみなく降る、沙汰やみ、降りやむ、やむなく、やむにやまれず、やむを得ない、やんごとない

やめる

＝（罷める）→辞める〈職・地位などを退く〉〜会社・学校・病院・社長・首相・委員長を辞める、辞め時

＝（止める）→やめる〈ストップする〉〜会社・学校・病院の経営をやめる、酒・たばこをやめる、取りやめる、野球・勉強をやめる

やもり（＊守宮、家守）→ヤモリ〈動物〉

やゆ（揶揄）→やゆ（する）―からかう、冷やかす、皮肉る

やよい 慣弥生〜弥生時代、弥生（式）土器

やよい 慣弥生〈陰暦の3月〉

やり（槍、鑓）→やり〜やり玉に挙げる、やり投げ

やり・・（遣り）→やり〜やり合う、やり返す、やり方、やりきれない、やり繰り・やりくり、やり込める、やり過ごす、やり手、やり遂げる、やり抜く、やり場がない

やりとり（遣り取り）→やりとり

やる（遣る）→やる〜やらせる、やる方ない

やるせない（遣る瀬ない）→やるせない

やわらか・やわらかい

＝柔らか・柔らかい〈主として剛の対語。しなやか、穏やか〉〜お手柔らかに、体が柔らかだ、表情・身のこなし・物腰が柔らかい、物柔らかな態度、柔らかい茎・果物・葉・実・芽、柔らかい布地・皮革・毛布、柔らかな明かり・日差し、柔らかな心・頭・発想

＝軟らか・軟らかい〈主として硬の対語。手応えがない、軟弱〉〜ご飯が軟らかい、地盤が軟らかい、大根を軟らかく煮る、文章が軟らかい、軟らかい炭・木材、軟らかい肉、軟らかい話、軟らかな表現

やわらぐ・やわらげる（柔らぐ・柔らげる）→和らぐ・和らげる〈穏やかになる〉〜硬さが和らぐ、気持ちが和らぐ、声・表情を和らげる、寒さ・日差しが和らぐ、ショックを和らげる、和らいだ雰囲気

【ゆ】

ゆあたり（湯中り）→湯あたり

ゆあみ（湯浴み）→湯あみ

ゆいごん 遺言〈法律では「いごん」〉〜遺言状

ゆいしょ　由緒～由緒ある家柄
ゆいのう　㊕結納～結納を交わす
ゆう
＝雄〈雌の対語。強い、盛ん、秀でる〉～英雄、群雄、政界の雄、雄大、雄飛、雄弁
＝勇〈いさましい、元気がある、潔い〉～勇敢、勇気、勇士、勇将、勇戦、勇壮、勇退、勇断
ゆう　夕～朝な夕な、夕暮れ、夕涼み、夕なぎ、夕映え、夕べ、夕焼け
ゆう　結う～髪結い、結い上げる、㊕元結
ゆういん
＝誘因〈引き起こす原因〉～事故の誘因、物価上昇の誘因
＝誘引〈誘い入れる〉～観光客を誘引する、誘引剤
ゆううつ（憂鬱）→憂鬱（ゆううつ）～憂鬱（ゆううつ）な天気

ゆうえい（游泳）→遊泳
ゆうえん
＝悠遠〈はるかに遠い〉～悠遠の昔
＝幽遠〈奥深い〉～幽遠な真理
ゆうえん　優艶～優艶な姿
ゆうかい　誘拐～身代金目的誘拐
ゆうがお　ユウガオ・夕顔〈植物〉
ゆうかく（遊廓）→遊郭
ゆうがとう（誘蛾灯）→誘蛾（ゆうが）灯
ゆうぎ（友誼）→友好、友情
ゆうぎ
＝遊戯〈一般の遊びごと〉～言葉の遊戯、幼稚園の自由遊戯
＝遊技〈許可営業の娯楽。パチンコ、マージャン、ボウリングなど〉～遊技場
ゆうきゅう　悠久～悠久の歴史
ゆうきゅうきゅうか（有休休暇）→有給休暇
ゆうげん（幽幻）→幽玄
ゆうこう（友交）→友好

ゆうこく　憂国～憂国の士
ゆうこく　幽谷～深山幽谷
ゆうこん（雄渾）→雄大、力強い
ゆうし
＝雄姿〈雄々しい、堂々とした〉～入場する日本選手団の雄姿、富士山が雄姿を現す
＝勇姿〈勇ましい姿。人に限定〉～試合に臨む勇姿
ゆうしゅう（幽愁）→㊔憂愁
ゆうしゅうのび　有終の美
ゆうしゅつ　湧出（量）―湧き出る
ゆうすい　湧水―湧き水～湧水池
ゆうすいち
＝遊水池〈洪水時に河川の水を一時的に流し、水量を調節する池や沼〉
＝遊水地〈通常は田畑・原野だが、洪水の際に水をためる場所〉～渡良瀬遊水地
ゆうずう　融通～融通が利く
ゆうせい

＝優生〈優良な遺伝形質を子孫に残そうとする思想〉～優生学、優生保護法〈「母体保護法」の旧称〉
＝優性〈遺伝する形質のうち次代に現れるもの。劣性の対語〉
注 優劣があるかのように誤解されるのを避けるため、日本遺伝学会は「優性」「劣性」の使用をやめ、教科書などでは「顕性」「潜性」が使われる。
＝優勢〈勢力が勝る〉～優勢勝ち

ゆうぜい 遊説～全国を遊説する
ゆうぜん（友染）→友禅～㊌友禅染
ゆうぜん 悠然―ゆったり～悠然たる態度
ゆうそう（雄壮）→勇壮（な音楽）
ゆうそくこじつ（有職故実）→有職（ゆうそく）故実
ゆうたいるい 有袋類
ゆうだち ㊌夕立

ゆうち 誘致～五輪の誘致
ゆうちょう 悠長～悠長に構える
ゆうと
＝（勇途）→雄途〈雄々しい門出、壮途〉～ヒマラヤ征服の雄途に就く
＝雄図〈雄大な計画〉～南極探検の雄図を抱く、雄図むなしく
ゆうとう（遊蕩）→道楽、不身持ち、ふしだら
ゆうに 優に～優に100人を上回る
ゆうひ（＊夕陽）→夕日
ゆうひ（勇飛）→雄飛～海外に雄飛する
ゆうふく（有福）→裕福
ゆうべ
＝（夕）→夕べ〈日暮れ時、夕方〉～音楽の夕べ
＝（＊昨夜）→ゆうべ〈昨日の夜〉～ゆうべは一睡もしなかった
ゆうめい
＝有名～有名人、有名無実
＝勇名～勇名をはせる

ゆうもう（雄猛）→勇猛～勇猛果敢
ゆうやけ 夕焼け〈童謡は「夕焼小焼」〉
ゆうゆう 悠々～悠々自適
ゆうよ（猶余、裕余）→猶予～執行猶予
ゆうよう 悠揚～悠揚迫らぬ
ゆうわ（宥和）→融和～融和を図る
ゆえ 故～それ故、何故・なにゆえ、故あって、故なく、故に
ゆえん
＝（所以）→ゆえん〈いわれ、理由、訳〉～人の人たるゆえん
＝由縁〈由来、ゆかり〉～命名の由縁
ゆかしい（床しい）→ゆかしい～奥ゆかしい、古式ゆかしく
ゆかた ㊫浴衣
ゆがむ（歪む）→ゆがむ～顔がゆがむ、事実をゆがめる、ゆがみ
ゆかり（縁、＊所縁）→ゆかり
ゆき 雪～雪明かり、雪折れ、雪下ろ

し、雪かき、雪化粧、雪煙、雪だるま、雪解け、雪交じり、雪祭り、雪焼け、雪よけ、ユキワリソウ・㊥**雪割草**〈植物〉

・ゆき 行き～売れ行き、奥行き、先行き、東京行き

ゆく 行く〈「いく」よりも文語的〉～行き当たり、行き交う、行き帰り、行きがかり、行き来、行き先、行き過ぎ、行きずり、行き倒れ、行き違い、行き着く、行きつけ、行き詰まる、行き届く、行き止まり、行き渡る、行く末、行く手、行く春

注 「消えてゆく」など補助動詞的な場合は平仮名書き。「いく」の項参照。

ゆく 逝く〈亡くなる〉～若くして逝く

注 「いく」とも。「ゆく」の方が文語的。

ゆくえ ㊎行方～行方不明

ゆくゆく（行く行く）→ゆくゆく（は）

ゆさぶる 揺さぶる～人の心を揺さぶる、揺さぶりを掛ける、揺すぶる

ゆさん 遊山～物見遊山

ゆず（柚、柚子）→ユズ〈植物〉～ゆず湯

ゆすぐ（濯ぐ）→ゆすぐ

ゆすり（＊強請）→ゆすり〈恐喝〉～金をゆする、有名人をゆする

ゆする 揺する～体を揺する、貧乏揺すり、揺すり上げる

ゆずる 譲る～親譲り、譲り合い、譲り受け（書・人）、譲り渡す

ゆそう

＝油送〈石油などを送る〉～油送管・パイプ

＝油槽〈石油などを貯蔵する大型の入れ物〉～油槽船〈「タンカー」が一般的〉

ゆだねる 委ねる～身を委ねる

ゆだる・ゆでる（茹）→ゆだる・ゆでる～固ゆで、釜ゆで、野菜をゆでる、ゆでだこ、ゆで卵

ゆだん 油断～油断大敵、油断も隙もない

ゆのみ（湯呑み）→湯飲み

ゆば（豆腐皮）→湯葉・ゆば〈食品〉

ゆび 指～指折り、指切り、指ぬき

ゆびさす（指指す、指差す）→指さす～指さす方を見る

ゆびわ（指環）→指輪

ゆぶね（湯舟）→湯船―浴槽

ゆみ・・ 弓～弓折れ矢尽きる、弓弦、弓取り式、弓なり、弓張り月

ゆめ 夢～正夢、夢うつつ、夢占い、夢語り、夢枕、夢見る、㊥**夢物語**

ゆめにも 夢にも〈少しも〉～夢にも思わなかった

ゆめゆめ（努々）→ゆめゆめ〈決して〉～ゆめゆめ忘れるな

ゆゆしい（忌々しい）→由々しい〈事態・問題〉

ゆ

ゆらぐ・ゆる・ゆるぐ・ゆれる　揺らぐ・揺る・揺るぐ・揺れる～大揺れ、揺らぐ心、揺らめく、揺り動かす、揺り起こす、揺り返し、揺り戻し、揺るぎない、揺れ動く

ゆりかご（揺り籃△）→揺り籠

ゆるい　緩い～緩やか

ゆるがす　揺るがす～世界を揺るがした一大事件、大地を揺るがす

ゆるがせ（忽△せ、揺▲るがせ）→ゆるがせ～ゆるがせにしない

ゆるす　許す～許しを請う

ゆるむ（弛△む）→緩む～緩める

ゆわえる　結わえる～結わく

【よ】

よ　＝世〈一般用語。仏教関係、世間、時代〉～あの世、世が世なら、世捨て人、世継ぎ、世直し、世に出る、世に名高い、世にも、世の常、世の中、世の習い、世渡り、世を挙げて、世を忍ぶ、わが世の春

＝代〈限定用語。統治期間〉～神代、君が代、千代、徳川の代

よ　夜～夜明かし、夜明け、夜遊び、夜討ち、夜釣り、夜通し、夜泣き、夜鳴きそば、夜な夜な、夜逃げ、夜更かし、夜更け、夜祭り、夜回り

よい　宵～宵越し、宵っ張り、宵の口、宵の明星、宵祭り、宵宮

よい

＝（好●い）→良い〈一般用語〉～味・品質が良い、頭が良い、腕・手際が良い、感じ・人柄が良い、記憶が良い、気分が良い、経過が良い、景気が良い、成績が良い、都合・日が良い、体裁が良い、仲間受けが良い、仲良し、発音が良い、人が良い〈「お人よし」は平仮名書き〉、良い機会、良い子、良い作品、良い質問、良い習慣、良い本、良い例、良き友

＝善い〈限定用語。徳性〉～気性が善い、行儀が善い、善い行い、善い政治、善い人、善かれあしかれ、世の中のために善いことをする

＝よい〈補助用言、接尾語など〉～行ってもよい、…してよい、住みよい、それでよい、ちょうどよい、どうでもよい、もうよい

注「良い」「善い」とも終止形・連体形は、口語的な用法として多くの場合に「いい」が使われる。「良い」「善い」の書き分けに迷うときは平仮名書き。

よいやみ　宵闇～宵闇が迫る

よいん（余音△）→余韻～余韻を残す

よう

＝様〈主として熟語〉～一様に、仕様、多様、ハンマー様の凶器、様式、様子、両様
＝（様）→よう〈主として助動詞・形式名詞〉～あすは雨のようだ、言いよう、いかようにも、大変な喜びよう、早く来るように、夢のようだ

よう 酔う～船・車に酔う、酔い心地、酔いざめ、酔いしれる、酔いつぶれる、酔いどれ、酔っ払い、酔わせる

ようえん（妖婉）→妖艶―なまめかしい、あでやかな

ようかい 妖怪～妖怪変化＝へんげ

ようかい（熔解、鎔解）→溶解

ようかん（羊羹）→ようかん

ようがん（熔岩、鎔岩）→溶岩

ようき 妖気～妖気が漂う

ようぎょう 窯業

ようげき（邀撃、要撃）→迎撃〈防衛省が使う「要撃」も「迎撃」に言い換える〉

ようけん
＝用件〈用向きの事柄〉～用件を切り出す、用件を済ます
＝要件〈必要な事柄〉～資格要件、要件を備える、要件を満たす

ようご
＝養護〈特別の保護の下に世話をする〉～特別養護老人ホーム
＝擁護〈かばい守る〉～人権擁護、平和憲法擁護

ようこう
＝要項〈大切な事柄〉～入試要項、募集要項、要項を抜粋
＝要綱〈要約した大綱〉～政策要綱、法案の要綱

ようこうろ（熔鉱炉、鎔鉱炉）→溶鉱炉

ようさい（要塞）→要塞（ようさい）―とりで

ようじ
＝幼児〈幼い子供〉～幼児期、幼児教育
＝幼時〈幼い頃〉～幼時体験、幼時の記憶をたどる

ようじ（楊枝、楊子）→ようじ～爪ようじ

ようしゃ 容赦～情け容赦もない

ようじん（要心）→用心～火の用心、用心深い、用心棒

ようする
＝要する〈必要とする〉～急を要する、検討を要する、熟練を要する
＝擁する〈抱く、持つ、率いる〉～巨万の富を擁する、大軍を擁する

ようせい 妖精

ようせつ（夭折）→早死に、若死に、早世

ようせつ（熔接）→溶接

ようせん（傭船）→用船―チャーター船

ようそ（沃素）→ヨウ素

ようだい（容態）→容体～容体が急変

ようだん
=用談〈用向きの話〉~用談中
=要談〈大切な話〉~要談に入る
ようち　夜討ち~夜討ち朝駆け
ようつい　腰椎~腰椎麻酔
ようてい　要諦〈「ようたい」とも〉―眼目、要点、要~成功の要諦
ようひん
=洋品〈西洋風の衣料・服飾品など〉~洋品雑貨、洋品店
=用品〈ある事に使う物。必要な物品〉~事務用品、スポーツ用品店
ようへい
=(傭兵)→傭兵(ようへい)〈雇い兵〉~傭兵(ようへい)部隊
=用兵〈兵力の使い方〉~用兵の術
ようほう　養蜂~養蜂業
ようぼう　容貌―顔立ち、顔かたち、容姿
ようむ
=用務〈なすべき仕事〉~会社の用務で行く
=要務〈重要な任務〉~要務を帯びる
ようやく(漸く)→ようやく
ようゆう(熔融、鎔融)→溶融
ようよう
=洋々~前途洋々
=揚々~意気揚々
ようらんき(揺籃期)→幼年時代、草創期
ようりょう　要領~学習指導要領、要領を得ない
ようりょう
=用量〈使用する分量〉~低用量ピル、服薬の用量、用量を確保
=容量〈中に入る分量〉~記憶容量、ボトルの容量、容量が小さい
ヨード(沃度)→ヨード
よかれあしかれ(善かれ悪しかれ)→善かれあしかれ
よぎない(余義ない)→余儀ない
よきにつけあしきにつけ(善きにつけ悪しきにつけ)→善きにつけあしきにつけ
よく(慾)→欲~意欲、食欲、欲気、欲得ずく、欲に目がくらむ、欲の皮、欲張る、欲深、欲望、欲ぼけ
よく(良く、善く、好く、能く)→よく~折よく、首尾よく、そんなことがよく言えたものだ、体よく、よく行く店、よく来た、よく似ている、よく学びよく遊べ、よく分かる
注 形容詞の連用形「良く・善く生きようとする」などは漢字書き。
よくうつ(抑鬱)→抑うつ~抑うつ状態
よくど(沃土)→沃土(よくど)―肥えた土地、豊かな土地
よくや(沃野)→沃野(よくや)―肥えた平野、豊かな平野
よけい　余計~余計なお世話、余計に

困る

よける（避ける、除ける）↓よける～雨よけ、弾よけ、泥よけ、日よけ、魔よけ、厄よけ

よげん

＝予言〈未来を予測して言う〉～予言が当たる

＝預言〈ユダヤ教、キリスト教、イスラム教などで神の言葉を預かり言う〉～預言者

よこ　横～横合い、横一線、横顔、横書き、横紙破り、横切る、横串、横組み、横車、（下手の）横好き、横倒し、横たわる、横付け、横（っ）面、横取り、横流し、横殴り、横ばい、横道、横目、横やり

よご（余後）↓予後～予後不良

よこしま（邪）↓よこしま（な思い）

よこす（寄越す、遣す）↓よこす～使いをよこす

よごす・よごれる　汚す・汚れる～薄汚れる、汚れ物、汚れ役

よこちょう（横丁）↓横町〈「アメヤ横丁」など固有名詞は別〉

よし（葦、蘆、葭）↓ヨシ〈植物〉～よしず張り

よし（因）↓由～知る由もない

よしあし

＝（善し悪し）↓善しあし〈性格、行為など。一長一短の意にも〉～行いの善しあし、真面目なのも善しあしだ

＝（良し悪し）↓良しあし〈品質など〉～鮮度の良しあし、乗り心地の良しあし

よじる（攀じる）↓よじる～よじ登る

よじる・よじれる（捩る）↓よじる・よじれる～身をよじる

よしん

＝余震〈揺り返し〉

＝（予震）↓前震

よす（止す）↓よす～よせばいいのに

よせ　慣寄席

よせい

＝（余世）↓余生～静かに余生を送る

＝余勢～余勢を駆る

よせる　寄せる～寄せ集め、寄せ植え、寄せ書き、寄せ木細工、寄せ木造り、寄せ算、寄せ付けない、寄せ手、寄せ鍋、寄せ棟造り

よそ（余所、＊他所）↓よそ～よそ事、よそ見、よそ目、よそ者、よそ行き、よそよそしい

よそおう　装う～客を装う、春の装い

よだん（余断）↓予断～予断を許さない

よつ　四つ～四つ角、四つ切り、四つ相撲、四つ葉、四つ身、四つんばい

よつぎ　世継ぎ

よどむ（淀む、澱む）↓よどむ～言いよどむ、（川の）よどみ、よどみない

よなが　夜長～秋の夜長〈「春の日永」〉

よなべ（夜鍋、夜業）→夜なべ（仕事）

よねつ
＝余熱〈冷めずに残っている熱〉～感動・興奮の余熱が冷めない、余熱を利用する
＝予熱〈前もって加熱する〉～エンジンを予熱する、予熱機

よびぐん（予備群）→予備軍～糖尿病の予備軍

よぶ　呼ぶ～疑惑・人気を呼ぶ、呼び集める、呼び掛ける、呼び子〈「呼ぶ子」とも〉、呼び声、呼び込み、呼び捨て、呼び出し（状）、呼び付ける、呼び名、呼び値、呼び水、呼び戻す、呼び物、呼び寄せる、呼び鈴

よふけ　夜更け～夜更かし

よほど（余程）→よほど

よまいごと（世迷い言）→世まい言

よみ（＊黄泉）→よみ（の国）｜あの世、冥土

よみがえる（蘇る、甦る）→よみがえる

よみごたえ　読み応え

よみびとしらず（詠み人知らず）→読み人知らず

よむ
＝（訓む）→読む〈一般用語〉～行間を読む、経を読む、訓読み、先を読む、さばを読む、人の心を読み取る、秒読み、拾い読み、棒読み、読み上げる、読みあさる、読み誤る、読み合わせ、読みが浅い、読み書き、読み切り小説、読み取る、読み物
＝詠む〈詩歌を作る〉～歌に詠まれた名所、俳句・和歌を詠む

よもやま（四方山）→よもやま（話）

よゆう（余猶）→余裕

より・・　寄り～寄り合い（所帯）、寄り掛かる、寄り切り、寄り添う、寄り倒し〈相撲〉、寄り付き（値）、寄り値、寄り身、寄り道

より・・（選り）→より～よ（え）り好み、よ（え）りすぐる、より取り、よ（え）り抜き、よ（え）り分ける

よりどころ（寄り所、拠）→よりどころ

よる（因る、由る、依る、拠る、縁る）→よる〈基づく、原因となる、頼る、根拠〉～過労による病、聞くところによると、前例による、時と場合による、何事によらず、年金による生活、見方によっては、よって来るところ、よって立つ基盤

注「因る＝よる」は表内訓だが、平仮名書き。

よる（凭る、頼る）→寄る〈接近、集合〉～思いも寄らない、寄らば大樹の陰、寄ると触ると、寄る年波、寄る辺

よる（選る）→よる〈選ぶ〉～粒より、よりによって

よる・よれる（撚る、縒る）→よる・よれる

〈ねじり曲げる〉～こよりをよる、より糸、よりを戻す
よろい（鎧△）→よろい～よろい戸
よろく（余禄△）→余得
よろこぶ（歓•ぶ、慶•ぶ、欣△ぶ、悦•ぶ）→喜ぶ～喜ばしい、喜び
よろしい（宜•しい）→よろしい
よろず（万•）→よろず
よろん（輿△論、与▲論）→世論〈「せろん」とも〉～世論調査
よわい（齢•）→よわい〈年齢〉～よわい80を数える
よわい　弱い～か弱い、気弱、ひ弱い、弱気、弱腰、弱音、弱含み、弱虫、弱めに、弱々しい
よわまる・よわめる・よわる　弱まる・弱める・弱る～弱り果てる、弱り目にたたり目
よわみ（弱味•）→弱み～弱みに付け込む
よんどころない（拠•所ない）→よんどころない～よんどころない事情で欠席

【ら】

・・ら（等•）→ら～彼ら、○○さん（氏）ら、何ら、われら
注「Aさんら」「B社長ら」「C委員ら」のように、人や職名などの下に付けて複数を示す場合は通常、接尾語の「ら」を使う。「など」とはしない。人について、より丁寧に言うときは「○○さん（を）はじめ」などとする。
らーめん（拉•麺）→ラーメン
らいさん（礼讃△）→礼賛～芸術礼賛
らいちょう　ライチョウ・雷鳥〈動物〉
らいはい　礼拝〈仏教では「らいはい」、キリスト教では「れいはい」〉
らいびょう（癩△病）→ハンセン病
らいめい
＝雷鳴〈雷の音〉～雷鳴を伴う雨
＝雷名〈世にとどろく名声〉～雷名をとどろかす
らいらく（磊△落）→豪放、太っ腹
注 四字熟語は「豪放磊落（らいらく）」。
らくいん（烙△印）→烙印（らくいん）―レッテル～烙印（らくいん）を押される
らくいん（落胤△）→落とし種、落とし子
らくがき（楽書き）→落書き
らくご（落伍△）→落後―脱落～社長レースから落後する、落後者
らくだ（駱△駝△）→ラクダ〈動物〉・らくだのシャツ
らくやき　㊔楽焼
らくばん（落磐△）→落盤～落盤事故
らしんばん　羅針盤
らせん（螺△旋）→らせん～らせん階段
らち（埒△）→らち～ふらち、らちが明かない、らちも無い

らち　拉致
らちがい（埒外）→範囲外、枠外、圏外
らっかせい　ラッカセイ・落花生〈植物〉
らっきょう（辣韮）→ラッキョウ〈植物〉
〜らっきょう漬け
らっぱ（喇叭）→らっぱ・ラッパ〜らっぱ飲み
らつわん（辣腕）→辣腕（らつわん）―すご腕、腕利き、敏腕〜辣腕（らつわん）を振るう
らでん（螺鈿）→らでん
られつ　羅列〜問題点を羅列する
らん（蘭）→ラン〈植物〉
らん（濫）→乱〜乱獲、乱行、乱掘、乱作、乱造、乱読、乱入、乱売、乱伐、乱発、乱費、乱暴、乱用、乱立
注「濫」は「氾濫」だけに使い、他は「乱」に書き換える。
らんかん（欄杆）→欄干
らんじゅく（爛熟）→らん熟―成熟
らんじゅほうしょう　㊕藍綬褒章
らんちきさわぎ（乱痴気騒ぎ）→らんちき騒ぎ
らんまん（爛漫）→らんまん〜天真らんまん、春らんまん

【り】

り・・　利〜利上げ、利食い（売り）、利ざや、利払い（制度）、利回り、㊔**利付国債・債券**
・・り（裡）→裏〈…のうち〉〜胸裏、禁裏、成功裏、脳裏、秘密裏、平和裏
りえん（梨園）→梨園（りえん）―歌舞伎界、演劇界
りか（李下）→李下（りか）〜李下（りか）に冠を正さず
注「間違えやすい語字句」参照。
りかん（罹患）→罹患（りかん）〜罹患（りかん）率
りきむ　力む〜力み、力み返る
りきりょう（力倆）→力量
りく・・　陸〜陸揚げ、陸続き、陸橋
りくせい（陸棲）→陸生〈「水生」の対語〉〜陸生動物
りくつ（理窟）→理屈〜理屈っぽい
りくとう　陸稲
注「おかぼ」と読む場合は平仮名書き。
りこう（利巧、悧巧）→利口〜利口な動物、利口に立ち回る、利口者
りさい（罹災）→被災
注　自治体などで被災の際に出される証明書は「罹災（りさい）証明」。
りしゅう（履習）→履修（科目）
りち（理智）→理知〜理知的、理知の働き
りちぎ（律儀）→㊔律義〜律義者
りっしょう（立哨）→立哨
りっすい（立錐）→立すい〜立すいの余

地もない

りつぜん（慄然）→慄然（りつぜん）―ぞっとする、恐れおののく、色を失う、血の気が引く

りっぱ 立派〜立派な大人、立派な態度

りづめ 理詰め〜理詰めで考える

りつりょう（律令）→律令（りつりょう）〜律令（りつりょう）国家

りはつ（悧発）→利発〜利発な子ども

りはん（離叛）→離反〜人心が離反する

りびょう（罹病）→病気にかかる、発病

りふじん 理不尽〜理不尽な要求・仕打ち

りゃくぎ（略義）→略儀（ながら）

りゃくだつ（掠奪）→略奪〜財宝を略奪する

りゅういん（溜飲）→留飲〜留飲を下げる

りゅうげんひご（流言蜚語・非語）→流言飛語―デマ

りゅうしつ 流失〈家屋・船舶・線路の道床・田畑・橋などが流されてなくなる〉

りゅうしゅつ 流出〈汚水・ガス・人口・頭脳・石油・土砂・文化財などが流れ出る・外部に移る〉

りゅうちょう（流暢）→流ちょう―すらすら、よどみなく、滑らか

りゅうとうだび 竜頭蛇尾

りゅうべい（立米）→立方メートル

りゅうぼく

＝立木〈法令用語。土地に生育する樹木。「立ち木」は別〉〜立木入札、立木法

＝流木〈海や川に流れ出て漂う木、山から切り出し川に流して運ぶ木材〉〜流木が橋を壊す、流木権

りゅうりゅう

＝隆々〈勢いが盛ん〉〜筋骨隆々、隆々たる名声

＝粒々〈一粒一粒〉〜粒々辛苦

＝流々〈それぞれの仕方〉〜細工は流々

りょう（輛）→両〜車両、16両編成

りょう・・ 両〜両切り、両建て、両てんびん、両隣、両雄並び立たず

りよう（俚謡） 里謡〈民謡、俗謡〉

りょうえん（遼遠）→（前途）遼遠（りょうえん）―程遠い、はるかに遠い

りょうが（凌駕）→しのぐ、追い越す、上回る、勝る

りょうかい（諒解）→了解

りょうがえ (省)**両替〜外貨に両替する、両替所・商**

りょうき（猟季）→猟期

りょうき（猟気）→猟奇（的な事件）

りょうぎゃく（凌虐）→陵虐（罪）

りょうけん（了簡、料簡）→了見〜とんだ了見違い、了見が狭い

りょうじ 療治〜荒療治

りょうしゅう（領袖）→領袖（りょうしゅう）―かしら、おさ、実力者〜派

閥の領袖（りょうしゅう）
りょうしょう（諒承、領承）→了承
りょうじょく（凌辱）→陵辱―乱暴、暴行、辱め
りょうせいるい（両棲類）→両生類
りょうせん（稜線）→稜線（りょうせん）―尾根（筋）
りょうぜん　瞭然―歴然、明らか～一目瞭然
りょうち
＝領地〈所有している土地・領土〉～大名の領地、領地没収
＝料地〈特定の目的に使用する土地〉～皇室の御料地
りょうとうづかい　両刀遣い
りょうよう
＝両用〈両方に使う、兼用〉～遠近両用、水陸両用、晴雨両用
＝両様〈2通り〉～硬軟両様、両様の意味がある、和戦両様の構え

りょうらん（繚乱、撩乱）→（百花）繚乱（りょうらん）―咲き乱れる
りょうりょう（寥々）→寂しい、ごくわずか、ひっそり
りょくじゅほうしょう　㊕緑綬褒章
りょくないしょう（緑内症）→緑内障
りりしい（凜々しい）→りりしい
りん（燐）→リン～黄リン、リン光
りんかい
＝臨海〈海にのぞむ〉～臨海学校、臨海工業地帯、臨海副都心
＝臨界〈境界〉～原子炉が臨界に達する、臨界温度、臨界前核実験
りんかく（輪廓）→輪郭
りんぎ（稟議）→稟議（りんぎ）〈「ひんぎ」の慣用読み〉～稟議（りんぎ）書
りんご（林檎）→リンゴ〈植物〉～りんごジャム、りんご酒・酢
りんさん（燐酸）→リン酸
りんしょく（吝嗇）→けち、物惜しみ

りんと（凜と）→りんと～りんとした姿
りんね（輪廻）→輪廻（りんね）～輪廻（りんね）転生
りんぱせつ（淋巴節）→リンパ節
注「リンパ腺」は旧称。
りんりかん（倫理感）→倫理観

【る】

るい
＝類〈仲間、類い〉～類は友を呼ぶ、類例、類を見ない事件
＝累〈関わり、積み重なる〉～係累、累進課税、累を及ぼす
＝塁〈拠点、ベース〉～孤塁を守る、塁審
るいけい（類形）→類型
るいせん　涙腺～涙腺神経
るけい　流刑〈「りゅうけい」とも〉―島流し、流罪

るす 留守～居留守、留守番
るつぼ（坩堝）→るつぼ～興奮のるつぼ
るてん 流転～万物は流転する
るふ 流布～悪いうわさが流布する
るりいろ 瑠璃色
るる（縷々）→こまごま、綿々、くどくど
るろう 流浪～山河を流浪する、流浪の民

【れ】

れいか 零下〈物理・化学用語。0度以下。気象用語は「氷点下」を使う〉
れいぎ 礼儀～礼儀正しい
れいきゅうしゃ（霊柩車）→霊きゅう車
れいぐう
＝冷遇〈冷淡に待遇する〉～会社から冷遇される
＝礼遇〈礼厚くもてなす〉～国賓として礼遇する
れいげん（霊験）→霊験〈「れいけん」とも〉～霊験あらたか
れいじょう
＝令状〈命令を記した書状〉～召集令状、捜査令状
＝礼状〈お礼を記した書状〉～礼状を書いて送る
れいはい 礼拝〈キリスト教の用語。仏教では「らいはい」〉
注 「らいはい」の項参照。
れいびょう（霊廟）→霊廟（れいびょう）―霊堂、霊屋
れいめい（黎明）→黎明（れいめい）―夜明け、あけぼの～文明の黎明（れいめい）期
れいり（怜悧）→賢い、利口、利発
れいれいしい 麗々しい～麗々しく飾り立てる
れきし（轢死）→れき死～れき死体
れきぜん 歴然～歴然たる証拠
れきだん（轢断）→れき断
れきど（礫土）→(慣)砂利土
れきねん
＝暦年〈暦に定めた1月1日からの1年〉～暦年ごとの統計、暦年制
＝歴年〈長い年月〉～歴年にわたる努力
れっきとした（歴とした）→れっきとした
れっせい
＝劣性〈優性の対語。遺伝する形質のうち次代には現れないもの〉～劣性遺伝
注 優劣があるかのように誤解されるのを避けるため、日本遺伝学会は「優性」「劣性」の使用をやめ、教科書などでは「顕性」「潜性」が使われる。
＝劣勢〈優勢の対語。勢力が劣る〉～劣勢

を盛り返す
れん ＝練〈慣れる、鍛える〉～教練、訓練、修練、熟練、試練、（糸などの）精練、洗練、練習、練兵
＝錬〈金属を溶かして練り鍛える〉～精錬・製錬〈金属〉、鍛錬、錬士
れん（聯）→連～連合、連邦、連盟、連立
注 韓国の「聯合ニュース」など固有名詞は別。
れんが（煉瓦）→れんが～れんが造り
れんきんじゅつ（錬金術）→錬金術
れんげ（蓮華）→レンゲ〈植物〉・れんげ〈陶製のさじ〉―ハスの花
れんけい
＝連携〈連絡・協力し合う、手をつなぐ〉～関係機関の連携、官民の連携プレー、保護者と教師の連携、両者連携して推進
＝連係〈切れ目なく続く〉～連係動作、連係プレー〈運動用語〉
れんこん（蓮根）→レンコン〈植物〉～からしれんこん
れんざ（連坐）→連座～汚職事件に連座
れんせい（練成）→㊐錬成～錬成期間
れんたん（煉炭）→練炭
れんにゅう（煉乳）→練乳
れんぱ
＝連破〈相手を続けて負かす〉～強豪を連破、連戦連破
＝連覇〈続けて優勝する〉～春夏連覇
れんびん（憐憫、憐愍）→同情、哀れみ、情け（を掛ける）
れんま（練磨）→㊐錬磨～百戦錬磨
れんめん 連綿～連綿と続く

【ろ】

ろう（蠟）→ろう～ろう石、ろう人形
ろうあ（聾唖）→ろうあ
ろうえい（漏洩）→漏えい―漏らす、漏れる、漏出～秘密を漏えいする
ろうおく（陋屋）→あばら家
ろうかい（老獪）→悪賢い、ずるい、老練
ろうがい（労咳）→肺結核
ろうきゅう 老朽（化・施設）
ろうく（老軀）→老体、老身
ろうけつぞめ（﨟纈・蠟纈染め）→ろうけつ染め
ろうこ（牢固）→確固、頑として、動じない
ろうこう（老功）→老巧～老巧な手口
ろうごく（牢獄）→獄舎、刑務所、監獄
ろうし（牢死）→獄死
ろうしゅう（陋習）→悪習、因習、悪弊
ろうじゅう 老中〈江戸幕府の役職〉
ろうじょう 籠城―立てこもり
ろうする（弄する）→弄（ろう）する―も

てあそぶ～策を弄(ろう)する
ろうぜき(狼藉)→乱暴、乱雑、乱行
ろうそく(蠟燭)→ろうそく
ろうとう(郎等)→郎党〈「ろうどう」とも〉
～一族郎党
ろうにゃくなんにょ　老若男女
ろうば(老婆)→老婦人
注「○○歳の女性、高齢の女性」など表現を工夫する。「老女」もなるべく避ける。「老婆心」は別。
ろうはい　老廃～老廃物
ろうばい(狼狽)→慌てる、慌てふためく、うろたえる、取り乱す、動揺
注「周章狼狽(ろうばい)」と「ろうばい売り」は使ってもよい。
ろうらく　籠絡─丸め込む、言いくるめる、口説き落とす
ろうれん(老錬)→老練
ろか(濾過)→ろ過─こす、浄化
ろく(陸、碌)→ろく〈水平、まっすぐ、まじめ、十分〉～ろくすっぽ返事もしない、ろくでなし〈役に立たない者〉、ろくでもない話、ろくに物も無い、ろくろく寝ていない
ろくしょう　緑青
ろくだか(禄高)→禄高(ろくだか)
ろくまく(肋膜)→胸膜～胸膜炎
ろけん(露顕)→露見～悪事が露見する
ろし(濾紙)→ろ紙
ろじ
＝路地〈裏町の狭い通り〉～路地裏
＝露地〈屋根のない地面、茶室の庭〉～露地栽培、露地物
ろっこつ(肋骨)→肋骨(ろっこつ)─あばら骨
ろっこんしょうじょう　六根清浄
ろてん
＝露天〈屋根がない、屋外〉～露天市場、露天商、露天風呂、露天掘り
＝露店〈屋外に設けた店〉～朝市に露店が並ぶ、縁日の露店
ろばた　炉端～炉端焼き
ろれつ(呂律)→ろれつ～ろれつが回らない
ろんきゅう
＝論及〈関連する他の事項にまで論じ及ぶ〉～細部にまで論及する、私的な事柄には論及しない
＝論究〈論議をつくして問題の本質を究明する〉～原因を徹底的に論究する
ろんこうこうしょう　論功行賞
ろんばく(論駁)→反論、抗論
ろんぽう　論法～三段論法
ろんぽう(論鋒)→鋭い論調、(議論の)矛先・勢い

【わ】

わ(環)→輪～腕輪、土星の輪、指輪、輪飾り、輪切り、輪投げ、輪を掛け

る

・・わ　わ～雨も降るわ風も吹くわ、来るわ来るわ、すてきだわ

わいきょく（歪曲）→歪曲（わいきょく）
―ゆがめる、ねじ曲げる

わいしょう（矮小）→矮小（わいしょう）
―小柄～矮小（わいしょう）化する

わいせつ（猥褻）→わいせつ

わいろ　賄賂～賄賂を要求する

わが・われ　わが・われ～わが意を得たり、わが国、わが身、わが物顔、われ勝ちに、われ関せず、われ先に、われに返る、われら、われわれ

注「わが」「われ」「われわれ」は平仮名書きが慣用だが、見出しなど必要なときは「我が」「我」「我々」と漢字書きしてもよい。

わかい　若い～若返る、若気の至り、若死に、若作り、若向き、若々しい、㊙**若年寄**〈江戸幕府の役職〉

わかぞう（若僧）→若造

わかつ（別つ、頒つ）→分かつ～たもとを分かつ、分かち合う、分かち書き

わがまま（我が儘）→わがまま～わがままを通す

わかる（解る、判る）→分かる～原因が分かる、早分かり、物分かりがよい、分からず屋、分かりやすい

わかれる

＝分かれる〈分岐〉～意見が分かれる、勝敗・人生・生死の分かれ目、敵と味方に分かれる、評価が分かれる、道が二つに分かれる、分かれ道〈岐路〉

＝別れる〈別離〉～生き別れ、駅で恋人と別れる、親と別れて住む、けんか別れ、子別れ、永の別れ、仲間と別れ別れになる、泣き別れ、夫婦別れ、物別れ、別れ際、別れ話、別れ路〈人と別れる道〉、別れ目に会えない〈死別時〉

わき（腋、掖、傍、側）→脇～話が脇にそれる、脇が甘い、脇毛、脇差し、脇に置く、脇の下、脇腹、脇見、脇道、脇目、脇役、脇を固める・締める

わき（脇）→ワキ〈能・狂言〉

わきあいあい（和気藹々）→和気あいあい―和やか

わきが（腋臭、狐臭、胡臭）→わきが

わきまえる（弁える）→わきまえる～立場をわきまえて物を言う

わく　枠～別枠、窓枠、予算の枠、枠組み、枠内

わく

＝沸く〈沸騰する、感情が高ぶる、熱狂する〉～活況・ブームに沸き返る、観客・聴衆が沸く、議論が沸く、コーヒー沸かし、市場が沸き立つ、場内・スタンドが沸く、大記録に沸く、人気が沸く、風呂を沸かす、

わ

湯が沸く、喜びに沸き返る
＝湧く〈わき出る、感情・物事が生じる〉～アイデア・意欲・希望・疑問・興味・自信・実感・勇気が湧く、泉・温泉が湧く、歓声・拍手が湧く、雲が湧く、石油が湧く、血湧き肉躍る、降って湧いた災難、虫が湧く、湧き出る涙、湧き水

わけ
＝訳〈道理、事情、理由など。実質的な意味を持つ場合〉～言い訳、内訳、どういう訳だ、深い訳がある、申し訳ない、訳ありげ、訳が分からない、訳知り顔、訳を話す
＝(訳)→わけ〈形式名詞の場合〉～承知するわけにはいかない、…するわけだ、…というわけだ
注 使い分けに迷う場合は平仮名書き。

わけても(別けても、分けても)→わけても〈副詞〉～わけても大切なことは

わけない (訳無い)→わけない〈たやすい〉～わけなく合格する、わけはない

わける(別ける、頒ける)→分ける～遺産を分ける、草の根を分けても、草分け、天下分け目、分け合う、分け隔て、分け前

わこうど 慣若人

わざ
＝技〈技術〉～足技・荒技・寝技〈柔道など〉、合わせ技、大技、返し技、小技、立ち技、力技〈運動用語〉、投げ技、離れ技〈体操〉、技あり、技に切れがある、技を競う、技を磨く
＝業〈行い、仕事、動き〉～足業〈曲芸〉、荒業、神業、軽業、自然がなせる業、至難の業、仕業、力業〈一般用語〉、手業、人間業とも思われない、寝業師、離れ業〈一般用語〉、早業、業師、業物

わさび(山葵)→ワサビ〈植物〉～わさび下ろし、わさび漬け

わざわい(禍)→災い～口は災いの元

わし(鷲)→ワシ〈動物〉～イヌワシ、わしづかみ、わし鼻

わずか(僅か)→わずか
注 表内訓だが、読みやすさに配慮して平仮名書きに。

わずらう
＝患う〈病気〉～大病を患う、長患い、胸を患う
＝煩う〈思い悩む、込み入る〉～思い煩う、恋煩い、人手を煩わす、煩わしい手続き

わすれなぐさ(勿忘草)→ワスレナグサ・忘れな草〈植物〉

わすれる 忘れる～忘れ形見、忘れっ

ぽい、忘れ物

わせ(早稲、*早生)↓わせ

わた(棉△)↓ワタ・綿〈植物〉~綿あめ、綿入れ、綿打ち、綿織り、綿摘み、綿帽子、綿雪

わたくし 私~私事、私する

わたし 私

注「わたし」は「わたくし」より少しくだけた場合に用いる。

わたす 渡す~橋を渡す、渡し、渡し切り、渡し込み〈相撲〉、渡し賃、渡し場、渡し舟・船、㊔**渡守**

わだち(轍△)↓わだち

注「わだちの跡」は重複表現。

わたる

=渡る〈生活する、移動する、広がる〉~外国に渡る、川を渡る、知れ渡る、綱渡り、鳴り渡る、橋を渡る、晴れ渡る、刃渡り、人手に渡る、不渡り手形、世渡り、渡り合う、渡り歩く、渡り初め、渡り鳥、渡りに船、渡り廊下、渡る世間

=(亘△る、亙△る)↓わたる〈広がり及ぶ、ある期間・範囲に及ぶ〉~公私にわたり、細部にわたって調べる、私事にわたる、数日にわたる、全てにわたって、全科目にわたる試験、多岐にわたる、3日間にわたる交渉

わな(罠△、羂△)↓わな~わなを掛ける

わに(鰐△)↓ワニ〈動物〉~わに革(の財布)、わに口

わび(侘△)↓わび~わび住まい、わびとさび

わびる(詫△びる)↓わびる〈謝る〉~無礼をわびる、わび状、わびを入れる

わびる(侘△びる)↓わびる〈質素で落ち着いている、気をもむ〉~わびた茶室、待ちわびる

わぼく 和睦―講和、和解~和睦を結ぶ

わら(藁△)↓わら~稲わら、麦わら(帽子)、わらくず、わらぐつ、わら細工、わら人形、わら半紙、わらぶき屋根

わらい・わらう(嗤△、咲)↓笑い・笑う~お笑い草、忍び笑い、苦笑い、福笑い、物笑い、笑い声、笑いこける、笑い上戸、笑い話、笑いものになる、㊔**笑**〈談話形式などの場合〉

わらじ(草鞋)↓わらじ~二足のわらじを履く

わらべ 童~童歌

注「童」は表内字だが平仮名書きしてもよい。

わり

=割り〈一般用語。動作性〉~頭割り、均等割り、区割り、縦割り、月割り、人数割り、部屋割り、水割り、㊔**均等割・所得割・資産割**〈法令用語〉、**時間割**、**本割**〈相撲〉

＝割〈比率、比較〉～1割（引き）、3割台、有名な割に、4割2分、割がいい、割に合わない、割を食う

わり・・ 割り～割り印、割り返し、割り勘、割り切る、割り込み、割り算、割り下、割り出し、割り注、割り付け、割り箸、割り判、割り符、割り札、割り振り、割り前、割り麦、（省）**割高、割安**

わりあいに・わりかた・わりに・わりと 割合に・割かた・割に・割と〈副詞。思いのほか、比較的〉～試験問題は割合に易しかった、割と面白い本だ

注 平仮名書きも併用する。

わりあて 割り当て～生産者・第三者割り当て、割り当て業務・権限・増・販売・分・方法・申し込み・予定、割り当て作付け・作付面積・償却・方式・返上・申込数量、（省）**第三者割当増資、割当額・期間・数量、割当制度、割当品目、割当面積**

注 経済関係複合語ルール参照。

わりびき

＝（省）**割引**〈名詞、慣用〉～**学生割引**〈学割〉、**手形割引、割引運賃・価格・券・サービス・債・債券・制度・セール・手形・率**

＝割引き〈上に数字が付く場合〉～5割引きで買った、割引きセール

＝割り引き〈動詞、動詞の連用形〉～消費税分を割り引く、話を割り引いて聞く

わりまし 割り増し〈償却・条件・発行〉～（省）**割増運賃・額・金、割増税、割増制度、割増率**

注 経済関係複合語ルール参照。

わりもどし 割り戻し〈請求・方法〉～（省）**割戻金、割戻税、割戻制度、割戻手数料、割戻日、割戻率**

注 経済関係複合語ルール参照。

わる・われる 割る・割れる～大台割れ、額面割れ、片割れ、氷が割れる、コスト割れ、地割れ、断ち割る、仲間割れ、ひび割れ、割れ鍋、割れ目

わるい 悪い～悪あがき、悪賢い、悪気、悪口、悪さ、悪擦れ、悪巧み、悪知恵、悪乗り、悪びれる、悪ふざけ、悪酔い

わん（椀△、碗△）→わん～茶わん

わんきょく（彎△曲）→湾曲

わんぱく（腕白）→わんぱく

【病名、身体部位・器官名】

病名、身体部位・器官名のうち、表記に迷いやすいものを中心に例示した。

【表記の基準】

1、表外字・表外音訓を含む病名などのうち、平仮名書きにすると意味が分かりにくいものは読み仮名を付ける。読み仮名は語全体に付けることが原則だが、字数節約のため限定した部分に付ける場合もある。

例 頸肩腕（けいけんわん）症候群　膠原（こうげん）病　歯槽膿漏（のうろう）

2、平仮名書きを慣用とするものがある。

例 うつ病（鬱病）　おたふくかぜ　がん（癌）　けいれん（痙攣）　ぜんそく（喘息）　胆のう（胆嚢）　へんとう（扁桃）　ぼうこう（膀胱）

3、外国語に由来するものは片仮名書き。

例 エイズ　腸チフス　椎間板ヘルニア　リンパ節

4、人名に由来する病名の場合、「氏」は使わない。

例 バセドー氏病→バセドー病

5、外国語に由来するものではないが、例外的に片仮名書きするものがある。

例 モヤモヤ病

6、病名の上下にある記号の説明は次の通り。

★ 厚生労働省指定難病（特定疾患）

※ 感染症法の対象疾病

① 感染症法の「1類感染症」（危険性が極めて高く、入院、消毒などの措置が必要）

② 同「2類感染症」（危険性が高く、入院、消毒などの措置が必要）

③ 同「3類感染症」（特定業種への就業制限、消毒など）

④ 同「4類感染症」（動物を介して感染、消毒など）

⑤ 同「5類感染症」（情報提供、まん延防止）

【病名・病状名】

【あ行】

※RSウイルス感染症⑤

★IgA（免疫グロブリン）腎症

★亜急性硬化性全脳炎

★悪性関節リウマチ

悪性腫瘍（一般には「がん」と表記）

悪性リンパ腫

アトピー性皮膚炎

★アミロイドーシス

※アメーバ赤痢⑤

アルコール依存症

アルツハイマー病、アルツハイマー型認知症
※E型肝炎④
胃潰瘍
胃がん
胃けいれん
移植片対宿主病（GVHD）
胃穿孔（せんこう）
一過性脳虚血
イレウス〈「腸閉塞」「腸捻転」のこと〉
※咽頭結膜熱⑤
※インフルエンザ⑤〈鳥インフルエンザおよび新型インフルエンザ等感染症を除く〉
※ウイルス性肝炎⑤〈A型肝炎、E型肝炎を除く〉
うっ血性心不全
うつ病
※エイズ〈後天性免疫不全症候群、AIDS〉⑤
※A型肝炎④
※A群溶血性レンサ球菌咽頭炎⑤
※エキノコックス症④
エコノミークラス症候群〈俗称。「ロングフライト血栓症」とも。正式には「肺血栓塞栓症」〉
壊死（えし）
壊疽（えそ）
※エボラ出血熱①
※エムポックス（サル痘）④
円形脱毛症
★黄色靱帯（じんたい）骨化症
黄疸（おうだん）
嘔吐（おうと）
※黄熱④
黄斑変性
※オウム病④
※オムスク出血熱④
オンコセルカ症

【か行】

※回帰熱④
外耳炎
疥癬（かいせん）
外反母趾（ぼし）
★潰瘍性大腸炎
解離性大動脈瘤（りゅう）
学習障害（LD）
喀痰（かくたん）
角膜炎
過呼吸症候群〈別名「過換気症候群」〉
過食症
風邪
★家族性高コレステロール血症
カタル
かっけ
滑膜炎
花粉症
※カルバペネム耐性腸内細菌科細菌感染症⑤
川崎病
肝炎
肝硬変
カンジダ症
がん性胸膜炎
眼精疲労
乾癬（かんせん）
肝線維症
※感染性胃腸炎⑤
嵌頓（かんとん）ヘルニア
★間脳下垂体機能障害（ADH分泌異常症、ゴナドトロピン分泌亢進〈こうしん〉症、成長ホルモン分

泌亢進〈こうしん〉症、T
SH分泌亢進〈こうしん〉
症、PRL分泌亢進〈こ
うしん〉症、下垂体前葉機
能低下症、クッシング病）
肝膿瘍（のうよう）
冠不全
肝不全
気管支炎
※キャサヌル森林病④
※急性灰白髄炎②
急性呼吸促迫症候群
※急性出血性結膜炎⑤
※急性脳炎⑤
★球脊髄性筋萎縮症
※Q熱④
※狂犬病④
狭心症
★強皮症
胸膜炎〈「ろく膜炎」とはしない〉

拒食症
ギラン・バレー症候群
★筋萎縮性側索硬化症（A
LS）
★筋ジストロフィー
筋痛性脳脊髄炎（慢性疲労
症候群）
筋無力症
くも膜下出血
※クラミジア肺炎⑤〈オウム
病を除く〉
※クリプトスポリジウム症
⑤
※クリミア・コンゴ出血熱
①
※クロイツフェルト・ヤコ
ブ病（CJD）⑤
★クローン病
頸肩腕（けいけんわん）症候
群

頸椎（けいつい）捻挫〈「むち
打ち損傷」とも。「むち打ち症」
は俗称〉
けい肺
けいれん
※劇症型溶血性レンサ球菌
感染症⑤
劇症肝炎
※結核②
血清肝炎
★結節性動脈周囲炎（結節
性多発動脈炎、顕微鏡的
多発血管炎）
結膜炎
けんしょう炎
★原発性胆汁性肝硬変
★原発性免疫不全症候群
口腔（こうくう）がん
高血圧症
膠原（こうげん）病

虹彩炎
★後縦靱帯（じんたい）骨化
症
甲状腺がん
★拘束型心筋症
喉頭がん
口内炎
更年期障害
広汎性発達障害
★広範脊柱管狭窄（きょう
さく）症
硬膜下出血
誤嚥（ごえん）性肺炎
股関節脱臼
※コクシジオイデス症④
骨粗しょう症
骨肉腫
こむら返り
※コレラ③
★混合性結合組織病

【さ行】

※細菌性髄膜炎⑤
※細菌性赤痢③
★再生不良性貧血
座骨神経痛
★サルコイドーシス
産じょく熱
※ジアルジア症⑤
耳下腺炎〈流行性の場合は「おたふくかぜ」。「おたふく風邪」とはしない〉
※ジカ熱④
色覚障害
子宮筋腫
子宮頸(けい)がん
痔疾(じしつ)
脂質異常症
歯周病
歯槽膿漏(のうろう)
シックハウス症候群
湿疹
歯肉炎
紫斑病
※ジフテリア②
自閉症
脂肪肝
視野狭窄(きょうさく)
※重症急性呼吸器症候群(SARS)②
★重症急性膵炎(すいえん)
★重症筋無力症
★重症多形滲出(しんしゅつ)性紅斑(急性期)
※重症熱性血小板減少症候群(SFTS)④
しょうこう熱
自律神経失調症
腎盂(じんう)腎炎
※新型コロナウイルス感染症⑤
心筋虚血
心筋梗塞
★神経線維腫症(1型、2型)
心室細動
※侵襲性インフルエンザ菌感染症⑤
※侵襲性髄膜炎菌感染症⑤
※侵襲性肺炎球菌感染症⑤
滲出(しんしゅつ)性中耳炎
※腎症候性出血熱④
心身症
腎臓結石
心的外傷後ストレス障害(PTSD)
振動病〈「白ろう病」とはしない〉
じん肺症
腎不全
心房細動
じんましん
膵炎(すいえん)
※水痘⑤〈俗称は「水ぼうそう」〉
水頭症
髄膜炎〈「脳膜炎」とはしない〉
※髄膜炎菌性髄膜炎⑤
睡眠時無呼吸症候群(SAS)
睡眠障害
★スモン〈亜急性脊髄視神経末梢(まっしょう)神経障害のこと。「スモン病」とはしない〉
生活習慣病〈「成人病」とはしない。「高血圧」「糖尿病」など〉
性感染症(STD)
※性器クラミジア感染症⑤
※性器ヘルペスウイルス感染症⑤
成人T細胞白血病(ATL)

性同一性障害
※西部ウマ脳炎④
★脊髄小脳変性症
★脊髄性筋萎縮症
※尖圭（せんけい）コンジローマ⑤
★全身性エリテマトーデス
ぜんそく
※先天性風疹症候群⑤
腺病質
前立腺肥大
双極性障害（そううつ病）
粟粒（ぞくりゅう）結核
側湾症

【た行】

★大動脈炎症候群〈高安動脈炎〉
大動脈粥状（じゅくじょう）硬化症
大動脈瘤（りゅう）破裂
ダウン症候群〈「蒙古症」は使わない〉
★多系統萎縮症〈線条体黒質変性症、オリーブ橋小脳萎縮症、シャイ・ドレーガー症候群〉
多臓器不全
脱臼
脱肛
※ダニ媒介脳炎④
★多発血管炎性肉芽腫症〈旧ウェゲナー肉芽腫症〉
★多発性硬化症
多発性骨髄腫
胆石症
※炭疽（たんそ）④
胆道閉鎖症
丹毒
蓄膿（ちくのう）症
※チクングニア熱④
膣炎（ちつえん）
注意欠陥・多動性障害
虫垂炎〈「盲腸炎」は俗称〉
※中東呼吸器症候群（ＭＥＲＳ）②
中皮腫
中風
腸炎ビブリオ
※腸管出血性大腸菌感染症③
腸重積（症）
※腸チフス③
腸捻転
腸閉塞
椎間板ヘルニア
痛風
※つつが虫病④
※手足口病⑤
低身長症〈「小人症」は使わない〉
適応障害
てんかん
※デング熱④
※伝染性紅斑⑤
※天然痘①
★天疱瘡（てんぽうそう）
統合失調症〈「精神分裂病」は使わない〉
凍傷
糖尿病
※東部ウマ脳炎④
★特発性拡張型心筋症
★特発性間質性肺炎
★特発性血小板減少性紫斑病
★特発性大腿（だいたい）骨頭壊死（えし）症
※突発性発疹⑤
トラコーマ〈「トラホーム」とは

しない〉
※鳥インフルエンザ②〈病原体の血清亜型がH5N1、H7N9〉
※鳥インフルエンザ④〈鳥インフルエンザH5N1およびH7N9を除く〉
トンズランス感染症

【な行】

軟性下疳（げかん）
★難治性肝炎のうち劇症肝炎
※南米出血熱①
肉芽腫
肉離れ
※西ナイル熱④
日射病
※ニパウイルス感染症④
※日本紅斑熱④
※日本脳炎④
乳腺炎
尿失禁
尿毒症
認知症〈旧称「痴呆症」は使わない〉
熱中症
ネフローゼ症候群
捻挫
膿胸（のうきょう）
脳血栓
脳梗塞
脳挫傷
脳出血〈「脳溢血」とはしない〉
脳腫瘍
脳振とう
脳塞栓
脳卒中
★膿疱性乾癬（のうほうせいかんせん）

【は行】

パーキンソン病
★パーキンソン病関連疾患（進行性核上性まひ、大脳皮質基底核変性症、パーキンソン病）
肺気腫
敗血症
肺水腫
肺線維症
肺尖（はいせん）カタル
★肺動脈性肺高血圧症
※梅毒⑤
白癬（はくせん）
白内障
白斑
麦粒腫〈俗称「ものもらい」〉
※播種（はしゅ）性クリプトコックス症⑤
※破傷風⑤
バセドー病〈「バセドー氏病」とはしない〉
白血病
★バッド・キアリ症候群
パニック障害
※パラチフス③
※バンコマイシン耐性黄色ブドウ球菌感染症⑤
※バンコマイシン耐性腸球菌感染症⑤
ハンセン病〈「らい病」は使わない〉
※ハンタウイルス肺症候群④
★ハンチントン病
※Bウイルス病④
非結核性抗酸菌症
※鼻疽（びそ）④
★肥大型心筋症

※ヒト免疫不全ウイルス（HIV）感染症⑤
飛蚊（ひぶん）症
※百日ぜき⑤
★ビュルガー病〈別名「バージャー病」〉
瘭疽（ひょうそ）
★表皮水疱（すいほう）症
※風疹⑤
プール熱
副睾丸（こうがん）炎
★副腎白質ジストロフィー
不整脈
不定愁訴
ぶどう膜炎
★プリオン病（クロイツフエルト・ヤコブ病、ゲルストマン・ストロイスラー・シャインカー病、致死性家族性不眠症）

※ブルセラ症④
★ベーチェット病
※ペスト①
※ペニシリン耐性肺炎球菌感染症⑤
※ベネズエラウマ脳炎④
※ヘルパンギーナ⑤
ヘルペス〈「疱疹（ほうしん）」のこと〉
片頭痛
へんとう炎
※ヘンドラウイルス感染症④
扁平（へんぺい）足
蜂窩織（ほうかしき）炎
ぼうこう炎
勃起不全（ED）
ポックリ病
※発疹チフス④
※ボツリヌス症④

※ポリオ②〈正式病名は「急性灰白髄炎」。「小児まひ」とも〉
本態性高血圧症

【ま 行】

※マールブルグ病①
※マイコプラズマ肺炎⑤
※麻疹⑤〈15歳以上は「成人ましん」とも。「はしか」は俗称〉
※マラリア④
★慢性炎症性脱髄性多発神経炎
★慢性血栓塞栓性肺高血圧症
慢性閉塞性肺疾患（COPD）
ミオパチー
未熟児網膜症
★ミトコンドリア病
※無菌性髄膜炎⑤

虫歯
メタボリック症候群
※メチシリン耐性黄色ブドウ球菌（MRSA）感染症⑤
メニエール病
面疔（めんちょう）
★網膜色素変性症
網膜剥離
燃え尽き症候群
★モヤモヤ病〈別名「ウィリス動脈輪閉塞症」〉

【や 行】

※薬剤耐性アシネトバクター感染症⑤
※薬剤耐性緑膿（りょくのう）菌感染症⑤
※野兎（やと）病④
夜尿症

【ら行】

★ライソゾーム病
※ライム病④
※ラッサ熱①
リウマチ
※リッサウイルス感染症④
※リフトバレー熱④
※流行性角結膜炎⑤
※流行性耳下腺炎⑤〈俗称は「おたふく風邪」とはしない〉「おたふくかぜ」。
緑内障
※淋菌（りんきん）感染症⑤
リンパ系フィラリア症〈象皮病〉
★リンパ脈管筋腫症
※類鼻疽（るいびそ）④
※レジオネラ症④
※レプトスピラ症④
肋間（ろっかん）神経痛
※ロッキー山紅斑熱④
ろ胞性結膜炎

【動物病名】

牛海綿状脳症（BSE）
口蹄（こうてい）疫
スクレイピー〈羊のプリオン病〉
鳥インフルエンザ

【細菌類】

ウェルシュ菌
黄色ブドウ球菌
カンピロバクター菌
コクシエラ・バーネッティ菌
サルモネラ菌
セレウス菌
炭疽（たんそ）菌
腸炎ビブリオ菌
腸管出血性大腸菌O157（O26、O111）
腸管毒素原性大腸菌O159（O8、O27）
肺炎球菌
バンコマイシン耐性腸球菌（VRE）
ピロリ菌
放線菌
メチシリン耐性黄色ブドウ球菌（MRSA）

【身体部位・器官名】

アキレス腱（けん）
咽喉
咽頭
延髄
横隔膜
海馬
下垂体
下腿（かたい）部
眼窩（がんか）
関節唇
汗腺
冠動脈
臼歯
胸椎
筋膜
頸骨（けいこつ）＝首の骨
脛骨（けいこつ）＝向こうずねの骨
頸椎（けいつい）
頸（けい）動脈
血漿（けっしょう）
肩甲骨
肩鎖関節

腱板（けんばん）
肩峰（けんぽう）
交感神経
口腔（こうくう）〈「口腔（こうくう）外科」。一般用語は「口腔（こうこう）」とする〉
甲状腺
肛門
股関節
骨棘（こっきょく）
臍帯（さいたい）
鎖骨
三叉（さんさ）神経
三尖（さんせん）弁
三半規管
膝蓋腱（しつがいけん）
絨毛（じゅうもう）
上顎（じょうがく）部＝うわあご
上行・横行・下行結腸

硝子（しょうし）体
腎臓
靱帯（じんたい）
膵臓（すいぞう）
頭蓋骨＝頭骨
脊髄
脊椎
前立腺
僧帽弁
鼠径（そけい）
大腿（だいたい）部＝太もも
大脳皮質
胎盤
唾液腺
胆管
胆のう
瞳孔
脳漿（のうしょう）
半月板
皮下脂肪

鼻腔（びくう）〈一般用語は「鼻腔（びこう）」。鼻の穴は「鼻孔」〉
脾骨（ひこつ）
尾骨
脾臓（ひぞう）
泌尿器
腹腔（ふくくう）〈「腹腔（ふくくう）鏡手術」。一般用語は「腹腔（ふくこう）」とする〉
腹斜筋
副腎
分泌腺
へんとう〈「へんとう腺」は旧称〉
ぼうこう
母趾（ぼし）
末梢（まっしょう）神経
有鉤骨（ゆうこうこつ）
腰椎

リンパ節〈「リンパ腺」は旧称〉
涙腺
肋骨（ろっこつ）

【間違えやすい語字句】

①明らかな誤用のほか、辞書によっては採択され、必ずしも誤りとは言えない語句も含んでいる。

②「↓」の下が本来、正しいとされる用法。

③傍線部分は重言（重複表現）を示す。話し言葉では意味を強めるために使われることも多いが、書き言葉では避ける。

【あ】

☆**愛想を振りまく**↓愛嬌（あいきょう）を振りまく、愛想がよい

☆**合いの手を打つ**↓合いの手を入れる

☆**相許し合った仲**↓相許した仲、許し合った仲

☆**青田狩り**↓青田買い

稲が実る前に収穫を見越して米の買い上げを予約することから転じて、会社などが卒業のはるか以前に学生の採用を決めるのが「青田買い」。肥料や飼料にするため作物を未成熟のうちに刈る「青田刈り」「青刈り」との混用に注意。

☆**明るみになった**↓明るみに出た、明らかになった

☆**悪評さくさく**↓悪評ふんぷん、悪評高い

「さくさく」は口々に褒めそやすさまを意味する。「好評さくさく」「名声さくさく」とはいうが、悪評には使わない。

☆**足蹴りにする**↓足蹴（あしげ）にする

誤読防止のため読み仮名付きに。

☆**足元をすくう（すくわれる）**↓足をすくう（すくわれる）

☆**頭ごなしの交渉**↓頭越しの交渉

当事者を差し置いて交渉する意。「頭ごなし」は初めから一方的に決め付けた態度を取ることで、「頭ごなしに叱る」のように使う。

☆**頭の先から爪の先まで**↓頭の先から足の先まで、頭のてっぺんから足の爪先まで

☆**（不審に思う意味で）頭をかしげる**↓首をかしげる

☆**当たり年**

収穫や利益の多い年のことで、「台風の当たり年」「地震の当たり年」など、好ましくないことに使うのは不適切。

☆**後で後悔する**↓後悔する、後で悔いる

☆**雨脚が途絶える**↓雨がやむ

☆雨模様
「雨模様」は本来雨が降りそうな空の状態のことだが、最近では「降ったりやんだり」の意味に使うことも多い。両様に解釈できる表現は使わず、「曇り空の下」「小雨が降る中で」などと具体的に書く。

☆あらかじめ予告する→予告する、あらかじめ告げる

☆新たに新設する→新設する、新たに設ける

☆アリの入り込む隙もない→アリのはい出る隙もない
警備網が厳重で、囲まれた方が外へ抜け出せない状況のこと。

☆あわや世界新記録→もう一息で世界新記録、もう少しで世界新記録
「あわや」は危うくの意味で、「あわや大事故に」などと使う。

【い】

☆怒り心頭に達する→怒り心頭に発する
「心頭」は念頭、心の中のこと。「心頭に達する」は、「心頭」を「頭」と誤解した間違い。

☆怒りを禁じざるを得ない→怒りを禁じ得ない

☆意気高々→意気高らか、意気軒高

☆いぎたない
「寝(い)汚い」で寝相がだらしない、眠りこけて起きないこと。意地汚いの意味に使うのは誤用。

☆いさめる
「諫(いさ)める」は本来、目下の者が目上に忠告すること。「娘は父の深酒をいさめた」のように使う。「父は娘をいさめた」など、逆の場合には使わない。

☆異存は出なかった→異議は出なかった
「異存」はまだ心の中にある考えの段階。発表して「異議」となる。「異存」は「異存がない」のように使う。

☆遺体と死体
遺体は「人の亡きがら」。死体よりも丁寧な言い方で、人間以外には用いない。動物の場合は「死骸」とする。

☆痛い腹を探られる→痛くもない腹を探られる

☆一同に会する→一堂に会する
「一堂」は同じ建物、場所のこと。

☆一番最初(一番最後、一番ベスト)→最初(最後、ベスト)

☆一姫二太郎
子を産む順序として「長子に女、次子に男が生まれるのが理想的である」ということ。娘1人、息子2人の意味で使うのは間違い。

☆**一抹の望み**→いちるの望み
「一抹の不安」との混用。

☆**一切を一任する**→一切を任せる、一任する

☆**一生一代**→一世一代
「一生のうちにただ一度」という意味だが、「一世」（いっせ）が正しい。

☆**いまだに未完成**→未完成、いまだ完成していない

☆**いやが応にも**→いやが上にも
この「いや」は「弥」。「ますます」の意。「いやが応でも」との混用。

☆**嫌気がする**→嫌気が差す、嫌気を起こす

☆**違和感を感じる**→違和感がある、違和感を覚える

【う】

☆**上にも置かぬもてなし**→下にも置かぬもてなし
下座に置かないで、丁重にもてなすこと。

☆**上や下への大騒ぎ**→上を下への大騒ぎ
上にあるべきものが下に、下にあるべきものが上になる意で、混乱するさま。

☆**受けに入る**→うけに入る
「有卦（うけ）」は、幸運が7年続くという年回りのこと。「有卦に入る」とは、幸運に巡り合う、調子に乗るといった意味がある。「入る」の読みは「いる」。

☆**後ろ髪を引かれる思い**
後に心を残しながら去る人の心境のことで、残る人の心境には使わない。

☆**後ろから羽交い締め**→羽交い締め

☆**薄皮をはぐようによくなる**→薄紙をはぐようによくなる
病気が日に日によくなるさまの形容。

☆**腕をなでる**→腕をさする
「腕前を示そうと、自分の出番を待っている」意。

☆**裏舞台での交渉**→舞台裏での交渉

☆**恨み骨髄に達す**→恨み骨髄に徹す、恨み骨髄に入る

☆**上前をかすめる**→上前をはねる

【え】

☆**笑顔がこぼれる**→笑みがこぼれる

☆**餌をあげる**→餌をやる
「あげる」は本来、下の者が上の者に渡す謙譲語。丁寧語の感覚で一般化してきたが、犬や猫にまで使うのは行き過ぎ。

☆**沿岸沿い**→沿岸、海岸沿い、海沿い

☆**炎天下のもと**→炎天下

【お】

☆応じざるを得ない↓応ぜざるを得ない

「応じず」は口・文語の混成用法。本来は「応ぜず」が正しい。「辞さず」は現在では、「辞せず」と同様によく使われている。

☆屋上屋を重ねる↓屋上屋を架す

無駄なことを重ねる例え。「屋下に屋を架す」とも。

☆おざなり・なおざり

「おざなり」は、「当座を繕う」「その場逃れにいいかげんに物事をする」さま。「なおざりの計画」は誤りで「おざなりな計画」。「なおざり」は、あまり注意を払わないさま。「おろそか」「ゆるがせ」と同義。「規則をおざなりにする」は誤りで「規則をなおざりにする」。

☆押し着せ↓お仕着せ

「仕着せ」の丁寧語で、あてがいの意味。

☆押しも押されぬ↓押しも押されもせぬ

「揺るぎない、誰もが認める」意味の慣用句。「押すに押されぬ」との混同。

☆お歳暮の贈り物↓お歳暮

「お中元の贈り物」も重言。

☆おっとり刀↓押っ取り刀

緊急時に、取る物も取りあえず駆け付けること。「おっとりしている」という意味ではない。

☆おぼつかぬ・おぼつかず↓おぼつかない

形容詞「おぼつかない」は、「おぼつかな」までが語幹であり、「情けない」(「情けな」が語幹)と同様、「ない」を「ぬ」で置き換えるわけにはいかない。「おぼつく」という動詞はない。

☆汚名挽回、汚名回復↓汚名返上、汚名をすすぐ(そそぐ)

「名誉挽回」「名誉回復」との混同。

☆汚名を晴らす↓汚名をすすぐ(そそぐ)

「屈辱を晴らす」「恨みを晴らす」との混用。

☆重しを付けて沈める↓重りを付けて沈める

「重し」は上から押さえ付けるために置くもので、漬物石のようなもの。沈めるためにブロックを付けたような場合は「重り」。

☆お求めやすい値段↓お求めになりやすい値段

「お求めになる」に「やすい」が付いた形だから、「お求めになりやすい」が正しい。ただ、慣用が定着したとして容認する説もある。

☆**およそ1時間ほど**→1時間ほど、約1時間、およそ1時間
「およそ千数百円」「およそ数万人」「およそ3キロ程度」も重言。

☆**折り紙付きの詐欺師**→札付きの詐欺師
「折り紙付き」は、「保証できる」「定評がある」ということ。「折り紙付きの技術」のように使う。「札付き」は、一般に悪い意味に用いる。

☆**女手一人で育てる**→女手一つで育てる

【か】

☆**垣間見せる**→うかがわせる、のぞかせる
「垣間見る」が慣用。物の隙間から見る、またはちらっと見ること。「垣間聞く」も誤用で、「ちらっと聞く」「小耳に挟む」などとする。

☆**顔をうかがう**→顔色をうかがう

☆**書き下ろし文**→書き下(くだ)し文
漢文を仮名交じり文に書き直した場合。「書き下ろし」は既に発表された作品ではなく、新たに書かれたもの。

☆**佳境**
「佳境に入る」「佳境を迎える」は、最も興味深い、面白い場面になること。「佳」は「佳日・佳人」など「よい・美しい」意味だから、「救援活動が重要局面を迎えた」など単なるヤマ場の意味では使わない。

☆**各国ごとに**→国ごとに、各国で

☆**隔週置きに**→隔週で、1週置きに

☆**確信犯**
宗教的・政治的確信のもとに行ったことが犯罪になることが本来の意味だが、悪いことと分かっていながらなされた犯罪や行為、また、その行為をした人のこともいうようになった。

☆**加工を加える**→加工する

☆**過去に前例がない**→前例がない、過去に例がない

☆**風下にも置けぬ**→風上にも置けぬ
卑劣な者を風上に置くと臭気が流れてくるの意。「風下」では意味を成さない。

☆**かさにかかる、かさに着る**
「かさにかかる」の「かさ」は「嵩」で、「優勢をたのんで威圧的になる」「勢いに乗じて物事をする」の意。「かさにかかって攻める」などと使う。「かさに着る」の「かさ」は「笠」で、「権勢あるものをたのんで威張る」という意味。「権力をかさに着て…」などと使われる。

☆**喝采を叫ぶ**→快哉(かいさい)を叫ぶ
「喝采」は大声で褒めることで、「喝

采を博す、送る」が慣用。「快哉」は大声で愉快、痛快だと言うこと。「叫ぶ」のはこちら。

☆**喝を入れる**↓活を入れる
「気絶した人をよみがえらせる、元気づける、励ます」という意味だから「活」。「喝」は「大声で叱る、どなる、おどす」ことであり、「喝を入れる」という慣用句はない。「一喝する」「喝を食らわす」などと使う。

☆**カトリックの牧師、プロテスタントの神父**↓カトリックの神父、プロテスタントの牧師
神父はカトリック教会、東方正教会の司祭。牧師は英国国教会、日本基督教団をはじめ、一般にプロテスタント教会の聖職者に使う。

☆**かねてから**↓かねて

☆**過半数を超える**↓半数を超える、過半数を占める、過半数に達する

☆**髪を丸める**↓頭を丸める、髪を下ろす
頭髪をそること。

☆**枯れ木に花のにぎわい**↓枯れ木も山のにぎわい
「枯れ木も山のにぎわい」は「つまらないものでも、無いよりはまし」の例えで、他人に対して使うと失礼になる。「枯れ木に花」も慣用句だが、衰えたものが再び栄えること。

☆**間一発**↓間一髪

☆**元旦の夜**↓元日の夜、1月1日の夜
「旦」は夜明け、朝を意味し、「元旦」は「元日の朝」のこと。「元旦の朝」は重複であり、「元旦の昼」も誤り。

☆**間髪を移さず、間髪を置かず**↓間髪を入れず、時を移さず、間を置かずに
「間髪を入れず」は「かん・はつをいれず」と読む。

【き】

☆**キジも飛ばずば打たれまい**↓キジも鳴かずば打たれまい

☆**疑心暗鬼を持つ（抱く）**↓疑心暗鬼を生ずる、疑心暗鬼になる

☆**期待倒れ**↓期待外れ
「評判倒れ」「看板倒れ」との混用。

☆**気に介さない**↓意に介さない

☆**気に沿わない**↓意に沿わない

☆**気の置けない人**
「気を置く」は相手の気持ちを気遣う、遠慮するの意。「気の置けない」は遠慮が要らない、打ち解けたの意味となる。「気の置けない友と酒を飲む」などと用いる。気を許せない、気詰まりの意味で「気の置けない」を使うのは誤用。

☆**着の身着のまま**
「現在着ているもの以外は無一物」

の意。「着衣のままで」の意味で使うのは誤用。「火事に遭って着の身着のままで逃げ出す」などと使う。「着のみ着のまま」と書かれることが多いが、正しくは「着の身着のまま」。

☆肝に据えかねる→腹に据えかねる
「我慢できない」の意。

☆肝に命じる→肝に銘じる

☆疑問を示す→疑問を呈する、疑問を投げ掛ける

☆鳩首を集めて協議→鳩首（きゅうしゅ）協議
「鳩」は「集める」の意味なので重言。

☆享年
「天から享（う）けた年」の意で、この世に生きていた年数。物故者の死亡年齢は「享年80」と表すが、「享年80歳」も使われる。若死にした人には「享年」はなるべく使わない。

注 伝統的に数え年が使われてきたが、地域・宗派によっては満年齢を使用しており、注意が必要。

☆議論が伯仲→議論白熱、議論沸騰

【く】

☆くしの歯が抜けるように→くしの歯が欠けるように
くしの歯は欠けるもの。

☆苦汁と苦渋
苦汁は「苦い経験」で、「苦汁をなめる」「苦汁の日々」が慣用。苦渋は「物事がうまく進まず、苦悩すること」の意で、「苦渋に満ちた顔」「苦渋を味わう」「苦渋の決断」などと使う。

☆口車を合わせる→口裏を合わせる、口車に乗る・乗せる

☆口先三寸→舌先三寸

☆口をつむる→口をつぐむ

☆苦ともせず→苦にもせず

☆国敗れて山河あり→国破れて山河あり
杜甫の詩の原文に従った表記に。

☆苦杯（苦敗）にまみれる→苦杯をなめる、苦杯を喫する
「一敗地にまみれる」と混同。

☆クモを散らすように→クモの子を散らすように

☆暮れなずむ
日が暮れそうでなかなか暮れない状態。「ようやく暮れなずんできた球場」などは誤り。

【け】

☆けがを負う→けがをする、傷を負う

☆檄（げき）を飛ばす
自分の意見などを強く訴え、人々に同意や決起を促すこと。単に部下や選手を叱咤（しった）激励する意味で使うのは俗用で、「奮起を促す」「励

ます」「活を入れる」などとする。

☆**決定的な決め手を欠く**→決め手を欠く

☆**煙に巻く**→けむに巻く

☆**けんけんがくがく**

「けんけんごうごう」(喧々囂々＝たくさんの人が口やかましく騒ぎ立てるさま)と「かんかんがくがく」(侃々諤々＝正しいと信じることを遠慮なしに論議すること)の混用。

☆**剣もほろほろ**→けんもほろろ

「けん」も「ほろろ」もキジの鳴き声。「けん」は「けんつくを食わす」に掛けた言葉。

【こ】

☆**公算が強い(高い、濃い)**→公算が大きい

「公算」は確率、確実さの度合いをいう。大小で表現し、強弱、高低、濃淡で表すのは誤り。「…の公算」と、「可能性」の同義語として使うのは見出しに限定。

☆**交通止め**→通行止め

☆**呉越同舟**

本来は敵同士が同じ場所に居合わせる場合に使う。単に異質のものが一緒になる場合には使わない。

☆**こけら落とし**

新改築の劇場やホールの初興行のこと。プールや役所などの完成の際に使うのは誤用。

☆**古式豊かに**→古式ゆかしく

古来のやり方がゆかしく感じられるという意味。

☆**姑息(こそく)**

「その場しのぎ、一時の間に合わせ」が本来の意味。新しい用法として「ひきょうな・ずるいさま」を載せている辞書もある。

☆**ご多聞に漏れず**→ご多分に漏れず

☆**後手を踏む**→後手に回る

☆**小春日和**

「小春」は陰暦10月の異称。新暦では11月から12月上旬に当たり、そのころの暖かい晴れた日をいう。12月半ば以降や春先に使うのは誤用。

☆**御用始め・御用納め**→仕事始め・仕事納め

「御用」は政府、宮中の用務のこと。「御用始め」「…納め」は一般でも慣用で使われるが、新聞記事では「仕事始め」「仕事納め」とする。

☆**古来から**→古来

☆**碁を指す、将棋を打つ**→碁を打つ、将棋を指す

チェスは指す。

【さ】

☆**…さ(「円熟さ」「積極さ」など)**

接尾語の「さ」は形容詞、形容動詞の語幹などに付いて名詞をつくる。「円熟」「積極」に付けるのは誤り。「円熟味」「積極性」などとする。

☆**さおさす**
舟を進める、流れに乗るの意。時流に逆らうという意味で使うのは誤用。

☆**策士策に敗れる**→策士策に溺れる

☆**酒を飲み交わす**→酒を酌み交わす、杯を交わす

☆**里帰り**
元来は女性が結婚後初めて実家に帰る儀式。現在は「一時的に帰る」意味で使われる。国外に流出していた美術品が買い戻され、その後も国内にある場合は一時的ではないから、「里帰り」は不適切。

☆**触り**
「触り」とは「音楽の聞かせどころ、劇や小説などの見せ場、中心、最も興味を引く部分」。「出だし、最初の部分」の意味で使うのは誤り。

☆**慚愧(ざんき)に堪えない**
「慚愧」は自分のことを反省し心から恥ずかしく思うこと。他者の行為に憤ったりする場合などに使うのは誤り。

☆**3タテ**
3連敗の意味で、「3タテを食らう、3タテを喫する」と使う。3連勝したときは「3タテを食らわす」。見出しは「○○を3タテ」などとする。

☆**散を乱す**→算を乱す
「算」は、計算用の棒の算木(さんぎ)。算木を乱したように散り散りばらばらになることを言い、「算を乱して敗走する」などと使う。

【し】

☆**敷居が高い**
「不義理をしたり面目ないことがあったりして、その人の家に行きにくい」が本来の意味。俗用として「高級、上品過ぎて手を出しにくい」や、単なるハードルの意味で使われることがある。

☆**時機にかなう**→時宜にかなう
「時機を得た」も誤用で「時宜を得た」に。時機は「時機を失う」「時機を逸する」「時機をうかがう」のように使う。

☆**私淑する**
「ひそかによしとする」意味で、面識のない人を著作などを通じて師と仰ぐこと。直接指導を受けた人に「○○先生に私淑した」などと使うのは誤り。

☆至上命題→至上命令、最重要課題
　絶対に従わなければならない命令、任務は「至上命令、重大使命」。どうしても達成しなければならない課題は「最重要(最大)課題」。「命題」は論理学用語で「犬は動物である」のように判断を言葉で表したもの。

☆舌の先の乾かぬうち→舌の根の乾かぬうち

☆(パンダが)死亡
　人間の場合に使う語。原則として動物の場合は使わない。「亡くなる」も同様。「パンダが死ぬ」などとする。

☆しみじみと責任の重さを感ずる→ひしひしと責任の重さを感ずる
　「しみじみ」は心に深くしみ込む様子。「しみじみと喜びを味わう」など。「ひしひし」は身に強くこたえる様子で、「悲しみがひしひしと胸に迫る」など。

☆しめやかに
　「しめやかに」は気分が沈んでもの悲しげなさまをいう。葬儀や通夜は「しめやかに行われる」。結婚式などは「おごそかに執り行われる」。

☆弱冠
　「弱冠」は男子20歳の異称。転じて年の若いことをいう。女子には使えない。「若冠」は間違い。

☆射程距離に入る→射程(圏)内に入る
　「程」は距離、「射程」は「弾の届く距離」を意味し、「射程距離」は重複表現。

☆十人並み
　容色や才能が普通であることの形容。褒め言葉ではないので、優れた意味で使うのは誤り。

☆周年
　「開業10周年」などめでたい場面で使うことが多い。「震災○周年」という表現は避け、「震災から○年」などとする。

☆従来から(より)→従来、以前から(より)
　「従来」だけで「以前から」を意味し、「から」「より」は不要。

☆珠玉の大作→珠玉の小品
　「珠玉」は長編作品や巨大な製作物には使わない。

☆祝電が何本もかかってくる→祝いの電話が何本(回)もかかってくる
　「祝電」は祝いの電報のことで、電話には使えない。

☆出血死→失血死

☆準備万端→準備万端整う
　「万端」は「全ての事柄、手段」のことで、「準備万端」だけでは「準備が全て整った」という意味にはならない。「準備は万端だ」も同じ。

☆照準を当てる→照準を合わせる（定

める）

☆**上手の腕から水が漏れる**→上手の手から水が漏れる

☆**食指をそそる**→食指を動かす、食欲をそそる

「物事をしようとする気になる、食べたくなる」の意。

☆**食指を伸ばす**→触手を伸ばす

「野心を持って何かに働き掛けようとする気持ちが起こる」のは、「触手が動く」。具体的な行動に移り始めると、「触手を伸ばす」となる。

☆**知らなさ過ぎる**→知らな過ぎる

☆**白羽の矢を当てる**→白羽の矢を立てる

人身御供を求める神が、選んだ少女の家に白羽の矢を立てたという伝説から出た言葉なので、悪い意味に使うのが本来の形。最近は良い場合にも使うが、一見幸運に見えても苦難が待ち構えているような状況に使うのが適切。

☆**白羽の矢を射止める**→金的を射止める

憧れのものを手に入れたような場合に使う。

☆**素人はだし**→玄人はだし、素人離れ

玄人もはだしで逃げ出すの意味。

☆**ジンクス**

縁起が悪いもの、けちがつくものの意。「ジンクスを破る」などと使う。「縁起がよい」意味での使用は不適当。

☆**心血を傾ける（込める）**→心血を注ぐ、心魂を傾ける

☆**進取の気象**→進取の気性

「進取の気象」とも書くが、引用以外は「気性」を使う。

☆**死んで花見が咲く（なる）ものか**→死んで花実が咲く（なる）ものか

【す】

☆**酸いも辛いもかみ分ける**→酸いも甘いもかみ分ける

「世間の裏も表も知り、分別がある。人情の機微に通じている」という意味。

☆**姿をくらませた**→姿をくらました

☆**住めば都**

「住み慣れれば、どんな土地でも住み心地がよくなる」の意。「住むなら都」の意味に使うのは誤用。

☆**寸暇を惜しまず働く**→寸暇を惜しんで働く

「骨身を惜しまず働く」との混同。

【せ】

☆**成功裏のうちに**→成功裏に

「裏」は「うち」の意。

☆**清貧洗うがごとし**→赤貧洗うがごと

し「清貧に甘んずる」との混同。

☆**製薬メーカー**→製薬会社、薬品メーカー

☆**青嵐の志**→青雲の志

☆**昔日の感**→今昔の感

「昔日の面影」との混用。

☆**世間ずれ**

「ずれ」を漢字で書くと「擦れ」。実社会でもまれて悪賢くなって（擦れて）いるという意味。世の中の考えから外れて（ずれて）いることではない。

☆**雪辱を晴らす**→雪辱する、屈辱を晴らす

☆**背中が寒くなる**→背筋が寒くなる

☆**前者の轍を踏む**→前車の轍（てつ）を踏む

☆**善戦**

「（非力なものが）全力を尽くして戦うこと」であり、「善戦むなしく敗れる」「（敗者の）善戦をたたえる」のように、惜敗した場合に用いる。

☆**全然**

「全然面白くない」「全然問題外」など、下に打ち消しの形、否定的な語を伴って使用する。「全然いい」など肯定的な使い方は避ける。「全然うれしい」のように「非常に」の意味で肯定に使うのは、最近の俗用。

☆**前門の狼（おおかみ）、後門の虎**→前門の虎、後門の狼（おおかみ）

☆**前夜来の雨**→夜来の雨

「夜来」は「昨夜以来」の意。

【そ】

☆**そうは問屋が許さない**→そうは問屋が卸さない

☆**そっぽを向ける**

「そっぽ」は「よその方向」のこと。「国民にそっぽを向かれる」は正しい用法だが、「背を向ける」という意味で「世論にそっぽを向ける」などと使うのは不適切。

☆**袖振り合うも多少の縁**→袖振り合う（触れ合う、触り合う、すり合う）も多生の縁

「多生の縁」は多くの生を経る間に結ばれた因縁。前世からの縁。「他生の縁」とも書く。

☆**存亡の危機**→存亡の機、存続の危機

「存亡」は「存続するか、滅びるか」という意味なので、「危機」ではおかしい。

【た】

☆**第1日目**→第1日、1日目

☆**大寒の入り**→大寒

大寒（1月20日ごろ）は「だいかん」と読む。二十四節気の一つで、1日

だけをいう。「大寒の入り」は使わない。「寒の入り（小寒＝1月6日ごろ）」は使ってよい。「寒中」は小寒から節分（立春の前日）までをいう。

☆**対前年度比**→対前年度、前年度比

☆**多寡をくくる**→高をくくる

☆**他山の石とする**

「他人のつまらない言行でも、自分の知徳を磨くための参考にする」の意味。他人の立派な言行を良い手本にする意味で使うのは誤用。

☆**ただ今の現状**→現状、ただ今の状態

☆**縦穴式住居**→竪穴式住居

☆**縦穴式石室**→竪穴式石室

☆**…たり…たり**

「歌ったり踊って楽しんだ」といった表現が増えているが、「歌ったり踊ったりして楽しんだ」と正しい用法を使いたい。「踏んだり蹴った」とは言わない。動作や状態の並列を示す格助詞「たり」は、2度目以降を省略しない。ただし、「歌ったりして、楽しんだ」のように、同様のことが他にあることを暗示しつつ動作を例示する用法もある。

☆**他力本願**

仏教用語。阿弥陀如来の本願（すべての人を救おうとする願い）によって解脱、救済されること。「他人の力を当てにする」意味では使わない。

【ち】

☆**血と涙の結晶**→血と汗の結晶

☆**チャンスの芽をつかむ**→チャンスをつかむ

「チャンスの芽を摘む」との混用。

☆**駐日○○大使館**→在日○○大使館

☆**調子の波に乗って**→調子に乗って、波に乗って、勢いに乗って

【つ】

☆**追撃**

「敗走する・劣勢にある敵を追い掛けてさらに攻めること」が本来の意味。スポーツなどでは、単に逃げる・先行する相手を追い上げる意味でも使われている。

☆**つつましい暮らし**→つましい暮らし

「つましい」は倹約・質素であるの意。「つづまやか」ともいう。「つつましい」は遠慮深くて動作・態度が控えめであるの意。「つつましやか」ともいう。控えめに暮らすという意味なら「つつましい暮らし」もよい。

☆**つとに**

「早くから」「ずっと以前から」の意。「特に」「非常に」の意味では使わない。

☆**積み残し客**→乗れない客、乗り切れ

ない客
　交通関係で使われるが、「積み残し」は人間を荷物扱いする感じを与えるので避けたい。

【て】

☆**提携を結ぶ**→提携する

☆**手形を割引する**→手形を割り引く

☆**敵ではない**
「AはBの敵ではない」はBが強過ぎ、Aが弱過ぎるの意。BはAにかなわないの意味で使うのは誤用。

☆**手ぐすねを引く**→手ぐすね引く
「手ぐすね」は手に薬煉（くすね＝松やにと油を練り混ぜた、弓弦などの補強剤）を塗ること。「…引く」は十分に用意して待ち構えるの意味。

☆**デッドロックに乗り上げる**→暗礁に乗り上げる、デッドロックに直面する
「デッドロック」はさび付いて役に立たない錠のこと。行き詰まりの意味もある。Ｌｏｃｋ（錠）をＲｏｃｋ（岩）と混同。

☆**手ほどきを教える**→手ほどきをする
「手ほどき」は初歩を教えるの意。

☆**出るくぎは打たれる**→出るくいは打たれる
「出るくぎは打たれる」ともいうが、伝統的には「くい」。

☆**天下の宝刀**→伝家の宝刀
「とっておきの切り札」「どうしても必要なとき以外は使わない手段」の意味。世の中に類がない名刀なら「天下の宝刀」でいいが、解散権の行使で「首相はついに天下の宝刀を抜いた」などは誤り。

☆**天罰が当たる**→天罰が下る

【と】

☆**年の始め**→年の初め

☆**飛ぶ鳥を射る勢い**→飛ぶ鳥を落とす勢い

☆**取り付く暇もない**→取り付く島もない

☆**鳥肌が立つ**
　恐ろしさや寒さのために皮膚がざらつく状態を指すのが本来の意味。感動・興奮の表現としても用いられるようになってきたが、違和感を持つ人も少なくない。感動表現で使うことは避けたい。

【な】

☆**流れにさおさす**
　さおを使って流れを下るように、大勢のままに進むこと。時流に逆らう意味ではない。

☆情けは人のためならず

「人に情けを掛けておけば、めぐりめぐって自分に善い報いがくる。だから、人には親切にしておいた方がよい」との意味。無用の情けはその人のためにならない、といった解釈は誤り。

☆成さぬ仲→なさぬ仲

「なす」は「生(な)す」。本来の表記は「生さぬ仲」で、義理の親子関係をいう。「なさぬ仲の恋人同士」などは誤用。

☆斜めに構える→斜＝しゃ＝に構える

皮肉な、からかい気味な態度で臨む意味では「斜に構える」という。

☆何物でもない→…以外の何物でもない

「政府の怠慢を示す何物でもない」などと、「以外」を抜かして使うのは誤用。

☆名前負け

名前が立派過ぎて実物が見劣りする意。相手の名前を聞いただけで圧倒される意味に使うのは誤用。

☆波を蹴散らす→波を蹴立てる

【に】

☆苦虫をかんだ顔→苦虫をかみつぶしたような顔

☆憎しみ合う→憎み合う

☆煮詰まる

「議論や意見が出尽くして、結論を出す段階になる」こと。転じて「どうにもならなくなる、行き詰まる」の意を載せている辞書もあるが、本来の意味で使いたい。

☆二の句が出ない(告げない)→二の句が継げない

「驚きあきれて次の言葉が出ない」の意。2度目に打つべき手がないの意味の「二の矢が継げぬ」との混用に注意。

☆二の舞いを繰り返す→二の舞いを演じる

「二の舞い」は、人と同じ失敗を繰り返すこと。

☆入籍、籍を入れる→婚姻届を出す

結婚の場合、昔は女性が男性の家の戸籍に入ったが、今は新しく2人の戸籍を作るので「入籍」ではない。再婚など男女の一方が戸籍筆頭者で、その姓を名乗る場合は別だが、いずれにせよ「婚姻届を出す」「結婚する」でよい。

☆人気の秘訣(ひけつ)→人気の秘密

「上達の秘訣」などとの混用。

【ぬ】

☆ぬかみそにくぎ→ぬかにくぎ

☆ぬれ手で(に)泡→ぬれ手で粟(あわ)

・あわ

【ね】

☆ネットワーク網→ネットワーク

☆熱にうなされる→熱に浮かされる
「高熱でうわ言を言う」ことから「夢中になる、のぼせる」の意。「夢にうなされる」との混用か。

☆眠気まなこ→寝ぼけ眼

☆念頭に入れる→念頭に置く

【の】

☆のべつ間なし→のべつ幕なし
「のべつ」は絶え間ないこと。「のべつ幕なし」は、芝居で幕を引かずに休みなく演じることから転じて、「ひっきりなしに続くさま」。

【は】

☆排気ガス→排ガス、排出ガス
「気」と「ガス」が重複。「排気ガス」を認めている辞書もあるが、新聞表記では使わない。

☆敗戦の将、兵を語らず→敗軍の将、兵を語らず

☆(…と)吐き捨てた→吐き捨てるように言った

☆麦秋
陰暦4月の異称。麦の熟する初夏の頃をいい、秋の表現に用いるのは誤り。

☆働きずくめ→働きづめ

☆破天荒
これまで成し得なかったことをすることで、「未曽有」と同義。近年意味が拡大して、豪快で大胆な人の様子を表す場合にも使われている。

☆鼻にもかけない→歯牙にもかけない、はな(洟)も引っ掛けない
「全く問題にしない、相手にしない、無視する」意味の慣用句。「鼻にかける」は「自慢する」意味。

☆はなむけ
旅立つ人の乗った馬の鼻を、旅する方角に向けて見送る習わしから出た言葉。送別のときにしか使わない。「社長が新入社員に、はなむけのあいさつ」などは誤り。文字は「餞」が一般的だが表外字。「花向け」は誤字。

☆歯に絹着せぬ→歯に衣(きぬ)着せぬ

☆腹が煮えくり返る→はらわたが煮えくり返る

☆(与野党の)バランスが逆転する→バランスが崩れる、勢力が逆転する

☆犯罪を犯す→罪を犯す

☆晩年
一生の終わりの時期をいう。生きている人には使わない。スポーツ選手の現役時代の終わりの時期などに使うのは不適切。

【ひ】

☆**被害を被る**→被害に遭う、被害を受ける、損害を受ける（被る）

☆**ひそみに倣う**

　みだりに人まねをすることをあざ笑う言葉。また、「先輩のひそみに倣う」など、人を見習って物事をすることを謙遜して言うときに用いる。単に同じことをする意味に使うのは誤り。

☆**人質を釈放**→人質を解放

☆**ひと段落**→一段落（読みは「いちだんらく」）

☆**一つ返事で引き受ける**→二つ返事で引き受ける

☆**人を狩り（借り）集める**→人を駆り集める

☆**微に入り細にわたる**→微に入り細をうがつ

☆**火ぶたを切って落とす**→火ぶたを切る

　火縄銃の頃、戦闘開始直前に火皿のふたを開けて点火の用意をした。これが「火ぶたを切る」。「幕を切って落とす」との混用か。

☆**日を夜に継いで**→夜を日に継いで、日に夜を継いで

　昼夜兼行のこと。「夜」は「よ」と読む。

☆**貧すれば通ず**→貧すれば鈍する、窮すれば通ず

【ふ】

☆**袋小路にはまる（落ちる）**→袋小路に迷い込む（入り込む）

☆**布陣を敷く**→陣を敷く、陣を構える

☆**不測の事態を予想して**→不測の事態に備えて、万一の事態に備えて

☆**符丁を合わせる**→符節を合わせる

　符節は竹で作った割り符。両断した竹の節を分け持ち、双方がぴったり合うことを証拠とする。

☆**物議を呼ぶ**→物議を醸す、論議を呼ぶ

☆**フリーの客**→ふりの客

　「一見（いちげん）の客」の意味のときは「ふりの客」。「ふり」は日本語。

☆**（バレエの）プリマドンナ**→プリマバレリーナ

　「プリマドンナ」は歌劇の主役を務める女性歌手。

【へ】

☆**平均アベレージ**→平均、アベレージ

☆**ペースを握る**→ペースをつかむ（つくる）

☆**…べき**→べきだ、べきである

　「べき」は「べし」の連体形であり、終止形ではないから、「べき」で文を

止めるのは好ましくない。口語文では「…べきだ（べきである）」とする。

☆**へそを抱えて笑う**→腹を抱えて笑う

☆**へそをかむ思い**→ほぞをかむ思い

「臍（へそ）」は「臍をかむ」「臍を固める」の成句では「ほぞ」と読む。

☆**下手な考え休むに似たり**→下手の考え休むに似たり

「知恵のない者の考えは時間の無駄だ」の意。「下手」は「下手な者」のこと。「下手な横好き」も誤用で「下手の横好き」。ただし「下手な鉄砲も数撃ちゃ当たる」は別。

【ほ】

☆**法案が成立**→法が成立

法案が可決、成立するまでは、「法案は○日の本会議で可決、成立する」。成立後は「案」を取り、「○○法が可決、成立した」とする。「○○法改正案」も「改正○○法が成立」とする。

☆**募金を募る・集める**→寄付金を募る・集める

「募金」は寄付金などを募ること。

☆**骨身をやつす**→骨身を削る

「憂き身をやつす」との混同。

☆**ポリ袋・ビニール袋**

ごみ袋やレジ袋などは、ポリエチレンやポリプロピレンで作られているため、略称は「ポリ袋」。「ビニール袋」とはしない。事件現場や建築現場で使われる青いシートもビニール製ではないため、「シート」「ブルーシート」などとする。農業用などの「ビニールハウス」は可。

☆**本家帰り**→本卦（ほんけ）帰り・がえり

「本卦がえり」は「還暦」のこと。

☆**凡ヘッド**→ボーンヘッド

【ま】

☆**毎日曜日ごとに**→毎日曜日に、日曜日ごとに

☆**まだ時期尚早、まだ未解決、まだ未定**→時期尚早、未解決、未定

☆**的を得た**→的を射た

「当を得た」などとの混用か。

☆**まなじりをつり上げて**→まなじりを決して

☆**眉をしかめる（曇らせる）**→眉をひそめる

「顔をしかめる」「顔を曇らせる」との混用。

☆**満10周年**→満10年、10周年

☆**満天の星空**→満天の星

☆**まんまと失敗**→まんまと計られて失敗、ものの見事に失敗する

「まんまと」は「首尾よく」という意味。「まんまと計られて失敗」などの

ように受身の形ならよい。

☆**満面に笑顔を浮かべる**↓満面に笑みを浮かべる

【み】

☆**見掛け倒れ**↓見掛け倒し

「看板倒れ」との混同。

☆**水かさが高くなった川**↓水かさが増した川、水位が高くなった川

☆**みぞれ交じり**

「みぞれ」は雪と雨が交じって降る現象。「みぞれ交じり」は話し言葉では使われるが、本来はおかしな表現。「みぞれ交じりの雨・雪」は明らかな重言なので使わない。

☆**三日とあけず芝居見物**↓三日にあげず芝居見物

「あげず」は間を置かずの意。

☆**みっともよくない、みっとも悪い**↓みっともない

「みっともよい」「みっとも悪い」という形容詞はない。

☆**耳障りのよい**↓耳に心地よい、耳当たりのよい、聞き心地のよい

「耳障り」とは、聞いて嫌な感じがすることで、「よい」というのは矛盾している。聞いた時の感じがよいとの意味で「耳触りのよい」を採用している辞書もあるが、使わない方がよい。

☆**耳をかしげる**↓耳を傾ける

☆**耳を背ける**↓耳を覆う、耳をふさぐ

「目を背ける」「顔を背ける」などとの混用。

☆**実もたわわに柿がなる**↓枝もたわわに柿がなる

☆**実もふたもない**↓身もふたもない

【む】

☆**迎え水となる**↓誘い水となる、呼び水となる

☆**無実を晴らす**↓無実の罪を晴らす、冤罪(えんざい)を晴らす

☆**無尽蔵に使う**↓際限なく使う

「無尽蔵」はいくら取っても尽きないことをいう。

☆**胸先三寸**↓胸三寸

「舌先三寸」との混同。「胸の中に納めて顔に出さない」意味の慣用句は「胸三寸に納める」。

☆**無理に通れば道理が引っ込む**↓無理が通れば道理が引っ込む

【め】

☆**メッカ**

「メッカ」はイスラム教の聖地。「新婚旅行のメッカ」「スキーのメッカ」など、比喩には使わない。

☆**目をしばたく**↓目をしばたたく

☆**目をひそめる**↓眉をひそめる

「ひそめる」は「しかめる」と同義。

【も】

☆燃えたぎる→燃え盛る
「煮えたぎる」との混用だが、採用している辞書もある。

☆(著作を)物にする→(著作を)物する
「物する」は「あることをする(特に文章、詩などを書く、作る)」意味の語。

【や】

☆やおら
「やおら」は「静かに」「ゆっくり」の意味。急に、素早くの意味で「やおら飛び出した」は誤り。「急に飛び出した」とする。

☆矢折れ刀尽きる→刀折れ矢尽きる、矢尽き刀折れる

☆約10分ほど→10分ほど、約10分

☆役不足
役者が自分の役を軽過ぎると不満を言う意味の言葉。「有能な彼には、そのポストでは役不足だ」のように使う。「荷が重い」「大役過ぎる」「力不足」の意味に使うのは誤用。

☆焼けぼっくりに火が付く→焼けぼっくいに火が付く

☆矢先
事が始まろうとする直前の意。「外出しようとする(した)矢先に客が来た」のように、「ちょうどその時」までで使う。「外出した矢先」のように直後の意味に使うのは適切ではない。「注意した矢先」も「注意したばかり」「注意した直後」とする。

【ゆ】

☆優秀の美を飾る→有終の美を飾る

☆有名をはせる→勇名をはせる

☆弓矢を引く→弓を引く、矢を放つ

☆ゆめゆめ思わなかった→夢にも思わなかった
「ゆめゆめ」は禁止の語句を伴い、「決して」を意味する。「ゆめゆめ忘れるな」など。「夢にも」は打ち消しの語句を伴い、「少しも」を意味する。

【よ】

☆善きにつけ悪きにつけ→善きにつけあしきにつけ

☆四つどもえ→4者入り乱れて
巴(ともえ)の紋所は九つまであるが、対立して絡み合う意味で使うのは「三つどもえ」。

☆余分なぜい肉→ぜい肉、余分な肉

☆…より…から
時・場所の起点を示す場合は「から」を使い、「より」は使用しない。「より」は比較を示す場合に使う。

☆寄る年には勝てぬ→寄る年波には勝

てぬ

☆**弱気を吐く**→弱音を吐く

【ら】

☆**楽観視する**→楽観する

☆**ラッシュアワー時に**→ラッシュアワーに、ラッシュ時に

【り】

☆**李下（りか）に冠を正す**→李下（りか）に冠を正さず

☆**離発着**→離着陸、発着

「離」と「発」は同じ意味。

☆**留飲を晴らす**→留飲を下げる

「鬱憤（うっぷん）を晴らす」との混用。「溜飲」は胃の具合が悪くて胸がつかえること。転じて不平不満などがたまること。

【れ】

☆**例外に漏れず**→例に漏れず

☆**…れる・られる**

「起きれる」「借りれる」「着れる」「来れる」「食べれる」「出れる」「投げれる」「寝れる」「見れる」といった話し言葉があるが、標準的な用法ではないので「…られる」に。可能動詞は「書ける」「飲める」「読める」など五段活用の動詞の仮定形から派生するものに限って認められ、「見る」「食べる」のような上一段、下一段活用の動詞には認められない。

【ろ】

☆**老体にむち打つ**→老骨にむち打つ

☆**論議を醸す**→物議を醸す、論議を呼ぶ

☆**論戦を張る**→論陣を張る、論戦を挑む

☆**論を待たない**→論をまたない

「またない」は「俟たない」。表外字なので平仮名書き。

【わ】

☆**Yシャツ、Gパン、Tシャツ**→ワイシャツ、ジーパン、Tシャツ

「ワイシャツ」は「ホワイトシャツ」の転訛（てんか）で、「Yシャツ」は当て字なので使わない。「Gパン」も和製英語「ジーパン」（ジーンズパンツの略）の当て字で、本来の「ジーパン」に。「Tシャツ」はT字形のシャツの意味であり、使ってよい。

☆**わだちの跡**→車輪の跡、わだち

わだち（轍）は車輪の通り過ぎた跡のこと。「わだちの音（響き）」も不自然な表現。

【差別語・不快語】

基本的人権を尊重し、さまざまな社会的差別の解消へ向けて努力することは報道に携わる者の重要な使命である。このため、記事を書くに当たって、各種の差別語や差別表現を使うことは厳に慎まなければならない。何げなく使った言葉や原典からの引用が、当事者に深い屈辱感、不快感を与えることがある。ことわざ、成句などを使う場合でも慎重な心遣いが必要である。

ただし、差別の実態報告や歴史的な記述などで、前述のような基本姿勢に反せず、表現上ぜひ必要と判断されるときは、使ってもよい場合があり得る。その際、差別語をカギカッコに入れるなどの配慮が望まれる。

特に気を付けたい言葉と言い換えを例示するが、言葉を単に置き換えればよいというものではない。文脈にも十分配慮することが肝要である。（↓印の下は言い換え例）

1、心身の障害・病気など　身体または精神に障害のある人や病気の人、その関係者を傷つけるような語句、表現は使わない。

例 あきめくら↓文字の読めない人、非識字者▽足切り↓二段階選抜▽アル中、「アルコール中毒」↓アルコール依存症、酒浸りの…〈急性の場合の「急性アルコール中毒」は使ってもよい〉▽いざり↓（両）足の不自由な人、足の悪い人、足に障害のある人▽おし↓口の利けない人、言葉の不自由な人▽片手落ち↓不公平、不平等、えこひいき、均衡を欠く、気配りを欠く▽片肺↓片方の…〈「片肺飛行（着陸）」は使わず「片翼飛行」「片方のエンジンだけで飛行（着陸）」などとする〉▽片目が開く↓1勝する▽かたわ↓身体障害者、体の不自由な人▽がちゃ目↓斜視▽（…の）がん〈「社会のがん」など、病名のがんを比喩的に使わない〉▽奇形児↓肢体の不自由な子供▽気違い↓精神障害者〈「気違い沙汰」「気違いじみた」「気違いに刃物」「気違い水」などの熟語・成句も使わない〉▽…キチ、…気違い、…狂↓マニア、熱狂的なファン、大の…好き▽狂気じみた、狂気の犯人、天才と狂人は紙一重〈使わない〉▽狂人↓正気を失った人、精神障害者、知的障害者▽愚鈍〈な

るべく使わない〉▽狂った犯行〈使わない〉▽業病〈使わない〉

▽色盲→色覚障害▽植物人間→植物状態の人・患者〈正式には「遷延性意識障害者」〉▽精神薄弱者、精薄→知的障害（者）、精神遅滞（者）▽精神病院→精神科（病院）、神経科（病院）▽精神分裂病→統合失調症▽せむし→脊柱（せきちゅう）後湾（症）

▽知恵遅れ→知的障害（児）、知的発達の遅れた人▽ちかめ→近眼▽ちんば→足の不自由な人、足の悪い人、足に障害のある人、（履物の）左右がふぞろい▽つんぼ→聴覚障害者、耳が聞こえない人、耳の不自由な人〈「つんぼ桟敷」「つんぼの大声」「つんぼの早耳」などの熟語・成句も使わない〉▽つんぼ桟敷→事情を知らされない▽低能（児）→学習障害（児）、学習困難（児）▽どもり→言語障害（のある人）、吃音（きつおん）▽どもる→言葉がつかえる、口ごもる

▽廃疾→身体（心身）障害者、体の不自由な人▽白痴→知的障害者〈作品名の「白痴」は別〉▽発狂→精神に異常を来す▽びっこ→足の不自由な人、足に障害のある人▽不具（者）→身体障害（者）、体の不自由な人、心身障害（者）▽不治（の病）〈使わない〉

▽みつくち→口唇裂▽耳くそ→耳あか▽目くそ→目やに▽めくら→視覚障害者、目が（の）見えない人、目の不自由な人〈「めくらじま（縞）」（→青じま、紺木綿）、「めくら判」（→ろくに見ないで判を押す）、「めくら飛行」（→管制外飛行）、「めくら蛇におじず」「めくらめっぽう」などの熟語・成句や、「カーブめくら」「変化球はめくら」といった用法は使わず、他の適当な表現に言い換える〉▽めっかち→片目が見えない人、独眼、隻眼▽盲愛、盲従、盲進、盲目的〈使わない。「溺愛」「むやみにかわいがる」「無批判に従う」「やみくもに突き進む」「分別を欠いた」「理性がない」など、他の適当な表現に言い換える〉▽蒙古症→ダウン症候群▽文盲→字の読めない人、非識字者〈「文盲率」も使わず、「非識字率」に〉

▽やぶにらみ→斜視、見当違い▽寄り目→斜視

▽らい病、レプラ→ハンセン病▽ロンパリ→斜視

2、職業（職種）など　職業などについて差別観念を表すような語句、表現

は使わない。「清掃作業員までして」など、「○○までして」という言い方は、その職業などを軽んじた表現なので使わない。「たかが…のくせに」「…風情で」、例えば「たかが労働者のくせに」「たかが運転手風情で」なども差別表現なので使わない。「○○屋」で職業などを示すのは避ける。「○○屋さん」と愛称的な表現は使ってもよいが、文脈に注意する。

例 当て馬〈野球などで使う場合は「偵察要員」「偵察メンバー」〉▽あんま→マッサージ師〈「用字用語集」の「あんま」の項参照〉▽犬殺し、犬捕り→野犬捕獲員、狂犬病予防技術員▽淫売（いんばい）婦→売春婦〈国内記事ではほとんど使わない〉▽沖仲仕→港湾労働者▽おんぼう（隠坊、隠亡）→火葬場の従業員、火葬作業員

▽かご（駕篭）かき〈使わない〉▽河原者→（芝居の）役者▽給仕→ウエーター、ボーイ、ウエートレス▽漁夫→漁民、漁師、漁船員〈「漁夫の利」は別。（「漁父の利」）とも〉▽くず屋、バタ屋→再生資源回収業（者）▽芸人→使用可〈ただし、差別的表現では使わない〉▽下女、下男→お手伝い（さん）▽興信所→調査機関、探偵社▽工夫→労働者、作業員▽坑夫→坑員、炭鉱労働者▽鉱夫→鉱員、鉱山労働者▽こじき〈なるべく使わない〉▽小使い→校務員、用務員

▽魚屋→鮮魚商、魚屋さん▽雑役夫→用務員▽産婆→助産師〈「産婆役」は別〉▽散髪屋→理髪師（店）、理容師（店）▽獣医→獣医師▽周旋屋→周旋業者、土地あっせん業者、不動産業者▽消防夫→消防士▽女給→ウエートレス、ホステス、接客係▽女工→女性工員、女性従業員▽女中→家事手伝い、お手伝い（さん）〈ホテル、旅館、料理店などの場合は従業員〉▽職工→工員、工場従業員▽清掃夫（婦）→清掃作業員、清掃従業員▽潜水夫→潜水士、潜水作業員▽線路工夫→保線（係、区）員、軌道係（員）▽掃除夫（婦）→清掃作業員、清掃従業員

▽代書屋→行政書士▽たこ部屋→作業員宿舎▽炭鉱夫→炭鉱労働者、鉱員▽テキ屋→露天商▽でっち（丁稚）→（少年）店員▽土方、土工→建築（土木）作業員、建設（土木）労働者▽土建屋→土建業者、建設業者▽床屋→理髪業（店、師）、理容師、床屋さん▽と殺（場）→食肉処理（場）、食肉解体（場）、と畜（場）〈正規のと畜でないものは「密

殺」「薬殺」「処分」などに適宜言い換える〉▽と殺人→食肉処理場職員、と畜場従業員▽どさ回り→地方巡業▽ドヤ→簡易旅館▽ドヤ街→簡易宿泊街

▽人足、人夫→労働者、作業員▽農夫→農民、農業（従事者）、農家（の人）

▽パーマ屋→美容師（院）▽馬丁→馬手、厩務（きゅうむ）員▽花屋→生花商▽飯場→作業員宿舎、建設宿舎▽百姓→農民、農業（従事者）、農家（の人）〈談話などで本人が「百姓」と意識的に使うケースはその通り引用し、なぜそのような表現をするかを文脈上明らかにする〉▽踏切番→踏切警手、踏切保安係▽浮浪者→ホームレス、路上生活者▽坊主→僧侶、坊さん〈「坊主めくり」「てるてる坊主」「三日坊主」など比喩的に使う場合は構わない〉▽坊主刈り→丸刈り▽ポッポ屋→鉄道員▽ぽん引き→客引き

▽町医者→開業医▽町のダニ〈使わない〉▽門番→守衛、門衛、警備員

▽八百屋→青果商、八百屋さん▽ヤブ医者〈なるべく使わない〉▽郵便配達（夫）、郵便屋→郵便配達員、郵便集配人、郵便局員、郵便屋さん

▽労務者→労働者

3、身分など　身分などに関して差別観念を表すような語句、表現は使わない。「同和」は見出しを含め、単体では使用しない。「同和教育」「同和行政」などとする。

例 家柄〈封建臭の強い言葉なのでなるべく使わない〉▽えた（穢多）〈使わない〉▽落人部落→落人村▽士農工商〈歴史用語としては使うが、「士農工商新聞記者」などは、かつての不当な身分制度に事寄せて、その職業を侮蔑した差別表現なので使わない〉▽新平民〈使わない〉▽賤民（せんみん）〈使わない〉▽釣り書き（吊書）〈使わない〉▽○○天皇〈実力者を示す表現としてはできるだけ使わない〉▽特殊部落→被差別地区、被差別部落、同和地区▽人非人〈使わない〉▽非人〈使わない〉▽不可触賤民（せんみん）→（インドのカースト制に入らない）最下層民、ハリジャン▽部落→地区、集落、村落▽部落民〈使わない〉

4、人種・民族・地域など　人種や民族、地域などについて差別観念を表すような語句、表現は使わない。例えば、

黒人であることを主義・主張としている場合や黒人差別・人種問題が主題になっている場合以外は、わざわざ「黒人」を強調する必然性はない。民族表記は○○族、○○部族の表記は原則として避け、○○人、○○民族、○○系、○○などとするが、「漢族とウイグル族の衝突」などのように特殊な事情を考慮して「族」を使用する場合もある。中国に居住する朝鮮民族は「中国の朝鮮族」とする。

例 アイヌ人、アイヌの人→アイヌ民族、アイヌ〈「アイヌ」は「人間」の意。「アイヌ系」は強制同化政策が生んだ言葉で、使わない。「アイヌ系漁民」→「アイヌ漁民」とする〉▽インディアン、インディオ→使用可〈「インディアンうそつかない」などの差別的表現は避ける〉▽裏日本・表日本→日本海側・太平洋側▽エスキモー→イヌイット〈イヌイットはカナダでの公式名称で「人間」の意味。「エスキモー」は「生肉を食う人」の意味。アラスカの先住民族には「ユピック」「ユック」などの呼称もある〉

▽回教→イスラム教▽外人→外国人▽帰化→国籍を取得する▽帰化人→渡来人▽後進国→途上国、発展途上国〈「開発途上国」はなるべく使わない〉

▽三国人→（戦中、戦後の）在日中国・朝鮮人、第三国（人）〈中国・朝鮮の意味で使うのは不可〉▽支那（人）→中国（人）〈「東シナ海」「南シナ海」＝片仮名書き＝は別▽支那そば→中華そば、ラーメン▽支那竹→メンマ▽ジプシー→ロマ、ロマ民族〈比喩的には使わず「ジプシー暮らし」は「放浪生活」に。「ジプシー音楽」は別〉▽酋長→首長、（集落の）長▽新大陸発見→新大陸到達▽鮮人→韓国人、（韓国籍でない場合は）朝鮮人〈在日朝鮮人のこと。北朝鮮人とはしない〉

▽朝鮮征伐→朝鮮出兵▽低開発国→途上国、発展途上国〈「開発途上国」はなるべく使わない〉▽土人、原住民→先住民、現地人（民）、現地居住者

▽ニガー、ニグロ→黒人

▽ばかでもチョンでも〈使わない。その他、「ばかにつける薬なし」「ばかとはさみは使いよう」「ばかの一つ覚え」などの差別表現の成句は使わない〉▽半島人→韓国人、朝鮮人▽ブッシュマン〈やぶの人という意味で蔑称。使わない〉▽ホッテントット→コイ・コイン〈ホッテントットはどもる人という意

味で蔑称〉

▽未開国→途上国、発展途上国〈「開発途上国」はなるべく使わない〉▽メッカ〈比喩の「○○のメッカ」は「○○の聖地」などの表現に言い換える〉

▽ラップ人→サーミ人〈スカンディナビア半島に住む少数民族。ラップは「ばか」という意味の蔑称〉

5、性差別など　女性をことさら特別視するような語句、表現は使わない。「美人選手」「美人アナ」など興味本位の表現や、男女を問わず容姿へのことさらな言及も避ける。

例 赤い気炎〈使わない〉▽オールドミス→未婚女性▽男勝り〈使わない〉▽女だてらに〈使わない〉

▽黄色い声援〈使わない〉▽後家〈使わない〉

▽才媛〈使わない〉▽…嬢〈「電話交換嬢」は「電話交換手」とするなど、正規の職業名に。「うぐいす嬢」など愛称は別〉▽女史〈使わない。「○○さん」「○○氏」とする〉▽情婦（情夫）→愛人▽女子と小人は養い難し〈使わない〉▽処女…〈特に必要な場合以外はなるべく使わない。「処女航海」は「初航海」、「処女作」は「第一作」、「処女峰」は「未踏峰」とすればよい〉▽女流…〈固有名詞など特に必要な場合以外は使わない。「女流詩人」は「女性詩人」、「女流作家」は「女性作家」に〉▽出戻り〈なるべく使わない〉▽共稼ぎ〈なるべく「共働き」に言い換える〉

▽内縁の妻（夫）、内妻→同居の女性（男性）〈内縁関係が記事の内容にかかわる場合や訴訟の争点となっているなど不可欠な場合は使ってよい〉▽二号→愛人▽入籍（する）→結婚、婚姻届を出す

▽婦警、婦人警官→女性警官▽婦女子→女性と子供▽ホモ→ホモセクシュアル

▽未亡人〈なるべく使わない。「夫を亡くした○○夫人」「故○○氏夫人」など言い換えを工夫する〉

▽婿を取る、娘を片付ける、嫁にやる〈なるべく使わない〉▽めかけ→愛人

▽ＬＧＢＴ〈Ｌはレズビアン、Ｇはゲイ、Ｂはバイセクシュアル、Ｔはトランスジェンダーの頭文字。性的少数者の総称として取り扱うケースが時々あるが、性的少数者を網羅しておらず、総称としての使用は控える。記事の中では「ＬＧＢＴなど性的少数者」「性的少

数者（LGBTなど）」といった表現に〉▽LGBTQ〈「LGBT」に性的指向・性自認がはっきりしない意味の「クエスチョニング」、規範的な異性愛以外のさまざまな性的指向・性自認の意味で使われる「クィア」を加えた略称〉

6、子供・高齢者など　子供や高齢者の差別につながるような語句、表現は使わない。

例 合いの子〈使わない。「ハーフ」の項も参照〉▽女子供〈差別的表現なので使わない〉▽私生児、ててなしご→非嫡出子、嫡出でない子〈1942年以降、民法は「私生児」を避け、「非嫡出子」または「嫡出にあらざる子」と改称している〉▽ちびっ子〈安易に使わない〉▽連れ子〈なるべく使わない〉▽特殊学級、養護学級、障害児学級、盲・ろう・養護学校、→学校教育法に従い「特別支援学級」「特別支援学校」とする〈個別の学校が名称として「盲・ろう・養護学校」を使っている場合は別〉▽特殊教育→特別支援教育▽ハーフ、混血児→○人の父と○人の母の間に生まれた人〈混血は歴史的、人類学的な文脈では使う場合もある。ハーフは当事者が自ら使う場合は別だが、乱用はしない〉▽父兄→父母、保護者▽養老院→老人ホーム、老人養護施設▽老婆、老女→高齢の女性〈「老婆心」は別〉

7、隠語、俗語、不快語など　隠語やスラング、その他、品位を落とし、読者に不快感を与える語句は使わない。

例 イカサマ〈なるべく使わない〉▽イチャモンをつける→言い掛かりをつける、文句を言う、抗議する▽インチキ〈なるべく使わない〉▽援助交際、援交→〈売春の言い換えとしては使わない〉▽おとしまえ〈なるべく使わない〉▽女たらし→漁色家、女好き、プレーボーイ▽ガサ→捜索▽ガンを付ける〈なるべく使わない〉▽くそみそ→むちゃくちゃ〈「くそくらえ」「くそっ」「くそったれ」「ぼろくそ」「やけくそ」などもなるべく使わない〉▽ケツの穴の小さい→小心な、臆病な▽ケツをまくる→開き直る▽ゲンナマ→現金▽強姦（ごうかん）→（婦女）暴行、乱暴〈法律の強姦罪（容疑）は使用する〉▽コロシ→殺人▽サツ→警察▽シマ→縄張り▽しらみつぶし→軒並み、片っ端から▽しりぬぐい→後始末▽スケ→女、彼女▽すけこまし→漁色家、プレーボーイ▽スケバン→女番長▽ずらかる→逃げる、姿を消す▽タタキ→強盗▽たれ込み→密告▽チクショー〈なるべく使わない〉▽チクる→密告する▽デカ→刑事▽猫ばば〈なるべく使わない〉▽ノビ→空き巣▽パクる→逮捕する▽ばばっちい→汚らしい▽ばれる→発覚する▽ヒモ〈なるべく使わない〉▽ブタ箱→留置場▽ブツ→違法な物品、盗品▽ホシ→犯人▽ポリ公→警察官▽ホンボシ→真犯人▽ムショ→刑務所▽ヤク→麻薬、覚醒剤▽やばい→まずい、危険

記事のスタイル編

【日時の書き方】

年月日

1、記事は原則として西暦を使う。初出は4桁、2度目以降は2桁表記を原則とする。

2000年は2度目以降は「00年」と書く。2000年代の数字が前にある場合も同じ。同一記事中に1900年代と2000年代の年が交じる場合は、誤解を生じないよう適宜4桁、2桁表記とする。

例 2023年5月18日（令和5年5月18日とはしない） 2023年度予算は22年度比…

オリンピックの開催地は2012年がロンドン、16年がリオデジャネイロ、21年は東京、24年はパリで。

1997〜2023年（1997〜23年とはしない）

2、年号（元号）が必要であれば、丸カッコで併記する。歴史の話題記事や史跡発掘記事などで元号を先に出す場合は、西暦を丸カッコで併記する。

例 1945（昭和20）年8月15日

天文18（1549）年 明治元（一八六八）年

3、期間、年代、時代を示す場合は、左記の例のようにする。年号を先に表記するときは、必要に応じて西暦を丸カッコで示す。

例 1977〜97年 1996〜2000年 2005〜20年 1990年代 2010年代

元禄時代（1688〜1704年） 文化文政（1804〜30年）のころ 昭和20年代（1945〜54年） 平成10年代（1998〜2007年）後半

4、「世紀」は、西暦で100年間を1単位として区切って数える時代区画。20世紀は1901年から2000年まで、21世紀は2001年から2100年まで。

5、その年のニュースは「年」を略し、「月」以下を書く。その月のニュースは「月」を省略してもよい。

ただし、月初め、月末で誤解を生じる恐れがあるとき、記事内容が他の月にまたがっているときは「月」を明記する。

6、記事の本文中に「先月」「今月」「来月」と書くと誤解を生じやすいので、原則として「月」を明記する。

ただし、見出しや、文章に混乱の恐れがないときは、これらの言葉を使ってもよい。「先々月」は使わない。

7、「きのう」「きょう」「あす」「あさって」「おととい」「昨夜」「けさ」「今夜」「明朝」「明晩」などを記事中で使うと、特に新聞では夕刊と朝刊との関連で混乱を招きやすいので、原則としてその日の日付を明記する。

　ただし、見出しや、文章に混乱の恐れがないときに限り、これらの言葉を使ってもよい。「一昨々日」「明々後日」は使わない。

　見出しで使う場合は、新聞などの便宜を考え、必ず日付を丸カッコ書きする。

例 ◎きょう（25日）国会召集
◎あす夕（15日）全議席確定

　夕刊用の場合、記事の対象となる日付が送信日と同じならば「きょう」、送信日の翌日ならば「あす」とするだけでよい。夕刊締め切り後に送信する朝刊用の場合には、10日午後ならば、「きょう（11日）」「あす（12日）」となる。

8、記事が月末組み・1日付用であることがはっきりしている場合は、「月」を書かなくてよい。

　月末組み・1日付用の辞令記事で、発令日が月末のものは「月」を明記する。

例 日銀が31日発表したところによると…（10月31日…としなくてもよい）

例 ◎文部科学省人事（3月31日）
◎国土交通省人事
事務次官（技監）○○○○▽技監（河川局長）○○○○（以上1日）▽辞職（事務次官）○○○○（6月30日）

年度

1、「年度」を表す場合には「度」を省略せず、必ず「年度」と書く。年度の記し方は、原則として「2023年度」のように当該年数を書く。必要に応じ、「今年度」「来年度」「前年度」とする。「本年度」「明年度」「昨年度」は使わない。

　ただし、「昨年度」は①統計記事などで必要な場合②社会部記事などで軟らかい表現が望ましい場合―は使ってもよい。

例 米国の昨年度の小麦収穫高は6580万トンで、前年度比…
　昨年度の新車の販売台数（軽自動車を含む）は…

2、年度には「会計」「米穀」など各種あり、それぞれ起算月日が異なるので注意する。必要に応じて「会計年度」「米穀年度」などとし、「年度」の後に丸カッコで該当する期間を明示する。

例 ２０２３米穀年度（22年11月1日～23年10月31日）

3、日本の会計年度は毎年4月1日に始まり、翌年3月31日に終わる。米国は10月1日から翌年9月30日まで。「米国の２０２３会計年度は22年10月1日から23年9月30日まで」のように、終了する月の属する年で年度を呼称する。

4、主な国・地域の会計年度

▽暦年（1月1日～12月31日）＝中国、韓国、北朝鮮、モンゴル、フィリピン、マレーシア、ベトナム、インドネシア、台湾、イラク、アラブ首長国連邦、シリア、サウジアラビア、イスラエル、トルコ、フランス、イタリア、オーストリア、オランダ、ベルギー、ギリシャ、ポルトガル、ドイツ、デンマーク、スウェーデン、ルクセンブルク、ロシア、ポーランド、チェコ、スロバキア、ハンガリー、メキシコ、キューバ、ブラジル、ベネズエラ、チリ、ペルー、アルゼンチン、ボリビア、スーダン

▽3月21日～翌年3月20日＝アフガニスタン、イラン

▽4月1日～翌年3月31日＝日本、香港、インド、ミャンマー、シンガポール、クウェート、カナダ、南アフリカ

▽4月6日～翌年4月5日＝英国

▽7月1日～翌年6月30日＝パキスタン、バングラデシュ、ニュージーランド、オーストラリア、エジプト

▽7月8日～翌年7月7日＝エチオピア

▽7月16日～翌年7月15日＝ネパール

▽10月1日～翌年9月30日＝タイ、ラオス、米国

5、わが国の主な商品年度

①始まる年の年数で呼ぶもの

▽生糸年度（6月1日～翌年5月31日）

▽酒造、肥料年度（7月1日～翌年6月30日）

▽砂糖、コーヒー、豆年度（10月1日～翌年9月30日）

②終わる年の年数で呼ぶもの

▽農薬年度（前年10月1日～9月30日）

注 全農の農薬年度（価格適用期間）は前年12月1日～11月30日

▽米穀年度（前年11月1日～10月31日）

注 「〇年産米」はその年に産出された米をいい、米穀年度とは関係がない。

③両年をつなげて呼ぶもの

▽綿花年度（8月1日～翌年7月31日）

例 ２０２３～24綿花年度

時間

1、時刻は午前、午後を明示する。5分刻みを原則とし、「ごろ」「すぎ」を付ける。「頃」「過ぎ」は使わない。30分は「半」とする。ただし、大事件・事故や地震、死亡記事、ドキュメントなど正確な時刻が必要なときは「半」を使わず、分単位で書く。

例 午後2時25分ごろ　午前10時半すぎ

注 ①発表ものなどで「午後3時48分ごろ」といった表現があった場合は、発表どおりとする。

②「午後8時50分」を「午後9時10分前」のようには書かない。

2、昼の12時ちょうどは「正午」とし、午後0時とはしない。夜の12時ちょうどは「午前0時」とし、午後12時とはしない。

例 正午（午前12時、午後0時とはしない）　正午前（昼前とはしない）　正午すぎ（昼すぎとはしない）　午後0時15分（午前12時15分とはしない）　3日午前0時（2日午後12時とはしない）　午前0時20分（午後12時20分とはしない）

3、24時間制をとっているものも、原則として12時間制に書き直す。

例 午後3時10分東京発博多行き東海道新幹線「のぞみ43号」（15時10分東京発…とはしない）

注 鉄道時刻表や特殊な専門記事などで、24時間制での表記が慣用となっているものは、そのままでよい。

4、外電記事の時刻は、原則として現地時間で表し、日本に関係のある場合は、丸カッコで日本時間を注記する。

見出しに時刻が入る場合は、原則として日本時間で表記する。「きょう」「あす」「今夜」などと書く場合は、丸カッコで日付を注記する。また、必要に応じて丸カッコで「（日本時間）」と注記する。やむを得ず現地時間を使う場合は、必ず丸カッコで「（現地時間）」と注記する。

例 ◎米大統領、きょう（18日）記者会見

【ワシントン時事】○○米大統領は17日午後7時（日本時間18日午前9時）からホワイトハウスで記者会見し…

5、外電記事の時刻は次の要領で書く。

①日付が異なるときは、次のように書く。

例 5日午後6時（日本時間6日午前8時）

②日付だけ同じときは「同日」で受け

る。ただし、時差がわずかで、ことさら「同日」で受けることに抵抗感がある場合は、これを省いてよい。

例 5日午前11時30分（日本時間同日午後2時30分）　5日午前11時（日本時間正午）　5日午前11時15分（日本時間午後0時15分）　5日正午（日本時間午後2時）

③日付と午前（午後）が同じときは単に「同」で受け、「同午前（同午後）」とはしない。

例 5日午前10時（日本時間同11時）　5日午後0時45分（日本時間同7時45分）

④時刻が何回も出るときは、2回目から「同」で一つ前の日本時間を受けることになり、回数が増えるにつれてややこしくなるが、やむを得ない。

例 (1)5日午前10時（日本時間同日午後11時）→(2)同日午後1時（同6日午前2時）→(3)6日午前3時（同午後4時）→(4)同8時（同9時）…

注 ただし、現実には、初出の箇所で「5日午前10時（日本時間同日午後11時、以下は日本時間のみ）」と記し、2回目からは日本時間だけを書く方法をとることが多い。

また、訪問日程の記事などで、日時を文中に織り込まず、箇条書きにする場合には、その前に「（時間はすべて現地時間）」または「（すべて日本時間）」と断り書きを付けて、一方だけを書くことができる。

⑤一般の記事では「朝（の）7時」とか「夜（の）9時」といった表現は用いない。「5日夜（日本時間6日朝）」や「5日午前（日本時間同日午後）」は使えるが、日本時間を併記するには及ばないケースも多い。

6、国によっては夏時間を採用しているところがあるので、時差の換算に注意する。

その他

1、週日は特殊なときだけに使う。特定の週を表すときは上に「第」を付け、期間を表すときは下に「間」を付ける。

例 毎週月曜日と木曜日の午後に開く。

8月の第2週に始まり、2週間で終わる。

注 「先週・今週・来週」の使い方には注意を要する。1週は日曜日から始まり、土曜日で終わるので、週末の場合は特に気を付ける。

2、半期は1年を二つに分けたもの。四半期は半期をさらに二つに分けたものである。半期、四半期には暦年によるものと、年度によるものとがあるので注意する。

半期は「上半期」「下半期」、四半期は「第1四半期」「第2四半期」のように書く。

3、刑期は「懲役2年6月」と書き、「懲役2カ年」「禁錮6カ月」「懲役2年半」とは書かない。

4、「未明」「早朝」「深夜」など時間帯を表す言葉に明確な基準はない。日の出、日没は季節や地域によって変動するし、特に「深夜」などは生活感覚にも左右される。使うときは違和感のないよう十分に注意する。

次に示すのは、おおよその目安である。

▽未明＝午前0時から夜が明けきらない時刻（夏場は午前3時から同4時、冬場は午前5時ごろまでか）

▽早朝＝午前5時ごろから午前7時ごろまで

▽朝＝午前7時ごろから午前9時ごろまで

▽夕＝日没の前後、それぞれ1時間ぐらい

▽深夜＝午後11時ごろから午前0時まで

（一般の感覚では午前1時や2時も深夜と考えられるが、「未明」と区別するため「午前0時まで」とする。「5日深夜」は「5日午後11時ごろから6日午前0時より前」を指す。「6日午前1時ごろ」を「6日深夜」とはしない）

【人名等の書き方】

姓名の書き方

1、初出の姓名は略さずに書き、2度目からは姓だけを書く。

2、同姓の人が2人以上いるときは、初の1字を姓の下に丸カッコして入れるかして紛れないようにする。ただし、運動関係の記事、記録は丸カッコを付けない。近親者の場合は、後から出てくる同姓は略す。

　2度目から名だけを書くか、名の最

3、読みの難しい姓名や読み方に迷う姓名には、丸カッコして平仮名で読みを付ける。

例 薬袋績(みない・いさお)氏　螺良(つぶら)誠氏　山本万寿(かずとし)氏

4、新内閣顔触れ一覧、死亡記事の本人、喪主、人事記事の略歴などは、難易にかかわらず読みを付ける。読みの「ぢ・づ」「じ・ず」の使い分けは原則として本人の意向を尊重する。

5、小文字の「ケ」「ツ」「ノ」は使わず、大文字で書く。

匿名にする場合

1、ニュースの対象となる人や組織(学校、企業、官公庁、団体など)は実名で報道するのが原則であり、匿名扱いはあくまでも例外とする。

　しかし、未成年者の犯罪など法律の規定がある場合、書かれる人の名誉やプライバシーなど人権を損なう恐れがある場合、氏名を出すと本人やその関係者に迷惑を及ぼす恐れがある場合―などは、原則として匿名にする。

2、少年の犯罪

　少年法61条によると、犯罪少年で家庭裁判所の審判に付された者は、氏名、年齢、職業、住居、容貌などにより本人と推定できるような記事、写真を出すことはできない。少年時の犯罪は、逮捕、起訴、判決時に成人に達している場合でも匿名とする。

　18、19歳時に事件を起こした少年は「特定少年」とされ、起訴段階から氏名などの報道禁止の対象外となる。ただし、特定少年も少年法の保護対象であることなどを考慮し、事件が重大、悪質で社会に与えた影響が大きい場合などに限り、実名で報道する。

注 少年、精神障害者でも①逃走中

で、放火、殺人など凶悪な累犯が予想される場合②指名手配中の犯人捜査に協力する場合―など、社会的利益の擁護が強く要求されるときには、氏名や写真を掲載することがある。この場合は編集責任者の判断に従う。犯行時は少年であったとしても、死刑が確定すれば匿名の前提である「更生の可能性」がなくなることから、実名とする。

3、名誉を傷つけ、本人や関係者に迷惑を及ぼす恐れがある場合は、名前などを伏せる。

①罪を犯した精神障害者で刑事責任能力を問えない可能性がある者とその家族の住所、氏名。

　知的障害者、検察官や裁判所により心神喪失と認定された者。

注 ただし⑴逃走中で凶悪な累犯が予想される者⑵アルコール依存症、覚醒剤などの薬物中毒者⑶心神耗弱とされた者―は原則として実名にする。

②性犯罪事件の被害者、家族の住所、氏名。

③自殺未遂、心中未遂。

注 有名人などの場合は編集責任者が判断して実名か匿名かを決める。無理心中で親が生き残り、子供が死亡した場合、親は実名が原則。

④感染症などの患者、保菌者の住所、氏名。

注 防疫上必要な場合や本人・家族が望む場合は氏名を公表する。

⑤身体障害者や特殊な疾患で本人・家族が公表を望まない場合。

⑥参考人、軽微な容疑の別件逮捕者。

⑦報復を受ける恐れがある被害者、目撃者など。

⑧その他、事件の本筋と関係なく、記事の中でも重要な意味のない関係者で、氏名を公表されることによって生活権の侵害、家庭不和などを招く恐れがある場合。

4、匿名にする場合は、住所や所在地は市、東京23区、郡（北海道は管内）までとし、職業、肩書、会社・学校などの所属組織、業務内容など、本人を推測できるものはできるだけ伏せる。

5、本名を伏せる場合は「少年（16）」「中学生（14）」「妻（38）」「長男（15）」などと書く。

年齢の書き方

1、年齢は満年齢で表す。年齢を姓名、敬称、肩書の次に書く場合は丸カッコし、「歳」は付けない。１００歳以上や1桁の場合も同じ。

例 長男一樹ちゃん（6）　山本一彦氏（29）　大木貞子さん（63）　高田道雄社長（57）　中村千代さん（115）

注 ①姓名と離して書く場合は「63歳」「115歳」のように「歳」を付ける。

②選挙の候補者の年齢は、投票日翌日現在の満年齢で表す。

2、死亡している人や長期の行方不明者の当時年齢などを示す場合は、丸カッコ外に「当時」と記す。複数の場合は「少年5人（当時14～15歳）」とする。

例 大山花子さん＝当時（29）＝　山川一郎君＝当時（13）、中学1年＝

3、1歳未満の年齢は（8カ月）（11カ月）のように書く。

例 雄太ちゃん（10カ月）

4、事件に直接関係のない人や、年齢を公表したがらないと思われる人の年齢は、伏せてもよい。

5、世代は「30（歳）代」「40（歳）代」と書く（「台」は使わない）。平均年齢・寿命は「25・6歳」「86・83歳」と書く。

6、記事の配信翌日あるいは近々に誕生日を迎える場合は、配信日現在の年齢を書く一方、【編注】に「19○○年○月○日生まれ」と明記し、注意を喚起する。

肩書の書き方

1、肩書は姓名の上に付けても下に付けてもよい。肩書と姓名の間には原則として読点「、」は入れない。

例 東大教授山田一郎氏
　山田一郎東大教授
　甲野ひささん（こうの・ひさ＝○○商事社長甲野太郎氏の母）

2、二つ以上の肩書を書く場合は①職名②官名③学位④位階⑤勲等―の順序で書く。

例 東京大学法学部教授文部教官法学博士従四位勲三等山田一郎氏

3、肩書はニュースに関係のあるものを選んで付ける。二つ以上の肩書を書く場合は、ニュースに直接関係する肩書を初めに書き、2度目からは初めの肩書にする。

例 県中学校長会副会長、第一中学校長川上二郎氏は会議の席上、…。川上副会長は…

二つの肩書を姓の前後に書き分けてもよい。

例 調査団長大川二郎空将
　米国代表の○○○○大使

4、肩書が姓名や地名などと絡み合って誤解を招く恐れのあるときは、中点「・」や読点「、」で区切るなどの工夫をする。

例 大塚家具の大塚社長
大塚・大塚家具社長（大塚大塚家具社長とはしない）
委員長の谷川正夫氏（委員長谷川正夫氏とすると「委員 長谷川」なのか「委員長 谷川」なのか判別できない）
中谷元・防衛相（中谷元防衛相とすると、「中谷元 防衛相」なのか「中谷 元防衛相」なのか分からない）

5、団体、組織、会社の責任者などをカッコ内に示すときは、肩書と姓名の間に中点「・」を入れるか、肩書を後に書く。

例 ○○審議会（会長・大田三郎○○大学長）（または大田三郎会長とする）
○○調査団（団長・小川五郎○○商事社長）（または小川五郎団長とする）
○○調査委員会（委員長、大山忠○○大教授）

6、肩書に疑いがある場合は次のように書く。

例 自称東大生 ○○会社○○課長と称する男

7、「前」「元」を肩書に付ける場合は、肩書の前に付けるのを原則とする。

例 松野一郎元○○○社長（完全に会社を辞めている場合）

所属または勤務する団体、会社、官公庁などは変わらず、役職、部署だけが変わった場合、旧職で表記する必要があれば、当時の役職、部署名の前に「前」「元」を付けて区別する。

例 竹井二郎○○○前社長（会長や顧問、相談役などで会社に残っている場合）
○○○○営業課長梅田三郎被告（前資材課長）

①「前」は、当人の直接の後任者が現職にある場合、または当人が辞任後まだ後任者が決まらない場合に使う。

例 ○○前財務相
前衆院議員○○○氏

②「元」は当人の直接の後任者が辞めている場合や、称号、身分、職業、制度などが変わった場合に使う。
相撲の横綱、三役（大関、関脇、小結）が引退し、または格下げになった場合は「前」は使わず、すべて「元」を使う。プロ選手が移籍した場合は「前巨人軍選手」のように書く。プロ選手を辞めた場合は「元」とする。

例 ○○元首相 元皇族○○氏 元陸軍大将○○○氏 元教員○○○○氏 元横綱千代の富士（現九

重親方）霧島（元大関）

③選挙による公職（衆参両院議員、地方議員、知事、市町村長）の場合、解散または任期満了、解職後は、それまでの現職者は「前」となり、前職者は「元」となる。ただし、任期満了選挙で、任期切れの前に選挙が行われる場合は「現」「前」となる。

④「前」「元」をいちいち付けると、かえっておかしい場合は、最初に（当時）を入れ、2度目からは何も付けない書き方もある。

例 毛沢東主席（当時）が打ち出した大躍進政策によって…。毛主席は…

⑤米国の新大統領については「米新大統領」とする。「元」「前」は原則通り「米」の前に付ける。

8、「故」は死亡者の姓名の上に書く。肩書のある場合は肩書の上に書く。歴史上の人物に「故」は付けない。

例 故三木武夫氏　故三木武夫元首相
故内閣総理大臣三木武夫氏
織田信長　西郷隆盛

9、旧帝大7大学の長は他の国立大学と同様に正式名称の「学長」を使う。7大学が内規で決めている「総長」は、署名記事など特別の場合以外は使わない。私立大学は各大学固有の名称（早大総長、慶応塾長など）に従う。

敬称の書き方

1、敬称は、原則として「氏」または「さん」を使う。

ただし、必要に応じて、君、ちゃん、夫人、老、翁、師（僧職・聖職者、一部の芸能人）、関（力士）、画伯、師匠などを使ってよい。女史、未亡人は使わない。

2、男女とも中学生以上は「さん」。小学生男子は「君」、女子は「さん」。小学校入学前は「ちゃん」。小学生でも、事件の被害者など特別なケースでは「ちゃん」を使ってもよい。

3、姓の下に肩書を付ける場合は、敬称を省略する。

例 ○○総裁　○○理事長

4、人名を列記する場合は、各人にいちいち敬称を付けず、次のように書く。

例 ①赤井、白川の両氏②青田、黒木の両委員は…③赤井、白川、青田の各氏④幸一郎（52）、妻かね（48）、長男幸太（23）さんたちは…

会合の参加者などを一括して紹介する場合は、「出席者は次の各氏」と書けば、個々の敬称を略すことができる。

5、死傷者や被災者、または表彰者などの氏名を列記して個々の敬称を省略する場合は、（敬称略）と入れる。

6、死亡記事、略歴には、すべて敬称を付ける。

注 文楽、浄瑠璃、能などの太夫、大夫、掾は敬称に当たるが、慣習により「さん」「氏」などを付ける。

例 竹本 源大夫さん（たけもと・げんだゆう、本名尾崎忠男＝おざき・ただお＝、文楽の語り手、人間国宝）

7、外国の皇帝、王、法王、貴族の敬称は、次のように書く。

例 英女王エリザベス女王 エリザベス2世 英国のエディンバラ公フィリップ殿下 ローマ教皇ベネディクト16世

注 ①英国の個人に与える称号「サー」を付ける場合は、「氏」「さん」などの敬称は不要。

例 サー・ウィンストン・チャーチル（またはサー・ウィンストンとする。サー・チャーチルは誤り）

②英国の「デューク」「ロード」の称号は「公」「卿」として末尾に付ける。

例 エディンバラ公 ウェリントン卿

③ミャンマー人の名前に付く「ウ」は敬称に当たるが、慣習により「氏」「さん」などを付ける。

8、敬称を付けないケース

①運動、芸能・娯楽欄などのスポーツ選手、芸能人。

ただし、社会面用の記事や本来のスポーツ、芸能活動と関係ない事件、事故、善行などで話題になる場合や死亡・結婚記事では敬称を付ける。

②辞令や立候補者一覧など。

③歴史上の人物。

④座談会の発言者や企画記事の登場人物など。ただし、この場合、必ず「（敬称略）」「（文中敬称略）」を注記する。

9、事件で逮捕・指名手配された者については、原則として氏名の後に「容疑者」の呼称を付ける。未逮捕でも、人質を取って立てこもり中の者などは同様の扱いとする。

注 容疑者が少年の場合は匿名扱い。（「匿名にする場合」参照）

10、起訴されて公判中の者は、原則として「被告」の呼称を付ける。

実刑判決の確定後は「元被告」「受刑者」「死刑囚」などを使う。刑期満了後は敬称付き。

刑期満了前の仮釈放後や判決の執行猶予期間中、再審請求段階・再審公判中は、「元被告」などの呼称か肩書呼称、あるいは敬称を状況に応じて使い分ける。

11、次のような場合は原則として肩書扱いとし、「○○課長」「○○組員」などと書く。

①書類送検された者。

②任意の取り調べを受けた参考人。

③起訴猶予とされた者。

不起訴の場合は敬称付き、または肩書呼称とする。

④略式命令を受けた者。

12、海外での邦人の犯罪は、次のように扱う。

①日本の法律に触れることが明らかな場合は、「容疑者」の呼称を付ける。

②日本の法律にない罪（姦通＝かんつう＝罪など）や、日本では違法とされている捜査方法（おとり捜査など）で摘発された場合は、敬称付きか肩書呼称とする。

住所の書き方

1、原則として①住所②職業（肩書）③姓名④年齢―の順で書く。住所と職業の間には読点「、」を打つ。（職業と姓名の間は、原則として読点不要）

「＝」で始まる説明の後が句読点や閉じカッコ、「▽」などの場合、受けの「＝」は不要。

住所、所在地は原則として町（村）までで、丁目、番地は入れない。丁目、番地、枝番号が必要な場合は「の」でつなぐ（「ノ」「―」は使わない）。

例　東京都杉並区井草、元工員○○○○容疑者（39）は…

2、同一団体・組織・会社に属している複数名を列記する場合は、年齢の後に「＝＝」で自宅住所を入れる。

例　○○貿易社長○○○○容疑者（38）＝東京都港区赤坂、同社仙台支店長○○○○容疑者（35）＝仙台市宮城野区原町、同社仙台支店長次長○○○○容疑者（30）＝同市若林区卸町＝

3、勤務先所在地と自宅住所を併記するときは、原則として①勤務先所在地②勤務先名と肩書③氏名④年齢⑤自宅住所―の順で書く。自宅住所は「＝＝」で囲む。

例　東京都中央区銀座、宝石販売「○○堂」常務○○○○さん（49）＝世田谷区松原＝

勤務先を強調する場合、必要なら勤務先の後に丸カッコで所在地を入れる。

例　料亭「いろは」（東京都港区赤坂）の経営者○○○○さん（68）＝中央区日本橋茅場町＝

4、複数人の住所、氏名を列記する場合の書き方。

①「、」を切れ目に入れる場合。

例 身元が判明された方々。○○○○さん(40)＝香川県丸亀市、○○○○さん(34)＝千葉県松戸市、○○○○ちゃん(3)＝東京都葛飾区。

②「▽」を切れ目に入れる場合。

例 指名手配されたのは、東京都杉並区西荻北、元会社員○○○○(29)▽川崎市宮前区宮崎、××大生○○○○(23)▽本籍長野県飯山市静間、元××大生○○○○(25)▽同東京都目黒区自由が丘、元××大生○○○○(30)…の各容疑者

例 元会社員○○○○(29)＝東京都杉並区西荻北▽××大生○○○○(23)＝川崎市宮前区宮崎▽元××大生○○○○(25)＝長野県飯山市静間…

アドレスの書き方

インターネットのホームページあるいは電子メールのアドレスは本来横書きで、アルファベットや数字は半角文字で表すが、記事編集に当たってはシステム上の制約から横の全角文字で入力、ファクス送信では縦表記の全角文字となる。

例 本来の表記　http://www.jiji.com/

記事送稿　ｈｔｔｐ：／／ｗｗｗ．ｊｉｊｉ．ｃｏｍ

ファクス送信　ｈｔｔｐ：／／ｗｗｗ．ｊｉｊｉ．ｃｏｍ／

人事の書き方

1、辞令記事の見出しは「(組織名)人事」とする。①異動を伴う人事は、新職名(現職名)氏名—の順で書き、1人ごとに▽で区切る②発令日は洋数字で書き、「付」は付けない③何人かの人事で発令日が同じ場合は見出しの下に丸カッコで発令日を入れる。異なる場合は本文の中に書き込む。

例 ◎文部科学省人事(18日)

文化庁長官(前国際日本文化研究センター所長)○○○○▽国立科学博物館長(文化庁長官)○○○○

◎文部科学省人事

文化庁官房審議官(官房政策課長)○○○○▽官房政策課長(内閣府政策統括官付参事官)○○○○▽……(以上8日)▽辞職(初中局参事官)○○○○(7日)

◎XY工業人事(23年1月1日)

社長(専務)海原春子▽取締役(会長)山谷夏夫

2、現職のままで異動を伴わない場合

の人事は、次のように書く。現職名と氏名の間に中点「・」を入れる。

①現職のまま任命された場合は、現職名に丸カッコを付けない。

例 ◎内閣人事(21日)

世界保健機関第○○回総会日本政府代表 国立公衆衛生院長・○○○○

②兼務、事務取扱、併任の場合(これらを解かれる場合も)、本務の職名に丸カッコを付けない。

例 兼総務課長 総務部長・○○○○

兼条約局長事務取扱 外務事務次官・○○○○

港湾局長併任 官房審議官・○○○○

免兼総務課長 総務部長・○○○○

免兼条約局長事務取扱 外務事務次官・○○○○

③審議会、委員会人事も追い込みで書き、各審議会、委員会の区切りを▽で分け、それぞれに新任は(新)、再任は(再)と入れる。2人以上の場合は(以上新)(以上再)とする。同一委員会では新任を先に、再任を後にする。

例 ◎内閣府人事(10日)

沖縄振興審議会委員 沖縄県知事・○○○○、沖縄銀行頭取・○○○○(以上新)▽地方制度調査会委員 東大教授・○○○○(新)、衆院議員・○○○○、参院議員・○○○○(以上再)

3、辞(退)職は記事の最後に回す。省庁によって辞職、退職、退官、退任など用語が異なるが、発表通りとする。

4、外務省人事で「駐」「在」は付けない。

注 一般記事では「駐仏大使」「駐オランダ大使」「駐米特命全権大使」「在イタリア大使館参事官」などと表記してもよい。

例 ◎外務省人事(22日)

ベネズエラ大使 (パラグアイ大使)○○○○▽帰国(アルゼンチン大使) ○○○○▽サウジアラビア公使(スイス大使館参事官)○○○○▽エジプト大使館参事官 (中東1課長)○○○○

5、防衛省人事には階級を付ける。

例 ◎防衛省人事(27日)

東部方面総監(第4師団長)陸将、○○○○▽空将、北部航空方面隊司令官 (空将補、航空総隊司令部幕僚長)○○○○

6、民間会社人事

①東証プライム上場企業の社長交代は定型スタイルで書く。

例〔新社長〕

◎XY工業・長嶋氏

長嶋一夫氏（ながしま・かずお）阪大理卒。79年XY工業入社、10年取締役、常務を経て14年6月専務。59歳。福井県出身。

星野二郎社長は代表権のある会長に。6月28日就任。

注 日付未定の場合は「6月下旬就任予定」などとする。

②スクープや話題性のあるとき、相当な大企業の社長交代は一般記事スタイルで書き、末尾に氏名、読み方を付した略歴を入れる。

③社長を除く副社長以上の人事は辞令記事で書く。

④東証スタンダードなど新興市場の上場企業は社長を含め辞令記事。

注 役職名の表記は、取締役の場合は「副社長」「専務」「常務」のみでよい。取締役と執行役員（執行役）を兼ねている場合も同じ。執行役員のみの場合は「副社長執行役員」「執行役員常務」など各社の役職名に従って表記する。

略歴の書き方

【通常の人事記事、選挙記事の略歴】

単独の略歴記事の場合も、また人事記事、選挙記事などで末尾に改めて氏名、読み方を付した略歴を付ける場合も、次のようにする。

①氏名（姓と名の間は一字あけ、敬称を付ける）②読み仮名（平仮名で書き、姓と名の間に中点「・」を入れる）③最終学歴（略称大学名と学部名。卒業年次は不要）④就職年次とその官庁、会社名⑤主な経歴（年だけで月は不要。新ポストに就く直前の役職＝現職＝には年月を入れる。最初の取締役就任にも年を入れる）⑥年齢⑦出身地─の順。

例 ◎尾崎氏が3選

＝2例目の連続無投票─高知知事選＝

任期満了に伴う高知県知事選が29日告示され、午後5時に立候補の届け出を締め切った結果、無所属で現職の尾崎正直氏(48)以外に届け出はなく、無投票で尾崎氏の3選が決まった。前回2011年に続く無投票当選で、知事選での連続無投票は1978、82年の滋賀県の武村正義氏以来2例目となる。

尾崎氏は、地場産品の県外での販路拡大による経済活性化などを推進。自民、民主、公明、社民4党が推薦した。共産党も尾崎県政の南海トラフ巨大地震に備えた防災対策強化や農林水産業振興を評価し、対抗馬擁立を見送った。

尾崎　正直氏（おざき・まさなお）東大経卒。91年大蔵省（現財務省）に入り、財務省主計局主計官補佐、内閣官房副長官秘書官などを経て07年11月高知県知事に初当選。48歳。同県出身。当選3回。

注 (1)年や月の後に読点は打たない。

(2)民間会社の場合は「入社」「入行」とし、役所の場合は「…入り」「…に入り」とする。

(3)機構改革、合併、商号変更などにより、その役所、会社が現存しない場合、原則として（現…）（…の前身）のような説明は付けない。ただし、経歴紹介上、必要な場合は適宜付ける。

(4)途中の職歴には原則として「年」は入れず、「…を経て」とする。主な転職の時期には「年」を入れる。

例 東田　一郎氏（ひがしだ・いちろう）名大法卒。86年通産省（現経済産業省）に入り、秘書課長、機械情報産業局長を経て14年6月官房長。52歳。東京都出身。

西川　二郎氏（にしかわ・じろう）東大経卒。74年大蔵省（現財務省）に入り、東海財務局長、日銀政策委員を経て04年関東相互銀行常務、06年行名変更により北武銀行常務、11年合併により関東銀行専務、副頭取を経て13年12月頭取。67歳。石川県出身。

南野　三男氏（みなみの・みつお）慶大法卒。91年XY商事入社、04年取締役、常務、専務を経て13年9月副社長。51歳。愛知県出身。

北井　四郎氏（きたい・しろう）日大法卒。74年日本自動車入社、94年新日本自動車取締役、09年合併により東洋自動車常務、副社長を経て13年6月日本車体社長。62歳。岐阜県出身。

(5)複数の人事の場合、氏名の前に〔　〕で新職名を明記する。単数の場合は不要。

例 〔インド大使〕

春山　一男氏（はるやま・かずお）東大法卒。〇年外務省に入り

…

〔キューバ大使〕

夏川　次男氏（なつかわ・つぎお）

(6)以上の略歴スタイルは外国人の場合も準用する。

【一般記事の略歴】

初出の年は4桁で書く。世紀をまたぐ場合も同様。

例 ◎外務次官に斎木氏―政府方針

政府は14日、外務省の河相周夫事務次官(60)を退任させ、後任に政務担当の斎木昭隆外務審議官(60)を起用する方針を固めた。斎木氏はアジア大洋州局参事官当時の2002年、北朝鮮から帰国した拉致被害者5人の永住に向け、官房副長官だった安倍晋三首相と連携するなど、首相にも近い。

斎木　昭隆氏（さいき・あきたか）東大教養卒。76年外務省に入り、アジア大洋州局長、インド大使を経て12年9月外務審議官。60歳。三重県出身。

【受章・受賞者の略歴】

①氏名（姓と名の間は1字あけ、敬称を付ける）②読み仮名（平仮名で書き、姓と名の間に中点「・」を入れる）③現職（肩書）④最終学歴（略称大学名と学部名。卒業年次は不要）⑤主な経歴（受章・受賞歴など）⑥出身地⑦在住地（市区町村名まで）⑧年齢―の順。

注 (1)本記に年齢が記載されていれば、年齢は再掲しなくてもよい。

(2)在住地は省いてもよい。

(3)多数列記する場合は、略歴のそれぞれの後に改行して簡単な受章・受賞理由を付ける。

例 梶田　隆章氏（かじた・たかあき）東京大宇宙線研究所所長。埼玉大理学部物理学科卒、東京大大学院理学研究科物理学博士課程修了。同大宇宙線研究所助教授を経て、1999年教授、08年から現職。埼玉県出身。

96年から日米研究者の一員として岐阜県・神岡鉱山跡の地下1000メートルに設置されたスーパーカミオカンデでニュートリノの観測を続け、質量があることを確認。国際学会で発表し、物理学の理論を塗り替えた。

ただし、ノーベル賞など特別の場合は、①生年月②○○生まれ―の順で書いてもよい。

大村　智氏（おおむら・さとし）1935年7月、山梨県韮崎市生まれ。63年東京理科大大学院理学研究科修士課程修了。北里大薬学部教授、同大生命科学研究所長などを経て、2013年に同大特別栄誉教授。天然物有機化学・薬学分野で化合物の解析や合成などの研究に取り組む。

90年に日本学士院賞、92年紫綬褒章、12年文化功労者。

注 簡単な受章・受賞記事は一般記事スタイルで書く。

例 ◎大宅賞に稲泉連氏と高木徹氏

第36回大宅荘一ノンフィクション賞（日本文学振興会主催）は12日、稲泉連氏（26）の「ぼくもいくさに征くのだけれど」（中央公論新社）と、高木徹氏（39）の「大仏破壊」（文芸春秋）に決まった。稲泉氏は同賞の最年少受賞者となる。賞金各100万円。授賞式は6月16日、東京・内幸町の帝国ホテルで行われる。

稲泉氏は東京都生まれ。早大卒。著書に「僕の高校中退マニュアル」など。高木氏は東京都生まれ。東大卒。著書に「戦争広告代理店」。

（編注）稲泉連（いないずみ・れん）、高木徹（たかぎ・とおる）

【閣僚、副大臣、国会の委員長などの略歴】

次のスタイルを基準とする。主な経歴は古い順に二つないし三つ。

例 〈閣僚の場合〉

菅 義偉氏（すが・よしひで）66

法大法卒。横浜市議、総務相、党幹事長代行。衆⑦神奈川2区（無派閥）

石破 茂氏（いしば・しげる）58

慶大法卒。防衛相、農林水産相、党幹事長。衆⑩鳥取1区（石破派）

〈**副大臣の場合**＝所属政党は最後に丸カッコで。自民党の場合は派閥名も付記〉

義家 弘介氏（よしいえ・ひろゆき）44 明治学院大法卒。文部科学政務官、衆院文科委員会理事、党副幹事長。衆②比例南関東（自民・細田派）

〈**国会の委員長の場合**＝所属政党名は記事中に登場している場合は不要〉

竹下 亘氏（たけした・わたる）

慶大経卒。財務副大臣、党組織運動本部長、復興相。島根2区、当選6回。68歳。

注 一般記事の末尾に閣僚、党役員などの略歴を付ける場合は通常の人事記事の略歴スタイルを用いる。閣僚などの横顔記事は、政界での実績と評価、エピソードを中心に、人柄なども織り込みながら約20行にまとめる。

例 〔横顔〕河野 太郎氏

◎改革志向の「異端児」

党内きっての改革派で、財政の無駄を排除する歳出改革や政府組織のスリム化に熱心に取り組んできた。父は元衆院議長の河野洋平氏、祖父は元建設相の一郎氏で毛並みの良さは抜群。２００９年の党総裁選に挑戦した経験も持つ。歯に衣（きぬ）着せぬ物言いに加え、脱原発派の急先鋒（せんぽう）でもあることから、自民党内では「異端児」扱いされることも。エネルギー政策をめぐって政府とたびたび対立してきたため、閣内不一致を懸念する声もある。52歳。（自民・麻生派）

注　所属政党は連立政権の場合、必要。自民党の場合は派閥も示す。

【死亡記事の書き方】

【定型の死亡記事】

頭にキャプション【訃報】を入れ、改行して見出しを付ける。

著名人などは見出しに年齢を入れる。

本文は①氏名（読み仮名、主な肩書、縁故関係）②死亡日時③死因（病名）④死亡場所（病院名は不要）⑤年齢⑥出身地⑦自宅住所（死亡場所、葬儀とも自宅以外で遺族らの承諾が得られたとき）⑧葬儀の日時、場所⑨喪主（読み仮名）－の順。

略歴、業績が必要な場合は改行して書く。

近年、自宅住所や死亡場所、死因などが公表されないケースが増えている。その場合は確認された事項の範囲内で書く。

死亡時刻と死因、死亡場所が不明・非公表の場合は省略する。出身地が不明な場合は【編注】に「出身地は不明」と書く。

年齢が享年（伝統的に数え年を使用）で公表された場合は特に注意し、生年月日を確認する。

葬儀が行われたかどうか分からない場合は省略。配信時点で既に終了している場合は「葬儀は済ませた」「葬儀は近親者で済ませた」などと書き、日時・場所は不要。喪主は付ける。

葬儀の日時、場所、喪主などが未定の場合は、「葬儀の日程は未定」「葬儀の日程、喪主は未定」とし、決まってから別途、出稿する。

葬儀を近親者のみで行う場合は、「葬儀は近親者のみで行う」などと書き、続報は不要。

自宅住所が不明の場合は省略。非公表の場合は【編注】に「自宅住所は非公表」と書く。

国外の場合も可能な限り以上の順序に従い、最後に（ワシントン時事）（モスクワAFP時事）などとクレジットを付ける。

なお、関係者からの連絡や官公庁、企業の広報には間違いがあり得るため、可能な限り遺族や関係者に電話して記事に盛り込む全項目を確認する。

例 【訃報】

◎岡源郎氏死去

岡　源郎氏（おか・もとお＝元大阪薬科大学長・薬理学）3日午前6時56分、多臓器不全のため兵庫県尼崎市の病院で死去、83歳。同県出身。自宅は奈良県大和郡山市城町1473の31。葬儀は5日午後2時から同市美濃庄町1770の1の風の杜ホールで。喪主は長男一雅（かずまさ）氏。

【編注】兵庫県尼崎市生まれ

【訃報】
◎堀場雅夫氏死去
＝計測機器の堀場製作所創業＝
堀場　雅夫氏（ほりば・まさお＝堀場製作所元社長、現最高顧問）14日午後6時54分、肝細胞がんのため京都市の病院で死去、90歳。同市出身。葬儀は近親者で済ませた。喪主は長男で同社会長兼社長の厚（あつし）氏。後日社葬を行う。連絡先は同社総務部。
京大理学部在学中の45年、堀場製作所の前身となる堀場無線研究所を創業。水溶液中の酸・アルカリ度を測定するガラス電極式pH（ペーハー）メーターを国産で初めて開発するなど、世界有数の計測・分析機器メーカーに育て上げた。78年の会長就任後は、起業家の育成に取り組んだほか、多数のビジネス書を執筆し話題を集めた。82年藍綬褒章受章。
【編注】自宅住所は非公表

【訃報】
◎オマー・シャリフ氏死去、83歳
＝「アラビアのロレンス」出演＝
オマー・シャリフ氏（エジプト出身の俳優）英BBC放送などがロンドンの代理人の話として伝えたところによると、10日、心臓発作のためカイロの病院で死去、83歳。
エジプト北部アレクサンドリア生まれ。英国で演劇を学んだ後、エジプトで俳優としてデビュー。62年にデビッド・リーン監督の大作「アラビアのロレンス」で、主人公のロレンス少佐と行動を共にするベドウィンの部族長を演じ、ゴールデングローブ賞助演男優賞を受賞、世界的に有名になった。その後、同監督の「ドクトル・ジバゴ」（65年）で同賞主演男優賞を獲得した。最近、アルツハイマー病を患っていることを公表していた。（ロンドン時事）

【注意事項】
1、死亡者の姓と名の間は1字あける。（見出しは別）
2、死亡者の読みは平仮名で書き、姓と名の間は中点「・」で区切る。
3、敬称は原則として男性は「氏」、女

性は「さん」を用いる。ただし、男性でも「さん」を用いてよい。

4、芸術家、俳優などでペンネーム、号、芸名を見出しにする場合は、本名とその読みも書く。

ペンネームなどの姓と本名の姓が同じ場合は、名のみでよい。名が同じで姓が異なる場合はフルネームを書く。

例 ◎毛利甚八氏死去

毛利　甚八氏（もうり・じんぱち、本名卓哉＝たくや＝作家、漫画原作者）

◎古賀フミさん死去

古賀　フミさん（こが・ふみ、本名西山フミ＝にしやま・ふみ＝染織家、人間国宝）

5、力士の場合、現役以外は、年寄名（下に付く名前も含む）で書き、丸カッコ内にしこ名（力士名）、本名、現職などを書く。また、年寄にならず、廃業か定年になった元力士などは、現役時代の最高位のしこ名とする。しこ名、年寄名の読みは、難読の場合以外は付けなくてよい。

例 ◎高砂親方死去

高砂　浦五郎氏（たかさご・うらごろう、元横綱朝潮、本名米川文敏＝よねかわ・ふみとし＝高砂親方、日本相撲協会理事）

6、カッコ内に示す肩書は二つを限度とする。

肩書に示す団体、会社名が旧称の場合は現団体、会社名を〈　〉カッコで示す。

死亡者が大学教授やその経験者の場合は、必要に応じて中点「・」で専攻を入れる。

例 ◎森紀郎氏死去

森　紀郎氏（もり・としお＝元日興証券〈現SMBC日興証券〉専務、元東京証券〈現東海東京フィナンシャル・ホールディングス〉副社長）

◎鈴木公宏氏死去

鈴木　公宏氏（すずき・きみひろ＝福井大名誉教授・高分子化学）

7、続き柄は「夫（妻）」「父（母）」「義父（義母）」「養父（養母）」「長男（長女）」、次男（次女）」「娘婿（女婿）」などを使い、夫君、夫人、令夫人、未亡人、厳父、尊父、岳父、母堂、令息、子息、令嬢、息女などは使わない。

8、縁故関係を書く場合は、死亡者の肩書か縁故者の肩書か紛れないよう、中点「・」や句点「。」を使って工夫する。

例 ◎柳生真吾氏死去

柳生　真吾氏（やぎゅう・しんご＝園芸家。俳優柳生博氏の長男）

9、時刻は「…30分」と書き「…半」は使わない。「零時」は使わず「0時」とする。昼の12時ちょうどは「正午」と書く。

10、死亡場所の表記は、自宅以外のときは市、区（東京23区のみ）、町、村まで書く（番地は不要）。

　自宅住所は番地まで書く。

　死亡場所や葬儀の場所が自宅の場合は、改めて自宅住所を書く必要はない。

　都道府県名は誤解を招く恐れがない場合は2度目以降を省略する。市区町村名も、誤解を招く恐れがない場合は「同市（区、町、村）」としてもよい。

11、出身地（出生地）は都道府県名を書き、【編注】で市町村名を付記する。市町村名が不明の場合は【編注】に「出身市町村は不明」と書く。出身地が政令指定都市、県庁所在都市の場合は、その都市名を書く。

　出生地が外地である場合は「英国ロンドン生まれ」「カナダ・オタワ生まれ」「台湾高雄生まれ」「中国東北部（旧満州）生まれ」「樺太生まれ」などとする。

12、自宅の代わりに所属の団体や事務所など連絡先が公表されているときは、その所在地と名称、電話番号などを喪主の後に書く。

例 ◎奥野桂四郎氏死去

　奥野　桂四郎氏（おくの・けいしろう＝奥野総一郎衆院議員の父）20日午前10時19分、パーキンソン病による呼吸不全のため千葉市の病院で死去、83歳。神戸市出身。葬儀は親族で済ませた。連絡先は東京都千代田区永田町2の2の1の衆院第1議員会館1119号室の奥野総一郎事務所、電話03（××××）××××。

【編注】自宅住所は非公表

13、葬儀の場所は会葬、弔電の便宜を考え、必ず番地まで書く。寺院の山号は不要。

14、葬儀と告別式の日時、場所が異なる場合はそれぞれ書く。

　連続して行われる場合は「葬儀は」とし、葬儀の開始時刻を書く。ただし、遺族の希望があれば「告別式は」としてもよい。また「お別れの会」（キリスト教）、「葬場祭」（神道）などとしてもよい。

　密葬は省略するが、本葬が行われない場合は「密葬は済ませた」「近親者で密葬を行う」などと書いてもよい。

15、社葬（官公庁葬、団体葬）で行われる場合、葬儀委員長の氏名に読み仮名は付けない。

16、続報も頭にキャプション【訃報】を入れる。

見出しは「故〇〇〇〇氏の葬儀（社葬、お別れの会）」などとし、本文冒頭に「故〇〇〇〇氏（肩書、死亡日）の葬儀（社葬、お別れの会）」と書き、1字あけて日時、場所を書く。喪主とその読みも必ず入れる。

【編注】に死亡者の読み仮名を書く。

例 【訃報】

◎故上山英介氏の社葬

故上山英介氏（大日本除虫菊会長、10月31日死去）の社葬　12月9日正午から大阪市北区中之島5の3の68のリーガロイヤルホテル「光琳の間」で。葬儀委員長は上山直英大日本除虫菊社長。喪主は妻安子（やすこ）さん。

【訃報】

◎故水木しげる氏のお別れの会

故水木しげる氏（漫画家、11月30日死去）のお別れの会　2016年1月31日午後2時から東京都港区南青山2の33の20の青山葬儀所で。実行委員長は荒俣宏氏。喪主は妻武良布枝（むら・ぬのえ）さん。

17、喪主は本人との続き柄を書く。続き柄と名の間に読点「、」は不要。丸カッコ内に平仮名で読み仮名を示す。

喪主が平仮名、片仮名の場合、あるいは「子」を「コ」と発音し、紛れがない場合は読みを省略する。

例 ハナさん　ひろ子さん　マサヲさん

ただし、漢字交じりの場合や、旧仮名の「ゐ」「ゑ」「ヰ」「ヱ」、変体仮名などが使われている場合は読みを入れる。

喪主の姓が死亡者本人と違う場合は、喪主の姓名にも読み仮名を付ける。

ペンネーム、号、芸名を持つ著名人の死亡記事は、本名が冒頭に書かれていても、喪主の姓名に読みを入れる。

喪主が著名人の場合は肩書を入れる。喪主がペンネームの場合は、その本名と読みを書く。

例 ◎三條美紀さん死去

三條　美紀さん（さんじょう・みき、本名佐藤幹子＝さとう・みきこ＝女優）…喪主は長女で元女優の紀比呂子（きの・ひろこ、本名福田博子＝ふくだ・ひろこ）さん。

18、略歴は業績、歴任した主な役職、専門（学者の場合）、著書、生前のエピソードなどを中心に著名度に応じて適宜書く。よく知られた業績がある場合は、それに応じた見出しを工夫する。

国会議員、知事（前・元も含め）は当選回数を入れる。

西暦の表記は下2桁で書く。

例　◎竹内黎一氏死去

竹内　黎一氏（たけうち・れいいち＝元自民党衆院議員、元科学技術庁長官）5日午後5時11分、多臓器不全のため青森県弘前市の病院で死去、89歳。青森県出身。自宅は同市上鞘師町11の1の1005。葬儀の日程は未定。

63年の衆院選で旧青森2区から立候補し、初当選。当選10回。第2次中曽根改造内閣で科技庁長官を務めた。

【編注】青森県黒石市出身

◎河上和雄氏死去

河上　和雄氏（かわかみ・かずお＝元東京地検特捜部長、弁護士）7日午後4時50分、敗血症のため東京都新宿区の病院で死去、81歳。東京都出身。葬儀は12日午前10時30分から港区南青山2の33の20の青山葬儀所で。喪主は長男和寛（かずひろ）氏。

東大法学部を卒業後の58年に検事任官。東京地検特捜部の検事としてロッキード事件の捜査に関わった。その後、東京地検特捜部長、佐賀地検検事正、法務省矯正局長、最高検公判部長を歴任。退官後は弁護士登録し、テレビ番組のコメンテーターとしても活躍した。

【編注】自宅住所は非公表

19、中国人名は日本語読みし、平仮名で読みを書く。韓国・朝鮮人名は原音の読みを片仮名で書く。

【重要人物の死亡記事】

各界トップクラスの人物など特別に著名な人物が死亡したときや、社会的に大きな話題になると思われる人物が死亡したときは、定型にとらわれず、一般記事として書く（頭にキャプション【訃報】を入れ、見出しは一般記事スタイルで付ける）。

盛り込む項目は定型に準じるが、敬称は氏名（1字あけ不要）の読み仮名の後に付ける。必要に応じて死亡病院名や通夜、密葬の日程も書く。

例　【訃報】

◎小林陽太郎氏死去

＝82歳、国際派財界人＝

国際派の財界人として知られた経済同友会元代表幹事で、富士ゼロックス社長、会長を務めた小林陽太郎（こばやし・ようたろう）氏が5日午後5時26分、左慢性膿胸のため東京都目黒区の病院で死去した。82歳だった。葬儀は近親者のみで行う。後日お別れの会を開くが、日程などは未定。喪主は長男格（かく）氏。

故小林節太郎元富士写真フイルム（現富士フイルムホールディングス）社長の長男で、ロンドンで生まれた。富士フイルム入社後、1963年富士ゼロックスに転じ、78年社長。92年会長、2006年から相談役最高顧問を務め、09年3月に退任した。

海外に豊富な人脈があり、日米財界人会議の議長として活躍。99年に経済同友会代表幹事に就任し、外資系企業から初の経済団体トップとして、企業の社会的責任（CSR）を提唱した。02年には世界経済フォーラム（ダボス会議）年次総会の共同議長を務めた。

日中両国の新たな関係構築にも尽力。座長を引き受けた「新日中友好21世紀委員会」は04年9月、小泉純一郎首相（当時）に靖国神社参拝中止を申し入れた。また、国際社会を担うリーダー養成を目的とした国際大学の理事長、ソニー取締役会議長などを歴任した。

富士ゼロックス取締役時代の70年に手掛けた「モーレツからビューティフルへ」のテレビCMは、時代を先取りした視点が注目を集め、当時の流行語にもなった。

【訃報】
◎原節子さん死去
＝伝説の大女優－95歳＝

「東京物語」「青い山脈」などで昭和のスクリーンを彩り、42歳の若さで引退、伝説的な存在だった女優の原節子（はら・せつこ、本名会田昌江＝あいだ・まさえ）さんが9月5日、肺炎のため横浜市の病院で死去、95歳だった。横浜市出身。葬儀は近親者で済ませた。

会社員の家庭に生まれ、高等女学校2年の時、義兄で映画監督だった熊谷久虎氏に勧められて日活多摩川撮影所入り。1935年の「ためらふ勿れ若人よ」で映画デビューを果たした。原節子の芸名は、同作の役名がお節ちゃんだったことにちなんで付けられたという。

初々しい演技と、目鼻立ちのくっきりとした美貌で注目され、37年にはドイツとの合作映画「新しき土」の主役に抜てきされた。その後、東宝に移り、山本薩夫監督らの作品で演技の腕を磨いた。

戦後、黒沢明監督の「わが青春に悔なし」で、苦難のうちに敗戦を迎えるヒロインを熱演。続いて、同監督の「白痴」、吉村公三郎監督の「安城家の舞踏会」、木下恵介監督の「お嬢さん乾杯」、今井正監督の「青い山脈」など、実力派監督の作品に相次いで出演、スター女優の地位を揺るぎないものにした。

松竹の小津安二郎監督作品の常連で、49年の「晩春」以後、「麦秋」「東京物語」「東京暮色」「秋日和」「小早川家の秋」で、日本人の理想ともいえる美しく慎み深い女性像を具現化。小津作品になくてはならない女優として作品世界を支えた。このほか、成瀬巳喜男監督の「めし」などでも好演した。

62年、「忠臣蔵」に大石りく役で出演したのを最後に、42歳で引退。その後は長年、神奈川県鎌倉市内でひっそりと暮らし、生涯独身を通したとされる。映画関係者との接触も断ち、表舞台に一切出なかったことが、神秘性を高めた。

【訃報】

◎作家の野坂昭如さん死去―85歳＝「火垂るの墓」、元参院議員＝

戦争の悲劇を描いた「火垂（ほた）るの墓」で知られる直木賞作家で、歌手や参院議員など幅広い分野で活躍した野坂昭如（のさか・あきゆき）さんが9日午後10時37分、心不全のため東京都内の病院で死去した。同日夜、東京都杉並区の自宅から意識不明の状態で救急搬送され、病院で死亡が確認された。85歳だった。神奈川県出身。葬儀は近親者で行い、告別式は19日正午から東京都港区南青山2の33の20の青山葬儀所で。喪主は妻暘子（ようこ）さん。

早大文学部仏文科中退。コント、テレビ台本や、新聞・雑誌のコラムなどを執筆するとともに、ＣＭソングの作詞も手掛け、１９６３年、童謡「おもちゃのチャチャチャ」で吉岡治氏と共に日本レコード大賞作詞賞を受賞した。

小説は同年「エロ事師たち」でデビュー。三島由紀夫、吉行淳之介氏らに絶賛された。占領軍への卑屈な思いを扱う「アメリカひじき」と、戦時下に栄養失調で死んだ妹と兄を描く「火垂るの墓」の2作で68年直木賞。細かく区切った戯作風ともいわれる独特の文体で、市井の人々の生きざまを浮かび上がらせ、自ら「焼け跡・闇市派」と称した。

歌手としては「マリリン・モンロー・ノー・リターン」「黒の舟歌」などのヒット曲があり、永六輔、小沢昭一両氏と「花の中年御三家リサイタル」も開催した。

72年、編集長を務める雑誌「面白半分」に掲載した「四畳半襖(ふすま)の下張」がわいせつ文書配布の罪に問われ、80年に最高裁で有罪が確定した。

83年、第二院クラブから参院比例代表選挙に立候補して当選したが、同年末の総選挙で、田中角栄元首相の金権政治を批判し新潟3区から立候補、落選した。

97年「同心円」で吉川英治文学賞。2002年、泉鏡花文学賞。09年安吾賞新潟市特別賞。他に「一九四五・夏・神戸」「人称代名詞」など。

03年に脳梗塞で倒れ、自宅でリハビリを続けながら、執筆活動を続けていた。

【訃報】

◎シュミット元西独首相死去＝危機管理に手腕発揮＝
【ベルリン時事】「西独最強の宰相」といわれたヘルムート・シュミット元西独首相が10日、北部ハンブルクで死去した。96歳だった。

主要国首脳会議(サミット)構想を提唱する一方、国内で頻発したテロには屈しない姿勢を堅持。経済、外交、安全保障に通じ、特に危機管理にその手腕を発揮した。

シュミット氏は9月初めに脚の血栓を除去する手術を受けた後、感染症にかかり、体調を崩していた。

1974年5月にスパイ事件で辞任したブラント首相の後任として、戦後2人目の社会民主党政権の首相に就任。75年に第1回会合が開かれたサミット構想をフランスのジスカールデスタン大統領と提唱し、世界的な経済危機に対処する上で他の西側首脳への良き助言者となった。79年3月に導入され、欧州通貨統合への第一歩となった欧州通貨制度(EMS)の生みの親だった。

極左組織・ドイツ赤軍派による77年9月のシュライヤー経団連会長誘拐では、犯人の要求に屈しない決然たる態度を取った。続いて起きたモガディシオでのルフトハンザ機乗っ取り事件で、特殊部隊を強行突入させて人質全員の保護に成功し、国民の信頼を不動のものとした。

首相辞任後の83年から週刊紙ツァイトの共同発行人となり、健筆を振るった。同紙を通じて内外の政治家に辛口のメッセージを発信。

政界のご意見番として第一線で活動を続けた。

注 一般記事の場合、クレジットは末尾ではなく、冒頭に付ける。

【地名・各種固有名称の書き方】

地名

1、所番地は原則として「都道府県―市―区―町(村)―丁目(大、小字)―番地(番・号)」の順に書く。郡名は省略する。丁目以下は平仮名の「の」でつなぎ、「2丁目3番地ノ16」「2ノ3ノ16」「2―3―16」とはしない。札幌市などの「条」、堺市などの「丁」も丁目と同じ扱いにする。ただし、京都市の「条」は別。「東京・中央区…」ともしない。

例 東京都中央区銀座5の15の8　札幌市中央区北1の西2の1　堺市桃山台1の1の1　京都市南区西九条南田町1の3

注 ①所番地は原則として町(村)まで、丁目、番地、枝番号は省く。ただし、略歴や死亡記事は枝番号まで入れる。(取材では所番地全体を確認しておく)

②記事中では「大字」「字(小字)」は省略する。

③アパート、ホテルなどの棟番号、部屋番号は「8号棟」「15号室」「503号室」のように書く。

④「平成の大合併」といわれる市町村合併の推進により、1999年3月31日時点で3232あった市町村数は2023年6月1日現在、1718となっている。市町村名の表記には十分注意し、あいまいな場合は総務省のホームページなどで確認する。また、記事内容に応じ、旧名を併記することも必要だ。

2、次のような場合は書き方を省略してもよい。

①一般に通用している書き方をした方が分かりやすい場合、近くに有名な目標物などがある場合

例 東京・銀座　大阪・道頓堀　京都・祇園　東京・上野動物園　東京・渋谷駅前

②道府県庁所在地、政令指定都市は原則として道府県名を省く。

③全国的に有名な温泉、名所旧跡、湖沼、山、島、半島などは都道府県名を省略してもよい。

例 別府温泉　日光東照宮　浜名湖　阿蘇山　桜島　能登半島　室戸岬

④町名、地番に重きを置かない場合

例 大阪市のロイヤルホテルで記者会見し…　札幌市在住の○○○

さんは…

3、読み方の難しい地名は、丸カッコして平仮名で読みを付ける。

例 石川県羽咋(はくい)市　鹿児島県始良(あいら)市

4、地名で「ヶ」「ッ」などの小文字が入るものは、すべて大文字「ケ」「ツ」に統一する。施設名も同様。

例 霞ケ浦　茅ケ崎　一ツ橋　八ツ場ダム

5、「都下」「府下」「県下」などの表現は使わない。

6、「裏日本」「表日本」は使わず、「日本海側」「太平洋側」と書く。その他、差別観念を与えない表記を心掛ける。

7、「来―」「帰―」「滞―」「在―」などの表記は、来日、滞日、在京、上京など全国的にみて分かりやすいものは使ってよいが、分かりにくいものは地名をはっきり書く。

例 入洛→京都に来る、京都入りする　来札→札幌に来る、札幌入りする　滞名中→名古屋に滞在中　帰鹿→鹿児島に帰る　離福→福岡を離れる、福岡を出発する

8、震源地、台風の位置、遭難の地点などを説明する場合は、緯度、経度のほか、分かりやすい目標物を書く。

例 宮古島の東400キロの北緯25度、東経128度の海上

震源地は北緯34度、東経142度―犬吠埼の南東200キロ

官公庁、会社、団体名

1、記事の最初に出てくる官公庁、会社、団体名はできるだけ正式名称で書き、略記を避ける。ただし、略称の慣用が固定しているものは最初から書いてよい。「株式会社」は省略する。(株)は使わない。

例 日銀　日教組　主婦連　NTT　NHK　KDDI

2、知名度の低い会社や、名称が有名会社と紛らわしい会社については、本社所在地、資本金額、代表者名を丸カッコして入れる。必要に応じ、業種なども明記する。

倒産、合併、事件などの記事の場合は、有名会社でも必要に応じ本社所在地、資本金額、代表者名を入れる。

本社所在地は「本社大阪市」のように書き、中点「・」は入れない。

例 ○○化学（本社四日市市、資本金2億円、○○○○社長）

3、財団法人、社団法人などの法人組織は、必要な場合は「財団法人○○センター」などと書く。中点「・」は不要。(財)(社)などは記事中では使わない。

4、審議会、委員会、団体、組織など

は、代表者名、責任者名を必要に応じて丸カッコで入れる。

例 社会保障制度審議会（首相の諮問機関、○○○○会長）○○調査団（団長・○○○青学大学長）

注 団長などの下に片仮名、イニシャルがくる場合、「・」は不要。

例 ○○視察団（団長ジェシー・ヘルムズ上院議員）…（団長J・ヘルムズ上院議員）

5、略称は、決められた名称に従うのを原則とする。ただし、会社は、株式市場での略称と一般記事での略称が異なるものがあるので注意する。

例 国土交通省→国交省　農林水産省→農水省　農林中央金庫→農林中金

6、会社名、団体名の旧字体は、常用漢字表の新字体で書く。表外字は表外漢字字体表に従う。

例 淺沼組→浅沼組　神戸生絲→神戸生糸　壽屋→寿屋　澁澤倉庫→渋沢倉庫　瀧澤鐵工所→滝沢鉄工所　中央發條→中央発条　東京會館→東京会館　東洋製罐→東洋製缶　野村證券→野村証券

注 「車輛」は「車両」、「附属」は固有名詞でも「付属」と書く。

例 日本車輛製造→日本車両製造　京大附属病院→京大付属病院

船舶、航空機、列車、道路名

1、船名、列車名は原則としてカギカッコ書きとする。2度目以降はカギカッコを省いてもよい。呼称に番号がある場合は、洋数字を使う。

例 「第32白洋丸」「クイーン・エリザベス2世号」　特急「あずさ」

注 「第五福竜丸」は例外として漢数字で書く。

2、船名、列車名によく使われる「号」は、正式の呼称に含まれる場合は「たか号」のようにカッコ内に入れ、そうでない場合は「かもめ」号のように外に出す。軍艦には号を付けない。

列車名は呼称と便名が一緒になっているものが多いので、「のぞみ１４７号」「踊り子１０７号」のように書く。

3、船舶、航空機、列車の説明は、トン数、船長（機長、運転者）名、乗組員数（乗客数、編成車両数）などの順で書き、原則として全体を丸カッコに入れる。

例 「第32白洋丸」（１３９トン、○○○○船長ら32人乗り組み）
日航２０７便（○○○機長ら乗員15人、乗客４５０人）
新幹線「ひかり3号」（○○○運転士、16両編成）

4、船長、機長、運転手（士）に年齢を付ける場合は、全体を「＝＝」でくくり、年齢だけ丸カッコ書きする。

例「第32白洋丸」＝139トン、○○○○船長（35）ら32人乗り組み＝

ただし、一般の記事では、運転者の氏名、年齢は必要な場合（例えば刑事責任を問われるような事件）だけ入れ、通常は省いてもよい。

5、国内の鉄道線名の「本線」は、単に「線」と書く。

例 東海道本線→東海道線　名鉄名古屋本線→名鉄名古屋線

6、国道は「国道○号」と書く。「国道○号線」のように「線」は入れない。

題名など

1、文学・学術作品、美術作品、映画、演劇、音楽、歌謡曲などの題名は、原則としてカギカッコ書きとする。2度目以降はカギカッコを省いてもよい。

例「坊っちゃん」「受胎告知」「ローマの休日」「運命」

2、新聞・雑誌名（海外もの）、建造物名、商品名は、特に強調する場合などを除き、カギカッコを付けない。国内の雑誌名はカギカッコを付ける。

例 米紙ニューヨーク・タイムズ　英科学誌ネイチャー　横浜のランドマークタワー　「文芸春秋」9月号

【数字の書き方】

記事中の数字は洋数字を基本とする。ただし、和語・漢語意識が強い熟語・慣用句・専門用語などは漢数字を用いる。

判断に迷う場合は、他の数字に置き換えられるかどうか考え、置き換えられるものは洋数字、置き換えられないものは漢数字で書く。

洋数字の書き方

1、2桁の数字は連数字とする。例外として電話番号はそのまま書く。3桁の連数字は丸カッコ内の年齢表記の場合以外は使わない。

例 10月25日午後11時40分　0・01%　42・195キロ　100分の1　電話03(6800)1111　電話0166(12)3456　フリーダイヤル(0120)123456　携帯電話090(1234)5678

注 電話03(6800)1111　電話0166(12)3456とはしない。

2、単位語としては万、億、兆を使い、十、百、千は使わない。千は切りがいい数字でのみ使ってもよいが、切りがよくても「株価」と「運動の競技種目名」および「同規模の数字が記事中に混在し、数値が比較しにくくなる場合」には使わない。

例 12兆2345億67万8900円　500人　参加者は約2千人　1億2千万人　3千メートル級の山並み　2000本安打を達成　3000メートル障害　日経平均が2万6000円割れ　正社員3000人、非正規社員1500人を削減　時給800～1000円

注 「5百人」「3千メートル障害」「日経平均が2万6千円割れ」「正社員3千人、非正規社員1500人を削減」「時給800～千円」とはしない。

3、平均株価や為替相場では位取りを示す「0」を省略しない。位取りを示す「、(読点)」は使用しないが、横組みの表では必要に応じ、3桁ごとに「,(コンマ)」で区切る。

例 日経平均3万0601円（価格は3万601円）　1ドル＝138円02銭（単価は138円2銭）　富士山（3776メートル）　さくら丸（2万2628トン）

2,820人　5,972,688円

4、「零」は数字としては使わず「0」を使う。単独で示す場合は「ゼロ」を用いる。

例 午後0時30分　0度　0歳児・ゼロ歳児　増減はゼロ

注 「零敗」「零下」など熟語は別。

5、分数は「2分の1」「10分の3」などと書く。DASHが保有する「½」「¼」などの表記は料理記事や表以外には使わない。

洋数字で書くもの

1、①年月日、時間②年齢③住所の丁目以下、郵便番号、電話番号④人数、件数、個数⑤高さ、長さ、重さ、深さ、速度、距離、角度、温度、面積、体積⑥金額⑦百分率とその比較、歩合、指数⑧頻度、回数⑨代位、順位、階級、等級⑩法令の条項・番号―などデータに基づく数字。

例 1級建築士　1年生議員　1番手　1票の格差　木枯らし1号　第1弾　丸1日　野党第1党　国道1号　2階建て　2期工事　2桁の伸び　2国間関係　2次会　2進法　2世議員　2代目社長　2等分　2枚重ね　エリザベス2世　第2次産業　3次元　3重衝突　3部作　3割打者　単3形乾電池　日系3世　バルト3国　富士山の5合目　憲法9条　第9交響曲（第9）　苦節10年　15代将軍慶喜　東京23区　24時間体制　30人学級　47都道府県　50の坂を越える　人生100年　第96代首相　110番　119番　360度の眺望　365日稼働

注 割合や頻度の基数となる「1」は洋数字。

例 1日3食　国民1人当たり10年に1人の逸材　100年に1度の金融恐慌

2、数字の付いた組織の下部名称。

例 捜査1課　第1原発3号機　営業2課　第2師団第10連隊　第3管区海上保安本部　番町小3年2組　第1副首相　第2書記　1曹　3尉　2佐

3、数字とアルファベットが組み合わされてできた語。

例 3K職場　3LDK　4WD　A4判　G8（主要8カ国）　O（オー）157

4、ローマ数字は次の例以外はなるべく使わない。

例 国家公務員採用Ⅰ種試験　GⅠレース

漢数字で書くもの

1、熟語、慣用句など和語・漢語意識が強い言葉や、漢数字での表記が定着した事物の名称、専門用語など。

例 その一 日本一 一撃一打逆転 一大拠点 一度は固辞した 一度もない 一日中 一日も早く 一人前の料理人（料理を1人前） 一年で一番寒い日 歴史の一ページ 一番勝負（3番勝負、5番勝負） 一番星 一夜 一流 一輪車 第一に 安全第一 もう一回 一極集中 一級品 一軒家 日本一周（最後の1周） 第一歩 第一報 一言 青春の一こま 一も二もなく 二眼レフ 二足歩行 二次災害 二重底 二段構え 二輪車 第二の人生 二度としない 国論を二分する 二度や三度の失敗で 二人三脚（30人31脚） 三角形 三度の飯 三輪車 三割自治 第三者 党三役 法曹三者 四角形 四重奏 四半世紀 四分音符 四方 四輪車 四輪駆動 四分五裂 五角形 五重塔 六三制 正六面体 七色の虹 八頭身 八方美人 八重咲き 一を聞いて十を知る 十年一日 十五夜 五十音順 五十肩 百人力 一騎当千 百万ドルの夜景

注 「一人一人」「一歩一歩」「一日一日」などの繰り返し表現は、漢字熟語とみなす。

①「一つ、二つ…九つ」は必ず漢数字で書く。

例 心は一つ 二つ返事 三つ星レストラン 四つ葉のクローバー 七つ道具

注 洋数字を使いたい場合は、助数詞を付けるなど表現を工夫する。

例 五つの方法→5方法 五つの分野→5分野 五つのリンゴ→5個のリンゴ 五つの疑問→5点の疑問 五つの犯罪→5件の犯罪

②「一人」「二人」が熟語・慣用句などで、他の数字に置き換えられない場合。

例 一人旅 一人っ子 一人娘 われ一人 お二人 二人きり 二人とない

注 人数を表す場合は洋数字。

例 1人区 2人区 1人死亡、2人重傷 自転車の2人乗り 2人組の強盗

注 「一人で生きる」「一人暮らし」などの表現は、単独の意味を強調する場合は漢数字でよい。

注 「〇〇のひとり」は、「首相候補の一人」など一員の意味の場合は

漢数字、「被害者の1人は女性」など内訳を示す場合は洋数字。

③固有名詞はそのまま書く。

例 旧制一高　日大二高　中野区立第三中学　第二地銀　第二東京弁護士会　地下鉄新宿三丁目駅　三条大橋　伊豆七島　三十三間堂　八十二銀行　「十五少年漂流記」「二十四の瞳」　2ちゃんねる　「１Ｑ８４」

④数合わせ的な要素が強いが、中身が特定でき、固有名詞化した語。

例 御三家・ご三家　三筆　日本三景　三種の神器　非核三原則　党三役　四大文明　北方四島　五街道　五大陸　五大湖　東京（関西、福岡）六大学　七福神　本所七不思議　東海道五十三次　四国八十八カ所霊場　百名山

⑤学術用語・専門用語。

例 二酸化炭素　六価クロム　二卵性双生児　二年草　十二指腸　百日ぜき　三畳紀　第四紀　三人称　五段活用　一審　二審　二院制　二大政党制　三権　三審制　第三セクター（三セク）　一期作　二毛作　百条委員会

⑥続柄。

例 三男　四女（3男4女の子だくさん）

⑦円、銭、厘以外の日本の貨幣は漢数字。

例 一両小判

注 円、銭、厘と外国の貨幣は「１万円札」「5千円札」「１００ドル札」「10円玉」などと洋数字。

⑧位階、囲碁・将棋の段位、仏事、祭り、襲名など日本の伝統文化に関わる語。

例 勲一等（旧制度）　従三位　囲碁八段（級は洋数字）　三大祭り　一周忌　お七夜　三十三回忌　四十九日　七五三　二礼二拍手一礼　五七五七七　五代目小さん　六代目菊五郎

⑨尺貫法など古い計量単位が残る言葉。

例 一両小判　一升瓶　三尺の童子　五寸くぎ　五分刈り　五分がゆ　五分咲き　五分づき　五分の勝負　四分六　七三分け　腹八分目　八分の出来　九分九厘　千石船　加賀百万石

注 単位そのものを示す場合は洋数字。

例 1寸は10分で約3・03センチメートル　江戸時代のそばの価格は1杯16文　1両で米が8斗買えた　１００万石の大名

2、あいまいな数。

①洋数字では表記不能なもの。

例 十数人　数十人　何百人　幾百の（「10数人」「数10人」「何100人」などとしない）

注 万以上の確定している部分には洋数字を用いる。

例 2億数千万円　2万数千円。ただし「2千数百円」「2百数十円」「2十数円」は不可。「二千数百円」「二百数十円」「二十数円」と書く。

注 「約」「およそ」「有余」「前後」「規模」「程度」「くらい」などが前後に付く場合は洋数字を用いる。

例 約10人　20有余年　30人前後　50％くらい

②誤読の恐れがあるもの。

例 十四、五日　二、三百人

注 「14、5日」「2、300人」とはしない。洋数字を使いたい場合は「14～15日」（日数の場合）、「14、15両日」（両日開催の場合）、「200～300人」など表現を工夫する。

注 連続した1桁の数は洋数字を用いる。

例 2、3人　4、5万円　5、6億ドル。（「2～3人」「4万～5万円」「5億～6億ドル」という表記も可能）

3、歴史用語の書き分け。

教科書に基本的に準拠し、継戦期間による戦争名、革命・政体名、条約・同盟名、歴史的文書名をはじめ、固有名詞扱いの語は漢数字で書く。

例 前九年の役　七年戦争　二月革命　第一共和制　第二帝政　三国同盟　中国に対する二十一カ条の要求　冠位十二階　徳川三代　五カ条の御誓文　明治十四年の政変　三国干渉　二・二六事件　三・一独立運動　五・四運動

注 「第1次」「第1回」など順序、回数を示す語や、第2次大戦後の現代史の出来事は洋数字で書く。

例 第1次世界大戦　第1次長州戦争　第4次中東戦争　第10回十字軍　第1次伊藤内閣　第2次護憲運動　第1次5カ年計画　2・1ゼネスト　55年体制　60年安保　40日抗争　9・11米同時テロ　6カ国協議

4、通信社間の表記統一のため暫定的に漢数字で表記するもの。

①「数字＋大」を冠する言葉のうち、本来漢数字で表記すべきものは「一大拠点」「一大イベント」（漢語）、「二大政党制」（専門用語）、「三大祭り」（文化・伝統関係）、「五大陸」「五大湖」

「四大文明」「国際テニスの四大大会」(固有名詞扱い)などに限定されるが、当分の間、それ以外もすべて漢数字で表記する。

例 二大拠点 二大陣営 二大勢力 自民、民主の二大政党 六大金融グループ 十大ニュース 彼の三大欠点

② 「百八十度の方針転換」(船の向きを180度転換)などの比喩的表現。

注 「100%の出来」「99%確実」「100点満点の出来」「8割方完成」などは洋数字。ただし、「百点満点」の成句的表現は排除しない。

5、漢数字と洋数字の混在例。

例 第1四半期 2人一組 一家4人 一行5人 6畳一間 7六歩 文京区本郷3丁目の地下鉄本郷三丁目駅 三角形の3角の和は180度 北方四島の2島返還論 四国八十八カ所の44番札所 地方自治法100条に基づく百条委員会

運動用語

1、洋数字で書くもの。

例 1軍 2失点 1死 陸上男子100メートル 男子1500メートル自由形 女子1万メートル 柔道男子100キロ級 柔道5段 前頭3枚目

2、漢数字で書くもの。

例 零敗 三回から五回まで3回を投げ 一塁 二、三塁 二塁打 三塁手 三塁塁審 二盗 三遊間 三振 四球 三冠王(野球) 三冠馬(競馬) 三役(相撲) 序二段 三段目 一本背負い 一本勝ち 二枚げり 三段跳び テニス四大大会 近代五種 七種競技 十種競技

注 野球のイニングは、写真キャプションでは洋数字で書く。

数の幅

1、数の幅は「〜(から)」で示す。誤解を避けるため数字の省略はしない。

例 2万〜4万円(「2〜4万円」としない) 2万2000〜2万25000円(「2万2000〜2500円」としない) 受付期間は4月1〜7日

注 数の幅は書き下してもよい。

例 4月から6月にかけて 1から100まで3回数える

注 「―(長棒)」は「1」と紛らわしいので、郵便番号や運動競技のスコアなど以外は数字と関連させては使わない。数字を伴わない場合は「―」を使用する。

例 郵便番号104―8178 1―0で勝利 東京―横浜間 コー

スは中島公園東側―大通公園西8丁目　開催期間は月―金曜

注 「月」「日」「時」は異なる年度・月、午前・午後にまたがる場合には省略せず、それぞれの数字に付ける。

例 2008年10月～09年9月　7月26日～8月1日　午前8時～午後8時

注 会議などが2日間にわたり開催される場合、例えば「3、4(両)日開いた」「14、15(両)日開いた」と書き、「3～4日開いた」「14～15日開いた」と書かない。ただし、「完成には3、4日かかる」「完成には3～4日かかる」などは両様の表記ができる。

2、西暦年および為替相場は数字を省略する。ただし、西暦年が世紀をまたぐ場合などには、誤解を防ぐため、省略しない。円相場で上値と下値の円の数字が異なる場合、「銭」は省略しない。

例 2000～08年　1997～2008年　2・3445～3450ドル　119円25～40銭　118円95銭～119円05銭

3、小数点以下がゼロのときは表記しないのが原則だが、同性質の小数点数字が並び、正確を期するときは、同じ位まで「0」を付ける。

例 各国の物価上昇率は英国9・8%、米国4・2%、ドイツ4・0%

不確定数詞の使い方

1、一定の基準の前後を表すもの。

①20歳未満、500円未満＝20歳、500円は含まない。

②20人以内、20歳以下、20歳まで、20歳以前、10日まで、10日以前＝20人、20歳、10日を含む。

注 ただし、「100年以前」のようなときは100年前のある時点、「明治以前」「戦争以前」のときは明治時代あるいは戦争中の期間を含まない。

③20歳以上、20歳から、20歳以後、10日から、10日以後(以来、以降)＝20歳、10日を含めてそれより上、後を表す。

④20歳を超える、1万円を超える＝20歳、1万円を含まない。

2、期間の経過を表すもの。

①満3年、3カ年、3周年、3年ぶり＝丸々3年経過したことを表す。2月20日から満1カ月は3月20日。

注 「○年ぶりに解決」は、事件の起こった翌年から数え始め、解決した年を含む。「日」「月」の場合も同じ。

②足かけ3年、3年越し、3年がかり、3年来＝起算の年を含んで3年。

3、算定の基準に問題があるもの。

①2日目、5人目、8代目、3番目、3軒目＝「目」は順位を表す。算定の基準は最初の日、人、事物。

注 家が6軒(右からA、B…F)立ち並んでいて、「右から3軒目」は「C」を指すが、「Aの家から3軒目」と起点を具体的事物で示す場合は、通常「D」と受け取られる。こうした横並びの事物を表す場合は、誤解を避けるよう表現を工夫する。

②あと3日、3日先＝「あと」「先」は丸々残っている部分を表す。7月1日に「投票日まであと10日」といえば、7月11日が投票日であることを表す。２０２６年の3年先は２０２９年。

③3日前＝「あと」「先」の反対語。4月5日に「3日前」といえば4月2日のことを指す。「3日後」は4月8日のことを指す。

④山田氏以下10人、山田氏はじめ10人、山田氏ら10人＝山田氏を含めて10人であることを示す。

⑤山田氏ほか10人＝山田氏に10人を加える。計11人。

注 記事ではなるべく「…ら」「…など」を使い、「以下、はじめ、ほか」は避ける。

⑥今明日＝きょうかあすか。一両日中＝1日か2日のうち。

⑦中3日＝間に3日あること。「中3日置いて登板する」は、11日のあと15日にまた登板する意味。

4、慣習で決まっているもの。

①第10回誕生日＝誕生した日から満1年目を第1回誕生日と呼ぶ。第10回は誕生した日から満10年経過していることを表す。

②周忌、回忌＝一周忌は死亡後満一年の忌日。三回忌、七回忌、十三回忌、十七回忌は、それぞれ満2年、満6年、満12年、満16年の忌日を指す。

注 満年齢の計算＝一般には「年齢計算に関する法律」に基づき、「誕生日」当日に満年齢になるという考えが慣用となっている。しかし、公職選挙法による被選挙権の年齢計算には特例が設けられており、「誕生日の前日」に満年齢になる。

例 被選挙権＝２０２６年10月1日に満25歳になる人は、２００１年10月1日生まれでなく、同年10月2日生まれの人である。

漢数字を原則とする例

☆は同様の語を洋数字にする例

一から十まで
一から出直す
一にも二にも
一、二を争う
一の位　一の酉(とり)
一も二もなく
一を聞いて十を知る
世界一
日本一
その一
一院制
一円起業　一円たりとも
一丸となって
一眼レフ
一軍の将
☆1軍登録

一芸に秀でる
一撃で倒す
一元化　一元管理
一言居士
一期一会
一合とっくり
一個人
一語の重み
旧制一高　県立一高
一時帰国　一時金　一時しのぎ　一時逃れ　一時的　一時のように
一事不再理
一日千秋　一日の長
一社員の不祥事
一汁一菜
季節が一巡する
一対一で会談
　☆キーパーと1対1になる
一代限り　一代で財をなす
一大イベント　一大拠点　一大事

一段の進歩　一段高　一段落
上一段活用　下一段活用
一度限りの　一度もない　一度に
一度は固辞した　一度や二度失敗しても　一度始めたら　もう一度
　☆4年に1度の五輪
一堂に会する
一日一善　一日一日　一日駅長　一日中　一日も早く会いたい　暑い一日になった　日がな一日　ローマは一日にして成らず
☆1日遅れ　丸1日
一人称
一人前の男
　☆料理1人前
一年の計　一年中　一年を通じ　一年で最も寒い時期
一年草
☆1年か2年かかる　1年ぶり
一場面

一番先　一番前　一番乗り　一番早い
一番勝負　一番だし　一番弟子　一番星
いの一番　ここ一番　開口一番　春一番
☆1番人気　学校で1番の成績
1番ホーム
人一倍働く
注意一秒けが一生
一姫二太郎
一部改正　一部損傷　一部分
一部始終
一分の狂い　一分の隙もない
一分金
武士の一分
歴史の一ページ
☆教科書の1ページ目
一枚一枚
一枚岩　一枚上手　一枚看板

☆1枚刃のひげそり
一味唐辛子
一面的
一面の銀世界
☆1面トップ　コートを1面使う
一毛作
一目置く　一目散
一問一答
一文無し　びた一文
真一文字
一夜明けて　一夜漬け
一卵性双生児
一理ある
一律
一里塚
一流　一流選手
一両小判
☆1両で米8斗買えた
一両日
一輪挿し

☆バラ1輪
一輪車
横一列に並ぶ
☆1列縦隊
一連の事件
第一に…、第二に…　第一印象　第一政一関門は突破　第一共和制　第一帝政　第一人者　第一発見者
☆第1段階　第1書記
安全第一
ご一家　一家言　一家4人
一回　一回忌　一回きり　もう一回
一獲千金
一過性
台風一過
氷山の一角
一環として
一貫生産　裸一貫で
一巻の終わり

☆全6巻の1巻目
一喜一憂
一騎打ち　一騎当千
一級品　一級の人物　第一級の品
☆1級河川　1級建築士　英検1級
一極支配　一極集中
心に染みる一曲
☆1曲歌った
一挙手一投足
一句ひねる
一計を案じる
一間飛び・トビ　一間ビラキ(囲碁)
一軒家
例の一件
一個一個
☆1個100円の品
一戸建て
ご一行
一国社会主義　一国二制度

一刻を争う　一刻一秒
一昨日　一昨年
一札入れる
一酸化炭素　一酸化窒素
一糸乱れず
一矢報いる
一式
マンションの一室
一種のやり方　果物の一種
☆1種免許
一周忌
世界(日本)一周旅行
☆トラックを1周する
一升瓶
☆酒を1升飲む
一色に染まる　白一色
一審　一審判決
一進一退
一神教
一心に　一心同体

一寸先　一寸の虫にも五分の魂
一世一元　一世一代　一世を風靡(ふうび)
戦争の一世紀
一石二鳥　一石を投じる
一席ぶつ　一席設ける
歌の一節
一線級　一線に並ぶ　一線を画す
一線を越える　横一線に
一戦を交える　伝統の一戦
☆1戦目は苦戦した
一足飛び
一村一品運動
一昼夜(丸1日の意)
☆2昼夜　3昼夜
一丁上がり
☆豆腐1丁　1丁の銃
地獄の一丁目
一朝一夕
一長一短

一直線
次の一手
一滴も飲めない　大海の一滴
☆酢を1滴垂らす
一点一画　一点突破　一点張り
☆1点差で逃げ切る
一転二転する　心機一転
一党一派　一党支配　一党独裁
☆野党第1党
一等地　一等国　勲一等（勲章）
☆1等賞　1等星
一刀彫
一頭地を抜く
一杯機嫌　一杯飲み屋
一杯食わされる　ちょっと一杯
☆1杯のワイン
一発で決める　一発勝負　一発必中
会心の一発　特大の一発
☆弾丸が1発撃たれた
一匹おおかみ

☆猫を1匹飼っている
清き一票を
☆1票の格差　1票の重み
一品料理
☆魚料理が1品
金一封
一服する　お茶を一服
一分一秒を争う
一片の良心
一歩一歩　一歩前進　一歩前進二歩後退
一歩も譲らず　一歩リード　いま一歩
復活の第一歩　歴史的な一歩
☆1歩前に出る（動作）
一方通行
一本化　一本釣り　一本調子　一本立ち　一本取られる　生一本　仕事一本やり
☆1本の鉛筆

第一声
第一線を退く
第一報
一足先に　一足違い
一汗かく
一荒れありそうだ
一泡吹かせる
一息つく　あと一息
一重まぶた
一押し　一思い　一抱え　一塊
一株株主
一皮むける
一口で言うと　一口で食べる　一口大
☆1口5万円
昭和一桁生まれ　☆1桁の成長率
一声掛ける
一言　一言もない　一言二言
青春の一こま

☆1こま漫画
一筋縄　一筋の光
一そろい
一つ　一つずつ　一つ一つ
もう一つ　万に一つ　一つ覚え　一つ屋根
一つかみ　一握りの　一突き　一続き　一寝入り　一眠り
一粒たりとも　一粒種
☆あめ玉1粒
一坪地主
一通りやってみる
☆方法は1通りか2通りだけ
一旗揚げる
一肌脱ぐ
一花咲かせる
一晩　一晩中
一筆書き
6畳一間
☆6畳2間（2間以上は洋数字）

一幕物
一回り小さい　一回りも二回りも
会場を一回り
☆1回り目は順調だった
一昔
一目会いたい　一目で分かる　一目ぼれ
一巡り
一休み
一山当てる
一人勝ち　一人旅　一人っ子　一人一人　一人二役　一人息子　一人娘
お一人
一人もいない
自分一人　ただ一人　誰一人　首相候補の一人　注目の一人
☆1人死亡2人重傷　1人平均
二の足を踏む　二の腕　二の句が継げない　二の膳　二の次　二の酉（とり）　二の舞・二の舞い　二の矢

二、三の疑問
二・二六事件
二院制
二階から目薬
☆2階建て　2階建て新幹線
中二階の役職
☆中2階の売り場
二月革命（フランス、ロシア）
二眼の生き（囲碁）
二眼レフ
二期作
二級品
二極化　二極分化　二極構造
☆2極真空管
二元化
二項対立
二言はない
二酸化硫黄　二酸化炭素　二酸化窒素
二次感染　二次災害　二次使用

二次損失　二次利用
☆2次試験　2次元　2次方程式
二者択一
☆2択問題
二重価格　二重課税　二重権力
二重構造　二重三重　二重遭難
二重奏　二重底　二重丸
☆テープを2重に巻く
二審　二審制　二審判決
二線級
二足のわらじ　二足歩行
☆2足の靴
二束三文
二大政党制
二段階選抜（入試）
☆2段階方式
二段構え
二丁拳銃
二転三転
二度あることは三度ある　二度手間

二度咲き　二度としない
☆2度の挑戦で成功
二刀流
二人三脚
☆30人31脚
二人称
同行二人
☆2人区
二年草
二杯酢
二番煎じ　二番底　二番だし
☆2番でゴール
二匹目のどじょう
二部学級（夜間）　二部授業
二部合唱
☆2部作
世論を二分する
二枚貝　二枚看板　二枚舌　二枚目
俳優
☆2枚重ね　2枚目のイエローカ

ード
二面性
二毛作
二卵性双生児
二律背反
二流
二輪車　自動二輪
二礼二拍手一礼
二重まぶた
二親
二言三言　二言目には
二つ　二つ折り　二つ裂き　二つ返
事
二つ目　うり二つ　真っ二つ
二手に分かれる
二股を掛ける
二目と見られない
二人となない　お二人
☆2人組強盗　親子2人で
二日酔い

第二の人生　第二のふるさと
第二共和制　第二組合　第二新卒
第二世銀　第二地方銀行協会　第二地銀　第二東京弁護士会　第二帝政
☆第2四半期
三六協定
三が日
三三九度
三々五々
三すくみ
三の膳
三の酉(とり)
三・一独立運動
再三　再三再四
朝三暮四
三悪　交通三悪
三温糖
三回忌
三角関係
三角関数

三角形　三角すい　三角定規
二等辺三角形
三寒四温
カメラの三脚
三業　三業地
ご三家　御三家
日本三景
維新の三傑
☆上位3傑
三権の長　三権分立　労働三権
三弦
三原色
向こう三軒両隣
非核三原則　武器輸出三原則
☆健康の3原則
日大三高　旧制三高
三国干渉
三国協商(英仏露)
三国同盟(独伊オーストリア)
三国枢軸(日独伊)

三国防共協定
☆バルト3国　インドシナ3国
三叉(さんさ)神経
三差路
三尺の童子
大和三山
三者三様　法曹三者　三者面談
☆3者会談
三種の神器
☆3種混合ワクチン
三周忌
三重苦
☆3重衝突
三女(続柄)
万歳三唱
三条大橋
三畳紀
三食昼寝付き
☆1日3食食べる
三色旗　三色スミレ

☆赤青黄色の3色
三審制
舌先三寸　胸三寸
三世の契り
☆日系3世
孟母三遷
三題ばなし
三大祭り
藤原三代
☆鎌倉3代目将軍実朝
三段飾り　三段跳び　三段腹　三段論法
新宿三丁目駅　本郷三丁目駅
☆本郷3丁目（住所）
三度がさ
三度の飯
☆1日に3度飯を食う
三度目の正直
仏の顔も三度
三頭政治

☆3頭立ての馬車
三男（続柄）
☆子供は3男2女の5人
三人官女
三人称
三人娘
☆3人の娘がいる
三人寄れば文殊の知恵
石の上にも三年
後三年の役
両三年
三羽がらす
三拝九拝
三杯酢
三半規管
三拍子そろった選手
☆3拍子のリズム
三分がゆ　三分咲き　盗人にも三分の理
三方　三方一両損

三本締め
☆3本柱
三枚肉
三枚目の役
魚を三枚に下ろす
三位一体
従三位
三面記事　三面鏡
三文の徳　三文判　三文文士
党三役
三流
三輪車　オート三輪
三割自治
三味線
三くだり半
三たび
三つ　三つ編み　三つどもえ　三つ折り　三つ指　三つ葉　三つ星レストラン
三日天下　三日坊主　三日にあげず

三日見ぬ間の桜
三日三晩
第三のビール　第三の道　第三紀
第三極　第三銀行　第三国　第三者
　第三者割当増資　第三世界　第三
セクター(三セク)　第三帝国　第三
分野商品(保険)
四の五の言わず
四囲の情勢
四角い　四角四面　四角張った
四角形
四季
四苦八苦
四散する
四肢
四捨五入
四重奏団　弦楽四重奏
四則計算
四足歩行
四天王

四斗だる
☆4斗入りのたる
大腿(だいたい)四頭筋
四半期
四半世紀
四分音符
四分六に分ける
四分五裂
平行四辺形
四方　四方八方　50センチ四方
四面楚歌(そか)
正四面体
四六時中
四六判
四字熟語　四文字熟語
四隅
四つ　四つ角　四つ葉のクローバー
四つに組む　四つんばい
四人組(文化大革命)
四間飛車

四女　四男(続柄)
四全総(第四次全国総合開発計画)
四段(囲碁・将棋)
☆柔道4段
四輪車　四輪駆動　四駆
黒四ダム
☆黒部川第4発電所
世界の四大文明
テニス四大大会
北方四島2島返還方式
五つ　五つ子　五つ星ホテル
五・一五事件
五・四運動
五七五七七
五街道
五角形
五か条の御誓文
五月人形
五月病
☆5月5日は「こどもの日」

五感
富士五湖
五穀豊穣（ほうじょう）
五山送り火　鎌倉五山
五色沼　五色豆
五指に余る
五重塔
五寸くぎ
五摂家
五線紙　五線譜
五臓六腑（ろっぷ）
五大湖　五大陸
五代目小さん
五段活用
五人組（江戸時代の制度）
五人ばやし
花の五人衆　白波五人男
五分五分　五分の星
五分がゆ　五分刈り　五分咲き
五分づき（精米）　五分の魂

五目そば
五目並べ
☆コミは5目半
五里霧中
技能五輪
五月晴れ
五月闇
五月雨
第五共和制
第五福竜丸
上六
天六
☆天神橋6丁目
六日のショウブ十日の菊
六つ　暮れ六つ
六三制　六三三四制
六地蔵
六角形
六角堂
六価クロム

六尺ふんどし　六尺棒
六尺豊かな大男
☆1間は6尺
六代目菊五郎
☆徳川6代将軍家宣
六フッ化ウラン
六分儀
六法全書
正六面体
六文銭
六根清浄
第六感
七回忌
七月革命（フランス）
七五三
七五調
七言絶句
髪を七三に分ける
北斗七星
七転八倒

伊豆七島
七堂伽藍(がらん)
七難八苦
七年戦争
七分がゆ　七分づき(精米)
七分袖
七福神
七変化
七味唐辛子
七面鳥
お七夜
七曜表
七色の虹
七草がゆ　春の七草
無くて七癖
七転び八起き
七つ　七つ道具　七つの海
七重八重
親の七光り
七不思議

初七日
七夕
八の字(を寄せる)
尺八
八分咲き
八分の出来
腹八分　村八分
八段(囲碁・将棋)
☆級は洋数字
岡目八目
近江八景
八面六臂(ろっぴ)
関八州
八丁みそ
口八丁手八丁
銀座八丁　胸突き八丁
八頭身
八宝菜
八方美人
八方破れ

八重咲き　八重桜
八つ　八つ当たり　八つ切り（サイズ）
八つ裂き　八つ口
八つ橋　八つ目ウナギ
九九
九牛の一毛
九死に一生
前九年の役
九分九厘大丈夫
九分通り
九つ
十の位
十戒
十干十二支
十指に余る
十把一からげ
十字架　十字路
十数人　十数件
十大ニュース

十台(位取り)
☆10台の車
十中八九
十人が十人　十人十色　十人並み
十年一昔
麻布十番
十分な
十重二十重
十月十日=とつきとおか
数十人
十一月革命
十二神将
十二指腸
十二単(ひとえ)
冠位十二階
皇朝十二銭
正十二面体
明治十四年の政変
十五少年漂流記
十五年戦争

十五夜
十六夜(いざよい)
十六銀行
憲法十七条(日本史)
十八銀行
二十一カ条の要求
二十四の瞳
二十四節気
二十数人
三十年戦争
三十路(みそじ)
三十三回忌
三十三間堂
三十六歌仙
三十六計逃げるにしかず
四十肩
四十にして惑わず
四十路(よそじ)
四十七士
四十八手

四十九日
五十音
五十肩
☆50の坂を越す
五十歩百歩
東海道五十三次
六十の手習い
人のうわさも七十五日
七十七銀行
八十二銀行
八十八夜
四国八十八カ所霊場
百の位
百に一つの間違い
スズメ百まで踊り忘れず
百も承知
百害あって一利なし
百獣の王
百条委員会
☆地方自治法100条

百戦錬磨
名水百選
百台(位取り)
お百度参り
百日裁判
百日ぜき
百人一首
百人力
百年河清を待つ　百年戦争　百年の計
百年の恋　ここで会ったが百年目
☆あれから100年たった
百聞は一見にしかず
百分比　百分率
日本百名山
百面相
酒は百薬の長
百葉箱
百貨　百貨店
百科事典

百か日法要
百花繚乱(りょうらん)
百鬼夜行
百発百中
百五銀行
百八つの鐘
百十四銀行
百八十度の方針転換
☆180度向きを変える
千に一つの望み
千の位
千円札　千ウォン札
千石船
千台(位取り)
千人力
千年紀
千羽鶴
千分率
千枚田
千枚漬け

千枚通し
千三つ
千里の道も一歩から
千両箱
千六本
百万長者
加賀百万石
☆石高は100万石
百万ドルの夜景
☆年俸100万ドルで契約
百万分率
一億総ざんげ

【運動用語】

一塁　一塁線　一塁塁審　一塁手
一、二塁　一、二塁間　一、三塁
打者一巡　一打逆転
一番出世　大一番　結びの一番
一人時間差
一球一球丁寧に投げる

一球入魂
一回表の攻撃
一投一打
一本足打法
一本勝負
一本背負い
一本勝ち
二塁　二塁手　二塁塁審
二塁打　二遊間　二、三塁
二ゴロ　二飛　二盗　二進
二回表2死二、三塁
二代目若乃花
二枚げり
二字口
二丁投げ
二番出世
序二段
三塁　三塁手　三塁塁審　三塁線
三遊間　三本間　三塁打
三盗　三飛（サードフライ）　三ゴロ

三者凡退　三重殺　三振
三冠王（プロ野球の打撃部門）
三冠馬（競馬クラシックレース）
三段目（相撲）
三役そろい踏み
三番げいこ
☆3番勝負
三賞（殊勲、敢闘、技能）
四球（フォアボール）
☆4球で仕留める
四死球（フォアボールと死球）
☆4四死球
四つ相撲
相四つ
上四方固め
けんか四つ
五輪（オリンピック）
冬季五輪
近代五種
東京六大学　北海道・札幌・仙台・関西・中国・広島・四国・九州六大学
東京六大学野球連盟
七種競技
☆7種目を実施
十両（相撲）
十種競技
延長十回表
☆10回を3安打に抑えた

洋数字を原則とする例

★は同様の語を漢数字にする例

0歳児（ゼロ歳児）
経度0度のグリニッジ子午線
午前0時
セ氏0度
北緯0度15分
単1形乾電池
1円硬貨　1円玉

1学期
1軍登録
★一軍の将
1号機
第1号被保険者
木枯らし1号
1次エネルギー　1次産業　1次産品
1次防
1次方程式
1次予選　共通1次試験
1次冷却材
1日当たり摂取量
1日1便
1日3食
丸1日
★一日駅長　一日中
1人区
1年が過ぎた
1年生議員

丸1年　満1年
★一年で最も寒い時期
1番人気　1番手　1番抵当
★一番前　一番勝負　一番茶
営業1部
旧東証1部上場企業
1面トップ
コート1面を使う
★一面の銀世界
1両で米8斗買えた
★一両小判
1列縦隊
★横一列に並ぶ
1浪
捜査1課
1期工事
1級河川
1級建築士
英検1級
★一級品

1個当たり重量
1親等
1対1で引き分け
キーパーと1対1になる
★両首脳が一対一で会談
1対3の割合で混ぜる
1対の置物
★好一対
4年に1度の五輪
1等賞　1等2億円
1等書記官
1等星
1等兵　1等陸佐
★一等地
1都6県
1泊旅行　1泊2日の卒業旅行
1票の格差　1票の重み
★清き一票を
1株当たり配当金
1口1万円

★一口で食べる
方法は1通りか2通りある
★一通りやってみた
1人当たり
第1管区海上保安本部　1管
第1子
第1次5カ年計画　第1次国共合作
第1次世界大戦
第1四半期
第1志望
第1種電気工事士　第1種郵便
第1小法廷
第1書記
第1陣　第1弾
第1段階
野党第1党
★第一関門　第一人者
2・1ゼネスト
2階建て
2級河川

2級建築士
2強1弱
2元方程式
2元放送
2国間関係
2次会　2次元　2次試験　2次電
池
2次リーグ　2次調査　2次放射線
★二次感染　二次災害
2乗
2進法
2世議員　在日2世　日系2世
クイーン・エリザベス2世号
ヨハネ・パウロ2世
2層構造
2代目社長
2段階
★二段階選抜（入試）
2昼夜
★一昼夜（丸1日の意）

2当1落
2頭立て
2等分する
2島返還方式
2人区
2番抵当
2部形式　2部作
★二部合唱
2本建て価格
2本立て映画
2枚重ね
2組の夫婦
片側2車線
週休2日制
第2次産業
第2次世界大戦
第2東名高速道路
英語が第2言語
旧東証2部
3LDK

単3形乾電池
3楽章
3月期決算
3月きり
3強
3兄弟　3姉妹
3勤1休
3極真空管
3軍　3軍の長　陸海空3軍
インドシナ3国　バルト3国
ベネルクス3国
郵政3事業
3次元　3次元測定機
3者会談
★三者面談
3種混合ワクチン
★三種の神器
3重衝突
3層構造
3択問題

3段式(ロケット)
3対のめおと茶わん
3点支持　3点セット
3等分
3番勝負
電源3法　労働3法
3本柱
★三本締め
3枚組みの写真
★三枚肉　魚を三枚に下ろす
3連休
前頭3枚目
★三枚目の役柄
3割打者
第3京浜
第3世代携帯電話
ベスト4
4畳半
4番打者
4強

4極通商会議　新4極
4WD
4分の3
4本柱
黒部川第4発電所
★黒四ダム
学校5日制
週5日制
富士山の5合目
5段階評価
5手詰め
5番勝負
A5判
6畳一間
6カ国協議
7番勝負
先進7カ国財務相・中央銀行総裁会議(G7)
主要8カ国(G8)
ベスト8

9・11同時テロ
9月中間決算
憲法第9条
第9交響曲　第9
10円硬貨　10円玉
10進法
10代
苦節10年
ローマ教皇ベネディクト16世
18金　24金
背番号18番
20カ国・地域（G20）
弱冠20歳
東京23区
24時間体制　24時間営業　24時間の在宅介護　24時間予想雨量　24時間フル稼働
刃渡り25センチ
30人31脚
32型テレビ

35ミリフィルム
38度線
40日抗争
週40時間制
47都道府県
40がらみの男
50の坂を越す
D51形
55年体制
99%確実
１００円ショップ
１００円硬貨　１００円玉　１００ドル札　１００元札
１００点満点の出来
１００%子会社
１００%の出来
１００年に1度の金融恐慌
人生１００年
生誕１００年
１１０番

１１９番
病原性大腸菌Ｏ１５７
ウラン２３５
３６０度のパノラマ
３６５日働きづめ
４００字詰め原稿用紙
５００円硬貨　５００円玉
男子１５００メートル自由形
2千円札
３０００メートル障害
3千メートル級の山々
5千円札
1万円札　1万ウォン札
女子1万メートル
3億円事件

助数詞の使い方

1、同一種類の事物には、なるべく同じ助数詞を使う。
2、同一種類の事物に使われる助数詞

が2種以上ある場合は、できるだけ適用範囲の広いものを使う。

3、古い助数詞、特殊な助数詞は避け、できるだけ一般的な分かりやすいものを使う。

助数詞使用の基準

【人】

人 人は「人」で数える。「名」は使わない。

例 1人死亡　3人が重傷　300人が集合　お二人さん

【動物】

匹・羽・頭 動物は「匹」で数えるのを原則とする。ただし、鳥類は「羽」で数え、大型の獣類は「頭」で数えることもある。魚類を数える「尾」はなるべく使わない。

例 ウサギ2匹　99匹の羊　数百万匹のイナゴ　マダイ1匹　スズメ3羽　100羽の鶴　乳牛5頭　数十頭の象の群れ　一匹おおかみ

注 助数詞の選択に迷う場合、また種類の異なる動物を一括して数える場合には「匹」を使う。

例 牛、豚、鶏など家畜十数匹　鳥獣100匹を捕獲

注 犬は原則として「匹」で数えるが、大型犬および警察犬・救助犬・盲導犬など社会的役割を担う犬は「頭」で数えてもよい。

【物品・物体】

個 不定形な物品・物体は「個」で数えるのを原則とする。

例 庭石3個　茶わん5個　10個のリンゴ

注 助数詞の選択に迷う物品・物体は原則として「個」で数える。

例 眼鏡、財布、たばこケース各1個　数百個の大腸菌を発見

粒 極めて小型の物品・物体には「粒」を使ってもよい。

例 一粒の麦　真珠5粒　丸薬20粒

本 形の長い物品・物体は「本」で数えるのを原則とする。

例 腰ひも1本　扇子2本　ネクタイ3本　十数本の立ち木

枚・面 平面的な物品・物体は「枚」または「面」で数える。

例 1枚の地図　油揚げ5枚　むしろ、ござなど10枚　碁盤1面　テニスコート4面　養殖池8面　二枚舌

台・基・両 機械・器具・車両・固定した施設などは「台」または「基」で数える。衛星は「個」、車両は「両」で数えることもある。

例 テレビ1台　カメラ2台　自転車3台　みこし4台　1基の墓　2基の石塔　3基のクレーン　原

子炉4基　衛星1基(個)　ガスタンク6基　8両編成の列車　戦車5両

隻・そう　船舶は「隻」で数える。ただし、小型の舟艇を「そう」で数えることもある。

例　1隻の貨物船　潜水艦2隻　3そうのボート

機　航空機は「機」で数える。

例　戦闘機30機　5機の飛行機に分乗　ヘリコプター2機

丁　主として手に持って使う器具・道具・銃器などは「丁」で数える。

例　のみ1丁　すき、くわなど5丁　小銃10丁　二丁拳銃

棟・戸・軒　建物は「棟」で数える。ただし、住居の単位としては「戸」または「軒」を使う。

例　倉庫1棟　工場など5棟　住宅21戸を全焼　床下浸水100戸　喫茶店、理髪店など4軒

点・件　種類の異なる物品・物体を一括して数える場合は、「点」または「件」を使う。

例　いす、テーブル、テレビ、カメラなど20点　衣類、時計、宝石など十数点　土地、建物3件　鳥獣の剝製15点

把・束　束ねたものを数える場合は、「把」または「束」を使う。

例　ホウレンソウ1把　線香2把　稲束5把　2束の花　二束三文

【場所・年月日】

カ　場所・国・町村・年月日などは大文字の「カ」で数える。小文字の「ヵ」や「箇」「個」は使わない。

例　2カ所　3カ国　4カ町村　5カ月　100カ条から成る法律

注　ただし、「三が日」「百か日」「五か条の御誓文」などは平仮名。

迷いやすい助数詞の例

あ行　いかだ(枚)▽遺骨(体、柱)▽いす(脚、個)▽遺体(体)▽位牌(いはい)(体、柱)▽宇宙船(機、隻)▽折り詰め(折り)

か行　絵画(点、枚)▽鏡餅(重ね)▽額(面、架)▽掛け軸(本、幅、対)▽かご(丁)▽刀(本、振り)▽蚊帳(枚、張り)▽くし(櫛)(くし)▽串刺しのもの(串)▽琴(面)▽粉薬(包、服)

さ行　ざるそば(枚)▽三味線(丁、さお)▽数珠(本、連)▽すずり(個、面)▽すだれ(張り)▽そろばん(面)

た行　大鼓(個、台、張り)▽山車(台)▽たんす(本、さお)▽ちょうちん(個、張り)▽机(台、脚)▽手袋(組、対)▽テント(張り)▽豆腐(丁)

な行　人形(個、体)▽のれん(枚、垂れ)

は行　バイオリン(丁)▽はかま(枚、

具、腰)▽箸(本、膳)▽橋(基、本)▽ピアノ(台)▽びょうぶ(台、双)▽琵琶(面)▽仏像(体)▽砲(門)▽盆栽(鉢)

ま行　幕(枚、張り、帳)▽みこし(台、丁)▽ミサイル(発、基)▽眼鏡(個)▽モーター(基)

や行　弓(丁、張り)▽よろい(組、領)

ら行　ロケット(機、発、基)

【計量単位の使い方】

新計量法の実施

1、技術革新や国際化に対応して、メートル法を基本とする国際単位系（SI）を全面的に採用した新計量法が1993年11月に施行された。

SIは1量1単位の原則に立ち、メートル（長さ）、キログラム（質量）、秒（時間）、アンペア（電流）、ケルビン（温度）、モル（物質量）、カンデラ（光度）の七つを基本単位として、72の物象について定めている。

2、新計量法が非SI単位で用途を限定して使用を認めているものに、カイリ（海面の長さ）、カラット（宝石の質量）、匁（真珠の質量）、アール（土地面積）、ノット（航海速度）、カロリー（栄養関係の熱量）などがある。

3、非SI単位のうち一定の猶予期間を置いてSI単位に移行したものがある。

①95年10月1日以降

例 ダイン（力）→ニュートン
エルグ（仕事・熱量）→ジュール

②97年10月1日以降

例 ミクロン（長さ）→マイクロメートル
サイクル（周波数）→ヘルツ
ホン（音圧）→デシベル

③99年10月1日以降

例 カロリー（熱量）→ジュール（栄養単位は除外）

表記の原則と例外

1、計量単位はメートル法により表記する。ただし、次のようなものは例外とする。

①運動種目などで国際的に決まっているもの。

例 10マイルレース　25ヤードライン

例外 経過記事などはできるだけメートル法で説明する。

②メートル法以外の計量単位による輸出入貨物も、原則としてメートル法に換算して表記する。そのまま使う場合はメートル法を丸カッコで併記する。

③船の速度、航行距離、領海などに使うノット、カイリはそのまま使う。必要な場合はキロメートルを併記する。海上距離はキロメートルで表記する。

例 200カイリの経済水域 沿岸3カイリ（5・6キロメートル） 15ノット（時速28キロメートル） 鳥島南方100キロの海上

④土地、建物の面積や、火事、水害などの被害面積はメートル法で表記するが、必要な場合は旧計量単位（坪など）を丸カッコで併記する。

⑤航空機の運航関係はメートル法で表記する。必要な場合は旧単位を併記する。

⑥工率（仕事率）の馬力はメートル法で表記する。

⑦国際取引における原油の計量（容積）はバレルを使用する。

⑧メートル法によらない数値そのものが重大なニュース要素である場合（特に科学記事）は、そのまま使用する。ただし、必要に応じてメートル法の数値を併記する。

⑨メートル法による表記だけでは理解されにくいと思われる特別の記事については、旧単位を併記してもよい。

2、メートル法による表記

①原則として単一の単位を使う。

例 (1)1メートル72または172センチ（メートル）とし、1メートル72センチ（メートル）とはしない。
(2)6・5キロ（グラム）または6500グラムとし、6キロ500グラムとはしない。
(3)1・5キロリットルまたは1500リットルとし、1キロ500リットルとはしない。

②紛らわしくない場合は、カッコ内のメートルやグラムなどを省く。

例 身長172センチ 体重63・5キロ 時速40キロ

3、主に使う単位

①長さ キロ（メートル）、メートル、センチ（メートル）、ミリ（メートル）、マイクロメートル、オングストローム、カイリ

②速度 時速○○キロ、キロ（メートル）毎時、メートル毎秒、キロ（メートル）毎秒、ノット

③重さ トン、キロ（グラム）、グラム、ミリ（グラム）、カラット

④容・体積 キロリットル、リットル、デシリットル、ミリリットル、立方メートル、立方センチ（メートル）、立方ミリ（メートル）、容積トン、バレル

⑤面積 平方キロ（メートル）、平方メートル、平方センチ（メートル）、平方ミリ（メートル）、ヘクタール、アール

⑥工率 キロワット、ワット

⑦流量（一定時間に一定箇所を流れる水の量） 立方メートル毎秒、立方メートル毎分、立方メートル毎時（以上容積）、キログラム毎秒、トン毎時（以上重さ）

⑧自然流量（ダム、調整池などの影響を除外した河川の流量によって発電できる水力発電力） キロワット
⑨光度（光源の明るさ、燭光＝しょっこう＝は使わない） カンデラ
⑩照度（光を受けている面の明るさ） ルクス
⑪周波数（サイクルは使わない） メガヘルツ、キロヘルツ、ヘルツ
⑫騒音 デシベル
⑬電流 アンペア
⑭放射能（キュリーは使わない） ベクレル
⑮線量当量（レムは使わない） シーベルト
⑯照射線量（レントゲンは使わない） クーロン毎キログラム
⑰吸収線量（ラドは使わない） グレイ
⑱繊度 デニール

4、温度のカ氏はセ氏に直す。

セ氏＝$\frac{5}{9}$（カ氏－32）

5、特に必要な場合は、一般に使われているローマ字略号（m、cm、km、g、kg、a、ha、W、kWなど）を使ってもよい。

単位の接頭語

エクサ	E	100京	10^{18}	デシ	d	10分の1	10^{-1}
ペタ	P	1000兆	10^{15}	センチ	c	100分の1	10^{-2}
テラ	T	1兆	10^{12}	ミリ	m	1000分の1	10^{-3}
ギガ	G	10億	10^{9}	マイクロ	μ	100万分の1	10^{-6}
メガ	M	100万	10^{6}	ナノ	n	10億分の1	10^{-9}
キロ	k	1000	10^{3}	ピコ	p	1兆分の1	10^{-12}
ヘクト	h	100	10^{2}	フェムト	f	1000兆分の1	10^{-15}
デカ	da	10	10^{1}	アト	a	100京分の1	10^{-18}

主な計量単位

アイユー(I.U.)　ビタミンやホルモンなどの効力を表す国際単位。

アンペア(A)　電流の大きさの単位。

LD50　薬物の毒性、致死量を表す単位。実験に使った動物の50%を死なせる薬の量。その動物の体重1キログラム当たりのミリグラム数で表す。

オーム(Ω)　電気抵抗の単位。

オングストローム(Å)　1メートルの100億分の1。光の波長などに用いる。

オンス(oz)　ヤード・ポンド法による質量単位。常用オンスは28・349グラム。貴金属、宝石用のトロイオンス、薬用オンスは31・103グラム。

カイリ(nmまたはM)　1カイリは1852メートル。緯度1分の長さに相当。海上および航空関係の1マイルは1カイリと同じ。

ガウス(GsまたはG)　磁場の強さを表す磁束密度の単位。1997年10月以降はテスラに統一。

カラット(宝石＝carまたはct、金＝KまたはKt)　宝石の質量としての1カラットは200ミリグラム、金の純度としては、純金を24Kとし、18Kは24分の18。1カラット以下の重量を表すときはポイントを使う。1ポイントは100分の1カラット。

ガル(Gal)　加速度の単位。1ガルは1センチメートル毎秒毎秒。地震動の強さを表す場合によく使う。

カロリー(Cal)　熱量の単位。1カロリーは1気圧の下で純水1グラムの温度を14・5度から15・5度まで1度上げるのに要する熱量。栄養学、生理学では一時、キロカロリー(Kcal)のことを単にカロリー(大カロリー)と呼び習わしていたが、現在ではキロカロリーを使う。報道界もキロカロリーに統一された。

ガロン(gal)　米ガロンは3・78543リットル、英ガロンは4・54596リットル。

カンデラ(cd)　光度の単位。

ケルビン(K)　温度(絶対温度)の単位。絶対温度は水の三重点(水、氷、水蒸気の共存する状態で、氷点よりも0・01度高い)と絶対0度(すべての熱運動が無くなった状態。セ氏零下273・15度)を273・15等分した目盛り。

光年　光が1年間に進む距離。約9兆4600億キロメートル。

石　玄米1石は150キログラム、小麦1石は136・875キログラム、木材1石(1尺×1尺×10尺＝10立方尺)で0・2783立方メートル。

G　重力の加速度。1Gは9・80665メートル毎秒毎秒。

COD 化学的酸素要求量。水中の有機物の汚染度を表す尺度の一つ。ミリグラム／リットルで表す。

ジュール（J） エネルギー、仕事、熱量の単位。1ニュートンの力が物体を1メートル動かすときの仕事、またはそれに相当する熱量。

震度 ある場所の地震動の強さを、建物などに対する影響度の大きさで分けたもの。1996年10月から気象庁は、震度0、1、2、3、4、5弱、5強、6弱、6強、7の10段階に改め、微震～激震の呼称を廃止した。

水素イオン指数（pH＝ピーエイチ） 酸性、アルカリ性の強度を示す指数。中性が7で、0に近づくほど酸性度が強く、14に近づくほどアルカリ度が強い。

デシベル（dB） 元来、電力の利得減衰を表す単位だが、音の強さなどを比較するのにも用いられる。騒音の場合、普通の会話は60デシベル、地下鉄車内が80デシベルで、80デシベル以上は騒音とみなされる。1997年10月からホンはデシベルに統一。

テスラ（T） 磁束密度、磁気誘導の単位。1テスラは1万ガウス。

デニール（Dまたはd） 繊維の太さの単位。糸の長さを一定（450メートル）にし、その重さが標準の重さ（50ミリグラム）の何倍あるかを示す。重さが100ミリグラムなら2倍なので2デニール。

電子ボルト（eV） エネルギーの大きさを表す単位。加速器による原子の研究などに使われる。

天文単位（AU） 天体間の距離を表す単位。1AUは地球と太陽の平均距離で、約1億4960万キロメートル。

トン（t） メートルトン。1000キログラム。他に米トン、英トンもある。船舶関係では①総トン（船の全容量を表す。主に商船に）②排水トン（船の重量を排水量で表す。軍艦に）③重量トン（英トンで表す。貨物船に）④容積トン（貨物積載量の体積）⑤純トン（貨物・旅客のみに使う船内の容積）―の5種類の単位がある。

ニュートン（N） 力の単位。質量1キログラムの物体に1メートル毎秒毎秒の加速度を生じさせる力。

ノット（Kt） 船・海流などの速さの単位。1ノットは毎時1カイリ（1852メートル）の速度をいう。

パーセント（%） 比率。百分率。千分率はパーミル（‰）という。

パスカル（Pa） 圧力の単位。1パスカルは1平方メートルの面積に1ニュートンの力が作用するときの圧力。

馬力 工率（仕事率）の単位。1馬力は日本でも一般に使っているメートル馬力(仏馬力・PS)で735・5ワット、英馬力(HP)で745・7ワット。

バレル(barrel) 1バレルは石油で159リットル。18リットル入り灯油缶で約9缶。

BOD 生物化学的酸素要求量。水中の有機物の汚染度を表す尺度の一つ。汚水処理では最も重要な指標。ミリグラム／リットルで表す。

ppm 100万分の1。

ppb 10億分の1。

ビット(bit) コンピューター情報量の最小単位。0か1かという2進法の数字1桁が1ビットで、アルファベット1文字は約4・7ビットの情報量を持っている。8ビットを1バイト(byte)という。

俵 1俵は4斗(72・156リットル)、現在は米1俵60キログラム。

不快指数(DI) 蒸し暑さを示す指数。70以上では一部の人が、75以上では半数が、80以上ではほぼ全員が不快を感ずる。

ブッシェル(bu) ①重量単位の1英ブッシェル＝62ポンド＝28・123キログラム、1米ブッシェル＝60ポンド＝27・216キログラム②容積単位の1英ブッシェル＝8ガロン＝36・3677リットル、1米ブッシェル＝9・31ガロン＝35・2383リットル。

ヘクトパスカル(hPa) 世界気象機関(WMO)の決定に基づき、従来のミリバールに代わって1984年7月から使われるようになった気圧の単位。1ヘクトパスカルは1ミリバール。

ヘルツ(Hz) 振動数・周波数の単位。1秒間の振動数で表す。サイクルは古い言い方。

マイクロメートル(μm) 1ミリメートルの1000分の1。1997年10月からミクロンはマイクロメートルに統一。

マイル(M) ヤード・ポンド法による距離の単位。陸上では1マイル＝1609メートル、海上と航空関係では1マイル＝1852メートルで1カイリと同じ。

マグニチュード(M) 地震の大きさを表す単位。M7以上を大地震、M5以上7未満を中地震、M3以上5未満を小地震、M1以上3未満を微少地震、M1未満を極微少地震という。1923年の関東大震災はM7・9、95年の阪神・淡路大震災はM7・3。

マッハ(Mまたはmach) 音速に対する速度比。マッハ1・5は音速の1・5倍。

ミリアトムセンチ(matmcm) オゾン全量の単位。観測地点の大気の全層に含まれるオゾンを集めて、セ氏1度、1気圧(atm)にしたときの厚さ。cmで表した数値を1000倍にした値で表示する。

ルクス(lx) 照度の単位。

ロット（lot） 工業製品の製造単位。原料、工程、時期が同一の製品を1ロットという。

ワット（W） 工率、電力の単位。電圧1ボルトで1アンペアの電流が流れた場合、毎秒消費されるエネルギーが1ワット。1ワットの仕事率で1時間の仕事をしたときの量を1ワット時という。発電所の設備容量はキロワット（kW）、電力の生産実績はキロワット時（kWh）で表す。

放射線関係

SWU 分離作業単位。天然ウラン濃縮の際に必要となる仕事量（濃縮能力）を表す単位。100万キロワット級の原発が年間必要とする濃縮ウランは約19トンで、必要な分離作業量は約122トンSWUといわれる。

クーロン毎キログラム（C／kg） 放射線の照射量を表す単位。エックス線、ガンマ線に限って用いられる。放射線が空気を電離して電気を帯びさせる作用の強さを表す。1クーロン／キログラムは3876レントゲンに当たる。

グレイ（Gy） 人や物質が浴びた放射線の量（吸収線量）を表す単位。ラドに代わって採用。1グレイは100ラド。

シーベルト（Sv） 放射線の吸収線量を人体や生物に与える生物学的効果（危険度）で見た量（線量当量）の単位。レムに代わって採用。1シーベルトは100レム。

人シーベルト（manSv） 放射線の被ばく者数と被ばく線量の積。100人が1人当たり平均1シーベルトの放射線を浴びれば、総量は100人シーベルトとなる。

ベクレル（Bq） 放射能の単位。原子核の壊変（崩壊）数が毎秒1個の放射能を1ベクレルという。壊変毎秒ともいう。従来のキュリーに代わって1989年4月から採用。1キュリーは370億ベクレル。1ベクレルは27ピコキュリー。

気象庁の震度階級

震度0 人は揺れを感じないが、地震計には記録される。

震度1 屋内で静かにしている人の中には、揺れをわずかに感じる人がいる。

震度2 屋内で静かにしている人の大半が、揺れを感じる。眠っている人の中には、目を覚ます人もいる。電灯などのつり下げ物が、わずかに揺れる。

震度3 屋内にいる人のほとんどが、揺れを感じる。歩いている人の中には、揺れを感じる人もいる。眠っている人の大半が、目を覚ます。棚にある食器類が音を立てることがある。電線が少し揺れる。

震度4 ほとんどの人が驚く。歩いている人のほとんどが、揺れを感じる。眠っている人のほとんどが、目を覚ます。電灯などのつり下げ物は大きく揺れ、棚にある食器類は音を立てる。据わりの悪い置物が、倒れることがある。電線が大きく揺れる。自動車を運転していて、揺れに気付く人がいる。

震度5弱 大半の人が、恐怖を覚え、物につかまりたいと感じる。電灯などのつり下げ物は激しく揺れ、棚にある食器類、書棚の本が落ちることがある。据わりの悪い置物の大半が倒れる。固定していない家具が移動することがあり、不安定なものは倒れることがある。まれに窓ガラスが割れて落ちることがある。電柱が揺れるのが分かる。道路に被害が生じることがある。

震度5強 大半の人が、物につかまらないと歩くことが難しいなど、行動に支障を感じる。棚にある食器類や書棚の本で、落ちるものが多くなる。テレビが台から落ちることがある。固定していない家具が倒れることがある。窓ガラスが割れて落ちることがある。補強されていないブロック塀が崩れることがある。据え付けが不十分な自動販売機が倒れることがある。自動車の運転が困難となり、停止する車もある。

震度6弱 立っていることが困難になる。固定していない家具の大半が移動し、倒れるものもある。ドアが開かなくなることがある。壁のタイルや窓ガラスが破損、落下することがある。

震度6強 立っていることができず、はわないと動くことができない。揺れに翻弄(ほんろう)され、動くこともできず、飛ばされることもある。固定していない家具のほとんどが移動し、倒れるものが多くなる。壁のタイルや窓ガラスが破損、落下する建物が多くなる。補強されていないブロック塀のほとんどが崩れる。

震度7 立っていることができず、はわないと動くことができない。揺れに翻弄(ほんろう)され、動くこともできず、飛ばされることもある。固定していない家具のほとんどが移動したり倒れたりし、飛ぶこともある。壁のタイルや窓ガラスが破損、落下する建物がさらに多くなる。補強されているブロック塀も破損するものがある。

【敬語の使い方】

1、敬語はできるだけ平明・簡素な使い方をし、過剰にならないよう注意する。

2、「お」「ご」について

【付けてよい場合】

①相手の物事を表す「お」「ご」で、それを言い換えると「あなたの」という意味になるような場合

例 お体を大切に

②尊敬の意を表す場合

例 陛下のお話　殿下のご出席

③慣用が固定している場合

例 おはよう　おかず　ご飯　ご苦労さま　おいでになる　ご覧になる

④自分の物事ではあるが、相手の人に対する物事である関係上、それを付けることに慣用が固定している場合

例 お礼を差し上げます　お願い　お(ご)返事　ご報告

【省ける場合】

次の言葉は「お」を省いてもよい

例 (お)茶　(お)菓子　(お)茶わん　(お)ひる

注 新聞記事では、「お」は付けない。

【付けてはいけない場合】

例 (ご)芳名　(ご)令息　(ご)調査された〈「調査された」または「ご調査になった」が正しい〉

3、動作の敬語法について

①助動詞「れる」「られる」を使う型

例 書かれる　受けられる

②「お＋動詞連用形＋になる」の型

例 お書きになる　お受けになる

注 「お書きになられる」「お受けになられる」は過剰敬語。「お書きあそばす」「お受けあそばす」も原則として使わない。

〈敬称の使い方は「敬称の書き方」参照〉

【皇室用語】

皇室に対しては、原則として敬称、敬語を使用する。

1、敬称について

皇室典範とその特例法では、天皇、皇后、上皇、上皇后、太皇太后（先々代の天皇の皇后）、皇太后は「陛下」、それ以外の皇族は「殿下」と定めているが、表記に当たっては、以下の点に留意する。

▽天皇陛下、皇后陛下＝敬称は「陛下」が正式だが、皇后は通常「皇后さま」とする。「令和天皇」「天皇さま」は使用しない。歴代の天皇との混同を避けたい場合は「今の陛下」「現在の陛下」などと表記する。

▽天皇、皇后両陛下＝繰り返し出てくる場合は「両陛下」でもよい。「天皇ご夫妻」とはしない。

▽上皇陛下、上皇后陛下＝敬称は「陛下」が正式だが、通常は「上皇さま」「上皇后さま」とする。改まった場合などに「上皇后美智子さま」としてもよい。お二人の場合は「上皇ご夫妻」「上皇さまと上皇后さま」とする。「平成天皇」は贈り名であるから、生前は使わない。

▽皇太子殿下＝皇位継承順第1位で、天皇家の長男に当たる皇太子は令和皇室にはいない。

▽秋篠宮皇嗣殿下＝皇嗣（こうし）は、皇位継承順第1位の皇族を指す。平成の時代と変わらず、改まった場合は「秋篠宮文仁親王殿下」、通常は「秋篠宮さま」。皇位継承順第1位であることを示す必要がある場合は「皇嗣秋篠宮さま」。妃殿下は「秋篠宮妃紀子さま」。お二人の場合は「秋篠宮ご夫妻」「秋篠宮さまと紀子さま」など。

▽その他の皇族＝改まった場合は「殿下」、通常は「さま」。

▽一つの原稿に多数の皇族が出てくる場合＝その原稿でメインの皇族にのみ敬語を使う。

【次の場合は敬称を付けない】

①天皇、皇后を死後の「贈り名」で呼ぶ場合。

例「昭和天皇」「香淳皇后」

②法制上の身分を表す場合。

例「天皇は国の象徴である」「皇太子夫妻時代の天皇、皇后両陛下」

③見出しなど簡潔を要する場合。

例「天皇お言葉」

2、敬語について

①敬語は過剰にならないようにし、基本、記事冒頭の動詞に1回付けるだけにする。特に二重敬語は避ける。

例 ご一緒に乗車される→一緒に乗車される　ご出席される→出席される

②文章の末尾を、「された」「される」などの敬語で受ける場合は、前段の敬語は原則として省略する。

〔良くない例〕国体開会式ご出席のため、千葉県をご訪問中の天皇、皇后両陛下は○日、同県立美術館をご視察になり、絵画や彫刻などをご覧になった。

〔正しい例〕国体開会式に出席のため、千葉県を訪問中の天皇、皇后両陛下は○日、同県立美術館を視察し、絵画や彫刻などを鑑賞された。

③外国王室については、原則として敬語は使わない。ただし、外国の王室関係者が天皇、皇后と会見したり、行動を共にしたりした場合などは、皇室に合わせ敬語を使うときもある。

3、皇室用語の言い換え

皇室だけに使われる特別な敬語や用語は、やさしい言葉に言い換える。

例 お召し列車→特別列車▽お召し機→特別機▽御料車→車▽参内する→皇居を訪れる、皇居に入る▽拝謁、謁見→面会▽内奏、上奏→説明、報告▽引見、接見→会見、動詞の場合は「会見される」「会われる」▽勅使→天皇陛下の使者▽御製→天皇陛下の歌、天皇陛下の和歌▽晩さん会→国賓を迎えて皇居で行う夕食会の場合は「晩さん会」、一般的には「夕食会」▽午さん会→昼食会▽祭粢料（さいしりょう）→供物料▽行幸啓、行幸→旅行、訪問▽臣籍降下→皇籍離脱、皇族の身分を離れる▽崩御→昭和天皇の死去の際は、宮内庁の発表文や皇室典範条文の「天皇が崩じたとき」を根拠に各紙とも「崩御」を見出し、本文に使った。しかし、崩御は中国古典で「時空を超えた支配者の死」という意味で使われており、国民主権を原理とする象徴天皇制にはふさわしい表現ではない。昭和天皇の独特の歴史的性格が「崩御」に込められていたが、平成以降に即位した天皇と性格を異にしている。今後の天皇、上皇の死去の際には、「崩御」は使わず、「ご逝去」を使う。天皇、上皇以外の皇室メンバーについては「逝去」「亡くなられた」とする。▽御陵（ご陵、陵）↓天皇、皇后、上皇、上皇后、太皇太后、皇太后の墓で、「陵」とする。その他の皇族の場合は「墓」とする▽践祚（せんそ）↓即位

4、そのほかの留意点

①天皇は皇族ではないので、皇族と混同しないようにする。皇族に子どもが誕生し、天皇と皇族の人数を書く場合、「天皇陛下をはじめとする皇族の数は、これで○人となった」という表記は間違い。「天皇陛下をはじめとする皇室メンバーの数は、これで○人となった」「これで皇室構成員の数は、○人となった」などとする。

②「御」は常用漢字表で「ご」と読むが、固有名詞以外はなるべく「ご」と平仮名書きにする。

③敬称の「様」は、皇族の場合は「さま」と平仮名書きにする。

資料編

【外来語の書き方】

外来語と表記

外来語とは、主として欧米語から国語に取り入れられた言葉を指す。大別すると、次の4種類がある。

①古くから使われて日本語化し、外国語と感じさせないもの（たばこ、かっぱ、きせるなど）

②外来語の意識は残るが、日常的に使われ、原語に関係なく表記が固定化したもの（ガラス、コーヒー、ハンカチ、ラジオなど）

③外国語の感じを多分にとどめているもの（エンターテインメント、バイタリティーなど）

④和製語（ガソリンスタンド、デイサービス、ナイターなど）

このうち①は平仮名で書き、②③④は片仮名で書く。②は慣用表記に従う。③は原音に近く、日本人に読みやすい標記を用いる。

一般化していない外来語は、極力使わない。新しい概念などを表す語で、日本語に適当な言い換えがないものをやむを得ず使用する場合には、語の前に説明文を入れたり、注釈を付けたりする。

表記の基準

（この表記の基準は、日本新聞協会「外来語の書き方」（2022年3月18日）を基に定めた）

1、「ヰ、ヱ、ヲ、ヂ、ヅ」は使わない。

例外 チヂミ

2、「ヴァ、ヴィ、ヴ、ヴェ、ヴォ、ヴュ」は使わず、「バ、ビ、ブ、ベ、ボ、ビュ」で表す。

例 バイオリン、デリバリー、ダイビング、ウエーブ、ベール、ボーカル、レビュー

3、はねる音「ン」、つまる音「ッ」は、原音ではっきりしているもの以外は省略する。ただし、外来語として一般化しているものはそれに従う。

例 イニング、ココナツ、スパゲティ、ファクス、ルクス（照度）

例外 アットホーム、アップリケ、チャンネル、ハンマー、ルックス（容姿）

4、長音は、長音符号「ー」で表し、母音字を重ねたり、「ウ」を用いたりしない。

例 アーカイブ、インストール、ツール

5、原音で二重母音の「エイ、オウ」は、長音での慣用が固定している語を中心に長音符号「ー」で表し、母音で表記するのが一般的な語は「エイ、オウ」と書く。

長音の例　エージ（グループ）、オーナー、メーデー、メード・イン・ジャパン、レーン〔車線〕

母音の例　エイジングケア、オウンゴール、デイサービス、ノウハウ、メイド〔家事手伝い〕、メイン、レイン〔雨〕

例外　ステンレス

6、原語（特に英語）の語尾の-er、-or、-arなどは、長音符号「ー」で表すのを原則とする。

例　オブザーバー、インジケーター、レギュラー

例外　エンジニア、ジュニア、ギア

7、原語の語尾の-yは、原則として長音符号「ー」で表す。

例　アクセサリー、マホガニー、レパートリー

例外　サンクチュアリ、ペイ

8、イ列、エ列の音の次の「ア」は「ヤ」と書かずに「ア」と書くのを本則とする。

アカシア、カナリア、スペア、ウエア

例外　カシミヤ、コンベヤー、ロイヤルティー

9、原音で「シェ、ジェ」の音は、慣用の固定しているものを除き、「シェ、ジェ」で表す。

例　シェパード、エージェント、ジェネレーション、ジェントルマン

例外　ミルクセーキ、エンゼル、ゼネラル、ゼリー

10、原音で「ティ、ディ、テュ、デュ」の音は、慣用の固定しているものを除き、「ティ、ディ、テュ、デュ」で表す。

例　オーソリティー、パーティー、コスメティック、カーディガン、キャンディー、コンディション、ディナー、プロデューサー

例外　モチーフ、ロマンチック、アイデア、イリジウム、ジレンマ、チューブ、ジュース〔運動用語〕

11、原音で「フュ」の音は、慣用の固定しているものを除き、「フュ」で表す。

例　フュージョン、フューチャー

例外　ヒューズ

12、原音で「トゥ、ドゥ」の音は「ト、ド」または「ツ、ズ」で表す。

例　トレーナー、トロフィー、ドライバー、ツーリスト、ワンツーパンチ

例外　タトゥー、トゥデー

13、原音で「ウィ、ウェ、ウォ」の音は、

慣用が固定している語を中心に「ウイ、ウエ、ウオ」と書き、原音に近く書き表す場合は「ウィ、ウェ、ウォ」と書く。

「ウイ、ウエ、ウオ」の例　ウイット、ウインドー、ウエーブ、ウオーター

「ウィ、ウェ、ウォ」の例　ウィンウィン、ハロウィーン、アウェー（サッカーなどに使われる場合）、ウェブ、ウォーズ

例外　サンドイッチ、スイッチ、スイング、スエット

14、原音で「クァ、クィ、クェ、クォ」の音は「カ、キ、ケ、コ」または「クア、クイ、クエ、クオ」と書く。

例　スカッシュ、キルティング、イコール、クイーン、スクエア、クオーター

例外　クォーク（素粒子の構成要素）

15、語尾の-umは、なるべく「ウム」と書く。特に元素名はすべて「ウム」と書く。

例　アルミニウム、サナトリウム、シンポジウム、ストロンチウム、リノリウム、ラジウム

例外　コロシアム、スタジアム、プレミアム、ミュージアム

16、語尾が-tureの語は、原則として「チャー」で表す。

例　カルチャー、ジェスチャー、フィーチャー、ピクチャー

例外　カリカチュア、ミニチュア

17、2語から成る複合語には、原則として語間に中点「・」を付けない。ただし、判読に困難な場合などは、この限りではない。

例　ウオーミングアップ、アーティスティックスイミング

例外　シンガー・ソングライター

18、3語以上から成る複合語には、原則として語間に中点を付ける。ただし、それぞれの語の独立性が希薄で、判読に困難がない場合には中点を省略してもよい。

例　ケース・バイ・ケース、メード・イン・ジャパン

例外　アップツーデート

19、片仮名の地名・人名などの固有名詞と、一般外来語とが複合する場合は、その間に「・」を入れて区別をつける。ただし、固有名詞としての意識がすでに薄れている場合には、この限りではない。

例　ノーモア・ヒロシマ

例外　ディーゼルエンジン、デビスカップ

外来語表記集

掲載語はすべて、そのまま使ってよいというわけではない。一般に定着したとは言い難い語、専門用語に類するものも含まれている。こうした語については、適切な説明文を付けたり、日本語に言い換えたりするなどの工夫が必要だ。

語尾の（ ）内は複合語、派生語の例、〈 〉内は補足説明。

【ア】

アーカイブ〈保存記録（庫）〉
アーキテクチャー
アーケード
アーティスティック
　スイミング
アーティスト

アールデコ
アールヌーボー
アイコン
アイコンタクト
アイシャドー
アイデア
アイデンティティー
アイロニー
アウェー

アウトソーシング
アウトドア
アウトプット
アウトライン
アウトレット（モール）
アカウンタビリティー〈説明責任〉
アカシア
アカデミー
アカペラ
アクシデント
アクション
アクセサリー
アクセス
アクティブ
アグリーメント
アグレマン〈同意、承認＝外交用語〉
アゲイン

アゲンスト
アコースティック（ギター）
アコーディオン
アザレア
アジェンダ〈計画、課題〉
アジテーション
アスファルト
アスリート
アスレチック（ス）
アセスメント〈環境影響評価、事前評価〉
アダージョ
アタッシェ（ケース）
アダプター
アットホーム
アップグレード

アップリケ
アドバイザー
アドバルーン
アドバンス
アドバンテージ
アドベンチャー
アトランダム
アドリブ
アナーキー
アナキスト
アナクロニズム、アナクロ
アナリスト
アナログ
アニメーション、アニメ
アパルトヘイト〈人種隔離〉
アパレル
アバンギャルド

アピール
アフターケア
アフターサービス
アフタヌーン（ティー）
アペリティフ
アベレージ
アボカド
アポストロフィー
アボリジニ
アマチュア（リズム）
アミューズメント〔娯楽、遊技〕
アムネスティ（・インターナショナル）
アメーバ
アメシスト
アメニティー
アラー

アラカルト
アラモード
アリア
アルファ（線）
アルファベット
アルミニウム
アルミホイール〔自動車部品〕
アルミホイル〔台所用品〕
アレルギー
アロマセラピー〔仏語はアロマテラピー〕
アンダーウエア
アンダーパー
アンチエイジング
アンチテーゼ
アンツーカー
アンティーク

アンパイア
アンペア
アンモニア

【イ】

イージーオーダー
イースタン・リーグ
イエロー（カード）
イコール
イコライザー
イスラム
イデオロギー
イニシアチブ
イニシャル
イノベーション〔革新、技術革新〕
イベント
イミテーション
イメージ
イヤホン

イヤリング
イラストレーター
イリジウム
イルミネーション
イレギュラーバウンド
インキ、インク
インサイダー
インジケーター
インストール
インスリン
インセンティブ〔動機付け〕
インターセプト
インターチェンジ
インターナショナル
インターネット
インターバル
インターフェア
インターフェース

インターフェロン
インターホン
インターン（シップ）〔就業体験〕
インタビュアー
インタビュー
インタラクティブ〔双方向性〕
インテリ（ゲンチア）
インテリア
インテリジェンス
インテリジェント（ビル）
インドア（ゲーム、スポーツ）
インバーター
インパクト
インフォメーション
インフラストラクチャー、インフラ

インフレーション、インフレ
インボイス

【ウ】

ウイークデー
ウイークポイント
ウイークリー
ウイスキー
ウイット
ウイニング（ショット）
ウイルス
ウィンウィン
ウインカー
ウインク
ウインター（スポーツ）
ウインチ
ウインド〔風〕
ウィンドウズ〔商標名。パソコンの基本ソフト〕
ウインドー〔窓〕
ウインドブレーカー
ウインナ（コーヒー、ワルツ）
ウインナー（ソーセージ）
ウーロン茶
ウエア
ウエアラブル
ウエーター
ウエート
ウエートレス
ウエーバー〔制、方式〕
ウエーブ
ウエスタン
ウエスタン・リーグ
ウエスト〔腰回り〕
ウエストボール〔野球など〕
ウエットスーツ
ウエディングドレス
ウエハー
ウエハース〔菓子〕
ウェブ〔サイト〕
ウエルカム
ウオーキング〔シューズ〕
ウォーズ
ウオーター
ウオーミングアップ
ウォームビズ
ウオッカ
ウオッチ
ウオッチャー
ウスターソース
ウラン、ウラニウム

【エ】

エアゾール〔噴霧式薬剤〕
エアドーム
エアバッグ
エアブレーキ
エアメール
エアロゾル、エーロゾル〔浮遊微粒子〕
エアロビクス
エイジングケア
エイズ
エージ〔グループ〕
エージェンシー
エージェント
エース
エープリルフール
エキサイト
エキシビション
エキストラ
エキスパート
エキゾチシズム
エキゾチック
エクササイズ
エクスプレス
エグゼクティブ
エコロジー、エコ
エスカレーター
エスカレート
エステティシャン
エステティック（サロン）、エステ
エスニック
エチュード
エチル（アルコール）
エックス線、X線
エッセイスト
エッセー
エッセンス

エディター
エトランゼ
エネルギー
エポキシ樹脂
エリア
エルニーニョ（現象）
エレクトロニクス
エレベーター
エロチシズム
エロチック
エンゲージ（リング）
エンサイクロペディア
エンジニア
エンゼル
エンゼルフィッシュ
エンターテイナー
エンターテインメント
エンタープライズ
エントリー

【オ】

オイル（シェール、ショック、ダラー）
オウンゴール
オーガニゼーション
オーガニック
オークション
オーソドックス
オーソリティー
オーダーメード
オーディオ
オーディション
オーデコロン
オートクチュール
オードブル
オートマチック
オートミール
オートメーション
オーナー
オーバーラップ
オーバーラン
オーバーローン
オーボエ
オール・オア・ナッシング
オールスターキャスト
オールマイティー
オキシダント
オクターブ
オゾン（ホール）
オピニオン
オファー
オフィシャル
オフィス
オブザーバー
オフシーズン
オブジェ
オフショア市場
オプション
オプチミスト〔楽天家〕
オフリミット
オペレーター
オポチュニスト〔日和見主義者〕
オランウータン
オリエンテーション
オリエンテーリング
オリジナリティー
オルタナティブ
オンエア
オンデマンド
オンパレード
オンブズマン
オンライン

【カ】

カーキ色
カーソル
カーチェイス
カーディガン
ガーデニング
カートリッジ
カーナビゲーション、カーナビ
カーニバル
カーネーション
カーバイド
カーフェリー
ガイドライン〔運用指針、指標、手引〕
カウボーイ
カウンセラー
カウンター
カクテル

カシミヤ
カジュアルウエア
カスタード（プディング）
カスタマイズ
ガッツポーズ
カッティング
カドミウム
カトリック
カトレア
カナリア
ガバナンス〔統治、支配、管理〕
カバリング
カフェ（オレ、テリア、バー）
カプチーノ
カムバック
カムフラージュ
カラフル
カリカチュア
カリキュラム
カリフラワー
カルシウム
カルチャー
カルテット
カルテル
ガレージ
カロテン
カンツォーネ
カンバス、キャンバス〔画布など〕
ガンマ〔線〕

【キ】

ギア
キーパーソン
キーポイント
キーホルダー
キウイ（フルーツ）
キオスク〔売店。ＪＲ東日本を除くＪＲの駅構内売店は「キヨスク」〕
キス
ギタリスト
キチン〔カニの甲羅などに含まれる物質〕
キッチン〔台所〕
ギブ・アンド・テーク
ギプス
キャスチングボート
キャスティング〔釣り、配役〕
キャッシュディスペンサー
キャッチ（コピー、フレーズ）
ギャップ
キャディー（バッグ）
キャパシティー
キャビア
キャビネ
キャビン
キャブレター
ギャラリー
ギャランティー、ギャラ
キャリア〔経歴など〕
キャリアー〔保菌者、輸送関係〕
キャリアバッグ
キャンディー
キャンバス、カンバス〔画布など〕
キャンパス〔学園〕
キャンプファイア
キャンペーン
キュービスム、キュービズム
キューピッド
キュレーター
キュロット（スカート）
ギョーザ
キルティング

【ク】

グアバ
クアハウス
クイーン
クーデター
クーリングオフ
クエーカー〔キリスト教の一派〕
クエスチョンマーク
クォーク〔学術用語〕
クオータ（制）〔割り

当て〕
クオーター〔4分の1〕
クオータリー
クオーツ
クオリティー(ペーパー)
クライアント
クライマックス
グラウンド
クラシック
クラス(メート)
グラスファイバー
グラデーション
グラビア
グラブ、グローブ
グラフィック(ス)
グラフィティ
グランドソフトボール〔障害者の野球〕

グランドデザイン〔全体構想〕
グランプリ
クリア
クリアランス(セール)
クリーニング
クリーンアップ
グリーンピース〔青えんどう、環境保護団体名〕
クリエーティブ
クリスマス(イブ、ツリー)
クリニック
クルー
グレー
クレーター
グレード(アップ)
クレープ

クレーム
クレジット
クレソン
クレバス
クレヨン
クローズアップ
クローゼット
クローバー
グローバリゼーション
グローバル(スタンダード)
グローブ、グラブ
クローン
クロスゲーム
クロスワードパズル
クロッカス
グロッギー
クロマニョン人
クロム

クロロホルム
クロワッサン

【ケ】

ケアマネジャー〔介護支援専門員〕
ゲイ
ケージ〔籠〕
ゲージ〔測定機器、軌道の幅〕
ケーススタディー
ケース・バイ・ケース
ケータリング
ゲート(ボール)
ケービング
ケーブル(カー、テレビ)
ゲルマニウム

【コ】

コア
コーチ、コーチャー
コーチスボックス
コーディネーター
コーティング
コーデュロイ
コードレス
コーナー
コーナリング
コーヒー(ブレーク)
コーポラティブ(ハウス)
コーポレーション
コールタール
ゴールデンウイーク
ゴールデンレトリバー

コールレート
コーンフレーク
コケティッシュ
ココナツ
ゴシック
コスチューム
コスト（ダウン）
コスメティック
コックピット
コットン
コテージ
コニャック
コミッション
コミューター
コミューン
コミュニケ
コミュニケーション
コミュニスト
コミュニティー
コメディー

コメンテーター
コラージュ
コラボレーション、
　コラボ
コロシアム
コンクリートミキサー
コンサーバティブ
コンシェルジュ
コンセプト
コンセンサス
コンソーシアム
コンチェルト
コンチネンタル
コンツェルン
コンディション
コンテナ
コンデンサー
コンテンツ〔内容〕
コンドミニアム

コンバーター
コンパクト（ディスク）
コンパチブル
コンビーフ
コンビナート
コンビニエンスストア、コンビニ
コンビネーション、コンビ
コンピューター（グラフィックス）
コンプライアンス〔法令順守〕
コンプレッサー
コンペティション、コンペ
コンベヤー
コンボイ
コンポーネント（ステレオ）、コンポ
コンマ

【サ】

サーキット
サーディン
サーバー
サービス
サーベイランス
サーロイン（ステーキ）
サイエンティフィック
サイクロン
サイト
サイネリア、シネラリア
サイバー（ビジネス）
サイバネティックス

サイボーグ
サイホン
サウンドトラック
サクスホルン
サクソフォン、サックス
サジェスチョン〔示唆、提言〕
サッシ
サディスティック
サディスト
サテライト
サナトリウム
サバイバル
サファイア
サファリ（ラリー）
サブリミナル（効果、広告）
サプリメント〔栄養補助食品〕

サボタージュ
サボテン
サマータイム
サムネイル
サラダボウル
サラブレッド
サリチル酸
サルビア
サルファ剤
サルベージ
サンクチュアリ
サンドイッチ
サンバイザー

【シ】

ジアスターゼ
シースルー
ジーパン
シーベルト〔単位〕
シームレス（パイプ）
シーリング〔概算要求基準〕
シーレーン〔海上交通路〕
ジーンズ
シェア
シェイプアップ
シェーカー
シェード
シェービングクリーム
ジェスチャー
ジェット（エンジン）
ジェネレーション
ジェノサイド
シェパード
シェルター
ジェンダー
ジェントルマン
シオニズム
ジオラマ
ジグソーパズル
シシカバブ
システマチック
システンパー
（筋）ジストロフィー
シチュー
シチュエーション
シック
シティー
シナジー〔相乗効果〕
シニア
シネラリア、サイネリア
シビア
ジビエ〔野生動物の肉〕
シビリアンコントロール〔文民統制〕
ジフテリア
シフト
シミュレーション
ジャージー
ジャーナリズム
シャーマニズム
シャーマン
ジャカード
シャシー
ジャッキ
シャッター
シャドーキャビネット〔影の内閣〕
シャトル
シャベル
シャンツェ
シャンデリア
ジャンパー
シャンパン
ジャンル
シュア
シュークリーム
ジュース〔果汁、テニスなど〕
シューマイ
シュールレアリスム
ジュエリー（デザイン）
ジュエル
ジュニア
シュノーケル
シュプレヒコール
ジュラルミン
ジョイスティック
ジョイントベンチャー
ショー（ウインドー）
ショートステイ〔短期の入所介護〕
ジョギング
ショッピング

ショベルカー
ショルダーバッグ
シリアス
シリアル
シリコーン〔ケイ素樹脂〕
シリコン〔ケイ素〕
シルエット
ジルバ
シルバー（エージ、シート）
ジレンマ
シンガー・ソングライター
ジンギスカン〔鍋〕
シンクタンク
シンジケート
ジンジャー（エール）
シンドローム
シンフォニー
シンポジウム

【ス】

スイーツ
スイート（ホーム、ポテト）
スイートピー
スイートルーム〔続き部屋〕
スイッチ
スイミング（クラブ、プール）
スイング
スーパー
スエー（イング）
スエード
スエット（スーツ）
スカイダイビング
スカウト〔人材発掘ーボーイスカウト）
スカッシュ
スカラシップ
スキーム〔計画、体系、枠組み〕
スキャナー
スキューバ（ダイビング）
スクエア（ダンス）
スクラップ・アンド・ビルド
スクランブル
スクランブルエッグ
スクリーニング
スケート（ボード）
スケープゴート
スケール
スケジュール
スケルツォ
スケルトン
スコア（ボード）
スコール
スタグフレーション
スタジアム
スタジオ
スタッドレスタイヤ
スタディー
スタンドプレー
スチーム
スチール
スチューデント
スチルカメラ
スツール
スティック
ステーキ
ステージ
ステータス
ステートメント
ステッキ
ステップ・バイ・ステップ
ステディー
ステレオタイプ
ステンドグラス
ステンレス
ストア
ストーカー
ストーリー
ストック
ストップウオッチ
ストライキ、スト
ストラテジスト
ストレート
ストレッチャー
ストロベリー
ストロンチウム
スニーカー
スノーモービル
スパゲティ
スパナ

スピーディー
スプリンクラー
スプレー
スペア
スペース
スペクタクル
スポークスマン
スポーティー
スマートグリッド〔次世代電力網〕
スマートフォン、スマホ
スマッシュ
スムーズ
スモック〔服〕
スモッグ〔ばい煙〕
スライディング
スリークオーター
スリーブ
スリッパ

スリップ
スレート
スロープ
スローモーション
スロットル

【セ】

セーター
セーフティー（ネット、バント）
セーラー〔服〕
セカンドオピニオン
セキュリティー
セクシー
セクシュアルハラスメント、セクハラ
セツルメント
ゼネラル（マネジャー）
ゼネラルコントラクター、ゼネコン

ゼネラルストライキ、ゼネスト
セピア
セミナー、ゼミナール、ゼミ
ゼラチン
ゼラニウム
セラミック（ス）
ゼリー
セレナーデ、セレナード
ゼロ（エミッション、オプション、シーリング）
ゼロサム（ゲーム）
セロハン
セロリ
センサー〔感知器〕
センサス〔全数調査〕

センセーション
センチメンタル
セントラル（キッチン、ヒーティング）

【ソ】

ソウル（ミュージック）
ソーシャリズム
ソーシャルワーカー
ソーセージ
ソーラー（カー、ハウス）
ソール〔靴底など〕
ソサエティー
ソファ
ソフトウエア
ソフトランディング〔軟着陸〕
ソムリエ

ソリューション〔解決、対応サービス〕
ソルフェージュ

【タ】

ダークホース
ダーティー
ターボジェット
ターミナルケア
ダイエット
ダイオード
ダイカスト〔鋳造法〕
ダイジェスト
ダイナミック（ス）
ダイニング
ダイバーシティー〔多様性〕
ダイビング
タイム（レコーダー）
タイヤ

ダイヤグラム、ダイヤ
ダイヤモンド、ダイヤ
ダイヤル(イン)
ダイレクトメール
ダウンサイジング
ダウンロード
タキシード
タグボート
タスクフォース〔特別チーム〕
ダッグアウト
ダックスフント
タックスヘイブン〔租税回避地〕
ダッフルコート
タトゥー
ダビング
ダブルスタンダード〔二重基準〕
ダブルフォールト
タブレット
タブロイド(判)
タペストリー
ダミー
ダメージ
ダリア
タンクローリー
ダンディー
タンバリン、タンブリン
ダンピング

【チ】

チアリーダー
チーム(メート)
チェア(パーソン)
チェーンストア
チェーンソー
チェック(アウト、イン)
チェロ
チェンジアップ
チェンジ・オブ・ペース
チター
チヂミ
チック(症)
チップ
チフス
チマ・チョゴリ
チャーター
チャーハン
チャット
チャリティー(ショー)
チャレンジ
チャンスメーカー
チャンネル
チャンピオン
チューバ、テューバ
チューブ
チューンアップ

【ツ】

ツァー〔ロシア皇帝〕
ツアー〔旅行〕
ツイード
ツイスト
ツイッター〔簡易投稿サイト〕
ツイン(タワー、ベッド、ルーム)
ツートンカラー
ツーバイフォー〔工法〕
ツーピース
ツーリスト
ツール
ツンドラ

【テ】

ティアラ
Tシャツ
ディーゼルエンジン
ティーバッグ
ティーブレーク
ディーラー
ティーンエージャー
デイケア〔通所リハビリ〕
デイサービス〔通所介護〕
ディスインフレ
ディスカウント(ショップ、ストア、セール)
ディスカッション
ディスクジョッキー

ディスクロージャー〔情報開示〕
ディスコティーク、ディスコ
ティスティング
テイスト
ディスプレー
ディスポーザー
ティッシュペーパー
ディナー
デイパック
ディベート
ディレクター
ディレッタント
ティンパニ
…デー〔バレンタインデーなど〕
テークアウト
テークオフ
デーゲーム
デージー
データ（ベース）
デート
テープレコーダー
テーラードスーツ
デーリー
デカップリング〔切り離し、分断〕
テキスト
テクニシャン
テクニック
テクノロジー
デコーダー〔解読装置〕
デコパージュ
デコレーション（ケーキ）
デザート
デザイン
デジタル
デジタルディバイド
デタント〔緊張緩和〕
デッキチェア
デッサン
デッドヒート
デッドロック
テディベア
デノミネーション、デノミ
デバイス
デバッグ
デバリュエーション
デビスカップ
デビュー
デフォルト〔債務不履行、初期設定〕
デフォルメ
デフレーション、デフレ
デベロッパー
デポジット〔保証金、預り金〕
デミグラスソース
デモンストレーション、デモ
テューバ、チューバ
デラウェア（ブドウ）
デリバティブ〔金融派生商品〕
デリバリー
デレゲーション
テレビ（ジョン）
テレホン

【ト】

ドア
トイレット（ペーパー）
トゥデー
トークショー
トーシューズ
トーテムポール
ドーナツ
ドーピング〔禁止薬物使用〕
トールゲート
ドッジボール
ドット
ドップラー効果
トトカルチョ
ドナー〔臓器提供者〕
トパーズ
ドメイン
ドメスティックバイオレンス
トライアングル
ドライバー
ドライブイン
ドライブウエー
ドライヤー

トラウマ
ドラスチック
ドラッグ（ストア）
トラディショナル
トラバーユ
トラベラーズチェック
ドラマチック
トランシーバー
トランジスタ（ラジオ）
トランジット
ドリアン
トリガー
トリミング
トリュフ
トルティーヤ
トレー
トレーナー
トレーニング
トレッキング
トレンディー
トレンド
ドローン〔無人機〕
トロフィー
ドンファン

【ナ】

ナーバス
ナショナル（コンセンサス、トラスト）
ナチュラル
ナックルボール
ナツメグ
ナトリウム
ナビゲーター
ナルシシスト
ナルシシズム
ナレーター
ナンバープレート
ナンバーワン、ナンバー2〔2以下は洋数字〕
ナンバリング

【ニ】

ニアミス
ニーズ
ニッカーボッカー
ニッチ〔隙間〕
ニュアンス
ニュースバリュー
ニュートラル
ニュートリノ
ニューフェース

【ヌ】

ヌーディスト
ヌードル
ヌーベルバーグ

【ネ】

ネイル（アート、サロン）
ネービーブルー
ネーブル
ネームバリュー
ネガティブ
ネグリジェ
ネックレス

【ノ】

ノイローゼ
ノウハウ
ノーコメント
ノースリーブ
ノーモア・ヒロシマ
ノスタルジア、ノスタルジー
ノミネート
ノルディック
ノンストップ
ノンフィクション

【ハ】

パーカ
バーコード
パーサー
バージョン（アップ）
パーソナリティー
パーソナルコンピューター、パソコン
バーター
バーチャル（リアリティー）〔仮想（現実）〕
パーティー
バード（ウイーク、ウオッチング）
ハードウエア

パートナー
ハードボイルド
ハーフウエー
バーベキュー
バイアス
ハイウエー
バイオエシックス〔生命倫理〕
バイオエタノール
ハイオクタン、ハイオク
バイオテクノロジー〔生命工学〕
パイオニア
バイオリン
バイタリティー
ハイテクノロジー、ハイテク〔高度先端技術〕
パイナップル

ハイビジョン
ハイブリッド
ハイヤー
バイリンガル
ハウツー
バウムクーヘン
バウンド
パエリア、パエリヤ
バカンス
バグ
バクテリア
バグパイプ
バゲット〔パン〕
パケット〔通信〕
バザー、バザール
ハザードマップ〔災害予測地図、防災地図〕
ハシシュ
バジリコ、バジル

パスポート
パスワード
ハッカー
パッキング〔荷造り、包装〕
バッグ〔袋、かばん〕
バックアップ
バックグラウンド〔ミュージック〕
パッケージ
バッジ
パッセンジャー
バッティング
バッテリー
パッド
ハッピーエンド
バッファー
パティシエ
バトントワラー
バナー〔広告〕

バニラ
ハネムーン
パネリスト〔パネラーは和製語で本来の意味は別〕
パネルディスカッション
パパイア
パパラッチ
ババロア
パビリオン
ハブ〔空港〕
バファロー
パフォーマンス
バプテスト
ハプニング
パブリシティー
パブリック〔コメント、ビューイング〕
バラード

バラエティー〔ショー〕
パラジウム
パラドックス
パラフィン
パラボラアンテナ
ハラル〔認証〕
バランス・オブ・パワー
バリアー
バリアフリー
バリウム
バリエーション
ハリケーン
パリジェンヌ
パリジャン
バリュー
バルブ
バレー〔球技〕
バレエ〔舞踊〕

バレル
バレンタインデー
ハロウィーン
パロディー
バロメーター
パワーショベル
パワーハラスメント、パワハラ
ハンカチ
ハンググライダー〔団体名など固有名詞は別〕
ハンチング〔帽子〕
ハンディ（キャップ）
ハンディー（タイプ）
パンティーストッキング
ハンティング〔狩猟〕
パンデミック〔世界的流行〕
ハンドバッグ
バントヒット
ハンドメード
ハンバーグ
ハンマー

【ヒ】

ビア（ガーデン、ホール）
ヒアリング
ビーナス
ピーナツ
ヒーロー
ヒエラルキー
ビオラ
ピクチャー
ピクルス
ピケット（ライン）、ピケ
ビザ〔入国査証〕
ピザ（パイ）
ビジター
ビジュアル
ビジョン
ヒスパニック
ビタミン
ピックアップ
ビッグイベント
ビッグデータ
ビッグバン
ピッコロ
ビデオ（カセット、ディスク）
ビニール
ビバーク
ビフィズス菌
ビブラフォン
ヒヤシンス
ヒューズ
ビューティー
ヒューマニティー
ビュッフェ
ピュリツァー賞
ピラミッド
ピリオド
ビリヤード
ビルディング、ビル
ヒレ（肉）
ヒロイン
ピロティ
ヒンズー教
ヒンディー語
ピンナップ

【フ】

ファースト（レディー）
ファーニチャー
ファイア
ファイナンシャル（プランナー）
ファイナンス
ファイバー（グラス）
ファイル
ファインダー
ファインプレー
ファウル
ファクス、ファクシミリ
ファジー
ファシズム
ファストフード
ファスナー
ファッショ
ファッション（ショー）
ファナチシズム

ファン
ファンタスティック
ファンダメンタルズ〔基礎的条件〕
ファンデーション
ファンド（トラスト）
ファンブル
フィアンセ
フィーチャー〔特色、特集〕
フィート
フィーバー
フィールドアスレチック（ス）
フィギュア
フィクション
フィナーレ
フィニッシュ
フィラメント
フィルター

フィルタリング
フィルム
ブーイング
フーリガン
フェアプレー
フェイク
フェイスブック
フェイルセーフ
フェース（ペインティング）
フェードアウト
フェスティバル
フェミニスト
フェリー（ボート）
フェルト
フェンシング
フェンダー
フォアグラ
フォービスム、フォービズム

フォーミュラ（カー、ワン）
フォーム
フォーラム
フォグランプ
フォロー（アップ）
フォワード
フォンデュ
フォント
ブッシェル
ブティック
プディング、プリン
フュージョン
フューチャー〔未来〕
プライオリティー〔優先順位〕
フライトレコーダー〔飛行記録装置〕
プライバシー
プライベート（ブランド）

プライマリー（ケア、バランス）
ブラウザー
ブラシ
プラスアルファ
プラスチック
フラッグ（ショップ）
ブラックリスト
プラットフォーム〔基盤＝IT用語〕
プラットホーム〔駅など〕
プラネタリウム
フランチャイズ
ブランデー（グラス）
プランニング
フリージア
フリーター

フリーマーケット〔のみの市、がらくた市〕
フリーランス
プリペイド〔前払い〕
プリマ（バレリーナ）〔バレエ〕
プリマドンナ〔オペラ〕
プリン、プディング
プリンター
フルート
ブルートレイン
ブルーレイ（ディスク、レコーダー）
ブルジョア、ブルジョアジー
ブルドーザー
プルトニウム
フレアスカート

プレイガイド
ブレーキ
ブレーク（スルー）
プレートテクトニクス
プレーボーイ
フレーム（ワーク）
プレーヤー
ブレーン
プレーン（ヨーグルト）
フレキシブル
ブレザー（コート）
プレジャーボート
プレステージ
プレゼンス〔存在〕
プレゼンテーション
プレタポルテ
フレックスタイム
プレッシャー

プレハブ
プレミアム、プレミア
フロア
ブローカー〔仲介業者〕
ブロードバンド〔高速大容量〕
ブログ〔「ウェブログ」の略〕
プログラマー
プロジェクト
ブロッコリー
プロテイン
プロデューサー
プロトコル
プロトタイプ
プロバイダー〔接続業者〕
プロファイリング

プロフィル
プロフェッショナル、プロ
ブロマイド
プロモーション〔販売促進〕
プロモーター
プロローグ
フロンティア
フロントガラス

【ヘ】

ヘア（スタイル、ドライヤー、メーク）
ペア（ルック）
ペイ
ヘイトクライム〔憎悪犯罪〕
ヘイトスピーチ〔憎悪表現〕

ペイント
ベーカリー
ベーコン
ページェント
ベーシック
ベージュ
ベースアップ、ベア
ベースキャンプ
ペースメーカー
ベータ（線）
ベール
ベクレル
ヘゲモニー
ベゴニア
ベジタリアン
ペシミスト
ベスト（セラー、テン）
ペダル
ペチコート

ペチュニア
ヘッジファンド
ベッドタウン
ヘッドホン
ベッドメーキング
ペディキュア
ペナルティー
ベニヤ（板）
ペパーミント
ヘビー
ヘモグロビン
ヘリウム
ベルトコンベヤー
ヘルニア
ベルベット
ベルモット
ベンチャー（キャピタル、ビジネス）
ベンチレーター
ペンネーム

【ホ】

ホイールキャップ
ボイスレコーダー〔音声記録装置〕
ホイッスル
ボイル
ボウリング〔球技〕
ボウル〔深鉢、深鉢形の競技場〕
ポーカーフェース
ボーカル
ボーガン〔洋弓銃〕
ボーキサイト
ボージョレ・ヌーボー
ボーダーレス
ボードセーリング
ボードビリアン
ポートフォリオ〔資産構成〕
ポートレート
ホーバークラフト
ホームステイ
ボーリング〔掘削〕
ボール〔球〕
ホールインワン
ホールディングス
ボキャブラリー
ポジティブ
ボストンバッグ
ホスピス
ホチキス
ホットドッグ
ボディー〔ガード〕
ポテトチップ〔ス〕
ポテンシャル
ボトムアップ
ホバリング
ポピュリズム
ボヘミアン
ホモセクシュアル〔「ホモ」と省略しない〕
ボラティリティー〔価格の変動率・変動性〕
ボランティア
ポリープ
ポリティクス
ボリューム
ボルテージ
ホルマリン

【マ】

マーケティング
マージン
マーボー〔豆腐〕
マーマレード
マイクロウエーブ
マイクロコンピューター、マイコン
マイクロホン、マイク
マイノリティー
マイレージ
マウス
マウンテンバイク
マエストロ
マキシマム
マグネシウム
マジョリティー
マシン
マスコミュニケーション、マスコミ
マスタープラン
マスメディア
マタニティーウエア
マチネー
マッシュポテト
マッシュルーム
マティーニ〔カクテル〕
マニア
マニキュア
マニピュレーター
マニフェスト
マニュアル
マニュファクチャー
マネーサプライ〔資金供給量〕
マネーロンダリング〔資金洗浄〕
マネキン、マヌカン
マネジメント
マネジャー
マフィア
マフラー
マホガニー
マラリア

マリーナ
マリファナ
マリン（スポーツ）
マルチメディア
マンゴー
マンツーマン
マンパワー

【ミ】

ミキサー
ミスマッチ
ミックス
ミニチュア
ミネラルウオーター
ミュージアム
ミルクセーキ
ミルフィーユ

【ム】

ムームー
ムスリム
ムック
ムニエル

【メ】

メイストーム
メイド〔お手伝い〕
メイフラワー
メイン（ストリート、バンク、テーマ）
メーカー
メーキャップ
メーク
メーデー
メード・イン・ジャパン
メープル（シロップ）
メール
メガホン
メジャー
メセナ〔文化的支援〕
メゾソプラノ
メタセコイア
メタボリックシンドローム、メタボ〔代謝症候群〕
メタル〔金属〕
メダル〔記章〕
メタンハイドレート
メチル（アルコール）
メッセージ
メッセンジャー
メディア
メドレー（リレー）
メモリー
メラニン〔色素〕
メリーゴーラウンド
メルクマール
メルトダウン
メロディー
メンタルヘルス
メンテナンス
メントール〔たばこなどはメンソール〕

【モ】

モーゲージ証券
モーション
モータリゼーション
モーテル
モービルハウス
モザイク
モジュール
モダン
モチーフ
モチベーション
モットー
モデム〔変復調装置〕
モニター
モニタリング
モニュメント
モノローグ
モバイル〔可動性、移動式〕
モビール〔動く彫刻〕
モヘア
モラール〔士気〕
モラトリアム
モラル〔道徳〕
モラルハザード〔倫理欠如〕
モロヘイヤ
モンスーン

【ユ】

ユーザー
ユーティリティー（プレーヤー）
ユートピア
ユーロ（ダラー、ベ

ース、レート）
ユニット（キッチン、バス）
ユニバーシアード
ユニホーム
ユビキタス

【ヨ】

ヨード（チンキ、ホルム）
ヨガ
ヨットパーカ

【ラ】

ライセンス
ライバル
ライフサイクル
ライフステージ
ライフライン
ライブラリー
ライラック、リラ
ラインアップ
ラザニア、ラザーニャ
ラジアルタイヤ
ラジウム
ラジエーター
ラジオ
ラジカル
ラスパイレス指数
ラズベリー
ラニーニャ〔現象〕
ラフ
ラプソディー
ラブラドルレトリバー
ラベル〔音楽関係などはレーベル〕
ラボラトリー、ラボ
ラマダン〔断食月〕
ラマルセイエーズ〔フランス国歌〕
ラミネート
ランウエー
ランジェリー
ランタン
ランデブー
ランドリー
ランニングコスト

【リ】

リア（ウインドー、シート）
リアリズム
リアリティー
リアルタイム
リーク
リーズナブル
リウマチ
リキュール
リクエスト
リクルート
リコーダー〔縦笛〕
リコール
リスク（マネジメント）〔危機〔管理〕〕
リストラクチャリング、リストラ
リズム・アンド・ブルース
リタイア
リチウム
リテール〔小口取引〕
リテラシー
リトルリーグ
リニアモーターカー
リニューアル
リノリウム
リバーシブル
リバイバル
リバウンド
リハビリテーション、リハビリ
リピーター
リフォーム
リフレイン
リベート〔金銭〕
リベット〔びょう〕
リポーター
リポート
リボルビング
リミット
リムジン
リメーク
リモートコントロール、リモコン
リヤカー
リュックサック
リラ、ライラック
リリース

リロケーション
リンク〔連結、スケート場〕
リング〔輪、ボクシングなどの競技場〕

【ル】

ルアー〔フィッシング〕
ルー〔カレーなど〕
ルーキー
ルージュ
ルーター
ルーチン〔スポーツではルーティンとも〕
ルクス〔照度の単位〕
ルックス〔容姿、顔立ち〕
ルネサンス
ルバシカ
ルポルタージュ、ルポ
ルミノール〔反応〕

【レ】

レアアース〔希土類〕
レアメタル〔希少金属〕
レイアウト
レイオフ〔一時解雇〕
レイン〔コート、シューズ〕
レインボー
レーザー〔光線〕
レート〔相場、遅い〕
レーバーデー
レームダック〔死に体〕
レーヨン
レーン〔車線、航路〕
レガーズ
レギュラー
レクイエム
レクチャー
レグホン
レクリエーション
レゲエ
レコーダー
レザー〔皮革、かみそり〕
レシーバー
レシーブ
レジオン・ドヌール
レシピ
レシピエント〔移植患者、移植希望者〕
レジュメ
レスキュー
レズビアン〔「レズ」と省略しない〕
レスポンス
レセプション
レセプト〔診療報酬明細書〕
レディーメード
レトルト
レトロ
レパートリー
レビュー
レファレンス
レファレンダム
レフェリー
レプリカ
レベル
レボルバー
レリーフ
レンジャー
レンタカー
レンタル

【ロ】

ロイヤルティー〔特許権、著作権の使用料〕
ロイヤルボックス
ローストチキン
ロータリー
ローテーション
ロードショー
ロードマップ〔行程表、工程表〕
ロープウエー
ローブデコルテ
ローリング
ロールプレーイング〔ゲーム〕
ログイン
ログハウス
ロケーション、ロケ

ロゴ
ロコモティブシンド
ローム、ロコモ
ロックンロール
ロビー
ロビイスト
ロマンチシスト、ロ
マンチスト
ロマンチシズム
ロマンチック
ロンパース

【ワ】

ワーカホリック
ワーキンググループ
ワークショップ〔研
究集会〕
ワーク・ライフ・バ
ランス〔仕事と生活
の調和〕

ワードプロセッサー、
ワープロ
ワイシャツ
ワイヤ
ワイヤレスマイク
ワセリン
ワックス
ワッフル
ワンサイドゲーム
ワンストップ
ワンダーフォーゲル
ワンツーパンチ

【カタカナ専門語集】

①いわゆるカタカナ語は、専門用語が多い。乱用しない。

②使用する場合は、訳語・説明語を付けたり、記事内容にふさわしい説明文を添えたりするなど、読者の理解を助ける工夫が必要である。

③訳語・説明語を付ける場合、文中最初はカタカナ語を先に書き、訳語・説明語を丸カッコで囲む。次出以降はカタカナ語のみでよい。

例 セーフガード（緊急輸入制限）

④ここに掲載した語のうち、◎印がある語はカタカナ書きが定着していると考えられ、単独で使用してよい。必要に応じて訳語・説明語を示す。

例 アクセス
　コンセプト

⑤語頭に※印がある語は、特例として訳語・説明語を先に書き、カタカナ語を丸カッコで囲む。次出以降はカタカナ語でよい。

例 国連児童基金（ユニセフ）

⑥iPad（アイパッド）のように、初出はアルファベットの後に丸カッコで片仮名を書き、2回目以降は片仮名だけとする例もある。見出しはiPadで可。

例 iPhone（アイフォーン）
　iPod（アイポッド）

【ア 行】

アイソトープ 同位元素

アウトソーシング 外部委託、業務委託、外注

アクションプログラム 行動計画、実行計画、実行手順

◎アクセス ①交通手段、交通の便②（コンピューター関係では）接続③（市場へは）参入

アバター 分身

アムネスティ・インターナショナル（国際アムネスティ） 国際人権擁護団体〈NGO〉

※アメダス 地域気象観測システム〈AMeDAS〉

アメニティー 生活環境の快適性

アメニティー・グッズ 身だしなみ品

アモルファス 非結晶質

アライアンス 提携、連携

アンタイドローン 使途制限のない融資、事業の契約先を限定しないローン

注「ひも無し融資」とはしない。
◎**インサイダー取引** 内部情報を利用した不公正取引、内部者取引
インタラクティブ 双方向、対話型
◎**インテリジェントビル** 情報化ビル
インバウンド 訪日外国人旅行者
インパクトローン 使途制限のない外貨建て貸し付け
インフォームドコンセント（医者の）十分な説明と（患者の）同意
◎**インフラストラクチャー、インフラ** 基盤、経済基盤、産業基盤、社会基盤、通信基盤、社会資本
インプラント 人工歯根
インボイス 適格請求書
ウィンウィン 相互利益
注 文章上、「相互利益」では不正確な場合は適宜、工夫を。
ウエハー（集積回路の）基板
◎**エイズ** 後天性免疫不全症候群〈AIDS〉
◎**エイズウイルス** HIV〈ヒト免疫不全ウイルス〉
エクイティファイナンス 新株発行を伴う資金調達
オープンスカイ 航空自由化
オフサイトセンター 原発事故対策拠点
オワハラ 就職活動終われハラスメント
注「就職活動を終わらせるよう圧力をかける」などの説明を付ければ訳語不要。
◎**オンデマンド** 要求に応じたサービス提供
◎**オンブズマン** 行政監察専門員、行政に対する苦情処理などを行う者

【カ 行】

ガスクロマトグラフィー 気体の分析手法
※**ガット** 関税貿易一般協定〈GATT、世界貿易機関（WTO）に発展、解消〉
キャピタルゲイン 株や土地などの売却益、有価証券売却益、資産譲渡益
クアハウス 多目的温泉保養施設
クエーサー 準恒星状天体
クラウドコンピューティング インターネットを経由したサービスの提供
注「インターネットを通じた情報処理」などの説明を付ければ訳語不要。
クラウドファンディング インターネットで出資を募る
注「インターネットを使って不特定多数から少額出資を募る」などの説明を付ければ訳語不要。

◎**ケアプラン**　介護サービス計画
※**ゲノム**　全遺伝情報
コアタイム　中心時間帯
注　フレックスタイム制で必ず出勤していなければならない時間帯。
コージェネレーション　熱電併給、熱併給発電
コーポレートガバナンス　企業統治
◎**コスチュームプレー、コスプレ**　架空の人物などをまねた変装
注　「アニメ・漫画などのキャラクターに扮（ふん）する」などの説明を付ければ訳語不要。
コミットメント　約束、関わり
コミューター航空　地域間航空
コラボレーション、コラボ　連携、協力
注　安易に多用しない。
コングロマリット　複合企業
◎**コンセプト**　概念、骨格となる発想
注　できるだけ説明を付ける。
◎**コンセプトカー**　試作車、実験車
コンソーシアム　①国際借款団、債権国会議②企業連合

【サ　行】

サプライチェーン　供給網
※**サミット**　主要国首脳会議
注　地名が先にくる場合は「○○・サミット（主要国首脳会議）」。
サムライ債　円建て外債
※**ジェトロ**　日本貿易振興機構〈ＪＥＴＲＯ〉
システムハウス　ソフトウエア開発会社
シミュレーター　模擬実験装置、地上訓練装置
ジャイロコンパス　輪転羅針儀
ジャパンプレミアム　日本の銀行が国際金融市場で資金調達する際に求められる上乗せ金利
ジャンク債　信用度の低い高利回り債券
ショックアブソーバー　緩衝材（器）
スーパー３０１条　不公正貿易国への対抗措置強化条項
注　通商法３０１条⇩不公正貿易慣行に対する交渉・制裁条項、スペシャル３０１条⇩知的所有権侵害国・行為の特定と制裁条項。
スタンドバイクレジット　包括的信用枠融資
ステークホルダー　利害関係者
ステーブルコイン　法定通貨などに価値が連動する暗号資産
◎**ステルス**　隠密性の高い、隠れた
ステルスマーケティング、ステマ　広告と意識させない宣伝
注　説明を付ける。
ストックオプション　自社株購入権

ストレステスト 耐性評価
注 原発の安全性を調べる場合。金融機関の健全性チェックは「特別検査」。
スマートメーター 次世代電力計、通信機能付き電力計
セーフガード 緊急輸入制限
セーフティーネット 安全網
◎**セカンドオピニオン** 担当医以外の医師の意見を聞き参考にすること
ゼロエミッション 廃棄物ゼロ、排出ゼロ
ソーラーシステム 太陽熱冷暖房給湯システム、太陽熱利用設備
ソナー 水中音波探知機〈SONAR〉
ソルベンシー・マージン比率 保険会社の経営の健全性を示すための指標
注 「保険金支払い能力を示す」などの説明を付ければ訳語不要。

【タ　行】

ターボチャージャー （排気利用）過給機
タイドローン 使途制限のある融資、事業の契約先を限定したローン
注 「ひも付き融資」とはしない。
デカップリング 切り離し、分断
デザインイン 設計段階からの開発参加
デジタルディバイド 情報格差
デジタルトランスフォーメーション デジタル技術を使った企業、社会など既存制度の変革（トランスフォーメーション）〈DX〉。人工知能（AI）やデータを駆使してサービス、製品の付加価値を高めること。
デノミネーション、デノミ 通貨呼称単位の変更

デビットカード 即時決済機能を備えたカード
注 「買い物代金が預金口座から即座に引き落とされる」などの説明を付ければ訳語不要。
デファクトスタンダード 事実上の基準、業界基準
◎**ドーピング** 禁止薬物使用
ドナー 臓器提供者、骨髄提供者
注 訳語は内容で判断。
トランスジェンダー 心身の性別不一致
注 「心と体の性が一致しない」などの説明を付ければ訳語不要。
トリアージ 治療の優先順位判定
注 「負傷者の治療の優先順位を判定する」などの説明を付ければ訳語不要。
トレーサビリティー 履歴管理、追跡可能性

トレンチ　塹壕（ざんごう）、ケーブルなどの地下トンネル（原発関連）

【ナ　行】

◎**ナノテクノロジー、ナノテク**　超微細技術

◎**ニート**　35歳未満の若年無業者

注　ＮＥＥＴ＝Not in Employment, Education or Training

ニューロン　神経細胞、神経単位

ネグレクト　育児放棄

ノータム　航空情報〈ＮＯＴＡＭ〉

ノーマライゼーション　等しく生きる社会の実現

注　「障害者が健常者とともに地域の中で生活する…」「健常者と障害者が分け隔てなく教育を受ける…」などの説明文を付ければ訳語不要。

ノックダウン　現地組み立て〈ＫＤ〉

【ハ　行】

バーチャルリアリティー　仮想現実

バイオテクノロジー　生命工学

バイオマス　①生物資源②動物のふん尿や植物などをエネルギー資源として利用する方法

ハイレゾリューション、ハイレゾ　高解像度

注　「高音質のハイレゾリューション・オーディオ」などのように説明を付ければ訳語不要。

バッジ（システム）　自動防空警戒管制（システム）

バッチ処理　一括処理

パブリックコメント　意見公募

◎**バリアフリー**　高齢者や身体障害者が利用しやすいよう住宅、公共施設、道路など生活空間を改善・整備すること。

注　使用場面に応じ最適な説明句・文をなるべく付ける。

◎**パワハラ**　地位や権力を利用した嫌がらせ

注　「パワーハラスメント」は訳語「地位や権力を利用した嫌がらせ」が必要。

バンアレン帯　地球の磁場にとらえられた陽子、電子からなる放射線帯

◎**ヒートアイランド**　都市部が周辺部より温度が高くなっている現象

ビオトープ　生物群の生息場所

◎**ビッグデータ**　膨大、多様で複雑なデータ

注　適宜、説明を付ける。

ビッグバン　①金融制度改革②宇宙創生の大爆発

ファイアウオール　①業務の隔壁＝銀行業と証券業の兼営で生じる不

正防止のための措置・対策②コンピューターネットワークへの不正侵入防御システム③防止機能・システム
ファインケミカル 精密化学
ファジー理論 あいまい理論
フィージビリティースタディー 企業化調査、事業化調査
フィギュア 精巧な人型模型
フィランソロピー 企業による社会貢献活動
フィルタリング 閲覧制限、有害サイトにアクセスできないようにすること
フィンテック 金融とITを融合させた新サービス
◎**プライベート・ブランド** 自主企画商品〈PB〉
プライムレート 優遇貸出金利
◎**フラッシュメモリー** 電気的に一括消去再書き込み可能な半導体メモリー
プラットフォーマー インターネット上で検索サービスや交流サイト（SNS）、通信販売などの基盤を提供する企業
フリースクール 不登校の子どもたちが通う民間施設
注「不登校の子どもたちの受け皿となる」などの説明を付ければ訳語不要。
プルサーマル 軽水炉でのプルトニウム利用
ブロックチェーン 分散型台帳
ペイオフ 預金の払戻保証額を元本1000万円とその利子までとする措置
ペイ・パー・ビュー 視聴するコンテンツ（番組）ごとに料金を支払う
ヘッジファンド （投機的）資金運用業者
ベテランズデー 在郷軍人の日、退役軍人の日
ベント 排気口
注 原発関連。「原子炉格納容器内の圧力を下げる」などの説明を付ける。
◎**ホームヘルパー** お年寄りの食事や入浴の世話などをする専門職
◎**ホームヘルプサービス** 訪問介護
ホールセール 企業向け取引、大口取引
ボトルネック 難関、障害
ホワイトカラー・エグゼンプション 働く時間ではなく成果で賃金を支払う労働時間制度
注「ホワイトカラーへの残業代が支払われない」などの説明を付ければ訳語不要。

【マ　行】

◎マーケティング　商品、サービスを生産者から消費者へ円滑に移転するためのビジネス活動
マイクロプロセッサー　超小型演算処理装置〈MPU〉
マイナンバー　社会保障と税の共通番号
マイライン　電話会社選択サービス
◎マタニティーハラスメント、マタハラ　妊娠や出産などを理由にした職場での解雇や退職強要などの嫌がらせ
◎マルチメディア　多様な表現を統合的に用いる情報媒体
マルチラテラリズム　多国間主義
ミニマムアクセス　最低輸入量
メカトロニクス　機械電子(工学)
注　記事内容に応じ、「電子工学と機械工学を結合した技術」などの説明文を付ける。
メタバース　インターネット上の仮想空間
モジュール　基準設備、独立機能施設
モラトリアム　①支払い猶予②債務返済停止③(核実験などの)一時停止

【ヤ　行】

※ユーラトム　欧州原子力共同体〈EURATOM〉
※ユーレカ計画　欧州先端技術開発計画〈EUREKA〉
※ユニセフ　国連児童基金〈UNICEF〉
ユニバーサルサービス　全国一律サービス、全国均質サービス
注　なるべく記事の内容にふさわしい説明文を付ける。
ユニバーサルデザイン　すべての人が快適に利用できるようにした製品や建造物などのデザイン
注　「高齢者や障害者、訪日外国人なども使いやすい」などの説明を付ければ訳語不要。
※ユネスコ　国連教育科学文化機関〈UNESCO〉

【ラ　行】

ライフサイエンス　生命科学
ライフライン　①電気・ガス・水道などの生活必需設備・供給システム②命綱③生命線
…ラウンド　多角的貿易交渉
ラプコン　航空交通管制〈RAPCON〉
ランサムウエア　身代金要求型ウイルス

リコール ①公職者の解職要求、議会の解散請求②（欠陥製品の）回収・無償修理（無償交換、返金）

注 ②の場合、訳語を実態に応じて使い分ける。「改修」は使わない。

リスケジュール 債務返済繰り延べ

リセッション 景気後退

リテラシー 必要な情報を引き出し、活用する能力

リノベーション 刷新、改善、大規模改修

リベンジポルノ 元配偶者や元交際相手の裸の画像をインターネットなどで公開すること

注 説明を付ければ訳語不要。

リモートセンシング 遠隔探査、人工衛星による地表・海面データの取得

レセプト 診療報酬明細書

ローカルコンテント 部品の現地調達率

ロースクール 法科大学院

ロードプライシング 道路課金（制度）

注 「通行料金に差を付けることによって交通量を制御する…」「自動車が混雑する地域、路線、時間帯に道路利用料を徴収し、自動車交通量そのものを管理・抑制する…」などの説明文を付ける。

ロハス 健康と持続可能性を重視するライフスタイル

ロンバート貸し出し 補完貸付制度

ロンバートレート 債券担保貸付金利

【ワ 行】

ワーキングプア 働く貧困層

ワークシェアリング 労働時間短縮などによる仕事の分かち合い

注 「労働時間を短縮し仕事を分かち合うことで雇用を維持する…」などの説明を付ければ訳語不要。

ワンストップ 1カ所で用事が足りること

注 「全ての手続きを1カ所で行える」などの説明を付ければ訳語不要。

【運動用語の仮名表記例】

一般用語、競技名および競技別用語の順で表記例を示した。「ツアー」などスポーツ以外でも使われる語は、外来語表記集と併せて掲載してある。（ ）内は派生語・複合語、〔 〕内は補足説明。一般用語の太字は競技名。

【一般用語】

アーチェリー
アイススレッジホッケー
アウェー
アシスト
アタック
アップダウン
アドバンテージ
アンカー
アンツーカー
イレギュラー（バウンド）
インターカレッジ
インターセプト
インターバル
インターフェア
インディアカ
インプレー
ウイニング（ショット、ボール、ラン）
ウイング
ウインドブレーカー
エッジ
オフェンス
オフサイド
カバディ
キック（オフ）
クオーター
グラウンド（キーパー）
グラブ〔野球〕
グランドスラム
グリップ（エンド）
グローブ〔アイスホッケー、ボクシング〕
クロスカントリー（レース）
ゲームポイント
コーナーワーク
ゴールライン
コミッショナー
サイドステップ
サドンデス
シーズンオフ
シッティングバレーボール
シュート、ショット
ショートバウンド
シングルス〔テニスなどの個人競技〕
スイング
スカッシュ
スコア（ボード）
ストライド
ストレッチ
ストローク
スプリット（タイム、ボール）
スプリンター
スマッシュ
スライディング（キャッチ、タックル）
スラローム
セットポイント
セパタクロー
タイブレーク
タッチラグビー
ダブルス〔テニスなどの2人組競技〕
チェアスキー
チェアマン
チャージ
ツアー
デーゲーム
テコンドー
トーナメント
ドーピング（テスト）
トライアスロン
ドリブル
ナイター、ナイト

ゲーム
ハーフウエー
バウンド
バックスイング
バックストレート
パワープレー
ビーチバレー
ビジター（チーム）
ビブス
ピボット
ファウル
ファンブル
フェイント
フォーメーション
フォールト
フライング
フリーエージェント
プレーイングマネジャー
プレーオフ
ペア（フィギュアスケート、カヌーの2人組競技）
ペタンク
ペナルティー（エリア、キック、ゴール、ショット、ストローク、スロー、ボックス）
ベンチウオーマー
ホームアンドアウエー
ホームストレート
ホームタウンデシジョン
ボーンヘッド
マッチポイント
メインイベント
ユーティリティープレーヤー
ユニバーシアード
ラクロス
ラリー
リードオフマン
リターン
リバウンド
ルーキー
レシーブ
ローカルルール
ロスタイム
ワールドカップ、W杯
ワールドシリーズ
ワイルドカード
ワンサイドゲーム
【アイスホッケー】
アイシング（・ザ・パック）
キルプレー
スラップショット
トリッピング
パック
フェースオフ
フッキング
ペナルティーキリング
ボディーチェック
ミスコンダクトペナルティー
【アメリカンフットボール】
Iフォーメーション
エンドゾーン
オプションプレー
オフタックル
キッキング
キックオフリターン
ギャンブル
クオーターバック
サック
ショットガン
スイープ
スーパーボウル
スクリーンパス
スクリメージ（ライン）
セーフティー
ターンオーバー
タッチダウン
タッチバック
トライフォーポイント
ドロープレー
パサー
パスプレー
ハドル
パントリターン
ファーストダウン
フィールドゴール

フェイク
ボウル（ゲーム）〔「甲子園ボウル」など〕
ランニングプレー
リバース

【カーリング】

エンド
スウィーピング
スキップ
ストーン
ブラシ
リード

【ゴルフ】

アイアン
アゲンスト
アプローチ
アルバトロス〈ダブルイーグル〉
アンジュレーション
アンダー（パー）
アンプレアブル
イーグル
イーブン（パー）
ウエッジ
ウッド
エージシュート
ガードバンカー
キャディー（バッグ）
ギャラリー
キャリー
クリーク
グリーンエッジ
クロスバンカー
サンドウエッジ
シャンク
ショートカット
スエー（イング）
スプーン
スライス（ライン）
チップイン
ティー（アップ、オフ、ショット）
ティーイングエリア
ディボット
テンポラリーウオーター
ドッグレッグ（ホール）
ドライバー
ドロー（ボール）
バーディー（トライ、パット）
ハザード
バフィ
ピッチエンドラン
ピッチングウエッジ
フェアウエー
フェード（ボール）
フォアサム
フォアボール
フック（ライン）
ペナルティーエリア
ホールアウト
ホールインワン〔エース〕
ボギー
マッチプレー
ライ
ランニングアプローチ
リカバリー（ショット）
リプレース
ロストボール

【サッカー】

イエローカード
イレブン
インゴール
オウンゴール
オーバーヘッドキック
オフサイド（ライン）
オブストラクション
キーパーチャージ
キックオフ
クリア
クロス
クロスバー
コーナーキック
ゴールキック
サイドチェンジ
シミュレーション
シューティングレンジ
ショートコーナー
スイーパー

ストライカー
スルーパス
スローイン
セーブ、セービング
セットプレー
センタリング
ゾーン（ディフェンス、プレス）
タッチライン
ディフェンダー
トライアングルパス
トラッピング
トリッピング
ニアポスト
バックパス
ハットトリック
バロンドール
ピッチ
ファーポスト
フーリガン
フォワード
フットサル
フリーキック
ヘディング
ホームアンドアウェー
ポジションチェンジ
ボランチ
ボレーシュート
マンマーク
ミッドフィールダー
リベロ
リンクマン

【山岳】

アイスフォール
オーバーハング
クレバス
ハーケン
ビバーク
ヒュッテ
ロッククライミング

【自転車】

オムニアム
ケイリン
スクラッチ
スプリント
タイムトライアル
タンデム
ツール・ド・フランス
バイシクルモトクロス
バックストレッチ
バンク
ピスト
ポイント（レース）
マウンテンバイク
ロード（レース）

【自動車】

インディカー
エスケープゾーン
クラッシュ
コースアウト
シケイン
チェッカーフラッグ
テールアンドノーズ
ナビゲーター
ヘアピンカーブ
ポールポジション
モトクロス

【射撃】

エアライフル
クレー
シュートオフ
スキート
スモールボアライフル
センターファイアピストル
トラップ
ラピッドファイアピストル
ランニングターゲット

【重量挙げ】

ウエートリフティング（協会名は「ウエイトリフティング」、一般表記は「重量挙げ」）
ジャーク
スクワット（スタイル）
スナッチ
デッドリフト

バーベル
ベンチプレス

【水泳競技、水球】

アーティスティックスイミング
オーバーフロー
オープンウオーター
クロール
ソロ
チーム・フリールーティン
テクニカルルーティン
デュエット（混合デユエット）
デュエット・フリールーティン
ドルフィンキック
ニュートラルスロー
ノーブレス
バサロ（キック）
バタフライ
フリールーティン
プル
ブレッシング
メジャーファウル
メドレーリレー
リフト

【スキー】

アイスバーン
アルペン
エアリアル
カービング
カービングターン
クラシカル
サッツ
シャンツェ
スーパーG
スケルトン
スノーボード
ダウンヒル
デュアルモーグル
テレマーク
ノーマルヒル
ノルディック
ハーフパイプ
バイアスロン
パラレル
モーグル
ラージヒル
ランディングバーン
リュージュ
レギュラー、グーフィー（スタンス）

【スケート】

アウトエッジ
イナバウアー
インエッジ
エレメンツ
カップル（フィギュアのアイスダンスの2人組）
キスアンドクライ
キャメルスピン
クロッシングゾーン
コレオグラフィックシークエンス
コンビネーションジャンプ
コンビネーションスピン
シットスピン
ショートプログラム〔SP〕
ステップシークエンス
ストレートラインステップ
スパイラル
スピン
スラップ
スロージャンプ
ダブル、トリプル、クワッド（アクセル、サルコー、フリップ、トールー
プ、ルッツ、ループ）
ツイストリフト
デススパイラル
ドーナツスピン
ビールマンスピン
フィギュア
フライングシットスピン
フリー（スケーティング）〔FS〕

ペア（フィギュアのペアの2人組）
リズムダンス
レイバックスピン

【スポーツクライミング】

スピード
ボルダリング
リード

【セーリング】

アメリカズ・カップ
クルー
スキッパー
スター級
セール
ソリング級
タッキング
ディンギー級
トルネード級
フィン級
フライングダッチマン級
ミストラル級
レーザー級
レーザーラジアル級

【ソフトボール】

ページシステム
ライズボール

【体操、新体操】

クラブ
フープ
ボール
ポメル
リボン
ロープ

【卓球】

エッジボール
カット（マン）
逆チキータ
ゲーム（「セット」とはしない）
サービス（「サーブ」とはしない。「王子サーブ」は別）
シェークハンド（グリップ）
チキータ
ツッツキ
粒高ラバー
ドライブ（マン）
フリック
ブロック
ペンホルダー（グリップ）
ミドル
レシーブ
ロビング（「ロブ」とはしない）

【テニス】

アジアオセアニア・ゾーン
グラウンドストローク
グラスコート
クレーコート
コードボール
サービスエース
サービスリターン
サーブアンドボレー
スライス
タイブレーク
ダウンザライン
ダブルフォールト
チャレンジ
デビス杯（デ杯）
トップスピン
ドロップショット
ハードコート
ハーフボレー
バックハンド（ストローク）
パッシングショット
フェド杯
フォアハンド（ストローク）
ブレーク（ポイント）
プレースメント
ベースライン
ボレー
ラブ（ゲーム）
リターン（エース）
ローンコート
ロビング、ロブ

【バスケットボール、ハンドボール】

オーバーステップ
オールコート（アタック、プレス）
カットイン
ジャンプ（ショット、ボール）
スクリーンプレー
ゾーンディフェンス
ダンクシュート
トラベリング
バイオレーション
バスケットカウント
プレス（ディフェンス）
ホールディング
ポストプレー
マンツーマンディフェンス
ミドルシュート
リバウンド
レイアップ（シュート）

【バドミントン】

シャトル（コック）
トマス杯
ドライブ
ヘアピンショット
ユーバー杯

【バレーボール】

アウトオブポジション
アウトサイドヒッター
アタックライン
オーバータイムス
オーバーネット
オポジット
クイック
コンビバレー
サーブ
サーブレシーブ
サイドアウト
ジャンプサーブ
スパイク
スパイクレシーブ
セッター
タッチネット、ネットタッチ
ツーアタック
フローターサーブ
ブロック（アウト、ポイント）
ミドルブロッカー
リベロ
ワンタッチ

【フェンシング】

エペ
サーブル
フルーレ

【ボクシング】

アウトボクシング
アッパー
インファイト
ウイービング
オープンブロー
カウンター
キャンバス
クリンチ（ワーク）
KO
サミング
サンドバッグ
シャドーボクシング
ジャブ
スパーリング（パートナー）
セコンド
ダッキング
トランクス
ニュートラルコーナー
ノンタイトル戦
バッティング
ヒットアンドアウェー
ファイター（タイプ）
フック
ヘッドギア
ボクサー（タイプ）
ボクサーファイター（タイプ）
ボディーブロー
レフェリーストップ

ロープダウン
ローブロー
ワンツー
〈階級名＝最重量級から順に〉
ヘビー
クルーザー
ライトヘビー
スーパーミドル
ミドル
スーパーウエルター
ウエルター
スーパーライト
ライト
スーパーフェザー
フェザー
スーパーバンタム
バンタム
スーパーフライ
フライ
ライトフライ
ミニマム
モスキート［アマのみ］

【ホッケー】

スティック
ストライキングサークル
ハイスティック
ロールイン

【野球】

アンパイア
イースタン・リーグ
イニング
インフィールドフライ
ウエーバー
ウエスタン・リーグ
ウエストボール
カットボール
クオリティースタート
クライマックスシリーズ
クリーンアップ（トリオ）
クローザー
コーチスボックス
コールドゲーム
コリジョン（ルール）
サイクルヒット
サスペンデッドゲーム
シンカー
スイッチヒッター
スクイズ（バント）
スプリット
スリークオーター
セーブ（ポイント）
セーフティーバント
セットアッパー
セットポジション
ダッグアウト
タッチアップ
ダブル（スチール、プレー、ヘッダー）
タンパリング
チェンジアップ
ツーシーム
ディレードスチール
トリックプレー
ナックル（ボール）
ノーヒットノーラン
ハーフスイング
パームボール
ハーラーダービー
バスター（バント）
バッティングケージ
ヒットエンドラン、エンドラン
ファウル
フォーク
フォースプレー
ブルペン
ボーク
ボールデッド
ホールド（ポイント）
マジックナンバー
メジャー・リーグ（なるべく「大リーグ」と書く）
レガーズ
ロージンバッグ
ワンポイントリリーフ

【ラグビー】

インゴール

オーバーザトップ
キャプテンシー
ゲインライン
スクラム(トライ)
スローフォワード
セブンズ
タッチ（キック、ライン）
トライ
ドロップゴール
ナンバー8
ノーサイド
ノックオン
ノットストレート
ノットリリースザボール
パント
フェアキャッチ
ブラインドサイド
フランカー

プロップ
フロントロー
モール
ラインアウト
ラック
ロック

【陸上競技】

オーバーゾーン
サブトラック
スターティングブロック
スプリットタイム
セパレートコース
ペースメーカー
ラップタイム
ラビット
レーン

【レスリング】

グレコローマン（スタイル）
テクニカルフォール
ニアフォール
バック(ポイント)
バッドマーク（システム）
フリースタイル
ブリッジ
レフェリーポジション

【ローイング、カヌー】

エイト
カナディアン
カヤック
コックス

シングルスカル
スプリント
スラローム
ダブルスカル
バウ
パドリング
パドル
フォア
ブレード
レガッタ
ローイング
ワイルドウオーター

【外国地名の書き方】

1、原則として現地での呼称に基づく片仮名書きとする。慣用の固定しているものは、それに従う。

例 ベネチア（英語名ベニス）
ブカレスト（慣用、現地の呼称はブクレシュチ）

2、「ヂ、ヅ、ヰ、ヱ、ヲ」および「ヴ」は使わない。V音の表記には「ヴ」の代わりにB音またはW音を用いる。

例 バチカン（Vatican）
モスクワ（Moskva）

3、「イェ」の表記は用いない。「イェ」は「イエ」または「エ」と書く。

例 イエメン（Yemen）
イエローストン（Yellowstone）
エルサレム（Jerusalem）

4、「トゥ、ドゥ」は原音表記で母音を伴う場合とし、母音を伴わない場合は「ト、ド」とする。「ツ、ズ」は慣用が固定したもの以外は使わない。

例 トゥールーズ（Toulouse）
トビリシ（Tbilisi）
ドニエプル（Dnepr）川

例外 カトマンズ（Katmandu）
ツバル（Tuvalu）
バヌアツ（Vanuatu）

5、「クァ、クィ、クェ、クォ」は「クア、クイ、クエ、クオ」と書く。また、「グァ、グィ、グェ、グォ」は「グア、グイ、グエ、グオ」と書く。

例 クアンガイ（Quang Ngai）
ニカラグア（Nicaragua）

6、「ジェ」の音は、「ジェ」と書く。慣用の固定したものは「ゼ」と書く。

例 ニジェール（Niger）
ナイジェリア（Nigeria）

例外 マゼラン（Magellan）海峡
ロサンゼルス（Los Angeles）

7、「ティ、ディ、テュ、デュ」の音は、原則として、「ティ、ディ、テュ、デュ」と書く。慣用の固定しているものは「チ、ジ、チュ、ジュ」と書く。

例 アトランティックシティー（Atlantic City）
サンディエゴ（San Diego）

例外 アルゼンチン（Argentina）
チュニス（Tunis）

8、「ウィ、ウェ、ウォ」の音は、「ウィ、ウェ、ウォ」と書く。

例 ウィスコンシン（Wisconsin）
ウェリントン（Wellington）
ウォリック（Warwick）

9、はねる音「ン」、詰まる音「ッ」、伸ばす音「ー」は、はっきりしたもの以外は、できるだけ省略する。

例 ペロポネソス(Peloponnesos)
フィリピン(Philippines)

10、2語以上から成る地名も原則として「・」を入れない。

例 シエラネバダ(Sierra Nevada)
ダルエスサラーム(Dar es Salaam)

例外 ボスニア・ヘルツェゴビナ(Bosnia and Herzegovina)
セントビンセント・グレナディーン(St. Vincent and the Grenadines)

11、長音は長音符号「ー」で示し、母音字を重ねたり、「ウ」を用いたりしない。

例 ガーナ(Ghana)
ローマ(Roma)

12、二重母音「エイ、オウ」は原則として長音符号で表す。

例 アデレード(Adelaide)
ゴールドコースト(Gold Coast)

例外 マルセイユ(Marseille)

13、主な外国語別の発音と書き方は、次の原則による。

【英語】

①語尾のiaは「ア」と書く。また、語尾のyaの、その前が子音のときは「ア」と書く。

例 カリフォルニア(California)
ケニア(Kenya)

例外 ペルシャ(Persia)

②語尾のleyは「リー」と書く。

例 マッキンリー(McKinley)

例外 デスバレー(Death Valley)

【ドイツ語】

①語頭のSt, SpのSは「シュ」と書く。

例 シュプレー(Spree)川
シュツットガルト(Stuttgart)

②語尾のnach, bachは「ナハ、バハ」と書く。

例 アイゼナハ(Eisenach)
ズルツバハ(Sulzbach)

③語尾のberg, burgの gは「ク」、ngの gは「グ」、igの gは「ヒ」と書く。

例 ハイデルベルク(Heidelberg)
アウクスブルク(Augsburg)
シュトラウビング(Straubing)
ライプチヒ(Leipzig)

④語尾のdは「ト」と書く。

例 ラインラント(Rheinland)
ドルトムント(Dortmund)

⑤語頭のWは、「ワ、ウィ、ウ(またはブ)、ウェ、ウォ」と書く。

例 ワイマール(Weimar)
ウィーン(Wien)

例外 ブッパータール(Wuppertal)
ビュルテンベルク(Württemberg)

⑥語尾のerは「アー」と書く。

例 ウェーザー(Weser)
ハノーバー(Hannover)
例外 オーデル(Oder)川

【フランス語】

①oiは「オワ」と書く。
例 ポワチエ(Poitiers)
ロワール(Loire)
②語尾のbourgは「ブール」と書く。
例 シェルブール(Cherbourg)
ストラスブール(Strasbourg)
③ille, illesは「イユ」と書く。
例 マルセイユ(Marseille)
ベルサイユ(Versailles)
④語尾のgneは「ニュ」、neは「ヌ」、mnesは「ンヌ」と書く。
例 シャンパーニュ(Champagne)
ブルゴーニュ(Bourgogne)
マルヌ(Marne)川
カンヌ(Cannes)

【イタリア語】

①gnaは「ニャ」と書く。
例 ボローニャ(Bologna)
②母音に挟まれたsの多くは濁音で書く。
例 ベズビオ(Vesuvio)山
シラクーザ(Siracusa)
例外 ピサ(Pisa)
③gliaは「リャ」と書く。
例 カリャリ(Cagliari)
④cia, ciu, cioは「チャ、チュ、チョ」と書き、gia, giu, gioは「ジャ、ジュ、ジョ」と書く。

【スペイン語】

①llは「リャ、リュ、リョ」、「ジャ、ジュ、ジョ」、あるいは「ヤ、ユ、ヨ」のように書く。
例 カスティーリャ(Castilla)
リオガジェゴス(Rio Gallegos)
マヨルカ(Mallorca)島
例外 セビリア(Sevilla)
②jは「ハ」行音で書く。
例 オホスデルサラド(Ojos del Salado)山
③juaは「フア」と書く。
例 サンフアン(San Juan)
④hは無音として扱う。
例 アナワク(Anáhuac)高原
イスパニョーラ(Hispaniola)島
例外 ハバナ(Habana)
アルハンブラ(Alhambra)
⑤quiは「キ」、queは「ケ」と書く。
例 イキトス(Iquitos)
イキケ(Iquique)
⑥guaは「グア」と書く。
例 ウルグアイ(Uruguay)
グアヤキル(Guayaquil)
⑦ge, giはそれぞれ「ヘ、ヒ」と書く。
例 カルタヘナ(Cartagena)
ヒホン(Gijon)

【ロシア語】

①vskなどのvおよび語尾のvは「フ」と書く。

例 ハバロフスク(Khabarovsk)
ハリコフ(Khar'kov)

②Vは原則としてバ行音で書くが、語頭のVに子音が続くときは「ウ」と書く。

例 バルダイ(Valdai)丘陵
ウラジーミル(Vladimir)

例外 モスクワ(Moskva)
イワノボ(Ivanovo)

③軟音符号「'」は「イ」のように扱って書く。

例 アルハンゲリスク (Arkhangel'sk)

【その他】

アフリカの地名で語頭のはねる音「ン」は「ヌ」と書く。

例 ヌジャメナ(N'Djamena)

14、州、市、山、川、島、湾などは、必要に応じて日本語で付ける。その他の部分については、慣用が固定しているものを除き、できるだけ日本語に訳さない。

例 イリノイ州(State of Illinois)
メキシコ市(Mexico City)
テムズ川(River Thames)
クイーンエリザベス諸島(×エリザベス女王諸島)
ノースウェスト準州(×北西地方)

注 慣用が固定している例
地中海、北海、黒海、紅海、太平洋、大西洋、北極海、南極海

中国、朝鮮の地名の書き方

1、原則として漢字で書く。北朝鮮は漢字を廃止したが、従前の例に従う。

例 敦煌、揚子江、釜山、平壌、白頭山

2、片仮名で書く場合

①当てはめる漢字のない地名

例 ソウル、黄海南道クワイル郡

②漢字を当て字に使っている地名

例 新疆ウイグル自治区、チチハル、チベット、チャムス、ハイラル、ハルビン、モンゴル、ラサ、ロプノル

③福建音など標準音でない地名

例 アモイ、スワトー、マカオ

④現地での発音が分かっていて漢字が不明の場合

3、中国略字は日本字に直して書く。

例 沈阳→瀋陽、云南→雲南

4、中国、韓国などの名称と日本の名称が違う場合があるので注意する。

例 東海〈中国〉→東シナ海、東海〈韓国〉→日本海、独島〈韓国〉→竹島、釣魚島〈中国〉→魚釣島(尖閣諸島)

千島、樺太の地名の書き方

【千島】

列島名は「千島列島」と書き、必要に応じてロシアの呼び方「クリール諸島」を丸カッコで示す。個々の島名・地名は次の区別をする。

①日本が領土権を放棄していないものは漢字で書き、必要に応じ読み方を丸カッコで示す。

歯舞（はぼまい）、色丹（しこたん）、国後（くなしり）、択捉（えとろふ）、爺々（ちゃちゃ）岳、単冠（ひとかっぷ）湾

②日本が領土権を放棄したものは、現地の呼び方を片仮名で書き、旧日本名を丸カッコで示す。

シュムシュ島（占守島）、パラムシル島（幌莚島）、シャシコタン島（捨子古丹島）、シムシル島（新知島）、ウルップ島（得撫島）

【樺太】

原則として現地の呼び方を片仮名で書き、必要に応じて旧日本名を丸カッコで示す。ただし「樺太」はそのまま使ってもよい。ロシア名のサハリンを使う時は「サハリン（樺太）」と書く。

アイ（栄浜）、イリインスキー（久春内）、コルサコフ（大泊）、タタール海峡（間宮海峡）、チェーホフ（野田）、チュレニ島（海豹島）、トマリ（泊居）、ネベリスク（本斗）、ホルムスク（真岡）、ポロナイ川（幌内川）、ポロナイスク（敷香）、モネロン島（海馬島）、ヤブロチヌイ（蘭泊）、ユジノサハリンスク（豊原）

国名等の略称・略記

1、ヨーロッパは原則として「欧州」と書く。ラテンアメリカは「中南米」と表記する。

2、次の国名は原則としてカッコ外の略称で書く。

米国（アメリカ合衆国）、英国（イギリス）、中国（中華人民共和国）、韓国（大韓民国）

オーストラリアは文中最初は「オーストラリア」と書き、2度目からは「豪州」と略記してもよい。ニュージーランドは初出は「ニュージーランド（NZ）」と書き、2度目からは「NZ」と略記してもよい。

ウズベキスタン、カザフスタン、タジキスタン、トルクメニスタンは見出しや2度目以降は「ウズベク」「カザフ」「タジク」「トルクメン」と略記してもよい。

3、見出しや、2国以上の国を列記する場合、また形容詞的に使う場合は、

次の国に限りカッコ外の略記を使ってもよい。

米、英、ロ、中、韓、朝(北朝鮮)、豪、独(ドイツ)、仏(フランス)、伊(イタリア)、加(カナダ)、印(インド)、比(フィリピン)、伯(ブラジル)、越(ベトナム)、NZ(ニュージーランド)

例 米英仏ロの4カ国、日比通商条約、日朝議員連盟

注 (1)「露」は慣用の固定化したもの(日露戦争など)以外はなるべく使わない。

(2)「伊」は表外字だが、イタリアを略記する場合だけ認める。オランダの略記「蘭」は使わない。

4、「中共」は「中国共産党」の略称であり、国名としては使わない。「日支事変」「日華事変」は使わず、「日中戦争」と書く。「満州」はそのままでは使わず、「中国東北部(旧満州)」と書く。

5、朝鮮民主主義人民共和国は「北朝鮮」と略記する。

注 (1)朝鮮半島を「韓半島」とは書かない。韓国政府当局者の発言の引用でも「北韓」などの表現は使わず、「北側」など適宜言い換える。

(2)朝鮮の略称を「鮮」1字で表すことはしない。北鮮→北朝鮮、南鮮→南朝鮮、日鮮→日朝または日本・朝鮮

(3)「朝鮮労働党」は「北朝鮮労働党」としない。

6、「中華民国、国府、国民党政府、台湾政府」は使わず、「台湾、台湾当局」とする。台湾は1国としては数えず、地域として数える。「韓国、シンガポール、台湾の2カ国1地域」のように使う。

外国地名一覧

◎印は国名または特定行政区画、
○印は首都名または地域の代表都市名

【ア】

アーカンザスシティー（米国）
アーカンソー州（米国）
アーヘン（ドイツ）
アイオワ州（米国）
◎アイスランド（北大西洋）
アイゼナハ（ドイツ）
アイセル（湖）（オランダ）
◎アイルランド（欧州）
アイントホーフェン（オランダ）
アウクスブルク（ドイツ）
アウシュビッツ（現オシフィエンチム。ポーランド）
アカバ（ヨルダン）
アカプルコ（メキシコ）
○アクラ（ガーナ）
アクロン（米国）
○アシガバート（トルクメニスタン）
○アスタナ（カザフスタン）
アストラハン（ロシア）
○アスマラ（エリトリア）
アスワン（エジプト）
○アスンシオン（パラグアイ）
◎アゼルバイジャン（西アジア）
アゾレス諸島（ポルトガル領。北大西洋）
アチェ州（インドネシア）
アッサム（インド）
アッツ島（アラスカ＝米国）
○アディスアベバ（エチオピア）
○アテネ（ギリシャ）
アデレード（オーストラリア）
アデン（イエメン）
アトラス山脈（アフリカ北部）
アトランティックシティー（米国）
アバダン（イラン）
アバディーン（米国）
アバディーン（英国）
アパラチア山脈（米国）
アパリ（フィリピン）
○アバルア（クック諸島）
○アピア（サモア）
アビジャン（コートジボワール）
アビニョン（フランス）
◎アフガニスタン（アジア）
○アブジャ（ナイジェリア）
○アブダビ（アラブ首長国連邦）
アブハジア（ジョージア領内）
アブムサ島（イラン）
アフワズ（イラン）
○アムステルダム（オランダ）
アムリツァル（インド）
アモイ（中国南部沿岸）
アユタヤ（タイ）

アラスカ州（米国）
アラバマ州（米国）
アラビア半島（中東）
◎アラブ首長国連邦（中東）
アランヤプラテート（タイ）
アリススプリングズ（オーストラリア）
アリューシャン列島（アラスカ＝米国）
アルコバサ（ポルトガル）
アルザス（フランス）
○アルジェ（アルジェリア）
◎アルジェリア（アフリカ）
アルシュ（フランス）
◎アルゼンチン（南米）
アルナチャルプラデシュ州（インド）
アルバータ（州）（カナダ）
アルバカーキ（米国）
◎アルバニア（欧州）
アルハンゲリスク（ロシア）

アルハンブラ（宮殿）（スペイン）
アルプス（欧州中南部）
アルベールビル（フランス）
アルマトイ（旧アルマアタ。カザフスタン）
◎アルメニア（西アジア）
アレクサンドリア（エジプト）
アレクサンドロフスク（・サハリンスキー）（ロシア）
アレッポ（シリア）
○アロフィ（ニウエ）
○アンカラ（トルコ）
アンカレジ（アラスカ＝米国）
アンコールワット（カンボジア）
◎アンゴラ（アフリカ）
○アンタナナリボ（マダガスカル）
アンダルシア（スペイン）
◎アンティグア・バーブーダ（カリブ海）
アンティル諸島（カリブ海）

◎アンドラ（欧州南西部）
アンドラプラデシュ州（インド）
○アンドララベリャ（アンドラ）
アンドルーズ空軍基地（米国）
アントワープ（ベルギー）
○アンマン（ヨルダン）

【イ】

イーストロンドン（南アフリカ）
イエーテボリ（スウェーデン）
イエナ（ドイツ）
◎イエメン（中東）
イエローストン（米国）
イエンバイ（ベトナム）
イオニア海（イタリア・ギリシャ間の地中海）
イシククリ湖（キルギス）
イスタンブール（トルコ）
イスファハン（イラン）
イスマイリア（エジプト）

イズミル（トルコ）
◎イスラエル（中東）
○イスラマバード（パキスタン）
◎イタリア（欧州）
イビサ島（スペイン）
イベリア半島（欧州）
イポー（マレーシア）
イミンガム（英国）
◎イラク（中東）
イラワジ川（ミャンマー）
◎イラン（中東）
イリノイ州（米国）
イルクーツク（ロシア）
イングーシ（ロシア）
インスブルック（オーストリア）
インディアナ州（米国）
インディアナポリス（米国）
◎インド（アジア）
インドシナ（半島）（東南アジア）
◎インドネシア（東南アジア）

インバーカーギル（ニュージーランド）
インパール（インド）

【ウ】

ウィースバーデン（ドイツ）
○ウィーン（オーストリア）
ウイグル（新疆ウイグル自治区。中国北西部）
ウィスコンシン州（米国）
ウイチタ（米国）
ウイッテンベルク（ドイツ）
ウィニペグ（カナダ）
ウィリアムズバーグ（米国）
ウィルミントン（米国）
○ウィントフーク（ナミビア）
ウィンブルドン（英国）
ウェーク島（米領。マーシャル諸島北方）
ウェーザー川（ドイツ）

ウェールズ（英国）
ウェストバージニア州（米国）
○ウェリントン（ニュージーランド）
ウォーターベリー（米国）
ウォール街（ニューヨーク）
ウォリック（英国）
ウォルフスブルク（ドイツ）
◎ウガンダ（アフリカ）
◎ウクライナ（欧州）
◎ウズベキスタン（中央アジア）
ウスリー川（ロシア・中国）
ウッジ（ポーランド）
ウッタルプラデシュ州（インド）
ウプサラ（スウェーデン）
ウムカスル（イラク）
ウラジオストク（ロシア）
ウラジカフカス（ロシア）
○ウランバートル（モンゴル）
◎ウルグアイ（南米）
ウルムチ（中国北西部）

ウロツワフ（ポーランド）

【エ】

エア湖（オーストラリア）
エアフルト（ドイツ）
エイラート（イスラエル）
エカテリンブルク（ロシア）
◎エクアドル（南米）
エクサンプロバンス（フランス）
◎エジプト（アフリカ）
エステルスンド（スウェーデン）
◎エストニア（欧州）
◎エスワティニ（旧スワジランド。アフリカ）
◎エチオピア（アフリカ）
エッセン（ドイツ）
エディンバラ（英国）
エドモントン（カナダ）
エニウェトク環礁（マーシャル諸島）
エニセイ川（ロシア）
エビアン（フランス）
エベレスト（中国名チョモランマ、ネパール名サガルマタ。ネパール・中国の国境）
エリー湖（米国・カナダ）
エリコ（ヨルダン川西岸）
エリゼ宮（フランス）
◎エリトリア（アフリカ）
◎エルサルバドル（中米）
エルサレム（イスラエル）
注 イスラエルは首都としているが、日本を含め国際社会の大多数には認められていない。
エルパソ（米国）
エルブルズ山脈（イラン）
○エレバン（アルメニア）
エンセナダ（メキシコ）
エンテベ（ウガンダ）

【オ】

オアフ島（ハワイ＝米国）
オーガスタ（米国）
オークランド（ニュージーランド）
オークランド（米国）
オークリッジ（米国）
オースティン（オーストラリア）
オースティン（米国）
◎オーストラリア（オセアニア）
◎オーストリア（欧州）
オールバニ（オーストラリア）
オールバニ（米国）
オガデン（エチオピア）
オクラホマシティー（米国）
オシ（キルギス）
オシフィエンチム（旧アウシュビッツ。ポーランド）
オストラバ（チェコ）
○オスロ（ノルウェー）

オセアニア（太平洋中南部諸島の総称）
○オタワ（カナダ）
オックスフォード（英国）
オデッサ（ウクライナ）
オハ（ロシア）
オハイオ州（米国）
オホーツク海（ロシア・日本）
◎オマーン（中東）
オムドゥルマン（スーダン）
オラン（アルジェリア）
◎オランダ（欧州）
オリッサ州（インド）
オリンピア（ギリシャ）
オルフス（デンマーク）
オルリ空港（フランス）
オルレアン（フランス）
オングル島（南極大陸）
オンタリオ湖（米国・カナダ）
オンタリオ州（カナダ）

【カ】

カーグ島（イラン）
カーディフ（英国）
◎ガーナ（アフリカ）
カーペンタリア湾（オーストラリア）
カールスタード（スウェーデン）
カールスルーエ（ドイツ）
カーン（フランス）
◎ガイアナ（南米）
カイバル峠（パキスタン・アフガニスタンの間）
○カイロ（エジプト）
ガザ地区（中東）
◎カザフスタン（中央アジア）
カサブランカ（モロッコ）
カザン（ロシア）
カシミール（アジア）
注 インドとパキスタンが停戦ラインを狭んで対峙（たいじ）。中国もカシミール北東部の領有権を争い、それぞれが一部を実効支配している。
○カストリーズ（セントルシア）
カスピ海（ロシア・カザフスタン・イラン・トルクメニスタン・アゼルバイジャン）
◎カタール（中東）
カタルーニャ（スペイン）
ガダルカナル島（ソロモン諸島）
カディス（スペイン）
カトウィッツェ（ポーランド）
カドゥナ（ナイジェリア）
ガトゥン湖（パナマ）
○カトマンズ（ネパール）
◎カナダ（北米）
カナナスキス（カナダ）
カナリア諸島（スペイン領。アフリカ北西部沖の大西洋）
○カブール（アフガニスタン）
カフカス（地方）（英語名コーカサス。

ロシア）
◎カボベルデ（アフリカ）
◎ガボン（アフリカ）
カムチャツカ半島（ロシア）
カムラン湾（ベトナム）
◎カメルーン（アフリカ）
カヤオ（ペルー）
◯カラカス（ベネズエラ）
カラチ（パキスタン）
カラハリ砂漠（アフリカ）
カリーニングラード（ロシア）
カリフォルニア州（米国）
カリブ海（南米大陸北岸と西インド諸島間の海域）
カリマンタン島（マレーシア名ボルネオ島。インドネシア）
カルガリー（カナダ）
カルタヘナ（コロンビア）
カルタヘナ（スペイン）
カルチェラタン（パリ）

カルナタカ州（インド）
カルパチア山脈（東欧）
カルバラ（イラク）
ガルベストン（米国）
ガルミッシュパルテンキルヘン（ドイツ）
カルロビバリ（チェコ）
カレー（フランス）
カレリア（ロシア）
カロリン諸島（太平洋中部）
カンクン（メキシコ）
カンザスシティー（米国）
カンダハル（アフガニスタン）
カンチェンジュンガ山（ヒマラヤ）
カンヌ（フランス）
カンパニア州（イタリア）
◯カンパラ（ウガンダ）
◎ガンビア（アフリカ）
◎カンボジア（東南アジア）

【キ】

ギアナ高地（南米大陸北部）
◯キーウ（ウクライナ）
キーウェスト（米国）
キーストン（米国）
キール（ドイツ）
◯キガリ（ルワンダ）
キサンガニ（コンゴ〈旧ザイール〉）
◯キシナウ（モルドバ）
キジルクーム砂漠（カザフスタン・ウズベキスタン）
キスム（ケニア）
北オセチア（ロシア）
◎北マケドニア（旧マケドニア。ヨーロッパ）
◎北マリアナ諸島（太平洋中部）
◯ギテガ（ブルンジ）
注 ブジュンブラから首都移転
◯キト（エクアドル）

◎ギニア（アフリカ）
◎ギニアビサウ（アフリカ）
◎キプロス（地中海東部）
キャンディ（スリランカ）
キャンプデービッド（米国）
○キャンベラ（オーストラリア）
◎キューバ（カリブ海）
キュラソー島（オランダ領。カリブ海）
キラウエア山（ハワイ＝米国）
◎ギリシャ（欧州）
◎キリバス（南太平洋）
◎キルギス（中央アジア）
キルクーク（イラク）
○キングズタウン（セントビンセント・グレナディーン）
○キングストン（ジャマイカ）
○キンシャサ（コンゴ〈旧ザイール〉）
キンバリー（南アフリカ）

【ク】

グアダラハラ（メキシコ）
◎グアテマラ（中米）
○グアテマラ市（グアテマラ）
グアドループ（仏領。カリブ海）
グアム島（米領。マリアナ諸島）
グアヤキル（エクアドル）
○クアラルンプール（マレーシア）
クアンガイ（ベトナム）
グアンタナモ（キューバ）
クイーンズランド州（オーストラリア）
◎クウェート（中東）
○クウェート市（クウェート）
グジャラート州（インド）
クスコ（ペルー）
クズネツク（ロシア）
グダニスク（ポーランド）
クチン（マレーシア）

クック諸島（オセアニア）
グラーツ（オーストリア）
クライストチャーチ（ニュージーランド）
クラクフ（ポーランド）
グラスゴー（英国）
クラスノダール（ロシア）
グラナダ（スペイン）
グランドラピッズ（米国）
クリーブランド（米国）
クリール諸島（ロシア。書き方は「千島列島（クリール諸島）」）
グリーンランド（デンマーク領。北極圏）
クリチバ（ブラジル）
グリニッジ（英国）
グリニッチビレッジ（ニューヨーク）
グルノーブル（フランス）
◎グレナダ（中米）
グレンイーグルズ（英国）

◎クロアチア（欧州）
グロズヌイ（ロシア）
クンドゥズ州（アフガニスタン）

【ケ】

ケイマン諸島（英領。カリブ海）
ケープカナベラル（米国）
ケープタウン（南アフリカ）
ケソン（フィリピン）
ゲッティンゲン（ドイツ）
ゲティズバーグ（米国）
◎ケニア（アフリカ）
ケベック（州、市）（カナダ）
ケムニッツ（旧カールマルクスシュタット。ドイツ）
ケララ州（インド）
ケルマン（イラン）
ケルン（ドイツ）
ケロッグ（米国）
ケンタッキー州（米国）
ケンブリッジ（英国）

【コ】

ゴア（インド）
コインブラ（ポルトガル）
◎コートジボワール（アフリカ）
コートダジュール（フランス）
コーナーブルック（カナダ）
コーパスクリスティ（米国）
コーンウォール（州）（英国）
◎コスタリカ（中米）
◎コソボ（欧州）
コタキナバル（マレーシア）
コタバル（マレーシア）
コックスバザール（バングラデシュ）
○コナクリ（ギニア）
コネティカット州（米国）
○コペンハーゲン（デンマーク）
コミ（ロシア）
コム（イラン）
◎コモロ（アフリカ）
ゴラジュデ（ボスニア・ヘルツェゴビナ）
コラ半島（ロシア）
ゴラン高原（中東）
コルカタ（旧カルカッタ。インド）
コルシカ島（フランス。地中海）
コルティナダンペッツォ（イタリア）
コルドバ（アルゼンチン）
コルドバ（スペイン）
コレヒドール島（フィリピン）
コロール（パラオ）
コロラドスプリングズ（米国）
コロンバス（米国）
◎コロンビア（南米）
コロンビア（米国）
コロンボ（スリランカ）
◎コンゴ（旧ザイール）（アフリカ）
◎コンゴ共和国（アフリカ）

コンスタンツァ（ルーマニア）
コンセプシオン（チリ）
コンツム（ベトナム）
コンポントム（カンボジア）

【サ】

ザールブリュッケン（ドイツ）
ザールラント州（ドイツ）
サイダ（シドン。レバノン）
◯サイパン（北マリアナ諸島連邦）
サウサンプトン（米国）
サウサンプトン（英国）
◎サウジアラビア（中東）
サウスカロライナ州（米国）
サウスダコタ州（米国）
サガルマタ （ネパール名。英語名エベレスト、中国名チョモランマ。ネパール・中国の国境）
ザクセン州（ドイツ）
ザクセン・アンハルト州（ドイツ）

サクラメント（米国）
サスカチワン州（カナダ）
◯ザグレブ（クロアチア）
サドベリー（カナダ）
◯サヌア（イエメン）
サバ州（マレーシア）
サバナ（米国）
サバナケット（ラオス）
サマラ（旧クイブイシェフ。ロシア）
サマルカンド（ウズベキスタン）
◎サモア（南太平洋）
◯サラエボ （ボスニア・ヘルツェゴビナ）
サラワク州（マレーシア）
ザルツブルク（オーストリア）
サルデーニャ島（イタリア。地中海）
ザンクトガレン（スイス）
サンクトペテルブルク （旧レニングラード。ロシア）
◯サンサルバドル（エルサルバドル）

ザンジバル（タンザニア）
サンセバスチャン（スペイン）
サンダーベイ（カナダ）
サンタクルス（ボリビア）
サンタフェ（アルゼンチン）
サンタンデル（スペイン）
◯サンティアゴ（チリ）
サンティアゴ（スペイン）
サンディエゴ（米国）
サンテティエンヌ（フランス）
サントス（ブラジル）
◯サントドミンゴ（ドミニカ共和国）
サンドニ（フランス）
◯サントメ（サントメ・プリンシペ）
◎サントメ・プリンシペ （アフリカ中部。大西洋）
サンナゼール（フランス）
サンノゼ（米国）
サンパウロ（ブラジル）
◎ザンビア（アフリカ）

○サンファン（プエルトリコ）
サンフランシスコ（米国）
サンボアンガ（フィリピン）
○サンホセ（コスタリカ）
◎サンマリノ（欧州）
○サンマリノ（サンマリノ）
サンモリッツ（スイス）
サンルイ（セネガル）
サンレモ（イタリア）

【シ】

シアーズポート（米国）
シアトル（米国）
シアヌークビル（旧コンポンソム。カンボジア）
シーアイランド（米国）
シウダファアレス（メキシコ）
ジェノバ（イタリア）
シェフィールド（英国）
シエムレアプ（カンボジア）
シエラネバダ山脈（米国）
◎シエラレオネ（アフリカ）
シェルブール（フランス）
シェレメチェボ空港（ロシア）
シエンクアン（ラオス）
シカゴ（米国）
シチェチン（ポーランド）
シチリア島（イタリア。地中海）
シッキム州（インド）
ジッダ（サウジアラビア）
シティー（ロンドンの金融街）
シドニー（オーストラリア）
シナイ半島（中東）
◎ジブチ（アフリカ東部）
○ジブチ（ジブチ）
ジブラルタル（英領。イベリア半島南端）
シベリア（ロシア）
シャーロット（米国）
シャーロットタウン（カナダ）
○ジャカルタ（インドネシア）
ジャクソンビル（米国）
シャトルアラブ川（イラク）
シャバ州（コンゴ〈旧ザイール〉）
ジャフナ（スリランカ）
◎ジャマイカ（カリブ海）
ジャム・カシミール州（インド）
シャモニー（・モンブラン）（フランス）
ジャララバード（アフガニスタン）
シャルジャ（アラブ首長国連邦）
シャルル・ドゴール空港（フランス）
シャルルロワ（ベルギー）
ジャワ島（インドネシア）
シャンゼリゼ（パリ）
シャンパーニュ（フランス）
シユウェリン（ドイツ）
シュターデ（ドイツ）
シュツットガルト（ドイツ）
ジュネーブ（スイス）

ジュノー(アラスカ＝米国)
○ジュバ(南スーダン)
シュプレー川(ドイツ)
シュレスウィヒ・ホルシュタイン州(ドイツ)
ジョージア州(米国)
◎ジョージア(グルジア。西アジア)
○ジョージタウン(ガイアナ)
ジョクジャカルタ(インドネシア)
ジョホール水道(西マレーシア・シンガポールの間)
ジョホールバル(マレーシア)
シラーズ(イラン)
シラキュース(米国)
シラクーザ(イタリア)
◎シリア(中東)
◎シンガポール(東南アジア)
シンシナティ(米国)
シンド州(パキスタン)
◎ジンバブエ(アフリカ)

【ス】

◎スイス(欧州)
◎スウェーデン(欧州)
スウォンジー(英国)
スーシティー(米国)
◎スーダン(アフリカ)
スービック(フィリピン)
スールー諸島(フィリピン)
スカンディナビア半島(欧州)
○スクレ(ボリビア)
スコーバレー(米国)
○スコピエ(北マケドニア(旧マケドニア))
スタムフォード(米国。コネティカット州)
スタンフォード(米国。カリフォルニア州)
スックル(パキスタン)
ストックトン(米国)

○ストックホルム(スウェーデン)
ストラスブール(フランス)
スバールバル諸島(ノルウェー領。北極海)
○スバ(フィジー)
スピッツベルゲン島(ノルウェー領。北極海)
スプリト(クロアチア)
◎スペイン(欧州)
スヘベニンゲン(オランダ)
スペリオル湖(米国・カナダ)
スポーケン(米国)
スボティッァ(セルビア)
スモレンスク(ロシア)
スラウェシ島(旧セレベス島。インドネシア)
スラバヤ(インドネシア)
スリガオ(フィリピン)
○スリジャヤワルデネプラ・コッテ(スリランカ)

スリナガル（カシミール）
◎スリナム（南米）
◎スリランカ（旧セイロン。南アジア）
スレブレニツァ（ボスニア・ヘルツェゴビナ）
◎スロバキア（欧州）
◎スロベニア（欧州）
スワイリエン（カンボジア）
スワトー（中国南部沿岸）
スンダ海峡（インドネシア）

【セ】

◎セーシェル（インド洋）
セーレム（米国）
◎赤道ギニア（アフリカ）
◎セネガル（アフリカ）
セバストポリ（クリミア半島）
セビリア（スペイン）
セブ島（フィリピン）
◎セルビア（欧州）
セントアンドルーズ（英国）
◎セントクリストファー・ネビス（カリブ海）
○セントジョージズ（グレナダ）
セントジョン（カナダ）
○セントジョンズ（アンティグア・バーブーダ）
◎セントビンセント・グレナディーン（カリブ海）
セントヘレナ島（英領。南大西洋）
セントポール（米国）
◎セントルシア（カリブ海）
セントローレンス川・運河（米国・カナダの国境）

【ソ】

ソウェト（南アフリカ）
○ソウル（韓国）
ゾーリンゲン（ドイツ）
ソチ（ロシア）
○ソフィア（ブルガリア）
◎ソマリア（アフリカ）
ソルトレークシティー（米国）
◎ソロモン諸島（南太平洋）

【タ】

ダーウィン（オーストラリア）
ダージリン（インド）
ダーダネルス（トルコ）
ダーバン（南アフリカ）
ダーラム（米国）
◎タイ（東南アジア）
タイグエン（ベトナム）
タイシェト（ロシア）
タインホア（ベトナム）
タオルミナ（イタリア）
ダカール（セネガル）
タクロバン（フィリピン）
タコマ（米国）
◎タジキスタン（中央アジア）

○タシケント（ウズベキスタン）
タスマニア島（オーストラリア）
タタルスタン（ロシア）
○ダッカ（バングラデシュ）
ダナン（ベトナム）
ダバオ（フィリピン）
タヒチ（仏領。南太平洋）
タブリーズ（イラン）
○ダブリン（アイルランド）
○ダマスカス（シリア）
タミルナド州（インド）
タラゴナ（スペイン）
ダラス（米国）
ダラト（ベトナム）
ダラム（英国）
ダラムサラ（インド）
○タラワ（キリバス）
○タリン（エストニア）
ダルース（米国）
ダルエスサラーム（タンザニア）

タルサ（米国）
ダルフール地方（スーダン）
ダルムシュタット（ドイツ）
タンガニーカ（タンザニア）
ダンケルク（フランス）
◎タンザニア（アフリカ）
タンジール（モロッコ）
タンパ（米国）
ダンピア（オーストラリア）
タンペレ（フィンランド）
タンルウィン川（サルウィン川とも。ミャンマー・中国・タイ）

【チ】

◎チェコ（欧州）
チェチェン（ロシア）
チェリャビンスク（ロシア）
チェンナイ（旧マドラス。インド）
チェンマイ（タイ）
チグリス川（トルコ・イラク）

チッタゴン（バングラデシュ）
チベット（中国南西部）
チャーチル（カナダ）
チャタヌーガ（米国）
◎チャド（アフリカ）
◎中央アフリカ（アフリカ）
チューリヒ（スイス）
◎チュニジア（アフリカ）
○チュニス（チュニジア）
チュメニ（ロシア）
チョモランマ（中国名。英語名エベレスト、ネパール名サガルマタ。中国・ネパールの国境）
チョロン（ベトナム）
◎チリ（南米）
チロル（オーストリアとイタリアにまたがる地方）

【ツ】

◎ツバル（南太平洋）

【テ】

ディアボーン（米国）
ティール（レバノン）
ディエゴガルシア（英領。インド洋）
ディエンビエンフー（ベトナム）
ディクスビルノッチ（米国）
ティティカカ湖（ペルー・ボリビア）
ティフアナ（メキシコ）
ティボリ（イタリア）
ティボリ（デンマーク）
ティミショアラ（ルーマニア）
ティモール島（インドネシア）
◯ティラナ（アルバニア）
◯デイリ（東ティモール）
ティレニア海（地中海）
◯ティンプー（ブータン）
テキサス州（米国）
◯テグシガルパ（ホンジュラス）
デズフル（イラン）
テッサロニキ（略称サロニカ。ギリシャ）
デトロイト（米国）
デナリ山（旧マッキンリー山。アラスカ＝米国）
デブレツェン（ハンガリー）
◯テヘラン（イラン）
テマ（ガーナ）
テムズ川（英国）
デモイン（米国）
デュイスブルク（ドイツ）
テュービンゲン（ドイツ）
テューリンゲン州（ドイツ）
デュッセルドルフ（ドイツ）
デラウエア州（米国）
テルアビブ（イスラエル）
デンバー（米国）
デンパサール（バリ島＝インドネシア）
◎デンマーク（欧州）

【ト】

◎ドイツ（欧州）
ドゥアラ（カメルーン）
トゥーソン（米国）
トゥール（フランス）
トゥールーズ（フランス）
トゥーロン（フランス）
◯ドゥシャンベ（タジキスタン）
トゥズラ（ボスニア・ヘルツェゴビナ）
トゥルク（フィンランド）
トゥルネー（ベルギー）
◎トーゴ（アフリカ）
◯ドーハ（カタール）
ドーバー海峡（英南東岸と仏北岸の間）
トスカーナ（イタリア）
◯ドドマ（タンザニア）
ドナウ川（ドイツ南部に発し黒海に

注ぐ）
ドニエストル（モルドバ）
ドニエプル川（ロシア・ベラルーシ・ウクライナ）
ドニエプロペトロフスク（ウクライナ）
ドニプロ（ウクライナ）
ドバイ（アラブ首長国連邦）
○トビリシ（ジョージア）
ドブロブニク（クロアチア）
◎ドミニカ（カリブ海）
◎ドミニカ共和国（カリブ海）
トラック島（チューク島。ミクロネシア連邦）
トランシルバニア（ルーマニア）
トリエステ（イタリア）
◎トリニダード・トバゴ（カリブ海）
トリノ（イタリア）
トリプラ州（インド）
○トリポリ（リビア）
トリポリ（レバノン）
トリンコマリー（スリランカ）
◎トルクメニスタン（中央アジア）
◎トルコ（中東）
ドルトムント（ドイツ）
ドレスデン（ドイツ）
トレド（スペイン）
トレントン（米国）
トロント（カナダ）
◎トンガ（南太平洋）
トンレサップ湖（カンボジア）

【ナ】

◎ナイジェリア（アフリカ）
ナイバシャ（ケニア）
○ナイロビ（ケニア）
◎ナウル（南太平洋）
ナガランド州（インド）
ナゴルノカラバフ（アゼルバイジャン）
ナジャフ（イラク）
ナタンズ（イラン）
○ナッソー（バハマ）
ナヒチェワン（アゼルバイジャン）
ナブルス（ヨルダン川西岸）
ナホトカ（ロシア）
ナポリ（イタリア）
◎ナミビア（アフリカ）
ナミュール（ベルギー）
ナント（フランス）

【ニ】

○ニアメー（ニジェール）
ニース（フランス）
ニーム（フランス）
ニーダーザクセン州（ドイツ）
◎ニウエ（オセアニア）
◎ニカラグア（中米）
○ニコシア（キプロス）
ニコラエフスクナアムーレ（ロシア）

西イリアンジャヤ州（インドネシア）
◎ニジェール（アフリカ）
西オーストラリア州（オーストラリア）
西ケープ州（南アフリカ）
西サハラ（アフリカ）
ニジニーノブゴロド（旧ゴーリキー。ロシア）
西ベンガル州（インド）
ニャチャン（ベトナム）
ニューアーク（米国）
ニューオーリンズ（米国）
ニューカッスル（オーストラリア）
ニューカッスル（英国）
◎ニューカレドニア（仏領。南太平洋）
ニューギニア島（東半分はパプアニューギニア、西半分はインドネシア領。西太平洋）
ニューサウスウェールズ州（オーストラリア）
◎ニュージーランド（オセアニア）
ニュージャージー州（米国）
○ニューデリー（インド）
ニューハンプシャー州（米国）
ニューファンドランド島（カナダ）
ニューブランズウィック州（カナダ）
ニューポート（米国）
ニューポート（英国）
ニューポートニューズ（米国）
ニューヨーク（州）（米国）
ニュルンベルク（ドイツ）

【ヌ】

○ヌアクショット（モーリタニア）
ヌアディブ（モーリタニア）
ヌーク（旧ゴットホープ。グリーンランド）
○ヌメア（ニューカレドニア）
○ヌクアロファ（トンガ）
○ヌジャメナ（チャド）
ヌビア砂漠（スーダン）

【ネ】

ネグロス島（フィリピン）
◎ネパール（アジア）
ネバダ州（米国）
ネバドデルルイス山（コロンビア）
○ネピドー（ミャンマー）

【ノ】

ノーサンプトン（米国）
ノーサンプトン（英国）
ノースカロライナ州（米国）
ノーススロープ（アラスカ＝米国）
ノースダコタ州（米国）
ノーフォーク（米国）
ノバスコシア州（カナダ）
ノバヤゼムリャ島（ロシア領。北極海）
ノボシビルスク（ロシア）

◎ノルウェー（欧州）
ノルトライン・ウェストファーレン州（ドイツ）
ノルマンディー（フランス）

【ハ】

ハーグ（オランダ）
バークリー（米国）
パース（オーストラリア）
バーゼル（スイス）
バーデン・ビュルテンベルク州（ドイツ）
バーミヤン（アフガニスタン）
バーミンガム（英国）
バーミングハム（米国）
パームスプリングズ（米国）
バーモント州（米国）
バーリントン（米国）
バール川（南アフリカ）
◎バーレーン（中東）

バイエルン州（ドイツ）
バイコヌール（カザフスタン）
◎ハイチ（カリブ海）
ハイデラバード（インド）
ハイデラバード（パキスタン）
ハイデルベルク（ドイツ）
ハイファ（イスラエル）
ハイフォン（ベトナム）
ハガニャ（米領グアム島）
バギオ（フィリピン）
◎パキスタン（アジア）
○バクー（アゼルバイジャン）
パクセ（ラオス）
○バグダッド（イラク）
パゴパゴ（米領サモア）
バコロド（フィリピン）
パサデナ（米国）
バシコルトスタン（ロシア）
バスチーユ（パリ）
○バステール（グアドループ）

バスラ（イラク）
○バセテール（セントクリストファー・ネビス）
バターン半島（フィリピン）
バタンバン（カンボジア）
◎バチカン（欧州）
バトゥーミ（ジョージア）
ハドソン川（米国）
パドバ（イタリア）
バトンルージュ（米国）
パナイ島（フィリピン）
◎パナマ（中米）
○パナマ市（パナマ）
◎バヌアツ（南太平洋）
○ハノイ（ベトナム）
ハノーバー（ドイツ）
○ハバナ（キューバ）
◎バハマ（カリブ海）
ハバロフスク（ロシア）
パプア州（インドネシア）

◎パプアニューギニア（南太平洋）
バファロー（米国）
バフィン島（カナダ）
パペーテ（仏領タヒチ島）
○ハボローネ（ボツワナ）
○バマコ（マリ）
ハマダン（イラン）
バミューダ諸島（英領。北大西洋）
ハミルトン（英領バミューダ島）
◎パラオ（西太平洋）
◎パラグアイ（南米）
パラナグア（ブラジル）
○パラマリボ（スリナム）
○ハラレ（ジンバブエ）
パラワン島（フィリピン）
○パリ（フランス）
ハリウッド（米国）
○パリキール（ミクロネシア連邦）
ハリコフ（ウクライナ）
バリ島（インドネシア）

ハリファクス（カナダ）
バリャドリード（スペイン）
ハリヤナ州（インド）
ハルゲイサ（ソマリア）
バルセロナ（スペイン）
バルチスタン州（パキスタン）
○ハルツーム（スーダン）
バルディーズ（アラスカ＝米国）
バルト海（欧州）
◎バルバドス（カリブ海）
バルパライソ（チリ）
ハルビン（中国東北部）
パレスチナ（中東）
○バレッタ（マルタ）
パレルモ（イタリア）
バレンシア（スペイン）
ハロン（旧ホンゲイ。ベトナム）
ハワイ州（米国）
◎ハンガリー（欧州）
○バンギ（中央アフリカ）

バンクーバー（カナダ）
◎バングラデシュ（アジア）
○バンコク（タイ）
パンジャブ州（インド）
パンジャブ州（パキスタン）
○バンジュール（ガンビア）
バンダアチェ（インドネシア）
バンダルアバス（イラン）
○バンダルスリブガワン（ブルネイ）
バンダルホメイニ（イラン）
バンドン（インドネシア）
ハンプトン（米国）
ハンブルク（ドイツ）

【ヒ】

ビーグル海峡（チリ・アルゼンチンの間）
○ビエンチャン（ラオス）
ビエンホア（ベトナム）
東ケープ州（南アフリカ）

◎東ティモール（東南アジア）
ビキニ環礁（マーシャル諸島）
○ビクトリア（セーシェル）
○ビサウ（ギニアビサウ）
ビシー（フランス）
○ビシケク（キルギス）
ビシャカパトナム（インド）
ビスケー湾（フランス・スペイン）
ピナトゥボ火山（フィリピン）
ビハール州（インド）
ビバリーヒルズ（米国）
ヒマチャルプラデシュ州（インド）
ピメンテル（ペルー）
ヒューストン（米国）
ビュート（米国）
ヒューロン湖（米国・カナダ）
ビュルツブルク（ドイツ）
○ビリニュス（リトアニア）
ビルバオ（スペイン）
ピレネー山脈（フランス・スペイン）

ヒロ（ハワイ＝米国）
ヒンズークシ山脈（アフガニスタン）
ビンロン（ベトナム）

【フ】

ファアア（仏領タヒチ島）
ファーンバラ（英国）
○ファドゥーツ（リヒテンシュタイン）
ファンボ（旧ノバリスボア。アンゴラ）
◎フィジー（オセアニア）
フィラデルフィア（米国）
◎フィリピン（東南アジア）
フィレンツェ（イタリア）
◎フィンランド（欧州）
プーケット（タイ）
ブーゲンビル島（パプアニューギニア）
◎ブータン（アジア）
フエ（ベトナム）

フェアバンクス（アラスカ＝米国）
フエゴ島（アルゼンチン・チリ）
ブエナベンツラ（コロンビア）
フェニックス（米国）
○ブエノスアイレス（アルゼンチン）
◎プエルトリコ（米自治領。カリブ海）
フェロー諸島（デンマーク領。北大西洋）
フォークランド諸島（アルゼンチン名はマルビナス諸島。英領。南大西洋）
フォートローダーデール（米国）
フォートワース（米国）
フォールドフランス（仏領マルティニク島）
フォス（フランス）
フォルタレザ（ブラジル）
フォンテンブロー（フランス）
ブカブ（コンゴ〈旧ザイール〉）
○ブカレスト（ルーマニア）

ブシェール（イラン）
フジャイラ（アラブ首長国連邦）
ブジュンブラ（ブルンジ）
フゼスタン州（イラン）
○ブダペスト（ハンガリー）
ブッパータール（ドイツ）
○フナフティ（ツバル）
ブヌコボ空港（ロシア）
○プノンペン（カンボジア）
○プライア（カボベルデ）
ブライトン（英国）
ブラゴベシチェンスク（ロシア）
○ブラザビル（コンゴ共和国）
○ブラジリア（ブラジル）
◎ブラジル（南米）
○ブラチスラバ（スロバキア）
ブラックプール（英国）
ブラッドフォード（英国）
○プラハ（チェコ）
ブラワヨ（ジンバブエ）

フランクフルト（・アムマイン）（ドイツ）
フランクフルト（・アンデアオーデル）（ドイツ）
◎フランス（欧州）
ブランタイア（マラウイ）
ブランデンブルク州（ドイツ）
○フリータウン（シエラレオネ）
○プリシュティナ（コソボ）
フリシンゲン（オランダ）
ブリスベン（オーストラリア）
○ブリッジタウン（バルバドス）
ブリッジポート（米国）
ブリティッシュコロンビア州（カナダ）
プリマス（英国）
ブリヤート（ロシア）
○ブリュッセル（ベルギー）
プリンスエドワードアイランド州（カナダ）

ブルームフォンテーン（南アフリカ）
◎ブルガリア（欧州）
◎ブルキナファソ（アフリカ）
ブルゴーニュ（フランス）
プルゼニ（ピルゼンとも。チェコ）
ブルタバ川（ドイツ語名はモルダウ川。チェコ）
ブルックリン（米国）
◎ブルネイ（東南アジア）
ブルノ（チェコ）
◎ブルンジ（アフリカ）
ブルンスビュッテル（ドイツ）
ブレーマーハーフェン（ドイツ）
ブレーメン（ドイツ）
ブレスト（フランス）
フレズノ（米国）
フレデリク（米国）
フレデリクスバーグ（米国）
○プレトリア（南アフリカ）
プロイエシュティ（ルーマニア）

プロイセン地方（バルト海南岸。旧王国名）
ブロードウェー（ニューヨーク）
ブローニュの森（パリ）
プロビデンス（米国）
プロブディフ（ブルガリア）
プンタデルエステ（ウルグアイ）

【ヘ】

○ベイルート（レバノン）
○ベオグラード（セルビア）
ペオリア（米国）
ベカー平原（レバノン）
ペシャワル（パキスタン）
ベズビオ山（イタリア）
ベスレヘム（米国）
ヘッセン州（ドイツ）
ベツレヘム（ヨルダン川西岸）
◎ベトナム（東南アジア）
ペトロパブロフスクカムチャツキー（ロシア）
◎ベナン（アフリカ）
ペナン（マレーシア）
◎ベネズエラ（南米）
ベネチア（イタリア）
ベネルクス（ベルギー、オランダ、ルクセンブルクの総称）
ヘブロン（ヨルダン川西岸）
ヘラート（アフガニスタン）
ベラクルス（メキシコ）
◎ベラルーシ（欧州）
◎ベリーズ（中米）
◎ペルー（南米）
◎ベルギー（欧州）
ベルゲン（ノルウェー）
ベルサイユ（フランス）
ペルシャ湾（別名アラビア湾。中東）
○ヘルシンキ（フィンランド）
ベルファスト（英領北アイルランド）
ヘルマンド州（アフガニスタン）
○ベルモパン（ベリーズ）
○ベルリン（ドイツ）
○ベルン（スイス）
ベレン（ブラジル）
ベロオリゾンテ（ブラジル）
ペロポネソス（ギリシャ）
ベンガジ（リビア）
ベンガルール（旧バンガロール。インド）
ベンガル湾（インド洋）
ペンシルベニア州（米国）
ヘント（ベルギー）

【ホ】

ポイペト（カンボジア）
ホーチミン（旧サイゴン。ベトナム）
ポーツマス（米国）
ポーツマス（英国）
ポートアーサー（カナダ）
○ポートオブスペイン（トリニダード

・トバゴ）
ポートケンブラ（オーストラリア）
ポートサイド（エジプト）
○ポートビラ（バヌアツ）
ポートピリー（オーストラリア）
○ポートモレスビー（パプアニューギニア）
ポートランド（米国）
○ポートルイス（モーリシャス）
ボーフム（ドイツ）
ボーモント（米国）
◎ポーランド（欧州）
○ボゴタ（コロンビア）
ボストン（米国）
ポズナニ（ポーランド）
◎ボスニア・ヘルツェゴビナ（欧州）
ポツダム（ドイツ）
ホットスプリングズ（米国）
◎ボツワナ（アフリカ）
○ポドゴリツァ（旧チトーグラード。

モンテネグロ）
○ホニアラ（ソロモン諸島・ガダルカナル島）
ホノルル（ハワイ＝米国）
ホバート（オーストラリア）
ボヘミア（チェコ）
ホラムシャハル（イラン）
ポリネシア（太平洋中部）
◎ボリビア（南米）
ボルゴグラード（旧スターリングラード。ロシア）
ボルティモア（米国）
ボルドー（フランス）
○ポルトープランス（ハイチ）
◎ポルトガル（欧州）
○ポルトノボ（ベナン）
ボルネオ島（インドネシア名カリマンタン島。マレーシア）
ホルムズ海峡（中東）
ボローニャ（イタリア）

ボロス（ギリシャ）
ホロ島（フィリピン）
ボロネジ（ロシア）
ホワイトプレーンズ（米国）
ポワチエ（フランス）
ボン（ドイツ）
◎ホンジュラス（中米）
ポンペイ島（旧ポナペ島。ミクロネシア連邦）

【マ】

◎マーシャル諸島（太平洋中部）
マインツ（ドイツ）
マウイ島（ハワイ＝米国）
マカオ（中国）
マカッサル（海峡）（インドネシア）
マカティ（フィリピン）
マカパ（ブラジル）
マクデブルク（ドイツ）
マグレブ（アフリカ）

◎マケドニア(欧州)
マサチューセッツ州(米国)
マシャド(イラン)
◯マジュロ(マーシャル諸島)
◯マスカット(オマーン)
マセイオ(ブラジル)
マゼラン海峡(南米)
◯マセル(レソト)
◎マダガスカル(アフリカ)
マチュピチュ(ペルー)
マッキンリー山(デナリ山の旧称。アラスカ=米国)
マッターホルン(イタリア・スイス国境の山)
マディアプラデシュ州(インド)
マディソン(米国)
◯マドリード(スペイン)
◯マナグア(ニカラグア)
マナド(インドネシア)
◯マナマ(バーレーン)

マニトバ州(カナダ)
マニプール州(インド)
マハラシュトラ州(インド)
◯マニラ(フィリピン)
◯マプト(モザンビーク)
マヨルカ(マジョルカ)島(スペイン。地中海)
マヨン火山(フィリピン)
◎マラウイ(アフリカ)
マラガ(スペイン)
マラカイボ(ベネズエラ)
マラケシュ(モロッコ)
マラッカ海峡(東南アジア)
◯マラボ(赤道ギニア)
◎マリ(アフリカ)
マリアナ諸島(太平洋中西部)
◯マルキョク(パラオ)
マルク諸島(インドネシア)
マルセイユ(フランス)
◎マルタ(地中海)

マルティニク(仏領。カリブ海)
マルデルプラタ(アルゼンチン)
◯マレ(モルディブ)
◎マレーシア(東南アジア)
マレー半島(東南アジア)
マンダレー(ミャンマー)
マンチェスター(英国)

【ミ】

◎ミクロネシア連邦(太平洋中部)
ミシガン州(湖)(米国)
ミシシッピ州(川)(米国)
ミズーリ州(米国)
ミスラタ(リビア)
ミゾラム州(インド)
ミッドウェー諸島(米領。太平洋中部)
◎南アフリカ(アフリカ)
南オーストラリア州(オーストラリア)

南オセチア（ジョージア）
◎南スーダン（アフリカ）
◎ミャンマー（旧ビルマ。東南アジア）
ミュールハイム（ドイツ）
ミュンヘン（ドイツ）
ミラノ（イタリア）
ミルウォーキー（米国）
ミロス島（ギリシャ）
○ミンスク（ベラルーシ）
ミンダナオ島（フィリピン）
ミンドロ島（フィリピン）

【ム】

○ムババーネ（エスティワニ）
ムルマンスク（ロシア）
ムルロア環礁（仏領。南太平洋）
ムンバイ（旧ボンベイ。インド）

【メ】

メーン州（米国）
メガラヤ州（インド）
◎メキシコ（中米）
○メキシコ市（メキシコ）
メクレンブルク・フォアポンメルン州（ドイツ）
メダン（インドネシア）
メッカ（サウジアラビア）
メディナ（サウジアラビア）
メデジン（コロンビア）
メラネシア（太平洋）
メルボルン（オーストラリア）
メンドサ（アルゼンチン）
メンフィス（米国）

【モ】

◎モーリシャス（インド洋）
◎モーリタニア（アフリカ）
○モガディシオ（ソマリア）
◎モザンビーク（アフリカ）
○モスクワ（ロシア）
モスル（イラク）
◎モナコ（欧州）
○モナコ（モナコ）
モビール（米国）
モルッカ海峡（インドネシア）
◎モルディブ（インド洋）
◎モルドバ（欧州）
◎モロッコ（アフリカ）
○モロニ（コモロ）
◎モンゴル（アジア）
モンテカルロ（モナコ）
◎モンテネグロ（欧州）
○モンテビデオ（ウルグアイ）
モンテレイ（メキシコ）
モンテンルパ（フィリピン）
モントリオール（カナダ）
モントルー（スイス）
モンバサ（ケニア）
モンペリエ（フランス）
○モンロビア（リベリア）

【ヤ】

◯ヤウンデ（カメルーン）
ヤクーツク（ロシア）
◯ヤムスクロ（コートジボワール）
◯ヤレン（ナウル）
ヤングスタウン（米国）
ヤンゴン（旧ラングーン。ミャンマー）

【ユ】

ユーコン川（カナダ・アラスカ＝米国）
ユーフラテス川（中東）
ユカタン半島（メキシコ）
ユジノサハリンスク（ロシア）
ユタ州（米国）
ユトレヒト（オランダ）

【ヨ】

ヨークシャー（英国）
ヨハネスブルク（南アフリカ）
◎ヨルダン（中東）

【ラ】

ライデン（オランダ）
ライプチヒ（ドイツ）
ラインラント・プファルツ州（ドイツ）
◎ラオス（東南アジア）
ラゴス（ナイジェリア）
ラコルニャ（スペイン）
ラサ（チベット）
ラジャスタン州（インド）
ラスアルハイマ（アラブ首長国連邦）
ラスベガス（米国）
ラタキア（シリア）
ラテンアメリカ（慣用表記は中南米）

◎ラトビア（欧州）
ラバウル（パプアニューギニア）
ラパス（ボリビア）
◯ラバト（モロッコ）
ラプラタ（川）（アルゼンチン）
ラベンナ（イタリア）
ラホール（パキスタン）
ラワルピンディ（パキスタン）
ランカシャー（英国）
ランソン（ベトナム）
ランブイエ（フランス）

【リ】

リーズ（英国）
◯リーブルビル（ガボン）
リール（フランス）
リエージュ（ベルギー）
リエカ（クロアチア）
リオデジャネイロ（ブラジル）
◯リガ（ラトビア）

○リスボン（ポルトガル）
リッチモンド（米国）
◎リトアニア（欧州）
リバプール（英国）
◎リビア（アフリカ）
◎リヒテンシュタイン（欧州）
リビングストン（ザンビア）
◎リベリア（アフリカ）
リボルノ（イタリア）
○リマ（ペルー）
リモージュ（フランス）
○リヤド（サウジアラビア）
リュツォホルム湾（南極大陸）
○リュブリャナ（スロベニア）
リヨン（フランス）
リレハンメル（ノルウェー）
○リロングウェ（マラウイ）
リンカーン（米国）
リンツ（オーストリア）

【ル】

ルアーブル（フランス）
ルアンプラバン（ラオス）
○ルアンダ（アンゴラ）
ルイジアナ州（米国）
ルイビル（米国）
ルーアン（フランス）
ルートウィヒスハーフェン（ドイツ）
◎ルーマニア（欧州）
ルガノ（スイス）
◎ルクセンブルク（欧州）
○ルクセンブルク（ルクセンブルク）
ルクソール（エジプト）
○ルサカ（ザンビア）
ルソン島（フィリピン）
ルツェルン（スイス）
ルバング島（フィリピン）
ルブルジェ空港（フランス）
ルブンバシ（コンゴ〈旧ザイール〉）
◎ルワンダ（アフリカ）

【レ】

○レイキャビク（アイスランド）
レイテ島（フィリピン）
レークプラシッド（米国）
レーバークーゼン（ドイツ）
レガスピ（フィリピン）
レシフェ（ブラジル）
レスター（英国）
◎レソト（アフリカ）
レッジョエミリア（イタリア）
レッジョカラブリア（イタリア）
レディング（米国）
レディング（英国）
◎レバノン（中東）
レユニオン（仏領。インド洋）

【ロ】

ローザンヌ（スイス）

○ローマ（イタリア）
ローリー（米国）
ロサリオ（アルゼンチン）
ロサンゼルス（米国）
◎ロシア（欧州・アジア）
ロストク（ドイツ）
○ロゾー（ドミニカ）
ロチェスター（米国）
ロッテルダム（オランダ）
ロプノル（中国北西部）
○ロメ（トーゴ）
ロレーヌ（フランス）
ロワール（川）（フランス）
○ロンドン（英国）
ロンドンデリー（英領北アイルランド）
ロンバルディア州（イタリア）
ロンボク海峡（インドネシア）

【ワ】

ワイオミング州（米国）
ワイマール（ドイツ）
○ワガドゥグ（ブルキナファソ）
○ワシントン（正式名称はコロンビア特別区、ワシントンDCとも。米国）
ワシントン州（米国）
○ワルシャワ（ポーランド）

【外国人名の書き方】

1、原則として、本人または現地の呼び方に従い、片仮名で書く。表記の仕方はここに掲載してあるもののほかは「外国地名の書き方」に準じる。

2、歴史上の人物など、書き方の慣用が固定しているものは、それに従う。

例 エジソン(Edison)
ゲーテ(Goethe)
ナイチンゲール(Nightingale)

3、原音のV音を表すには「ヴ」を使わず、「ワ」行または「バ」行で書く。スラブ系の人名の語尾のVは「フ」で表す。

例 バレリー(Valéry)
テレシコワ(Tereshkova)
ゴルバチョフ(Gorbachev)

4、原則として、英語のti. diは「ティ、ディ」と書く。

例 クリスティ(Christie)
ディズニー(Disney)

注 ti. diは国によって「チ、ジ」と発音するので注意。

例 チトー(Tito)
ゴ・ジン・ジエム(Ngo Din Dhiem)

5、wa(wo), wi, we, wo(wa)は「ワ、ウィ、ウェ、ウォ」と書く。

例 ウィルソン(Wilson)
ウェブスター(Webster)
ウォーレン(Warren)

6、つまる音の「ッ」、はねる音の「ン」、のばす音の「ー」は、はっきりしたもの以外は、できるだけ省略する。

例 ディケンズ(Dickens)
ヨハネス(Johannes)
ケネディ(Kennedy)

7、英語系の語尾のleyは「リー」と書く。

例 スタンリー(Stanley)

8、英語の語尾のray, reyは「レー」と書く。

例 グレー(Gray)

9、英語のwhea, whiなどは「ホイ」のように書く。

例 ホイートストン(Wheatstone)
ホイットニー(Whitney)

10、英語の語尾のsonは「ソン」と書き、「スン」とはしない。

例 リチャードソン(Richardson)

11、スラブ、ゲルマン系の語尾のd, g(ただしig, ing, ungの場合は除く)は濁らずに発音するので「ト」「ク」と書く。

例 フロイト(Freud)
エレンブルク(Erenburg)

12、ロシア人の語尾にあるki(i), kyは「キー」と書く。

例 ゴーリキー(Gor'kii)

13、ポーランド人の語尾に多いkiは「キ」と書く。

例 ペンデレツキ(Penderecki)

14、アフリカ諸国のNで始まる表記は「ヌ」と書く。

例 ヌコモ(Nkomo)

15、ギリシャ語、ラテン語の長音は、慣用のあるものを除き、長音で書かない。

例 アリストテレス(Aristoteles)（アリストテレースとはしない）

16、姓名の書き方で注意すべき点

①二つ以上の名（ファーストネーム、セカンドネーム）を重ねて書くときは、その間に中点「・」を入れる。

例 ジョージ・バーナード・ショー

②スペイン系では、自分の名の下に父方、母方の姓を重ねて書くので、略して書く場合は、父方の姓だけで書く。

例 フェリペ（自分）・ゴンサレス（父方）・マルケス（母方）氏→ゴンサレス氏

③ベトナム人の姓名は通常、三つの部分から成っている。上から氏族、家、個人の名とされているが、記事の初めに出た時はフルネームで中点を入れて書き、2度目以降または見出しなどで略称を使うときは、最後の個人名を使う。

例 グエン・コ・タク氏→タク氏

④フランス人などに多い二つに分かれて書かれる姓で、両方合わせて一つの姓になっているものは、間に中点を入れず、1語として書く。

例 ジスカールデスタン（Giscard d'Estang）フランソワポンセ（François-Poncé）

⑤英語の「サー」の称号は、ファーストネームに付ける。「サー」は個人に対して与えられるもので、この場合、姓を略すことができる。「サー」を頭に付けた場合は「氏」「さん」などの敬称は付けない。官職名を付けるのは差し支えない。

例 サー・ウィンストン・チャーチルまたはサー・ウィンストン（サー・チャーチルは誤り）サー・ジョン・ホワイトヘッド大使

⑥英語の「ロード」の称号のある人には、敬称として「卿」をつける。

例 ヤング卿

中国人名の書き方

1、原則として漢字で書く。片仮名表記が定着している場合は次のように書く。（丸カッコの漢字表記は書かなくてもよい）

例 ヨーヨー・マ（馬友友）

2、中国略字は、日本字に対応する文字があれば日本字に直して書く。

例 刘→劉、叶→葉、陈云→陳雲

3、中国略字と書体が同じ日本字がある場合、字義が異なっていても、これを使うケースが例外的にある。

例 肖向前（蕭向前としない）

王炳于（王炳於としない）

4、中国少数民族の人名は、もともと漢字ではないので片仮名で書く。

例 ウランフ（烏蘭夫としない）

韓国・朝鮮人名の書き方

1、韓国の人名は原則として漢字で書く。取材対象者が特に希望するなど、必要があれば丸カッコ内に片仮名で現地音を書く。同一記事では2度目から漢字だけを使う。当てはまる漢字が分からない場合や存在しない場合、芸能分野など慣用が定着している場合は片仮名で書く。

例 金達寿（キム・ダルス）

注 ハングルは朝鮮文字のこと。従って「ハングル文字」「ハングル語」といった使い方は誤り。

2、韓国と北朝鮮で発音が異なる場合は、現地音に従う。

例 韓国では語頭のR音は無音化されるかN音に変わるため、「李」「盧」は韓国では「イ」「ノ」、北朝鮮では「リ」「ロ」とそれぞれ読む。

3、北朝鮮は漢字を廃止しているため、現地音による片仮名表記となる。しかし、漢字が分かっている場合は漢字を書く。必要があれば、丸カッコ内に片仮名で現地音を入れ、2度目からは漢字名だけにする。

例 リ・ジョンホ

金正恩（キム・ジョンウン）

4、民族全体を表す場合は「朝鮮民族」と書く。南北に住むすべての人々を指す場合は「韓国・朝鮮人」、在日のすべての人々を指す場合は「在日韓国・朝鮮人」とする。国籍がはっきりしているときは「韓国人」「韓国民」「北朝鮮国民」などとする。

在日朝鮮人で外国人登録証が「韓国」となっている人以外は「朝鮮」籍とする。「北朝鮮籍」とはしない。

外国人名表記例

外国人名の表記を、歴史上の人物を中心に例示した。

アインシュタイン（アルバート）
ドイツ出身の米理論物理学者
アウンサンスーチー
ミャンマー民主化運動指導者
アリ（ムハマド）米国の元ボクサー
アンデルセン（ハンス）
デンマーク童話作家
イエーツ（ウィリアム）
アイルランド詩人
イプセン（ヘンリク）
ノルウェー劇作家
ウエーバー（マックス）
ドイツ社会学者
ウェストン（ウォルター）英登山家
ウォーホル（アンディ）米画家
エジソン（トーマス）米発明家

オッペンハイマー（ロバート）
米理論物理学者
ガウス（カール・フリードリヒ）
ドイツ数学・物理・天文学者
ガウディ（アントニオ）
スペイン建築家
カエサル（ユリウス）
古代ローマの将軍、政治家
〈英語読みはジュリアス・シーザー〉
カミュ（アルベール）仏作家
カラヤン（ヘルベルト）
オーストリア指揮者
ガリレイ（ガリレオ）
イタリア天文・物理学者
ガンジー（マハトマ＝尊称）
インド独立運動指導者
キュリー夫妻（ピエールとマリー）
仏物理学者、化学者夫妻
キルケゴール（セーレン）
デンマーク哲学者

キング（マーティン・ルーサー）
米黒人運動指導者
キンゼー（アルフレド）米性科学者
グーテンベルク（ヨハネス）
ドイツ活版印刷術発明者
クーベルタン（ピエール）
仏教育家、近代五輪創始者
クラウゼウィッツ（カール・フォン）
ドイツ軍事学者
クリスティ（アガサ）英推理作家
クロムウェル（オリバー）英軍人、政治家
ケインズ（ジョン・メイナード）
英経済学者
ゲーテ（ヨハン）ドイツ詩人、作家
ゴーギャン（ポール）仏画家
ゴーゴリ（ニコライ）ロシア作家
ゴーリキー（マクシム）ロシア作家
コダーイ（ゾルタン）ハンガリー作曲家

ゴッホ（ビンセント・ファン）　オランダ画家
コペルニクス（ニコラウス）　ポーランド天文学者
ゴヤ（フランシスコ）　スペイン画家
コロンブス（クリストファー）　イタリア航海者、探検家
サハロフ（アンドレイ）　ソ連時代の物理学者
サルトル（ジャンポール）　仏作家、哲学者
サンサーンス（カミーユ）　仏作曲家
サンテグジュペリ（アントワーヌ・ド）　仏作家
シェークスピア（ウィリアム）　英劇作家
ジェファソン（トーマス）　米3代大統領、独立宣言起草者
シュトラウス（ヨハン＝父子同名）　オーストリア作曲家

シュバイツァー（アルベール）　仏神学者、医師
ショーペンハウアー（アルトゥール）　ドイツ哲学者
ショスタコービッチ（ドミトリ）　ロシア作曲家
スウィフト（ジョナサン）　英作家
スティーブンソン（ジョージ）　英技術者、蒸気機関車製作
ストラディバリ（アントニオ）　イタリア・バイオリン製作者
ストラビンスキー（イーゴリ）　ロシア生まれの米作曲家
スピルバーグ（スティーブン）　米映画監督
セルバンテス（ミゲル・デ）　スペイン作家
ソルジェニーツィン（アレクサンドル）　ロシア作家
ダーウィン（チャールズ）　英生物学者、進化論首唱

ダビンチ（レオナルド）　イタリア画家、彫刻家
チェーホフ（アントン）　ロシア劇作家
チャイコフスキー（ピョートル）　ロシア作曲家
チャプリン（チャールズ）　英俳優
チンギスハン〈成吉思汗〉　モンゴル帝国の創設者
ツェッペリン（フェルディナント）　ドイツ飛行船設計者
ツルゲーネフ（イワン）　ロシア作家
ディートリヒ（マレーネ）　ドイツ出身の米俳優
ティボー（ジャック）　仏バイオリニスト
デュナン（アンリ）　スイス赤十字創始者
デュビビエ（ジュリアン）　仏映画監督
デュマ（アレクサンドル）　仏作家

トインビー（アーノルド）　英歴史家
トウェーン（マーク）　米作家
トスカニーニ（アルトゥーロ）　イタリア指揮者
ドビュッシー（クロード）　仏作曲家
ドボルザーク（アントニン）　チェコ作曲家
ドラクロワ（ウジェーヌ）　仏画家
トリュフォー（フランソワ）　仏映画監督
トロツキー（レフ、英語名レオン）　ロシア革命家
ナイチンゲール（フローレンス）　英看護師
ニーチェ（フリードリヒ）　ドイツ哲学者
ネール（ジャワハルラル）　インド初代首相
バーグマン（イングリッド）　スウェーデン出身の俳優

ハイデッガー（マルティン）　ドイツ哲学者
パスツール（ルイ）　仏細菌学者
バッハ（ヨハン・セバスチャン）　ドイツ作曲家
パブロフ（イワン）　ソ連時代の生理学者
バルドー（ブリジット）　仏俳優
ビスコンティ（ルキノ）　イタリア映画監督
ヒッチコック（アルフレッド）　英国出身の米映画監督
ヒトラー（アドルフ）　ナチス・ドイツ総統
ビバルディ（アントニオ）　イタリア作曲家
ピュリツァー（ジョゼフ）　米新聞人
フェラーリ（エンツォ）　自動車会社フェラーリの創設者
プッチーニ（ジャコモ）　イタリア歌劇作曲家
ブリナー（ユル）　米俳優
フロイト（ジークムント）　オーストリア精神分析学者
ヘイエルダール（トール）　ノルウェー探検家
ベイユ（シモーヌ）　仏思想家
ベートーベン（ルートウィヒ）　ドイツ作曲家
ヘプバーン（オードリー）　米俳優
ヘミングウェー（アーネスト）　米作家
ベラスケス（ディエゴ）　スペイン画家
ペリー（マシュー）　米海軍軍人、黒船提督
ベルイマン（イングマル）　スウェーデン映画監督
ベルクソン（アンリ）　仏哲学者
ベルリオーズ（エクトル）　仏作曲家
ベルレーヌ（ポール）　仏詩人
ボーボワール（シモーヌ・ド）　仏作家

ボガート（ハンフリー）　米俳優
ボッカチオ（ジョバンニ）　イタリア作家
ボッティチェリ（アレサンドロ）　イタリア画家
ボロディン（アレクサンドル）　ロシア作曲家
ホロビッツ（ウラジーミル）　ロシア生まれの米ピアニスト
マキャベリ（ニッコロ）　イタリア政治学者
マゼラン（フェルディナンド）　ポルトガル航海者
マネ（エドアール）　仏画家
マルコーニ（ギレルモ）　イタリア無線電信発明者
マルコ・ポーロ　イタリア旅行家
マルロー（アンドレ）　仏作家
ミレー（ジャン）　仏画家
ムソリーニ（ベニト）　イタリア首相

ムハンマド〈マホメット〉　イスラム教創始者
ムンク（エドバルト）　ノルウェー画家
メッテルニヒ（クレメンス）　オーストリア政治家
モーツァルト（ウォルフガング・アマデウス）　オーストリア作曲家
モーパッサン（ギー・ド）　仏作家
モーム（サマセット）　英作家
モーロワ（アンドレ）　仏作家
モディリアニ（アメデオ）　イタリア画家
モネ（クロード）　仏画家
モンタン（イブ）　仏歌手、俳優
モンロー（マリリン）　米俳優
ヤスパース（カール）　ドイツ医学・哲学者
ユゴー（ビクトル）　仏作家
リプマン（ウォルター）　米評論家
ルソー（ジャンジャック）　仏思想家

ルター（マルティン）　ドイツ宗教改革家
ルノワール（オーギュスト）　仏画家
ルビンシュタイン（アルトゥール）　ポーランド生まれの米ピアニスト
レーニン（ウラジーミル）　ロシア革命家
ローランサン（マリー）　仏画家
ロラン（ロマン）　仏作家
ワーグナー（リヒャルト）　ドイツ作曲家

【特定商品名】

特定商品名（登録商標）とは、特許庁に登録されている名称で、その商標権者によって独占的に使用されるものを指す。記事中で不用意に使用すると、次のような弊害が生じる恐れがあるので、慎重を期したい。

①特定商品名を一般的名称のように使用して、その商品の声価を傷つけることがある。

②特定商品名を一般的名称のように使用して、商標権の価値を低めることがある。

③特定商品名を一般的名称のように使用することによって、その商品の宣伝となり、他の同類の商品に損害を招く恐れがある。

特定商品名は原則として使用せず、適宜、一般的名称に言い換える。

ただし、その商品を紹介する場合や、その商品が特に問題になっている場合は、この限りではない。

例 この表には、一般的名称と紛れやすく、特に注意を要するものを掲げた。「↓」の下が言い換え例。

特定商品名であっても、商標権者が、一般的名称として使用を認めているものもある（プラモデルなど）。また、かつては特定商品名だったが、商標権が更新されず、一般的名称として使用できるようになったものもある（アートフラワー、ウインドサーフィン、パンタロン、ホーバークラフト、文房具のホチキスなど）。旧商標であっても、あまり一般的でないもの（ガムテープなど）は、言い換えが望ましい。

地域団体商標（関さば、関あじなど）は原則的に使用してよい。

あ行

・アイコス↓加熱式たばこ
・アイスノン↓冷却枕、保冷剤
・アクアラング↓（簡易）潜水具、スキューバ
・味の素↓うま味調味料
・味ぽん↓ポン酢
・アロンアルファ↓瞬間接着剤
・イソジン↓うがい薬
・糸ようじ↓糸式ようじ、デンタルフロス（歯間掃除用糸）
・ウイークリーマンション↓短期賃貸マンション、ウイクリーマンション
・ウォークマン↓携帯音楽プレーヤー
・ウォシュレット↓（温水）洗浄便座

・エアロバイク→自転車型トレーニングマシン、自転車型運動器具
・エレクトーン→電子オルガン
・オービス→速度違反取り締まり装置
・オーロラビジョン→大型スクリーン、大型ビジョン
・オキシフル→オキシドール、過酸化水素水
・オセロゲーム→オセロ風ゲーム、リバーシ

か行

・ガシャポン→カプセル自動販売機、カプセル玩具
・カッター→ワイシャツ
・カップヌードル→カップ麺
・カブ、スーパーカブ→小型オートバイ、小型二輪車
・ガムテープ→粘着テープ【注】使用可だが、言い換え語の使用が望ましい。
・カラーコーン→コーン標識、パイロン
・感圧紙→ノーカーボン紙
・キャタピラー→走行用ベルト、無限軌道(車)
・キャラバンシューズ→(使用可)
・禁煙パイポ→禁煙用パイプ
・クール宅急便→クール宅配便
・クッキングホイル→アルミ箔(はく)、アルミホイル【注】使用可だが、一般的名称をできるだけ使う。
・クラリーノ→人工皮革
・クリーンヒーター→温風ヒーター
・クリネックス→ティッシュペーパー
・クレパス→パステルクレヨン
・クレラップ→台所用ラップ、家庭用フィルム
・形状記憶シャツ→形態安定シャツ
・コカ・コーラ、コーク→コーラ飲料、清涼飲料

さ行

・サランラップ→台所用ラップ、家庭用フィルム
・サンプラ、サンプラチナ→(歯科用)ニッケルクロム合金
・シーチキン→ツナ缶詰
・ジープ→ジープ型の車、小型四輪駆動車
・ジェットスキー→水上バイク
・シッカロール→ベビーパウダー、汗止めパウダー
・ジャグジー→気泡(発生)風呂、ジェットバス【注】本来は「米ジャクージ社」の製品を指す。
・写メール→携帯電話の写真付きメール
・シュガーカット→低カロリー甘味料
・スコッチテープ→接着テープ、録音テープ
・スノーモビル→スノーモービル、小

型雪上車
・スミチオン→(有機リン系)殺虫剤
・セスナ→軽飛行機、小型飛行機
・セメダイン→接着剤
・ゼロックス→複写機、コピー機
・セロテープ→セロハンテープ

た行

・ダスキン→化学雑巾
・宅急便→宅配便
・タッパー、タッパーウェアー→(プラスチック製)食品保存容器
・タバスコ→ペッパーソース
・たまごっち→電子ペット育成ゲーム、携帯液晶ペットゲーム
・タミフル→インフルエンザ治療薬
・着うた、着うたフル→「着うた」「着うたフル」
・テトラポッド→消波ブロック
・テトロン→ポリエステル繊維
・テフロン→フッ素樹脂(加工)
・テレカ→テレホンカード、電話カード
・伝言ダイヤル→伝言サービス
・TOEIC(トーイック)、TOEFL(トフル)→英語能力テスト
・ドクターフィッシュ→フィッシュセラピー【注】淡水魚「ガラ・ルファ」の俗称。魚名としての使用は可。美容に関する使用は不可。
・トミカ→ミニカー
・トランポリン→競技・遊戯名としては使用可。用具を指すときは「跳躍器具」「トランポリン用器具(遊具)」

な行

・猫イラズ→(リン系)殺そ剤

は行

・バイアグラ→性機能改善薬
・バスクリン→入浴剤、浴用剤
・ハルシオン→睡眠導入剤
・バンドエイド→救急ばんそうこう、ガーゼ付きばんそうこう
・ピアニカ→鍵盤ハーモニカ
・ヒートテック→機能性肌着、機能性下着
・ビオフェルミン→整腸剤
・ヒロポン→覚醒剤
・プラモデル→(特定商品名だが、使用可)
・フリスビー→円盤遊具、フライングディスク
・プリント倶楽部(プリクラ)→写真シール作製機
・ホーバークラフト→(使用可)
・ホカロン→使い捨てカイロ、携帯カイロ
・ポスト・イット→粘着メモ
・ホチキス→(使用可)
・ポラロイドカメラ→インスタントカメラ
・ポリタンク→(使用可)

・ポリバケツ↓プラスチック製バケツ
・ほんだし↓風味調味料
・ボンド（商標はボンドコニシ）↓（合成）接着剤【注】使用可だが、なるべく言い換える。

ま行

・マジック（インキ、ペン）↓（油性）フェルトペン
・マジックテープ↓面ファスナー
・マリンジェット↓水上バイク
・万歩計、万歩メーター↓歩数計、歩数メーター
・ムース（化粧品）↓泡状整髪剤
・メンソレータム、メンタム↓皮膚薬

や行

・ヤクルト↓乳酸菌飲料
・UFOキャッチャー↓クレーンゲーム

ら行

・ラジコン↓無線操縦（装置）
・ランドクルーザー（ランクル）↓オフロード型四輪駆動車
・ルービックキューブ↓六面立体パズル
・ループタイ↓付けネクタイ（ひも状のものは別で「ひもタイ」「ループタイ」）
・ルゴール液↓喉の殺菌剤【注】使用可だが、分かりにくいので適宜言い換える。
・レゴ↓ブロック玩具、組み立て玩具
・ロボットスーツ↓パワーアシストスーツ、（装着型）パワーアシスト機器

わ行

・ワンカップ↓カップ酒

【漢字略語集】

①原則として略語はフル表記の後に丸カッコで示し、次出以降、略語を使用する。
②◎印の略語はフル表記を省き、単独で使用してよい。
③◇印の語は略語を先に書き、フル表記を丸カッコ内に書く。
例 環境ホルモン（内分泌かく乱化学物質）

【あ 行】

IT基本法 高度情報通信ネットワーク社会形成基本法

◎**あっせん利得処罰法** 公職にある者等のあっせん行為による利得等の処罰に関する法律

安全委 運輸安全委員会〈正式には「国土交通省運輸安全委員会」〉

◎**安保（安保条約・日米安保条約・日米安全保障条約）** 日本国とアメリカ合衆国との間の相互協力および安全保障条約

医科研 東京大学医科学研究所

◎**育児・介護休業法** 育児休業、介護休業等育児または家族介護を行う労働者の福祉に関する法律

遺伝研 国立遺伝学研究所

医薬品医療機器法 医薬品、医療機器等の品質、有効性および安全性の確保等に関する法律

◎**院展** 日本美術院展覧会

宇宙機構 宇宙航空研究開発機構（JAXA）〈国立研究開発法人〉

◎**宇宙条約** 月その他の天体を含む宇宙空間の探査および利用における国家活動を律する原則に関する条約

◎**運輸労連** 全日本運輸産業労働組合連合会

◎**英検** 実用英語技能検定

◎**エイズ** 後天性免疫不全症候群

映団連 映画産業団体連合会

◎**映倫** 映画倫理機構

映連 日本映画製作者連盟

N響 NHK交響楽団

◎**NTT** 日本電信電話（株式会社）〈持ち株会社〉

NTTコム NTTコミュニケーションズ〈正式名はエヌ・ティ・ティ・コミュニケーションズ〉

◎**NTT東日本** 東日本電信電話（株式会社）〈NTT西日本もこれに準ずる〉

◎**NTT労組** NTT労働組合

NPO法　特定非営利活動促進法

◎NPO法人　特定非営利活動法人

◎沖縄返還協定　琉球諸島および大東諸島に関する日本国とアメリカ合衆国との間の協定

【か　行】

◎海員組合　全日本海員組合

◎外為法　外国為替および外国貿易法

◎外為令　外国為替令

外登法　外国人登録法

外配協　外国映画輸入配給協会

解放同盟　部落解放同盟

海洋機構　海洋研究開発機構〈国立研究開発法人〉

◎外来種被害防止法　特定外来生物による生態系等に係る被害の防止に関する法律

◎火炎瓶処罰法　火炎びんの使用等の処罰に関する法律

◎化学兵器禁止法　化学兵器の禁止および特定物質の規制等に関する法律

核禁会議　核兵器禁止平和建設国民会議

◎革マル派　日本革命的共産主義者同盟革命的マルクス主義派

◎革労協　革命的労働者協会

科警研　（警察庁）科学警察研究所

◎がけ崩れ防止法　急傾斜地の崩壊による災害の防止に関する法律

化繊協　日本化学繊維協会

科捜研　（警視庁など都道府県警）科学捜査研究所

家族会　北朝鮮による拉致被害者家族連絡会

◎過疎法　過疎地域自立促進特別措置法

◎家電リサイクル法　特定家庭用機器再商品化法

◎紙パ連合　日本紙パルプ紙加工産業労働組合連合会

環境アセス（または環境アセスメント）　環境影響評価〈初出表記は「環境影響評価（アセスメント）」でよい〉

◇環境ホルモン　内分泌かく乱化学物質

関経連　関西経済連合会

がん研　①がん研究会〈公益財団法人〉②がん研究会がん研究所③病院名は「がん研有明病院」〈国立がん研究センターを「がん研」としない〉

監視委　証券取引等監視委員会

感染研　国立感染症研究所〈旧国立予防衛生研究所〉

◎感染症法　感染症の予防および感染症の患者に対する医療に関する法律

◎議院証言法　議院における証人の宣誓および証言等に関する法律

議運委　議院運営委員会
◎**基幹労連**　日本基幹産業労働組合連合会
◎**牛肉トレーサビリティー法**　牛の個体識別のための情報の管理および伝達に関する特別措置法
◎**給与法**　一般職の職員の給与に関する法律
協会けんぽ　全国健康保険協会管掌健康保険
◎**教研集会**　教育研究全国集会
行政機関個人情報保護法　行政機関の保有する個人情報の保護に関する法律
極地研　国立極地研究所〈大学共同利用機関法人〉
金商法　金融商品取引法
◎**金属労協**　全日本金属産業労働組合協議会
◎**金融再生法**　金融機能の再生のための緊急措置に関する法律
◎**金融審**　金融審議会
◎**金融早期健全化法**　金融機能の早期健全化のための緊急措置に関する法律
金融取　東京金融取引所
◎**区分所有法**　建物の区分所有等に関する法律
◎**グリーン購入法**　国等による環境物品等の調達の推進等に関する法律
◎**クローン技術規制法**　ヒトに関するクローン技術等の規制に関する法律
経済連　経済農業協同組合連合会
◎**警職法**　警察官職務執行法
刑訴法　刑事訴訟法
芸団協　日本芸能実演家団体協議会
◎**経団連**　日本経済団体連合会
刑特法　日米地位協定の実施に伴う刑事特別法
◎**景品表示法**　不当景品類および不当表示防止法
◎**圏央道**　首都圏中央連絡自動車道
原環機構　原子力発電環境整備機構
原産協会　日本原子力産業協会
原子力機構　日本原子力研究開発機構
◎**原子炉等規制法**　核原料物資、核燃料物資および原子炉の規制に関する法律
原水協　原水爆禁止日本協議会
原水禁　原水爆禁止日本国民会議
原潜　原子力潜水艦
検定審　教科用図書検定調査審議会
原電　日本原子力発電（株式会社）
◎**原発**　原子力発電所
健保法　健康保険法
健保連　健康保険組合連合会
交運共闘　交通運輸労働組合共闘会議

交運労協 全日本交通運輸産業労働組合協議会
高エネ研 高エネルギー加速器研究機構〈大学共同利用機関法人〉
高校総体 全国高等学校総合体育大会（インターハイ）
◎**更生特例法** 金融機関等の更生手続の特例等に関する法律
◎**公選法** 公職選挙法
公大協 公立大学協会
高体連 全国高校体育連盟〈正式には「全国高等学校体育連盟」〉
公調委 公害等調整委員会
◎**交通バリアフリー法** 高齢者、身体障害者等の公共交通機関を利用した移動の円滑化の促進に関する法律
交通労連 全国交通運輸労働組合総連合
公取委 公正取引委員会
後発医薬品 ジェネリック医薬品
◎**公務労協** 公務公共サービス労働組合協議会
高野連 日本高校野球連盟〈正式には「日本高等学校野球連盟」〉
国幹会議 国土開発幹線自動車道建設会議
国幹道 国土開発幹線自動車道
国際水連 国際水泳連盟（FINA）
国際陸連 国際陸上競技連盟（IAAF）
◎**国体** 国民体育大会
国大協 国立大学協会
◎**(国鉄) 清算事業団** 日本国有鉄道清算事業団
国土法 国土利用計画法
国保 国民健康保険
国貿促 日本国際貿易促進協会
◎**国民保護法** 武力攻撃事態等における国民の保護のための措置に関する法律
◎**国労** 国鉄労働組合
◎**湖沼法** 湖沼水質保全特別措置法
個人情報保護法 個人情報の保護に関する法律
国公連合 国公関連労働組合連合会
国公労連 日本国家公務員労働組合連合会
◎**古都保存法** 古都における歴史的風土の保存に関する特別措置法
◎**米トレーサビリティー法** 米穀等の取引等に係る情報の記録および産地情報の伝達に関する法律

【さ 行】

◎**サービス・流通連合** 日本サービス・流通労働組合連合
財革法（または財政構造改革法） 財政構造改革の推進に関する特別措置法

財形制度　勤労者財産形成促進制度
財政審　財政制度等審議会
最賃法　最低賃金法
財特法　財政法第3条の特例に関する法律
◎**再販制度**　再販売価格維持制度
◎**サッカーくじ法**　スポーツ振興投票の実施に関する法律
◎**サリン被害防止法**　サリン等による人身被害の防止に関する法律
産構審　産業構造審議会
産総研　産業技術総合研究所〈国立研究開発法人〉
産労懇　産業労働懇話会
◎**JR貨物**　日本貨物鉄道（株式会社）
◎**JR総連**　全日本鉄道労働組合総連合会
◎**JR東日本**　東日本旅客鉄道（株式会社）〈JR北海道・東海・西日本・四国・九州もこれに準ずる〉

◎**JR連合**　日本鉄道労働組合連合会
JA　農協
JA共済連　全国共済農業協同組合連合会
JA全中　全国農業協同組合中央会
JA全農　全国農業協同組合連合会
JT　日本たばこ産業（株式会社）
Jパワー　電源開発（株式会社）
JP労組　日本郵政グループ労働組合
◎**Jリーグ**　日本プロサッカーリーグ
◎**私学助成法**　私立学校振興助成法
次期防　次期防衛力整備計画
資源機構　エネルギー・金属鉱物資源機構（JOGMEC）〈独立行政法人〉
◎**資源有効利用促進法**　資源の有効な利用の促進に関する法律
自工会　日本自動車工業会
地震研　東京大学地震研究所

地震予知連　地震予知連絡会
私大協　日本私立大学協会
私大連　日本私立大学連盟
◎**下請法**　下請代金支払遅延等防止法
◎**自治労**　全日本自治団体労働組合
◎**私鉄総連**　日本私鉄労働組合総連合会
◎**児童買春・児童ポルノ禁止法**　児童買春、児童ポルノに係る行為等の規制および処罰ならびに児童の保護等に関する法律
◎**児童虐待防止法**　児童虐待の防止等に関する法律
◎**自動車総連**　全日本自動車産業労働組合総連合会
自動車NOx・PM法　自動車から排出される窒素酸化物および粒子状物質の特定地域における総量の削減等に関する特別措置法
◎**自動車リサイクル法**　使用済み自動

車の再資源化等に関する法律

自賠責(保険)　自動車損害賠償責任保険

自賠法　自動車損害賠償保障法

社協　社会福祉協議会

社青同　日本社会主義青年同盟

社保審　社会保障審議会

住基ネット　住民基本台帳ネットワークシステム

(旧)住専　住宅金融専門会社

◎**銃刀法**　銃砲刀剣類所持等取締法

重文　重要文化財

◎**種の保存法**　絶滅のおそれのある野生動植物の種の保存に関する法律

主婦連　主婦連合会

消安法　消費生活用製品安全法

◎**省エネ法**　エネルギーの使用の合理化に関する法律

◎**商工中金**　商工組合中央金庫

消団連　全国消費者団体連絡会

商取法　商品先物取引法

◎**食品リサイクル法**　食品循環資源の再生利用等の促進に関する法律

◎**食糧法**　主要食糧の需給および価格の安定に関する法律

◎**食管会計**　食糧管理特別会計

信金中金　信金中央金庫〈旧称・全国信用金庫連合会〉

◎**人材確保法**　学校教育の水準の維持向上のための義務教育諸学校の教育職員の人材確保に関する特別措置法

新宗連　新日本宗教団体連合会

◎**信書便法**　民間事業者による信書の送達に関する法律

新日(本)フィル　新日本フィルハーモニー交響楽団

◎**新聞労連**　日本新聞労働組合連合

信連　信用農業協同組合連合会

救う会　北朝鮮に拉致された日本人を救出するための全国協議会

◎**ストーカー規制法**　ストーカー行為等の規制等に関する法律

◎**静穏保持法**　国会議事堂等周辺地域および外国公館等周辺地域の静穏の保持に関する法律

◎**生協**　生活協同組合

生産技研　東京大学生産技術研究所

◎**精神保健福祉法**　精神保健および精神障害者福祉に関する法律

税調　税制調査会

政投銀　日本政策投資銀行

◎**政党法人化法**　政党交付金の交付を受ける政党等に対する法人格の付与に関する法律

青法協　青年法律家協会

生保協　生命保険協会

製薬協　日本製薬工業協会

政倫審　政治倫理審査会

◎**政労連**　政府関係法人労働組合連合

石化協　石油化学工業協会
◎**赤軍派**　共産主義者同盟赤軍派
石連　石油連盟
世銀（または世界銀行）　国際復興開発銀行
◎**全学連**　全日本学生自治会総連合
選管　選挙管理委員会
全教　全日本教職員組合
◎**全漁連**　全国漁業協同組合連合会
全銀協　全国銀行協会
◎**全建総連**　全国建設労働組合総連合
◎**全港湾**　全日本港湾労働組合
◎**全国一般**　全国一般評議会、全労連・全国一般労働組合、全国一般労働組合全国評議会
◎**全国ガス**　全国ガス労働組合連合会
◎**全国港湾**　全国港湾労働組合連合会
◎**全自交（労連）**　全国自動車交通労働組合連合会
全柔連　全日本柔道連盟

全信協　全国信用金庫協会
全信組連　全国信用協同組合連合会
全信保連　全国信用保証協会連合会
全石連　全国石油商業組合連合会と全国石油業共済協同組合連合会の総称
◎**全駐労**　全駐留軍労働組合
全特　全国郵便局長会〈前身の「全国特定郵便局長会」の略称が現在も継続〉
全日教連　全日本教職員連盟
全日農　全日本農民組合連合会
全酪連　全国酪農業協同組合連合会
◎**全労協**　全国労働組合連絡協議会
全労済　全国労働者共済生活協同組合連合会
◎**全労連**　全国労働組合総連合
◎**臓器移植法**　臓器の移植に関する法律
◎**造船重機労連**　全国造船重機械労働組合連合会

◎**総定員法（または定員法）**　行政機関の職員の定員に関する法律
◎**組織犯罪処罰法**　組織的な犯罪の処罰および犯罪収益の規制等に関する法律
訴追委　裁判官訴追委員会
損保協　日本損害保険協会

【た　行】

大検　旧制度の「大学入学資格検定」〈2005年度に「高等学校卒業程度認定試験」（高卒認定試験）に移行〉
大商　大阪商工会議所
大震法　大規模地震対策特別措置法
◎**大店立地法**　大規模小売店舗立地法
第二世銀　国際開発協会（ＩＤＡ）
宅建業法　宅地建物取引業法
弾劾裁判所　裁判官弾劾裁判所
（日銀）短観　全国企業短期経済観測調査

◎**男女雇用（機会）均等法**　雇用の分野における男女の均等な機会および待遇の確保等に関する法律
◎**団体規制法**　無差別大量殺人行為を行った団体の規制に関する法律
◎**地教行法（または地方教育行政法）**　地方教育行政の組織および運営に関する法律
◎**地銀**　地方銀行
地銀協　全国地方銀行協会
地公法　地方公務員法
地公労法　地方公営企業等の労働関係に関する法律
地財計画　地方財政計画
地財審　地方財政審議会
地財法　地方財政法
地制調　地方制度調査会
地婦連　全国地域婦人団体連絡協議会
◎**地方分権一括法**　地方分権の推進を図るための関係法律の整備等に関する法律
地方6団体　〈全国知事会、全国都道府県議会議長会、全国市長会、全国市議会議長会、全国町村会、全国町村議会議長会の6団体を指す〉
中医協　中央社会保険医療協議会
中央選管　中央選挙管理会
◎**中核派**　革命的共産主義者同盟全国委員会
中環審　中央環境審議会
中期防　中期防衛力整備計画
中教審　中央教育審議会
中体連　日本中学校体育連盟
◎**駐留軍用地特別措置法**　日本国とアメリカ合衆国との間の相互協力および安全保障条約第6条に基づく施設および区域ならびに日本国における合衆国軍隊の地位に関する協定の実施に伴う土地等の使用等に関する特別措置法
◎**中労委**　中央労働委員会
朝鮮総連　在日本朝鮮人総連合会
(旧) 地労委　地方労働委員会〈現・各都道府県労働委員会〉
◎**通信傍受法**　犯罪捜査のための通信傍受に関する法律
◎**出会い系サイト規制法**　インターネット異性紹介事業を利用して児童を誘引する行為の規制等に関する法律
◎**定期借家法**　良質な賃貸住宅等の供給の促進に関する特別措置法
◎**DV防止法**　配偶者からの暴力の防止および被害者の保護等に関する法律
鉄道・運輸機構　鉄道建設・運輸施設整備支援機構
鉄道総研　鉄道総合技術研究所
鉄連　日本鉄鋼連盟

◎**電機連合**　全日本電機・電子・情報関連産業労働組合連合会
◎**電子投票法**　地方公共団体の議会の議員および長の選挙に係る電磁的記録式投票機を用いて行う投票方法等の特例に関する法律
電事連　電気事業連合会
電中研　電力中央研究所〈財団法人〉
◎**電力総連**　全国電力関連産業労働組合総連合
東響　東京交響楽団
東経協　東京経営者協会
◎**道交法**　道路交通法
東商　東京商工会議所
◎**東証**　東京証券取引所
東商取　東京商品取引所
投信協　投資信託協会
統幕　統合幕僚監部
統幕長　統合幕僚長
東フィル　東京フィルハーモニー交響楽団
同友会　経済同友会
都響　東京都交響楽団
◎**毒劇物法**　毒物および劇物取締法
◎**特定商取引法**　特定商取引に関する法律〈旧訪問販売法〉
特保（トクホ）　特定保健用食品
◎**土砂災害防止法**　土砂災害警戒区域等における土砂災害防止対策の推進に関する法律
◎**独禁法**　私的独占の禁止および公正取引の確保に関する法律
独法　独立行政法人

【な　行】

内調　内閣情報調査室
◎**成田新法**　成田国際空港の安全確保に関する緊急措置法
二科展　二科美術展覧会
日医　日本医師会
◎**日銀**　日本銀行
日フィル　日本フィルハーモニー交響楽団
◎**日米地位協定**　日本国とアメリカ合衆国との間の相互協力および安全保障条約第6条に基づく施設および区域ならびに日本国における合衆国軍隊の地位に関する協定
◎**日弁連**　日本弁護士連合会
◎**日教組**　日本教職員組合
日建連　日本建設業連合会
日高教　日本高等学校教職員組合
日歯　日本歯科医師会
日商　日本商工会議所
日商協　日本商品先物取引協会
日証協　日本証券業協会
日証金　日本証券金融（株式会社）
日歯連　日本歯科医師連盟
日青協　日本青年団協議会
◎**日赤**　日本赤十字社

日専連　協同組合連合会日本専門店会連盟
日体協　日本体育協会
日朝議連　日朝友好議員連盟
◎**日展**　日本美術展覧会
日販　日本出版販売（株式会社）
日放労　日本放送労働組合
◎**日本医労連**　日本医療労働組合連合会
◎**日本水連**　日本水泳連盟
日本生協連　日本生活協同組合連合会
◎**日本陸連**　日本陸上競技連盟
入管（局）　（法務省）入国管理局
◎**入管難民法**　出入国管理および難民認定法
◎**ねずみ講防止法**　無限連鎖講の防止に関する法律
燃油サーチャージ　燃油特別付加運賃

農基法　食料・農業・農村基本法
農災法　農業災害補償法
脳死臨調　臨時脳死および臓器移植調査会
（旧）農林公庫　農林漁業金融公庫〈現・日本政策金融公庫〉
◎**農林中金**　農林中央金庫

【は　行】

◎**廃棄物処理法**　廃棄物の処理および清掃に関する法律
◎**ハイジャック防止法**　航空機の強取等の処罰に関する法律
爆取（罰則）　爆発物取締罰則
箱根駅伝　東京箱根間往復大学駅伝競走
◎**破産特別措置法**　特定破産法人の破産財団に属すべき財産の回復に関する特別措置法
◎**破防法**　破壊活動防止法

◎**バリアフリー新法**　高齢者、障害者等の移動等の円滑化の促進に関する法律
◎**犯罪被害者保護法**　犯罪被害者等の権利利益の保護を図るための刑事手続に付随する措置に関する法律
判定会　地震防災対策強化地域判定会
ＰＫＯ協力法　国連平和維持活動等に対する協力に関する法律
東日本高速　東日本高速道路（株式会社）〈中日本高速、西日本高速もこれに準ずる〉
被団協　日本原水爆被害者団体協議会
◎**ピッキング防止法**　特殊開錠用具の所持の禁止等に関する法律
百条委　地方自治法第１００条に基づく調査特別委員会
◎**被用者保険**　〈協会けんぽ、組合管掌

健康保険、船員保険、各種共済組合保険（国家公務員共済組合、地方公務員共済組合、私立学校教職員共済組合）を指す〉

◎**風営法（または風俗営業法）** 風俗営業等の規制および業務の適正化等に関する法律

フード連合 日本食品関連産業労働組合総連合会

◎**不正アクセス禁止法** 不正アクセス行為の禁止等に関する法律

婦団連 日本婦人団体連合会

物統令 物価統制令

◎**武力攻撃事態法** 武力攻撃事態等におけるわが国の平和と独立ならびに国および国民の安全の確保に関する法律

◎**プロバイダー責任法** 特定電気通信役務提供者の損害賠償責任の制限および発信者情報の開示に関する法律

◎**フロン排出抑制法** フロン類の使用の合理化および管理の適正化に関する法律

噴火予知連 火山噴火予知連絡会

放医研 放射線医学総合研究所〈独立行政法人〉

放影研 放射線影響研究所〈財団法人〉

貿管令 輸出（入）貿易管理令

防災科研 防災科学技術研究所〈国立研究開発法人〉

◎**放射線障害防止法** 放射性同位元素等による放射線障害の防止に関する法律

法制審 法制審議会

◎**暴対法（暴力団対策法）** 暴力団員による不当な行為の防止等に関する法律

◎**暴力行為法** 暴力行為等処罰に関する法律

保団連 全国保険医団体連合会

本四連絡橋 本州四国連絡橋

【ま　行】

◎**麻薬特例法** 国際的な協力の下に規制薬物に係る不正行為を助長する行為等の防止を図るための麻薬および向精神薬取締法等の特例等に関する法律

◎**麻薬取締法** 麻薬および向精神薬取締法

◎**マル優** 少額貯蓄非課税制度

民医連 全日本民主医療機関連合会

民音 民主音楽協会

民商 民主商工会

民青 日本民主青年同盟

民訴法 民事訴訟法

民団 在日本大韓民国民団

民鉄協 日本民営鉄道協会

民都機構　民間都市開発推進機構
民博　国立民族学博物館
◎**民放連**　日本民間放送連盟
◎**民放労連**　日本民間放送労働組合連合会
◎**明治憲法**　大日本帝国憲法
◎**迷惑メール防止法**　特定電子メールの送信の適正化等に関する法律

【や　行】

薬事審　薬事・食品衛生審議会
UR　都市再生機構〈独立行政法人。旧都市基盤整備公団〉
◎**UAゼンセン**　全国繊維化学食品流通サービス一般労働組合同盟
◎**容器包装リサイクル法**　容器包装に係る分別収集および再商品化の促進等に関する法律
横審　横綱審議委員会
◎**酔っ払い防止法**　酒に酔って公衆に迷惑をかける行為の防止等に関する法律
預保　預金保険機構
読響　読売日本交響楽団

【ら　行】

◎**拉致議連**　北朝鮮に拉致された日本人を早期に救出するために行動する議員連盟
陸（海・空）幕　陸上（海上・航空）幕僚監部
陸（海・空）幕長　陸上（海上・航空）幕僚長
理研　理化学研究所〈国立研究開発法人〉
◎**リサイクル法（資源有効利用促進法）**　資源の有効な利用の促進に関する法律
◎**リゾート法**　総合保養地域整備法
歴博　国立歴史民俗博物館
◎**連合**　日本労働組合総連合会
労演　勤労者演劇協議会
労音　勤労者音楽協議会
労研　労働科学研究所〈財団法人〉
労災保険　労働者災害補償保険
労働3法　〈労働基準法（労基法）、労働組合法（労組法）、労働関係調整法（労調法）の3法を指す〉
◎**労働者派遣法**　労働者派遣事業の適正な運営の確保および派遣労働者の保護等に関する法律

【法律関連用語】

掲載用語

一般

公示　公の機関が一定の事柄を周知するため一般に公表すること。告示と同義語だが、衆院の総選挙、参院の通常選挙の施行通知は公示を使う。

告示　衆院、参院の再選挙や補欠選挙▽都道府県や区市町村の知事や首長、議員の選挙▽最高裁裁判官国民審査—を通知する場合は告示という。外国の選挙は告示を使う。

召集と招集　いずれも会議体を成立させるため構成員に集合を求める手続き。召集は国会議員に対し、一定の期日に各議院に集まることを命ずる行為で、天皇が内閣の助言と承認に基づいて行う。招集は皇室会議、地方自治体の議会、株主総会、債権者集会などに使われる。

政令　国会で制定する法律に沿って、内閣が定める命令。法律の委任がなければ罰則を科すことはできない。

省令　各省の大臣が管轄する行政事務について、法律や政令を施行するため、または法律や政令の委任に基づき発する命令。

証人　裁判所などで自己の経験で知った事実の供述を命じられた第三者。刑事裁判では召喚によって、裁判所に出頭を命じられる。正当な理由がなければ拒否できず、うその証言をすると偽証罪に問われることがある。国会や地方議会も、議会の審査などに関し、出頭や証言を求めることができる。

参考人　犯罪捜査のため容疑者以外で事情聴取を受ける者。出頭は強制できない。国会では、委員会の求めに応じて出頭し、意見を述べる者。証人と異なり拒否できる。

ＡＤＲ　裁判外の紛争解決手続き。専門家が第三者として、紛争当事者の和解や調停をする。裁判では費用や時間がかかり、経過が公開されて利用しにくいという声があり、国民が利用しやすくする制度として、ADRに関する法律が2007年に施行された。

更生と更正　「更生」は法律用語ではないが、過去を反省し生活態度を改めたり、よみがえったりすることを指す（例：被告の更生、会社更生法）。「更正」は誤りを訂正するときに使われる。民事訴訟上では、判決書に計算間違いや字句の書き誤りがあり、判決を出した裁判所が訂正補完すること。判決は最初から更正された通りの内容だったと見なされる。

裁判全般

裁判官と判事　「裁判官」は裁判権と司法行政権を行使する裁判所職員。裁判官には最高裁長官、最高裁判事、高裁長官、判事、判事補、簡裁判事の6種類がある。「判事」は10年以上、判事補、検察官、弁護士、法律学の大学教授などの職にあった者から任命される。実際はほとんど裁判官から任命される。任期は10年で再任できる。判事補は司法修習を終えた者の中から任命される。単独では裁判ができないが、5年以上の経験を持つ判事補で最高裁が指名した裁判官は、特例判事補として判事と同等の権限が認められている。

裁判長・裁判官　民事裁判、刑事裁判とも審理は合議（通常は裁判官3人）で行われるケースと、単独（裁判官1人）で行われるケースがある。合議の場合、通常は部総括判事が裁判長を務める。単独の場合は、裁判長はいない。「○地裁の△裁判長は、請求を認めた」「○地裁の△裁判官は、懲役3年を言い渡した」のように使う。

最高裁長官・最高裁裁判官・最高裁判事　最高裁の裁判官は15人。最高裁長官と最高裁判事14人がいる。全員で構成する大法廷は最高裁長官が裁判長を務める。三つの小法廷では通常、最高裁判事が交代で裁判長を務める。

弁護人と弁護士　「弁護人」は、刑事手続きで容疑者や被告を防御する者。通常は弁護士。ただ高裁以外の一審公判では例外的に、弁護士でなくても特定の知識や経験を持つ「特別弁護人」を付けることもできる。民事訴訟での当事者代理人は弁護人とは呼ばない。

訴訟代理人　民事訴訟の当事者から委任された代理人。弁護士でなければならない。簡裁では裁判所の許可を得れば、弁護士でなくてもよい。

補佐人 訴訟で当事者を補助する者。訴訟代理人と異なり、付き添い的なもの。

付添人 少年審判手続きで、対象となる未成年者の立場を代弁し、家裁の調査に協力する者。弁護士や保護者などが務める。

被告と被告人 犯罪で起訴された者を「被告人」という。記事上は通常「被告」と記載する。公判で被告が質問を受ける「被告人質問」は別。民事訴訟では、訴えられた側を「被告」と呼ぶ。

公判 刑事裁判の第1回期日から判決までの審理手続きを指す。民事訴訟、行政訴訟で「公判」は使わない。

口頭弁論 民事訴訟、行政訴訟では、法廷で裁判官の面前で口頭によって行われる当事者の弁論。刑事裁判でも公判期日に当事者や証人が陳述することを指すが、新聞用語上は「公判が開かれ」とし、「口頭弁論が開かれ」とはしない。

審判 未成年者の事件で、家裁が非行事実の有無と処遇を決める手続きを少年審判と呼ぶ。公正取引委員会や海難審判などの裁判所の訴訟手続きに準じた形で争いの裁定を行う準司法機関の審理手続きを指すこともある。

質問・尋問・審尋 いずれも訴訟手続きで問いただすことをいう。刑事裁判の被告に対しては「人定質問」「被告人質問」を使う。証人については「証人尋問」。「審尋」は仮処分の申し立てに関する裁判で当事者の主張を聴く際などに使われる。

主尋問と反対尋問 「主尋問」は民事、刑事を問わず裁判で証人尋問を申請した側が証人にする質問。申請していない側がする質問が「反対尋問」。

虚偽文書 正当な作成権限を持つ者が真実に反する内容を書いた文書。

例 虚偽公文書作成罪。

偽造文書 作成権限のない者が名義を偽って作った文書。内容の真偽は関係ない。

例 公文書偽造罪。私文書偽造罪。

心神喪失 精神障害により、是非善悪を判断できないか、または判断できてもそれに従って行動できない状態。一時的なものと、継続的なものがある。刑法は責任能力なしとして罰しない。民法では後見開始の審判原因となり、原則として不法行為責任も免除される。

心神耗弱　精神障害により、是非善悪を判断し、あるいはその判断によって行動をすることが著しく不十分な状態。一時的なものと継続的なものがある。民法では、保佐開始の審判原因となる。

成年後見制度　認知症や知的障害があり、判断能力がなかったり不十分だったりする人を保護する制度。障害の程度によって、家裁が後見人や保佐人、補助人を選任し、財産管理や契約などの法律行為を助ける。

後見人　精神障害により判断能力がない被後見人(以前の禁治産者)や親権を行う者がいない未成年者を保護する者。家裁の指定を受ける。すべての法律上の行為を本人に代わって行うことができる。

保佐人　精神障害により判断能力が著しく不十分な被保佐人（以前の準禁治産者）の保護者。家裁の指定を受け、本人がする借金や不動産売買など一定の法律行為について同意や取り消しをしたり、本人に代わって行ったりする。

補助人　精神障害により判断能力が不十分な被補助人の保護者。本人の行為に対する同意や取り消しの範囲が保佐人より狭い。

証拠能力　法廷で証拠として取り調べることができる適格性を指す。適正手続きに基づかず収集した押収物、反対尋問を経ない陳述、任意性がないと判断された被告の自白調書は、証拠能力がないとみなされ、証拠として取り扱われない。

証拠の証明力　事実認定をするための証拠としての価値の大きさ。裁判官の自由裁量に委ねられる。

自白の任意性と信用性　自白の「任意性」は、容疑者が取調官による強制ではなく、自分の意思で自供したかどうかを指す。「任意性」がなければ、供述に証拠能力はない。自白の「信用性」は、取調官が作成した容疑者の自白調書の内容が信用できるかどうかをいう。

実況見分と検証　実況見分は、捜査機関が所有者ら関係者の承諾を得た任意捜査で、事件や事故の現場状況を調べること。実況見分の内容をまとめた調書は裁判の証拠になる。「見分」で「検分」とはしない。刑事訴訟法上の「検証」は実況見分と同様に、裁判官や捜査機関が行うが、捜査機関による場合は裁判官の令状が必要。民事訴訟上の検証は、裁判官が物や場所、人の状況について実際に見ること。

判決・決定・命令 「判決」は裁判所が必ず公判、口頭弁論を開いて審理し、裁判の結論を法廷で言い渡す。「決定」「命令」も裁判所が訴訟当事者の訴えに対する結論を示すことを指すが、公判や口頭弁論、言い渡しは必要ない。命令は訴訟指揮に関するものが多い。

棄却 民事・行政訴訟では、裁判所が訴えの理由がないとして原告の請求を退けること。刑事裁判では、公訴、控訴、上告、抗告、付審判、再審の請求について、理由の当否や適法・不適法にかかわらず退けること。異議申し立ては請求理由がない場合に使う。

却下 民事・行政訴訟では、訴訟要件を欠くため請求の当否を判断せずに訴えを退ける「門前払い」のこと。刑事裁判では、保釈や裁判官忌避、令状や証拠調べの請求を退けたり、異議申し立てが不適法だったりするときに使う。

破棄・取り消し・変更 「破棄」は刑事裁判で、控訴審や上告審判決が上訴に理由があると認め、原審判決を否定すること。破棄自判は事件について自ら結論を出す場合で、破棄差し戻しは原審裁判所に審理をやり直させる。民事裁判では、上告審判決が原審判決を否定することを「破棄」とし、控訴審判決が一審判決を否定するときは「取り消し」または「変更」という。

控訴 一審判決に不服がある場合、直近の上級裁判所に審理を求める訴訟手続き。民事訴訟では、地裁・家裁が一審の場合は高裁に、簡裁が一審のときは地裁に行う。控訴期限は判決書の送達日翌日から14日以内。判決時に受け取った場合はその翌日から数える。刑事裁判ではすべて高裁に提起する。提訴期間は判決の翌日から14日以内。

上告 民事訴訟では、控訴審判決に対する上訴。一審が地裁・家裁の場合は最高裁に、一審が簡裁のときは高裁。刑事裁判では高裁判決に対する上訴で最高裁に行う。

上訴 裁判の確定前に上級裁判所へ破棄や取り消し、変更を求める申し立て。上訴には控訴、上告、抗告がある。

上訴権放棄 上訴期間内に上訴する権

利を放棄する意思表示。上訴期限を待たず、裁判を早めに確定できる。

上訴取り下げ いったん提起した上訴を撤回すること。

付帯上訴 民事訴訟で、裁判所の結論を不服として自ら行う上訴と異なり、相手側の上訴を受けて行う申し立て。上訴期限が過ぎても可能。ただし、相手側の上訴に便乗するため、相手側が取り下げれば効力を失う。付帯控訴、付帯上告、付帯抗告がある。

不利益変更禁止の原則 上訴審の裁判で、相手が上訴していない場合、上訴した側に原審の結論より不利となるような変更ができない原則。刑事裁判では、被告が上訴し検察側が上訴していないとき、被告は上訴審で原判決より重い刑が科せられることはない。

高裁が一審となる事件 刑法の内乱罪や公選法の選挙、当選の効力に関する訴訟などがある。このほか、東京高裁だけが一審として扱うものとして、公正取引委員会の審決取り消し、外国に対する逃亡犯罪人引渡しに関する裁判などがある。特許庁の審決取り消し訴訟は、知的財産高等裁判所(知財高裁)が一審で取り扱う。

抗告 判決以外の裁判(決定や命令)に対する上訴。一般抗告(通常抗告と即時抗告)と特別抗告、許可抗告がある。通常抗告は原裁判の執行を停止する効力を持たない。刑事訴訟法では再抗告は認められていない。

準抗告 刑事訴訟手続きで、起訴前から初公判までにした裁判官による勾留や保釈の可否決定のほか、検察官、警察官がした接見指定や押収品還付などの処分に対する不服申し立て。裁判官の決定に対する準抗告は簡裁を除き、その裁判官が所属する裁判所に請求する。初公判後の保釈可否の決定に対する不服申し立ては準抗告ではなく、抗告や異議の申し立てになる。

即時抗告 早く確定させることを必要とする裁判に関して認められた抗告で、申し立て期間が短く(刑事訴訟法では3日、民事訴訟法は1週間、家事審判は2週間など)、原審の決定や命令に対する執行停止の効力を持つ。いずれも法律に定めがある場合のみ認められる。

特別抗告 裁判所の決定や命令に対し、違憲を理由として最高裁にする不服申し立て。刑事訴訟法では判例違反も理由となる。

許可抗告 民事訴訟で高裁の決定や命令に対し、当事者の申し立てにより、最高裁の判例違反や法令解釈に関する重要事項がある場合、高裁が許可した時に限り、最高裁に抗告できる手続き。

異議の申し立て　刑事訴訟法では、高裁の決定に対する抗告はできないため、異議の申し立てが認められている。請求は同じ高裁にするが、別の裁判官が合議体で審理する。このほか、裁判所の訴訟指揮に関する不服の訴えなどの意味もある。

控訴棄却と公訴棄却　「控訴棄却」は、裁判所が一審判決に対する控訴を理由がないとして退けること。「公訴棄却」は刑事裁判で起訴自体を無効とする手続き。このうち裁判途中で被告が死亡した場合は、裁判所が決定で公訴を棄却する。

再審　民事・刑事の裁判で確定判決に重大な誤りがある場合、当事者からその取り消しと事件の再審理の申し立てを受け行われる裁判。刑事裁判では、有罪判決を受けた者に対する冤罪（えんざい）救済のための制度。請求に理由があると認められる場合、裁判所が再審開始を決定し、再審が開かれる。再審では確定判決より被告に不利な判決はできない。

時効　私法上の意味は、一定の事実状態が定められた期間継続した場合、実際の権利関係を問わず、権利の取得（取得時効）や権利の消滅（消滅時効）などの法律効果を認める制度。刑法や刑事訴訟法では、刑の時効と公訴時効がある。

併合罪　確定判決を経ていない複数の犯罪。ただし、複数犯罪の間に別の事件の確定判決があれば、その前後の犯罪に併合罪は成立しない。二つ以上の罪で有期懲役・禁錮とする場合に科すことができるのは、最も重い罪に規定された最高刑の1倍半までの範囲。ただ、各罪について定めた刑の上限の合計を超えてはならない。併合罪のうち一つの罪で死刑や無期懲役とした場合、他の刑は科されない。

例　カッコ内は犯行時

詐欺（2012年11月）、強盗殺人（15年1月）、横領（15年2月）で起訴された被告を審理し、13年7月に窃盗罪の確定判決がある場合、強盗殺人と横領が併合罪で、詐欺罪は別となる。判決主文は強盗殺人と横領で一つ、詐欺は別に言い渡される。強盗殺人で無期懲役とすれば、他の罪は科されない。

科刑上一罪　二つ以上の罪に当てはまっても、一定の場合には一つの罪として取り扱うこと。観念的競合や牽連(けんれん)犯がある。

観念的競合　一つの行為が二つ以上の罪名に当てはまる場合。例えば、拳銃を1発発射して人を殺害し弾丸が窓ガラスを壊せば、殺人と器物損壊に当たるが、最高刑の重い殺人罪で処断される。

牽連(けんれん)犯　犯罪行為のそれぞれが手段と目的、原因と結果の関係にある場合。例えば、空き巣は住居侵入と窃盗に当たるが、最高刑の重い窃盗罪で処断される。

民事・行政訴訟

提訴と申し立て　裁判所に民事、行政訴訟を起こすことを「提訴」とし、本訴以外の仮処分などの訴えは「申し立て」を使う。

除斥期間　一定期間内に権利を行使しなければ、権利が自然消滅する制度。提訴すれば、期間後も権利は存続する。消滅時効とは異なり、期間の中断はなく、時効によって利益を受ける当事者の意思の表示がなくても権利は消滅する。不法行為による損害賠償の請求権の除斥期間は20年。

各自・各・各々　損害賠償請求の判決主文で使われる「各自」は一般的意味と異なり、「連帯して」と同義語。「被告2人は各自１０００万円を支払え」という場合、賠償総額は被告2人で計１０００万円を支払うということ。ただ、1人の被告が１０００万円を支払ってもよい。一方で、「各」と「各々」は「それぞれ」を意味する。各自と各を取り違えると、判決の賠償認容総額を間違えることになるので注意する。

仮処分　係争中の案件で現状を維持、保全する手続き。例えば、会社の解雇無効で争いがある場合、社員が取り消しを求めた訴訟を起こしても判決まで時間がかかるため、社員の地位を認めて給与の支払いを求める仮処分の申し立てを裁判所にするケースがある。

仮執行　裁判所が判決に付随して宣言し、判決の確定を待たずに判決内容の強制執行ができること。

示談　民事上の紛争を裁判によらず当事者同士の話し合いで解決すること。

和解　争いの当事者が互いに譲歩し、

争いをやめることを約束する契約。裁判官の面前で行われるときは裁判上の和解と呼び、和解調書が作成され、確定判決と同じ効力を持つ。

刑事事件

告訴　犯罪被害者や遺族、法定代理人など刑事訴訟法で定めた告訴権者が、捜査機関に犯罪事実を申告し、犯人の処罰を求めること。

告発　犯人や告訴権者以外の第三者が捜査機関に犯罪があったことを申告し、犯人の処罰を求めること。公務員は職務上犯罪事実を知ったときは告発する義務を負う。

親告罪　起訴するために告訴を必要とする犯罪。侮辱罪や名誉毀損（きそん）、器物損壊罪などがある。

検察官と検事　検察官は容疑者の捜査、起訴手続きと、起訴後の公判に当たり、判決後は刑の執行を監督する。検察官は検察庁法で、検事総長、次長検事、検事長、検事、副検事と規定している。検事正は職名。副検事は検察官だが、検事とは呼ばないので注意。

捜査　捜査機関が犯罪について、容疑者を起訴し有罪判決を得るため、容疑者を特定し、証拠を収集すること。逮捕、家宅捜索、証拠物の差し押さえなど裁判官の令状が必要な強制捜査と、強制処分を伴わない任意捜査がある。

捜索　裁判官の令状に基づき、容疑者関連先の立ち入りや証拠物の押収、身体や所持品などを調べる強制処分。

検挙　法律用語ではないが、警察が犯罪を捜査して容疑者を逮捕、書類送検するなどして処理し、捜査を遂げること。記事上は犯罪統計を除き、個別の事件では極力、逮捕や書類送検を区別して書き、「検挙」は使わない。

確保　記事上、逮捕を前提に身柄を押さえることを言う。逮捕された場合は、すぐに記事を差し替える。

逮捕　捜査機関などが容疑者の身体の自由を拘束すること。通常逮捕、緊急逮捕、現行犯逮捕の3種類がある。48時間を超えることはできない。引き続き身柄拘束し捜査を続ける必要がある場合、警察は検察官に身柄を送致し、検察官は必要と認めれば送致から24時間以内に容疑者の勾留請求を裁判所にしなければならない。

記事上は罪名を入れ、「○○容疑で△△容疑者を逮捕した」と書く。

通常逮捕　罪を犯したことを疑う相当な理由がある容疑者を、捜査機関が裁判官の令状に基づき逮捕すること。

緊急逮捕　死刑、無期または最高刑が3年以上の懲役・禁錮に当たる罪について、捜査機関が犯行を疑う十分な理由があり令状発布を待てない場合、逮捕状なしで容疑者を逮捕すること。逮捕後は速やかに令状請求をしなければならない。

現行犯逮捕　犯行中あるいは犯行が終わったばかりの者を逮捕すること。民間人でもできる。犯行が終わって間もない場合も、犯人として追跡されたり、凶器などを持ち犯罪の跡が顕著にあったりするときは準現行犯として逮捕できる。民間人による逮捕でも、記事上は「駅員が○○容疑者を逮捕した」とは書かず、「△署は○○容疑者を現行犯逮捕した。駅員が同容疑者を取り押さえ、△署員に引き渡した」といった記述にする。

再逮捕　法律用語ではないが、同じ容疑者が引き続き逮捕された場合は新聞用語として「再逮捕」を使う。

自首　罪を犯した者が、犯罪事実自体や容疑者が特定されていない段階で自ら進んで警察官や検察官に申告して訴追を求めること。刑法上、刑を減軽できる理由となる。内乱予備罪などでは刑が免除される。

出頭　容疑者が捜査機関により特定された後、名乗り出た場合は自首ではなく出頭。情状として減軽されることがあるが、法律上の減軽理由にはならない。

取り調べと事情聴取　記事上では、捜査当局が事件の容疑者として事情を聴く場合は「取り調べ」を使う。参考人など容疑者でない場合は「事情聴取」。

送検　刑事手続きで、警察などの捜査機関が逮捕した容疑者の身柄や証拠物を検察庁に送り、刑事処分を委ねる手続き。検察官送致という。容疑者を逮捕して身柄を書類とともに送るのが「身柄送検」、容疑者を任意で取り調べ、書類だけを送るのが「書類送検」。記事上、身柄送検は「送検」とし、逮捕していない場合は「書類送検」と書く。捜査機関は犯罪を捜査したり、告訴・告発を受理したりした案件はすべて送検するのが原則。書類送検の場合は慣例で、起訴の可否について検察庁に意見を付ける。各都道府県警察により内容は異なるが、起訴を求める「厳重処分」、起訴の可否を委ねる「相当処分」、厳しい処分を求めない「寛大処分」、起訴を求めない「しかるべき処分」がある。

勾留 容疑者や被告の身柄を拘禁すること。容疑者の勾留は検察官が請求する。期間は最大10日間で、やむを得ない場合はさらに1回だけ最大10日間延長できる。被告の勾留は2カ月間で、必要に応じて1カ月ごとに更新できる。いずれも裁判所が決定する。

拘留 刑罰の一種で1日以上30日未満の自由刑。罰金より軽い刑とされる。通常は代用刑事施設としての警察の留置場に収容される。

拘置 刑法上では、刑が確定した者を刑事施設に拘禁すること。新聞用語では長い間、「勾」が常用漢字になかったため、勾留の意味で使っていた。

監置 法廷の秩序を乱した者に裁判所の決定で科される制裁で、刑事施設に20日以内留置すること。刑罰とは異なる。

留置 刑事訴訟法上、一定の場所に身柄を拘束すること。容疑者や被告の心身状態を鑑定する場合、病院などに収容する鑑定留置や、罰金や科料を完納できない場合の換刑処分としての労役場留置などがある。

勾留理由開示 容疑者や被告が弁護人とともに出廷した公開の法廷で、裁判官が勾留理由を告げる手続き。記事上では「勾留理由開示の公判が開かれ」とせず、「勾留理由開示があり」とする。

勾留質問 裁判所が非公開で勾留前の容疑者や被告に対し、容疑や起訴内容を伝えて陳述を聴く手続き。

刑事施設 刑務所や拘置所のこと。以前は監獄と呼ばれた。監獄法に代わり、２００６～07年に段階的に施行された刑事収容施設および被収容者等の処遇に関する法律で規定された。同法では収容者の権利、義務を明確化したほか、運営の透明化を図るため各施設に民間人から成る刑事施設視察委員会が設置された。

留置施設 警察の留置場。逮捕された容疑者を収容する施設。勾留された者を収容する刑事施設の代用として使われる場合は、「代用刑事施設」（以前の代用監獄）とも呼ばれる。

刑務所 自由刑の受刑者を拘禁する施設。

拘置所 死刑囚を収容するほか、勾留された容疑者、刑が確定するまでの被告を収容する施設。

供述調書 捜査官が容疑者や参考人を調べた際、その供述内容をまとめた書面。検察官が作成したものは「検面調書」、警察官のものは「員面調書」と呼ぶ。

供述書 上申書や被害届など、当事者自らが供述を記す書面。刑事裁判の場合、捜査段階で被告が作成した物は、自分に不利益な事実を認める場合や特に信用できる状況下で作成された場合に限り、証拠として取り扱われる。

釈放 容疑者が処分保留や不起訴などの理由で捜査機関から拘禁を解かれること。

保釈 勾留中の被告が保釈金の納付を前提に拘束を解かれること。裁判所が決定する。

出所 受刑者が服役を終え、刑務所を出ること。

仮釈放・仮出所 服役期間中の受刑者が拘束を解かれること。期限内に条件に違反したときは再び収監される。

起訴 検察官が特定の罪について容疑者の刑事裁判を裁判所に求めること。罪名と内容を記載した起訴状を提出する。公訴提起や公判請求とも言う。新聞用語では「○○罪で起訴」と書く。容疑者を逮捕せず任意の取り調べで起訴した場合は「在宅起訴」とする。

公訴 起訴のこと。新聞用語上は単独で使わず、「公訴棄却」などの場合に用いる。

不起訴 検察官が特定の事件で容疑者の起訴をしないこと。嫌疑なし、嫌疑不十分などの証拠不足▽容疑者の責任能力がない▽親告罪で要件となる告訴がないか、取り下げられた—などの場合になされる。起訴猶予も不起訴処分だが、記事上では不起訴とせず極力区別する。

起訴猶予 起訴できる証拠や要件はあるが、犯罪内容の軽重、容疑者の情状、役割などを考慮し、検察官が起訴を見送ること。

略式命令 簡裁が公判を開かず、書面審理だけで刑を言い渡す刑事裁判。容疑者に異議がないことが前提。命令で科すことができるのは罰金か科料で100万円が上限。

略式起訴 検察官が略式命令を簡裁に請求すること。

付審判請求 特別公務員暴行陵虐罪などの定められた公務員の職権乱用の罪に関し、告訴・告発者が検察官の不起訴に不服がある場合、裁判所に裁判を求める手続き。準起訴手続きとも呼ばれる。裁判所は理由があると判断すれば、付審判開始を決定する。検察官役は裁判所が指定した弁護士が務める。

被疑者と容疑者　「被疑者」は犯罪の嫌疑を受けて捜査対象となり、起訴されていない者。記事上は被疑者が逮捕された場合に「容疑者」とする。任意調べの段階で容疑者は使わない。

法廷での証言と供述　記事上、「証言」は証人尋問で証人が質問に答える場合に使う。被告が自らの公判で、被告人質問に答える場合は「供述」とし、他の事件の公判に出廷して質問に答える場合は「証言」とする。

懲役　刑法が規定する自由刑の一種。刑事施設に拘置して決められた刑務作業をする。有期懲役は1月以上20年。併合罪による加重や死刑、無期懲役・禁錮からの減軽は30年が上限。

禁錮　懲役に次いで重い自由刑。刑事施設に拘置されるが、懲役と違って刑務作業は科されない。

拘禁　懲役と禁錮の両刑を廃止し、「拘禁刑」として一元化する改正刑法が2022年に成立した。受刑者の特性に合わせて、刑務作業と指導を柔軟に組み合わせた処遇ができるようにし、再犯防止につなげることを狙った。25年施行の見込み。

執行猶予　裁判所が判決で3年以下の懲役・禁錮か50万円以下の罰金の言い渡しをする場合、情状によって刑の執行を一定期間猶予すること。猶予期間は1年以上5年以下で、期間が経過すれば刑罰権が消滅する。

保護観察　刑事施設の仮出所者や刑の執行猶予判決が確定した者、または非行事実のある未成年者が実社会の中で健全な一員として更生するよう、保護観察官や保護司が指導監督、支援する制度。執行猶予判決の場合は裁判所が、未成年者には家裁が保護観察を付けた場合に実施される。

科料と過料　「科料」は軽微な刑事事件に対する刑罰で1000円以上1万円未満の財産刑。「過料」は一種の行政処分で、科料や罰金とは異なる。法律秩序の維持や義務の履行、懲戒を目的としており、刑事訴訟法に限らず民法や商法などにも規定がある。区別するため科料を「とがりょう」、過料を「あやまちりょう」と読むこともある。

罰金　科料より重い刑罰としての財産刑。

追徴金　犯罪に関連した金品は没収さ

れるが、消費や紛失した場合にその相当額を徴収すること。他の刑罰と併せ、裁判で言い渡される付加刑で独立して科すことはできない。収賄罪の賄賂や薬物犯罪は現物があれば没収となるが、手元になかったり、賄賂の場合は他の金と区別が付きにくかったりすると追徴金となることが多い。

刑の時効……一定の時間の経過で刑の執行を免除する制度。2010年4月の刑法改正で死刑が対象から除外された。また無期懲役・禁錮が30年、10年以上の有期懲役・禁錮が20年に期間が延長された。

公訴時効　犯罪行為が終了した時点から一定期間が経過したときに起訴できない制度。2010年4月27日に改正刑事訴訟法が施行され、人を死亡させた罪で最も重い法定刑が死刑に当たるものは時効対象から除外され、業務上過失致死などは期間が5年から10年になった。法定刑に死刑があっても、人を死亡させていない罪は公訴時効が25年。この他は、それぞれの罪に規定された最も重い量刑を基準に定めている。

施行日までに時効が成立していない未解決事件にもさかのぼって適用された。

一覧は次の通り。

【人を死亡させた罪】（）内は公訴時効期間。

▽最高刑が死刑（なし）＝強盗殺人、殺人など。

▽最高刑が無期懲役・禁錮（30年）＝強姦（ごうかん）致死など

▽最高刑が懲役・禁錮20年（20年）＝危険運転致死、傷害致死、保護責任者遺棄致死など

▽その他（10年）＝業務上過失致死、過失運転致死など

【人を死亡させた以外の罪】

▽最高刑が死刑（25年）＝殺人未遂、現住建造物等放火、激発物破裂など

▽最高刑が無期懲役・禁錮（15年）＝身代金目的誘拐、通貨偽造、強盗致傷、強姦致傷など

▽最高刑が懲役・禁錮15年以上（10年）＝傷害、危険運転致傷、強盗、加重収賄など

▽最高刑が同15年未満（7年）＝詐欺、業務上横領、窃盗、恐喝など

▽最高刑が同10年未満（5年）＝収賄、背任、業務上過失致傷など

▽最高刑が同5年未満もしくは罰金（3年）＝贈賄、器物損壊、死体遺棄、強要など

▽拘留・科料（1年）＝侮辱など

恩赦　裁判によらず刑罰権を消滅、もしくは裁判の内容や効力を変更、消滅させる制度。大赦、特赦、減刑、刑の執行免除、復権の5種類があり、内閣の決定に基づき、天皇の認証を経て行われる。

大赦　政令で罪の種類を定め、有罪判決を受けた者には判決の効力を失わせ、有罪が言い渡されていない者には公訴権を消滅させる。戦後では、第2次大戦終結（1945年）、新憲法公布（46年）、講和条約発効（52年）、国連加盟（56年）、昭和天皇大喪（89年）の時に出された。

特赦　有罪判決を受けた特定の者について判決の効力を失わせる。中央更生保護審査会が審議する。

減刑と減軽　「減刑」は恩赦の一種で、判決が言い渡した刑やその執行を軽減すること。「減軽」は、裁判所が判決で本来言い渡す刑より量刑を法定の範囲で軽くすること。新聞用語では、上級審の判決で原審判決の刑より軽くなる場合は「減刑」を使ってもよい。ただし、一審で弁護側が求刑より軽い刑を求めた場合は減刑を使わず、「刑の減軽を求めた」「軽い量刑を求めた」などの表現にする。

監護　親権者などが未成年者を監督し保護すること。

観護　少年事件で未成年者の身柄を保全する措置。少年鑑別所への収容（成人の場合の勾留）と、在宅のまま家裁調査官の調査に付する二つの形式がある。

保護処分　非行事実が認められた未成年者に対し、裁判所が刑罰を科さず、更生と社会への適応のための処遇を施すこと。保護観察、児童自立支援施設または児童養護施設送致、少年院送致の3種類がある。

逆送　14歳以上の未成年者が起こした死刑、懲役・禁錮の刑に当たる非行事実について、家裁が審判や調査をした結果、刑事処分が相当と判断した場合、事件を再び検察官に送致すること。事件時16歳以上で故意の犯罪により被害者を死亡させた場合、原則として逆送される。逆送後は起訴され、成人と同様に刑事裁判を受ける。

前科と前歴　「前科」は刑の言い渡しを受け、確定した刑の経歴を指す。市町村役場の犯罪人名簿に記載される。選挙権の有無確認が目的だが、法的根拠はない。「前歴」は、捜査当局による検挙歴を指す。当該記事と関係がない場合は人権上好ましくなく、ことさら触れる必要はない。

被害者参加人　殺人や性犯罪、自動車死亡事故などの一定の事件で、裁判所が公判への参加を許可した犯罪被害者や遺族など。法廷では、被告に対する質問のほか、証人への情状に関する質問、求刑意見を述べることができる。被害者参加人は代理人弁護士を国選で付けられる。被害者参加制度は裁判員制度に先立ち、２００８年12月から施行された。

損害賠償命令の申し立て　刑事事件を審理している地裁に対し、被害者や遺族が損害賠償命令を被告に命じるよう求める手続き。民事訴訟を新たに起こす被害者側の負担を減らすため、２００８年に導入された。有罪を言い渡した後、同じ裁判体が4回以内の審理で決定する。故意の犯罪で人を死傷させた罪や性犯罪、誘拐、逮捕監禁罪などが対象。

裁判員制度

裁判員裁判は広く国民が参加し、刑事裁判に良識を反映させる目的で、２００９年5月から導入された。対象事件は法定刑に死刑または無期懲役・禁錮が含まれる罪のほか、法定刑の下限が懲役・禁錮1年以上で故意の犯罪により被害者を死亡させた罪が対象となる。審理するのは全国50カ所の地裁と10カ所の地裁支部。

公判前整理手続き・期日間整理手続き　初公判前に争点を整理し、公判で調べる物証や証人、公判期日を決める準備手続きを公判前整理手続きという。終了後は原則として新たな証拠調べの請求はできない。２００５年11月から導入された。裁判員裁判では必ず実施する。期日間整理手続きは公判が始まってから事件の争点や証拠を整理する場合を指す。

裁判員・補充裁判員　選挙人名簿からくじで選ばれた20歳以上の有権者が、裁判官とともに対象事件の刑事裁判を審理し、有罪・無罪と量刑を判断する。原則として6人の裁判員と3人の裁判官で審理し、裁判員は判決終了後に職務を解かれる。審理途中で裁判員に欠員が生じた場合は、補充裁判員の中から裁判員が選任される。

守秘義務　裁判員や補充裁判員は職務中と職務を解かれた後も、評議の秘密や事件関係者のプライバシーについて守秘義務を負う。評議の秘密は裁判員や裁判官の個別意見やその数、評決での多数決の内容。結論に至る過程も対象だが、範囲が不明確との指摘もある。違反した場合は、懲役6月以下や罰金50万円以下の罰則規定がある。

証明予定事実　検察側が公判で証拠によって被告の有罪を証明する事実の内容。公判前整理手続きで検察側が証拠を請求し、弁護人に開示する。検察側が請求していない手持ち証拠について、弁護人は証明予定事実の検証に必要と考える場合、開示を請求できる（類型証拠開示請求、主張関連証拠開示請求）。これらの証拠には、弁護側に有利な内容が含まれる場合もある。請求があった場合、検察官は原則開示する義務があるが、拒否した場合は裁判所が裁定する。公判前整理手続きの導入に当たり、改正刑事訴訟法で規定された。

選任手続き　選挙人名簿に登録された有権者の中から、毎年秋にくじで選ばれた人を裁判員候補者名簿に登録する。各地裁は名簿搭載者の中から、各事件の裁判員候補者をくじで選び、初公判の6週間前までに呼び出し状を送付する。初公判日やその前、地裁に集まった裁判員候補者の中から辞退する理由が認められる人を除き、裁判員・補充裁判員をくじで選出する。記事上で選任手続きと書くのは、裁判所での当日の手続きを指す。

評議・評決　裁判員裁判の場合、裁判員と裁判官で起訴内容に関する事実を認定し、被告の有罪・無罪や量刑について議論することを評議、多数決で結論を決めることを評決という。

不適格事由　個別事件の裁判で裁判員になることができない理由。事件の当事者や親族、同居人らが該当するほか、裁判所が不公平な裁判をする恐れがあると認めたときも該当する。

検察審査会

検察審査会は各地裁や地裁支部内に置かれている。各審査会は選挙人名簿からくじで選ばれた11人の審査員で構成し、検察の不起訴処分について審査する。任期は半年間。11人全員がそろわなければ議決できない。検察審査会に申し立てできるのは、検察が不起訴とした事件の告訴・告発人のほか、被害者本人や遺族。

起訴議決と起訴相当　検察が不起訴とした容疑者について、強制的に起訴できる検察審査会の議決。司法の国民参加を目的に裁判員制度と共に導入された。審査員8人以上の多数で容疑者を起訴すべきだと議決をすれば起訴相当となる。検察は再捜査を求められる。3カ月以内に起訴しなければ、検察審査会が再審査し、改めて8人以上が起訴すべきだとする結論になれば起訴議決となる。

不起訴不当と不起訴相当　検察が不起訴とした容疑者について、検察審査会の議決で審査員の過半数（6人以上）が、不起訴は妥当でなく検察に再捜査を求めれば不起訴不当となる。起訴相当と異なり、起訴議決にはつながらない。過半数が不起訴を妥当と議決すれば不起訴相当となる。

強制起訴　検察審査会が起訴議決をすると、容疑者は必ず起訴される。起訴は、裁判所が指定した検察官役の弁護士が行う。

指定弁護士　起訴議決を受け、裁判所が選定する検察官役の弁護士。起訴議決の内容に沿って、容疑者を起訴するほか、公判でも被告の有罪立証に当たる。

審査補助員　検察審査会が事件ごとに委嘱し、審査員に法律的な助言をする弁護士。起訴相当を議決した後、起訴議決の可否を審査する場合、審査会は必ず審査補助員を委嘱しなければならない。

誤記しやすい法律用語

（下段が正しい表記）

監護措置　→観護措置
検死　→検視
（民法上の）現状回復　→原状回復
個別訪問　→戸別訪問（公選法）
詐偽　→詐欺（刑法など）
詐欺投票　→詐偽投票（公選法）
政治資金規制法　→政治資金規正法
選挙広報　→選挙公報
保護監察　→保護観察
黙否権　→黙秘権

長寿の祝い（数え年）

還暦（かんれき） 61歳
古希（こき） 70歳
喜寿（きじゅ） 77歳
傘寿（さんじゅ） 80歳
半寿（はんじゅ） 81歳
米寿（べいじゅ） 88歳
卒寿（そつじゅ） 90歳
白寿（はくじゅ） 99歳

年齢の異称

志学（しがく） 15歳
弱冠（じゃっかん） 20歳
而立（じりつ） 30歳
不惑（ふわく） 40歳
知命（ちめい） 50歳
耳順（じじゅん） 60歳
従心（じゅうしん） 70歳

国民の祝日

「国民の祝日」は、「国民の祝日に関する法律」(祝日法)で「国民こぞって祝い、感謝し、又は記念する日」として定められており、休日になる。また、①「祝日」が日曜日に当たるときは、その直後の「祝日ではない日」を「振り替え休日」②前日および翌日が「祝日」で、その間の日が日曜日や振り替え休日でない場合は「国民の休日」ーと決められている。

1月1日　元日
1月の第2月曜日　成人の日
2月11日　建国記念の日
2月23日　天皇誕生日
3月21日ごろ　春分の日
4月29日　昭和の日
5月3日　憲法記念日
5月4日　みどりの日
5月5日　こどもの日
7月の第3月曜日　海の日
8月11日　山の日
9月の第3月曜日　敬老の日
9月23日ごろ　秋分の日
10月の第2月曜日　スポーツの日
11月3日　文化の日
11月23日　勤労感謝の日

注　「春分の日」と「秋分の日」が毎年何日になるかは、国立天文台が前年の2月1日に官報で日付を公表している。

二十四節気

「二十四節気」は、1年を24等分し、その区切りに名前を付けたもので、太陰暦の日付と季節を一致させるために考案された。現在でも季節感を表す言葉として使われている。具体的な日付は年ごとに変化する。

小寒(しょうかん)　1月5日ごろ
大寒(だいかん)　1月20日ごろ
立春(りっしゅん)　2月4日ごろ
雨水(うすい)　2月19日ごろ
啓蟄(けいちつ)　3月6日ごろ
春分(しゅんぶん)　3月21日ごろ
清明(せいめい)　4月5日ごろ
穀雨(こくう)　4月20日ごろ
立夏(りっか)　5月6日ごろ
小満(しょうまん)　5月21日ごろ
芒種(ぼうしゅ)　6月6日ごろ
夏至(げし)　6月21日ごろ
小暑(しょうしょ)　7月7日ごろ
大暑(たいしょ)　7月23日ごろ
立秋(りっしゅう)　8月8日ごろ
処暑(しょしょ)　8月23日ごろ
白露(はくろ)　9月8日ごろ

秋分（しゅうぶん）　9月23日ごろ
寒露（かんろ）　10月8日ごろ
霜降（そうこう）　10月23日ごろ
立冬（りっとう）　11月7日ごろ
小雪（しょうせつ）　11月22日ごろ
大雪（たいせつ）　12月7日ごろ
冬至（とうじ）　12月22日ごろ

陰暦月の異名

1月＝睦月（むつき）
2月＝如月（きさらぎ）
3月＝弥生（やよい）
4月＝卯月（うづき）
5月＝皐月（さつき）
6月＝水無月（みなづき）
7月＝文月（ふみづき、ふづき）
8月＝葉月（はづき）
9月＝長月（ながつき）
10月＝神無月（かんなづき）
11月＝霜月（しもつき）
12月＝師走（しわす）

十干十二支

【十干】
甲（コウ、きのえ）
乙（オツ、きのと）
丙（ヘイ、ひのえ）
丁（テイ、ひのと）
戊（ボ、つちのえ）
己（キ、つちのと）
庚（コウ、かのえ）
辛（シン、かのと）
壬（ジン、みずのえ）
癸（キ、みずのと）

【十二支】
子（シ、ね）
丑（チュウ、うし）
寅（イン、とら）
卯（ボウ、う）
辰（シン、たつ）
巳（シ、み）
午（ゴ、うま）
未（ビ、ひつじ）
申（シン、さる）
酉（ユウ、とり）
戌（ジュツ、いぬ）
亥（ガイ、い）

「十干」と「十二支」を組み合わせたものを「干支（えと）」という。「甲子（きのえね）」「乙丑（きのとうし）」「丙寅（ひのえとら）」「丁卯（ひのとう）」と進み、「癸亥（みずのとい）」まで60の組み合わせがある。暦にすると60年で一巡して元に戻り、これを「還暦」という。現代では十干が使われることが少なくなり、「干支」として十二支だけで用いられることがある。

注 干支は原則として平仮名書きとするが、必要に応じ漢字（読み仮名付き）でもよい。ねずみ年、ね年、子(ね)年、さる年、申(さる)年、甲子（きのえね）、丙申（ひのえさる）など。

七草

春の七草
セリ
ナズナ
ゴギョウ
ハコベ
ホトケノザ
スズナ
スズシロ

秋の七草
ハギ
オバナ〈ススキ〉
クズ
ナデシコ
オミナエシ
フジバカマ
キキョウ

歴代内閣一覧

※「次」は「第～次」内閣を示す

元号	代	首　相	次	就　任　日	就任時年齢	通算在職日数
明治	1	伊藤博文	1	1885年12月22日	44	
	2	黒田清隆		1888年 4月30日	47	544
	3	山県有朋	1	1889年12月24日	51	
	4	松方正義	1	1891年 5月 6日	56	
	5	伊藤博文	2	1892年 8月 8日	50	
	6	松方正義	2	1896年 9月18日	61	943
	7	伊藤博文	3	1898年 1月12日	56	
	8	大隈重信	1	1898年 6月30日	60	
	9	山県有朋	2	1898年11月 8日	60	1210
	10	伊藤博文	4	1900年10月19日	59	2720
	11	桂太郎	1	1901年 6月 2日	53	
	12	西園寺公望	1	1906年 1月 7日	56	
	13	桂太郎	2	1908年 7月14日	60	
	14	西園寺公望	2	1911年 8月30日	61	1400
大正	15	桂太郎	3	1912年12月21日	65	2886
	16	山本権兵衛	1	1913年 2月20日	60	
	17	大隈重信	2	1914年 4月16日	76	1040
	18	寺内正毅		1916年10月 9日	64	721
	19	原敬		1918年 9月29日	62	1133
	20	高橋是清		1921年11月13日	67	212
	21	加藤友三郎		1922年 6月12日	61	440
	22	山本権兵衛	2	1923年 9月 2日	70	549
	23	清浦奎吾		1924年 1月 7日	73	157
	24	加藤高明		1924年 6月11日	64	597
	25	若槻礼次郎	1	1926年 1月30日	59	
昭和	26	田中義一		1927年 4月20日	63	805
	27	浜口雄幸		1929年 7月 2日	59	652
	28	若槻礼次郎	2	1931年 4月14日	65	690
	29	犬養毅		1931年12月13日	76	156
	30	斎藤実		1932年 5月26日	73	774
	31	岡田啓介		1934年 7月 8日	66	611
	32	広田弘毅		1936年 3月 9日	58	331
	33	林銑十郎		1937年 2月 2日	60	123
	34	近衛文麿	1	1937年 6月 4日	45	
	35	平沼騏一郎		1939年 1月 5日	71	238

元号	代	首相	次	就任日	就任時年齢	通算在職日数
昭和	36	阿部信行		1939年 8月30日	63	140
	37	米内光政		1940年 1月16日	59	189
	38	近衛文麿	2	1940年 7月22日	48	
	39	近衛文麿	3	1941年 7月18日	49	1035
	40	東条英機		1941年10月18日	57	1009
	41	小磯国昭		1944年 7月22日	64	260
	42	鈴木貫太郎		1945年 4月 7日	77	133
	43	東久邇宮稔彦		1945年 8月17日	57	54
	44	幣原喜重郎		1945年10月 9日	73	226
	45	吉田茂	1	1946年 5月22日	67	
	46	片山哲		1947年 5月24日	59	292
	47	芦田均		1948年 3月10日	60	220
	48	吉田茂	2	1948年10月15日	70	
	49	吉田茂	3	1949年 2月16日	70	
	50	吉田茂	4	1952年10月30日	74	
	51	吉田茂	5	1953年 5月21日	74	2616
	52	鳩山一郎	1	1954年12月10日	71	
	53	鳩山一郎	2	1955年 3月19日	72	
	54	鳩山一郎	3	1955年11月22日	72	745
	55	石橋湛山		1956年12月23日	72	65
	56	岸信介	1	1957年 2月25日	60	
	57	岸信介	2	1958年 6月12日	61	1241
	58	池田勇人	1	1960年 7月19日	60	
	59	池田勇人	2	1960年12月 8日	61	
	60	池田勇人	3	1963年12月 9日	64	1575
	61	佐藤栄作	1	1964年11月 9日	63	
	62	佐藤栄作	2	1967年 2月17日	65	
	63	佐藤栄作	3	1970年 1月14日	68	2798
	64	田中角栄	1	1972年 7月 7日	54	
	65	田中角栄	2	1972年12月22日	54	886
	66	三木武夫		1974年12月 9日	67	747
	67	福田赳夫		1976年12月24日	71	714
	68	大平正芳	1	1978年12月 7日	68	
	69	大平正芳	2	1979年11月 9日	69	554
	70	鈴木善幸		1980年 7月17日	69	864
	71	中曽根康弘	1	1982年11月27日	64	
	72	中曽根康弘	2	1983年12月27日	65	
	73	中曽根康弘	3	1986年 7月22日	68	1806
	74	竹下登		1987年11月 6日	63	576

元号	代	首 相	次	就 任 日	就任時年齢	通算在職日数
平成	75	宇野宗佑		1989年 6月 3日	66	69
	76	海部俊樹	1	1989年 8月10日	58	
	77	海部俊樹	2	1990年 2月28日	59	818
	78	宮沢喜一		1991年11月 5日	72	644
	79	細川護熙		1993年 8月 9日	55	263
	80	羽田孜		1994年 4月28日	58	64
	81	村山富市		1994年 6月30日	70	561
	82	橋本龍太郎	1	1996年 1月11日	58	
	83	橋本龍太郎	2	1996年11月 7日	59	932
	84	小渕恵三		1998年 7月30日	61	616
	85	森喜朗	1	2000年 4月 5日	62	
	86	森喜朗	2	2000年 7月 4日	62	387
	87	小泉純一郎	1	2001年 4月26日	59	
	88	小泉純一郎	2	2003年11月19日	61	
	89	小泉純一郎	3	2005年 9月21日	63	1980
	90	安倍晋三	1	2006年 9月26日	52	
	91	福田康夫		2007年 9月26日	71	365
	92	麻生太郎		2008年 9月24日	68	358
	93	鳩山由紀夫		2009年 9月16日	62	266
	94	菅直人		2010年 6月 8日	63	452
	95	野田佳彦		2011年 9月 2日	54	482
	96	安倍晋三	2	2012年12月26日	58	
	97	安倍晋三	3	2014年12月24日	60	
	98	安倍晋三	4	2017年11月 1日	63	3188
令和	99	菅義偉		2020年 9月16日	71	384
	100	岸田文雄	1	2021年10月 4日	64	
	101	岸田文雄	2	2021年11月10日	64	

世界遺産

「世界遺産」とは、世界遺産条約（世界の文化遺産および自然遺産の保護に関する条約）に基づいて作成される「世界遺産一覧表」に登録されている文化財や自然のことをいう。人類共通の財産として保護し、後世に伝えていかなければならない人類共通の遺産である。建造物や遺跡などの「文化遺産」、自然地域などの「自然遺産」、文化と自然の両方の要素を兼ね備えた「複合遺産」の3種類がある。なお、世界遺産条約は1972年の第17回ユネスコ総会で採択され、75年に発効。日本は92年に締結している。

	遺跡名称	所在地	区分	登録年
①	法隆寺地域の仏教建造物	奈良県	文化	1993
②	姫路城	兵庫県	文化	1993
③	屋久島	鹿児島県	自然	1993
④	白神山地	青森県、秋田県	自然	1993
⑤	古都京都の文化財（京都市、宇治市、大津市）	京都府、滋賀県	文化	1994
⑥	白川郷・五箇山の合掌造り集落	岐阜県、富山県	文化	1995
⑦	原爆ドーム	広島県	文化	1996
⑧	厳島神社	広島県	文化	1996
⑨	古都奈良の文化財	奈良県	文化	1998
⑩	日光の社寺	栃木県	文化	1999
⑪	琉球王国のグスクおよび関連遺産群	沖縄県	文化	2000
⑫	紀伊山地の霊場と参詣道（通称・熊野古道）	和歌山県、奈良県、三重県	文化	2004
⑬	知床	北海道	自然	2005
⑭	石見銀山遺跡とその文化的景観	島根県	文化	2007
⑮	小笠原諸島	東京都	自然	2011
⑯	平泉—仏国土（浄土）を表す建築・庭園および考古学的遺跡群	岩手県	文化	2011
⑰	富士山—信仰の対象と芸術の源泉	静岡県、山梨県	文化	2013
⑱	富岡製糸場と絹産業遺産群	群馬県	文化	2014
⑲	明治日本の産業革命遺産—製鉄・製鋼、造船、石炭産業	福岡県、佐賀県、長崎県、熊本県、鹿児島県、山口県、岩手県、静岡県	文化	2015

	遺跡名称	所在地	区分	登録年
⑳	ル・コルビュジエの建築作品—近代建築運動への顕著な貢献	東京都（※フランス、ドイツ、スイス、ベルギー、アルゼンチン、インドに構成資産）	文化	2016
㉑	「神宿る島」宗像・沖ノ島と関連遺産群	福岡県	文化	2017
㉒	長崎と天草地方の潜伏キリシタン関連遺産	長崎県、熊本県	文化	2018
㉓	百舌鳥・古市古墳群—古代日本の墳墓群	大阪府	文化	2019
㉔	奄美大島、徳之島、沖縄島北部及び西表島	鹿児島県、沖縄県	自然	2021
㉕	北海道・北東北の縄文遺跡群	北海道、青森県、岩手県、秋田県	文化	2021

オリンピック開催地

夏　季

回	年	開催地(国)
1	1896	アテネ(ギリシャ)
2	1900	パリ(仏)
3	1904	セントルイス(米)
4	1908	ロンドン(英)
5	1912	ストックホルム(スウェーデン)
6	1916	ベルリン(ドイツ)=中止
7	1920	アントワープ(ベルギー)
8	1924	パリ
9	1928	アムステルダム(オランダ)
10	1932	ロサンゼルス(米)
11	1936	ベルリン
12	1940	東京(日本)・ヘルシンキ(フィンランド)=中止
13	1944	ロンドン=中止
14	1948	ロンドン
15	1952	ヘルシンキ
16	1956	メルボルン(豪)、ストックホルム=馬術のみ
17	1960	ローマ(イタリア)
18	1964	東京
19	1968	メキシコ市(メキシコ)
20	1972	ミュンヘン(西ドイツ)
21	1976	モントリオール(カナダ)
22	1980	モスクワ(ソ連)
23	1984	ロサンゼルス(米)
24	1988	ソウル(韓国)
25	1992	バルセロナ(スペイン)
26	1996	アトランタ(米)
27	2000	シドニー(豪)
28	2004	アテネ
29	2008	北京(中国)
30	2012	ロンドン
31	2016	リオデジャネイロ(ブラジル)
32	2020	東京(2021年に延期開催)
33	2024	パリ(仏)
34	2028	ロサンゼルス(米)

冬　季

回	年	開催地(国)
1	1924	シャモニー(仏)
2	1928	サンモリッツ(スイス)
3	1932	レークプラシッド(米)
4	1936	ガルミッシュパルテンキルヘン(ドイツ)
5	1948	サンモリッツ
6	1952	オスロ(ノルウェー)
7	1956	コルティナダンペッツォ(イタリア)
8	1960	スコーバレー(米)
9	1964	インスブルック(オーストリア)
10	1968	グルノーブル(仏)
11	1972	札幌(日本)
12	1976	インスブルック
13	1980	レークプラシッド
14	1984	サラエボ(ユーゴスラビア)
15	1988	カルガリー(カナダ)
16	1992	アルベールビル(仏)
17	1994	リレハンメル(ノルウェー)
18	1998	長野(日本)
19	2002	ソルトレークシティー(米)
20	2006	トリノ(イタリア)
21	2010	バンクーバー(カナダ)
22	2014	ソチ(ロシア)
23	2018	平昌(韓国)
24	2022	北京(中国)
25	2026	ミラノ・コルティナダンペッツォ(伊)

【Z】

ZD運動　無欠点運動〈企業〉　zero defects movement

【W】

W杯　ワールドカップ　World Cup
WA　世界陸連　World Athletics
WADA　世界反ドーピング機関　World Anti-Doping Agency
WAN　広域通信網　wide area network
WAN-IFRA　世界新聞・ニュース発行者協会　World Association of Newspapers and News Publishers
WBA　世界ボクシング協会　World Boxing Association
WBC　世界ボクシング評議会　World Boxing Council
WBO　世界ボクシング機構　World Boxing Organization
WCPFC　中西部太平洋まぐろ類委員会　Western and Central Pacific Fisheries Commission
WECPNL　加重等価平均感覚騒音レベル、うるささ指数　weighted equivalent continuous perceived noise level
WEO　（IMFの）世界経済見通し　World Economic Outlook
WFP　世界食糧計画〈国連〉　World Food Programme
WFTU　世界労連〈世界労働組合連盟〉　World Federation of Trade Unions
WHO　世界保健機関〈国連〉　World Health Organization
WIPO　世界知的所有権機関〈国連〉　World Intellectual Property Organization
WMO　世界気象機関〈国連〉　World Meteorological Organization
WPI　卸売物価指数　wholesale price index
WRC　世界ラリー選手権　World Rally Championship
WS　ワークショップ　workshop
WS　ワークステーション　workstation
WTA　女子テニス協会　Women's Tennis Association
WTI　米国産標準油種〈ウエスト・テキサス・インターミディエート〉　West Texas Intermediate
WTO　世界貿易機関　World Trade Organization
WWF　世界自然保護基金　World Wide Fund for Nature

【Y】

YMCA　キリスト教青年会　Young Men's Christian Association
YWCA　キリスト教女子青年会　Young Women's Christian Association

Development
USGS 米地質調査所　United States Geological Survey
USJ ユニバーサル・スタジオ・ジャパン　Universal Studios Japan
USMCA 米国・メキシコ・カナダ協定　United States-Mexico-Canada Agreement
USTR 米通商代表部　United States Trade Representative
USW 全米鉄鋼労組　United Steelworkers
UT 世界標準時　universal time
UV 紫外線　ultraviolet rays

【V】

VAT 付加価値税　value-added tax
VB ベンチャービジネス　venture business
VC ベンチャーキャピタル　venture capital
VC ボランタリーチェーン　voluntary chain
VD ビデオディスク　video disc
VDT 画像表示装置　visual display terminal
VHF 超短波　very high frequency
◎**VHS** 家庭用VTRの1方式　Video Home System
VICS 道路交通情報通信システム　Vehicle Information and Communication System
VIP 最重要人物　very important person
VLBI 超長基線電波干渉計　very long baseline interferometry
VIX ボラティリティー指数〈別名「恐怖指数」〉　volatility indexes
VLF 超長波　very low frequency
VLSI 超高密度集積回路　very large-scale integration
VOA 米政府海外向け放送（ボイス・オブ・アメリカ）　Voice of America
VOD ビデオ・オン・デマンド　video on demand
VR バーチャルリアリティー、仮想現実　virtual reality
VRE バンコマイシン耐性腸球菌　vancomycin-resistant enterococcus
VRS ワクチン接種記録システム　Vaccination Record System
V・STOL 垂直・短距離離着陸機　vertical/short takeoff and landing aircraft
VTOL 垂直離着陸機　vertical takeoff and landing aircraft
VTR ビデオテープレコーダー　video tape recorder
VW フォルクスワーゲン　Volkswagen

UDD 反独裁民主統一戦線〈タイ〉 United Front for Democracy against Dictatorship
UEFA 欧州サッカー連盟 Union of European Football Associations
UFO 未確認飛行物体 unidentified flying object
◎**UHF** 極超短波 ultrahigh frequency
UMC 聯華電子 United Microelectronics Corporation
UMNO 統一マレー国民組織〈マレーシア〉 United Malays National Organisation
UNCTAD 国連貿易開発会議 United Nations Conference on Trade and Development
UNDC 国連軍縮委員会 United Nations Disarmament Commission
UNDOF 国連兵力引き離し監視軍 United Nations Disengagement Observer Force
UNDP 国連開発計画 United Nations Development Programme
UNEP 国連環境計画 United Nations Environment Programme
UNESCO 国連教育科学文化機関（ユネスコ） United Nations Educational, Scientific and Cultural Organization
UNFPA 国連人口基金 United Nations Population Fund
UNHCR 国連難民高等弁務官事務所 Office of the United Nations High Commissioner for Refugees
UNICEF 国連児童基金 United Nations Children's Fund
UNIDO 国連工業開発機関 United Nations Industrial Development Organization
UNIFIL 国連レバノン暫定（駐留）軍 United Nations Interim Force in Lebanon
UNMISS 国連南スーダン派遣団 United Nations Mission in the Republic of South Sudan
UNOS 全米臓器分配ネットワーク United Network for Organ Sharing
UNRWA 国連パレスチナ難民救済事業機関 United Nations Relief and Works Agency for Palestine Refugees in the Near East
UNU 国連大学 United Nations University
UNV 国連ボランティア（計画） United Nations Volunteers
UNWTO 世界観光機関〈国連〉 World Tourism Organization
URL インターネットサイトのアドレス Uniform Resource Locator
USAID 米国際開発局 United States Agency for International

SUV スポーツ用多目的車 sport-utility vehicle

【T】

TB 米財務省証券 Treasury bills
TCAS (航空機)衝突防止装置 traffic alert and collision avoidance system
TDB 国庫短期証券 treasury discount bills
TDI 耐容1日摂取量〈毒性物質の1日当たりの許容摂取量〉 tolerable daily intake
TDL 東京ディズニーランド Tokyo Disneyland
TDR 東京ディズニーリゾート Tokyo Disney Resort
TDS 東京ディズニーシー Tokyo DisneySea
TFT 薄膜トランジスタ thin film transistor
TFX 東京金融取引所 Tokyo Financial Exchange
TGV 超高速新幹線〈仏〉 train à grande vitesse
THAAD 高高度防衛ミサイル Terminal High Altitude Area Defense
TI テキサス・インスツルメンツ Texas Instruments
TIBOR 東京銀行間取引金利 Tokyo InterBank Offered Rate
TICAD アフリカ開発会議 Tokyo International Conference on African Development
TIPS インフレ連動債 Treasury inflation-protected securities
TMD 戦域ミサイル防衛 theater missile defense
TNF 腫瘍壊死(えし)因子 tumor necrosis factor
TNT トリニトロトルエン〈爆薬〉 trinitrotoluene
TOB 株式公開買い付け takeover bid
TOPIX 東証株価指数 Tokyo Stock Price Index
TPP 環太平洋連携協定 Trans-Pacific Partnership
TQC 総合的品質管理 total quality control
TSMC 台湾積体電路製造 Taiwan Semiconductor Manufacturing Company
TTP パキスタン・タリバン運動 Tehrik-e Taliban Pakistan

【U】

UAE アラブ首長国連邦 United Arab Emirates
UAV 無人(航空)機 unmanned aerial vehicle
UAW 全米自動車労組 United Auto Workers
UCI 国際自転車競技連合 Union Cycliste Internationale

SIDS 乳幼児突然死症候群 sudden infant death syndrome
SIPRI ストックホルム国際平和研究所 Stockholm International Peace Research Institute
SLBM 潜水艦発射弾道ミサイル submarine-launched ballistic missile
SLCM 海上発射巡航ミサイル sea-launched cruise missile
SM3 海上配備型迎撃ミサイル Standard Missile-3
SMR 小型モジュール炉 small modular reactor
SNF 短距離核戦力 short-range nuclear forces
SNS インターネット交流サイト social networking service
SOHO スモールオフィス・ホームオフィス〈自宅や小規模事業所をコンピューター・ネットワークで会社と結ぶ業務形態〉 small office home office
SONAR 水中音波探知機 sound navigation and ranging
SOx 硫黄酸化物 sulfur oxide
SPC 特別目的会社 special purpose company
SPD ドイツ社会民主党 Sozialdemokratische Partei Deutschlands
SPEEDI 緊急時迅速放射能影響予測ネットワークシステム〈スピーディー〉 System for Prediction of Environmental Emergency Dose Information
SPF値 日焼け止めオイルや化粧品の効果を示す指数 sun protection factor
SPM 浮遊粒子状物質 suspended particulate matter
SQ 特別清算指数〈先物取引〉 special quotation
SQUID 超伝導量子干渉素子 superconducting quantum interference device
SRAM 記憶保持動作が不要な随時書き込み読み出しメモリー static random access memory
SRI 社会的責任投資 socially responsible investment
SS 浮遊物質 suspended solids
SSBN 弾道ミサイル搭載原子力潜水艦 Strategic Submarine Ballistic Nuclear
SST 超音速旅客機 supersonic transport
ST 言語聴覚士 speech-language-hearing therapist
STマーク 安全玩具マーク safety toy
START 戦略兵器削減条約 Strategic Arms Reduction Treaty
STD 性感染症 sexually transmitted disease
STOL 短距離離着陸機 short takeoff and landing aircraft

【S】

S波　（地震の）横波　secondary wave
SA　サービスエリア　service area
SAARC　南アジア地域協力連合　South Asian Association for Regional Cooperation
SACO　沖縄に関する日米特別行動委員会　Special Action Committee on Okinawa
SADC　南部アフリカ開発共同体　Southern African Development Community
SAF　持続可能な航空燃料　Sustainable Aviation Fuel
SAGE　半自動警戒管制組織　Semi-Automatic Ground Environment
SAIS　ジョンズ・ホプキンス大高等国際問題研究所〈米〉 Paul H. Nitze School of Advanced International Studies
SAJ　全日本スキー連盟　Ski Association of Japan
SALT　戦略兵器制限交渉（条約）　Strategic Arms Limitations Talks/Treaty
SAM　地対空ミサイル　surface-to-air missile
SARS　重症急性呼吸器症候群、新型肺炎　severe acute respiratory syndrome
SAS　特殊空挺（くうてい）部隊〈英〉　Special Air Service
SAS　睡眠時無呼吸症候群　sleep apnea syndrome
SAT　特殊急襲部隊　Special Assault Team
SCO　上海協力機構　Shanghai Cooperation Organization
SDGs　持続可能な開発目標　Sustainable Development Goals
SDI　戦略防衛構想　Strategic Defense Initiative
SDR　（IMFの）特別引き出し権　Special Drawing Rights
SDSL　対称デジタル加入者線　Symmetric Digital Subscriber Line
SE　システムエンジニア　systems engineer
SEALs　米海軍特殊部隊　United States Navy SEALs
SEC　米証券取引委員会　Securities and Exchange Commission
SFX　特殊撮影、特殊視覚的効果　special effects
SGマーク　安全製品マーク　safety goods
SG　蒸気発生器　steam generator
SGX　シンガポール取引所　Singapore Exchange
SHAPE　欧州連合軍最高司令部　Supreme Headquarters Allied Powers Europe
SI　システムインテグレーション　system integration
SIA　米半導体工業会　Semiconductor Industry Association

Transfer Register
PS 搭乗科学技術者 payload specialist
PSI 大量破壊兵器拡散防止構想 Proliferation Security Initiative
PT 理学療法士 physical therapist
PT プロジェクトチーム project team
PTSD 心的外傷後ストレス障害 post-traumatic stress disorder
PWR 加圧水型軽水炉 pressurized-water reactor

【Q】

QA 品質保証 quality assurance
◎**QC** 品質管理 quality control
QDR 4年ごとの国防計画見直し〈米〉 Quadrennial Defense Review
QE 四半期別GDP速報値 quarterly estimates of GDP
QE 量的緩和 quantitative easing
QOL 生命の質、生活の質 quality of life

【R】

R&D 研究開発 research and development
◎**RAM** 随時書き込み読み出しメモリー random access memory
RCC 整理回収機構 Resolution and Collection Corporation
RCEP 地域的な包括的経済連携〈アールセップ〉 Regional Comprehensive Economic Partnership
RDF 緊急展開部隊 Rapid Deployment Forces
RDF ごみ固形燃料 refuse-derived fuel
REIT 不動産投資信託〈リート〉 real estate investment trust
RI 放射性同位元素 radioisotope
RIMPAC 環太平洋合同演習〈リムパック〉 Rim of the Pacific Exercise
RISC 縮小命令セットコンピューター reduced instruction set computer
RMA 軍事技術革命 Revolution in Military Affairs
RNA リボ核酸 ribonucleic acid
ROA 総資産利益率 return on assets
ROE 自己資本利益率 return on equity
ROI 投下資本利益率 return on investment
◎**ROM** 読み出し専用メモリー read-only memory
RPG ロールプレーイング・ゲーム role-playing game
RPV 無人遠隔操作機 remotely piloted vehicle
◎**RV** レジャー用多目的車 recreational vehicle

PECC 太平洋経済協力会議 Pacific Economic Cooperation Council

PEN 国際ペンクラブ International Association of Poets, Playwrights, Editors, Essayists, and Novelists

PER 株価収益率 price-earnings ratio

PET ポリエチレンテレフタレート polyethylene terephthalate

PET 陽電子放射断層撮影 positron emission tomography

PFI 民間資金活用による社会資本整備 private finance initiative

PFLP パレスチナ解放人民戦線 Popular Front for the Liberation of Palestine

PFP 平和のためのパートナーシップ Partnership for Peace

PGA 全米プロゴルフ協会 Professional Golfers' Association (of America)

pH 水素イオン指数 Potenz Hydrogen

◎**PHS** 簡易型携帯電話 personal handy phone system

PHV プラグインハイブリッド車 plug-in hybrid vehicle

PIF 太平洋諸島フォーラム Pacific Islands Forum

PISA (OECDの)国際学習到達度調査 Programme for International Student Assessment

PKF (国連)平和維持軍 peacekeeping force

PKK クルド労働者党 Partiya Karkerên Kurdistan

PKO (国連)平和維持活動 peacekeeping operations

PL(法) 製造物責任(法) product liability

PLO パレスチナ解放機構 Palestine Liberation Organization

PM 粒子状物質 particulate matter

PMDA 医薬品医療機器総合機構 Pharmaceuticals and Medical Devices Agency

PNC パレスチナ民族評議会 Palestine National Council

POP広告 店頭販促広告 point-of-purchase advertising

POPs 残留性有機汚染物質 persistent organic pollutants

POS 販売時点情報管理 point of sale

ppb 10億分率 parts per billion

ppm 100万分率 parts per million

PPP 汚染者負担の原則 polluter pays principle

PPP 官民連携 public-private partnership

PPP 購買力平価(説) purchasing power parity

PPP パキスタン人民党 Pakistan People's Party

PRTR 環境汚染物質排出・移動登録制度 Pollutant Release and

OCHA　(国連)人道問題調整事務所　United Nations Office for the Coordination of Humanitarian Affairs
OCR　光学式文字読み取り装置　optical character reader
ODA　政府開発援助　official development assistance
OECD　経済協力開発機構　Organization for Economic Co-operation and Development
OEM　相手先ブランドによる生産　original equipment manufacturer
OHCHR　国連人権高等弁務官事務所　Office of the High Commissioner for Human Rights
OIC　イスラム協力機構　Organization of Islamic Cooperation
OIE　国際獣疫事務局　Office International des Épizooties
OMB　米行政管理予算局　Office of Management and Budget
OPCW　化学兵器禁止機関　Organization for the Prohibition of Chemical Weapons
OPEC　石油輸出国機構　Organization of the Petroleum Exporting Countries
OS　基本ソフト(ウエア)　operating system
OSCE　欧州安保協力機構　Organization for Security and Co-operation in Europe
OT　作業療法士　occupational therapist
OTC　店頭取引　over-the-counter trading

【P】

P波　(地震の)縦波　primary wave
PA　パーキングエリア　parking area
PAC3　地対空誘導弾〈パトリオット・ミサイル3〉　Patriot Advanced Capability-3
PAZ　予防的防護措置準備区域　Precautionary Action Zone
PB　プライベートブランド　private brand
PB　プライマリー・バランス　primary balance
PBR　株価純資産倍率　price book-value ratio
PBX　構内交換機　private branch exchange
PCB　ポリ塩化ビフェニール　polychlorinated biphenyl
PCM　パルス符号変調(方式)　pulse code modulation
◎**PCR**　ポリメラーゼ連鎖反応、合成酵素連鎖反応　polymerase chain reaction
PDA　携帯情報端末　personal digital assistant
PDP　プラズマ・ディスプレー・パネル　plasma display panel

NITE 製品評価技術基盤機構 National Institute of Technology and Evaluation

NLD 国民民主連盟〈ミャンマー〉 National League for Democracy

NLL 北方限界線 northern limit line

NLP 夜間離着陸訓練 night landing practice

NMD 全米ミサイル防衛 National Missile Defense

NMR 核磁気共鳴 nuclear magnetic resonance

NOAA 米海洋大気局 National Oceanic and Atmospheric Administration

NOC 国内オリンピック委員会 National Olympic Committee

NORAD 北米航空宇宙防衛司令部 North American Aerospace Defense Command

NOW 全米女性機構 National Organization for Women

NOx 窒素酸化物 nitrogen oxide

NPA 新人民軍〈フィリピン〉 New People's Army

NPB 日本プロ野球組織〈社団法人名は日本野球機構〉 Nippon Professional Baseball

NPD 国家民主党〈独ネオナチ党〉 Nationaldemokratische Partei Deutschlands

◎**NPO** 民間非営利団体、NPO法人＝特定非営利活動法人 nonprofit organization

NPT 核拡散防止条約 Nuclear Non-Proliferation Treaty

NRA 全米ライフル協会 National Rifle Association

NRC 米原子力規制委員会 Nuclear Regulatory Commission

NSA 米国家安全保障局 National Security Agency

NSC 米国家安全保障会議 National Security Council

NSF 全米科学財団 National Science Foundation

NTSB 米運輸安全委員会 National Transportation Safety Board

NYMEX ニューヨーク商業取引所 New York Mercantile Exchange

NYSE ニューヨーク証券取引所 New York Stock Exchange

【O】

◎**OA** オフィスオートメーション office automation

OAPEC アラブ石油輸出国機構 Organization of Arab Petroleum Exporting Countries

OAS 米州機構 Organization of American States

OCA アジア・オリンピック評議会 Olympic Council of Asia

【N】

NAACP 全米有色人地位向上協会 National Association for the Advancement of Colored People
NAFTA (旧)北米自由貿易協定 North American Free Trade Agreement
NAM 全米製造業者協会 National Association of Manufacturers
NAR 地方競馬全国協会 National Association of Racing
NASA 米航空宇宙局 National Aeronautics and Space Administration
NASD 全米証券業協会 National Association of Securities Dealers
NASDAQ 米ナスダック(取引所、株式市場) National Association of Securities Dealers Automatic Quotation System
NATO 北大西洋条約機構 North Atlantic Treaty Organization
NBA 米プロバスケットボール協会 National Basketball Association
NBC兵器 核・生物・化学兵器 nuclear, biological and chemical weapons
NC 数値制御 numerical control
NCI 米国立がん研究所 National Cancer Institute
NEA (OECDの)原子力機関 Nuclear Energy Agency
NEDO 新エネルギー・産業技術総合開発機構 New Energy and Industrial Technology Development Organization
NEET 若年無業者 not in education, employment or training
NEXCO 高速道路3社の総称 Nippon Expressway Companies
NFL 米ナショナル・フットボールリーグ National Football League
NFT 非代替性トークン non-fungible token
NGO 非政府組織 nongovernmental organization
NHL 北米アイスホッケーリーグ National Hockey League
NHTSA 米道路交通安全局 National Highway Traffic Safety Administration
NICU 新生児集中治療室 neonatal intensive care unit
NIES 新興工業国・地域 newly industrializing economies
NIH 米国立衛生研究所 National Institutes of Health
NIRA 総合研究開発機構 National Institute for Research Advancement
NISA 少額投資非課税制度〈ニーサ〉 Nippon Individual Savings Account
NISC 内閣官房情報セキュリティセンター National center of Incident readiness and Strategy for Cybersecurity

MERS 中東呼吸器症候群 Middle East Respiratory Syndrome
MET メトロポリタン歌劇場 Metropolitan Opera House
MFN 最恵国待遇 most-favored-nation treatment
MIA 行方不明兵士 missing in action
MICE 国際的な会合の総称 meetings, incentives, conferences and exhibitions
MIGA 多国間投資保証機関 Multilateral Investment Guarantee Agency
MIPS 1秒間に100万回の演算処理を行う速度〈コンピューターの演算速度を示す単位〉 million instructions per second
MIRV 複数目標弾頭 multiple independently targetable reentry vehicles
MIT マサチューセッツ工科大学〈米〉 Massachusetts Institute of Technology
MLB 大リーグ、メジャーリーグ・ベースボール Major League Baseball
MLRS 多連装ロケットシステム multiple launch rocket system
MMC 市場金利連動型預金 money market certificate
MMF マネー・マーケット・ファンド(短期金融資産投資信託=外貨建て) money market fund
MMF マネー・マネジメント・ファンド(短期公社債投資信託) money management fund
MNLF モロ民族解放戦線〈フィリピン〉 Moro National Liberation Front
MOS 金属酸化膜半導体 metal-oxide semiconductor
MOX燃料 (ウラン・プルトニウム)混合酸化物燃料 mixed-oxide fuel
MPU 超小型演算処理装置 micro processing unit
◎**MRI** 磁気共鳴画像装置 magnetic resonance imaging
mRNA メッセンジャーRNA(リボ核酸) messenger ribonucleic acid
MRSA メチシリン耐性黄色ブドウ球菌 methicillin-resistant Staphylococcus aureus
MS 搭乗運用技術者、ミッション・スペシャリスト mission specialist
MSA 米相互安全保障法 Mutual Security Act
MSF 国境なき医師団 Médecins Sans Frontières
MTB マウンテンバイク mountain bike
MTCR ミサイル関連技術輸出規制 Missile Technology Control Regime
MVP 最優秀選手 most valuable player

LCC 格安航空会社 low-cost carrier
LCD 液晶表示装置 liquid crystal display
LD 学習障害 learning disability
LD レーザーディスク Laser Disc
LDC 後発開発途上国 least developed countries
LED 発光ダイオード light-emitting diode
LHC 大型ハドロン衝突型加速器 Large Hadron Collider
LIBOR ロンドン銀行間取引金利 London Interbank Offered Rate
LL 視聴覚教材を活用した語学実習室 language laboratory
LME ロンドン金属取引所 London Metal Exchange
LNG 液化天然ガス liquefied natural gas
LORAN 長距離航法(装置) long-range navigation
LPG 液化石油ガス liquefied petroleum gas
LPGA 米女子プロゴルフ協会 Ladies Professional Golf Association
LPGA 日本女子プロゴルフ協会 Ladies Professional Golfers' Association of Japan
LRT 次世代型路面電車 light rail transit
LSI 大規模集積回路 large-scale integration
LTE 次世代高速通信 Long Term Evolution
LTTE (旧)タミル・イーラム解放の虎〈スリランカ〉 Liberation Tigers of Tamil Eelam

【M】

M&A 合併・買収 merger and acquisition
MAD 相互確証破壊 Mutual Assured Destruction
MARV 機動式弾頭 maneuverable reentry vehicle
MBA 経営学修士(号) Master of Business Administration
MBO マネジメント・バイアウト、経営陣による自社買収 management buyout
MBS 住宅ローン担保証券 mortgage-backed securities
MC 司会者、進行係 master of ceremony
MD ミサイル防衛 missile defense
◎**MD** ミニディスク Mini Disc
MDA 日米相互防衛援助協定 Mutual Defense Assistance Agreement
ME 医用電子機器 medical electronics
ME マイクロエレクトロニクス micro electronics
MEF 主要経済国フォーラム Major Economies Forum

JICA 国際協力機構 Japan International Cooperation Agency
◎**JIS** 日本産業規格 Japanese Industrial Standards
JOC 日本オリンピック委員会 Japanese Olympic Committee
JOGMEC エネルギー・金属鉱物資源機構 Japan Oil, Gas and Metals National Corporation
JPC 日本パラリンピック委員会 Japanese Paralympic Committee
JPX 日本取引所グループ Japan Exchange Group
JRA 日本中央競馬会 Japan Racing Association
JRC 日本赤十字社 Japanese Red Cross Society
JSAA 日本スポーツ仲裁機構 The Japan Sports Arbitration Agency
JSC 日本スポーツ振興センター Japan Sport Council
JST 科学技術振興機構 Japan Science and Technology Agency
JST 日本標準時 Japan Standard Time
JT 日本たばこ産業 Japan Tobacco Inc.
JTA 日本テニス協会 Japan Tennis Association
JV ジョイントベンチャー joint venture
JVA 日本バレーボール協会 Japan Volleyball Association
JVC 日本国際ボランティアセンター Japan International Volunteer Center

【K】

KAMIOKANDE 東京大学宇宙線研究所が岐阜県神岡町(現飛騨市神岡町)に建設した素粒子観測装置 Kamioka Nucleon Decay Experiment
KEDO 朝鮮半島エネルギー開発機構 Korean Peninsula Energy Development Organization
KFOR コソボ国際治安部隊 Kosovo Force
KGB (旧ソ連)国家保安委員会 Комитет государственной безопасности
KKK クー・クラックス・クラン〈米白人秘密結社〉 Ku Klux Klan
KNU カレン民族同盟〈ミャンマー〉 Karen National Union

【L】

LAN 構内情報通信網、企業内情報通信網 local area network
LANDSAT 地球資源探査衛星〈ランドサット=米〉 Landsat
LBO 対象企業の資産を担保とした借入金による買収、レバレッジド・バイアウト leveraged buyout
LCA ライフサイクル・アセスメント life cycle assessment

ISS 国際宇宙ステーション International Space Station
ISU 国際スケート連盟 International Skating Union
◎**IT** 情報技術 information technology
ITC 米国際貿易委員会 International Trade Commission
ITER 国際熱核融合実験炉 International Thermonuclear Experimental Reactor
ITF 国際テニス連盟 International Tennis Federation
ITS 高度道路交通システム intelligent transport systems
ITTF 国際卓球連盟 International Table Tennis Federation
ITU 国際電気通信連合〈国連〉 International Telecommunication Union
ITUC 国際労働組合総連合 International Trade Union Confederation
IUCN 国際自然保護連合 International Union for Conservation of Nature
IUD 子宮内避妊器具 intrauterine device
IVH 中心静脈栄養法 intravenous hyperalimentation
IWC 国際捕鯨委員会 International Whaling Commission

【J】

JADA 日本アンチ・ドーピング機構 Japan Anti-Doping Agency
JAF 日本自動車連盟 Japan Automobile Federation
JARO 日本広告審査機構 Japan Advertising Review Organization
JAS 日本農林規格 Japanese Agricultural Standard
JASRAC 日本音楽著作権協会 Japanese Society for Rights of Authors, Composers and Publishers
JAXA 宇宙航空研究開発機構 Japan Aerospace Exploration Agency
JBC 日本ボクシングコミッション Japan Boxing Commission
JBIC 国際協力銀行 Japan Bank for International Cooperation
JC (日本)青年会議所 Japan Junior Chamber
JCI 国際青年会議所 Junior Chamber International
JCT ジャンクション junction
JETRO 日本貿易振興機構 Japan External Trade Organization
JFA 日本サッカー協会 Japan Football Association
JFL 日本フットボールリーグ Japan Football League
JGA 日本ゴルフ協会 Japan Golf Association
JGTO 日本ゴルフツアー機構 Japan Golf Tour Organization

IMFC 国際通貨金融委員会 International Monetary and Financial Committee
IMO 国際海事機関〈国連〉 International Maritime Organization
IMRT 強度変調放射線治療 intensity-modulated radiation therapy
INF 中距離核戦力 intermediate-range nuclear forces
INS 慣性航法装置 inertial navigation system
INS 高度情報通信システム information network system
IOC 国際オリンピック委員会 International Olympic Committee
IOJ 国際ジャーナリスト機構 International Organization of Journalists
IOM 国際移住機関 International Organization for Migration
IoT モノのインターネット Internet of Things
IOTC インド洋まぐろ類委員会 Indian Ocean Tuna Commission
IP 情報提供者 information provider
IP電話 インターネット・プロトコル電話 Internet Protocol phone
IPC 国際パラリンピック委員会 International Paralympic Committee
IPCC 気候変動に関する政府間パネル Intergovernmental Panel on Climate Change
IPEF インド太平洋経済枠組み Indo-Pacific Economic Framework
IPI 国際新聞編集者協会 International Press Institute
IPO 新規株式公開 initial public offering
IPPF 国際家族計画連盟 International Planned Parenthood Federation
iPS細胞 人工多能性幹細胞 induced pluripotent stem cell
IPU 列国議会同盟 Inter-Parliamentary Union
IQ 知能指数 intelligence quotient
IR 投資家向け情報提供 investor relations
IRA アイルランド共和軍 Irish Republican Army
IRBM 中距離弾道ミサイル intermediate-range ballistic missile
IRC 国際赤十字 International Red Cross
IS 過激派組織「イスラム国」 Islamic State
ISAF 国際治安支援部隊 International Security Assistance Force
ISDN 総合デジタル通信網 Integrated Services Digital Network
ISDS 企業と投資先国との紛争処理条項 Investor-State Dispute Settlement
ISO 国際標準化機構 International Organization for Standardization

tioning, Disability and Health
ICJ 国際司法裁判所〈国連〉 International Court of Justice
ICOMOS 国際記念物遺跡会議 International Council on Monuments and Sites
ICPO 国際刑事警察機構(インターポール) International Criminal Police Organization
ICRC 赤十字国際委員会 International Committee of the Red Cross
ICRP 国際放射線防護委員会 International Commission on Radiological Protection
ICSU 国際科学会議 International Council for Science
ICT 情報通信技術 information and communication technology
ICU 集中治療室 intensive care unit
◎**IDカード** 身分証明書(証) identification card
IDA 国際開発協会 International Development Association
IDB イスラム開発銀行 Islamic Development Bank
IDB 米州開発銀行 Inter-American Development Bank
IEA 国際エネルギー機関 International Energy Agency
IF 国際競技連盟 International Sports Federations
IFAD 国際農業開発基金〈国連〉 International Fund for Agricultural Development
IFC 国際金融公社 International Finance Corporation
IFJ 国際ジャーナリスト連盟 International Federation of Journalists
IFN インターフェロン interferon
IFRC 国際赤十字・赤新月社連盟 International Federation of Red Cross and Red Crescent Societies
Ig 免疫グロブリン immunoglobulin
IH 電磁誘導加熱 induction heating
IISS 国際戦略研究所〈英〉 International Institute for Strategic Studies
IJF 国際柔道連盟 International Judo Federation
IL インターロイキン interleukin
ILC 国際リニアコライダー International Linear Collider
ILO 国際労働機関〈国連〉 International Labour Organization
ILS 計器着陸装置 instrument landing system
IMC 国際金融会議 International Monetary Conference
IMF 国際通貨基金〈国連〉 International Monetary Fund

HRT ホルモン補充療法 hormone replacement therapy
HSST 常電導磁気浮上式リニアモーターカー high speed surface transport
HST 極超音速旅客機 hypersonic transport
HTGR 高温ガス炉 high-temperature gas reactor
HTLV ヒトT細胞白血病ウイルス human T-cell leukemia virus
HTML ウェブページを作成するための言語 Hyper Text Markup Language
HV ハイブリッド車 hybrid vehicle

【I】

IAAF (旧)国際陸上競技連盟 International Association of Athletics Federations
IAEA 国際原子力機関〈国連〉 International Atomic Energy Agency
IAS 国際会計基準 International Accounting Standards
IASB 国際会計基準審議会 International Accounting Standards Board
IATA 国際航空運送協会 International Air Transport Association
IAU 国際天文学連合 International Astronomical Union
IB 国際バカロレア International Baccalaureate
IBAF 国際野球連盟 International Baseball Federation
IBBY 国際児童図書評議会 International Board on Books for Young People
IBF 国際ボクシング連盟 International Boxing Federation
IBRD 国際復興開発銀行 International Bank for Reconstruction and Development
IC インターチェンジ interchange
IC 集積回路 integrated circuit
ICAO 国際民間航空機関〈国連〉 International Civil Aviation Organization
ICBL 地雷禁止国際キャンペーン International Campaign to Ban Landmines
ICBM 大陸間弾道ミサイル intercontinental ballistic missile
ICC 国際刑事裁判所 International Criminal Court
ICC 国際商業会議所 International Chamber of Commerce
ICCAT 大西洋まぐろ類保存国際委員会 International Commission for the Conservation of Atlantic Tunas
ICF 国際生活機能分類 International Classification of Func-

GIS 地理情報システム geographic information system
GLCM 地上発射巡航ミサイル ground-launched cruise missile
GM 遺伝子組み換え genetic modification
GM ゼネラルマネジャー general manager
GM ゼネラル・モーターズ General Motors
GMT グリニッジ標準時 Greenwich Mean Time
GNH 国民総幸福 gross national happiness
GNI 国民総所得 gross national income
GNP 国民総生産 gross national product
GPIF 年金積立金管理運用独立行政法人 Government Pension Investment Fund
GPS 全地球測位システム global positioning system
GRP 域内総生産 gross regional product
GSK グラクソ・スミスクライン GlaxoSmithKline
GSOMIA 軍事情報包括保護協定 General Security of Military Information Agreement
GVHD 移植片対宿主病 graft-versus-host disease

【H】

HA ホームオートメーション home automation
HABITAT 国連人間居住計画 United Nations Human Settlements Programme
HACCP 危険度分析に基づく衛生管理〈ハサップ〉 Hazard Analysis and Critical Control Point
HB ホームバンキング home banking
HBV B型肝炎ウイルス hepatitis B virus
HCFC ハイドロクロロフルオロカーボン〈温室効果ガス〉 hydrochlorofluorocarbon
HCV C型肝炎ウイルス hepatitis C virus
HD ハードディスク hard disk
HD ホールディングス〈持ち株会社〉 holdings
HDD ハードディスクドライブ hard disk drive
HDTV 高精細度テレビ high-definition television
HFC ハイドロフルオロカーボン〈温室効果ガス〉 hydrofluorocarbon
hGH ヒト成長ホルモン human growth hormone
HIV エイズウイルス human immunodeficiency virus
HP 高病原性鳥インフルエンザ highly pathogenic avian influenza
HP ホームページ home page

FN　国民戦線〈仏極右政党〉 Front National

FOB　本船渡し価格　free on board

FOMC　米連邦公開市場委員会　Federal Open Market Committee

4WD　四輪駆動(車)　four-wheel drive (vehicle)

FR車　前部エンジン後輪駆動車　front-engine, rear-wheel-drive vehicle

FRB　米連邦準備制度理事会　Federal Reserve Board

FRP　繊維強化プラスチック　fiber-reinforced plastic

FSB　連邦保安局〈ロシア〉 Федеральная служба безопасности

FSX　次期支援戦闘機〈自衛隊〉 fighter support x

FTA　自由貿易協定　free trade agreement

FTAA　米州自由貿易地域　Free Trade Area of the Americas

FTC　米連邦取引委員会　Federal Trade Commission

FX　次期主力戦闘機〈自衛隊〉 fighter experimental

FX取引　外国為替証拠金取引　foreign exchange

【G】

G7　先進7カ国〈日、米、英、仏、独、伊、カナダ〉 Group of Seven

G7　先進7カ国財務相・中央銀行総裁会議　meeting of Group of Seven finance ministers and central bank governors

G8　主要8カ国〈G7+ロシア〉 Group of Eight

G20　20カ国・地域　Group of 20

GAB　一般借り入れ取り決め〈IMF〉 General Arrangements to Borrow

GAFA　米巨大IT企業　Google, Amazon, Facebook, Apple

GAO　政府監査院〈米議会の付属機関〉 Government Accountability Office

GATT　関税貿易一般協定　General Agreement on Tariffs and Trade

GCC　湾岸協力会議　Gulf Cooperation Council

GCOS　全地球気候観測システム　Global Climate Observing System

GDP　国内総生産　gross domestic product

GE　ゼネラル・エレクトリック〈米コングロマリット〉 General Electric Company

GEF　地球環境ファシリティー　Global Environment Facility

GHQ　連合国軍総司令部　General Headquarters of the Allied Forces

EV　電気自動車　electric vehicle

【F】

FA　工場自動化　factory automation
FA　フリーエージェント　free agent
FAA　米連邦航空局　Federal Aviation Administration
FAI　国際航空連盟　Fédération Aéronautique Internationale
FAO　国連食糧農業機関　Food and Agriculture Organization of the United Nations
FARC　コロンビア革命軍　Fuerzas Armadas Revolucionarias de Colombia
FATF　資金洗浄に関する金融活動作業部会　Financial Action Task Force
FB　政府短期証券　financing bill
FBI　米連邦捜査局　Federal Bureau of Investigation
FBR　高速増殖炉　fast breeder reactor
FC　フランチャイズチェーン　franchise chain
FCC　米連邦通信委員会　Federal Communications Commission
FDA　米食品医薬品局　Food and Drug Administration
FDIC　米連邦預金保険公社　Federal Deposit Insurance Corporation
FEMA　米連邦緊急事態管理庁　Federal Emergency Management Agency
FF金利　フェデラルファンド金利　federal funds rate
FF車　前部エンジン前輪駆動車　front-engine, front-wheel-drive vehicle
FIA　国際自動車連盟　Fédération Internationale de l'Automobile
FIBA　国際バスケットボール連盟　Fédération Internationale de Basketball
FIFA　国際サッカー連盟　Fédération Internationale de Football Association
FIG　国際体操連盟　Fédération Internationale de Gymnastique
FINA　国際水泳連盟　Fédération Internationale de Natation
FIS　国際スキー連盟　Fédération Internationale de Ski
FISU　国際大学スポーツ連盟　Fédération internationale du sport universitaire
FIVB　国際バレーボール連盟　Fédération Internationale de Volleyball
◎**FM**　周波数変調（方式）　frequency modulation

ECA 国連アフリカ経済委員会 Economic Commission for Africa
ECB 欧州中央銀行 European Central Bank
ECCS 緊急炉心冷却装置 emergency core cooling system
ECE 国連欧州経済委員会 Economic Commission for Europe
ECOSOC 国連経済社会理事会 Economic and Social Council
ECOWAS 西アフリカ諸国経済共同体 Economic Community of West African States
ED 勃起不全 erectile dysfunction
EDR 欧州預託証券 European Depositary Receipts
EEA 欧州経済地域 European Economic Area
EEZ 排他的経済水域 exclusive economic zone
EFTA 欧州自由貿易連合 European Free Trade Association
EIA 環境アセスメント environmental impact assessment
EIA 米エネルギー情報局 Energy Information Administration
EIB 欧州投資銀行 European Investment Bank
EL エレクトロルミネッセンス electroluminescence
EMS 欧州通貨制度 European Monetary System
EMS 国際スピード郵便 Express Mail Service
EPA エイコサペンタエン酸 eicosapentaenoic acid
EPA 経済連携協定 economic partnership agreement
EPA 米環境保護局 Environmental Protection Agency
EPO エリスロポエチン〈ホルモン〉 erythropoietin
ERM 為替相場メカニズム〈EU〉 European Exchange Rate Mechanism
ES細胞 胚性幹細胞 embryonic stem cell
ESA 欧州宇宙機関 European Space Agency
ESCAP 国連アジア太平洋経済社会委員会 Economic and Social Commission for Asia and the Pacific
ESM 欧州安定機構 European Stability Mechanism
ET 地球外生物 extraterrestrial
ETA （旧）バスク祖国と自由〈スペイン〉 Euskadi Ta Askatasuna
ETC 自動料金収受システム electronic toll collection system
ETF 上場投資信託 exchange-traded fund
ETS 排出量取引制度 emissions trading system
EU 欧州連合 European Union
EURATOM 欧州原子力共同体〈ユーラトム〉 European Atomic Energy Community
EURIBOR 欧州銀行間取引金利 Euro Interbank Offered Rate

【D】

DAC 開発援助委員会〈OECDの下部組織〉 Development Assistance Committee
DARPA 国防高等研究計画局〈米〉 Defense Advanced Research Projects Agency
DB データベース database
DC 確定拠出年金 defined-contribution pension plan
DD(原油) 直接取引(原油) direct deal (crude oil)
DDS ドラッグ・デリバリー・システム、薬物送達システム drug delivery system
DEA 米麻薬取締局 Drug Enforcement Administration
DEP ディーゼル排気微粒子 diesel particulate matter
DGB ドイツ労働総同盟 Deutscher Gewerkschaftsbund
DHA ドコサヘキサエン酸 docosahexaenoic acid
DI 業況判断指数 diffusion index
DIA 米国防情報局 Defense Intelligence Agency
DIY 自分で家具作りや修繕などをすること do-it-yourself
DL 故障者リスト〈米大リーグなど〉 disabled list
DM ダイレクトメール direct mail
DMO 観光振興を官民一体で進める地域組織 Destination Management Organization
DMZ 非武装地帯 demilitarized zone
◎**DNA** デオキシリボ核酸 deoxyribonucleic acid
DPF ディーゼル排気微粒子除去装置 diesel particulate filter
DPT 3種混合ワクチン〈ジフテリア、百日ぜき、破傷風〉 diphtheria, pertussis and tetanus vaccine
DRAM 記憶保持動作が必要な随時書き込み読み出しメモリー dynamic random access memory
DSL デジタル加入者線 digital subscriber line
DV 配偶者、恋人などからの暴力 domestic violence
◎**DVD** デジタル多用途ディスク digital versatile disc

【E】

EB 他社株転換債 exchangeable bond
EBRD 欧州復興開発銀行 European Bank for Reconstruction and Development
EC 欧州共同体〈EUの前身〉 European Community
EC 電子商取引 electronic commerce (e-commerce)

CNC コンピューター数値制御 computer numerical control
CNF セルロースナノファイバー cellulose nanofiber
COCOM 対共産圏輸出統制委員会〈ココム〉 Coordinating Committee for Multilateral Export Controls
COD 化学的酸素要求量 chemical oxygen demand
COE 中核的研究拠点 center of excellence
COGEMA 仏核燃料会社 Compagnie Generale des Matieres Nucleaires
COMEX ニューヨーク商品取引所 Commodity Exchange
COO 最高執行責任者 chief operating officer
COP 気候変動枠組み条約締約国会議〈国連〉 Conference of the Parties to the U.N. Framework Convention on Climate Change
COP 生物多様性条約締約国会議 Conference of the Parties to the Convention on Biological Diversity
COPD 慢性閉塞性肺疾患 chronic obstructive pulmonary disease
COVAX ワクチン調達の国際枠組み〈コバックス〉 COVID-19 Vaccine Global Access Facility
CP コマーシャルペーパー commercial paper
CP カーボンプライシング Carbon Pricing
CPI 消費者物価指数 consumer price index
CPU 中央演算処理装置 central processing unit
CRS 先天性風疹症候群 congenital rubella syndrome
CRS 米議会調査局 Congressional Research Service
◎**CS** 通信衛星 communications satellite
CSCAP アジア太平洋安全保障協力会議 Council for Security and Cooperation in Asia Pacific
CSIS 米戦略国際問題研究所 Center for Strategic and International Studies
CSR 企業の社会的責任 corporate social responsibility
CSU キリスト教社会同盟〈独〉 Christlich-Soziale Union
◎**CT** コンピューター断層撮影(装置) computed tomography
CTBT 包括的核実験禁止条約 Comprehensive Nuclear Test Ban Treaty
CTC 列車集中制御装置 centralized traffic control
CVT 無段変速機 continuously variable transmission
CWC 化学兵器禁止条約 Chemical Weapons Convention

CDM クリーン開発メカニズム Clean Development Mechanism
◎**CD-R** 書き込み可能なCD compact disc recordable
◎**CD-ROM** CD利用の読み出し専用メモリー compact disc read-only memory
CDS クレジット・デフォルト・スワップ credit default swap
CDU キリスト教民主同盟〈独〉 Christlich Demokratische Union
CEA 米大統領経済諮問委員会 Council of Economic Advisers
CELAC 中南米カリブ海諸国共同体 Comunidad de Estados Latinoamericanos y Caribeños
CEO 最高経営責任者 chief executive officer
CEPT 共通効果特恵関税 Common Effective Preferential Tariff
CERN 欧州合同原子核研究機関(研究所) Organisation européenne pour la Recherche nucléaire〈発足時は Conseil européen pour la Recherche nucléaire〉
CFC クロロフルオロカーボン〈フロンガスの一種〉 chlorofluorocarbon
CFE条約 欧州通常戦力条約 Treaty on Conventional Armed Forces in Europe
CFO 最高財務責任者 chief financial officer
CFR 米外交問題評議会 Council on Foreign Relations
CFRP 炭素繊維強化プラスチック carbon fiber reinforced plastics
CFS 慢性疲労症候群 chronic fatigue syndrome
CFTC 米商品先物取引委員会 Commodity Futures Trading Commission
◎**CG** コンピューターグラフィックス computer graphics
CGT フランス労働総同盟 Confédération Générale du Travail
CI 企業イメージ確立戦略=コーポレートアイデンティティー corporate identity
CI 景気動向指数 composite index
CIA 米中央情報局 Central Intelligence Agency
CIF 運賃・保険料込み値段 cost, insurance and freight
CIO 最高情報責任者 chief information officer
CIS 独立国家共同体 Commonwealth of Independent States
CJD クロイツフェルト・ヤコブ病 Creutzfeldt-Jakob disease
CMBS 商業用不動産ローン担保証券 commercial mortgage-backed securities
CME シカゴ・マーカンタイル取引所 Chicago Mercantile Exchange
CMOS 相補型金属酸化膜半導体 complementary metal-oxide semiconductor

BIS 国際決済銀行 Bank for International Settlements
BTC ビットコイン bitcoin
BJP インド人民党 Bharatiya Janata Party
BMD 弾道ミサイル防衛 ballistic missile defense
BMI 体格指数 body mass index
BOD 生物化学的酸素要求量 biochemical oxygen demand
BOT方式 民間事業者が公共施設などを建設して管理・運営し、事業期間終了後に国や自治体に所有権を委譲する事業方式 build, operate and transfer
BPO 放送倫理・番組向上機構 Broadcasting Ethics and Program Improvement Organization
BPSD 認知症の行動・心理症状 behavioral and psychological symptoms of dementia
BRICS ブリックス Brazil, Russia, India, China and South Africa
BRT バス高速輸送システム Bus Rapid Transit
◎**BS** 放送衛星 broadcasting satellite
BSE 牛海綿状脳症 bovine spongiform encephalopathy
BWC 生物兵器禁止条約 Biological Weapons Convention
BWR 沸騰水型軽水炉 boiling water reactor

【C】

CAD コンピューター利用設計 computer-aided design
CAM コンピューター利用製造 computer-aided manufacturing
CAP 共通農業政策〈EU〉 Common Agricultural Policy
CAS スポーツ仲裁裁判所 Court of Arbitration for Sport
CATV ケーブルテレビ cable television
CB 転換社債型新株予約権付社債 convertible bond
CBDC 中央銀行発行のデジタル通貨 Central Bank Digital Currency
CBO 米議会予算局 Congressional Budget Office
CCD 電荷結合素子 charge-coupled device
CCRC 高齢者居住共同体 continuing care retirement community
CCU 心疾患集中治療室 coronary care unit
CD 現金自動支払機 cash dispenser
◎**CD** コンパクトディスク compact disc
CD 譲渡性預金 certificate of deposit
CDC 米疾病対策センター Centers for Disease Control and Prevention

API　米石油協会　American Petroleum Institute
APO　アジア生産性機構　Asian Productivity Organization
APWR　改良型加圧水型軽水炉　advanced pressurized water reactor
AQAP　アラビア半島のアルカイダ　al-Qaida in the Arabian Peninsula
AQIM　イスラム・マグレブ諸国のアルカイダ　al-Qaida in the Islamic Maghreb
AR　拡張現実　augmented reality
ARF　ASEAN地域フォーラム　ASEAN Regional Forum
ASAT　衛星攻撃兵器　anti-satellite (weapons)
ASEAN　東南アジア諸国連合　Association of Southeast Asian Nations
ASEM　アジア欧州会議　Asia-Europe Meeting
ATC　自動列車制御装置　automatic train control
ATL　成人T細胞白血病　adult T-cell leukemia
◎**ATM**　現金自動預払機　automated teller machine
ATO　自動列車運転装置　automatic train operation
ATP　男子プロテニス選手協会　Association of Tennis Professionals
ATR　新型転換炉　advanced thermal reactor
ATS　自動列車停止装置　automatic train stop
AT車　オートマチック車　automatic transmission vehicle
AU　アフリカ連合　African Union
AU　天文単位〈地球と太陽の平均距離〉　astronomical unit
AUKUS　米英豪の安全保障枠組み〈オーカス〉　Australia, United Kingdom, United States
AV　オーディオ・ビジュアル　audio-visual
AWACS　空中警戒管制システム、空中警戒管制機　airborne warning and control system
AZT　アジドチミジン〈エイズの治療薬〉　azidothymidine

【B】

BA　ブリティッシュ・エアウェイズ　British Airways
BBC　英国放送協会　British Broadcasting Corporation
BC兵器　生物・化学兵器　biological and chemical weapons
BD　ブルーレイディスク　Blu-ray Disc
BDF　バイオディーゼル燃料　biodiesel fuel
BENELUX　ベネルクス〈ベルギー、オランダ、ルクセンブルク〉　Belgium, the Netherlands, Luxembourg
BIE　博覧会国際事務局　Bureau International des Expositions

ADIZ 防空識別圏 air defense identification zone
ADL 日常生活動作〈リハビリテーション、介護〉 activities of daily living
ADR 裁判外紛争解決手続き alternative dispute resolution
ADR 米国預託証券 American Depositary Receipts
ADSL 非対称デジタル加入者線 Asymmetric Digital Subscriber Line
AED 自動体外式除細動器 automatic external defibrillator
AF 自動焦点 auto focus
AFC アジア・サッカー連盟 Asian Football Confederation
AfDB アフリカ開発銀行 African Development Bank
AFL-CIO 米労働総同盟産別会議 American Federation of Labor and Congress of Industrial Organizations
AFN 米軍放送網 American Forces Network
AFTA ASEAN自由貿易地域 ASEAN Free Trade Area
AI 人工知能 artificial intelligence
AID 非配偶者間人工授精 artificial insemination by donor
AIDS 後天性免疫不全症候群〈エイズ〉 acquired immunodeficiency syndrome
AIG アメリカン・インターナショナル・グループ American International Group
AIIB アジアインフラ投資銀行 Asian Infrastructure Investment Bank
AKP 公正発展党〈トルコ〉 Adalet ve Kalkınma Partisi
ALCM 空中発射巡航ミサイル air-launched cruise missile
ALM 資産・負債の総合管理 asset and liability management
ALS 筋萎縮性側索硬化症 amyotrophic lateral sclerosis
ALT 外国語指導助手 assistant language teacher
AM(方式) 振幅変調(方式) amplitude modulation
AMD アドバンスト・マイクロ・デバイシズ Advanced Micro Devices
AMeDAS 地域気象観測システム〈アメダス〉 Automated Meteorological Data Acquisition System
ANC アフリカ民族会議 African National Congress
ANOC 各国オリンピック委員会連合 Association of National Olympic Committees
ANZUS オーストラリア・ニュージーランド・米国相互安全保障条約 Security Treaty between Australia, New Zealand and the United States of America
APEC アジア太平洋経済協力会議 Asia-Pacific Economic Cooperation

アルファベット略語集

①文中初出は、「フル表記（略語）」が原則。次出からは略語だけでよい。

例 国際サッカー連盟（**FIFA**）

②略語が一般化していたり、「略語（フル表記）」の方が分かりやすかったりする語は略語を先にする。

例 **TOB**（株式公開買い付け）、**OEM**（相手先ブランドによる生産）

③◎を付したものは、初出からフル表記を省略して略語だけで使用してもよい。

例 **DVD**、**IT**

④「フル表記（略語）」を原則とするが、記事の内容によって「略語（フル表記）」とする場合もある。

例 **GDP**（国内総生産）

※英国式表記を用いる語も一部あるが、原則として米国式表記に統一した。

【A】

AAAS 米科学振興協会 American Association for the Advancement of Science

AAM 空対空ミサイル air-to-air missile

ABC 新聞雑誌発行部数公査機関 Audit Bureau of Circulations

ABC（兵器） 核・生物・化学（兵器） atomic, biological and chemical (weapons)

ABM 弾道弾迎撃ミサイル antiballistic missile

ABS アンチロック・ブレーキ・システム antilock brake system

ABS 資産担保証券 asset-backed securities

ABU アジア太平洋放送連合 Asia-Pacific Broadcasting Union

ABWR 改良型沸騰水型軽水炉 advanced boiling water reactor

ACSA 物品役務相互提供協定 Acquisition and Cross-Servicing Agreement

ADB アジア開発銀行 Asian Development Bank

ADF アジア開発基金 Asian Development Fund

ADHD 注意欠陥・多動性障害 attention deficit hyperactivity disorder

計量単位換算表

長さ

1インチ	=2.5400cm
1フィート(12インチ)	=0.3048m
1ヤード(3フィート・36インチ)	=0.9144m
1マイル(1,760ヤード)	=1.6093km
1カイリ	=1.8520km
1分(10厘・100毛)	=3.0303mm
1寸(10分)	=3.0303cm
1尺(10寸)	=30.303cm
1丈(10尺)	=3.0303m
1間(6尺)	=1.8182m
1町(60間)	=109.09m
1里(36町)	=3.9273km

面積

1坪・歩(10合・100勺)	=3.3058m²
1畝(30坪・歩)	=0.9917アール
1反(10畝・300坪・歩)	=9.9174アール
1平方尺	=0.0918m²
1平方インチ	=6.4516cm²
1平方フィート	=0.0929m²
1平方ヤード	=0.8361m²
1平方マイル	=2.5900km²

温度

カ氏(F)→セ氏(C)

$$C=(F-32)\times\frac{5}{9}$$

セ氏(C)→カ氏(F)

$$F=\frac{5}{9}C+32$$

絶対温度(K)⟷セ氏(C)

$$C=K-273.15$$

$$K=C+273.15$$

重さ

1オンス	=28.3495g
1ポンド(16オンス)	=453.5924g
1トロイオンス(金・銀・宝石など)	=31.103g
1トロイポンド(金・銀・宝石など)	=373.24g
1斤(160匁)	=600g
1分(10厘・100毛)	=0.375g
1匁(10分)	=3.75g
1石(玄米)	=150kg
1石(小麦)	=136.875kg
1ショートトン(米トン・2000ポンド)	=0.9072トン
1ロングトン(英トン・2240ポンド)	=1.0160トン
1カラット(宝石)	=200mg

体積

1リットル(10dL・1000cm³)	=0.2642ガロン
1cc(1mL・1cm³)	=0.0055合
1バレル(石油・42米ガロン)	=158.9345L
1合(10勺)	=0.1804L
1升(10合)	=1.8039L
1斗(10升)	=18.039L
1石(10斗)	=0.1804m³
1石(木材)	=0.2783m³
1米ブッシェル	=35.2383L
1英ブッシェル	=36.3677L
1立方インチ	=16.3871cm³
1立方フィート	=0.0283m³
1立方ヤード	=0.7646m³

速さ

1ノット	=1.8520km毎時

メートル法換算早見表

	メートル	マイル	カネ尺	間	ヤード	インチ	フィート
長さ	1	—	3.3	0.55	1.09	39.37	3.28
	1609.3	1	5310.8	885.12	1760	—	5280
	0.303	—	1	0.16	0.33	11.93	0.99
	1.818	—	6.00	1	1.98	71.58	5.96
	0.914	—	3.02	0.50	1	36.00	3.00
	0.025	—	0.08	0.01	0.02	1	0.08
	0.304	—	1.00	0.16	0.33	12	1
	平方メートル	アール	ヘクタール	坪	反	町	エーカー
広さ	1	0.01	—	0.30	—	—	—
	100	1	0.01	30.25	0.10	0.01	0.02
	10000	100	1	3025	10.08	1.01	2.47
	3.3	0.03	—	1	—	—	—
	991.73	9.91	0.09	300	1	0.10	0.24
	9917.4	99.17	0.99	3000	10	1	2.45
	4046.86	40.46	0.40	1224.17	4.08	0.40	1
	リットル(立方デシ)	合	升	石	ガロン(米)	立方尺	立方メートル
容積	1	5.54	0.55	—	0.26	0.03	—
	0.18	1	0.10	—	0.04	—	—
	1.80	10	1	0.01	0.47	0.06	—
	180.39	1000	100	1	47.65	6.48	0.18
	3.78	20.98	2.09	0.02	1	0.13	—
	27.82	154.25	15.42	0.15	7.35	1	0.02
	1000	5543.5	554.35	5.54	264.18	35.93	1
	グラム	キログラム	匁	斤	貫	オンス	ポンド
重量	1	—	0.26	—	—	0.03	—
	1000	1	266.66	1.66	0.26	35.27	2.20
	3.75	—	1	—	—	0.13	—
	600	0.60	160	1	0.16	21.16	1.32
	3750	3.75	1000	6.25	1	132.27	8.26
	28.34	0.02	7.55	—	—	1	0.06
	453.59	0.45	120.95	0.75	0.12	16.00	1

西暦	元号
*1932年	7
1933年	8
1934年	9
1935年	10
*1936年	11
1937年	12
1938年	13
1939年	14
*1940年	15
1941年	16
1942年	17
1943年	18
*1944年	19
1945年	20
1946年	21
1947年	22
*1948年	23
1949年	24
1950年	25
1951年	26
*1952年	27
1953年	28
1954年	29
1955年	30
*1956年	31
1957年	32
1958年	33
1959年	34
*1960年	35
1961年	36
1962年	37
1963年	38

西暦	元号
*1964年	39
1965年	40
1966年	41
1967年	42
*1968年	43
1969年	44
1970年	45
1971年	46
*1972年	47
1973年	48
1974年	49
1975年	50
*1976年	51
1977年	52
1978年	53
1979年	54
*1980年	55
1981年	56
1982年	57
1983年	58
*1984年	59
1985年	60
1986年	61
1987年	62
*1988年	63
1989年	64平成元
1990年	2
1991年	3
*1992年	4
1993年	5
1994年	6
1995年	7

西暦	元号
*1996年	8
1997年	9
1998年	10
1999年	11
*2000年	12
2001年	13
2002年	14
2003年	15
*2004年	16
2005年	17
2006年	18
2007年	19
*2008年	20
2009年	21
2010年	22
2011年	23
*2012年	24
2013年	25
2014年	26
2015年	27
*2016年	28
2017年	29
2018年	30
2019年	31令和元
*2020年	2
2021年	3
2022年	4
2023年	5
*2024年	6
2025年	7
2026年	8
2027年	9

西暦・元号対照早見表

（∗印はうるう年）

改元月日：慶応⇒明治＝ 9月 8日　　明治⇒大正＝7月30日
大正⇒昭和＝12月25日　　昭和⇒平成＝1月 8日
平成⇒令和＝ 5月 1日

西　暦	元　号
1851年	嘉永4
∗1852年	5
1853年	6
1854年	7安政元
1855年	2
∗1856年	3
1857年	4
1858年	5
1859年	6
∗1860年	7万延元
1861年	2文久元
1862年	2
1863年	3
∗1864年	4元治元
1865年	2慶応元
1866年	2
1867年	3
∗1868年	4明治元
1869年	2
1870年	3
1871年	4
∗1872年	5
1873年	6
1874年	7
1875年	8
∗1876年	9
1877年	10

西　暦	元　号
1878年	11
1879年	12
∗1880年	13
1881年	14
1882年	15
1883年	16
∗1884年	17
1885年	18
1886年	19
1887年	20
∗1888年	21
1889年	22
1890年	23
1891年	24
∗1892年	25
1893年	26
1894年	27
1895年	28
∗1896年	29
1897年	30
1898年	31
1899年	32
1900年	33
1901年	34
1902年	35
1903年	36
∗1904年	37

西　暦	元　号
1905年	38
1906年	39
1907年	40
∗1908年	41
1909年	42
1910年	43
1911年	44
∗1912年	45大正元
1913年	2
1914年	3
1915年	4
∗1916年	5
1917年	6
1918年	7
1919年	8
∗1920年	9
1921年	10
1922年	11
1923年	12
∗1924年	13
1925年	14
1926年	15昭和元
1927年	2
∗1928年	3
1929年	4
1930年	5
1931年	6

元号	西暦
治暦	1065—1069
朱鳥	686
寿永	1182—1185
正安	1299—1302
正応	1288—1293
正嘉	1257—1259
正慶	*1332—1334
正元	1259—1260
正治	1199—1201
正中	1324—1326
正長	1428—1429
正徳	1711—1716
正平	1346—1370
正保	1644—1648
正暦	990— 995
正和	1312—1317
昌泰	898— 901
承安	1171—1175
承応	1652—1655
承久	1219—1222
承元	1207—1211
承徳	1097—1099
承平	931— 938
承保	1074—1077
承暦	1077—1081
承和	834— 848
昭和	1926—1989
貞永	1232—1233
貞応	1222—1224
貞観	859— 877
貞享	1684—1688
貞元	976— 978
貞治	*1362—1368
貞和	*1345—1350
神亀	724— 729
神護景雲	767— 770
大永	1521—1528
大化	645— 650
大治	1126—1131
大正	1912—1926
大同	806— 810
大宝	701— 704
長寛	1163—1165
長久	1040—1044
長享	1487—1489
長元	1028—1037
長承	1132—1135
長治	1104—1106
長徳	995— 999
長保	999—1004
長暦	1037—1040
長禄	1457—1460
長和	1012—1017
天安	857— 859
天永	1110—1113
天延	973— 976
天応	781— 782
天喜	1053—1058
天慶	938— 947
天元	978— 983
天治	1124—1126
天授	1375—1381
天正	1573—1592
天承	1131—1132
天長	824— 834
天徳	957— 961
天和	1681—1684
天仁	1108—1110
天平	729— 749
天平感宝	749
天平勝宝	749— 757
天平神護	765— 767
天平宝字	757— 765
天福	1233—1234
天保	1830—1844
天明	1781—1789
天文	1532—1555
天養	1144—1145
天暦	947— 957
天禄	970— 973
徳治	1306—1308
仁安	1166—1169
仁治	1240—1243
仁寿	851— 854
仁和	885— 889
仁平	1151—1154
白雉	650— 654
文安	1444—1449
文永	1264—1275
文応	1260—1261
文化	1804—1818
文亀	1501—1504
文久	1861—1864
文治	1185—1190
文正	1466—1467
文政	1818—1830
文中	1372—1375
文保	1317—1319
文明	1469—1487
文暦	1234—1235
文禄	1592—1596
文和	*1352—1356
平治	1159—1160
平成	1989—2019
保安	1120—1124
保延	1135—1141
保元	1156—1159
宝永	1704—1711
宝亀	770— 781
宝治	1247—1249
宝徳	1449—1452
宝暦	1751—1764
万延	1860—1861
万治	1658—1661
万寿	1024—1028
明応	1492—1501
明治	1868—1912
明徳	*1390—1394
明暦	1655—1658
明和	1764—1772
養老	717— 724
養和	1181—1182
暦応	*1338—1342
暦仁	1238—1239
霊亀	715— 717
令和	2019—
和銅	708— 715

元号・西暦対照表

配列は原則として50音順。洋数字は西暦、末年は改元の年を含む。

（＊印は北朝の年号）

安永　1772—1781
安元　1175—1177
安政　1854—1860
安貞　1227—1229
安和　968—970

永延　987—989
永観　983—985
永久　1113—1118
永享　1429—1441
永治　1141—1142
永正　1504—1521
永承　1046—1053
永祚　989—990
永長　1096—1097
永徳＊1381—1384
永仁　1293—1299
永保　1081—1084
永万　1165—1166
永暦　1160—1161
永禄　1558—1570
永和＊1375—1379
延応　1239—1240
延喜　901—923
延久　1069—1074
延享　1744—1748
延慶　1308—1311
延元　1336—1340
延長　923—931
延徳　1489—1492
延文＊1356—1361
延宝　1673—1681
延暦　782—806

応安＊1368—1375
応永　1394—1428
応長　1311—1312
応徳　1084—1087
応仁　1467—1469
応保　1161—1163
応和　961—964

嘉永　1848—1854
嘉応　1169—1171
嘉吉　1441—1444
嘉慶＊1387—1389
嘉元　1303—1306
嘉承　1106—1108
嘉祥　848—851
嘉禎　1235—1238
嘉保　1094—1096
嘉暦　1326—1329
嘉禄　1225—1227
寛永　1624—1644
寛延　1748—1751
寛喜　1229—1232
寛元　1243—1247
寛弘　1004—1012
寛正　1460—1466
寛政　1789—1801
寛治　1087—1094
寛徳　1044—1046
寛和　985—987
寛仁　1017—1021
寛平　889—898
寛文　1661—1673
寛保　1741—1744
観応＊1350—1351

久安　1145—1151
久寿　1154—1156
享徳　1452—1455
享保　1716—1736
享禄　1528—1532
享和　1801—1804

慶安　1648—1652
慶雲　704—708
慶応　1865—1868
慶長　1596—1615
建永　1206—1207
建久　1190—1199
建治　1275—1278
建長　1249—1256
建徳　1370—1372
建仁　1201—1204
建保　1213—1219
建武　1334—1336
建暦　1211—1213
乾元　1302—1303
元永　1118—1120
元応　1319—1321
元亀　1570—1573
元久　1204—1206
元慶　877—885
元弘　1331—1334
元亨　1321—1324
元治　1864—1865
元中　1384—1392
元徳　1329—1331
元仁　1224—1225
元文　1736—1741
元暦　1184—1185
元禄　1688—1704
元和　1615—1624

弘安　1278—1288
弘化　1844—1848
弘治　1555—1558
弘長　1261—1264
弘仁　810—824
弘和　1381—1384
康安＊1361—1362
康永＊1342—1345
康応＊1389—1390
康元　1256—1257
康治　1142—1144
康正　1455—1457
康平　1058—1065
康保　964—968
康暦＊1379—1381
康和　1099—1104
興国　1340—1346

斉衡　854—857

至徳＊1384—1387
治安　1021—1024
治承　1177—1181

最新 用字用語ブック［第8版］

●発行日　1995年4月1日　初版発行
2023年4月20日　第8版第1刷発行
2023年7月15日　第8版第2刷発行
2023年9月22日　第8版第3刷発行
2024年8月1日　第8版第4刷発行

●編著者　株式会社時事通信社
●発行者　花野井道郎
●発行所　株式会社時事通信出版局
●発　売　株式会社時事通信社
〒104-8178　東京都中央区銀座 5-15-8
電話03(5565)2155　https://bookpub.jiji.com/
●印刷所　株式会社太平印刷社

ISBN978-4-7887-1867-8　C0281　Printed in Japan